大数据环境下复杂大群体决策理论方法及应用

Complex Large Group Decision Making: Theory, Methods and Applications Based on Big Data Analytics

徐选华　著

科学出版社

北　京

内 容 简 介

本书是在我国重大突发事件频繁发生的背景下，在系列国家自然科学基金项目资助下研究成果的总结。本书系统地分析了重大突发事件决策问题的特殊性和决策群体的特点，在此基础上提出了复杂大群体决策的概念，提出了复杂大群体决策理论框架，系统地阐述了面向重大突发事件复杂大群体决策模型、方法、支持平台及其应用，主要包括：复杂大群体决策理论框架、复杂大群体决策偏好结构分析方法、确定型偏好信息复杂大群体决策偏好集结方法、不确定型偏好信息复杂大群体决策偏好集结方法、复杂大群体应急决策偏好冲突协调方法、面向冲突的复杂大群体应急决策方法、复杂大群体应急决策风险形成与演化、大数据环境下面向风险的复杂大群体应急决策方法，以及复杂大群体决策支持平台及其在大型水电工程复杂生态环境风险评价、重大冰雪灾害应急管理能力评价、长株潭城市群“两型”产业评价支持系统、重大自然灾害应急物资调配决策支持系统中的应用等。

本书适用于高等院校管理科学与工程、系统工程、经济管理、自动控制等专业的研究生和高年级本科生作为教材或教学与研究参考书，也可作为群体决策支持系统科研与开发人员的研究参考书；对群体智能决策及其支持系统领域的有关学者、高校师生有重要参考价值。

图书在版编目（CIP）数据

大数据环境下复杂大群体决策理论方法及应用/徐选华著. —北京：科学出版社，2020.12

ISBN 978-7-03-063191-6

Ⅰ. ①大… Ⅱ. ①徐… Ⅲ. ①数据处理-应用-突发事件-公共管理-研究-中国 Ⅳ. ①D630.1

中国版本图书馆 CIP 数据核字（2019）第 249455 号

责任编辑：徐 倩 / 责任校对：王晓茜

责任印制：张 伟 / 封面设计：无极书装

科学出版社 出版

北京东黄城根北街 16 号

邮政编码：100717

http://www.sciencep.com

北京虎彩文化传播有限公司 印刷

科学出版社发行 各地新华书店经销

*

2020 年 12 月第 一 版 开本：720 × 1000 B5

2020 年 12 月第一次印刷 印张：26 1/2

字数：534 000

定价：220.00 元

作 者 简 介

徐选华，男，江西临川人，管理科学与工程专业博士，中南大学二级教授、博士生导师，大数据与智能决策研究中心主任，曾公派新加坡国立大学做访问学者、韩国首尔大学高级国际交换学者和客座研究员、澳大利亚科廷大学高级访问学者、美国乔治梅森大学高级访问学者一个月。主要研究方向：复杂大群体决策理论与方法、大数据智能决策方法、管理信息系统与决策支持系统、风险分析与应急决策、大型工程决策分析。主持国家自然科学基金项目 4 项、国家社会科学基金重点项目 1 项、国家科技支撑计划课题 1 项、省部级科研项目 2 项；承担国家自然科学基金创新研究群体项目 2 项、国际合作重大项目 1 项、重点项目 2 项，企业横向科研项目 10 余项。在国内外重要知名学术刊物上发表学术论文 150 余篇，其中 SCI/SSCI 期刊论文 40 余篇、EI 期刊论文 40 余篇；出版学术专著 3 部。研究成果获国家科技进步奖二等奖 1 项、湖南省自然科学奖二等奖 1 项、高等学校科学研究优秀成果奖二等奖（人文社会科学）1 项、中国有色金属工业科学技术奖二等奖 1 项，申请中国发明专利 2 项，获得软件著作权 3 项。个人网站：http://faculty.csu.edu.cn/xuxuanhua。

前　言

人类社会的发展、文明的进步以及由此带来的“科技以人为本”理念的不断深化，旨在促进经济发展和生活水平提高的同时，也能避免各种类型的重大突发事件带来的影响和损失。长期以来，人类运用科学技术的力量与自然界进行了各种形式的斗争，取得了可喜的成就，造福于人类社会，然而人类在自然界面前仍然显得十分渺小和力不从心，特别是近年来我国重大突发事件（如新型冠状病毒肺炎疫情重大突发公共卫生事件、重大地震洪涝等自然灾害、天津港爆炸火灾、深圳特大山体滑坡事故、长江客轮沉没和上海外滩踩踏事件、滴滴顺风车案件、吉林问题疫苗案件等）频繁发生，重大突发事件发生率呈明显上升趋势，涉及范围明显扩大，这种事件具有随机性、快速扩散性、衍生性、传导变异性、高破坏性和高时间压力等特征，事件应对面临信息不完备、风险认知不足、事件研判困难、应急预案失灵等一系列严峻挑战，事件的复杂性和应对难度显著加大，给我国经济和人民生命财产造成重大损失。这样促使着应急管理决策科学技术向更高、更深和更广层次发展。应对重大突发事件应该依靠全社会的专家以及社会公众的智慧和力量，深入分析重大突发事件的特点和应对策略，形成相应的应对预案，在应对预案框架下进行群体协同决策与指挥，评价相应预案和决策指挥效果，不断修正和完善应对预案，在相应的科学理论和方法支持下的信息系统和决策支持系统尤其是群体决策支持平台是加强快速沟通和提高应对效率非常重要的手段和工具。

本书在上述背景和系列国家自然科学基金项目的资助下，系统地分析重大突发事件决策问题的特殊性和协同决策群体的特点，凝聚更加广泛的决策主体和社会公众的智慧，进而形成大数据环境，并且呈现分布广泛、规模巨大、动态演变、模态多样和关联复杂等特性，决策群体具有大群体特征，在此基础上提出复杂大群体决策的概念，总结复杂大群体决策的特点，较为系统地研究并提出大数据环境下面向重大突发事件的复杂大群体决策模型和方法体系，形成复杂大群体决策理论框架，以此为基础研发复杂大群体决策支持平台，并将其应用于实际重大突发事件管理决策等问题中。

本书主要内容由 13 章组成。其中，第 1～4 章为多属性复杂大群体决策理论与方法；第 5、6 章为面向冲突的复杂大群体应急决策方法；第 7、8 章为面向风险的复杂大群体应急决策方法；第 9 章为复杂大群体决策支持平台；第 10～13 章为理论和方法的应用。具体如下：第 1 章为研究背景与理论框架，系统地分析重大突发事件决策问题和复杂大群体决策的特点，提出复杂大群体决策的理论框架；第 2 章为复杂大群体决策偏好结构分析方法，重点设计复杂大群体偏好相聚模型，以此为基础提出复杂大群体决策偏好聚类方法，利用聚集结构提出复杂大群体偏好一致性分析模型并进行一致性模拟和分析；第 3 章为确定型偏好信息复杂大群体决策偏好集结方法，根据决策问题的不同类型划分为求解决策问题复杂大群体决策偏好集结方法和多方案排序决策问题复杂大群体偏好集结方法；第 4 章为不确定型偏好信息复杂大群体决策偏好集结方法，根据决策群体不确定偏好信息的类别分别划分为基于效用值偏好信息、基于残缺值偏好信息、基于不确定语言值偏好信息、基于随机值偏好信息和基于关系值偏好信息的复杂大群体决策偏好集结方法；第 5 章为复杂大群体应急决策偏好冲突协调方法，分别基于“和谐管理理论”、时间约束和冲突阈值选择，提出相应的复杂大群体应急决策偏好冲突协调方法，包括复杂大群体应急决策偏好冲突协调原理，复杂大群体应急决策偏好冲突测度模型、冲突消解模型和冲突协调机制等；第 6 章为面向冲突的复杂大群体应急决策方法，分别基于偏好冲突最小化、冲突状态阶段转移、改进云模型、少数意见和非合作行为协调以及退出-委托动态冲突消解机制，提出相应的面向冲突的复杂大群体应急决策方法；第 7 章为复杂大群体应急决策风险形成与演化，包括基于决策犹豫调节的大群体冲突、风险感知与应急决策质量的关系，基于多主体仿真的大群体应急决策风险致因分析，考虑个体极端偏好影响的大群体应急决策风险偏好演化；第 8 章为大数据环境下面向风险的复杂大群体应急决策方法，分别基于公众属性偏好大数据挖掘、公众关注主题和用户生成内容关键词提取，提出相应的风险性复杂大群体应急风险决策方法；第 9 章为基于上述决策方法的复杂大群体决策支持平台，提出平台的基本概念，设计平台层次体系结构，设计基于决策问题求解的平台系统处理流程与控制机制，在此基础上提出平台功能结构，开发复杂大群体决策支持平台；第 10 章为上述方法在大型水电工程复杂生态环境风险评价中的应用；第 11 章为上述方法在重大冰雪灾害应急管理能力评价中的应用；第 12 章为支持平台在长株潭城市群资源节约型和环境友好型（简称“两型”）产业评价支持系统开发中的应用；第 13 章为支持平台在重大自然灾害应急物资调配决策支持系统开发中的应用。其中参与本书研究和撰写工作的博士研究生有张丽媛、蔡晨光、王佩、曹静、尹僳鹏、钟香玉；参与本书研究和撰写工作的硕士研究生有王红伟、范永峰、李芳、汪业凤、万奇锋、黄智丽、刘金鑫、王敏赛、周声海、夏玥、王春红、薛敏、洪享、杜志娇、吴慧迪、王兵、孙倩、刘洁、张威威、孙寒寒、杨玉珊、罗心彤、王麟麟、刘尚龙、杨欣、马志鹏、余艳粉、张前辉、黄燕霞等。

本书的创新点体现在：在理论方面，①深入分析和总结了重大突发事件决策问题的特殊性和决策群体的特点，提出了复杂大群体的概念和复杂大群体决策理论框架；②提出了大数据环境下复杂大群体决策方法体系，解决了重大突发事件决策问题协同求解的关键技术难题；③在上述决策方法的支持下提出了复杂大群体决策支持平台，解决了面向重大突发事件复杂大群体支持系统的开发难题。在实际应用方面，将上述决策方法应用于湖南省重大冰雪灾害应急管理能力评价和大型水电工程复杂生态环境风险评价中，将复杂大群体决策支持平台应用于“长株潭城市群资源节约型和环境友好型产业评价支持系统”和“重大自然灾害应急物资调配决策支持系统”等开发中，都取得了良好的效果。其中大部分学术成果已在国内外学术刊物上发表，技术成果申请了相应的发明专利和软件著作权。

本书是作者研究团队多年来研究复杂大群体决策理论、模型、方法、机制和决策支持平台及其应用的经验总结，是集体智慧的结晶，希望本书的出版有助于进一步促进不同领域的复杂大群体决策理论与方法研究，有助于复杂大群体决策模型、方法和支持平台在实际应用中不断深化与发展。

本书研究成果是在系列国家自然科学基金项目“基于复杂偏好大数据分析的风险性动态大群体应急决策模型研究（71671189）”、“面向冲突的多目标多阶段复杂动态应急决策模型研究（71171202）”、“面向特大自然灾害的复杂随机多维属性大群体决策模型研究（70871121）”支持和资助下取得的，同时得到了湖南省长沙市、株洲市、湘潭市、娄底市和郴州市等城市应急管理办公室和应急管理部门密切配合和支持，得到了中南大学商学院领导和同事、专家学者及同仁的指导、帮助和支持，本书的出版还得到了中南大学商学院“双一流”建设经费的资助，在此表示诚挚的感谢！由于作者学识水平和时间的限制，书中疏漏或不足在所难免，恳请读者批评指正。

徐选华

2020 年 8 月于中南大学

基本符号说明

$\Omega=\{e_i \mid i=1,2,\cdots,M\}$：决策大群体

M：决策成员数

$\omega=\{\omega_j \mid j=1,2,\cdots,M\}$：决策成员权重

N：决策问题属性或准则数量

$W=\{w_j \mid j=1,2,\cdots,N\}$：问题属性或准则权重

P：备选决策方案数量

$X=\{x_l \mid l=1,2,\cdots,P\}$：备选决策方案

$O=\{o_l \mid l=1,2,\cdots,P\}$：决策方案排序向量

K：聚集数

C^k：第 k 个聚集

n_k：聚集 C^k 中的决策成员数

γ：聚类阈值

$\Omega^*=\{C^k \mid k=1,2,\cdots,K\}$：聚集群体

$U=(u_k \mid k=1,2,\cdots,K)$：聚集权重

CT：冲突消解最大迭代次数

ρ^k：聚集 C^k 偏好一致性指标

ρ：大群体偏好一致性指标

θ：大群体冲突程度

δ：大群体冲突水平阈值

η：偏好修正系数

S：决策阶段数

目　　录

第 1 章　研究背景与理论框架

本书是在系列国家自然科学基金项目的支持下历经 10 多年研究的成果,研究成果主要包括复杂大群体决策理论框架、复杂大群体决策偏好结构分析方法、确定型偏好信息复杂大群体决策偏好集结方法、不确定型偏好信息复杂大群体决策偏好集结方法、复杂大群体应急决策偏好冲突协调方法、面向冲突的复杂大群体应急决策方法、复杂大群体应急决策风险形成与演化、大数据环境下面向风险的复杂大群体应急决策方法，以及基于上述方法的复杂大群体决策支持平台及其在大型水电工程复杂生态环境风险评价、重大冰雪灾害应急管理能力评价、长株潭城市群“两型”产业评价支持系统、重大自然灾害应急物资调配决策支持系统研发等的应用。

1.1　研究背景和意义

近年来，我国重大突发事件复杂性和应对难度逐渐加大，重大突发事件主要包括重大自然灾害、重大事故灾难、重大公共卫生事件、重大社会安全事件。重大突发事件公共危机应急协调处理决策涉及的面非常广泛，迫切需要群体尤其是大群体甚至特大群体进行辅助决策，以及相应的支持手段、信息系统及群体决策支持系统(group decision support system，GDSS)的支持。

重大突发事件具有随机性、快速扩散性、衍生性、传导变异性、高破坏性和高时间压力等特征，随着移动互联网的快速发展，社会公众迅速聚集起来并参与其中，提供大量有用信息和建议，从而形成滚滚数据洪流，应急管理是一个多阶段交互过程，应急救援处于大数据环境，并且呈现分布广泛、规模巨大、动态演变、模态多样和关联复杂等特性，面临信息不完备、风险认知缺乏、事件研判困难、预案失灵和决策滞后等一系列严峻的挑战性问题。目前在应急管理应用上使用的“分众”方式(在 2010 年海地地震应急救援应用中起到了重要作用)，已经成为应急决策的主流方式，该方式是由社会大众通过网络(包括移动互联网)分散完成工作任务，并通过整合后在网络上提供服务的一种方式，在这个过程中使用的信息来源分散，体量巨大，半结构性和非结构性数据总量越来越大，多采用基于大数据信息流的多元应急合作模式，因此应急决策是一个较为典型的多元型协同大群体决策，决策涉及众多不同层次的组织、专家和社会公众，而且决策群体随着事件的演变可能动态变化。决策成员由其背景、个性特征、情绪表征、知识和信息对称性等导致心理行为差异，在事件的不同阶段，决策方案研讨、修正和应急等涉及的决策群体具有大规模性、复杂性和动态性，这种决策群体称为复杂大群体，他们的偏好信息可能包括语义型、随机型、直觉模糊型等，将出现复杂大数据并且不可避免地存在冲突，这就会使得应急决策存在较大的显性风险和隐性风险。应对预案和应急管理机制应根据大数据分析和风险分析的结果进行修正及调整，要在高时间压力下通过大数据分析形成实施风险足够低的应急决策方案就是一个在应急管理中迫切需要解决的核心科学问题。上述新环境需求下的应急决策需要新的模型、方法和机制来支持，本书正是在这种背景下开展研究的。

重大突发事件应急决策问题大多为多属性复杂决策问题，大致分为两大类：一是求解决策问题，即制订决策问题的最佳决策方案；二是多方案排序决策问题，即在众多决策方案中选择最优和次优的决策方案。这种决策问题与其他领域决策问题的不同之处在于：一是决策问题属性存在较大差异，按照突发事件的性质进行分类，不同类型突发事件的决策问题属性不尽相同，表现为多种形式，如决策属性为独立型和关联型、属性数为固定型和变动型、属性值为确定型和不确定型等；二是参与这种复杂问题的决策群体规模庞大且关系复杂，并且决策群体成员的类型存在较大的差异，群体成员由于其背景和利益主体的不同以及信息对称性和认知差异，他们的偏好之间存在显性冲突和隐性冲突，并且决策存在高不确定性的风险，其决策偏好信息表现为确定型和不确定型，其中不确定型偏好信息按照其表现形式的不同又分为效用值偏好信息、残缺值偏好信息、不确定语言值偏好信息、随机值偏好信息和关系值偏好信息等，形成了庞大的复杂偏好大数据。这样就给决策问题的解决和事件应对决策带来了复杂性和困难。这种解决复杂决策问题的特殊决策群体称为复杂大群体，其决策称为复杂大群体决策。

综上所述，解决上述复杂决策问题的复杂大群体决策处于大数据环境下，因此迫切需要一套全新的理论与方法，即大数据环境下复杂大群体决策理论与方法，对于有效应对我国重大突发事件、化解各类突发事件的风险具有重大实际意义，对于推动决策科学的发展具有重大理论意义和现实意义，对于管理科学与工程学科建设也具有重要作用。

1.2 复杂大群体决策的特点

根据上述背景和发展趋势分析，重大突发事件应急决策群体的特点发生了深刻的变化，根据四川地震灾区、南方洪水滑坡泥石流灾区和天津港特大爆炸事故等调研可以发现其呈现以下特点：

一是决策问题属性呈现多维性、复杂性和随机性，表现在决策问题存在多个维度(或类型)的属性，这些属性的重要性存在差异，属性之间不仅可能存在复杂的关联关系，而且属性(值)有时呈现随机性，例如，突发事件公共危机应急协调处理决策问题由于事件程度、事件发生的时间和危机某些方面的随机性，其涉及的属性(值)也呈现随机性，这就给决策带来复杂性。决策问题的复杂性会引起决策群体的大规模性和复杂性，复杂决策问题的解决需要众多不同领域的专家和社会公众协同参与。

二是群体规模庞大，其成员分布广泛，如特大型突发事件公共危机应急协调处理，涉及范围更广，需要各级政府行政管理人员、政府各个职能部门人员、各个行业相关人员、相关企事业单位人员、相关领域专家、救援军队、新闻媒体等参加并且快速调动他们协同行动，同时他们又是具有不同权重的相互协作、利益基本一致和某些利益冲突关系的大群体，决策问题的解决往往需要兼顾各方面，尽量科学并达成共识，因此这种群体的规模比较庞大，没有信息系统和群体决策支持系统的支撑是难以实现的。有研究表明[1]：群体决策中成员数 5～11 人最有效，能得出较正确的结论；2～5 人能得到一致意见；规模大的群体意见不一致性可能增加，但与人数并不成正比，这可能是由具有相关性的小群体造成的；4～5 人的群体易感满意；若以意见一致为重点，则 2～5 人合适；若以质量一致为重点，则 5～11 人合适。因此，群体成员超过 11 人一般就称为大群体。

三是目前对群体偏好的一致性和偏好集结忽视了决策成员的不完全理性和对决策方案的学习改进及谈判协调能力，因此在现实中，决策质量并不一定是群体决策的完全充分条件，决策结果能否被群体接受或在多大程度上能被群体接受往往更具有现实意义和更能快速推广及容易实施。这样群体决策过程实际上就是群体取得高一致性意见的协调过程。

1.3　复杂大群体决策理论框架

通过上述重大突发事件决策问题的特点和应急决策群体的特征，本书提出复杂大群体决策的概念，以复杂大群体决策偏好结构分析模型为基础，根据决策偏好信息的不同形式，提出确定型偏好信息复杂大群体决策偏好集结方法(包括复杂大群体决策成员偏好相聚方法、基于相聚模型的成员偏好高效智能聚类算法、复杂大群体一致性分析方法、属性信息熵集结方法、偏好集结方法、决策方案排序方法等)、不确定型偏好信息复杂大群体决策偏好集结方法(包括基于效用值偏好信息的复杂大群体决策偏好集结方法、基于残缺值偏好信息的复杂大群体决策偏好集结方法、基于不确定语言值偏好信息的复杂大群体决策偏好集结方法、基于随机值偏好信息的复杂大群体决策偏好集结方法、基于关系值偏好信息的复杂大群体决策偏好集结方法等)，面向冲突的复杂大群体应急决策方法，大数据环境下面向风险的复杂大群体应急决策方法，通过复杂大群体决策偏好冲突协调方法获得最佳群体偏好集结结果，通过复杂大群体决策风险消解方法获得可行性最佳的群体偏好集结结果。以上述决策方法为基础提出复杂大群体决策支持平台，设计平台体系结构、平台系统处理流程与控制机制、平台功能结构和平台开发等。

将上述决策模型在大型水电工程复杂生态环境风险评价和重大冰雪灾害应急管理能力评价等案例中进行应用，将支持平台在长株潭城市群“两型”产业评价决策支持系统、重大自然灾害应急物资调配决策支持系统等开发中应用。综合上述研究内容，形成复杂大群体决策理论框架，如图 1-1 所示。

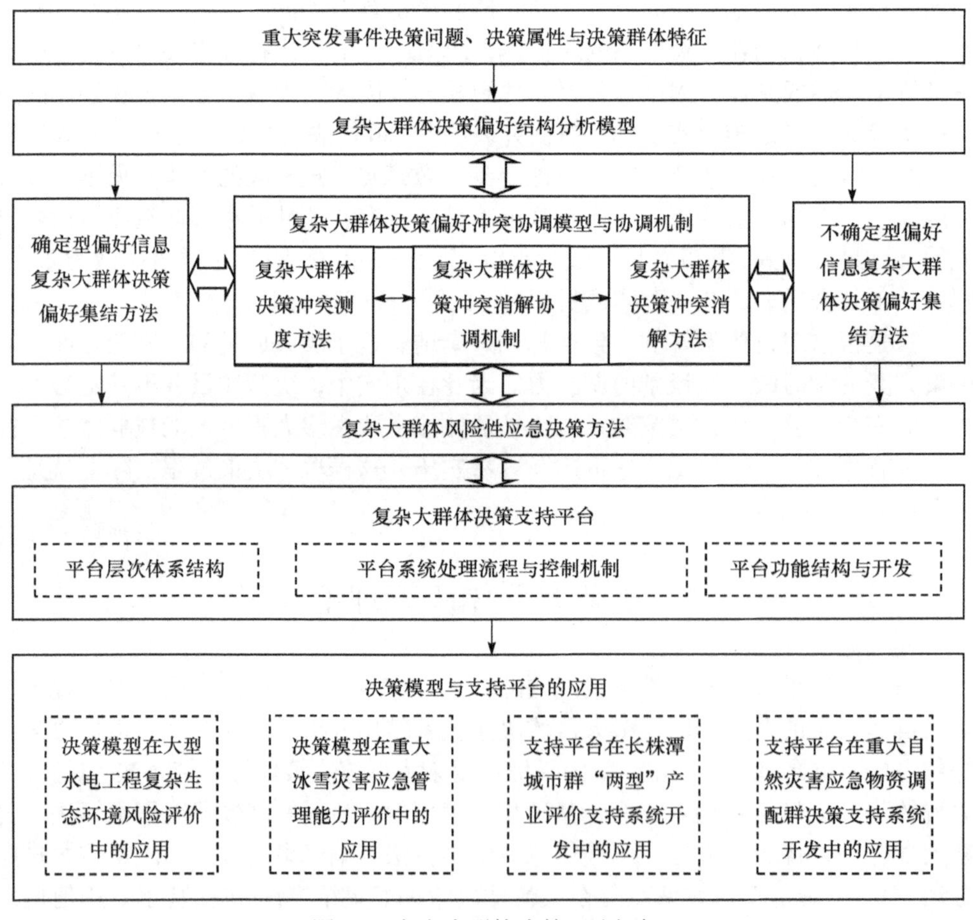

图 1-1 复杂大群体决策理论框架

1.4 本章小结

本章结合实际案例系统地分析了重大突发事件决策问题的特殊性，较为系统地分析和总结了新形势下重大突发事件应急决策的特点和需求，深入分析了大数据环境下复杂大群体决策的形成过程和必然趋势，提出了复杂大群体概念及其内涵，明确了大数据环境下复杂大群体智能决策理论、模型与方法的重要性，阐述了相关应用领域。在此基础上，提出了大数据环境下复杂大群体决策理论框架。

参考文献

[1] 宋光兴, 杨槐. 群决策中的决策行为分析[J]. 学术探索, 2000, 57 (3): 48-49.

第 2 章　复杂大群体决策偏好结构分析方法

重大突发事件应急决策问题大多表现为多属性复杂决策问题(包括求解决策问题和多方案排序决策问题两大类)，复杂决策大群体成员的决策偏好受多种因素的影响，如信念、决策风格以及个性特征等，有时甚至产生群体思维问题[1-4]。要有效地解决重大突发事件应急决策问题，需要对其复杂决策大群体的决策偏好结构进行探索和分析，群体成员对决策问题(关于多个属性)的决策(值)形成一个矢量，称为偏好矢量，建立两个决策成员偏好矢量之间的相聚度，以该相聚度为基础构建一个智能聚类算法，执行这个聚类算法在大群体中形成一系列数量相对较少的(决策成员)偏好矢量聚集，在形成的偏好聚集结构的基础上，建立各个聚集的偏好一致性分析模型和整个大群体的一致性分析模型，为复杂大群体决策偏好的集结提供模型基础。复杂大群体决策偏好结构分析的逻辑框架如图 2-1 所示，其中黑点代表群体成员的偏好矢量。

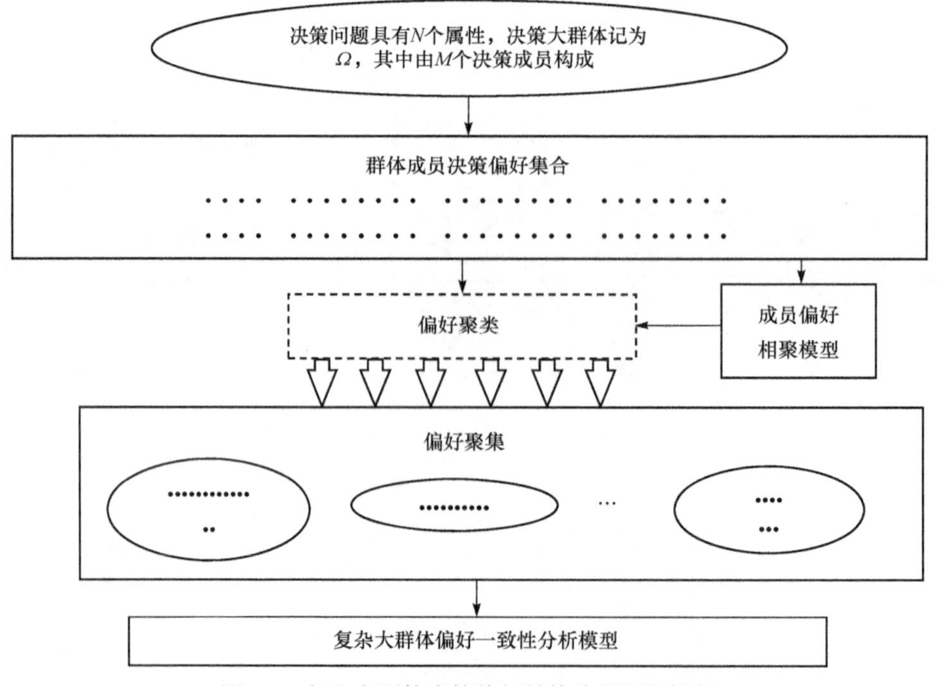

图 2-1　复杂大群体决策偏好结构分析逻辑框架

2.1　复杂大群体决策偏好相聚模型

设重大突发事件应急决策问题具有 N 个属性，决策大群体记为Ω，其中由 M 个决策成员构成。以下分群体成员决策偏好相互独立且属性数确定、决策偏好相互存在关联且属性数不确定、决策偏好中属性之间相互存在关系且属性数确定和偏好二元相聚四种情况进行决策偏好相聚测度分析和建模。

2.1.1　决策偏好相互独立且属性数确定的群体成员偏好相聚模型

在群体成员决策偏好相互独立且属性数确定的情况下，成员对决策问题的决策偏好矢量的分量个数相等，即各个群体成员对决策问题的所有属性进行决策，因此决策成员偏好矢量的维度相同。下面分求解决策问题和多方案排序决策问题两种情况进行阐述。

1. 求解决策问题

对于求解决策问题，决策大群体需要对求解决策问题进行协同求解，最终获得最佳决策方案。

定义 2-1　设 E^n 是 n 维欧氏矢量空间，对于决策问题的 N 个属性，决策大群体Ω中的第 i 个成员 e_i 针对决策问题关于这 N 个属性的评价值为 v_j^i，并且 $v_j^i \geqslant 0$，$j=1,2,\cdots,N$，则称评价值矢量 $V^i=(v_1^i,v_2^i,\cdots,v_N^i)$ 为决策大群体Ω第 i 个成员的决策偏好矢量，$i=1,2,\cdots,M$。

所有决策成员的偏好是不同的，并且在结构上相互独立，相互不影响，每一个成员都有一个偏好矢量与之对应。群体成员的思维模式可分为下列三种情况：

(1) 他们全部以相似的方式(即有一种共识)思考；

(2) 成员的意见变化，但是他们全都属于某一个同类的群体；

(3) 在群体之内有聚集(或称为同类子群体)。

设 n_k 是属于第 k 个聚集 C^k 的成员数，并且决策大群体Ω中有 K 个不同的聚集，那么 $\sum_{k=1}^{K} n_k = M$，其中 K 的取值范围为 $1 \leqslant K \leqslant M$。每一个聚集实际上就像一个子集合，其成员都是决策参与者，采用相聚这个度量来分析这个大群体中的成员。引入一个阈值γ，并且 $0 \leqslant \gamma \leqslant 1$，用来区别一个偏好矢量与另一个偏好矢量之间的相聚程度，即表示两个决策成员间的偏好接近程度。

定义 2-2　两个偏好矢量 V^{i_1} 和 V^{i_2} 之间的相聚度 $r_{i_1 i_2}(V^{i_1},V^{i_2})$ 定义如下：

$$r_{i_1i_2}(V^{i_1},V^{i_2})=\frac{(|V^{i_1}-\overline{V}^{i_1}|)\cdot(|V^{i_2}-\overline{V}^{i_2}|)^{\mathrm{T}}}{\left\|V^{i_1}-\overline{V}^{i_1}\right\|_p\cdot\left\|V^{i_2}-\overline{V}^{i_2}\right\|_q} \tag{2-1}$$

其中，$1<p<+\infty$，$1<q<+\infty$，且$1/p+1/q=1$，$\|\cdot\|_p$是矢量的 p-范数，$\|\cdot\|_q$是矢量的 q-范数，$\overline{V}^{i_1}=\frac{1}{N}\sum_{j=1}^{N}v_j^{i_1}$，$\overline{V}^{i_2}=\frac{1}{N}\sum_{j=1}^{N}v_j^{i_2}$。

定理 2-1 在定义 2-1 的条件下，决策大群体Ω的两个偏好矢量V^{i_1}和V^{i_2}之间的相聚度$r_{i_1i_2}(V^{i_1},V^{i_2})$满足不等式：

$$0\leqslant r_{i_1i_2}(V^{i_1},V^{i_2})\leqslant 1 \tag{2-2}$$

证明 对任意实数 $a\geqslant 0$ 和 $b\geqslant 0$，都有$ab\leqslant a^p/p+b^q/q$[5]，其中 p 和 q 与定义 2-2 中的假设相同。记$\xi_j^{i_1}=v_j^{i_1}-\overline{v}_j^{i_1}$，$\eta_j^{i_2}=v_j^{i_2}-\overline{v}_j^{i_2}$，当$\xi_j^{i_1}=\eta_j^{i_2}=0(j=1,2,\cdots,N)$时，结论显然成立，下面设$\xi_j^{i_1}$和$\eta_j^{i_2}$不全部为 0，于是得

$$\frac{\sum_{j=1}^{N}|\xi_j^{i_1}|\cdot|\eta_j^{i_2}|}{\left(\sum_{j=1}^{N}|\xi_j^{i_1}|^p\right)^{\frac{1}{p}}\cdot\left(\sum_{j=1}^{N}|\eta_j^{i_2}|^q\right)^{\frac{1}{q}}}=\sum_{j=1}^{N}\left[\frac{|\xi_j^{i_1}|}{\left(\sum_{j=1}^{N}|\xi_j^{i_1}|^p\right)^{\frac{1}{p}}}\right]\cdot\left[\frac{|\eta_j^{i_2}|}{\left(\sum_{j=1}^{N}|\eta_j^{i_2}|^q\right)^{\frac{1}{q}}}\right]$$

$$\leqslant\sum_{j=1}^{N}\left[\frac{|\xi_j^{i_1}|^p}{p\cdot\left(\sum_{j=1}^{N}|\xi_j^{i}|^p\right)}\right]+\left[\frac{|\eta_j^{i_2}|^q}{q\cdot\left(\sum_{j=1}^{N}|\eta_j^{i_2}|^q\right)}\right]=\frac{1}{p}+\frac{1}{q}=1$$

将$\xi_j^{i_1}$和$\eta_j^{i_2}$代入式(2-1)中可得结论。证毕。

特例，当 $p=q=2$ 时，$r_{i_1i_2}(V^{i_1},V^{i_2})$具有对称性。

对于偏好矢量V^{i_1}和V^{i_2}的相聚性，引入如下条件：

$$r_{i_1i_2}(V^{i_1},V^{i_2})\geqslant\gamma \tag{2-3}$$

也就是说，任何两个偏好矢量之间的相聚度$r_{i_1i_2}(V^{i_1},V^{i_2})$大于或等于阈值$\gamma$。也可以将阈值$\gamma$称为大群体中决策成员的资格参数，用来确定一个决策成员是否可以被包含在一个聚集中。本书提出一个基于相聚度模型$r_{i_1i_2}(V^{i_1},V^{i_2})$的聚类算法将决策大群体聚类成一系列数量相对较少的聚集，形成该大群体的聚集结构，设n_k是

第 k 个聚集 C^k 的成员数，并且在大群体中形成 K 个聚集，那么 $\sum_{k=1}^{K} n_k = M$ ，其中 K 的取值范围为 $1 \leqslant K \leqslant M$。通过建立和计算每一个聚集的一致性模型和整个大群体的一致性模型来分析大群体的偏好结构，进而把各个聚集的偏好综合成整个大群体的一种全局偏好。

2. 多方案排序决策问题

对于多方案排序决策问题，决策大群体需要对多个决策方案进行排序。

定义 2-3　设决策问题存在 P 个决策方案，每个成员就 N 个决策属性对这 P 个方案进行决策，设决策值为 v_j^{li} (其中 $i=1,2,\cdots,M$；$j=1,2,\cdots,N$；$l=1,2,\cdots,P$)，并且 $v_j^{li} \geqslant 0$ ，此时决策值矢量 $V^{li} = (v_1^{li}, v_2^{li}, \cdots, v_N^{li})$ 为决策大群体 Ω 中第 i 个成员 e_i 对第 l 个决策方案的决策偏好矢量。

所有决策成员的偏好在结构上相互独立，并且在决策大群体 Ω 内有若干个聚集(称为同类子群体)，针对每个决策方案，每一个成员都有一个决策偏好矢量与之对应。

定义 2-4　对于第 l 个决策方案，将两个偏好矢量 V^{li_1} 和 V^{li_2} 之间的相聚度 $r_{i_1 i_2}^{l}(V^{li_1}, V^{li_2})$ 定义为

$$r_{i_1 i_2}^{l}(V^{li_1}, V^{li_2}) = \frac{(|V^{li_1} - \overline{V}^{li_1}|) \cdot (|V^{li_2} - \overline{V}^{li_2}|)^{\mathrm{T}}}{\left\|V^{li_1} - \overline{V}^{li_1}\right\|_p \cdot \left\|V^{li_2} - \overline{V}^{li_2}\right\|_q} \tag{2-4}$$

其中，$1<p<+\infty$，$1<q<+\infty$，且 $1/p + 1/q = 1$ ，$\|\cdot\|_p$ 是矢量的 p-范数，$\|\cdot\|_q$ 是矢量的 q-范数，$\overline{V}^{li_1} = \frac{1}{N}\sum_{j=1}^{N} v_j^{li_1}$ ，$\overline{V}^{li_2} = \frac{1}{N}\sum_{j=1}^{N} v_j^{li_2}$ ，则同样有 $0 \leqslant r_{i_1 i_2}^{l}(V^{li_1}, V^{li_2}) \leqslant 1$ 。

引入阈值 γ，并且 $0 \leqslant \gamma \leqslant 1$，设立如下条件：

$$r_{i_1 i_2}^{l}(V^{li_1}, V^{li_2}) \geqslant \gamma \tag{2-5}$$

对于第 l 个决策方案，执行大群体成员聚类算法，将决策大群体 Ω 中的所有决策成员聚类成若干个不同的偏好聚集，形成该大群体 Ω 的聚集结构。设 n_k^l 是属于第 l 个方案中的第 k 个聚集的成员数，并且在大群体 Ω 中形成 K 个聚集，那么 $\sum_{k=1}^{K} n_k^l = M$ ，其中 K 的取值范围为 $1 \leqslant K \leqslant M$，第 k 个聚集记为 C^{lk} 。

2.1.2 决策偏好相互存在关联且属性数不确定的群体成员偏好相聚模型

在群体成员决策偏好相互存在关联且属性数不确定的情况下，成员对决策问题的决策偏好矢量的分量数量不相等，即各个群体成员由于各种条件的限制，并不一定对决策问题的所有属性进行评价，而可能是对部分属性进行评价，因此两个决策成员偏好矢量的维度不一定相同。下面分求解决策问题和多方案排序决策问题两种情况进行阐述。

1. 求解决策问题

对于求解决策问题，决策大群体需要对该问题进行协同求解，最终获得决策问题的最佳决策方案。

定义 2-5 设 E^n 是 n 维欧氏矢量空间，对于决策问题的 N 个属性，决策大群体 Ω 中的第 i 个成员针对决策问题关于其中 N 个属性的决策值为 v_j^i，并且 $v_j^i \geqslant 0$，j=1,2,⋯,n，这里 n≤N，则称决策值矢量 $V^i=(v_1^i,v_2^i,\cdots,v_n^i)$ 为决策大群体 Ω 第 i 个成员的决策偏好矢量，i=1,2,⋯,M。

复杂大群体决策成员的偏好矢量之间存在着一定的关联或耦合关系，彼此相互作用和影响，某个成员偏好矢量的维度值可能会影响其他成员偏好矢量的维度值，这也正是复杂大群体的偏好难以测度的重要原因。

定义 2-6 第 i_1 个成员偏好矢量中第 j_1 个属性维度与第 i_2 个成员偏好矢量中第 j_2 个属性维度之间的关联度为 $b_{j_1j_2}^{i_1i_2}=\dfrac{\min(v_{j_1}^{i_1},v_{j_2}^{i_2})}{\max(v_{j_1}^{i_1},v_{j_2}^{i_2})}$ [6]，$0\leqslant b_{j_1j_2}^{i_1i_2}\leqslant 1$，成员偏好矢量属性维度值差距越大，属性维度之间的影响度值越小。成员偏好矢量属性维度关联度与对应的描述如表 2-1 所示。

表 2-1 成员偏好矢量属性维度关联度与对应的描述

度值	影响度	影响描述
0	无关联	两个属性维度值间的改变完全不会引起对方属性值的改变
0.2	微弱关联	两个属性维度值之间的相互关联是微弱的，是一种不易察觉的改变
0.4	轻度关联	一个属性维度值的改变能够较明显地影响另一属性维度值的改变
0.6	中度关联	一个属性维度值的改变能较大程度地影响另一属性维度值的改变
0.8	重度关联	一个属性维度值的改变能极大程度地影响另一属性维度值的改变
1	完全关联	两个属性维度值的改变完全同步，或者两个属性维度值完全相同

第 i_1 个偏好矢量与第 i_2 个偏好矢量之间的属性维度关联关系矩阵 $B_{n_1\times n_2}^{i_1i_2}$ 由属性维度关联度 $b_{j_1j_2}^{i_1i_2}$ 构成，即有

$$B_{n_1\times n_2}^{i_1i_2}=\begin{bmatrix} b_{11}^{i_1i_2} & b_{12}^{i_1i_2} & \cdots & b_{1n_2}^{i_1i_2} \\ b_{21}^{i_1i_2} & b_{22}^{i_1i_2} & \cdots & b_{2n_2}^{i_1i_2} \\ \vdots & \vdots & & \vdots \\ b_{n_11}^{i_1i_2} & b_{n_12}^{i_1i_2} & \cdots & b_{n_1n_2}^{i_1i_2} \end{bmatrix} \tag{2-6}$$

其中，n_1 和 n_2 分别为第 i_1 个偏好矢量和第 i_2 个偏好矢量中的属性维度个数。

定义 2-7　两个成员偏好矢量 V^{i_1} 和 V^{i_2} 之间的相聚度定义为

$$r_{i_1i_2}(V^{i_1},V^{i_2})=\frac{(|V^{i_1}-\overline{V}^{i_1}|)\cdot B_{n_1\times n_2}^{i_1i_2}\cdot(|V^{i_2}-\overline{V}^{i_2}|)^{\mathrm{T}}}{\left\|V^{i_1}-\overline{V}^{i_1}\right\|_2\cdot\left\|B_{n_1\times n_2}^{i_1i_2}\right\|_2\cdot\left\|V^{i_2}-\overline{V}^{i_2}\right\|_2} \tag{2-7}$$

定理 2-2　基于定义 2-7，对于成员偏好矢量大群体中的两个偏好矢量 V^{i_1} 和 V^{i_2} 之间的相聚度 $r_{i_1i_2}(V^{i_1},V^{i_2})$，有不等式 $0\leqslant r_{i_1i_2}(V^{i_1},V^{i_2})\leqslant 1$。

证明　对任意实数 $a\geqslant 0$，$b\geqslant 0$，都有 $a\cdot b\leqslant\frac{a^2}{2}+\frac{b^2}{2}$。记 $\xi_{j_1}^{i_1}=v_{j_1}^{i_1}-\overline{v}_{j_1}^{i_1}$，$\eta_{j_2}^{i_2}=v_{j_2}^{i_2}-\overline{v}_{j_2}^{i_2}$，$j_1=1,2,\cdots,n_1$，$j_2=1,2,\cdots,n_2$。当 $\xi_{j_1}^{i_1}=b_{j_1j_2}^{i_1i_2}=\eta_{j_2}^{i_2}=0$ 时，结论显然成立，下面设 $\xi_{j_1}^{i_1}$、$b_{j_1j_2}^{i_1i_2}$ 和 $\eta_{j_2}^{i_2}$ 不全部为零，于是得

$$\begin{aligned}
&\frac{\sum\limits_{j_2=1}^{n_2}\sum\limits_{j_1=1}^{n_1}\left|\xi_{j_1}^{i_1}\right|\cdot\left|b_{j_1j_2}^{i_1i_2}\right|\cdot\left|\eta_{j_2}^{i_2}\right|}{\sqrt{\sum\limits_{j_1=1}^{n_1}\left|\xi_{j_1}^{i_1}\right|^2}\cdot\sqrt{\sum\limits_{j_2=1}^{n_2}\sum\limits_{j_1=1}^{n_1}\left|b_{j_1j_2}^{i_1i_2}\right|^2}\cdot\sqrt{\sum\limits_{j_2=1}^{n_2}\left|\eta_{j_2}^{i_2}\right|^2}}\\
&=\sum_{j_2=1}^{n_2}\sum_{j_1=1}^{n_1}\left[\frac{\left|\xi_{j_1}^{i_1}\right|\cdot\left|\eta_{j_2}^{i_2}\right|}{\sqrt{\sum\limits_{j_1=1}^{n_1}\left|\xi_{j_1}^{i_1}\right|^2}\cdot\sqrt{\sum\limits_{j_2=1}^{n_2}\left|\eta_{j_2}^{i_2}\right|^2}}\right]\cdot\left[\frac{\left|b_{j_1j_2}^{i_1i_2}\right|}{\sqrt{\sum\limits_{j_2=1}^{n_2}\sum\limits_{j_1=1}^{n_1}\left|b_{j_1j_2}^{i_1i_2}\right|^2}}\right]\\
&\leqslant\sum_{j_2=1}^{n_2}\sum_{j_1=1}^{n_1}\left[\frac{1}{2}\cdot\frac{\left|\xi_{j_1}^{i_1}\right|^2\cdot\left|\eta_{j_2}^{i_2}\right|^2}{\sum\limits_{j_1=1}^{n_1}\left|\xi_{j_1}^{i_1}\right|^2\cdot\sum\limits_{j_2=1}^{n_2}\left|\eta_{j_2}^{i_2}\right|^2}\right]+\sum_{j_2=1}^{n_2}\sum_{j_1=1}^{n_1}\left[\frac{\left|b_{j_1j_2}^{i_1i_2}\right|^2}{2\cdot\sum\limits_{j_2=1}^{n_2}\sum\limits_{j_1=1}^{n_1}\left|b_{j_1j_2}^{i_1i_2}\right|^2}\right]\\
&=\frac{1}{2}\cdot\sum_{j_2=1}^{n_2}\sum_{j_1=1}^{n_1}\left[\frac{\left|\xi_{j_1}^{i_1}\right|^2}{\sum\limits_{j_1=1}^{n_1}\left|\xi_{j_1}^{i_1}\right|^2}\right]\cdot\left[\frac{\left|\eta_{j_2}^{i_2}\right|^2}{\sum\limits_{j_2=1}^{n_2}\left|\eta_{j_2}^{i_2}\right|^2}\right]+\frac{1}{2}
\end{aligned}$$

$$\leqslant \frac{1}{2}\cdot\sum_{j_2=1}^{n_2}\sum_{j_1=1}^{n_1}\left[\frac{\left|\xi_{j_1}^{i_1}\right|^4}{2\cdot\sum_{j_1=1}^{n_1}\left|\xi_{j_1}^{i_1}\right|^4}+\frac{\left|\eta_{j_2}^{i_2}\right|^4}{2\cdot\sum_{j_2=1}^{n_2}\left|\eta_{j_2}^{i_2}\right|^4}\right]+\frac{1}{2}=\frac{1}{2}+\frac{1}{2}=1$$

将 $\xi_{j_1}^{i_1}$ 和 $\eta_{j_2}^{i_2}$ 代入式(2-7)中可得结论。

对于偏好矢量 V^{i_1} 和 V^{i_2} 的相聚性，同样引入如下条件：

$$r_{i_1i_2}(V^{i_1},V^{i_2})\geqslant\gamma \tag{2-8}$$

即任何两个偏好矢量 V^{i_1} 和 V^{i_2} 之间的相聚度 $r_{i_1i_2}(V^{i_1},V^{i_2})$ 大于或等于阈值γ，其中阈值γ 称为大群体中决策成员的资格参数，用来确定一个决策成员是否可以进入某一个聚集中。类似地，提出一个基于式(2-7)的相聚度模型 $r_{i_1i_2}(V^{i_1},V^{i_2})$ 的智能聚类算法，将大群体偏好矢量集聚类成决策大群体Ω的偏好聚集结构，设 n_k 是第 k 个聚集 C^k 的成员数，并且在群体中形成 K 个聚集，那么 $\sum_{k=1}^{K}n_k=M$ ，其中 K 的取值范围为 $1\leqslant K\leqslant M$。同样，建立和计算每个聚集的一致性指标并将其整合成整个群体的一致性指标来分析群体偏好的结构，进而把各个聚集的偏好综合成整个复杂大群体的一种全局偏好。

2. 多方案排序决策问题

对于多方案排序决策问题，决策大群体需要对多个决策方案进行排序，最终获得最优决策方案。

定义 2-8 设决策问题存在 N 个属性和 P 个决策方案，对于第 l 个决策方案，决策大群体Ω中的第 i 个成员针对其中 n 个属性的决策值为 v_j^{li} ，并且 $v_j^{li}\geqslant 0$ ($i=1,2,\cdots,M$; $j=1,2,\cdots,n$; $l=1,2,\cdots,P$)，这里 $n\leqslant N$，则称决策值矢量 $V^{li}=(v_1^{li},v_2^{li},\cdots,v_n^{li})$ 为决策大群体Ω第 i 个成员对第 l 个决策方案的决策偏好矢量。

群体成员的偏好矢量之间并不相互独立，而是存在着一定的关联关系，彼此存在作用和影响，对于每一个成员都有一个偏好矢量与之对应。

定义 2-9 对于第 l 个决策方案，第 i_1 个成员偏好矢量中第 j_1 个属性维度与第 i_2 个成员偏好矢量中第 j_2 个属性维度之间的关联度为 $b_{j_1j_2}^{l,i_1i_2}=\dfrac{\min(v_{j_1}^{li_1},v_{j_2}^{li_2})}{\max(v_{j_1}^{li_1},v_{j_2}^{li_2})}$ ，$0\leqslant b_{j_1j_2}^{l,i_1i_2}\leqslant 1$ ，同理可知成员偏好矢量属性维度值差距越大，属性维度之间的关联度值越小。

对于第 l 个决策方案，第 i_1 个偏好矢量与第 i_2 个偏好矢量之间的属性维度关联关系矩阵 $B_{n_1\times n_2}^{l,i_1i_2}$ 由属性维度关联度 $b_{j_1j_2}^{l,i_1i_2}$ 构成，即有

$$B_{n_1\times n_2}^{l,i_1i_2}=\begin{bmatrix} b_{11}^{l,i_1i_2} & b_{12}^{l,i_1i_2} & \cdots & b_{1n_2}^{l,i_1i_2} \\ b_{21}^{l,i_1i_2} & b_{22}^{l,i_1i_2} & \cdots & b_{2n_2}^{l,i_1i_2} \\ \vdots & \vdots & & \vdots \\ b_{n_11}^{l,i_1i_2} & b_{n_12}^{l,i_1i_2} & \cdots & b_{n_1n_2}^{l,i_1i_2} \end{bmatrix} \tag{2-9}$$

其中，n_1 和 n_2 分别为第 i_1 个偏好矢量和第 i_2 个偏好矢量中的属性维度个数。

定义 2-10　对于第 l 个决策方案，两个决策成员偏好矢量 V^{li_1} 和 V^{li_2} 之间的相聚度定义为

$$r_{i_1i_2}^{l}(V^{li_1},V^{li_2})=\frac{(|V^{li_1}-\overline{V}^{li_1}|)\cdot B_{n_1\times n_2}^{l,i_1i_2}\cdot(|V_{i_2}^{l}-\overline{V}_{i_2}^{l}|)^{\mathrm{T}}}{\left\|V^{li_1}-\overline{V}^{li_1}\right\|_2\cdot\left\|B_{n_1\times n_2}^{l,i_1i_2}\right\|_2\cdot\left\|V^{li_2}-\overline{V}^{li_2}\right\|_2} \tag{2-10}$$

参照定理 2-2 的证明，可得 $0\leqslant r_{i_1i_2}^{l}(V^{li_1},V^{li_2})\leqslant 1$。

引入聚类阈值γ，并且 $0\leqslant\gamma\leqslant1$，设立如下条件：

$$r_{i_1i_2}^{l}(V^{li_1},V^{li_2})\geqslant\gamma \tag{2-11}$$

对于第 l 个决策方案，执行群体成员偏好矢量聚类算法，可将决策大群体Ω中的所有成员偏好矢量聚类成 K 个不同的聚集，形成该群体Ω的聚集结构，同样设 n_k^l 是属于第 l 个方案中的第 k 个聚集 C^{lk} 的成员数，那么 $\sum_{k=1}^{K}n_k^l=M$。

2.1.3　决策偏好中属性之间相互存在关系且属性数确定的群体成员偏好相聚模型

在群体成员决策偏好中属性之间相互存在关系且属性数确定的情况下，成员决策偏好矢量的分量数相等，偏好矢量中的决策属性之间存在关系，本节以二元关系为例，仍以求解决策问题和多方案排序决策问题两种情况进行阐述。

1. 求解决策问题

定义 2-11(属性关系矩阵)　对于大群体中第 i 个决策成员的偏好矢量 V^i，设 R 为 N 元偏好矢量 $V^i=(v_1^i,v_2^i,\cdots,v_N^i)$ 上的属性二元关系，对任意的 $1\leqslant j_1,j_2\leqslant N$，称 $A^i(R)=(a_{j_1j_2}^i)_{n\times n}$ 为成员 e_i 的基于关系 R 的属性关系矩阵。其中，当且仅当 $(v_{j_1}^i,v_{j_2}^i)\in R$ 时，$a_{j_1j_2}^i=1$，否则 $a_{j_1j_2}^i=0$。显然该关系矩阵 $A^i(R)$ 是 0-1 矩阵。

例如，偏好矢量 V=(0.2, 0.4, 0.8)，当二元关系 R 描述成两元素之和小于 1 时，偏好矢量 V 基于关系 R 的属性关系矩阵为 $\begin{bmatrix} 0 & 0 & 1 \\ 0 & 0 & 1 \\ 1 & 1 & 1 \end{bmatrix}$。

定义 2-12　对于属性关系 R，两个偏好矢量 V^{i_1} 和 V^{i_2} 的关系矩阵分别为 $A^{i_1}(R)$ 和 $A^{i_2}(R)$，则这两个偏好矢量 V^{i_1} 和 V^{i_2} 的相聚度定义为

$$r_{i_1i_2}(V^{i_1},V^{i_2})=\frac{1}{\sqrt{N}}\cdot\frac{\left\|A^{i_1}+A^{i_2}\right\|_2}{\left\|A^{i_1}\right\|_\infty+\left\|A^{i_2}\right\|_\infty} \tag{2-12}$$

其中，$\|A\|_2=(\rho(A^{\mathrm{T}}\cdot A))^{\frac{1}{2}}$，$\|A\|_\infty=\max\limits_{1\leqslant i\leqslant N}\sum\limits_{j=1}^{N}\left|a_{ij}\right|$，$\rho(A^{\mathrm{T}}\cdot A)$ 是 $A^{\mathrm{T}}\cdot A$ 的谱半径，即矩阵 $A^{\mathrm{T}}\cdot A$ 特征值中绝对值最大者。

定理 2-3　两个偏好矢量 V^{i_1} 和 V^{i_2} 之间的相聚度 $r_{i_1i_2}(V^{i_1},V^{i_2})$ 满足下列性质：

(1) 自反性，即 $r_{ii}(V^i,V^i)=\frac{1}{\sqrt{N}}\cdot\frac{\left\|A^i+A^i\right\|_2}{\left\|A^i\right\|_\infty+\left\|A^i\right\|_\infty}=1$；

(2) 对称性，即 $r_{i_1i_2}(V^{i_1},V^{i_2})=r_{i_2i_1}(V^{i_2},V^{i_1})$；

(3) 有界性，即 $0\leqslant r_{i_1i_2}(V^{i_1},V^{i_2})\leqslant 1$。

证明　对称性显然成立，下证自反性和有界性。

(1) 自反性：因为属性关系矩阵是 0-1 矩阵，可得 $\left\|A^i\right\|_2=\sqrt{N}\left\|A^i\right\|_\infty$，则有

$$r_{ii}(V^i,V^i)=\frac{1}{\sqrt{N}}\cdot\frac{\left\|A^i+A^i\right\|_2}{\left\|A^i\right\|_\infty+\left\|A^i\right\|_\infty}=\frac{1}{\sqrt{N}}\cdot\frac{2\sqrt{N}\left\|A^i\right\|_\infty}{2\left\|A^i\right\|_\infty}=1$$

(2) 有界性：$r_{i_1i_2}(V^{i_1},V^{i_2})\geqslant 0$ 显然成立，下证 $r_{i_1i_2}(V^{i_1},V^{i_2})\leqslant 1$。

由矩阵范数的性质得 $\|A\|_2\leqslant\sqrt{N}\|A\|_\infty$，$\|A+B\|_2\leqslant\|A\|_2+\|B\|_2$，则有

$$r_{i_1i_2}(V^{i_1},V^{i_2})=\frac{1}{\sqrt{N}}\cdot\frac{\left\|A^{i_1}+A^{i_2}\right\|_2}{\left\|A^{i_1}\right\|_\infty+\left\|A^{i_2}\right\|_\infty}\leqslant\frac{1}{N}\cdot\frac{\left\|A^{i_1}\right\|_2+\left\|A^{i_2}\right\|_2}{\left\|A^{i_1}\right\|_\infty+\left\|A^{i_2}\right\|_\infty}\leqslant\frac{\sqrt{N}}{N}\times\frac{\left\|A^{i_1}\right\|_\infty+\left\|A^{i_2}\right\|_\infty}{\left\|A^{i_1}\right\|_\infty+\left\|A^{i_2}\right\|_\infty}=1。$$

对于偏好矢量 V^{i_1} 和 V^{i_2} 的相聚性，引入如下条件：

$$r_{i_1i_2}(V^{i_1},V^{i_2})\geqslant\gamma \tag{2-13}$$

即任何两个偏好矢量 V^{i_1} 和 V^{i_2} 之间的相聚度 $r_{i_1i_2}(V^{i_1},V^{i_2})$ 大于或等于阈值 γ。同样，

提出一个基于式(2-12)模型$r_{i_1i_2}(V^{i_1},V^{i_2})$的智能聚类算法将该大群体偏好矢量集聚类成若干个聚集，设n_k是聚集C^k中的成员数，并且在决策大群体Ω中形成K个聚集，那么$\sum_{k=1}^{K}n_k=M$，其中K的取值范围为$1\leqslant K\leqslant M$。

2. 多方案排序决策问题

定义 2-13 设决策问题存在P个决策方案，群体中每个决策成员e_i就N个属性对P个方案进行决策，设决策值为v_j^{li}(其中$i=1,2,\cdots,M$；$j=1,2,\cdots,N$；$l=1,2,\cdots,P$)，并且$v_j^{li}\geqslant 0$，设R为N元偏好矢量$V^{li}=(v_1^{li},v_2^{li},\cdots,v_N^{li})$上的属性二元关系，对任意的$1\leqslant j_1$，$j_2\leqslant N$，称$A^{li}(R)=(a_{j_1j_2}^{li})_{N\times N}$为成员$e_i$的基于关系$R$的属性关系矩阵，其中，当且仅当$(v_{j_1}^i,v_{j_2}^i)\in R$时，$a_{j_1j_2}^{li}=1$；否则$a_{j_1j_2}^{li}=0$。显然，该关系矩阵$A^{li}(R)$也是0-1矩阵。

定义 2-14 对于第l个决策方案和属性关系R，两个偏好矢量V^{li_1}和V^{li_2}的关系矩阵分别为$A^{li_1}(R)$和$A^{li_2}(R)$，则这两个偏好矢量V^{li_1}和V^{li_2}的相聚度定义为

$$r_{i_1i_2}^l(V^{li_1},V^{li_2})=\frac{1}{\sqrt{N}}\cdot\frac{\left\|A^{li_1}+A^{li_2}\right\|_2}{\left\|A^{li_1}\right\|_\infty+\left\|A^{li_2}\right\|_\infty} \tag{2-14}$$

其中，$\|A\|_2$、$\|A\|_\infty$的意义同上。

同样，相聚度模型$r_{i_1i_2}^l(V^{li_1},V^{li_2})$满足下列性质：

(1) 自反性，即$r_{ii}^l(V^{li},V^{li})=\frac{1}{\sqrt{N}}\cdot\frac{\left\|A^{li}+A^{li}\right\|_2}{\left\|A^{li}\right\|_\infty+\left\|A^{li}\right\|_\infty}=1$；

(2) 对称性，即$r_{i_1i_2}^l(V^{li_1},V^{li_2})=r_{i_2i_1}^l(V^{li_2},V^{li_1})$；

(3) 有界性，即$0\leqslant r_{i_1i_2}^l(V^{li_1},V^{li_2})\leqslant 1$。

类似地，引入阈值$\gamma(0\leqslant\gamma\leqslant 1)$，设立如下条件：

$$r_{i_1i_2}^l(V^{li_1},V^{li_2})\geqslant\gamma \tag{2-15}$$

对于第l个决策方案，执行大群体成员偏好矢量聚类算法，可将决策大群体Ω中的所有成员偏好矢量聚类成K个聚集，形成该大群体Ω的聚集结构。同样，设n_k^l是属于第l个方案中的第k个聚集C^{lk}的成员数，那么$\sum_{k=1}^{K}n_k^l=M$。

2.1.4 基于距离和趋势的群体成员偏好二元相聚模型

本节针对多方案排序决策问题阐述基于距离和趋势的群体成员偏好二元相聚模型。目前对成员偏好相聚的度量主要是基于以下两种方法：余弦相聚度和距离(欧氏距离、曼哈顿距离等)相聚度。前者是将决策成员的偏好信息看成多维空间中的矢量，以矢量之间夹角的余弦值来度量决策成员之间的相聚程度；而基于距离的相聚度则将偏好信息看成多维空间中的点，以两点之间距离的远近来度量决策成员之间的相聚程度。然而，余弦相聚度只考虑了矢量之间方向上的相聚性(即偏好趋势的相聚性)，却没有考虑两者在空间“位置”上的相聚性，这使得当两个矢量“共线”时，无论它们之间距离有多远，其相聚度永远都为 1，这显然是不合理的；同样，基于距离的相聚度也存在着其片面性，它虽然考虑了两者之间的“位置”关系，却忽视了决策者偏好趋势上的相聚性(即方向上的相聚性)，使得基于距离相聚度的聚类结果永远是“球类簇”，而聚类形成的“类簇”应该是任意形状的。在对决策者的偏好信息进行聚类时，应既考虑“位置”的相聚性，又考虑偏好趋势的相聚性，因此可以将这两种相聚性度量方法进行结合，构建基于这两种度量方法的综合二元相聚度。

与余弦相聚度不同的是，基于距离的相聚度没有一个统一的度量标准，目前主要的做法是对其进行简单的归一化处理，即 $\mathrm{sim}(V^{i_1},V^{i_2})=\dfrac{1}{1+d(V^{i_1},V^{i_2})}$ (其中 V^{i_1}、V^{i_2} 为两个专家成员偏好矢量)。针对某决策问题，专家对其进行决策时，其决策值一般都会有一个确定的范围，因此可以认为该问题的决策空间是封闭的，在该决策空间中，归一化后的距离相似度公式依然存在问题：一是这两种度量方法是在同一决策空间中度量同一对偏好矢量的相聚程度，但两者的度量标准不一致；二是在同一决策空间中，基于距离的相聚度的度量范围是不确定的。例如，利用距离相聚度计算两个偏好矢量之间的相聚度时，决策值范围在[0,1]和决策值范围在[0,10]之间所得到的结果是不一样的(因为两个范围下的距离不同)。而上面存在的问题会对两种相聚度度量方法的结合造成困难，尤其是距离相聚度公式度量范围的不确定性。因此，有必要对其进行一些改进。

以欧氏距离为例，由于决策问题的决策空间是封闭的，那么该空间中任意两个决策者偏好矢量之间的欧氏距离的范围是确定的。考虑某多方案多属性的决策问题(P 个方案，N 个属性，M 个决策者)，假设属性值的范围是 $[\underline{v},\overline{v}]$ (不同类型的属性值可以通过标准化统一取值范围)，v_j^{li} 表示决策者 i 对第 l 个方案的第 j 个属性的决策偏好值(其中 $\underline{v}\leqslant v_j^{li}\leqslant\overline{v}$)，则第 i 个决策成员对第 l 个决策方案的决策偏好矢量为 $V^{li}=(v_1^{li},v_2^{li},\cdots,v_N^{li})$，第 i_1 个决策成员偏好矢量和第 i_2 个决策成员偏好

矢量之间的欧氏距离为

$$d_{i_1i_2}=\sqrt{(v_1^{li_2}-v_1^{li_1})^2+(v_2^{li_2}-v_2^{li_1})^2+\cdots+(v_N^{li_2}-v_N^{li_1})^2}$$

其中，$l=1,2,\cdots,P$；$i_1,i_2=1,2,\cdots,M$ 且 $i_1\neq i_2$。

由于 $\underline{v}\leqslant v_j^{li_1}\leqslant\overline{v}$、$\underline{v}\leqslant v_j^{li_2}\leqslant\overline{v}$，即 $v_j^{li_1}-v_j^{li_2}\in\left[\underline{v}-\overline{v},\overline{v}-\underline{v}\right]$，$(v_j^{li_1}-v_j^{li_2})^2\in\left[0,(\overline{v}-\underline{v})^2\right]$，可得欧氏距离的范围是 $0\leqslant d_{i_1i_2}\leqslant(\overline{v}-\underline{v})\sqrt{N}$，即决策群体中任意两个决策者偏好矢量之间距离的范围是 $\left[0,(\overline{v}-\underline{v})\sqrt{N}\right]$，其中 N 为属性数，即偏好矢量的维数。为了使距离相聚度和余弦相聚度具有相同的度量标准，且距离相似度的度量范围不随决策值范围的改变而改变，定义如下基于距离的相聚度公式。

定义 2-15　基于距离的相聚度定义为

$$\begin{aligned}r_{i_1i_2}^d=&1-\frac{1}{2!}\left(\frac{\pi}{2(\overline{v}-\underline{v})\sqrt{N}}d_{i_1i_2}\right)^2+\frac{1}{4!}\left(\frac{\pi}{2(\overline{v}-\underline{v})\sqrt{N}}d_{i_1i_2}\right)^4\\&-\frac{1}{6!}\left(\frac{\pi}{2(\overline{v}-\underline{v})\sqrt{N}}d_{i_1i_2}\right)^6+\frac{1}{8!}\left(\frac{\pi}{2(\overline{v}-\underline{v})\sqrt{N}}d_{i_1i_2}\right)^8\end{aligned}$$

定理 2-4　在 $d_{i_1i_2}\in\left[0,(\overline{v}-\underline{v})\sqrt{N}\right]$ 的情况下，有 $0\leqslant r_{i_1i_2}^d\leqslant1$。

证明

$$\begin{aligned}\frac{\partial r_{i_1i_2}^d}{\partial d_{i_1i_2}}=&-\left(\frac{\pi}{2(\overline{v}-\underline{v})\sqrt{N}}d_{i_1i_2}\right)\left(\frac{\pi}{2(\overline{v}-\underline{v})\sqrt{N}}\right)+\frac{1}{3!}\left(\frac{\pi}{2(\overline{v}-\underline{v})\sqrt{N}}d_{i_1i_2}\right)^3\left(\frac{\pi}{2(\overline{v}-\underline{v})\sqrt{N}}\right)\\&-\frac{1}{5!}\left(\frac{\pi}{2(\overline{v}-\underline{v})\sqrt{N}}d_{i_1i_2}\right)^5\left(\frac{\pi}{2(\overline{v}-\underline{v})\sqrt{N}}\right)+\frac{1}{7!}\left(\frac{\pi}{2(\overline{v}-\underline{v})\sqrt{N}}d_{i_1i_2}\right)^7\left(\frac{\pi}{2(\overline{v}-\underline{v})\sqrt{N}}\right)\\=&d_{i_1i_2}\left(\frac{\pi}{2(\overline{v}-\underline{v})\sqrt{N}}\right)^2\left\{\left[\frac{1}{3!}\left(\frac{\pi}{2(\overline{v}-\underline{v})\sqrt{N}}d_{i_1i_2}\right)^2-1\right]+\left[\frac{1}{5!}\left(\frac{\pi}{2(\overline{v}-\underline{v})\sqrt{N}}d_{i_1i_2}\right)^5\right.\right.\\&\left.\left.\cdot\left(\frac{1}{42}\left(\frac{\pi}{2(\overline{v}-\underline{v})\sqrt{N}}d_{i_1i_2}\right)^2-1\right)\right]\right\}\end{aligned}$$

因为 $d_{i_1i_2}\in\left[0,(\overline{v}-\underline{v})\sqrt{N}\right]$，得 $\frac{\pi}{2(\overline{v}-\underline{v})\sqrt{N}}d_{i_1i_2}\in\left[0,\frac{\pi}{2}\right]$，故 $\frac{1}{3!}\left(\frac{\pi}{2(\overline{v}-\underline{v})\sqrt{N}}d_{i_1i_2}\right)^2-1<0$，$\frac{1}{42}\left(\frac{\pi}{2(\overline{v}-\underline{v})\sqrt{N}}d_{i_1i_2}\right)^2-1<0$，所以 $\frac{\partial r_{i_1i_2}^d}{\partial d_{i_1i_2}}<0$，即在 $d_{i_1i_2}\in\left[0,(\overline{v}-\underline{v})\sqrt{N}\right]$ 上

$r_{i_1i_2}^{d}$ 是关于 $d_{i_1i_2}$ 的减函数。

当 $d_{i_1i_2}=0$ 时，$r_{i_1i_2}^{d}=1$；当 $d_{i_1i_2}=(\overline{v}-\underline{v})\sqrt{N}$ 时，$r_{i_1i_2}^{d}=2.47\times10^{-5}\approx0$。证毕。

以向量夹角为自变量的余弦相聚度的度量方法，其夹角范围是[0, π/2]，相聚度范围是[0, 1]，其度量的划分实际上是建立了[0, π/2]→ [0, 1]的一个一对一映射。对于改进后的距离相聚度公式，由于 $\dfrac{\pi}{2(\overline{v}-\underline{v})\sqrt{N}}d_{i_1i_2}\in[0,\ \pi/2]$，故定义 2-15 中的公式是余弦函数的泰勒级数展开式(选取了前 5 项，若要更高的近似精度，可取多项)，是对余弦函数的近似表示，因此使得它和余弦相聚度有了近乎同一的度量划分标准。其次，即使同一决策空间中的决策值范围是变化的，但由于 $(\overline{v}-\underline{v})\sqrt{N}$ 对距离 d_{ij} 的调节，度量范围不再随决策值范围 $[\underline{v},\overline{v}]$ 的改变而改变，而且改进后的距离相似度不受决策空间的影响，即对于不同的决策空间，其都有一个统一的度量标准。

如上所述，在对决策者的偏好信息进行聚类时，既要考虑决策者“位置”的相聚性，又要考虑决策者“偏好趋势”的相聚性，因此将距离相聚度与余弦相聚度结合，构建基于这两者的二元相聚度。

定义 2-16 基于距离的成员偏好 V^{i_1}、V^{i_2} 对第 l 个决策方案的二元相聚度定义为

$$r_{i_1i_2}^{l}(V^{i_1},V^{i_2})=\alpha^{c}\cdot r_{i_1i_2}^{lc}+\alpha^{d}\cdot r_{i_1i_2}^{ld} \tag{2-16}$$

其中，$r_{i_1i_2}^{l}(V^{i_1},V^{i_2})$ 为第 i_1 个决策者偏好和第 i_2 个决策者偏好对第 l 个决策方案的二元相聚度；$r_{i_1i_2}^{lc}$ 是两者的余弦相聚度(见式(2-4))；$r_{i_1i_2}^{ld}$ 是两者的距离相聚度；α^{c} 和 α^{d} 分别为余弦相聚度和距离相聚度所对应的权重，且 $\alpha^{c}+\alpha^{d}=1$。考虑在实际决策中，对于不同的决策问题和数据类型，可以赋予两者不同的权重。当相聚性度量中“位置”关系更为重要时，则赋予距离相聚度更大的权重，反之则赋予余弦相聚度更大的权重。

2.2 复杂大群体决策偏好聚类方法

2.2.1 大群体成员偏好聚类流程

虽然大群体成员偏好具有差异性，但也存在相聚性，因此可以进行聚类，在群体中形成若干个不同的聚集，每个聚集中成员的偏好虽然不尽相同，但大体上是接近的。通过聚类结构的分析可以实现对大群体偏好结构的分析，进一步理解

大群体成员偏好的分布情况。基于上述分析，提出大群体成员聚类流程，大群体中所有的成员通过聚类算法生成若干个聚集，利用这些聚集的结构分析大群体偏好的一致性情况，大群体成员偏好聚类流程如图 2-2 所示。方便起见，决策成员和决策偏好采用相同的记号表示。

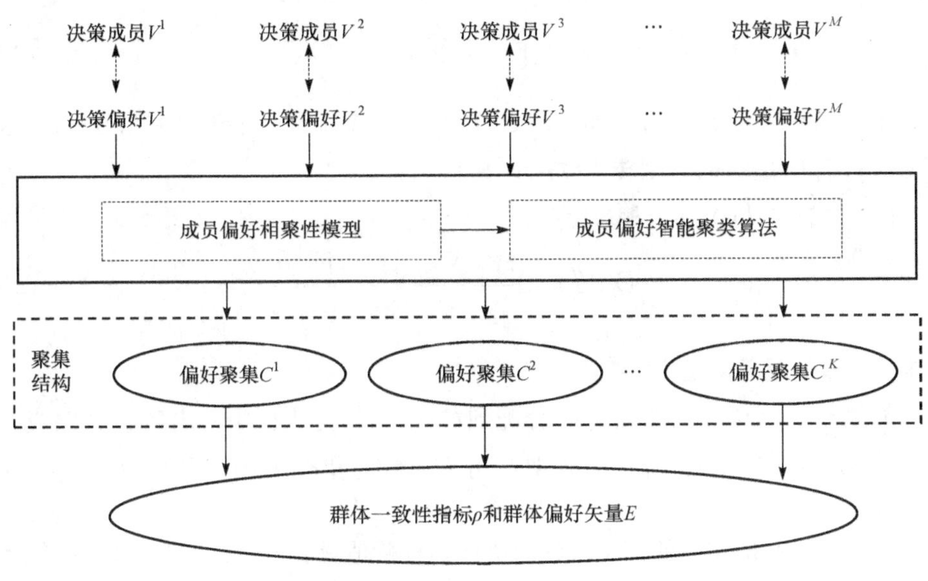

图 2-2　大群体成员偏好聚类流程图

2.2.2　大群体成员偏好聚集算法

基于式(2-1)定义的相聚度模型$r_{i_1i_2}(V^{i_1},V^{i_2})$，把决策大群体$\Omega$中的成员偏好进行聚类，在$\Omega$中形成不超过$M$个聚集($M$是大群体成员的总数)。在聚集算法中使用一个阈值$\gamma$，该阈值用于判断两个偏好矢量之间的相聚度，即一个成员近似区别另一个(组)成员应该依赖于这个阈值，以便判断这个成员是否应该进入某一个聚集C^k中。对一个已形成的聚集C^k，从群体中选择一个偏好矢量，如果这个矢量与所有被选入该聚集C^k所有矢量的线性组合间的相聚度大于或等于阈值γ，则将这个矢量分配给该聚集C^k。否则，这个矢量将不分配给这个聚集C^k，而把它分配给一个临时集合T。当大群体中所有的偏好矢量都被分配到相应的聚集中时，算法停止。

(1) 把决策大群体Ω中所有成员的偏好矢量构成一个偏好集合U，并对其中的矢量进行随机排序，所有偏好矢量顺序标记为 1 到M，同时设置一个临时集合T。

(2) 初始化聚集计数器k=1，矢量顺序号i=1，阈值$\gamma(0\leqslant\gamma\leqslant1)$根据问题的实际

情况取定一个实数，如 0.5、0.6、0.8 等。

(3) 从 U 中按顺序选取偏好矢量 V^i，其中 $V^i \in U$，把它分配到聚集 C^k，并且从集合 U 中移出 V^i，同时这个聚集 C^k 的成员计数器 n_k=1。

(4) 对 C^k 中所有偏好矢量进行线性组合得到 Y，记为

$$Y = \frac{1}{n_k}\sum_{i=1}^{n_k} V^i \tag{2-17}$$

(5) 如果 U 是非空的，那么从 U 中按顺序选择下一个矢量 V^i (i=i+1)，这里 $V^i \in U$；若 U 是空的，则转入(7)。

(6) 计算 V^i 与 Y 的相聚度

$$r_i(Y,V^i) = \frac{(|Y-\overline{Y}|)\cdot(|V^i - \overline{V}^i|)^{\mathrm{T}}}{\left\|Y-\overline{Y}\right\|_p \cdot \left\|V^i - \overline{V}^i\right\|_q} \tag{2-18}$$

其中，p 和 q 意义同定义 2-2。

如果 $r_i(Y,V^i) \geqslant \gamma$，那么把 V^i 分配到 C^k 中，并且从 U 中移出 V^i，聚集成员计数器 $n_k = n_k + 1$；若 $r_i(Y,V^i) < \gamma$，则把 V^i 分配到临时集合 T 中，同时从 U 中移出 V^i，转入(4)。

(7) 如果 T 是非空的，那么分别执行集合赋值操作 $U = T$，$T = \varnothing$，聚集计数器 k=k+1，转入(3)，否则转入(8)。

(8) 记录聚类结果。

其中，K 为决策大群体 Ω 中聚集的数量，C^k 为第 k 个聚集，n_k 为聚集 C^k 中的成员数，这里 k=1,2,⋯,K，并且 $\sum_{k=1}^{K} n_k = M$。

这里的 K 是大群体成分因素的一个度量值，若 K=1，则大群体中只有一个聚集，即整个大群体是一个同类群体；若 K>1，则大群体中存在多个不同类的聚集。

阈值 γ 的取值比较重要，因为某个成员 i 是否能够进入某个聚集 C^k，取决于成员 e_i 的偏好矢量 V^i 与聚集 C^k 中所有成员偏好矢量的线性组合 Y^k 间的相聚度 r_{ik} 是否大于或等于这个阈值 γ，即是否 $r_{ik} \geqslant \gamma$。若该不等式成立，则成员 e_i 就可以进入聚集 C^k，即成员 e_i 与聚集 C^k 中所有成员的偏好是接近的，接近程度大于或等于这个阈值 γ；否则，成员 e_i 就不能进入聚集 C^k。阈值 γ 越大，成员 e_i 越难进入聚集 C^k；反之，成员 e_i 越易进入聚集 C^k。阈值 γ 的值可先由人工取一个较大的数，并执行聚类算法，然后降低阈值 γ 的值(可设定一个比例)，继续执行算法，通过比较可以确定一个较为满意的阈值 γ，通过这个阈值 γ 可分析和控制群体中

的聚集结构。

2.2.3　大群体成员偏好聚类算例

下面就 $p=q=2$ 的情况，给出一个大群体成员偏好聚类算法算例。现有 50 个决策成员构成决策大群体Ω，就某个多属性决策问题进行决策，该决策问题存在 5 个属性，每个决策成员分别针对这 5 个属性对该问题进行评价，可得 50 个偏好矢量，为计算方便将偏好矢量中的元素值转化为 0 到 1 之间。然后对这 50 个偏好矢量进行随机排序，得决策成员偏好矢量集$\{V^i \mid i=1, 2,\cdots, 50\}$，如表 2-2 所示。

表 2-2　大群体成员偏好矢量表(V)

序号	属性 1	属性 2	属性 3	属性 4	属性 5	序号	属性 1	属性 2	属性 3	属性 4	属性 5
V^1	0.68	0.35	0.01	0.7	0.25	V^{26}	0.14	0.75	0.23	0.69	0.19
V^2	0.59	0.63	0.65	0.06	0.46	V^{27}	0.88	0.06	0.59	0.92	1
V^3	0.7	0.43	0.05	0.67	0.22	V^{28}	0.26	0.78	0.15	0.15	0.25
V^4	0.99	0.23	0.52	0.22	0.05	V^{29}	0.35	0.75	0.73	0.6	0.34
V^5	0.58	0.77	0.93	0.9	0.76	V^{30}	0.71	0.88	0.98	0.19	0.78
V^6	0.13	0.01	0.11	0.04	0.7	V^{31}	0.74	0.71	0.64	0.69	0.93
V^7	0.62	0.89	0.02	0.9	0.56	V^{32}	0.86	0.03	0.81	0.14	0.28
V^8	0.24	0.03	0.86	0.83	0.86	V^{33}	0.03	1	0.28	0.26	0.44
V^9	0.89	0.27	0.18	0.58	0.33	V^{34}	0.25	0.24	0.73	0.62	0.82
V^{10}	0.33	0.7	0.55	0.22	0.9	V^{35}	0.04	0.33	0.06	0.94	0.26
V^{11}	0.77	0.3	0.69	0.93	0.26	V^{36}	0.32	0.93	0.43	0.23	0.87
V^{12}	0.56	0.35	0.5	0.42	0.13	V^{37}	0.65	0.01	0.88	0.61	0.14
V^{13}	0.46	0.61	0.19	0.54	0.4	V^{38}	0.75	0.71	0.71	0.36	0.34
V^{14}	0.24	0.8	0.97	0.88	0.3	V^{39}	0.12	0.61	0.97	0.68	0.86
V^{15}	0.5	0.38	0.67	0.5	0.94	V^{40}	0.51	0.41	0.95	0.96	0.25
V^{16}	0.96	0.98	0.17	0.87	0.06	V^{41}	0.2	0.26	0.77	0.95	0.59
V^{17}	0.89	0.83	0.56	0.35	0.15	V^{42}	0.03	0.72	0.67	0.79	0.94
V^{18}	0.02	0.17	0.72	0.87	0.64	V^{43}	0.52	0.85	0.19	0.65	0.2
V^{19}	0.14	0.56	0.86	0.54	0.13	V^{44}	0.53	0.01	0.88	0.61	0.27
V^{20}	0.09	0.33	0.46	0.14	0.57	V^{45}	0.11	0.58	0.71	0.16	0.77
V^{21}	0.22	0.59	0.47	0.83	0.82	V^{46}	0.28	0.44	0.59	0.65	0.1
V^{22}	0.45	0.97	0.23	0.3	0.62	V^{47}	0.83	0.87	0.66	0.88	0.78
V^{23}	0.36	0.51	0.74	0.67	0.45	V^{48}	0.75	0.26	0.28	0.3	0.29
V^{24}	0.6	0.93	0.4	0.54	0.25	V^{49}	0.24	0.21	0.03	0.63	0.24
V^{25}	0.55	0.11	0.46	0.5	0.87	V^{50}	0.97	0.38	0.62	0.96	0.26

显然 M=50，N=5，分别取阈值γ为 0.9、0.8、0.7、0.65、0.5 和 0.3，大群体聚类算法执行结果如下。

(1) 取阈值γ=0.9，则聚集数 K=17，如表 2-3 所示。

表 2-3　大群体成员聚类结果表(γ=0.9)

聚集 C^k	成员数 n_k	成员 V^i	聚集 C^k	成员数 n_k	成员 V^i
聚集 C^1	6	$V^1,V^3,V^5,V^{23},V^{30},V^{38}$	聚集 C^{10}	2	V^{19},V^{45}
聚集 C^2	6	$V^2,V^{35},V^{36},V^{37}, V^{39},V^{48}$	聚集 C^{11}	2	V^{24},V^{25}
聚集 C^3	3	V^4,V^9,V^{42}	聚集 C^{12}	3	V^{27},V^{28},V^{34}
聚集 C^4	5	$V^6,V^{15},V^{17},V^{46},V^{49}$	聚集 C^{13}	1	V^{31}
聚集 C^5	3	V^7,V^{13},V^{44}	聚集 C^{14}	1	V^{32}
聚集 C^6	4	V^8,V^{11},V^{22},V^{26}	聚集 C^{15}	1	V^{33}
聚集 C^7	2	V^{10},V^{50}	聚集 C^{16}	1	V^{40}
聚集 C^8	5	$V^{12},V^{16},V^{20},V^{29},V^{43}$	聚集 C^{17}	1	V^{47}
聚集 C^9	4	$V^{14},V^{18},V^{21},V^{41}$			

(2) 取阈值γ=0.8，则聚集数 K=8，如表 2-4 所示。

表 2-4　大群体成员聚类结果表(γ=0.8)

聚集 C^k	成员数 n_k	成员 V^i	聚集 C^k	成员数 n_k	成员 V^i
聚集 C^1	21	$V^1,V^2,V^3,V^4,V^5,V^9,V^{12},V^{14},V^{15},V^{16},V^{17},V^{19},V^{20},V^{21},V^{29},V^{31},V^{34},V^{36},V^{38},V^{43},V^{50}$	聚集 C^5	2	V^{25},V^{27}
聚集 C^2	7	$V^6,V^{10},V^{11},V^{24},V^{37}, V^{44},V^{47}$	聚集 C^6	3	V^{30},V^{40},V^{46}
聚集 C^3	4	V^7,V^{13},V^{22},V^{28}	聚集 C^7	2	V^{39},V^{42}
聚集 C^4	10	$V^8,V^{18},V^{23},V^{26},V^{32},V^{33},V^{35},V^{41},V^{45},V^{48}$	聚集 C^8	1	V^{49}

(3) 取阈值γ=0.7，则聚集数 K=5，如表 2-5 所示。

表 2-5　大群体成员聚类结果表(γ=0.7)

聚集 C^k	成员数 n_k	成员 V^i	聚集 C^k	成员数 n_k	成员 V^i
聚集 C^1	27	$V^1,V^2,V^3,V^4,V^5,V^9,V^{10},V^{12},V^{14},V^{15},V^{16},V^{17},V^{18}, V^{19},V^{20},V^{21},V^{25},V^{26},V^{31},V^{36},V^{37},V^{38},V^{40}, V^{43}, V^{45}, V^{46}, V^{50}$	聚集 C^4	1	V^{27}
聚集 C^2	14	$V^6,V^8,V^{11},V^{13},V^{22},V^{23},V^{24},V^{30},V^{32},V^{35},V^{41}, V^{44}, V^{47}, V^{49}$	聚集 C^5	2	V^{39},V^{42}
聚集 C^3	6	$V^7,V^{28},V^{29},V^{33},V^{34},V^{48}$			

(4) 取阈值γ=0.65，则聚集数 K=4，如表 2-6 所示。

表 2-6　大群体成员聚类结果表(γ=0.65)

聚集 C^k	成员数 n_k	成员 V^i	聚集 C^k	成员数 n_k	成员 V^i
聚集 C^1	32	$V^1,V^2,V^3,V^4,V^5,V^6,V^8,V^9,V^{11},$ $V^{14},V^{15},V^{16},V^{17},V^{18},V^{19},V^{20},V^{21},$ $V^{22},V^{26},V^{30},V^{31},V^{35},V^{36},V^{37},V^{38},$ $V^{40},V^{43},V^{45},V^{46},V^{47},V^{49},V^{50}$	聚集 C^3	4	$V^{10},V^{12},V^{27},V^{44}$
聚集 C^2	13	$V^7,V^{13},V^{23},V^{24},V^{25},V^{28},V^{29},V^{32},$ $V^{33},V^{34},V^{41},V^{42},V^{48}$	聚集 C^4	1	V^{39}

(5) 取阈值γ=0.5，则聚集数 K=2，如表 2-7 所示。

表 2-7　大群体成员聚类结果表(γ=0.5)

聚集 C^k	成员数 n_k	成员 V^i	聚集 C^k	成员数 n_k	成员 V^i
聚集 C^1	45	$V^1,V^2,V^3,V^4,V^5,V^6,V^8,V^9,V^{10},$ $V^{11},V^{12},V^{13},V^{14},V^{15},V^{16},V^{17},V^{18},$ $V^{19},V^{20},V^{21},V^{22},V^{23},V^{25},V^{26},$ $V^{27},V^{28},V^{29},V^{30},V^{31},V^{32},V^{33},V^{34},$ $V^{35},V^{36},V^{38},V^{39},V^{40},V^{41},V^{42},V^{45},$ $V^{46},V^{47},V^{48},V^{49},V^{50}$	聚集 C^2	5	$V^7,V^{24},V^{37},V^{43},V^{44}$

(6) 取阈值γ=0.3，则聚集数 K=1，如表 2-8 所示。

表 2-8　大群体成员聚类结果表(γ=0.3)

聚集 C^k	成员数 n_k	成员 V^i
聚集 C^1	50	$V^1,V^2,V^3,V^4,V^5,V^6,V^7,V^8,V^9,V^{10},V^{11},V^{12},V^{13},V^{14},V^{15},V^{16},V^{17},V^{18},V^{19},V^{20},V^{21},V^{22},V^{23},V^{24},V^{25},V^{26},$ $V^{27},V^{28},V^{29},V^{30},V^{31},V^{32},V^{33},V^{34},V^{35},V^{36},V^{37},V^{38},V^{39},V^{40},V^{41},V^{42},V^{43},V^{44},V^{45},V^{46},V^{47},V^{48},V^{49},V^{50}$

由此可知，当阈值γ较小时，形成的聚集数也较少，随着阈值γ的不断增大，形成的聚集数也随之增加。通过控制阈值γ可以控制大群体成员聚类的细度。一般地，阈值γ应在 0.5 到 1 之间取值，根据上面实例的实验结果和后面 2.3 节的模拟结果，通常情况下，阈值γ=0.8 为好，这时结果与实际比较符合。

2.2.4　基于改进蚁群算法的大群体偏好聚类算法

目前研究较多的聚类分析方法，如比较典型的聚类分析方法有最大(小)支撑数聚类算法[7]、C-均值模糊聚类法[8]、编网聚类法[9]、矢量空间聚类法[10]等存在聚类元素的初始排列或输入次序依赖性、聚类过程不可逆性、无法适应多属性复杂大群体聚类要求等不足。蚁群聚类算法[11]是一种基于群体智能的聚类算法，其具有聚类过程自组织性、并行性、鲁棒性等优点，能有效克服上面典型聚类算法的缺点，获得更好的多属性复杂大群体聚类结果，但同时也存在参数选取复杂、自适应性差、随机性、收敛速度过慢等缺点，针对蚁群聚类算法的上述不足，结合矢量空间[10]以及离散点[12]等相关知识提出一种改进的蚁群聚类算法，应用于多属性复杂大群体决策偏好聚类中，可以获得较好的结果。

1. 蚁群聚类算法基本原理

将蚁群算法用于聚类分析，灵感源于蚂蚁堆积它们的尸体和分类它们的幼体。Deneubourg 等[11]提出了解释这种行为的基本模型，称为 BM 模型。Lumber 等[13]将 BM 模型推广应用到数据的聚类分析，主要思想是将待聚类对象随机分布在一个二维网格上，然后由蚂蚁测量当前对象在局部环境内的群体相似度，并将这种群体相似度通过概率转换函数转换成拾起、移动或放下的概率，经过有限次迭代，数据对象按其相似性而聚集，最后得到聚类结果和聚类数目。

(1) 建立邻域相似度函数。假设在时刻 t 某只蚂蚁在地点 r 发现一个数据对象 o_i，则可将对象 o_i 与其邻域对象 o_j 的平均相似度定义为[14]

$$f(o_i)=\max\left\{0,\quad \frac{1}{s^2}\cdot\sum_{o_j\in \mathrm{Neigh}_{s\times s}(r)}\left\{1-\frac{d(o_i,o_j)}{\alpha\left[1+(v-1)/v_{\max}\right]}\right\}\right\} \tag{2-19}$$

其中，α 为相似度系数；v 为蚂蚁运动的速度；$v_{\max}$ 为最大速度；$\mathrm{Neigh}_{s\times s}(r)$ 为地点 r 周围以 s 为边长的正方形局部区域；$d(o_i,o_j)$ 为对象 o_i 和 o_j 在属性空间中的距离。

(2) 建立概率转换函数。聚类分析过程中，蚂蚁总是拾起与邻域节点最不相似的节点，然后将节点放到与邻域节点最为相似的位置。概率转换函数是 $f(o_i)$ 的一个函数，它将数据对象的平均相似性转化为“拾起”或“放下”的概率，分别用下面的 p_p 和 p_d 表示：

$$p_p=1-\mathrm{sigmoid}\big(f(o_i)\big) \tag{2-20}$$

$$p_d=\mathrm{sigmoid}\big(f(o_i)\big) \tag{2-21}$$

其中

$$\mathrm{sigmoid}(x)=\frac{1-\mathrm{e}^{-cx}}{1+\mathrm{e}^{-cx}} \tag{2-22}$$

为自然指数形式，其中调整算法收敛速度的参数 c 越大，曲线饱和越快，算法收敛速度也越快。数据对象与其邻域的平均相似度越小，说明该数据对象属于此邻域的可能性越小，因此“拾起”概率越大，“放下”概率越小，反之亦然。

2. 改进的蚁群聚类算法

多属性复杂大群体决策中，设决策大群体为Ω，其中有M个决策成员，决策问题有N个属性。则决策大群体Ω中的第i个成员e_i针对该决策问题关于这N个属性的评价值为o_j^i，并且$o_j^i \geqslant 0$，j=1,2,…,N，则决策大群体Ω成员e_i的偏好矢量为$O^i = (o_1^i, o_2^i, \cdots, o_N^i)$，$i$=1,2,…,$M$。

两个成员偏好矢量O^i和O^j之间的相聚度$d_{ij}(O^i, O^j)$定义为

$$d_{ij}(O^i, O^j) = \frac{(|O^i - \bar{O}^i|) \cdot (|O^j - \bar{O}^j|)^{\mathrm{T}}}{\left\|O^i - \bar{O}^i\right\|_p \cdot \left\|O^j - \bar{O}^j\right\|_q} \tag{2-23}$$

其中，1<p<+∞，1<q<+∞，且$1/p + 1/q = 1$，$\|\cdot\|_p$是矢量的p-范数，$\|\cdot\|_q$是矢量的q-范数，$\bar{O}^i = \frac{1}{N}\sum_{l=1}^{N} o_l^i$，$\bar{O}^j = \frac{1}{N}\sum_{l=1}^{N} o_l^j$。

1) 改进的邻域相似度计算公式

在蚁群聚类算法中，数据的相似度根据式(2-19)计算，其中相似度系数α直接决定了聚类数目和收敛速度。若α过大，则不相似的对象可能会聚为一类；若α过小，则相似的对象可能会聚集到不同的类中。虽有文献[15]指出α应随着循环次数的增加逐渐变化，但在算法的具体实现中，α如何变化缺乏相应的理论指导，不同的应用中α的变化不尽相同，因此难以掌握。另外，其概率转换函数采取式(2-20)、式(2-21)和式(2-22)，虽然起到了简化参数选取的作用，但可以看到，c值对“拾起”和“放下”概率也会产生重要影响，因此怎样合理选择c值也是一个问题。

为了避免α和c参数取值对聚类结果的影响，本书提出更简单的相似度衡量方式，由式(2-23)可知，相似度的衡量由偏好矢量之间的相聚度决定，如式(2-24)所示：

$$f(O^i) = \begin{cases} \dfrac{1}{n_i} \cdot \displaystyle\sum_{O^j \in \mathrm{Neigh}_{s \times s}(r)} d_{ij}(O^i, O^j), & n_i \geqslant n_{\min} \\ \beta, & n_i < n_{\min} \end{cases} \tag{2-24}$$

其中，n_i为数据对象O^i在以r为中心、s为边长的正方形邻域内的对象个数。$f(O^i)$的值越大，说明数据对象O^i的群体相似度越大，$n_{\min}$表示为了让O^i邻域内包含一定数量的对象，O^i邻域内应该包含对象的最小数量(算法中可让$n_{\min}$逐渐增大，以减少算法后期某一类被分为若干小类的情况)，β一般取比较小的值，从而使分散节点能够被快速“拾起”。

2) 相似度阈值函数

改进的蚁群聚类算法不再采用概率转换函数，而是设定相似度阈值γ，$f(O^i)$与阈值γ进行比较，决定“拾起”还是“放下”数据对象。算法简单易行，而且避免了c的取值对算法的影响。由于在聚类的初始阶段，数据对象之间的相聚度比较小，γ应取较小的值。随着循环次数的增加，相似的对象之间慢慢聚在一起，$f(O^i)$会逐渐增大，这时应调整阈值γ，使其也逐渐增大。γ的调整公式为

$$\gamma(t+1)=\begin{cases}\gamma(t), & \mathrm{mod}(t,n_t)\neq 0\\ (1+k)\gamma(t), & \text{其他}\end{cases}$$

其中，k可取0.00~0.10的实数，并使$(1+k)\gamma(t)\leqslant 1$。即每$n_t$次循环后，$\gamma$的值就相应增大一点，$t$为循环次数，可根据相似度下降的快慢适当加大或缩小。

3) 短期记忆

Lumber 等[13]对蚁群算法进行了改进，引入了短期记忆。该算法同样增加了一类私有短期记忆——离散偏好矢量对象记忆，以减少蚂蚁随机获得下一负载节点的盲目性和随机性并提高邻域内的相似度。

离散点[5]是一些与数据的一般行为或数据模型不一致的数据对象，是对差异和极端特例的描述，如标准外的特例、数据聚类外的离群值等。

设$O^i=\{o_1^i,o_2^i,\cdots,o_N^i\}$，$O^j=\{o_1^j,o_2^j,\cdots,o_N^j\}$为两偏好矢量。$O^j=\{o_1^j,o_2^j,\cdots,o_N^j\}$称为离散偏好矢量对象，满足$d_{ij}(O^i,O^j)<\varepsilon$。其中，$\varepsilon$为离散相聚度。

聚类过程中负载的蚂蚁找到一个空格时，需要和半径为s的区域中的节点相比较，如果邻域相似度比较大，则放下负载。若放下负载的区域中存在和该负载不相似的离散偏好矢量对象，则蚂蚁对相应的对象信息进行短期记忆，将该信息作为蚂蚁的下一个负载节点的判定信息。

3. 算法实现

输入：待聚类的大群体成员偏好矢量对象。

输出：聚类后的大群体成员偏好矢量对象。

(1) 初始化。蚂蚁数量 ant-number，最大循环次数 cycle-number，半径r，边长s，邻域内最少对象数$n_{\min}$以及β，相似度阈值初始值$\gamma(1)$以及调整系数n_t、k，离散相聚度ε等。

(2) 将待聚类偏好矢量对象投影到一个二维网格上，给每个偏好矢量对象随机地分配一对坐标值(x,y)。

(3) 每只蚂蚁初始化为有负载，并随机地选择一个偏好矢量对象。

(4) 参数蚂蚁运动速度v为递减随机数：蚂蚁刚开始运动时的速度较快，以便迅速聚类；然后其值以随机的方式逐步减少，以使聚类结果更为精细。

(5) For cycle=1,2,⋯,cycle-number

For ant=1,2,⋯,ant-number

① 根据式(2-24)计算偏好矢量对象的邻域相似度 $f(O^i)$。

② 若蚂蚁无负载，则比较 $f(O^i)$ 与 γ 的大小，并通过 $d_{ij}(O^i,O^j)<\varepsilon$ 对可能的离散偏好矢量对象进行短期记忆。

若 $f(O^i)<\gamma$，并且同时该偏好矢量对象未被其他蚂蚁“拾起”，则蚂蚁“拾起”该对象，随机移往别处，并标记自己有负载；否则，蚂蚁拒绝“拾起”该偏好矢量对象。若蚂蚁存在离散偏好矢量对象记忆，则选择离散偏好矢量对象，否则随机选择其他偏好矢量对象。

③ 若蚂蚁有负载，则比较 $f(O^i)$ 与 γ 的大小，并通过 $d_{ij}(O^i,O^j)<\varepsilon$ 对可能的离散偏好矢量对象进行短期记忆。

若 $f(O^i)\geqslant\gamma$，则蚂蚁“放下”该偏好矢量对象，并标记自己无负载。若蚂蚁存在离散偏好矢量对象记忆，则选择离散偏好矢量对象，否则随机选择其他偏好矢量对象。

(6) (对所有的偏好矢量对象)：For object=1,2,⋯,M

给该偏好矢量对象分配一个聚类序列号，并递归地将其邻域对象标记为同样的序列号。

4. 算法实例

为了便于计算，下面就式(2-23)中 p=q=2 的情况，给出一个复杂大群体决策偏好聚类算法实例。有一投资公司要进行一项风险投资决策，现聘请 30 位专家构成大群体Ω，每位专家就该决策问题进行大群体决策，现由 5 个评判准则进行评判，每个成员分别利用这 5 个属性对该问题进行评判，可得 30 个偏好矢量，为计算方便将偏好矢量中的元素值转化为 0～1。然后对这 30 个偏好矢量进行随机排序，得偏好矢量集$\{O^i \mid i=1,2,\cdots,30\}$如表 2-9 所示。

表 2-9　群体成员偏好矢量表

序号	属性 1	属性 2	属性 3	属性 4	属性 5	序号	属性 1	属性 2	属性 3	属性 4	属性 5
O^1	0.74	0.71	0.64	0.69	0.93	O^7	0.65	0.01	0.88	0.61	0.14
O^2	0.86	0.03	0.81	0.14	0.28	O^8	0.75	0.71	0.71	0.36	0.34
O^3	0.03	1	0.28	0.26	0.44	O^9	0.12	0.61	0.97	0.68	0.86
O^4	0.25	0.24	0.73	0.62	0.82	O^{10}	0.51	0.41	0.95	0.96	0.25
O^5	0.04	0.33	0.06	0.94	0.26	O^{11}	0.2	0.26	0.77	0.95	0.59
O^6	0.32	0.93	0.43	0.23	0.87	O^{12}	0.03	0.72	0.67	0.79	0.94

续表

序号	属性 1	属性 2	属性 3	属性 4	属性 5	序号	属性 1	属性 2	属性 3	属性 4	属性 5
O^{13}	0.52	0.85	0.19	0.65	0.2	O^{22}	0.14	0.56	0.86	0.54	0.13
O^{14}	0.53	0.01	0.88	0.61	0.27	O^{23}	0.36	0.51	0.74	0.67	0.45
O^{15}	0.11	0.58	0.71	0.16	0.77	O^{24}	0.6	0.93	0.4	0.54	0.25
O^{16}	0.28	0.44	0.59	0.65	0.1	O^{25}	0.13	0.01	0.11	0.04	0.7
O^{17}	0.83	0.87	0.66	0.88	0.78	O^{26}	0.14	0.75	0.23	0.69	0.19
O^{18}	0.75	0.26	0.28	0.3	0.29	O^{27}	0.33	0.7	0.55	0.22	0.9
O^{19}	0.97	0.38	0.62	0.96	0.26	O^{28}	0.77	0.3	0.69	0.93	0.26
O^{20}	0.09	0.33	0.46	0.14	0.57	O^{29}	0.24	0.03	0.86	0.83	0.86
O^{21}	0.22	0.59	0.47	0.83	0.82	O^{30}	0.02	0.17	0.72	0.87	0.64

显然 M=30，N=5。取 ant-number=10、cycle-number=1000，阈值 γ=0.6、ε=β=0.5、k=0.015、n_t=500。结果聚集数为 5，如表 2-10 所示。

表 2-10　本节方法聚类结果

聚集 C^k	成员数 n_k	成员 O^i
聚集 C^1	9	$O^1,O^4,O^6,O^8,O^{13},O^{19},O^{20},O^{21},O^{22}$
聚集 C^2	7	$O^7,O^{14},O^{17},O^{24},O^{25},O^{27},O^{28}$
聚集 C^3	10	$O^2,O^3,O^5,O^{11},O^{15},O^{18},O^{23},O^{26},O^{29},O^{30}$
聚集 C^4	2	O^{10},O^{16}
聚集 C^5	2	O^9,O^{12}

由于本聚类方法适用于大群体聚类，现以同样适用于大群体聚类的文献[4]中的聚类方法进行比较。利用表 2-9 的数据，采用 2.2.2 节中的聚类算法和上述相同的阈值γ=0.6，可得结果聚集数为 21，如表 2-11 所示。

表 2-11　文献[4]方法聚类结果

聚集 C^k	成员数 n_k	成员 O^i	聚集 C^k	成员数 n_k	成员 O^i
聚集 C^1	3	O^1,O^2,O^{25}	聚集 C^6	1	O^8
聚集 C^2	2	O^3,O^5	聚集 C^7	3	O^9,O^{13},O^{14}
聚集 C^3	1	O^4	聚集 C^8	2	O^{10},O^{18}
聚集 C^4	1	O^6	聚集 C^9	1	O^{11}
聚集 C^5	3	O^7,O^{12},O^{24}	聚集 C^{10}	1	O^{15}

续表

聚集 C^k	成员数 n_k	成员 O^i	聚集 C^k	成员数 n_k	成员 O^i
聚集 C^{11}	1	O^{16}	聚集 C^{17}	1	O^{26}
聚集 C^{12}	2	O^{17},O^{19}	聚集 C^{18}	1	O^{27}
聚集 C^{13}	1	O^{20}	聚集 C^{19}	1	O^{28}
聚集 C^{14}	1	O^{21}	聚集 C^{20}	1	O^{29}
聚集 C^{15}	1	O^{22}	聚集 C^{21}	1	O^{30}
聚集 C^{16}	1	O^{23}			

并且群体一致性指标ρ=0.303，即其离散度为 0.697，大于上述离散相聚度ε=0.5，因此聚类效果不如本节的聚类方法。

复杂大群体决策成员偏好矢量聚类是群体决策中一门非常有用的技术，用于从大量群体决策数据中寻找决策数据之间的相似性。利用矢量空间中的矢量相聚度[4]、离散点等相关概念，本节提出了一种改进的蚁群聚类算法，通过改进相似度阈值函数和增加短期记忆功能，该聚类算法能够有效改善蚂蚁行为的随机性，缩短蚂蚁寻找负载节点的时间，比同类算法具有更好的收敛性。蚁群聚类算法还有许多值得探索的方面，如算法中相似度函数值的计算只与邻域内偏好矢量节点的相聚度有关，而与邻域的密度无关，算法的收敛速度明显加快，但是算法也容易陷入局部最优；由于蚂蚁的运动行为的随意性，算法仍需要较长时间收敛。为了得到更好的聚类结果，常常在蚁群聚类算法的初始结果上结合其他聚类方法对聚类算法进行扩展，如模糊聚类算法(fuzzy clustering algorithm，FCA)、基于密度的聚类算法等。因此，蚁群聚类算法和已有的聚类技术相结合也是值得进一步探讨的课题。

2.3　复杂大群体偏好一致性分析方法

大群体决策实际上就是群体中所有成员意见的综合，通过群体一致性指标进行评价。大群体的一致性指标依赖于群体中聚集的结构以及各个聚集的一致性指标，因此首先必须建立各个聚集的一致性指标，在此基础上整合并计算整个大群体的一致性指标。

定义 2-17(聚集一致性指标模型)　对于大群体成员偏好矢量集Ω中的聚集C^k(其中的成员偏好矢量必须超过 1 个)，定义聚集 C^k 的偏好一致性指标ρ^k为

$$\rho^k = \frac{1}{C_{n_k}^2}\sum_{\substack{k_1,k_2=1\\k_1>k_2}}^{n_k} r_{k_1k_2}(V^{k_1}, V^{k_2}) \tag{2-25}$$

其中，$V^{k_1}, V^{k_2} \in C^k\ (k_1, k_2=1,2,\cdots,n_k)$，$C_{n_k}^2 = \dfrac{n_k \cdot (n_k - 1)}{2}$。

一个聚集仅当它包含超过一个成员时，才认为它是有意义的，任何只含有一个成员的聚集认为其一致性指标ρ^k为零。在一致性意义下，当所有成员的偏好矢量被调整为沿着同一方向时，ρ^k 等于 1。

定义 2-18(大群体一致性指标模型)　大群体一致性指标定义为

$$\rho = \sum_{k=1}^{K} \frac{n_k}{M} \cdot \rho^k \tag{2-26}$$

大群体的一致性是各个聚集一致性之间的综合，受群体中大聚集一致性的影响较大。如果群体中只有一个聚集，则该群体的一致性指标为 1，被认为完全一致。当聚集数大于 1 时，该群体的一致性指标就会小于 1，被认为群体的一致性下降。ρ 值越大，群体的一致性越强，表明群体成员的意见越趋于一致；ρ 值越小，群体的一致性越弱，表明群体成员的意见越趋于不一致。

ρ 值受阈值γ取值大小的影响较大，当γ值从 1 逐渐下降到 0 时，ρ 值则从 0 逐渐上升到 1，为了使群体成员分类的细度较为合理，一般阈值γ应在 0.5 到 1 之间取值。

为了刻画阈值γ取值大小对群体一致性指标ρ 值的影响关系，选取 50 个成员对 5 个决策属性(指标或准则)形成偏好矢量集$\{V^i \mid i=1,2,\cdots,50\}$，阈值$\gamma$从 0 到 1 取值，数据间隔为 0.01，总共 100 个阈值γ，执行上述聚类算法，可得 100 个群体一致性指标ρ 值，绘出阈值γ影响大群体一致性指标ρ 的关系模拟图形如图 2-3 所示。

从图 2-3 中可以看出，当阈值γ取值比较小时，大群体一致性指标ρ几乎为 1，说明群体一致性较强，群体成员的意见在这种阈值意义下趋于一致，随着阈值γ逐渐增大到 0.42，ρ 突然小于 1，把这个点称为拐点，当阈值γ继续增大时，ρ 缓慢增加，当阈值γ超过 0.76 时，ρ 快速减小直至 0，群体成员的意见在这种阈值意义下趋于不一致的程度逐渐加大直至完全不一致。根据上面模拟实验结果，阈值γ=0.8 左右为好，这时结果与实际比较符合。

此外，大群体一致性指标ρ 还受群体成员偏好矢量随机排序的影响，对偏好矢量进行不同的随机排序，ρ 与阈值γ的关系将有所变化。多次实验表明，无论对群体成员偏好矢量做多少次随机排序，ρ与阈值γ的关系大体相似，其中有小的波动，但不影响总体趋势。

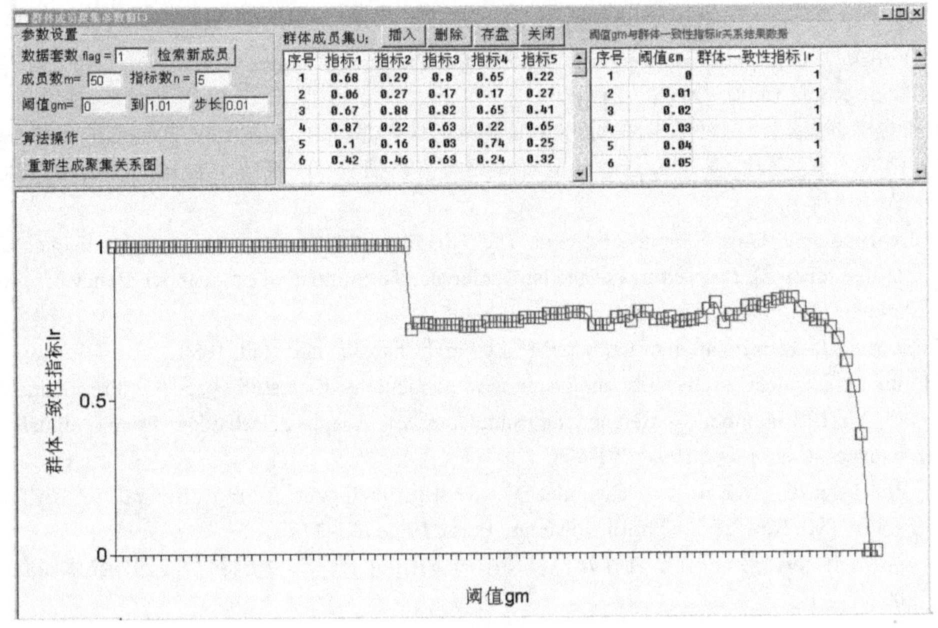

图 2-3　阈值γ 与大群体一致性指标 ρ 的影响关系图(图中 lr 即正文所讲的ρ，gm 即γ)

2.4　本 章 小 结

本章结合重大突发事件应急决策问题、决策属性和决策群体的特点，系统地分析了复杂大群体偏好结构分析的必要性,从决策成员偏好之间的不同关系出发，针对求解决策问题和多方案排序问题分别提出了复杂大群体决策成员偏好相聚模型，在此基础上提出了群体成员偏好聚类流程和聚类方法，利用聚类算法结果提出了复杂大群体偏好一致性分析模型和分析方法，并就阈值大小与大群体偏好一致性的关系进行了模拟实验，得出了复杂大群体决策偏好结构分析结果。

参 考 文 献

[1] 毕鹏程, 席西民．群体决策过程中的群体思维研究[J]．管理科学学报, 2002, 5(1): 25-34.

[2] 李武, 席西民, 成思危．群体决策过程组织研究述评[J]．管理科学学报, 2002, 5(2): 55-66.

[3] 王丹力, 戴汝为．专家群体思维收敛的研究[J]．管理科学学报, 2002, 5(2):1-5.

[4] 唐方成, 席西民．基于情感关系的委员会决策的交互过程研究[J]．管理科学学报, 2001, 4(6): 60-65.

[5] 徐仲著．矩阵论简明教程[M]．北京：科学出版社, 2002.

[6] 李际平, 陈端吕．森林景观类型环境耦合度模型的构建与应用[J]．中南林业科技大学学报(自然科学版), 2008, 28(4):67-71.

[7] Zahn C T. Graph-theoretical methods for detecting and describing gestalt clusters[J].IEEE

Transactions on Computers, 1971, 20(1): 68-86.

[8] Bezdek J C. Recent convergence results for the fuzzy *C*-means clustering algorithm[J]. Classification, 1988, 5(2): 237-247.

[9] 于春海, 樊治平. 一种基于群体语言相似矩阵的聚类方法[J]. 系统工程, 2004, 22(7): 76-79.

[10] 徐选华, 陈晓红. 基于矢量空间的群体聚类方法研究[J]. 系统工程与电子技术, 2005, 27(6):1034-1037.

[11] Deneubourg J, Goss S, Franks N, et al. The dynamics of collective sorting: Robot-like ant and ant-like robot[C]. Proceedings of the lst Conference on Simulation of Adaptive Behavior: From Animals to Animates, Cambridge, 1991: 356-365.

[12] Hawkins D. Identification of Outliers[M]. London: Chapman and Hall, 1980.

[13] Lumber E, Faieta B. Diversity and adaption in populations of clustering ants[C]. Proceedings of the 3rd International Conference on Simulation of Adaptive Behavior: From Animals to Animates, Cambridge, 1994: 501-508.

[14] Bonabeau E, Dorigo M, Theraulaz G. Swarm Intelligence: From Natural to Artificial Systems[M]. New York: Oxford University Press, 1999, 271-273.

[15] 吴斌. 群体智能的研究及其在知识发现中的应用[D]. 北京: 中国科学院计算技术研究所, 2002.

第 3 章　确定型偏好信息复杂大群体决策偏好集结方法

多属性问题复杂大群体决策中，由于决策成员的知识背景不同、对决策问题的理解程度存在差异以及各种主客观条件的限制，对问题的决策偏好信息存在多种形式，大体分为确定型偏好和不确定型偏好两种，复杂大群体决策偏好集结逻辑框架如图 3-1 所示。本章主要阐述确定型偏好信息复杂大群体决策偏好集结方法。大群体决策实际上也是群体中所有决策成员偏好的集结，用大群体的决策偏好矢量进行度量和评价。利用第 2 章的聚类方法使得大群体偏好集合聚类成一些聚集，即大群体是多个聚集组成的一个集合，从而减少大群体意见集结的复杂程度。大群体的偏好依赖于大群体中聚集的结构以及各个聚集的偏好，因此首先必须建立各个聚集的偏好，在此基础上建立整个大群体的偏好。根据决策问题的不同类型，形成下列不同类型决策问题的复杂大群体偏好集结方法。

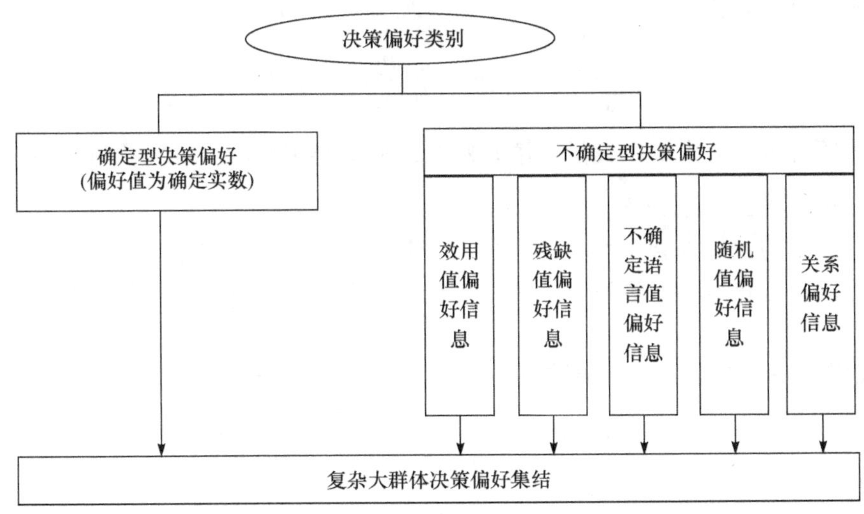

图 3-1　复杂大群体决策偏好集结逻辑框架

3.1　求解决策问题复杂大群体决策偏好集结方法

对于求解决策问题，利用第 2 章的大群体成员偏好聚类方法，将决策成员偏好矢量集$\{V^i \mid i=1,2,\cdots,M\}$聚类成$K$个聚集$\{C^k \mid k=1,2,\cdots,K\}$，$n_k$是第$k$个聚集$C^k$的决策成员数，$\sum_{k=1}^{K} n_k = M$，利用聚集结构进行大群体偏好集结。

3.1.1 大群体偏好形成方法

定义 3-1(聚集偏好矢量) 对于聚集C^k，利用偏好矢量相加的方法定义聚集C^k的偏好矢量G^k，即$G^k = \sum_{V^i \in C^k} V^i$。对$G^k$进行标准化，得单位偏好矢量，并记为$\hat{G}^k$，即有

$$\hat{G}^k = \sum_{V^i \in C^k} V^i \Big/ \left\| \sum_{V^i \in C^k} V^i \right\|_2, \quad \hat{G}_j^k = \sum_{V^i \in C^k} v_j^i \Big/ \left\| \sum_{V^i \in C^k} V^i \right\|_2, \quad j=1,2,\cdots,N \tag{3-1}$$

并且使得$\hat{G}^k \cdot (\hat{G}^k)^{\mathrm{T}} = 1$。为了方便，将$\hat{G}^k$仍记为$G^k$。

由于每个聚集中的决策成员偏好大体上比较接近，所以采用相加再标准化的方法进行聚集中决策成员偏好集结，聚集的偏好综合了该聚集中所有成员的偏好，代表整个聚集对决策问题的偏好。

定义 3-2(大群体偏好矢量) 对所有聚集的偏好矢量G^k进行加权求和，获得整个大群体偏好矢量

$$E = \sum_{k=1}^{K} \frac{n_k}{M} G^k, \quad e_j = \sum_{k=1}^{K} \frac{n_k}{M} G_j^k, \quad j=1,2,\cdots,N \tag{3-2}$$

对E进行标准化，得单位矢量，并记为$\hat{E}$，即有$\hat{E}=E / \|E\|_2$，并且使得$\hat{E}(\hat{E})^{\mathrm{T}} = 1$。为了方便，将$\hat{E}$仍记为$E$。

大群体的偏好综合了大群体中所有聚集的偏好，代表整个大群体对决策问题的偏好，它受群体中大聚集偏好的影响较大。大群体偏好矢量可作为问题的决策依据。

定义 3-3 大群体决策集结值为大群体偏好对N个属性的综合。设N个属性的权重矢量为$W = (w_1, w_2, \cdots, w_N)$，其中$0 \leqslant w_j \leqslant 1$，且$\sum_{j=1}^{N} w_j = 1$。则式(3-3)为大群体决策偏好集结值：

$$O = W \cdot E^{\mathrm{T}} = \sum_{j=1}^{N} w_j \cdot e_j \tag{3-3}$$

3.1.2 求解决策问题复杂大群体决策偏好集结算例

下面以表 2-2 数据为例给出一个复杂大群体决策偏好集结算例，偏好聚类算

法执行结果如下：

(1) 取阈值γ=0.9，则聚集数 K=17，大群体偏好矢量为 E=(0.402, 0.434, 0.447, 0.481, 0.4)，大群体一致性指标为ρ=0.764，如表 3-1 所示。

表 3-1　大群体聚集结果(γ=0.9)

聚集 C^k	成员数	成员 V^i	聚集偏好矢量 E^k	聚集一致性指标ρ^k
聚集 C^1	6	$V^1, V^3, V^5, V^{23}, V^{30}, V^{38}$	(0.491, 0.474, 0.444, 0.453, 0.364)	0.847
聚集 C^2	6	$V^2, V^{35}, V^{36}, V^{37}, V^{39}, V^{48}$	(0.387, 0.434, 0.512, 0.442, 0.451)	0.678
聚集 C^3	3	V^4, V^9, V^{42}	(0.569, 0.363, 0.408, 0.473, 0.393)	0.922
聚集 C^4	5	$V^6, V^{15}, V^{17}, V^{46}, V^{49}$	(0.448, 0.411, 0.43, 0.476, 0.468)	0.724
聚集 C^5	3	V^7, V^{13}, V^{44}	(0.469, 0.44, 0.318, 0.597, 0.358)	0.948
聚集 C^6	4	$V^8, V^{11}, V^{22}, V^{26}$	(0.34, 0.436, 0.428, 0.585, 0.411)	0.91
聚集 C^7	2	V^{10}, V^{50}	(0.493, 0.409, 0.443, 0.447, 0.44)	0.98
聚集 C^8	5	$V^{12}, V^{16}, V^{20}, V^{29}, V^{43}$	(0.322, 0.281, 0.04, 0.844, 0.844)	0.874
聚集 C^9	4	$V^{14}, V^{18}, V^{21}, V^{41}$	(0.123, 0.33, 0.532, 0.844, 0.641)	0.886
聚集 C^{10}	2	V^{19}, V^{45}	(0.11, 0.503, 0.692, 0.844, 0.313)	0.903
聚集 C^{11}	2	V^{24}, V^{25}	(0.491, 0.444, 0.367, 0.844, 0.444)	0.97
聚集 C^{12}	3	V^{27}, V^{28}, V^{34}	(0.395, 0.307, 0.417, 0.844, 0.48)	0.859
聚集 C^{13}	1	V^{31}	(0.442, 0.424, 0.382, 0.844, 0.412)	0
聚集 C^{14}	1	V^{32}	(0.703, 0.025, 0.663, 0.844, 0.115)	0
聚集 C^{15}	1	V^{33}	(0.026, 0.864, 0.242, 0.844, 0.225)	0
聚集 C^{16}	1	V^{40}	(0.335, 0.269, 0.624, 0.844, 0.631)	0
聚集 C^{17}	1	V^{47}	(0.459, 0.482, 0.365, 0.844, 0.487)	0

(2) 取阈值γ=0.8，则聚集数 K=8，大群体偏好矢量为 E=(0.401, 0.434, 0.446, 0.49, 0.399)，大群体一致性指标为ρ=0.805，如表 3-2 所示。

表 3-2　大群体聚集结果(γ=0.8)

聚集 C^k	成员数	成员 V^i	聚集偏好矢量 E^k	聚集一致性指标ρ^k
聚集 C^1	21	$V^1, V^2, V^3, V^4, V^5, V^9, V^{12}, V^{14}, V^{15}, V^{16}, V^{17}, V^{19}, V^{20}, V^{21}, V^{29}, V^{31}, V^{34}, V^{36}, V^{38}, V^{43}, V^{50}$	(0.477, 0.483, 0.442, 0.471, 0.35)	0.807
聚集 C^2	7	$V^6, V^{10}, V^{11}, V^{24}, V^{37}, V^{44}, V^{47}$	(0.474, 0.349, 0.514, 0.473, 0.407)	0.764
聚集 C^3	4	$V^7, V^{13}, V^{22}, V^{28}$	(0.39, 0.709, 0.129, 0.412, 0.399)	0.891

续表

聚集 C^k	成员数	成员 V^i	聚集偏好矢量 E^k	聚集一致性指标 ρ^k
聚集 C^4	10	V^8, V^{18}, V^{23}, V^{26}, V^{32}, V^{33}, V^{35}, V^{41}, V^{45}, V^{48}	(0.263, 0.375, 0.522, 0.557, 0.456)	0.836
聚集 C^5	2	V^{25}, V^{27}	(0.485, 0.058, 0.356, 0.482, 0.634)	0.898
聚集 C^6	3	V^{30}, V^{40}, V^{46}	(0.374, 0.431, 0.628, 0.448, 0.282)	0.832
聚集 C^7	2	V^{39}, V^{42}	(0.048, 0.423, 0.522, 0.468, 0.573)	0.879
聚集 C^8	1	V^{49}	(0.322, 0.281, 0.04, 0.844, 0.844)	0

(3) 取阈值γ=0.7，则聚集数 K=5，大群体偏好矢量为 E=(0.41, 0.445, 0.456, 0.493, 0.404)，大群体一致性指标为ρ=0.761，如表 3-3 所示。

表 3-3　大群体聚集结果(γ=0.7)

聚集 C^k	成员数	成员 V^i	聚集偏好矢量 E^k	聚集一致性指标 ρ^k
聚集 C^1	27	V^1, V^2, V^3, V^4, V^5, V^9, V^{10}, V^{12}, V^{14}, V^{15}, V^{16}, V^{17}, V^{18}, V^{19}, V^{20}, V^{21}, V^{25}, V^{26}, V^{31}, V^{36}, V^{37}, V^{38}, V^{40}, V^{43}, V^{45}, V^{46}, V^{50}	(0.446, 0.456, 0.47, 0.487, 0.367)	0.799
聚集 C^2	14	V^6, V^8, V^{11}, V^{13}, V^{22}, V^{23}, V^{24}, V^{30}, V^{32}, V^{35}, V^{41}, V^{44}, V^{47}, V^{49}	(0.411, 0.381, 0.474, 0.524, 0.431)	0.736
聚集 C^3	6	V^7, V^{28}, V^{29}, V^{33}, V^{34}, V^{48}	(0.355, 0.615, 0.344, 0.444, 0.424)	0.73
聚集 C^4	1	V^{27}	(0.51, 0.035, 0.342, 0.534, 0.58)	0
聚集 C^5	2	V^{39}, V^{42}	(0.048, 0.423, 0.522, 0.468, 0.573)	0.879

(4) 取阈值γ=0.65，则聚集数 K=4，大群体偏好矢量为 E=(0.411, 0.443, 0.458, 0.496, 0.41)，大群体一致性指标为ρ=0.737，如表 3-4 所示。

表 3-4　大群体聚集结果(γ=0.65)

聚集 C^k	成员数	成员 V^i	聚集偏好矢量 E^k	聚集一致性指标 ρ^k
聚集 C^1	32	V^1, V^2, V^3, V^4, V^5, V^6, V^8, V^9, V^{11}, V^{14}, V^{15}, V^{16}, V^{17}, V^{18}, V^{19}, V^{20}, V^{21}, V^{22}, V^{26}, V^{30}, V^{31}, V^{35}, V^{36}, V^{37}, V^{38}, V^{40}, V^{43}, V^{45}, V^{46}, V^{47}, V^{49}, V^{50}	(0.43, 0.452, 0.456, 0.509, 0.38)	0.776
聚集 C^2	13	V^7, V^{13}, V^{23}, V^{24}, V^{25}, V^{28}, V^{29}, V^{32}, V^{33}, V^{34}, V^{41}, V^{42}, V^{48}	(0.369, 0.492, 0.432, 0.483, 0.45)	0.711
聚集 C^3	4	V^{10}, V^{12}, V^{27}, V^{44}	(0.481, 0.234, 0.527, 0.454, 0.481)	0.697
聚集 C^4	1	V^{39}	(0.075, 0.384, 0.61, 0.428, 0.541)	0

(5) 取阈值γ=0.5，则聚集数 K=2，大群体偏好矢量为 E=(0.41, 0.443, 0.461, 0.497, 0.412)，大群体一致性指标为ρ=0.756，如表 3-5 所示。

表 3-5　大群体聚集结果(γ=0.5)

聚集 C^k	成员数	成员 V^i	聚集偏好矢量 E^k	聚集一致性指标ρ^k
聚集 C^1	45	$V^1, V^2, V^3, V^4, V^5, V^6, V^8, V^9, V^{10}, V^{11}, V^{12}, V^{13}, V^{14}, V^{15}, V^{16}, V^{17}, V^{18}, V^{19}, V^{20}, V^{21}, V^{22}, V^{23}, V^{25}, V^{26}, V^{27}, V^{28}, V^{29}, V^{30}, V^{31}, V^{32}, V^{33}, V^{34}, V^{35}, V^{36}, V^{38}, V^{39}, V^{40}, V^{41}, V^{42}, V^{45}, V^{46}, V^{47}, V^{48}, V^{49}, V^{50}$	(0.4, 0.441, 0.467, 0.489, 0.434)	0.754
聚集 C^2	5	$V^7, V^{24}, V^{37}, V^{43}, V^{44}$	(0.502, 0.462, 0.407, 0.569, 0.213)	0.874

(6) 取阈值γ=0.3，则聚集数 K=1，大群体偏好矢量为 E=(0.412, 0.445, 0.462, 0.499, 0.413)，大群体一致性指标为ρ=1，如表 3-6 所示。

表 3-6　大群体聚集结果(γ=0.3)

聚集 C^k	成员数	成员 V^i	聚集偏好矢量 E^k	聚集一致性指标ρ^k
聚集 C^1	50	$V^1, V^2, V^3, V^4, V^5, V^6, V^7, V^8, V^9, V^{10}, V^{11}, V^{12}, V^{13}, V^{14}, V^{15}, V^{16}, V^{17}, V^{18}, V^{19}, V^{20}, V^{21}, V^{22}, V^{23}, V^{24}, V^{25}, V^{26}, V^{27}, V^{28}, V^{29}, V^{30}, V^{31}, V^{32}, V^{33}, V^{34}, V^{35}, V^{36}, V^{37}, V^{38}, V^{39}, V^{40}, V^{41}, V^{42}, V^{43}, V^{44}, V^{45}, V^{46}, V^{47}, V^{48}, V^{49}, V^{50}$	(0.412, 0.445, 0.462, 0.499, 0.413)	0.743

大群体偏好矢量 E 和大群体一致性指标ρ可作为群体决策的依据，E 和ρ与阈值γ的选取有关。

取 5 个属性的权重矢量 W，对不同的ρ，依据式(3-3)可分别计算出相应的大群体决策集结值 O。

3.2　多方案排序决策问题复杂大群体偏好集结方法

有时决策问题往往存在多个决策方案(本节设为 P 个决策方案)，因此就需要决策大群体对多个决策方案进行偏好集结和排序。首先将每个决策方案看成求解决策问题，利用第 2 章的方法获得一个大群体偏好矢量，所有决策方案的大群体偏好矢量可合成大群体偏好矩阵，采用更加精确的熵权法获得决策问题各个属性的权重矢量，利用该权重矢量和大群体偏好矩阵进行合成可获得各个决策方案的综合决策值矢量，由此得出各方案的综合排序结果，即基于多方案排序决策问题的复杂大群体决策偏好集结结果。

3.2.1 大群体偏好矩阵形成

1. 聚集偏好矢量

由于决策大群体Ω由 K 个聚集构成，因此大群体的偏好可由各个聚集的偏好(代表整个聚集对决策问题的第 l 个决策方案的偏好)组成。针对第 l 个决策方案，对于第 k 个聚集 C^{lk} ，定义其偏好为

$$G^{lk}=\sum_{V^{li}\in C^{lk}}V^{li} \tag{3-4}$$

对 G^{lk} 进行标准化处理得单位矢量，并记为 $\hat{G}^{lk}$ ，即有

$$\hat{G}^{lk}=\sum_{V^{li}\in C^{lk}}V^{li}\bigg/\left\|\sum_{V^{li}\in C^{lk}}V^{li}\right\|_2\text{，并且使得}(\hat{G}^{lk})^{\mathrm{T}}\cdot\hat{G}^{lk}=1 \tag{3-5}$$

2. 大群体偏好矢量

针对第 l 个决策方案，对决策大群体Ω中所有聚集的偏好 $\hat{G}^{lk}$ 进行加权求和，获得决策大群体Ω的偏好 E^l（代表整个决策大群体对决策问题的第 l 个决策方案的偏好）：

$$E^l=\sum_{k=1}^{K}\frac{n_k^l}{M}\hat{G}^{lk} \tag{3-6}$$

对 E^l 进行标准化，得到的单位偏好矢量 $\hat{E}^l$ 就是整个大群体的针对第 l 个决策方案的偏好矢量，即 $\hat{E}^l=E^l\big/\|E^l\|_2$ ，并且使得 $(\hat{E}^l)^{\mathrm{T}}\cdot\hat{E}^l=1$ 。方便起见，将 $\hat{E}^l$ 仍然记为 E^l ，其中，l=1, 2,⋯, P。

3. 大群体偏好矩阵

将上面 l 个大群体偏好矢量进行组合，就可以获得大群体偏好矩阵：

$$E=(e_{lj})_{P\times N}=\begin{bmatrix}e_{11} & e_{12} & \cdots & e_{1N}\\ e_{21} & e_{22} & \cdots & e_{2N}\\ \vdots & \vdots & & \vdots\\ e_{P1} & e_{P2} & \cdots & e_{PN}\end{bmatrix}=\begin{bmatrix}E^1\\ E^2\\ \vdots\\ E^P\end{bmatrix} \tag{3-7}$$

3.2.2 基于熵权法的属性权重模型

熵权法[1]广泛应用于决策过程中，按照熵的思想，人们在决策中获得信息的多少和质量，是决策的精度和可靠性大小的决定因素之一。熵可以用来度量获取

的数据所提供的有用信息量。

对于 P 个备选方案和 N 个决策属性的大群体偏好矩阵 $E=(e_{lj})_{P\times N}$，定义其熵为

$$H_j=-\frac{1}{\ln P}\sum_{l=1}^{P}\left(\frac{e_{lj}}{\sum_{l=1}^{P}e_{lj}}\ln\frac{e_{lj}}{\sum_{l=1}^{P}e_{lj}}\right),\quad \sum_{l=1}^{P}e_{lj}\neq 0;\ j=1,2,\cdots,N \tag{3-8}$$

其中，当 $\frac{e_{lj}}{\sum_{l=1}^{P}e_{lj}}=0$ 时，$\frac{e_{lj}}{\sum_{l=1}^{P}e_{lj}}\ln\frac{e_{lj}}{\sum_{l=1}^{P}e_{lj}}=0$。

根据熵的含义，属性 j 的熵越大，说明各决策方案在该属性上的取值与该属性最优值间的差异越相近，则可将熵权值定义为

$$h_j=\frac{1-H_j}{N-\sum_{j=1}^{N}H_j},\quad j=1,2,\cdots,N \tag{3-9}$$

得到基于大群体偏好矩阵的属性熵权为

$$W=[h_1,h_2,\cdots,h_N],\quad \sum_{j=1}^{N}h_j=1 \tag{3-10}$$

3.2.3 大群体偏好集结与决策方案排序

由此可得 P 个决策方案的综合决策值矢量为

$$O=W\cdot E^{\mathrm{T}} \tag{3-11}$$

根据 O 中的分量数据大小，可确定所有决策方案的复杂大群体综合排序最后结果，从中选择最优决策方案，即复杂大群体决策结果。

3.2.4 多方案排序决策问题复杂大群体决策偏好集结算例

设决策问题有 4 个属性，分别记为属性 1、属性 2、属性 3、属性 4，存在 3 个决策方案，分别记为方案 1、方案 2、方案 3，现有 20 个成员构成决策大群体 Ω。

(1) 20 个成员就 4 个属性对方案 1 进行决策，可得 20×4=80 个决策数据，为了消除不同属性(准则)之间不同量纲的影响，对这些数据进行非量纲化处理。借助模糊数学的隶属度函数概念根据数值计算越小越好的特性进行如下标准化处理：

$$x'_{ij}=\frac{\max\limits_i x_{ij}-x_{ij}}{\max\limits_i x_{ij}-\min\limits_i x_{ij}},\quad i=1,2,\cdots,20;\ j=1,2,3,4$$

其中，$\max\limits_i x_{ij}$ 和 $\min\limits_i x_{ij}$ 是第 j 个属性中的最大值和最小值。则得到如下标准化决策偏好数据矩阵，如表 3-7 所示。

表 3-7　方案 1 标准化决策偏好数据表

序号	属性 1	属性 2	属性 3	属性 4	序号	属性 1	属性 2	属性 3	属性 4
V_1^1	0.42	0.68	0.35	0.01	V_{11}^1	0.04	0.12	0.23	0.34
V_2^1	0.7	0.25	0.79	0.59	V_{12}^1	0.74	0.65	0.42	0.12
V_3^1	0.63	0.65	0.06	0.46	V_{13}^1	0.54	0.69	0.48	0.45
V_4^1	0.82	0.28	0.62	0.92	V_{14}^1	0.63	0.58	0.38	0.6
V_5^1	0.96	0.43	0.28	0.37	V_{15}^1	0.24	0.42	0.3	0.79
V_6^1	0.92	0.05	0.03	0.54	V_{16}^1	0.17	0.36	0.91	0.43
V_7^1	0.93	0.83	0.22	0.17	V_{17}^1	0.89	0.07	0.41	0.43
V_8^1	0.19	0.96	0.48	0.27	V_{18}^1	0.65	0.49	0.47	0.06
V_9^1	0.72	0.39	0.7	0.13	V_{19}^1	0.91	0.3	0.71	0.51
V_{10}^1	0.68	1.0	0.36	0.95	V_{20}^1	0.07	0.02	0.94	0.49

取阈值γ=0.8、p=q=2(下同)，利用式(3-6)得方案 1 的大群体偏好矢量为 E^1=(0.606, 0.461, 0.468, 0.429)。

(2) 20 个成员对方案 2 进行评价，对所得的 80 个数据进行上述标准化处理，得如下决策偏好数据矩阵，如表 3-8 所示。

表 3-8　方案 2 标准化决策偏好数据表

序号	属性 1	属性 2	属性 3	属性 4	序号	属性 1	属性 2	属性 3	属性 4
V_1^2	0.3	0.24	0.85	0.55	V_7^2	0.05	0.31	0.78	0.07
V_2^2	0.57	0.41	0.67	0.77	V_8^2	0.74	0.87	0.22	0.46
V_3^2	0.32	0.09	0.45	0.4	V_9^2	0.25	0.73	0.71	0.3
V_4^2	0.27	0.24	0.38	0.39	V_{10}^2	0.78	0.74	0.98	0.13
V_5^2	0.19	0.83	0.3	0.42	V_{11}^2	0.87	0.91	0.62	0.37
V_6^2	0.34	0.16	0.4	0.59	V_{12}^2	0.56	0.68	0.56	0.75

续表

序号	属性 1	属性 2	属性 3	属性 4	序号	属性 1	属性 2	属性 3	属性 4
V_{13}^2	0.32	0.53	0.51	0.51	V_{17}^2	0.46	0.1	0.1	0.59
V_{14}^2	0.42	0.25	0.67	0.31	V_{18}^2	0.22	0.89	0.23	0.47
V_{15}^2	0.08	0.92	0.08	0.38	V_{19}^2	0.07	0.31	0.14	0.69
V_{16}^2	0.58	0.88	0.54	0.84	V_{20}^2	0.01	0.92	0.63	0.56

利用式(3-6)得方案 2 的大群体偏好矢量为 E^2=(0.382, 0.569, 0.509, 0.494)。

(3) 类似地，20 个成员对方案 3 进行评价，同样对所得的 80 个数据进行上述标准化处理，得如下决策偏好数据矩阵，如表 3-9 所示。

表 3-9　方案 3 标准化决策偏好数据表

序号	属性 1	属性 2	属性 3	属性 4	序号	属性 1	属性 2	属性 3	属性 4
V_1^3	0.11	0.6	0.25	0.38	V_{11}^3	0.1	0.17	0.36	0.52
V_2^3	0.49	0.84	0.96	0.42	V_{12}^3	0.01	0.5	0.2	0.57
V_3^3	0.03	0.51	0.92	0.37	V_{13}^3	0.99	0.04	0.25	0.09
V_4^3	0.75	0.21	0.97	0.22	V_{14}^3	0.45	0.1	0.9	0.03
V_5^3	0.49	1.0	0.69	0.85	V_{15}^3	0.96	0.86	0.94	0.44
V_6^3	0.82	0.35	0.54	1.0	V_{16}^3	0.24	0.88	0.15	0.04
V_7^3	0.19	0.39	0.01	0.89	V_{17}^3	0.49	0.01	0.59	0.19
V_8^3	0.28	0.68	0.29	0.94	V_{18}^3	0.81	0.97	0.99	0.82
V_9^3	0.49	0.84	0.08	0.22	V_{19}^3	0.9	0.99	0.1	0.58
V_{10}^3	0.11	0.18	0.14	0.15	V_{20}^3	0.73	0.23	0.39	0.93

同样利用式(3-6)得方案 3 的大群体偏好矢量为 E^3=(0.475, 0.488, 0.461, 0.433)。

于是得大群体偏好矩阵：

$$E=(e_{lj})_{3\times 4}=\begin{bmatrix} E^1 \\ E^2 \\ E^3 \end{bmatrix}=\begin{bmatrix} 0.606 & 0.461 & 0.468 & 0.429 \\ 0.382 & 0.569 & 0.509 & 0.494 \\ 0.475 & 0.488 & 0.461 & 0.433 \end{bmatrix}$$

将 E 代入式(3-8)、式(3-9)、式(3-10)中，可计算得 4 个属性的熵权为 W=(−0.004, 0.189, 0.343, 0.471)。

将 W 和 E 代入式(3-11)，可得 20 个成员针对 3 个决策方案的综合决策值排序矢量为

$$O = W \cdot E^{\mathrm{T}} = (-0.004, 0.189, 0.343, 0.471)\begin{bmatrix} 0.606 & 0.382 & 0.475 \\ 0.461 & 0.569 & 0.488 \\ 0.468 & 0.509 & 0.461 \\ 0.429 & 0.494 & 0.433 \end{bmatrix}$$

$$= (0.4473, 0.5133, 0.4524)$$

根据排序向量中分量值的大小可知，方案 2 是最优方案，该方案成功解决了多属性多方案排序复杂大群体决策问题，具备较好的可操作性，可应用于网络环境下各种项目等复杂大群体评价与决策。

3.3 本章小结

本章在第 2 章的大群体成员偏好聚类形成聚集结构的基础上，针对求解决策问题，提出了复杂大群体偏好集结模型和方法；针对多方案排序决策问题，分别提出了大群体偏好矩阵的形成方法、基于熵权的属性权重确定方法、大群体偏好集结和决策方案排序方法，并利用实例验证了方法的有效性和可行性。

参考文献

[1] Shannon C E, Haken H. Application of the maximum information entropy principle to selforganizing system[J]. Condenced Matter, 1985, 61(3): 335-338.

第 4 章　不确定型偏好信息复杂大群体决策偏好集结方法

如第 3 章的分析，针对决策问题的大群体成员决策偏好信息分为确定型和不确定型两种，在第 3 章阐述的确定型偏好信息复杂大群体决策偏好集结方法的基础上，本章主要阐述不确定型偏好信息的复杂大群体决策偏好集结方法。针对决策问题的不确定型偏好信息主要有效用值、残缺值、不确定语言值和随机值等偏好信息，不确定型偏好信息的出现给复杂大群体决策偏好的集结带来了新的困难。根据决策群体成员针对决策问题的不确定型偏好信息的不同形式，形成下列基于不同形式的不确定型偏好信息复杂大群体决策偏好集结模型和相应的方法。

4.1　基于效用值偏好信息的复杂大群体决策偏好集结方法

大群体决策成员给出的偏好信息一般有效用值[1,2]、序关系值[3]、互反判断矩阵[4-6]、模糊互补判断矩阵[7,8]、区间数[9-11]以及语言评价矩阵[12]等多种形式。其中效用值形式的偏好信息是最为常见的一种，它具有简单、实用且不需要一致性检验等优点，而偏好信息的序关系值、互反判断矩阵、模糊互补判断矩阵等都可以转换为效用值形式[1]。目前关于效用值形式偏好信息的研究[1,2]缺乏对其从偏好集结、聚类分析、方案排序直至决策结果评价系统的研究。针对这些问题，本节针对多方案排序决策问题提出基于效用值形式偏好信息的成员偏好信息量度量方法、基于复杂大群体偏好聚类的决策成员权重确定方法、大群体偏好集结方法及决策结果评价方法等。

4.1.1　基于熵权模型的大群体成员效用信息度量

大群体决策过程中，常常需要成员提供决策偏好信息，在传统的研究中[1-14]，都是直接集结所有成员的偏好信息。但是，由于成员知识结构、判断水平和个人偏好等主观因素的影响，再加之决策问题本身的模糊性和复杂性，在实际大群体决策过程中，决策成员给出的各种形式的偏好信息也可能作用不大。特别是在复杂大群体中，决策成员的数量很多，直接集结所有成员的偏好信息不仅没有必要，而且会增加信息处理量。因此，在集结偏好信息前，有必要去除提供较少有用信息的成员，在不影响决策结果的基础上减少信息处理量。

设决策问题的所有决策方案构成方案集 $X=\{x_1,x_2,\cdots,x_P\}$ ，其中 x_l 为第 l 个决策方案。设决策大群体为 $\Omega=\{e_1,e_2,\cdots,e_M\}$ ，其中 e_i 为第 i 个决策成员；决策大群体 Ω 中的第 i 个成员 e_i 关于第 l 个决策方案的决策效用值为 v_{il} ，并且 $v_{il}\geqslant 0$ ，$i=1,2,\cdots,M$，$l=1,2,\cdots,P$ 。则 M 个成员关于 P 个决策方案给出实数形式的效用值偏好向量构成效用偏好矩阵为

$$V=\begin{bmatrix} v_{11} & v_{12} & \cdots & v_{1P} \\ v_{21} & v_{22} & \cdots & v_{2P} \\ \vdots & \vdots & & \vdots \\ v_{M1} & v_{M2} & \cdots & v_{MP} \end{bmatrix}=(V^1,V^2,\cdots,V^P) \tag{4-1}$$

其中，$(v_{i1},v_{i2},\cdots,v_{iP})$ 为决策成员 e_i 给出的效用值形式的偏好向量。利用熵权模型度量和评价大群体成员提供的偏好信息，并决定是否将其去除。过程如下：

(1) 对 V 按行进行归一化得 $R=\{r_{il}\}$ ，其中

$$r_{il}=v_{il}\Big/\sum_{l=1}^{P}v_{il}\ ,\quad i=1,2,\cdots,M \tag{4-2}$$

(2) 计算成员 e_i 的决策熵值 E_i 。

熵(entropy)的概念源于热力学，广泛应用于决策过程中，玻尔兹曼(Boltzmann)从分子运动论的角度提出了熵公式 $S=k\cdot\ln W$ ，其中 k 是玻尔兹曼常量，W 为系统可及微观状态总数，该数目越多，熵值就越大，即熵是系统内部分子热运动的混乱度的量度，表示系统宏观状态的熵与该宏观状态对应的微观状态数 W 的关系。后来香农(Shannon)将其引入信息论[15]，赋予熵广义的概念，按照统计平均的意义，式(4-2)还有另一种表示方法，设隔离系统可及微观状态为 $1,2,\cdots,W$。按玻尔兹曼等概率假设这 W 个可及微观状态出现的概率 P_i 都相等，即 $P_i=1/W(i=1,2,\cdots,W)$，因此熵就有了另一种表达形式：$S=-k\sum_{i=1}^{W}P_i\ln P_i$ 。根据熵的思想，人们在决策中获得信息的多少和质量是决策的精度和可靠性大小的决定因素之一。熵可以用来度量获取的数据所提供的有用信息量，本章采用后一种信息熵，根据以上分析，将决策方案数 P 代替 W，将 r_{il} 代替 P_i，$(\ln P)^{-1}$ 代替 k，则有

$$E_i=-\frac{1}{\ln P}\sum_{l=1}^{P}(r_{il}\cdot\ln r_{il})\text{，且规定 } r_{il}=0 \text{ 时，} r_{il}\cdot\ln r_{il}=0 \tag{4-3}$$

(3) 计算成员 e_i 的熵权：

$$\theta_i=\frac{1-E_i}{M-\sum_{t=1}^{M}E_t}\ ,\quad 0\leqslant\theta_i\leqslant 1,\sum_{i=1}^{M}\theta_i=1 \tag{4-4}$$

(4) 引入熵权阈值λ^*，并且$0\leqslant\lambda^*\leqslant1$，用来判断是否从决策大群体$\Omega$中去除某成员。其中，$0\leqslant\lambda^*<1/M$，一般可取$\lambda^*=0.1/M$，其中$1/M$为$M$个成员熵权的平均值，当某个成员的熵权小于该平均值的1/10时，可认为该成员的熵权明显小于其他成员的熵权，该成员提供的有用信息较少，可以考虑去除。

若$\theta_i\leqslant\lambda^*$，则可从$\Omega$中去除成员$e_i$的效用向量，相当于从$\Omega$中去除成员$e_i$。

当各个决策方案在成员e_i上的值完全相同时，熵值达到最大值1，熵权为零，这也意味着该成员未提供任何有用的信息，该成员可以考虑被去除；当各方案在成员e_i上的值相差较大时，熵值较小，熵权较大，说明该成员提供了有用的信息，同时还告诉我们该成员对各决策方案的决策偏好有明显的差异，应重点考察。成员的熵值越大，其熵权越小，该成员越不重要。为叙述方便，去除某些成员之后群体中的成员数仍记为M。

熵权阈值λ的大小为大群体成员提供有用信息的最低限度，会影响某个成员是否会被去除。如果某成员提供的有用信息小于这个最低限度，则会被去除，该成员被去除后将不会影响决策结果。

4.1.2　基于偏好聚类的大群体成员权重确定方法

基于聚类方法确定成员权重的方法具有很多优点[13,14]，可以推广到大群体决策。虽然可以利用经典决策中成员打分法来解决决策成员的权重问题，但不同成员的偏好和价值取向的差异又带来了主观性的问题。可以利用第 2 章的复杂大群体偏好聚类方法对决策成员偏好进行聚类分析，根据聚类结果确定决策成员权重。

1. 大群体成员偏好聚类

对于决策成员效用偏好向量构成的效用矩阵$V=(V^1,V^2,\cdots,V^P)$，其中两个效用向量V^{i_1}和V^{i_2}之间的相聚度$r_{i_1i_2}(V^{i_1},V^{i_2})$定义为$r_{i_1i_2}(V^{i_1},V^{i_2})=\dfrac{(|V^{i_1}-\bar{V}^{i_1}|)\cdot(|V^{i_2}-\bar{V}^{i_2}|)^{\mathrm{T}}}{\left\|V^{i_1}-\bar{V}^{i_1}\right\|_2\cdot\left\|V^{i_2}-\bar{V}^{i_2}\right\|_2}$，同样有$0\leqslant r_{i_1i_2}(V^{i_1},V^{i_2})\leqslant1$。

对于上述给定的聚类阈值λ，基于成员偏好相聚模型$r_{i_1i_2}(V^{i_1},V^{i_2})$对大群体成员效用向量集$\Omega=\{V^i\}$进行聚类，可将$\Omega$中的所有效用向量聚类成$K$个聚集，形成$\Omega$的聚集结构，第$k$个聚集记为$C^k$。设$n_k$是聚集$C^k$的效用向量数(或群体成员数)，有$\sum\limits_{k=1}^{K}n_k=M$，其中$K$为正整数且$1\leqslant K\leqslant M$。

2. 成员权重确定

进行大群体成员偏好聚类之后，就可以根据聚类结果确定决策成员的权重。通过上述聚类，将 M 个决策成员聚类成 K 个($K\leqslant M$)聚集，由于聚类标准是两个成员效用偏好向量之间的相聚程度，因此处于同一聚集的成员给出的效用偏好比较接近，可认为属于同一聚集的成员具有相同的权重，否则就具有不同的权重。包含成员较多的聚集，其成员表达的决策信息代表了大多数成员的意见。根据多数原则，容量较大的聚集其成员应被赋予较大的权重；反之，容量较小的聚集其成员应被赋予较小的权重。

由于聚集 C^k $(1\leqslant k\leqslant K)$中包含 n_k 个成员(或效用向量)，则聚集 C^k 中 n_k 个成员的权重 ω_{n_k} 均相等。根据多数原则，ω_{n_k} 与 n_k 成正比，即 $\omega_{n_k}=\alpha\cdot n_k$，其中 α 为比例系数。又因 M 个成员的权重之和为 1，即 $\sum_{k=1}^{K}n_k\cdot\omega_{n_k}=\sum_{k=1}^{K}n_k\cdot\alpha\cdot n_k=1$，可得 $\alpha=\dfrac{1}{\sum_{k=1}^{K}n_k^2}$，此时可得 $\omega_{n_k}=\alpha\cdot n_k=\dfrac{n_k}{\sum_{k=1}^{K}n_k^2}$。因此，如果成员 e_i 属于聚集 C^k，则成员 e_i 的权重 ω_i 可由式(4-5)确定：

$$\omega_i=\omega_{n_k}=n_k\Big/\sum_{k=1}^{K}n_k^2,\quad i=1,2,\cdots,M \tag{4-5}$$

由式(4-5)即可获得 Ω 中所有决策成员的权重。

4.1.3 决策方案排序方法

有了决策成员的权重就可以利用式(4-6)将 M 个成员关于 P 个决策方案的效用值偏好集结为整个决策大群体 Ω 关于这 P 个决策方案的偏好向量：

$$O=\{o_l\}=\omega\cdot V=(\omega_1,\omega_2,\cdots,\omega_M)\cdot\begin{bmatrix} v_{11} & v_{12} & \cdots & v_{1P} \\ v_{21} & v_{22} & \cdots & v_{2P} \\ \vdots & \vdots & & \vdots \\ v_{M1} & v_{M2} & \cdots & v_{MP} \end{bmatrix} \tag{4-6}$$

其中，O 为 P 个方案的排序向量，也就是大群体最终决策结果。

4.1.4 大群体决策效果评价方法

群体决策效果是检验群体决策方法是否得当、群体决策过程是否正确的重要指标，当群体成员很多(复杂大群体)时，这一问题显得尤为重要。在大群体决策过程中，各决策成员根据自身的工作背景、知识、经验等特点分别给出自己的效用值偏好向量。科学的决策结果应该尽可能反映大多数群体成员的意见，也就是说各决策成员给出的效用值偏好与大群体最终的决策结果之间的距离越小越好。周晓光和张强采用置信度准则的属性测度理论从决策效率和决策质量两方面对群体决策效果进行了评价，本章采用欧氏距离法度量这一差距，并利用意见反映度指标 DOR 来度量决策结果反映决策成员偏好的程度，同时将其与事先确定的反映度阈值$\delta(0\leqslant\delta\leqslant1)$相比较，若 DOR 大于阈值$\delta$，则认可决策结果，不需要重新决策；反之，则根据决策成员意见差异度指标修改相关成员的效用偏好向量，重新进行决策[16]。

其中，反映度阈值δ用来认可决策结果的可行性，其值可事先由人工根据决策实际情况确定(如$\delta=0.8$)，δ值不宜过大也不宜过小，一般介于 0.5 和 0.9 之间为宜。

1. 决策成员意见反映度指标

设M个成员给出关于P个方案的效用值形式的偏好信息构成矩阵$V=(v_{il})_{M\times P}$，归一化之后得$R=(r_{il})_{M\times P}$。归一化后的大群体最终决策结果，即决策方案排序结果为$U=\{u_l\}$。

定义 4-1　成员e_i与大群体决策结果$U=\{u_l\}$之间的欧氏距离定义为

$$d_i=\sum_{l=1}^{P}\sqrt{(r_{il}-u_l)^2} \tag{4-7}$$

其中，d_i为成员e_i给出的效用偏好向量与大群体决策结果(大群体偏好向量)的距离，其值越小表示决策成员e_i的效用偏好向量与大群体决策结果越接近；反之，则越疏远。

定义 4-2　大群体成员意见反映度指标定义为

$$\mathrm{DOR}=1-\frac{1}{M}\sum_{i=1}^{M}d_i \tag{4-8}$$

定理 4-1　大群体成员意见反映度指标 DOR 具有以下性质：

(1) $-1\leqslant\mathrm{DOR}\leqslant1$，且 DOR 越大，大群体决策结果反映成员偏好的程度越高；

(2) 当$\mathrm{DOR}=-1$时，表示成员的偏好与大群体决策结果完全不一致，大群体决策结果反映决策成员偏好的程度最低；

(3) 当$\mathrm{DOR}=1$时，表示成员的偏好与大群体决策结果完全一致，大群体成员的偏好得到完全反映。

证明　由定义可知$\sum_{l=1}^{P}r_{il}=1$，$0\leqslant r_{il}\leqslant1$；$\sum_{l=1}^{P}u_l=1$，$0\leqslant u_l\leqslant1$；$d_i\geqslant0$。

由于$|r_{il}-u_l|\leqslant|r_{il}|+|u_l|=r_{il}+u_l$，当且仅当$r_{il}$与$u_l$至少有一个为零时等号成立，

因此

$$\begin{aligned} d_i &= \sum_{l=1}^{P}\sqrt{(r_{il}-u_l)^2} = \sum_{l=1}^{P}\left|r_{il}-u_l\right| = \left|r_{i1}-u_1\right|+\left|r_{i2}-u_2\right|+\cdots+\left|r_{iP}-u_P\right| \\ &\leqslant r_{i1}+u_1+r_{i2}+u_2+\cdots+r_{iP}+u_P=(r_{i1}+r_{i2}+\cdots+r_{iP})+(u_1+u_2+\cdots+u_P) \\ &=1+1=2 \end{aligned}$$

即 $\sum_{i=1}^{M}d_i \leqslant 2+2+\cdots+2 = 2M$，亦即 $0 \leqslant \frac{1}{M}\sum_{i=1}^{M}d_i \leqslant 2$，所以有 $-1 \leqslant \mathrm{DOR} = 1-\frac{1}{M}\sum_{j=1}^{M}d_i \leqslant 1$。

2. 成员意见差异度指标

定义 4-3　成员 e_i 与成员 e_j 之间的距离定义为

$$d_{ij}=\sum_{l=1}^{P}\sqrt{(r_{il}-r_{jl})^2}\ ,\quad l=1,2,\cdots,P \tag{4-9}$$

其中，d_{ij} 为成员 e_i 给出的效用向量与成员 e_j 给出的效用向量之间的距离，其值越小表示成员 e_i 与成员 e_j 之间的意见越接近，反之则越疏远。

定义 4-4　成员 e_i 的意见差异度指标定义为

$$\mathrm{DOD}_i=\frac{1}{M-1}\sum_{j\neq i}^{M}d_{ij} \tag{4-10}$$

定理 4-2　成员意见差异度指标 DOD_i 具有以下性质：

(1) $0\leqslant \mathrm{DOD}_i\leqslant 2$，且 DOD_i 越小，成员 e_i 与其他成员的偏好一致性程度越高。

(2) 当 $\mathrm{DOD}_i=0$ 时，表示成员 e_i 与其他成员的偏好完全不一致。

(3) 当 $\mathrm{DOD}_i=2$ 时，表示成员 e_i 与其他成员的偏好完全一致。

证明过程同定理 4-1。

3. 大群体决策效果评价步骤

根据上述描述，总结出大群体决策效果评价方法的计算步骤如下：

(1) 将成员效用矩阵 V 归一化为 R，其中 $r_{il}=a_{il}\Big/\sum_{l=1}^{P}a_{il}$ 。

(2) 将大群体决策结果归一化为 u_l。

(3) 由式(4-7)计算各成员效用向量与大群体决策结果之间的距离 d_i。

(4) 由式(4-8)计算成员意见反映度指标 DOR。

(5) 将计算所得的 DOR 与事先确定的阈值 δ 相比较，若 $\mathrm{DOR}\geqslant\delta$，则认可

决策结果，决策结束；若 DOR<δ，则认为决策结果不理想，转入(6)。

(6) 根据式(4-10)计算各成员的意见差异度指标 DOD_i，找出其中最大者，修改相关成员 e_i 的效用向量，重新计算决策结果，重复以上步骤直至获得满意的结果。

4.1.5 应用实例

某风险投资公司要进行一项投资，有 4 个备选决策方案，即投资计算机生产公司、投资酒店、投资服装设计公司以及投资生物制药公司，分别记为 x_1、x_2、x_3、x_4。聘请 25 位专家成员分别给出 4 个决策方案的效用值形式的偏好信息。效用值数据的获得有两种途径：一是直接获得，在一定标准下由成员判断打分或由成员历史经验数据统计获得；二是间接获得，成员给出的偏好信息有多种形式，如序关系值、互反判断矩阵、模糊互补判断矩阵等，通过一定的手段可以转化为效用值形式[2]，如表 4-1 所示。

表 4-1　群体成员效用值向量表

成员 e_i	方案 x_1	方案 x_2	方案 x_3	方案 x_4	成员 e_i	方案 x_1	方案 x_2	方案 x_3	方案 x_4
e_1	0.4	0.6	0.5	0.2	e_{14}	0.4	0.5	0.5	0.7
e_2	0.3	0.3	0.4	0.6	e_{15}	0.6	0.5	0.5	0.5
e_3	0.5	0.6	0.7	0.4	e_{16}	0.7	0.6	0.6	0.4
e_4	0.6	0.7	0.8	0.4	e_{17}	0.4	0.2	0.3	0.6
e_5	0.6	0.5	0.4	0.3	e_{18}	0.6	0.8	0.8	0.4
e_6	0.5	0.7	0.9	0.8	e_{19}	0.3	0.4	0.4	0.6
e_7	0.6	0.7	0.8	0.5	e_{20}	0.8	0.7	0.4	0.5
e_8	0.8	0.3	0.4	0.6	e_{21}	0.5	0.7	0.7	0.4
e_9	0.6	0.3	0.5	0.6	e_{22}	0.6	0.7	0.7	0.2
e_{10}	0.2	0.6	0.4	0.6	e_{23}	0.7	0.6	0.6	0.5
e_{11}	0.4	0.5	0.6	0.7	e_{24}	0.7	0.5	0.5	0.4
e_{12}	0.3	0.7	0.8	0.4	e_{25}	0.9	0.4	0.6	0.3
e_{13}	0.4	0.8	0.4	0.6					

利用式(4-3)和式(4-4)计算可得各专家成员的熵权，如表 4-2 所示。

表 4-2　群体成员熵权值表

成员 e_i	熵值 E_i	熵权 θ_i	成员 e_i	熵值 E_i	熵权 θ_i	成员 e_i	熵值 E_i	熵权 θ_i
e_1	0.9520	0.0674	e_4	0.9787	0.0299	e_7	0.9892	0.0151
e_2	0.9681	0.0447	e_5	0.9773	0.0318	e_8	0.9518	0.0677
e_3	0.9849	0.0212	e_6	0.9843	0.0220	e_9	0.9764	0.0332

续表

成员 e_i	熵值 E_i	熵权 θ_i	成员 e_i	熵值 E_i	熵权 θ_i	成员 e_i	熵值 E_i	熵权 θ_i
e_{10}	0.9455	0.0765	e_{16}	0.9863	0.0192	e_{22}	0.9385	0.0863
e_{11}	0.9849	0.0212	e_{17}	0.9446	0.0778	e_{23}	0.9950	0.0071
e_{12}	0.9478	0.0734	e_{18}	0.9750	0.0351	e_{24}	0.9850	0.0211
e_{13}	0.9681	0.0447	e_{19}	0.9771	0.0321	e_{25}	0.9389	0.0857
e_{14}	0.9850	0.0211	e_{20}	0.9745	0.0357			
e_{15}	0.9976	0.0033	e_{21}	0.9811	0.0266			

此时，熵权阈值 $\lambda^* = \dfrac{0.1}{25} = 0.004$。25 个成员的熵权中，$\theta_{15} = 0.0033 < \lambda^*$ $(= 0.004)$，也就是说成员 e_{15} 提供的信息较少，可以从 V 中去除成员 e_{15} 的效用向量，再进行集结排序。

去除成员 e_{15} 的效用向量得到剩余的 24 个成员关于 4 个方案给出的效用值向量构成矩阵，如表 4-3 所示。

表 4-3　剩余群体成员效用值向量表

成员 e_i	方案 x_1	方案 x_2	方案 x_3	方案 x_4	成员 e_i	方案 x_1	方案 x_2	方案 x_3	方案 x_4
e_1	0.4	0.6	0.5	0.2	e_{13}	0.4	0.8	0.4	0.6
e_2	0.3	0.3	0.4	0.6	e_{14}	0.4	0.5	0.5	0.7
e_3	0.5	0.6	0.7	0.4	e_{15}	0.7	0.6	0.6	0.4
e_4	0.6	0.7	0.8	0.4	e_{16}	0.4	0.2	0.3	0.6
e_5	0.6	0.5	0.4	0.3	e_{17}	0.6	0.8	0.8	0.4
e_6	0.5	0.7	0.9	0.8	e_{18}	0.3	0.4	0.4	0.6
e_7	0.6	0.7	0.8	0.5	e_{19}	0.8	0.7	0.4	0.5
e_8	0.8	0.3	0.4	0.6	e_{20}	0.5	0.7	0.7	0.4
e_9	0.6	0.3	0.5	0.6	e_{21}	0.6	0.7	0.7	0.2
e_{10}	0.2	0.6	0.4	0.6	e_{22}	0.7	0.6	0.6	0.5
e_{11}	0.4	0.5	0.6	0.7	e_{23}	0.7	0.5	0.5	0.4
e_{12}	0.3	0.7	0.8	0.4	e_{24}	0.9	0.4	0.6	0.3

此时 $M = 24$、$P = 4$，利用第 2 章的聚类方法，对上面 24 个效用值向量进行聚类，得聚集数 $K = 4$，聚类结果如表 4-4 所示。

表 4-4　成员效用值向量集聚类结果

聚集 C^k	成员数 n_k	成员 e_i	聚集偏好矢量	聚集一致性指标 ρ^k
聚集 C^1	13	$e_1, e_2, e_5, e_7, e_{11}, e_{12}, e_{13}, e_{17}, e_{18}, e_{19}, e_{20}, e_{21}, e_{24}$	(0.48, 0.559, 0.538, 0.409)	0.821
聚集 C^2	5	$e_3, e_4, e_{14}, e_{15}, e_{16}$	(0.49, 0.49, 0.546, 0.471)	0.826
聚集 C^3	4	e_6, e_8, e_9, e_{10}	(0.474, 0.429, 0.497, 0.587)	0.798
聚集 C^4	2	e_{22}, e_{23}	(0.615, 0.483, 0.483, 0.395)	0.973

利用式(4-5)可得专家成员 e_1 的权重 ω_1 为 $\omega_1 = n_1 \Big/ \sum_{k=1}^{4} n_k^2 = \frac{13}{214} = 0.061$。同理可得其他专家成员权重，如表 4-5 所示。

表 4-5　群体成员权重表

成员 e_i	权重 ω_i	成员 e_i	权重 ω_i	成员 e_i	权重 ω_i	成员 e_i	权重 ω_i	成员 e_i	权重 ω_i
e_1	0.061	e_6	0.019	e_{11}	0.061	e_{16}	0.023	e_{21}	0.061
e_2	0.061	e_7	0.061	e_{12}	0.061	e_{17}	0.061	e_{22}	0.01
e_3	0.023	e_8	0.019	e_{13}	0.061	e_{18}	0.061	e_{23}	0.01
e_4	0.023	e_9	0.019	e_{14}	0.023	e_{19}	0.061	e_{24}	0.061
e_5	0.061	e_{10}	0.019	e_{15}	0.023	e_{20}	0.061		

利用式(4-6)得 4 个决策方案的排序向量 $O = \{o_l\} = \omega \cdot V$，通过计算可得决策方案的排序向量的分量 $o_1 = 0.5224$、$o_2 = 0.5827$、$o_3 = 0.577$、$o_4 = 0.4636$。因此，最优决策方案为 x_2，即应选择投资酒店。

将成员效用向量矩阵 V、大群体决策结果 U 归一化，由式(4-7)和式(4-8)得大群体成员意见反映度指标 DOR = 0.77>0.7(= δ)，因此认可决策结果，决策过程结束。

在复杂大群体决策中，群体成员偏好信息以效用值形式出现，针对这种情况，本节首先提出了判断群体成员提供信息量多寡程度的熵权方法，以去除提供较少决策信息量的成员，并形成余下的大群体关于决策方案的效用矩阵。在此基础上利用偏好聚类方法将大群体成员进行聚类，根据聚类结果确定成员的权重，将该权重和效用矩阵进行合成获得决策方案的排序向量。同时提出了成员意见反映度指标模型来度量大群体决策结果反映成员意见的程度，并将其与事先确定的阈值相比较，若大于该阈值，则认可决策结果，无须重新进行决策；反之，则提出了成员意见差异度指标，根据差异度指标值修改相关成员的效用值向量，重新进行决策，直至获得满意的结果。

4.2 基于残缺值偏好信息的复杂大群体决策偏好集结方法

在传统群体决策中，大多是所有决策成员对所有方案都进行决策[17-22]，中小决策群体更是如此，但是在决策方案很多、决策成员也很多的情况下，让所有成员对所有方案都进行决策可能是不现实甚至不合理的。因此，可以将决策成员对部分方案进行决策的问题看成残缺值偏好下的复杂大群体决策问题。这种问题首先需要对残缺值偏好进行填补，本节将残缺值转化为区间数形式的偏好值，形成大群体关于所有方案的区间数偏好值，这样就转化为偏好值以区间数形式给出的复杂大群体决策问题。本节针对多方案排序决策问题，利用现有的关于属性残缺矩阵[23-25]、区间数属性值的决策方法[26,27]以及复杂大群体偏好聚类方法提出决策成员权重确定方法和复杂大群体偏好集结方法。

4.2.1 残缺偏好矩阵描述

所有决策方案构成方案集记为 $X=\{x_1,x_2,\cdots,x_P\}$，其中 x_l 为第 l 个决策方案。设决策大群体为 $\Omega=\{e_1,e_2,\cdots,e_M\}$，其中 e_i 为第 i 个成员；Ω 中的成员 e_i 关于第 l 个决策方案给出的决策偏好值为 v_{il}，并且 $v_{il}\geqslant 0$，$i=1,2,\cdots,M$；$l=1,2,\cdots,P$。

如果成员数 M 和方案数 P 都很多，那么由于成员和方案的特点存在差异，让所有成员对所有方案进行决策有时可能不现实甚至没有必要。可能的情形是某些成员对某些方案给出决策偏好，而另外一些成员对另外一些方案给出决策偏好。当成员 e_i 没有对第 l 个方案给出决策偏好值时，认为 v_{il} 为空，则 M 个成员对 P 个方案给出的实数形式的偏好向量将构成残缺值偏好矩阵 V：

$$V=\begin{bmatrix} v_{11} & v_{12} & \cdots & v_{1P} \\ v_{21} & v_{22} & \cdots & v_{2P} \\ \vdots & \vdots & & \vdots \\ v_{M1} & v_{M2} & \cdots & v_{MP} \end{bmatrix}=(V^1,V^2,\cdots,V^P) \tag{4-11}$$

其中，$(v_{i1},v_{i2},\cdots,v_{iP})$ 为成员 e_i 给出的残缺值偏好向量。下面将残缺值偏好转化为区间值偏好。

若 v_{il} 为空，则令 $v_{il}=[\min\limits_i v_{il},\ \max\limits_i v_{il}]=[a_{il}^L,\ a_{il}^U]$；若 v_{il} 不为空，则令 $v_{il}=[v_{il},\ v_{il}]=[a_{il}^L,\ a_{il}^U]$。则残缺值偏好矩阵 V 就转化为区间数偏好矩阵 A，记为

$$A=\begin{bmatrix}[a_{11}^L,a_{11}^U] & [a_{12}^L,a_{12}^U] & \cdots & [a_{1P}^L,a_{1P}^U]\\ [a_{21}^L,a_{21}^U] & [a_{22}^L,a_{22}^U] & \cdots & [a_{2P}^L,a_{2P}^U]\\ \vdots & \vdots & & \vdots\\ [a_{M1}^L,a_{M1}^U] & [a_{M2}^L,a_{M2}^U] & \cdots & [a_{MP}^L,a_{MP}^U]\end{bmatrix} \tag{4-12}$$

4.2.2　基于偏好聚类的大群体成员权重确定方法

1. 偏好聚类矩阵构建

设区间数 $\tilde{a}=[a^L,a^U]$，$\tilde{b}=[b^L,b^U]$，则称

$$S(\tilde{a}\geqslant\tilde{b})=\frac{\min[(a^U-a^L)+(b^U-b^L),\ \max(a^U-b^L,0)]}{(a^U-a^L)+(b^U-b^L)} \tag{4-13}$$

为区间数 $\tilde{a}\geqslant\tilde{b}$ 的可能度[28]。

设区间数 $\tilde{a}=[a^L,a^U]$，$\tilde{b}=[b^L,b^U]$，$\tilde{c}=[c^L,c^U]$，则有[11]：

① 有界性，即 $0\leqslant S(\tilde{a}\geqslant\tilde{b})\leqslant 1$。

② 互补性，即 $S(\tilde{a}\geqslant\tilde{b})+S(\tilde{b}\geqslant\tilde{a})=1$，特别地 $S(\tilde{b}\geqslant\tilde{a})=1/2$。

③ 传递性，即若 $S(\tilde{a}\geqslant\tilde{b})\geqslant 1/2$，且 $S(\tilde{b}\geqslant\tilde{c})\geqslant 1/2$，则 $S(\tilde{a}\geqslant\tilde{c})\geqslant 1/2$。

定义 4-5　设区间数 $\tilde{a}=[a^L,a^U]$、$\tilde{b}=[b^L,b^U]$，两区间数 $\tilde{a}$ 与 $\tilde{b}$ 之间的距离定义为

$$d(\tilde{a},\tilde{b})=\|\tilde{a}-\tilde{b}\|=\sqrt{|a^L-b^L|^2+|a^U-b^U|^2} \tag{4-14}$$

显然，$d(\tilde{a},\tilde{b})$越大，$\tilde{a}$ 和 $\tilde{b}$ 相离的程度越大。特别地，当 $d(\tilde{a},\tilde{b})=0$ 时，有 $\tilde{a}=\tilde{b}$，即 $\tilde{a}$ 和 $\tilde{b}$ 相等。

将区间数效用值矩阵 A 归一化为矩阵：

$$R=([r_{il}^L,r_{il}^U])_{M\times P}=\begin{bmatrix}[r_{11}^L,r_{11}^U] & [r_{12}^L,a_{12}^U] & \cdots & [r_{1P}^L,r_{1P}^U]\\ [r_{21}^L,r_{21}^U] & [r_{22}^L,a_{22}^U] & \cdots & [r_{2P}^L,r_{2P}^U]\\ \vdots & \vdots & & \vdots\\ [r_{M1}^L,a_{M1}^U] & [r_{M2}^L,r_{M2}^U] & \cdots & [r_{MP}^L,r_{MP}^U]\end{bmatrix}=\begin{bmatrix}R^1\\ R^2\\ \vdots\\ R^M\end{bmatrix} \tag{4-15}$$

其中，$r_{il}^L=a_{il}^L\Big/\sum\limits_{l=1}^{P}a_{il}^L$，$r_{il}^U=a_{il}^U\Big/\sum\limits_{l=1}^{P}a_{il}^U$。

为了将区间数归一化为实数，利用式(4-14)，引入如下成员偏好间的距离。

定义 4-6　决策成员 e_i 与 e_j 偏好之间的距离定义为

$$d_{ij}=d(R^i,R^j)=\sum_{l=1}^{P}\sqrt{\left|r_{il}^L-r_{jl}^L\right|^2+\left|r_{il}^U-r_{jl}^U\right|^2},\quad i,j=1,2,\cdots,M \tag{4-16}$$

将 d_{ij} 构成效用值聚类矩阵 $D=(d_{ij})_{M\times M}=\begin{bmatrix} d_{11} & d_{12} & \cdots & d_{1M} \\ d_{21} & d_{22} & \cdots & d_{2M} \\ \vdots & \vdots & & \vdots \\ d_{M1} & d_{M2} & \cdots & d_{MM} \end{bmatrix}=\begin{bmatrix} d^1 \\ d^2 \\ \vdots \\ d^M \end{bmatrix}$，其中 d_{ij} 已不再是区间数，而是一个实数。

2. 大群体成员偏好聚类

对 M 个矢量 $\{d^i\}$ 进行聚类相当于对 Ω 的 M 个成员进行聚类。对于上述聚类矩阵 $D=(d^1,d^2,\cdots,d^M)^{\mathrm{T}}$，两个聚类向量 d^i 和 d^j 之间的相聚度模型 $r_{ij}(d^i,d^j)$ 定义为 $r_{ij}(d^i,d^j)=\dfrac{D^iD^{j\mathrm{T}}}{\left\|D^i\right\|_2\left\|D^j\right\|_2}$，其中 $\overline{d}^i=\dfrac{1}{M}\sum\limits_{t=1}^{M}d_{it}$，$\overline{d}^j=\dfrac{1}{M}\sum\limits_{t=1}^{M}d_{jt}$，$D^i=\left(\left|d_{i1}-\overline{d}^i\right|\left|d_{i2}-\overline{d}^i\right|\cdots\left|d_{iM}-\overline{d}^i\right|\right)$，$D^j=\left(\left|d_{j1}-\overline{d}^j\right|\left|d_{j2}-\overline{d}^j\right|\cdots\left|d_{jM}-\overline{d}^j\right|\right)$，则同样有 $0\leqslant r_{ij}(d^i,d^j)\leqslant 1$。

取定群体相聚度阈值 γ(一般取 $0.5<\gamma<1$)，利用该阈值 γ 对大群体成员偏好向量集 $\Omega=\{d^i\mid i=1,2,\cdots,M\}$ 进行聚类，将 Ω 中的所有向量(群体成员偏好)聚类成 K 个聚集，第 k 个聚集记为 C^k。设 n_k 是第 k 个聚集的效用向量(对应于群体成员)数，那么 $\sum\limits_{k=1}^{K}n_k=M$，其中 K 为正整数且 $1\leqslant K\leqslant M$。

3. 大群体成员权重确定

在对大群体成员偏好进行聚类之后，根据聚类结果确定成员的权重，处于同一聚集的成员由于偏好比较接近，可以认为他们具有相同的权重，否则就具有不同的权重。按照多数原则，容量较大的聚集的成员应赋予较大的权重；反之，容量较小的聚集的成员应赋予较小的权重。

设聚集 C^k $(1\leqslant k\leqslant K)$ 中包含 n_k 个成员(或效用向量)，则聚集 C^k 中 n_k 个成员的权重 ω_{n_k} 均相等。根据多数原则，$\omega_{n_k}=\alpha\cdot n_k$，其中 α 为比例系数。由于 M 个成员的权重之和为 1，即 $\sum\limits_{k=1}^{K}n_k\cdot\omega_{n_k}=\sum\limits_{k=1}^{K}n_k\cdot\alpha\cdot n_k=1$，可得 $\alpha=1\Big/\sum\limits_{k=1}^{K}n_k^2$，此时可得 $\omega_{n_k}=n_k\Big/\sum\limits_{k=1}^{K}n_k^2$。因此，如果成员 $e_i(i=1,2,\cdots,M)$ 属于聚集 C^k，则成员 e_i 的权重 ω_i

可由式(4-17)确定：

$$\omega_i = \omega_{n_k} = n_k \Big/ \sum_{k=1}^{K} n_k^2 \text{ , } i = 1,2,\cdots,M \tag{4-17}$$

由式(4-17)即可得Ω中所有决策成员的权重为$\omega = (\omega_1, \omega_2,\cdots, \omega_M)$。

4.2.3 决策方案排序

有了成员的权重ω和区间数效用矩阵 A，就可以利用式(4-18)将 M 个成员关于 P 个决策方案的偏好集结为整个大群体关于 P 个方案的区间数偏好向量：

$$\begin{aligned}
Q = \omega \times A &= (\omega_1, \omega_2, \cdots, \omega_M) \times \begin{bmatrix} [a_{11}^L, a_{11}^U] & [a_{12}^L, a_{12}^U] & \cdots & [a_{1P}^L, a_{1P}^U] \\ [a_{21}^L, a_{21}^U] & [a_{22}^L, a_{22}^U] & \cdots & [a_{2P}^L, a_{2P}^U] \\ \vdots & \vdots & & \vdots \\ [a_{M1}^L, a_{M1}^U] & [a_{M2}^L, a_{M2}^U] & \cdots & [a_{MP}^L, a_{MP}^U] \end{bmatrix} \\
&= ([(\omega_1 \cdot a_{11}^L + \omega_2 \cdot a_{21}^L + \cdots + \omega_M \cdot a_{M1}^L), (\omega_1 \cdot a_{11}^U + \omega_2 \cdot a_{21}^U + \cdots + \omega_M \cdot a_{M1}^U)], \\
&\quad [(\omega_1 \cdot a_{12}^L + \omega_2 \cdot a_{22}^L + \cdots + \omega_M \cdot a_{M2}^L), (\omega_1 \cdot a_{12}^U + \omega_2 \cdot a_{22}^U + \cdots + \omega_M \cdot a_{M2}^U)], \cdots, \\
&\quad [(\omega_1 \cdot a_{1P}^L + \omega_2 \cdot a_{2P}^L + \cdots + \omega_M \cdot a_{MP}^L), (\omega_1 \cdot a_{1P}^U + \omega_2 \cdot a_{2P}^U + \cdots + \omega_M \cdot a_{MP}^U)]) \\
&= ([q_1^L, q_1^U], [q_2^L, q_2^U], \cdots, [q_P^L, q_P^U]) = (\tilde{q}_1, \tilde{q}_2, \cdots, \tilde{q}_P)
\end{aligned} \tag{4-18}$$

向量 Q 即整个大群体关于 P 个决策方案的区间数偏好向量。

利用式(4-13)的可能度公式求出区间数向量 Q 相应的可能度 $S(\tilde{q}_l \geqslant \tilde{q}_t) = \dfrac{\min[(q_l^U - q_l^L) + (q_t^U - q_t^L), \max(q_l^U - q_t^L, 0)]}{(q_l^U - q_l^L) + (q_t^U - q_t^L)}$，简记为 $S_{lt}(0 \leqslant l,t \leqslant P)$，并建立可能度矩阵：

$$S = (S_{lt})_{P \times P} = \begin{bmatrix} p_{11} & p_{12} & \cdots & p_{1P} \\ p_{21} & p_{22} & \cdots & p_{2P} \\ \vdots & \vdots & & \vdots \\ p_{P1} & p_{P2} & \cdots & p_{PP} \end{bmatrix}$$

这样，对决策方案进行排序的问题就转化为对可能度矩阵 S 的行向量进行排序的问题。易知，可能度矩阵 S 是模糊互补判断矩阵，利用模糊互补判断矩阵排序的中转法[28]，可能度矩阵 S 的行向量排序向量 $O = \{o_1, o_2, \cdots, o_P\}$可由式(4-19)求得

$$o_l = \frac{1}{P(P-1)} \left(\sum_{t=1}^{P} P_{lt} + \frac{P}{2} - 1 \right), \ l = 1,2,\cdots,P \tag{4-19}$$

排序向量 O 也就作为区间数矩阵偏好向量 Q 的排序向量，此时便可由排序向量 O

中的分量值的大小对决策方案进行排序。

4.2.4　算例分析

有一投资公司要进行一项风险投资，有 10 个投资决策方案，分别记为 x_1, x_2,…, x_{10}。聘请 30 位专家构成决策大群体，每位专家从这 10 个方案中选择自己比较熟悉的 8 个方案给出评价，以效用值形式的偏好信息出现，如表 4-6 所示。其中的空值(成员没有对相应的方案给出评价值)认为是残缺值。

表 4-6　大群体成员评价效用值表(V)

成员 e_i	x_1	x_2	x_3	x_4	x_5	x_6	x_7	x_8	x_9	x_{10}
e_1	0.42	0.36	0.26	0.23		0.43	0.89	0.58		0.35
e_2		0.60	0.23		0.22	0.10	0.38	0.69	0.18	0.48
e_3	0.49	0.23		0.19	0.64	0.73		0.33	0.16	0.64
e_4	0.24	0.62	0.08		0.29	0.44	0.95	0.46		0.50
e_5		0.42	0.76		0.76	0.50	0.83	0.59	0.07	0.84
e_6	0.33		0.05	0.04	0.99	0.44		0.65	0.78	0.04
e_7	0.79	0.74		0.43	0.89	0.32	0.90	0.68	0.98	
e_8		0.99	0.54	0.66	0.39		0.17	0.15	0.91	0.38
e_9	0.40	0.57		0.07	0.65	0.62	0.83		0.24	0.91
e_{10}	0.38		0.38	0.74	0.98		0.11	0.84	0.11	0.30
e_{11}	0.46	0.94	0.27	0.11	0.60	0.15	0.01	0.63		
e_{12}	0.07		0.50	0.21	0.39	0.41		0.81	0.66	0.88
e_{13}	0.56	0.98		0.42	0.97		0.26	0.76	0.47	0.84
e_{14}		0.06	0.76	0.05	0.65	0.22	0.45		0.72	0.05
e_{15}	0.31		0.48	0.92	0.67	0.97		0.06	0.50	0.71
e_{16}	0.91	0.18	0.18			0.56	0.37	0.59	0.98	0.27
e_{17}	0.86	0.02	0.17	0.64		0.74	0.30		0.30	0.44
e_{18}	0.66		0.33	0.86	0.73		0.64	0.66	0.77	0.92
e_{19}	0.93	0.48	0.40	0.48		0.97	0.55	0.30	0.45	
e_{20}	0.20	0.16	0.32		0.58	0.46	0.96	0.44	0.79	
e_{21}	0.66	0.58	0.66	0.20			0.80	0.82	0.85	0.77
e_{22}	0.02	0.53		0.02	0.16	0.11	0.97		0.97	0.93
e_{23}	0.99		0.41	0.49	0.82	0.50		0.85	0.68	0.19
e_{24}		0.90	0.33	0.14	0.63	0.99	0.45	0.93	0.81	
e_{25}	0.68	0.15		0.22	0.26		0.70	0.65	0.02	0.63
e_{26}	0.31		0.62	0.52	0.62	0.98	0.32	0.03		0.98
e_{27}	0.87	0.30	0.18	0.44		0.24	0.05	0.22		0.80
e_{28}		0.95	0.91	0.18	0.56	0.91		0.23	0.61	0.76
e_{29}	0.35	0.18	0.83		0.57	0.55	1.00	0.38		0.37
e_{30}	0.30	0.04	0.87	0.22	0.92	0.68	0.87		0.02	

利用式(4-12)将 V 转换成区间数效用值矩阵 A，如表 4-7 所示。

表 4-7　大群体成员评价区间数效用值表

e_i	x_1		x_2		x_3		x_4		x_5		x_6		x_7		x_8		x_9		x_{10}	
e_1	0.42	0.42	0.36	0.36	0.26	0.26	0.23	0.23	0.16	0.99	0.43	0.43	0.89	0.89	0.58	0.58	0.02	0.98	0.35	0.35
e_2	0.02	0.99	0.6	0.6	0.23	0.23	0.02	0.92	0.22	0.22	0.1	0.1	0.38	0.38	0.69	0.69	0.18	0.18	0.48	0.48
e_3	0.49	0.49	0.23	0.23	0.05	0.91	0.19	0.19	0.64	0.64	0.73	0.73	0.01	1	0.33	0.33	0.16	0.16	0.64	0.64
e_4	0.24	0.24	0.62	0.62	0.08	0.08	0.02	0.92	0.29	0.29	0.44	0.44	0.95	0.95	0.46	0.46	0.02	0.98	0.5	0.5
e_5	0.02	0.99	0.42	0.42	0.76	0.76	0.02	0.92	0.76	0.76	0.5	0.5	0.83	0.83	0.59	0.59	0.07	0.07	0.84	0.84
e_6	0.33	0.33	0.02	0.99	0.05	0.05	0.04	0.04	0.99	0.99	0.44	0.44	0.01	1	0.65	0.65	0.78	0.78	0.04	0.04
e_7	0.79	0.79	0.74	0.74	0.05	0.91	0.43	0.43	0.89	0.89	0.32	0.32	0.9	0.9	0.68	0.68	0.98	0.98	0.04	0.98
e_8	0.02	0.99	0.99	0.99	0.54	0.54	0.66	0.66	0.39	0.39	0.1	0.99	0.17	0.17	0.15	0.15	0.91	0.91	0.38	0.38
e_9	0.4	0.4	0.57	0.57	0.05	0.91	0.07	0.07	0.65	0.65	0.62	0.62	0.83	0.83	0.03	0.93	0.24	0.24	0.91	0.91
e_{10}	0.38	0.38	0.02	0.99	0.38	0.38	0.74	0.74	0.98	0.98	0.1	0.99	0.11	0.11	0.84	0.84	0.11	0.11	0.3	0.3
e_{11}	0.46	0.46	0.94	0.94	0.27	0.27	0.11	0.11	0.6	0.6	0.15	0.15	0.01	0.01	0.63	0.63	0.02	0.98	0.04	0.98
e_{12}	0.07	0.07	0.02	0.99	0.5	0.5	0.21	0.21	0.39	0.39	0.41	0.41	0.01	1	0.81	0.81	0.66	0.66	0.88	0.88
e_{13}	0.56	0.56	0.98	0.98	0.05	0.91	0.42	0.42	0.97	0.97	0.1	0.99	0.26	0.26	0.76	0.76	0.47	0.47	0.84	0.84
e_{14}	0.02	0.99	0.06	0.06	0.76	0.76	0.05	0.05	0.65	0.65	0.22	0.22	0.45	0.45	0.03	0.93	0.72	0.72	0.05	0.05
e_{15}	0.31	0.31	0.02	0.99	0.48	0.48	0.92	0.92	0.67	0.67	0.97	0.97	0.01	1	0.06	0.06	0.5	0.5	0.71	0.71
e_{16}	0.91	0.91	0.18	0.18	0.18	0.18	0.02	0.92	0.16	0.99	0.56	0.56	0.37	0.37	0.59	0.59	0.98	0.98	0.27	0.27
e_{17}	0.86	0.86	0.02	0.02	0.17	0.17	0.64	0.64	0.16	0.99	0.74	0.74	0.3	0.3	0.03	0.93	0.3	0.3	0.44	0.44
e_{18}	0.66	0.66	0.02	0.99	0.33	0.33	0.86	0.86	0.73	0.73	0.1	0.99	0.64	0.64	0.66	0.66	0.77	0.77	0.92	0.92
e_{19}	0.93	0.93	0.48	0.48	0.4	0.4	0.48	0.48	0.16	0.99	0.97	0.97	0.55	0.55	0.3	0.3	0.45	0.45	0.04	0.98
e_{20}	0.2	0.2	0.16	0.16	0.32	0.32	0.02	0.92	0.58	0.58	0.46	0.46	0.96	0.96	0.44	0.44	0.79	0.79	0.04	0.98
e_{21}	0.66	0.66	0.58	0.58	0.66	0.66	0.2	0.2	0.16	0.99	0.1	0.99	0.8	0.8	0.82	0.82	0.85	0.85	0.77	0.77
e_{22}	0.02	0.02	0.53	0.53	0.05	0.91	0.02	0.02	0.16	0.16	0.11	0.11	0.97	0.97	0.03	0.93	0.97	0.97	0.93	0.93
e_{23}	0.99	0.99	0.02	0.99	0.41	0.41	0.49	0.49	0.82	0.82	0.5	0.5	0.01	1	0.85	0.85	0.68	0.68	0.19	0.19
e_{24}	0.02	0.99	0.9	0.9	0.33	0.33	0.14	0.14	0.63	0.63	0.99	0.99	0.45	0.45	0.93	0.93	0.81	0.81	0.04	0.98
e_{25}	0.68	0.68	0.15	0.15	0.05	0.91	0.22	0.22	0.26	0.26	0.1	0.99	0.7	0.7	0.65	0.65	0.02	0.02	0.63	0.63
e_{26}	0.31	0.31	0.02	0.99	0.62	0.62	0.52	0.52	0.62	0.62	0.98	0.98	0.32	0.32	0.03	0.03	0.02	0.98	0.98	0.98
e_{27}	0.87	0.87	0.3	0.3	0.18	0.18	0.44	0.44	0.16	0.99	0.24	0.24	0.05	0.05	0.22	0.22	0.02	0.98	0.8	0.8
e_{28}	0.02	0.99	0.95	0.95	0.91	0.91	0.18	0.18	0.56	0.56	0.91	0.91	0.01	1	0.23	0.23	0.61	0.61	0.76	0.76
e_{29}	0.35	0.35	0.18	0.18	0.83	0.83	0.02	0.92	0.57	0.57	0.55	0.55	1	1	0.38	0.38	0.02	0.98	0.37	0.37
e_{30}	0.3	0.3	0.04	0.04	0.87	0.87	0.22	0.22	0.92	0.92	0.68	0.68	0.87	0.87	0.03	0.93	0.02	0.02	0.04	0.98

利用式(4-15)将 A 转换成归一化的区间数效用值矩阵 R，然后利用式(4-16)将 R 转化为聚类矩阵 D。对 D 进行聚类(取群体相聚度阈值 $\gamma = 0.97$)，得聚集数 $K = 7$，

聚类结果如表 4-8 所示。

表 4-8　成员聚类向量集 D 聚类结果

聚集 C^k	成员数 n_k	成员 e_i	聚集一致性指标 ρ^k	群体一致性指标 ρ
聚集 C^1	1	e_1	0	0.818
聚集 C^2	1	e_2	0	
聚集 C^3	15	$e_3, e_9, e_{15}, e_{17}, e_{18}, e_{19}, e_{21}, e_{22}, e_{23}, e_{24}, e_{25}, e_{26}, e_{27}, e_{28}, e_{30}$	0.98	
聚集 C^4	1	e_4	0	
聚集 C^5	1	e_5	0	
聚集 C^6	10	$e_6, e_7, e_8, e_{10}, e_{11}, e_{12}, e_{13}, e_{14}, e_{16}, e_{20}$	0.984	
聚集 C^7	1	e_{29}	0	

利用式(4-17)可得成员 e_1 的权重 ω_1 为 $\omega_1 = n_1 \Big/ \sum_{k=1}^{7} n_k^2 = \frac{1}{430} = 0.0023$。同理可得其他成员权重，如表 4-9 所示。

表 4-9　大群体成员权重表(ω)

成员 e_i	权重 ω_i	成员 e_i	权重 ω_i	成员 e_i	权重 ω_i	成员 e_i	权重 ω_i	成员 e_i	权重 ω_i
e_1	0.0023	e_7	0.0233	e_{13}	0.0233	e_{19}	0.0349	e_{25}	0.0349
e_2	0.0023	e_8	0.0233	e_{14}	0.0233	e_{20}	0.0233	e_{26}	0.0349
e_3	0.0349	e_9	0.0349	e_{15}	0.0349	e_{21}	0.0349	e_{27}	0.0349
e_4	0.0023	e_{10}	0.0233	e_{16}	0.0233	e_{22}	0.0349	e_{28}	0.0349
e_5	0.0023	e_{11}	0.0233	e_{17}	0.0349	e_{23}	0.0349	e_{29}	0.0023
e_6	0.0233	e_{12}	0.0233	e_{18}	0.0349	e_{24}	0.0349	e_{30}	0.0349

利用式(4-18)可得大群体关于 10 个决策方案的偏好区间数向量：

$$
\begin{aligned}
Q &= (q_1, q_2, \cdots, q_{10}) = (\omega_i) \times A = (\omega_1, \omega_2, \cdots, \omega_{30}) \times A \\
&= ([0.352005, 0.469375], [0.269344, 0.472559], [0.271242, 0.431374], \\
&\quad [0.258714, 0.308934], [0.41315, 0.550266], [0.37631, 0.531704], \\
&\quad [0.312588, 0.496926], [0.317704, 0.464314], [0.374357, 0.470357], \\
&\quad [0.380066, 0.54419])
\end{aligned}
$$

。

利用式(4-13)求得区间数偏好向量 Q 的可能度矩阵 $S = (p_{lt})_{10\times10}$，如表 4-10 所示。

表 4-10　区间数偏好向量 Q 的可能度矩阵(S)

方案 x_i	x_1	x_2	x_3	x_4	x_5	x_6	x_7	x_8	x_9	x_{10}
x_1	0.5	0.625	0.7139	1	0.2208	0.3419	0.5197	0.57449	0.44517	0.3172
x_2	0.375	0.5	0.5544	0.8458	0.1747	0.2682	0.4131	0.44295	0.32843	0.252
x_3	0.2861	0.4456	0.5	0.8238	0.0612	0.1746	0.3449	0.37061	0.22257	0.1582
x_4	0	0.1542	0.1762	0.5	0	0	0	0	0	0
x_5	0.7792	0.8253	0.9388	1	0.5	0.5959	0.7396	0.81971	0.75461	0.5651
x_6	0.6581	0.7318	0.8254	1	0.4041	0.5	0.6457	0.70953	0.62669	0.4751
x_7	0.4803	0.5869	0.6551	1	0.2604	0.3543	0.5	0.5416	0.43739	0.3355
x_8	0.4255	0.557	0.6294	1	0.1803	0.2905	0.4584	0.5	1	0.271
x_9	0.5548	0.6716	0.7774	1	0.2454	0.3733	0.5626	0	0.5	1
x_{10}	0.6828	0.748	0.8418	1	0.4349	0.5249	0.6645	0.729	0	0.5

利用 S 和式(4-19)求得方案的排序向量 $O=$(0.102869119, 0.090605819, 0.082086085, 0.053670452, 0.127979383, 0.117516493, 0.101682399, 0.103468006, 0.107612619, 0.112509625)。

由此可得最优决策方案为 x_5。

综上所述，在群体成员和决策方案很多的情况下，由于成员的知识结构存在差异和各个方案涉及的范围可能不同，所有成员对所有方案进行决策或者评价可能不太现实或不合理。针对这种群体成员对部分决策方案进行决策的多方案排序复杂大群体决策问题，首先将其视为残缺偏好下的复杂大群体决策问题，本节提出了填补残缺偏好的方法，即转化为偏好值以区间数形式给出的复杂大群体决策问题，并提出了决策方案排序模型及相应的排序方法。

4.3　基于不确定语言值偏好信息的复杂大群体决策偏好集结方法

由于重大突发事件的复杂性、不确定性以及人类思维的模糊性，当决策成员受一些主客观因素和时间制约时，对方案进行评估决策往往会给出语言定性的决策信息，因此对偏好信息可能以语言偏好或不确定语言偏好形式给出。本节针对多方案排序决策问题，利用现有的关于属性值以语言值形式给出的决策方法[29-33]和复杂大群体偏好聚类方法，首先利用不确定语言变量的性质提出各决策者偏好之间的距离，根据距离对决策成员偏好进行聚类，根据聚类结果确定成员的权重；其次将成员权重和不确定语言变量矩阵合成得到决策方案的排序向量，据此获得最优决策方案，形成相应的复杂大群体偏好集结方法。

4.3.1 语言型偏好信息表示

决策专家在进行定性测度时，一般需要适当的语言评估标度，事先设定语言评估标度 $S=\{s_i|i=-t,\cdots,t\}$，如 $S=\{s_{-4}=$极差，$s_{-3}=$很差，$s_{-2}=$差，$s_{-1}=$稍差，$s_0=$一般，$s_1=$稍好，$s_2=$好，$s_3=$很好，$s_4=$极好$\}$，S 中的术语个数一般为奇数，且满足下列条件：①若 $i>j$，则 $s_i>s_j$；②存在负算子 $\mathrm{neg}(s_i)=s_{-i}$；③若 $s_i\geqslant s_j$，则 $\max(s_i, s_j)=s_i$；④若 $s_i\leqslant s_j$，则 $\min(s_i, s_j)=s_j$。为了便于计算和避免丢失决策信息，在原有标度 $S=\{s_i|i=-t,\cdots,t\}$的基础上定义一个拓展标度 $\tilde{S}=\{s_a|a\in[-q, q]\}$，其中 q 是一个充分大的数，且若 $s_i\in S$，则称 s_i 为本原术语，否则称 s_i 为拓展术语。一般地，专家运用本原术语评估决策方案，而拓展术语只在运算和排序过程中出现。

如果 $\tilde{s}=[s_\alpha,s_\beta]$，$s_\alpha,s_\beta\in\tilde{S}$，$s_\alpha$ 和 s_β 分别表示区间的下限和上限，则称 $\tilde{s}$ 为不确定语言变量，并令 $\tilde{S}$ 为所有不确定语言变量构成的集合。对于任意三个不确定语言变量 $\tilde{s}=[s_\alpha,s_\beta]$、$\tilde{s}_1=[s_{\alpha_1},s_{\beta_1}]$、$\tilde{s}_2=[s_{\alpha_2},s_{\beta_2}]$，其中 $\tilde{s},\tilde{s}_1,\tilde{s}_2\in\tilde{S}$，以及 $\lambda\in[0,1]$，不确定语言变量的运算法则如下：

(1) $\tilde{s}_1\oplus\tilde{s}_2=[s_{\alpha_1},s_{\beta_1}]\oplus[s_{\alpha_2},s_{\beta_2}]=[s_{\alpha_1}\oplus s_{\alpha_2},s_{\beta_1}\oplus s_{\beta_2}]=[s_{\alpha_1+\alpha_2},s_{\beta_1+\beta_2}]$；

(2) $\lambda\tilde{s}=\lambda[s_\alpha,s_\beta]=[\lambda s_\alpha,\lambda s_\beta]=[s_{\lambda\alpha},s_{\lambda\beta}]$。

设 $\tilde{s}_1=[s_{\alpha_1},s_{\beta_1}]$，$\tilde{s}_2=[s_{\alpha_2},s_{\beta_2}]$为两个不确定语言变量，同时令 $l\tilde{s}_1=\beta_1-\alpha_1$，$l\tilde{s}_2=\beta_2-\alpha_2$ 为两个不确定语言变量的长度，则 $\tilde{s}_1\geqslant\tilde{s}_2$ 的可能度定义为[6]

$$S(\tilde{s}_1\geqslant\tilde{s}_2)=\frac{\max(0,l\tilde{s}_1+l\tilde{s}_2-\max(\beta_2-\alpha_1,0))}{l\tilde{s}_1+l\tilde{s}_2} \tag{4-20}$$

可能度 $S(\tilde{s}_1\geqslant\tilde{s}_2)$具有以下性质[34]：①$0\leqslant S(\tilde{s}_1\geqslant\tilde{s}_2)\leqslant 1$，$0\leqslant S(\tilde{s}_2\geqslant\tilde{s}_1)\leqslant 1$；②$S(\tilde{s}_1\geqslant\tilde{s}_2)+S(\tilde{s}_2\geqslant\tilde{s}_1)=1$，特别地，$S(\tilde{s}_1\geqslant\tilde{s}_1)=S(\tilde{s}_2\geqslant\tilde{s}_2)=0.5$。

设 $\tilde{s}_1=[s_{\alpha_1},s_{\beta_1}]$、$\tilde{s}_2=[s_{\alpha_2},s_{\beta_2}]$为两个不确定语言变量，则 $\tilde{s}_1$ 与 $\tilde{s}_2$ 之间的距离定义为

$$d(\tilde{s}_1,\tilde{s}_2)=\sqrt{|\alpha_1-\alpha_2|^2+|\beta_1-\beta_2|^2} \tag{4-21}$$

4.3.2 决策方案排序

所有决策方案构成方案集 $X=\{x_1,x_2,\cdots,x_P\}$，其中 x_l 为第 l 个决策方案，$l=1,2,\cdots,P$。设决策大群体为 $\Omega=\{e_1,e_2,\cdots,e_M\}$，其中 e_i 为第 i 个成员，$i=1,2,\cdots,M$。设 M 个专家成员给出关于 P 个方案的不确定语言形式决策偏好信息构成决策偏好矩阵 $A=\{a_{il}\}_{M\times P}$，其中 $a_{il}=\tilde{a}_{il}=[a_{\alpha_{il}},a_{\beta_{il}}]$，即

$$A=\begin{bmatrix}[a_{\alpha_{11}},a_{\beta_{11}}] & [a_{\alpha_{12}},a_{\beta_{12}}] & \cdots & [a_{\alpha_{1P}},a_{\beta_{1P}}]\\ [a_{\alpha_{21}},a_{\beta_{21}}] & [a_{\alpha_{22}},a_{\beta_{22}}] & \cdots & [a_{\alpha_{2P}},a_{\beta_{2P}}]\\ \vdots & \vdots & & \vdots\\ [a_{\alpha_{M1}},a_{\beta_{M1}}] & [a_{\alpha_{M2}},a_{\beta_{M2}}] & \cdots & [a_{\alpha_{MP}},a_{\beta_{MP}}]\end{bmatrix} \tag{4-22}$$

决策成员 e_i 与 e_j 之间的距离定义为

$$d_{ij}=d(A_i,A_j)=\sum_{l=1}^{P}\sqrt{\left|\beta_{il}-\beta_{jl}\right|^2+\left|\alpha_{il}-\alpha_{jl}\right|^2} \tag{4-23}$$

其中，d_{ij} 构成聚类矩阵 $D=(d_{ij})_{M\times M}=\begin{bmatrix}d_{11} & d_{12} & \cdots & d_{1M}\\ d_{21} & d_{22} & \cdots & d_{2M}\\ \vdots & \vdots & & \vdots\\ d_{M1} & d_{M2} & \cdots & d_{MM}\end{bmatrix}=\begin{bmatrix}d^1\\ d^2\\ \vdots\\ d^M\end{bmatrix}$，$d_{ij}$ 已不再是语言值，而是一个实数。两向量 d^i 和 d^j 之间的相聚度模型 $r_{ij}(d^i,d^j)$ 定义为 $r_{ij}(d^i,d^j)=\dfrac{D^i\cdot D^{j\mathrm{T}}}{\left\|D^i\right\|_2\cdot\left\|D^j\right\|_2}$，其中 $\overline{d}^i=\dfrac{1}{M}\sum_{t=1}^{M}d_{it}$，$\overline{d}^j=\dfrac{1}{M}\sum_{t=1}^{M}d_{jt}$，$D^i=\left(\left|d_{i1}-\overline{d}^i\right|,\left|d_{i2}-\overline{d}^i\right|,\cdots,\left|d_{iM}-\overline{d}^i\right|\right)$，$D^j=\left(\left|d_{j1}-\overline{d}^j\right|,\left|d_{j2}-\overline{d}^j\right|,\cdots,\left|d_{jM}-\overline{d}^j\right|\right)$，并且有 $0\leqslant r_{ij}(d^i,d^j)\leqslant 1$，利用第 2 章的偏好聚类方法对矩阵 D 中的向量进行聚类，将所有向量(即群体成员)聚类成 K 个聚集，第 k 个聚集记为 C^k，设 n_k 是第 k 个聚集的向量数，$\sum_{k=1}^{K}n_k=M$，其中 K 为正整数且 $1\leqslant K\leqslant M$。处于同一聚集的成员给出的语言偏好是比较接近的，因此认为属于同一聚集的成员具有相同的权重，反之具有不同的权重。按照多数原则，容量较大的聚集的成员应赋予较大的权重；反之，容量较小的聚集的成员应赋予较小的权重。

根据上述分析，聚集 C^k 中 n_k 个成员的权重 ω_{n_k} 均相等，按照多数原则，ω_{n_k} 与 n_k 成正比，有 $\omega_{n_k}=\alpha\cdot n_k$，其中 α 为比例系数。又因 M 个成员的权重之和为 1，即 $\sum_{k=1}^{K}n_k\cdot\omega_{n_k}=\sum_{k=1}^{K}n_k\cdot\alpha\cdot n_k=1$，可得 $\alpha=1\Big/\sum_{k=1}^{K}n_k^2$，此时可得 $\omega_{n_k}=\alpha\cdot n_k=n_k\Big/\sum_{k=1}^{K}n_k^2$。因此，如果成员 e_i 属于聚集 C^k，则成员 e_i 的权重 ω_i 可由式(4-24)确定：

$$\omega_i=\omega_{n_k}=n_k\Big/\sum_{k=1}^{K}n_k^2,\quad i=1,2,\cdots,M \tag{4-24}$$

利用式(4-24)即可求得所有决策成员的权重为 $\omega=(\omega_1,\omega_2,\cdots,\omega_M)$。

有了专家的权重就可以利用式(4-25)将 M 个专家关于 P 个决策方案的偏好集结为整个大群体关于 P 个方案的偏好：

$$Q=\omega\times A=(\omega_1,\omega_2,\cdots,\omega_M)\times\begin{bmatrix}[a_{\alpha_{11}},a_{\beta_{11}}] & [a_{\alpha_{12}},a_{\beta_{12}}] & \cdots & [a_{\alpha_{1P}},a_{\beta_{1P}}]\\ [a_{\alpha_{21}},a_{\beta_{21}}] & [a_{\alpha_{22}},a_{\beta_{22}}] & \cdots & [a_{\alpha_{2P}},a_{\beta_{2P}}]\\ \vdots & \vdots & & \vdots\\ [a_{\alpha_{M1}},a_{\beta_{M1}}] & [a_{\alpha_{M2}},a_{\beta_{M2}}] & \cdots & [a_{\alpha_{MP}},a_{\beta_{MP}}]\end{bmatrix} \tag{4-25}$$

$$=([(\omega_1\cdot\alpha_{11}+\omega_2\cdot\alpha_{21}+\cdots+\omega_M\cdot\alpha_{M1}),(\omega_1\cdot\beta_{11}+\omega_2\cdot\beta_{21}+\cdots+\omega_M\cdot\beta_{M1})],\cdots,$$
$$[(\omega_1\cdot\alpha_{1P}+\omega_2\cdot\alpha_{2P}+\cdots+\omega_M\cdot\alpha_{MP}),(\omega_1\cdot\beta_{1P}+\omega_2\cdot\beta_{2P}+\cdots+\omega_M\cdot\beta_{MP})])$$
$$=([u_{\alpha_1},u_{\beta_1}],[u_{\alpha_2},u_{\beta_2}],\cdots,[u_{\alpha_P},u_{\beta_P}])=(\tilde{u}_1,\tilde{u}_2,\cdots,\tilde{u}_P)$$

其中，Q 是一组群体关于 P 个方案的语言形式的偏好值，利用式(4-20)对其进行两两比较，并构造可能度矩阵 $S=(s_{ij})_{P\times P}$，其中 $s_{ij}=S(\tilde{s}_i\geqslant\tilde{s}_j)$，$s_{ij}\geqslant 0$，$s_{ij}+s_{ji}=1$，$s_{ii}=0.5$，$i,j=1,2,\cdots,P$。

则由式(4-26)可得 P 个决策方案的排序向量[34]为 $O=(o_1,o_2,\cdots,o_P)$，其中

$$o_l=\left(\sum_{t=1}^{P}p_{lt}+\frac{P}{2}-1\right)\Bigg/[P\cdot(P-1)],\quad l=1,2,\cdots,P。 \tag{4-26}$$

根据排序向量 O 的分量值的大小，对方案进行排序，即可得出最优决策方案。

4.3.3 算例分析

有一投资公司要进行一项风险投资，有 5 个投资决策方案，分别记为 $x_1,x_2,\cdots,x_5$。聘请 20 位专家构成决策群体，关于这 5 个方案给出的不确定语言形式的偏好信息如表 4-11 所示，语言评估标度为 $S=\{s_{-4}$ =极差，s_{-3} =很差，s_{-2} =差，s_{-1} =稍差，s_0 =一般，s_1 =稍好，s_2 =好，s_3 =很好，s_4 =极好$\}$。

表 4-11 决策成员语言评价值表(A)

成员 e_i	方案 x_1	方案 x_2	方案 x_3	方案 x_4	方案 x_5	成员 e_i	方案 x_1	方案 x_2	方案 x_3	方案 x_4	方案 x_5
e_1	1,3	3,4	−2,−1	1,2	3,−2	e_8	0,1	−1,2	2,3	2,4	2,3
e_2	2,3	1,2	0,2	2,3	−1,2	e_9	1,3	2,4	−1,0	1,2	−3,2
e_3	1,2	2,3	0,1	3,4	1,3	e_{10}	2,3	1,2	0,2	1,3	−1,2
e_4	0,1	2,4	2,3	1,2	2,3	e_{11}	−1,2	2,3	0,2	3,4	1,2
e_5	2,4	3,4	−1,0	2,3	1,2	e_{12}	0,1	2,4	1,3	1,2	2,3
e_6	1,3	2,3	0,1	2,4	0,2	e_{13}	1,3	3,4	−2,−1	1,2	−2,2
e_7	2,4	−1,3	0,2	1,3	1,3	e_{14}	1,3	1,2	0,1	2,3	−1,2

续表

成员 e_i	方案 x_1	方案 x_2	方案 x_3	方案 x_4	方案 x_5	成员 e_i	方案 x_1	方案 x_2	方案 x_3	方案 x_4	方案 x_5
e_{15}	2,4	2,3	0,1	3,4	1,3	e_{18}	2,3	1,3	0,2	2,3	−1,2
e_{16}	0,1	2,3	1,3	−1,2	2,3	e_{19}	1,2	1,3	0,1	3,4	−1,3
e_{17}	1,3	2,4	−2,−1	1,2	−3,2	e_{20}	0,1	2,4	1,3	1,2	2,3

利用式(4-23)将 A 转换成聚类矩阵 D，然后对 D 中的向量进行聚类，得聚集数 $K=6$，聚类结果如表 4-12 所示。

表 4-12　成员聚类表

聚集 C^k	成员数 n_k	成员 e_i	聚集 C^k	成员数 n_k	成员 e_i
聚集 C^1	1	e_7	聚集 C^4	4	e_4,e_{12},e_{16},e_{20}
聚集 C^2	9	$e_2,e_3,e_6,e_{10},$ $e_{11},e_{14},e_{15},e_{18},e_{19}$	聚集 C^5	1	e_5
聚集 C^3	1	e_8	聚集 C^6	4	e_1,e_9,e_{13},e_{17}

利用式(4-24)可得成员 e_1 的权重为 $\omega_1 = n_6 \Big/ \sum_{k=1}^{6} n_k^2 = \dfrac{4}{116} = 0.0345$。同理可得其他成员权重，如表 4-13 所示。

表 4-13　成员权重表

成员 e_i	权重 ω_i	成员 e_i	权重 ω_i	成员 e_i	权重 ω_i	成员 e_i	权重 ω_i	成员 e_i	权重 ω_i
e_1	0.0345	e_5	0.0086	e_9	0.0345	e_{13}	0.0345	e_{17}	0.0345
e_2	0.0776	e_6	0.0776	e_{10}	0.0776	e_{14}	0.0776	e_{18}	0.0776
e_3	0.0776	e_7	0.0086	e_{11}	0.0776	e_{15}	0.0776	e_{19}	0.0776
e_4	0.0345	e_8	0.0086	e_{12}	0.0345	e_{16}	0.0345	e_{20}	0.0345

利用式(4-26)可得所有决策方案的排序向量为 $O=(0.2063, 0.2462, 0.1253, 0.2594, 0.1627)$，由此可得最优方案为 x_4。

本节针对偏好信息以不确定语言信息形式给出的大群体决策问题，根据语言型偏好信息的特点，给出了语言型偏好信息的表示方式。利用偏好聚类方法将大群体成员偏好进行聚类，根据偏好聚类结果确定决策成员的权重。将决策成员权重和不确定语言偏好矩阵进行合成获得决策方案的排序向量，由此获得最优决策方案。

4.4　基于随机值偏好信息的复杂大群体决策偏好集结方法

重大突发事件本身带有多种随机因素，其应急决策问题的决策者难以在短时间内获得完全的决策信息，使得决策往往带有随机性，即出现随机值偏好信息。本节针对多方案排序决策问题，利用现有的关于属性以随机变量形式给出的决策方法[35-40]和复杂大群体偏好聚类方法，首先将正态分布的 3σ 原则推广到任意分布，将随机偏好值转化成区间数；其次把实数范围内的模糊聚类算法扩展到区间数上，通过该算法将大群体中的成员按偏好形成若干个不同的聚集，在此基础上定义并计算大群体中各个聚集和整个大群体的区间数偏好矩阵；最后利用不确定性有序加权平均算子(uncertain ordered weighted averaging, UOWA)获得决策方案的综合排序结果，从而形成相应的复杂大群体偏好集结方法。

4.4.1　随机偏好信息及其区间数转换

决策问题存在 N 个属性和 P 个决策方案，决策大群体为Ω，其中有 M 个决策成员，决策成员 e_i 针对第 l 个决策方案关于第 j 个属性给出的评价值为 x_{ij}^l，这里 x_{ij}^l 为连续型随机变量，其概率密度函数为 $f_{ij}^l(x)$，其中 $1\leqslant i\leqslant M$，$1\leqslant j\leqslant N$，$1\leqslant l\leqslant P$。

1. 正态分布 3σ 原则的推广

设连续型随机变量 x 的概率密度函数为 $f(x)$，$x\in(-\infty, +\infty)$。给定期望概率值 $\alpha(0\leqslant\alpha\leqslant1)$，若有 $P\{x_1\leqslant x\leqslant x_2\}=\int_{x_1}^{x_2}f(x)\mathrm{d}x\geqslant\alpha$，则称在期望概率水平 α 下，随机变量 x 的值必定落在区间$[x_1,x_2]$上。

2. 随机偏好值 x_{ij}^l 转化成区间数 $y_{ij}^l=[\underline{x}_{ij}^l,\overline{x}_{ij}^l]$

随机变量 x_{ij}^l 的概率密度函数为 $f_{ij}^l(x)$，在给定期望概率水平 $\alpha(0\leqslant\alpha\leqslant1)$下，当区间 $[\underline{x}_{ij}^l,\overline{x}_{ij}^l]$ 满足不等式

$$P\{\underline{x}_{ij}^l\leqslant x_{ij}^l\leqslant\overline{x}_{ij}^l\}=\int_{\underline{x}_{ij}^l}^{\overline{x}_{ij}^l}f_{ij}^l(x)\mathrm{d}x\geqslant\alpha \tag{4-27}$$

时，用区间 $[\underline{x}_{ij}^l,\overline{x}_{ij}^l]$ 包含的信息量来代替随机变量 x_{ij}^l 所包含的信息量。包含信息量的多少由α来决定：α越大，区间包含的信息量越多，信息遗失得越少；α越小，

区间包含的信息量越少，信息遗失得越多。特别地，当$\alpha=0$ 时，所得的区间值包含的信息量为零；当$\alpha=1$ 时，区间完全包含已知信息。

4.4.2 大群体偏好集结过程

1. 区间模糊聚类

定义 4-7 设区间向量 $y_i^l=(y_{i1}^l,y_{i2}^l,\cdots,y_{iN}^l)$ 为第 i 个决策成员 e_i 对第 l 个决策方案的区间决策偏好向量，其中 $y_{ij}^l=[\underline{x}_{ij}^l,\overline{x}_{ij}^l]$，$j=1,2,\cdots,N$。

定义 4-8 设矩阵

$$
y^l=(y_1^l,y_2^l,\cdots,y_M^l)^{\mathrm{T}}
=\begin{bmatrix} y_{11}^l & y_{12}^l & \cdots & y_{1N}^l \\ y_{21}^l & y_{22}^l & \cdots & y_{2N}^l \\ \vdots & \vdots & & \vdots \\ y_{M1}^l & y_{M2}^l & \cdots & y_{MN}^l \end{bmatrix}
$$

为决策大群体Ω关于第 l 个决策方案的区间值决策矩阵。

1) 区间值决策矩阵的数据标准化

由于属性值的量纲和数量级不一定相同，在运算过程中可能突出了某些数量级特别大的属性，而降低甚至排除了某些数量级很小的属性的作用。为了消除属性量纲的差别和属性数量级不同的影响，必须对各属性值进行标准化处理，使得每一属性值统一于某种共同的数值特性范围。此处只考虑属性为效益型的情况，标准化采用平移-标准差变换[41]：

$$
y_{ij}^l=\frac{y_{ij}^l-\overline{y}_{ij}}{\sigma_{ij}},\quad \overline{y}_{ij}=\frac{1}{P}\sum_{l=1}^{P}y_{ij}^l,\quad \sigma_{ij}=\sqrt{\frac{1}{P}\sum_{l=1}^{P}\left(y_{ij}^l-\overline{y}_{ij}\right)^2}
$$

该方法为统计学中的标准差方法，适用于随机属性值数据标准化，传统标准化方法如范数规范化方法(即平方和归一化)常用于确定属性值数据标准化处理。

2) 建立模糊相似关系矩阵 $R_l=(r_{i_1i_2}^l)_{M\times M}$

设 $r_{i_1i_2}^l(l,j)$ 为决策成员 i_1 和决策成员 i_2 针对第 l 个决策方案在第 j 个属性下评价值的相似度。$r_{i_1i_2}^l(l,j)$ 定义为[42]

$$
r_{i_1i_2}^l(l,j)=\frac{\left|y_{i_1j}^l\cap y_{i_2j}^l\right|}{\sqrt{\left|y_{i_1j}^l\right|\cdot\left|y_{i_2j}^l\right|}}
$$

其中，$|\cdot|$表示区间数的长度，并且$r_{i_1i_2}^l(l,j)$具有下列性质：①$0 \leqslant r_{i_1i_2}^l(l,j) \leqslant 1$；②若$r_{i_1i_2}^l(l,j)=0$，则$y_{i_1j}^l$与$y_{i_2j}^l$至多交于一点；③若$r_{i_1i_2}^l(l,j)=1$，则$y_{i_1j}^l = y_{i_2j}^l$，即决策成员$i_1$和决策成员$i_2$针对决策方案$l$在属性$j$下的评价完全一致。

定义 4-9 定义决策成员i_1和i_2关于第l个决策方案的综合评价值的相似度$r_{i_1i_2}^l = \min\limits_{1\leqslant j\leqslant N} r_{i_1i_2}(l,j)$。显然$r_{i_1i_2}^l$具有下列性质：①$0 \leqslant r_{i_1i_2}^l \leqslant 1$；②当$r_{i_1i_2}^l = 0$时，决策成员$i_1$和决策成员$i_2$关于第$l$个决策方案至少在一个属性下的评价值不同；③当$r_{i_1i_2}^l = 1$时，决策成员$i_1$和决策成员$i_2$关于第$l$个决策方案的评价完全一致。

综上所述，对于第l个决策方案，得其模糊相似关系矩阵为$R_l = (r_{i_1i_2}^l)_{M\times M}$，其中$i_1, i_2 = 1,2,\cdots,M$。

3) 求模糊相似矩阵R_l的传递闭包$t(R_l)$

使用平方自合成法[41]构造$t(R_l)$，计算

$$R_l \circ R_l = R_l^2,\quad R_l^2 \circ R_l^2 = R_l^4,\quad R_l^4 \circ R_l^4 = R_l^8,\cdots, R_l^{2^{k-1}} \circ R_l^{2^{k-1}} = R_l^{2^k},\cdots$$

若有k_0使得$R_l^{2^{k_0-1}} = R_l^{2^{k_0}}$，则$t(R_l) = R_l^{2^{k_0}}$。

从上面的计算过程可知，用平方自合成法，至多只需要计算$\log_2 M+1$次，便可以得到R_l的传递闭包$t(R_l)$。

4) 选定适当的聚类阈值λ_l，求出$t(R_l)$的λ_l截阵$t(R_l^{\lambda_l})$，从而得到若干个聚集

根据聚类原则，当$r_{i_1i_2}^l \geqslant \lambda_l$时，对于第$l$个方案，决策成员$e_{i_1}$与$e_{i_2}$可以归为一类。对于各个不同的$\lambda_l \in [0,1]$，可以得到不同的聚集$\{C^{l1}, C^{l2},\cdots,C^{lK}\}$。若对决策大群体$\Omega$进行动态聚类，形成一幅动态聚类图，可更加形象地了解复杂大群体的聚类结构。

2. 大群体区间决策矩阵构建

定义 4-10 由于决策大群体Ω由K个聚集构成，因此对于第k个聚集C^{lk}，定义其区间评价向量为

$$G^{lk} = \bigcap_{i\in C^{lk}} y_i^l = \left(\bigcap_{i\in C^{lk}} y_{i1}^l, \bigcap_{i\in C^{lk}} y_{i2}^l,\cdots, \bigcap_{i\in C^{lk}} y_{iN}^l\right),\quad k=1,2,\cdots,K;\ l=1,2,\cdots,P$$

特别地，当$\bigcap\limits_{i\in C^{lk}} y_{ij}^l = \varnothing$时，$\bigcap\limits_{i\in C^{lk}} y_{ij}^l = [0,0]$。

定义 4-11 对决策大群体Ω中所有聚集C^{lk}的评价向量G^{lk}进行加权求和，可

得决策大群体Ω对决策方案l的区间评价向量$E_l=\sum_{k=1}^{K}\frac{n_k^l}{M}G^{lk}$，其中$n_k^l$表示聚集$C^{lk}$中元素的个数。

定义 4-12　将定义 4-11 中的P个区间判断向量进行组合得到大群体区间判断矩阵

$$E=(e_{lj})_{P\times N}=\begin{bmatrix}E_1\\E_2\\\vdots\\E_P\end{bmatrix}=\begin{bmatrix}e_{11}&e_{12}&\cdots&e_{1N}\\e_{21}&e_{21}&\cdots&e_{2N}\\\vdots&\vdots&&\vdots\\e_{P1}&e_{P2}&\cdots&e_{PN}\end{bmatrix}$$

其中，$e_{ij}=[\underline{e}_{lj},\overline{e}_{lj}]$。

3. 属性权重确定

设$f:U^n\to U$，若$f(N_1,N_2,\cdots,N_N)=\sum_{j=1}^{N}w_j\cdot N_j'$，其中$W=(w_1,\ w_2,\cdots,\ w_N)^{\mathrm{T}}$是与$f$相关联的加权向量，$w_j\in[0,1]$，且$\sum_{j=1}^{N}w_j=1$，$N_j'$是以区间数形式给出的一组数据$N_j$中第$j$个最大的数，则称函数$f$是$n$维不确定性有序加权平均(uncertain ordered weighted average，UOWA)算子[43]。这个算子对数据$N_j(j=1,2,\cdots,N)$按从小到大的顺序重新排序并加权集结。而N_j与w_j没有任何联系，w_j只与集结过程中顺序的第j个位置有关。

根据 UOWA 算子的思想，在属性权重完全未知的情况下，可以认为属性权重大小同属性评价值的大小顺序相关，属性评价值越大，属性权重越大。因此，可由下列排序公式[43]确定属性权重向量：

$$W=(w_1,w_2,\cdots,w_N)\tag{4-28}$$

其中，$w_j=Q\left(\frac{j}{N}\right)-Q\left(\frac{j-1}{N}\right)$，$j=1,2,\cdots,N$，算子$Q$为

$$Q(r)=\begin{cases}0, & r<a\\ \dfrac{r-a}{b-a}, & a\leqslant r\leqslant b\\ 1, & r>b\end{cases}$$

其中，$a,b,r\in[0,1]$，对应于模糊语义量化准则："大多数"、"至少半数"、"尽可能多"的算子参数对分别为$(a,b)=(0.3,0.8)$、$(a,b)=(0,0.5)$、$(a,b)=(0.5,1.0)$。

4. 决策方案排序

设 $\tilde{a}=[a^L,a^U]$ 和 $\tilde{b}=[b^L,b^U]$，记 $l_{\tilde{a}}=[a^U-a^L]$、$l_{\tilde{b}}=[b^U-b^L]$，则

$$p(\tilde{a}\geqslant\tilde{b})=\min\left\{\max\left(\frac{a^U-b^U}{l_{\tilde{a}}-l_{\tilde{b}}},0\right),1\right\}$$

为 $\tilde{a}\geqslant\tilde{b}$ 的可能度[44]。

(1) 利用大群体区间判断矩阵中第 l 个决策方案的各个属性值 $e_{lj}(j=1,2,\cdots,N)$ 建立可能度矩阵 $p^l=(p^l_{j_1j_2})_{N\times N}$，其中 $p^l_{j_1j_2}=p(e_{lj_1}\geqslant e_{lj_2})$，利用下列排序公式[45]

$$o^l_{j_1}=\frac{\sum_{j_2=1}^{N}p^l_{j_1j_2}+\frac{N}{2}-1}{N(N-1)},\quad j_1=1,2,\cdots,N \tag{4-29}$$

计算求得排序向量 $O^l=(o^l_1,o^l_2,\cdots,o^l_N)$，再按 o^l_j 的大小对第 l 个决策方案的各个属性评价值按从小到大的次序进行排序，得到一组区间有序数 $e'_{l1},e'_{l2},\cdots,e'_{lN}$。

(2) 利用 UOWA 算子对第 l 个决策方案的属性评价值进行集结，得到对第 l 个决策方案的综合区间评价值

$$Z^l=\sum_{j=1}^{N}w_j\cdot e'_{lj}=1,\quad l=1,2,\cdots,P$$

(3) 计算各方案综合区间评价值之间的可能度

$$p_{l_1l_2}=p(Z^{l_1}\geqslant Z^{l_2}),\quad l_1,l_2=1,2,\cdots,P$$

并建立可能度矩阵 $p=(p_{l_1l_2})_{P\times P}$。

(4) 利用排序公式(4-29)求出基于可能度矩阵 p 的排序向量

$$O=(o_1,o_2,\cdots,o_P) \tag{4-30}$$

并按其分量大小对方案进行排序，即得到最优方案。

综合上述分析，下面给出复杂大群体随机决策偏好集结和方案排序步骤：

(1) 利用 4.4.1 节方法将随机决策偏好值转化成区间数；

(2) 利用 4.4.2 节的区间模糊聚类算法将决策大群体偏好聚类成若干个聚集，聚集中各个决策成员的偏好是相近的；

(3) 利用定义 4-10～定义 4-12 构建大群体区间判断矩阵；

(4) 根据 UOWA 算子的思想和式(4-28)确定各属性的权重；

(5) 根据排序公式(4-29)和 UOWA 算子确定各决策方案的综合排序。

4.4.3 实例分析

考虑航天装备的评估问题，航天装备主要有 8 项评估指标：导弹预警能力、成像侦察能力、通信保障能力、电子侦察能力、卫星测绘能力、导航定位能力、海洋监测能力、气象预报能力。简单起见，本实例中只考虑 3 项评估指标，即导弹预警能力、通信保障能力、导航定位能力，经分析可知这 3 项指标均为效益型指标。聘请 20 位相关领域的资深专家构成决策大群体$\Omega=\{m_1,m_2,\cdots,m_{20}\}$参与决策，各位决策专家给出 3 种航空装备在各评估指标下的评价值的分布函数分别如表 4-14～表 4-16 所示。

表 4-14 航天装备 1 的 3 项指标评价数据

专家成员	导弹预警能力	通信保障能力	导航定位能力
m_1	$N(0.155,0.015^2)$	$N(0.285,0.0117^2)$	$N(0.455,0.015^2)$
m_2	$N(0.740,0.0133^2)$	$N(0.200,0.0333^2)$	$N(0.360,0.0133^2)$
m_3	$N(0.200,0.0167^2)$	$N(0.860,0.0133^2)$	$N(0.365,0.0183^2)$
m_4	$N(0.410,0.030^2)$	$N(0.200,0.0333^2)$	$N(0.480,0.0133^2)$
m_5	$N(0.585,0.015^2)$	$N(0.075,0.0217^2)$	$N(0.775,0.0183^2)$
m_6	$N(0.060, 0.0133^2)$	$N(0.675,0.025^2)$	$N(0.280,0.0133^2)$
m_7	$N(0.190, 0.020^2)$	$N(0.145,0.0217^2)$	$N(0.615,0.025^2)$
m_8	$N(0.800,0.0167^2)$	$N(0.475,0.0250^2)$	$N(0.205,0.0283^2)$
m_9	$N(0.195,0.0217^2)$	$N(0.215,0.0217^2)$	$N(0.490,0.0200^2)$
m_{10}	$N(0.150,0.0167^2)$	$N(0.885,0.0050^2)$	$N(0.290,0.0233^2)$
m_{11}	$N(0.420,0.0200^2)$	$N(0.230,0.0167^2)$	$N(0.200,0.0167^2)$
m_{12}	$N(0.910,0.0133^2)$	$N(0.200,0.0333^2)$	$N(0.355,0.0483^2)$
m_{13}	$N(0.805,0.0317^2)$	$N(0.385,0.0217^2)$	$N(0.245,0.0250^2)$
m_{14}	$N(0.205,0.0183^2)$	$N(0.500,0.0233^2)$	$N(0.200,0.0333^2)$
m_{15}	$N(0.180,0.0200^2)$	$N(0.590,0.0267^2)$	$N(0.220,0.0233^2)$
m_{16}	$N(0.410, 0.0233^2)$	$N(0.230,0.0167^2)$	$N(0.500,0.0267^2)$
m_{17}	$N(0.545,0.0150^2)$	$N(0.825,0.025^2)$	$N(0.700,0.0333^2)$
m_{18}	$N(0.165,0.0250^2)$	$N(0.900,0.0067^2)$	$N(0.235,0.0150^2)$
m_{19}	$N(0.795,0.0150^2)$	$N(0.275,0.0217^2)$	$N(0.190,0.0267^2)$
m_{20}	$N(0.390, 0.0167^2)$	$N(0.150,0.0167^2)$	$N(0.700,0.0167^2)$

表 4-15 航天装备 2 的 3 项指标评价数据

专家成员	导弹预警能力	通信保障能力	导航定位能力
m_1	$N(0.260,0.0133^2)$	$N(0.270,0.0200^2)$	$N(0.505,0.0317^2)$
m_2	$N(0.640,0.0133^2)$	$N(0.2350,0.0283^2)$	$N(0.350,0.0167^2)$

续表

专家成员	导弹预警能力	通信保障能力	导航定位能力
m_3	$N(0.305,0.0150^2)$	$N(0.660,0.0133^2)$	$N(0.360,0.0200^2)$
m_4	$N(0.260,0.0133^2)$	$N(0.225,0.0350^2)$	$N(0.380,0.0133^2)$
m_5	$N(0.480,0.0133^2)$	$N(0.325,0.0383^2)$	$N(0.855,0.0117^2)$
m_6	$N(0.185, 0.0217^2)$	$N(0.680,0.0267^2)$	$N(0.430,0.0300^2)$
m_7	$N(0.250,0.0167^2)$	$N(0.225,0.0150^2)$	$N(0.560,0.0200^2)$
m_8	$N(0.700,0.0167^2)$	$N(0.375,0.0250^2)$	$N(0.230,0.0400^2)$
m_9	$N(0.250,0.0367^2)$	$N(0.195,0.0283^2)$	$N(0.475,0.0250^2)$
m_{10}	$N(0.215,0.0217^2)$	$N(0.810,0.0133^2)$	$N(0.285,0.0250^2)$
m_{11}	$N(0.390,0.0300^2)$	$N(0.330,0.0167^2)$	$N(0.215,0.0117^2)$
m_{12}	$N(0.875,0.0250^2)$	$N(0.320,0.0200^2)$	$N(0.335,0.0217^2)$
m_{13}	$N(0.800,0.0333^2)$	$N(0.375,0.0250^2)$	$N(0.225,0.0250^2)$
m_{14}	$N(0.210,0.0233^2)$	$N(0.485,0.0283^2)$	$N(0.240,0.0200^2)$
m_{15}	$N(0.270,0.0233^2)$	$N(0.570,0.0233^2)$	$N(0.215,0.0150^2)$
m_{16}	$N(0.560, 0.0400^2)$	$N(0.200,0.0300^2)$	$N(0.490,0.0300^2)$
m_{17}	$N(0.470,0.0233^2)$	$N(0.805,0.0317^2)$	$N(0.600,0.0333^2)$
m_{18}	$N(0.170,0.0233^2)$	$N(0.865,0.0183^2)$	$N(0.215,0.0217^2)$
m_{19}	$N(0.670,0.0400^2)$	$N(0.300,0.0133^2)$	$N(0.200,0.0233^2)$
m_{20}	$N(0.450, 0.0167^2)$	$N(0.195,0.0183^2)$	$N(0.790,0.0300^2)$

表 4-16　航天装备 3 的 3 项指标评价数据

专家成员	导弹预警能力	通信保障能力	导航定位能力
m_1	$N(0.075,0.0183^2)$	$N(0.705,0.0150^2)$	$N(0.280,0.0133^2)$
m_2	$N(0.795,0.0150^2)$	$N(0.275,0.0217^2)$	$N(0.190,0.0267^2)$
m_3	$N(0.520,0.0067^2)$	$N(0.825,0.0250^2)$	$N(0.700,0.0333^2)$
m_4	$N(0.170,0.0233^2)$	$N(0.900,0.0067^2)$	$N(0.235,0.0150^2)$
m_5	$N(0.315,0.0383^2)$	$N(0.475,0.0217^2)$	$N(0.430,0.0333^2)$
m_6	$N(0.150, 0.0167^2)$	$N(0.6550,0.0183^2)$	$N(0. 315,0.0117^2)$
m_7	$N(0.225,0.0150^2)$	$N(0.235,0.0183^2)$	$N(0.580,0.0267^2)$
m_8	$N(0.560,0.0167^2)$	$N(0.485,0.0217^2)$	$N(0.180,0.0267^2)$
m_9	$N(0.205,0.0183^2)$	$N(0.225,0.0150^2)$	$N(0.530,0.0200^2)$
m_{10}	$N(0.300,0.0333^2)$	$N(0.855,0.0183^2)$	$N(0.3350,0.0183^2)$
m_{11}	$N(0.385,0.0283^2)$	$N(0.295,0.0283^2)$	$N(0.790,0.0300^2)$
m_{12}	$N(0.890,0.0167^2)$	$N(0.225,0.0250^2)$	$N(0.405,0.0317^2)$
m_{13}	$N(0.715,0.0283^2)$	$N(0.370,0.0233^2)$	$N(0.335,0.0183^2)$

续表

专家成员	导弹预警能力	通信保障能力	导航定位能力
m_{14}	$N(0.235,0.0150^2)$	$N(0.480,0.0267^2)$	$N(0.270,0.0233^2)$
m_{15}	$N(0.235,0.0183^2)$	$N(0.590,0.030^2)$	$N(0.320,0.0333^2)$
m_{16}	$N(0.395,0.0050^2)$	$N(0.400,0.0267^2)$	$N(0.495,0.0317^2)$
m_{17}	$N(0.355,0.0183^2)$	$N(0.810,0.0300^2)$	$N(0.670,0.0100^2)$
m_{18}	$N(0.170,0.0233^2)$	$N(0.870,0.0167^2)$	$N(0.225,0.0183^2)$
m_{19}	$N(0.775,0.0217^2)$	$N(0.840,0.0200^2)$	$N(0.600,0.0300^2)$
m_{20}	$N(0.355,0.0183^2)$	$N(0.200,0.0167^2)$	$N(0.500,0.0167^2)$

(1) 将专家评价数据转换成区间数。由上面的讨论可知，α取值越大，信息丢失量越小。α的具体取值可按各自要求满足的精度选择。此处取$\alpha = 0.9974$，得出各专家评价值的区间数如表 4-17～表 4-19 所示。

表 4-17　航天装备 1 的评价区间数

成员	导弹预警能力	通信保障能力	导航定位能力	成员	导弹预警能力	通信保障能力	导航定位能力
m_1	[0.11,0.20]	[0.25,0.32]	[0.41,0.50]	m_{11}	[0.36,0.48]	[0.18,0.28]	[0.15,0.25]
m_2	[0.70,0.78]	[0.10,0.30]	[0.32,0.40]	m_{12}	[0.87,0.95]	[0.10,0.30]	[0.21,0.50]
m_3	[0.15,0.25]	[0.82,0.90]	[0.31,0.42]	m_{13}	[0.71,0.90]	[0.32,0.45]	[0.17,0.32]
m_4	[0.32,0.50]	[0.10,0.30]	[0.44,0.52]	m_{14}	[0.15,0.26]	[0.43,0.57]	[0.10,0.30]
m_5	[0.54,0.63]	[0.01,0.14]	[0.72,0.83]	m_{15}	[0.12,0.24]	[0.51,0.67]	[0.15,0.29]
m_6	[0.02,0.10]	[0.60,0.75]	[0.24,0.32]	m_{16}	[0.34,0.48]	[0.18,0.28]	[0.42,0.58]
m_7	[0.13,0.25]	[0.08,0.21]	[0.54,0.69]	m_{17}	[0.50,0.59]	[0.75,0.90]	[0.60,0.80]
m_8	[0.75,0.85]	[0.40,0.55]	[0.12,0.29]	m_{18}	[0.09,0.24]	[0.88,0.92]	[0.19,0.28]
m_9	[0.13,0.26]	[0.15,0.28]	[0.43,0.55]	m_{19}	[0.75,0.84]	[0.21,0.34]	[0.11,0.27]
m_{10}	[0.10,0.20]	[0.87,0.90]	[0.22,0.36]	m_{20}	[0.34,0.44]	[0.10,0.20]	[0.65,0.75]

表 4-18　航天装备 2 的评价区间数

成员	导弹预警能力	通信保障能力	导航定位能力	成员	导弹预警能力	通信保障能力	导航定位能力
m_1	[0.22,0.30]	[0.21,0.33]	[0.41,0.50]	m_7	[0.20,0.30]	[0.18,0.27]	[0.50,0.62]
m_2	[0.60,0.68]	[0.15,0.32]	[0.32,0.40]	m_8	[0.65,0.75]	[0.30,0.45]	[0.11,0.35]
m_3	[0.26,0.35]	[0.62,0.70]	[0.30,0.42]	m_9	[0.14,0.36]	[0.11,0.28]	[0.40,0.55]
m_4	[0.22,0.30]	[0.12,0.33]	[0.34,0.42]	m_{10}	[0.15,0.28]	[0.77,0.85]	[0.21,0.36]
m_5	[0.44,0.52]	[0.21,0.44]	[0.82,0.89]	m_{11}	[0.30,0.48]	[0.28,0.38]	[0.18,0.25]
m_6	[0.12,0.25]	[0.60,0.76]	[0.34,0.52]	m_{12}	[0.80,0.95]	[0.26,0.38]	[0.27,0.40]

续表

成员	导弹预警能力	通信保障能力	导航定位能力	成员	导弹预警能力	通信保障能力	导航定位能力
m_{13}	[0.70,0.90]	[0.30,0.45]	[0.15,0.30]	m_{17}	[0.40,0.54]	[0.71,0.90]	[0.50,0.70]
m_{14}	[0.14,0.28]	[0.40,0.57]	[0.18,0.30]	m_{18}	[0.10,0.24]	[0.81,0.92]	[0.15,0.28]
m_{15}	[0.20,0.34]	[0.50,0.64]	[0.17,0.26]	m_{19}	[0.55,0.79]	[0.26,0.34]	[0.13,0.27]
m_{16}	[0.44,0.68]	[0.11,0.29]	[0.40,0.58]	m_{20}	[0.40,0.50]	[0.14,0.25]	[0.70,0.88]

表 4-19　航天装备 3 的评价区间数

成员	导弹预警能力	通信保障能力	导航定位能力	成员	导弹预警能力	通信保障能力	导航定位能力
m_1	[0.02,0.13]	[0.66,0.75]	[0.24,0.32]	m_{11}	[0.30,0.47]	[0.21,0.38]	[0.70,0.88]
m_2	[0.75,0.84]	[0.21,0.34]	[0.11,0.27]	m_{12}	[0.84,0.94]	[0.15,0.30]	[0.31,0.50]
m_3	[0.50,0.54]	[0.75,0.90]	[0.60,0.80]	m_{13}	[0.63,0.80]	[0.30,0.44]	[0.28,0.39]
m_4	[0.10,0.24]	[0.88,0.92]	[0.19,0.28]	m_{14}	[0.19,0.28]	[0.40,0.56]	[0.20,0.34]
m_5	[0.20,0.43]	[0.41,0.54]	[0.33,0.53]	m_{15}	[0.18,0.29]	[0.50,0.68]	[0.22,0.42]
m_6	[0.10,0.20]	[0.60,0.71]	[0.28,0.35]	m_{16}	[0.38,0.41]	[0.32,0.48]	[0.40,0.59]
m_7	[0.18,0.27]	[0.18,0.29]	[0.50,0.66]	m_{17}	[0.30,0.41]	[0.72,0.90]	[0.64,0.70]
m_8	[0.51,0.61]	[0.42,0.55]	[0.10,0.26]	m_{18}	[0.10,0.24]	[0.82,0.92]	[0.17,0.28]
m_9	[0.15,0.26]	[0.18,0.27]	[0.47,0.59]	m_{19}	[0.71,0.84]	[0.78,0.90]	[0.51,0.69]
m_{10}	[0.20,0.40]	[0.80,0.91]	[0.28,0.39]	m_{20}	[0.30,0.41]	[0.15,0.25]	[0.45,0.55]

(2) 聚类阈值λ的选择可根据具体要分成的聚集数进行选择，此处取阈值$\lambda=0.02$，分别得到决策大群体Ω关于航天装备 1、航天装备 2、航天装备 3 的大群体聚类结果，如表 4-20～表 4-22 所示。

表 4-20　航天装备 1 的大群体聚类结果

聚集	聚集中的成员	成员数	聚集区间判断矩阵
C_1^1	m_1,m_9	2	([0.13,0.20] [0.25,0.28] [0.43,0.50])
C_2^1	m_2	1	([0.70,0.80] [0.10,0.30] [0.32,0.40])
C_3^1	m_3,m_7,m_{10}	3	([0.15,0.20] [0.00,0.00] [0.00,0.00])
C_4^1	m_4	1	([0.34,0.48] [0.18,0.28] [0.44,0.52])
C_5^1	m_5	1	([0.54,0.63] [0.01,0.14] [0.72,0.83])
C_6^1	m_6	1	([0.02,0.10] [0.60,0.75] [0.24,0.32])

续表

聚集	聚集中的成员	成员数	聚集区间判断矩阵
C_7^1	m_8,m_{13}, m_{19}	3	([0.75,0.84] [0.00,0.00] [0.17,0.27])
C_8^1	m_{11}	1	([0.36,0.48] [0.18,0.28] [0.15,0.25])
C_9^1	m_{12}	1	([0.87,0.95] [0.10,0.30] [0.21,0.50])
C_{10}^1	m_{14},m_{15}	2	([0.15,0.24] [0.51,0.57] [0.15,0.29])
C_{11}^1	m_{16}	1	([0.34,0.48] [0.18,0.28] [0.42,0.58])
C_{12}^1	m_{17}	1	([0.50,0.59] [0.75,0.90] [0.60,0.80])
C_{13}^1	m_{18}	1	([0.09,0.24] [0.88,0.92] [0.19,0.28])
C_{14}^1	m_{20}	1	([0.34,0.44] [0.10,0.20] [0.65,0.75])

表 4-21 航天装备 2 的大群体聚类结果

聚集	聚集中的成员	成员数	聚集区间判断矩阵
C_1^2	m_1,m_4,m_7,m_9	4	([0.22,0.30] [0.21,0.27] [0.50,0.42])
C_2^2	$m_2,m_8,m_{12},m_{13},m_{19}$	5	([0.00,0.00] [0.30,0.32] [0.00,0.00])
C_3^2	m_3	1	([0.26,0.35] [0.62,0.70] [0.30,0.42])
C_4^2	m_5,m_{20}	2	([0.44,0.50] [0.21,0.25] [0.82,0.88])
C_5^2	m_6	1	([0.12,0.25] [0.60,0.76] [0.34,0.52])
C_6^2	m_{10}, m_{18}	2	([0.15,0.24] [0.81,0.85] [0.21,0.28])
C_7^2	m_{11}	1	([0.30,0.48] [0.28,0.38] [0.18,0.25])
C_8^2	m_{14}, m_{15}	2	([0.20,0.28] [0.50,0.57] [0.18,0.26])
C_9^2	m_{16}	1	([0.44,0.68] [0.11,0.29] [0.40,0.58])
C_{10}^2	m_{17}	1	([0.40,0.54] [0.71,0.90] [0.50,0.70])

表 4-22 航天装备 3 的大群体聚类结果

聚集	聚集中的成员	成员数	聚集区间判断矩阵
C_1^3	$m_1,m_5,m_6,m_{14},m_{15},m_{16}$	6	([0.00,0.00] [0.00,0.00] [0.00,0.00])
C_2^3	m_2	1	([0.75,0.84] [0.21,0.34] [0.11,0.27])
C_3^3	m_3	1	([0.50,0.54] [0.75,0.90] [0.60,0.80])

续表

聚集	聚集中的成员	成员数	聚集区间判断矩阵
C_4^3	m_4,m_{18}	2	([0.10,0.24] [0.88,0.92] [0.19,0.28])
C_5^3	m_7	1	([0.18,0.27] [0.18,0.29] [0.50,0.66])
C_6^3	m_8	1	([0.51,0.61] [0.42,0.55] [0.10,0.26])
C_7^3	m_9	1	([0.15,0.26] [0.18,0.27] [0.47,0.59])
C_8^3	m_{10}	1	([0.20,0.40] [0.80,0.91] [0.28,0.39])
C_9^3	m_{11}	1	([0.30,0.47] [0.21,0.38] [0.70,0.88])
C_{10}^3	m_{12}	1	([0.84,0.94] [0.15,0.30] [0.31,0.50])
C_{11}^3	m_{13}	1	([0.63,0.80] [0.30,0.44] [0.28,0.39])
C_{12}^3	m_{17}	1	([0.30,0.40] [0.72,0.90] [0.64,0.70])
C_{13}^3	m_{19}	1	([0.71,0.84] [0.78,0.90] [0.51,0.69])
C_{14}^3	m_{20}	1	([0.30,0.41] [0.15,0.25] [0.45,0.55])

(3) 根据定义 4-10 和定义 4-11，分别计算决策大群体Ω对航天装备 1、航天装备 2、航天装备 3 的区间值判断向量为

$$E_1 = ([0.3850,0.4835]\ [0.2390,0.3165]\ [0.2995,0.4070])$$

$$E_2 = ([0.1990,0.2770]\ [0.3850,0.4525]\ [0.3070,0.3495])$$

$$E_3 = ([0.2785,0.3635]\ [0.3305,0.4135]\ [0.2665,0.3620])$$

得到大群体区间值判断矩阵为

$$E = \begin{pmatrix} [0.3850, 0.4835] & [0.2390, 0.3165] & [0.2995, 0.4070] \\ [0.1990, 0.2770] & [0.3850, 0.4525] & [0.3070, 0.3495] \\ [0.2785, 0.3635] & [0.3305, 0.4135] & [0.2665, 0.3620] \end{pmatrix}$$

(4) 确定属性权重向量。选择模糊语义量化准则“大多数”，则算子 Q 中参数对$(a, b) = (0.3, 0.8)$，由此解得属性权重向量为

$$W = (0.0667, 0.0666, 0.2667)^{\mathrm{T}}$$

(5) 利用大群体区间判断矩阵 E 建立可能度矩阵为

$$p^1=\begin{bmatrix} 0.5 & 1 & 1 \\ 0 & 0.5 & 0 \\ 0 & 1 & 0.5 \end{bmatrix},\quad p^2=\begin{bmatrix} 0.5 & 0 & 0 \\ 1 & 0.5 & 0.8106 \\ 1 & 0.1894 & 0.5 \end{bmatrix},\quad p^3=\begin{bmatrix} 0.5 & 0.6667 & 0.6921 \\ 0.3333 & 0.5 & 0.6014 \\ 0.3079 & 0.3986 & 0.5 \end{bmatrix}$$

由排序公式(4-29)求得上述 3 个可能度矩阵的排序向量分别为

$O_1=(0.5, 0.1667, 0.3333)$，$O_2=(0.1667, 0.4684, 0.3649)$，$O_3=(0.3932, 0.3224, 0.2844)$

按指标权重向量 W 的大小对指标进行排序，根据 UOWA 算子的定义有

$$Z^1(O_1)=[0.2644, 0.3484],\quad Z^2(O_2)=[0.3097, 0.3902],\quad Z^3(O_3)=[0.2957, 0.3567]$$

(6) 选择模糊语义量化准则“大多数”，则算子 Q 中参数对$(a,b)=(0.3,0.8)$，由此得指标权重向量为 $W=(0.0667,0.0666,0.2667)^{\mathrm{T}}$。利用区间数 $Z^1(O_1)$、$Z^2(O_2)$、$Z^3(O_3)$建立可能度矩阵 $p=\begin{bmatrix} 0.5 & 0.2353 & 1 \\ 0.7647 & 0.5 & 1 \\ 0 & 0 & 0.5 \end{bmatrix}$,依据式(4-30)求得装备排序向量为 $O=(0.3725, 0.4608, 0.1667)$。由此可知三种航天装备的排序为航天装备 2$\succ$航天装备 1$\succ$航天装备 3，所以航天装备 2 为最佳航天装备。

本节针对决策成员偏好信息为连续型随机变量的多属性大群体决策问题，将随机偏好值转化成区间数，把实数范围内的模糊聚类算法扩展到区间数上，对决策成员偏好进行聚类形成聚集结构。在此基础上，建立并计算群体中各个聚集和整个大群体的区间判断矩阵，然后利用 UOWA 算子获得决策方案的综合排序。在实际问题中，要给出决策大群体的一个具体聚类结果，就要求在聚类分析中选择最佳阈值，本节的阈值选取具有一定的主观性，如何寻求最佳阈值，这一问题有待今后解决。此外，本节主要采用静态的偏好集结模型，而随机多属性大群体决策实际上是一个信息反复交流最终达成接近一致的交互式动态过程，因此如何建立一个交互式动态的偏好集结模型和方法成为解决不确定条件下随机多属性大群体决策问题的新的突破口。

4.5　基于关系值偏好信息的复杂大群体决策偏好集结方法

重大突发事件应急决策环境复杂，决策者面临的不确定因素之间的关系呈现复杂的关联性，且多为非线性关系，使得决策偏好信息之间往往存在各种各样的复杂关系。本节针对多方案排序决策问题，基于偏好信息之间的二元关系，利用现有的关于属性关联关系给出的决策方法、第 2 章的决策偏好中属性之间相互存在关系的成员偏好相聚模型和复杂大群体偏好聚类方法，提出基于决策偏好中属性二元关系的大群体决策偏好集结方法和决策方案排序方法，形成相应的复杂大群体偏好集结方法。

4.5.1 基于属性二元关系的大群体偏好集结

首先把决策成员 e_i 的偏好矢量 V^i 按照关系 R 形成关系矩阵 A^i，记基于 R 的关系矩阵集合为 $A=\{A^i \mid i=1,2,\cdots,M\}$，然后利用基于 R 的相聚度模型，采用聚类方法进行决策成员偏好矢量聚类。引入聚类阈值γ，基于前述偏好矢量相聚度模型 $r_{ij}(V^i,V^j)=\dfrac{1}{\sqrt{n}}\cdot\dfrac{\left\|A^i+A^j\right\|_2}{\left\|A^i\right\|_\infty+\left\|A^j\right\|_\infty}$ 对所有成员偏好矢量集$\Omega=\{V^i \mid i=1,2,\cdots,M\}$进行聚类，形成 $K(1\leqslant K\leqslant M)$个聚集并构成聚集结构，若 n_k 是属于 C^k 的偏好矢量个数，则 $\sum\limits_{k=1}^{K}n_k=M$ ，聚集 C^k 中决策成员的偏好相对接近。

对于聚集 C^k，通过其成员的偏好矢量计算该聚集 C^k 的偏好矢量。首先计算 $h^k=\sum\limits_{V^i\in C^k}V^i$ ，则聚集 C^k 的偏好矢量为 $E^k=h^k/\left|h^k\right|$，其中 $\left|h^k\right|$ 是聚集 C^k 偏好矢量的模长。然后计算整个大群体的偏好矢量，首先计算 $e=\sum\limits_{k=1}^{K}\dfrac{n_k}{M}\cdot E^k$ ，则整个决策大群体Ω的偏好矢量为

$$E=e/\left|e\right| \tag{4-31}$$

其中，$\left|e\right|$ 是决策大群体Ω偏好矢量的模长。

4.5.2 基于属性二元关系的属性权重

传统的利用专家打分定性确定决策问题属性的权重虽然比较方便，但当群体成员增多时，不同成员的偏好和价值取向的差异将带来主观性偏差问题，往往难以较准确地确定每个属性的权重。本节基于决策属性的二元关系 R，采用定量方法确定决策属性的权重。

定义 4-13 两个关系矩阵 $A^{i_1}(R)$ 、$A^{i_2}(R)$ 的加法定义为

$$A^{i_1}(R)+A^{i_2}(R)=A(\min(a_{j_1j_2}^{i_1},a_{j_1j_2}^{i_2}))_{N\times N}$$

定义 4-14(大群体关系矩阵) 对于第 i 个决策成员 e_i 的偏好矢量 V^i 及 N 元偏好矢量 $V^i=(v_1^i,v_2^i,\cdots,v_N^i)$ 上的属性二元关系 R，并且 $A^i(R)$ 为决策成员 e_i 满足关系 R 的关系矩阵，则基于二元关系 R 的大群体关系矩阵为

$$A(R)=A^{i_1}(R)+A^{i_2}(R)+\cdots+A^{i_M}(R) \tag{4-32}$$

设 W 是基于二元关系 R 的决策属性的权重，则

$$A(R)\cdot W=\lambda_{\max}\cdot W \tag{4-33}$$

其中，$A(R)=\begin{bmatrix} a_{11} & a_{12} & \cdots & a_{1N} \\ a_{21} & a_{22} & \cdots & a_{2N} \\ \vdots & \vdots & & \vdots \\ a_{N1} & a_{N2} & \cdots & a_{NN} \end{bmatrix}$；$W=\left(w_1,w_2,\cdots,w_N\right)^{\mathrm{T}}$；$\lambda_{\max}$ 是大群体关系矩阵 $A(R)$ 的最大特征值；W 是 $\lambda_{\max}$ 对应的特征向量。

4.5.3　基于属性二元关系的决策方案排序

对于 M 个决策成员，按照属性二元关系 R 对大群体成员偏好矢量集$\Omega=\{V^i\}$进行聚类，得到 K 个聚集，利用式(4-31)可以获得大群体偏好矢量为 $E=(e_1,e_2,\cdots,e_N)$。现设决策问题存在 P 个决策方案，构成方案集 $X=\{x_1,x_2,\cdots,x_P\}$，对其中每个方案 x_l $(l=1,2,\cdots,P)$，采用以上方法可以获得相应的大群体偏好矢量为 $E^l=(e_1^l,e_2^l,\cdots,e_N^l)^{\mathrm{T}}$，它们构成大群体偏好矩阵，仍记为

$$E=(E^1,E^2,\cdots,E^P)=\begin{bmatrix} e_{11} & e_{21} & \cdots & e_{P1} \\ e_{12} & e_{22} & \cdots & e_{P2} \\ \vdots & \vdots & & \vdots \\ e_{1N} & e_{2N} & \cdots & e_{PN} \end{bmatrix} \tag{4-34}$$

结合上述属性权重，可得决策方案排序向量为

$$\begin{aligned} O=W^{\mathrm{T}}\cdot E&=\left(w_1,w_2,\cdots,w_N\right)\begin{bmatrix} e_{11} & e_{21} & \cdots & e_{P1} \\ e_{12} & e_{22} & \cdots & e_{P2} \\ \vdots & \vdots & & \vdots \\ e_{1N} & e_{2N} & \cdots & e_{PN} \end{bmatrix} \\ &=\left(O_1,O_2,\cdots,O_P\right) \end{aligned} \tag{4-35}$$

其中，向量 O 中分量数据的最大者对应最优决策方案。

4.5.4　应用案例及结果分析

利用第 11 章案例数据，针对湖南省冰雪灾害应急管理能力评价问题，对湖南省 5 个城市(长沙市、株洲市、湘潭市、娄底市、郴州市)应急管理能力进行评价，每个城市根据当地实际情况聘请具有代表性的 30 个领域专家，构成决策大群体Ω，评价指标划分为三个层次：第三层 61 个指标、第二层 20 个指标、第一层 6 个指标，通过对 61 个三级评价指标进行调研和专家打分，逐级汇集得到 6 个一级评价指标：抗冰救灾指挥部应急能力、气象部门监测与预警能力、居民应急反应能力、电力部门应急能力、运输管理部门应急能力、其他部门应急能力。决策问题提出者根据决策目标制定，确定属性之间二元关系 R 描述为 $\log(x_1+x_2)\geqslant 0.5$，

$(x_1, x_2) \in R$，即属性之间的二元关系表示两个属性评价值之和的对数不小于 0.5。

将上述评价指标与本节方法中的决策属性对应，可得上述问题的 6 个属性，记为属性 A_1、属性 A_2、属性 A_3、属性 A_4、属性 A_5、属性 A_6，将评价城市与决策方案对应，于是得到 5 个决策方案，构成决策方案集 $\{x_1, x_2, x_3, x_4, x_5\}$，分别对应于长沙市、株洲市、湘潭市、娄底市、郴州市。上述 30 个专家分别对应评价 5 个城市应急管理能力，可得到 30 个偏好矢量 $\{V^i \mid i = 1,2,\cdots,30\}$，其中长沙市 $\{V^1, V^2, \cdots, V^6\}$，株洲市 $\{V^7, V^8, \cdots, V^{12}\}$，湘潭市 $\{V^{13}, V^{14}, \cdots, V^{18}\}$，娄底市 $\{V^{19}, V^{20}, \cdots, V^{24}\}$，郴州市 $\{V^{25}, V^{26}, \cdots, V^{30}\}$。为了计算方便，将偏好矢量表的元素值标准化为 0～1，做线性变换 $z_{ij} = \dfrac{y_j^{\max} - y_{ij}}{y_j^{\max} - y_j^{\min}}$，得到决策专家成员偏好矢量集，仍记为 $\Omega = \{V^i \mid i = 1,2,\cdots,30\}$，如表 4-23 所示。

表 4-23　大群体成员偏好矢量

序号	A_1	A_2	A_3	A_4	A_5	A_6	序号	A_1	A_2	A_3	A_4	A_5	A_6
V^1	0.8452	0.9037	1.0000	1.0000	0.8003	0.9316	V^{16}	0.3338	0.0813	0.4122	0.1254	0.1098	0.6344
V^2	0.4410	0.6640	0.4722	0.6227	0.5933	0.6010	V^{17}	0.8311	0.8716	0.4711	0.6387	0.5933	0.6360
V^3	0.8613	0.7228	0.7569	0.3666	0.7118	0.9731	V^{18}	0.3847	0.8716	0.3316	0.3034	0.4352	0.6344
V^4	1.0000	0.0000	0.3151	0.1609	0.5933	0.0432	V^{19}	0.3143	0.5832	0.2989	0.5299	0.5164	0.5081
V^5	0.6810	0.9374	0.6152	0.8043	0.7031	1.0000	V^{20}	0.4028	0.4724	0.5855	0.6682	0.2282	0.2655
V^6	0.1113	1.0000	0.0000	0.1963	0.3100	0.5725	V^{21}	0.1709	0.5211	0.5311	0.4885	0.6750	0.4585
V^7	0.6206	0.7769	0.4711	0.5180	0.3172	0.4194	V^{22}	0.3787	0.3590	0.5821	0.6943	0.2282	0.4503
V^8	0.9055	0.9256	0.6170	0.8522	1.0000	0.7818	V^{23}	0.0657	0.0958	0.4122	0.0875	0.0000	0.1319
V^9	1.0000	0.8582	0.7363	0.8865	0.5421	0.8721	V^{24}	0.2145	0.9609	0.4122	0.7516	0.7273	0.8241
V^{10}	0.9786	0.7769	0.8008	0.7156	0.5039	0.4552	V^{25}	0.3532	0.2397	0.5049	0.0000	0.2969	0.0000
V^{11}	0.3351	0.2397	0.2104	0.2844	0.2282	0.2720	V^{26}	0.4584	0.4318	0.6459	0.7516	0.8090	0.9560
V^{12}	0.1273	0.6164	0.4122	0.3690	0.1098	0.4389	V^{27}	0.2862	0.2397	0.5345	0.5186	0.2282	0.1792
V^{13}	0.0000	0.2996	0.3252	0.4216	0.1683	0.2370	V^{28}	0.3311	0.4318	0.4722	0.6138	0.5933	0.7085
V^{14}	0.4397	0.4730	0.3241	0.3034	0.4352	0.6344	V^{29}	0.5938	0.6956	0.6197	0.0124	0.4836	0.4568
V^{15}	0.5536	0.6292	0.6152	0.6836	0.7534	0.8070	V^{30}	0.5724	0.3371	0.4122	0.7167	0.2282	0.6344

(1) 取聚类阈值 $\gamma = 0.9$，利用第 2 章的基于 R 的成员偏好矢量相聚度模型 $r_{i_1 i_2}(V^{i_1}, V^{i_2}) = \dfrac{1}{\sqrt{N}} \cdot \dfrac{\left\| A^{i_1} + A^{i_2} \right\|_2}{\left\| A^{i_1} \right\|_\infty + \left\| A^{i_2} \right\|_\infty}$，分别对各个城市的评价专家成员偏好矢量集进行聚类，可得聚集结构，详细结果如表 4-24 所示。

表 4-24　基于关系 R、$\gamma = 0.9$ 时的大群体成员偏好聚类表

被评城市	n_k	聚集成员 V^i	聚集偏好矢量 E^k	群体偏好矢量 E
长沙市	2	V^1,V^2	(0.3540,0.4314,0.4052,0.4466,0.3835,0.4218)	(0.4352,0.4741,0.3329,0.3257,0.4075,0.4504)
	1	V^6	(0.0916,0.8234,0.0000,0.1616,0.2553,0.4714)	
	2	V^3,V^4	(0.6520,0.2532,0.3755,0.1848,0.4571,0.3560)	
	1	V^5	(0.3465,0.4770,0.3130,0.4093,0.3578,0.5088)	
株洲市	4	V^7,V^{11},V^{12},V^{13}	(0.3126,0.5577,0.4095,0.4597,0.2377,0.3946)	(0.3940,0.5108,0.3970,0.4461,0.2860,0.3814)
	1	V^8	(0.4319,0.4415,0.2943,0.4065,0.4770,0.3729)	
	1	V^9	(0.4927,0.4229,0.3628,0.4368,0.2671,0.4297)	
	1	V^{10}	(0.5491,0.4360,0.4494,0.4016,0.2828,0.2554)	
湘潭市	3	V^{14},V^{15},V^{16}	(0.3796,0.3385,0.3866,0.3182,0.3714,0.5938)	(0.3924,0.4482,0.3449,0.3189,0.3665,0.5386)
	1	V^{17}	(0.4934,0.5175,0.2797,0.3792,0.3523,0.3776)	
	1	V^{18}	(0.2949,0.6682,0.2542,0.2326,0.3336,0.4863)	
娄底市	5	$V^{19},V^{20},V^{21},V^{22},V^{23}$	(0.2731,0.4163,0.4939,0.5059,0.3377,0.3718)	(0.2508,0.4449,0.4560,0.4995,0.3557,0.3939)
	1	V^{24}	(0.1257,0.5631,0.2415,0.4404,0.4262,0.4829)	
郴州市	6	$V^{25},V^{26},V^{27},V^{28},V^{29},V^{30}$	(0.4076,0.3490,0.5197,0.4024,0.3635,0.3845)	(0.4076,0.3490,0.5197,0.4024,0.3635,0.3845)

(2) 利用表 4-24 最后一列数据，得到决策大群体的偏好矩阵为

$$E = \begin{bmatrix} 0.4352 & 0.3940 & 0.3924 & 0.2508 & 0.4076 \\ 0.4741 & 0.5108 & 0.4482 & 0.4449 & 0.3490 \\ 0.3329 & 0.3970 & 0.3449 & 0.4560 & 0.5197 \\ 0.3257 & 0.4461 & 0.3189 & 0.4995 & 0.4024 \\ 0.4075 & 0.2860 & 0.3665 & 0.3557 & 0.3635 \\ 0.4504 & 0.3814 & 0.5386 & 0.3939 & 0.3845 \end{bmatrix}$$

(3) 基于表 4-23，根据第 2 章属性关系的定义，求出相应的基于关系 R 的属性关系矩阵 $A^i(R)$，组成关系矩阵集合$\{A^i(R) \mid i = 1,2,\cdots,30\}$。利用定义 4-13 和式 (4-31)求得大群体关系矩阵：

$$A(R) = \sum_{i=1}^{30} A^i(R) = \begin{bmatrix} 1 & 0 & 1 & 1 & 0 & 1 \\ 0 & 1 & 1 & 0 & 1 & 1 \\ 1 & 0 & 1 & 1 & 0 & 1 \\ 1 & 1 & 1 & 1 & 1 & 1 \\ 0 & 1 & 0 & 1 & 0 & 1 \\ 1 & 1 & 1 & 0 & 1 & 1 \end{bmatrix}$$

利用式(4-33)的属性权重计算方法，计算得属性权重为 $W=(0.2467,\ 0.1680,\ 0.1374,\ 0.0031,\ 0.2761,\ 0.1732)^{\mathrm{T}}$。

(4) 利用式(4-35)的决策方案排序方法，得到 5 个城市应急管理能力排序向量为 $O=W^{\mathrm{T}}\cdot E=(0.4243,0.3840,0.4150,0.3673,0.3988)$ 。

从排序向量结果可以看出最大值为 0.4243，即结果是：长沙市的重大冰雪自然灾害应急管理能力最好，其他城市依次为湘潭市、郴州市、株洲市、娄底市。

□节从重大自然灾害实际问题出发，分析应急决策问题的一些新特点，总结出决策属性之间具有复杂关系的新问题，从比较简单的二元关系出发，给出了基于属性二元关系的关系矩阵，在此基础上利用第 2 章的两个成员偏好矢量之间的相聚度，进一步提出了基于属性二元关系大群体成员偏好聚类方法、决策属性权重方法及决策方案排序方法，并以湖南省重大冰雪灾害应急能力评价为案例进行了应用。本节考虑的二元关系是一个尝试，可在今后通过模拟或实验推广到其他关系或模糊关系等。另外，若决策属性数 $N\to\infty$ ，则相聚度 $r_{i_1i_2}(V^{i_1},V^{i_2})\to 1$ ，即属性数 N 非常大时，所有决策成员被分到同一个聚集，因此决策属性数与聚集结构存在一定关系，今后须进一步揭示其规律。

4.6　本 章 小 结

本章是第 3 章的扩展，在第 2 章的基础上根据复杂大群体成员决策偏好信息的不确定性提出的偏好集结模型，针对成员决策偏好信息不同形式的不确定性，如效用值偏好信息、残缺值偏好信息、不确定语言值偏好信息、随机值偏好信息和关系值偏好信息等，分别提出了相应的复杂大群体偏好集结模型和方法，并通过算例和案例进行了验证和应用。决策成员偏好信息还有其他多种形式，可以进行扩充，形成相应的复杂大群体成员决策偏好信息集结方法，并进行相应的应用。

参 考 文 献

[1] 郭庆军，赛云秀. 基于熵权决策的项目方案评价[J]. 统计与决策, 2007, (11): 50-51.

[2] 陈华友，刘春林. 群决策中基于不同偏好信息的相对熵集成方法[J]. 东南大学学报(自然科学版) , 2005, 35(2): 311-315.

[3] 朱杰堂，史新生. 群决策的统计处理方法：序数法[J]. 郑州航空工业管理学院学报(管理科学版) , 1995, 13(4): 33-39.

[4] 魏翠萍. 层次分析法中和积法的最优化理论基础及性质[J]. 系统工程理论与实践，1999, 19(9): 113-115, 119.

[5] 郭春香，郭耀煌. 属性具有不同形式偏好信息的群决策方法[J]. 系统工程与电子技术，2005, 27(1): 63-65.

[6] 吕跃进, 郭欣荣. 群组 AHP 判断矩阵的一种有效集结方法[J]. 系统工程理论与实践, 2007, 27(7): 132-136.
[7] 徐泽水. 模糊互补判断矩阵排序的一种算法[J]. 系统工程学报, 2001, 16(4): 311-314.
[8] 徐泽水. 互补判断矩阵的两种排序方法——权的最小平方法及特征向量法[J]. 系统工程理论与实践, 2002, 22(7): 71-75.
[9] 朱建军. 群决策中两类不确定偏好信息的集结方法研究[J]. 控制与决策, 2006, 21(8): 889-892, 897.
[10] 姜艳萍, 樊治平. 一种具有不同形式效用值的群决策方法[J]. 运筹与管理, 2005, 14(2): 1-4.
[11] 陈侠, 樊治平, 陈岩. 基于区间数决策矩阵的专家群体判断一致性[J]. 东北大学学报(自然科学版), 2007, 28(10): 1509-1513.
[12] 陈侠, 樊治平. 基于语言评价矩阵的评判专家水平的研究[J]. 系统工程, 2006, 24(1): 111-115.
[13] 曾雪兰, 吉建华, 吴小欢. 基于相容性指标的聚类分析专家赋权法[J]. 广西大学学报(自然科学版), 2005, 30(4): 337-340.
[14] 吴云燕, 华中生, 查勇. AHP 中群决策权重的确定与判断矩阵的合并[J]. 运筹与管理, 2003, 12(4): 16-21.
[15] Haken H. Application of the maximum information entropy principle to selforganizing systems[J]. Condensed Matter, 1985, 61(3): 335-338.
[16] 刘开第, 庞彦军, 吴和琴. 一类专家意见的不确定性量化法与不确定性决策[J]. 数学的实践与认识, 2005, 35(10): 23-28.
[17] Haken H. Application of the maximum information entropy principle to selforganizing systems[J]. Condensed Matter, 1985, 61(3): 335-338.
[18] Herrera F, Herreraviedma E, Chiclana F. Multiperson decision-making based on multiplicative preference relations[J]. European Journal of Operational Research, 2001, 129(2): 372-385.
[19] Smith S A. A derivation of entropy and the maximum entropy criterion in the context of decision problems[J]. IEEE Transactions on Systems, Man, and Cybernetics, 1974, SMC-4(2): 157-163.
[20] Li G L, Chen X Y. The discussion on the similarity of cluster analysis[J]. Journal of Computer Engineering and Application, 2004, 40(31): 64-82.
[21] Qian W N, Zhou A Y. Analyzing popular clustering algorithms from different view -points[J]. Journal of Software, 2002, 13(8): 1382-1394.
[22] Scholten L, van Knippenberg D, Nijstad B A, et al. Motivated information processing and group decision-making: Effects of process accountability on information processing and decision quality[J]. Journal of Experimental Social Psychology, 2007, 43(4): 539-552.
[23] 徐泽水. 基于不同类型残缺判断矩阵的群决策方法[J]. 控制与决策, 2006, 21(1): 28-33.
[24] 张尧, 樊治平. 一种基于残缺语言判断矩阵的群决策方法[J]. 运筹与管理, 2007, 16(3): 31-35.
[25] 徐泽水. 残缺互补判断矩阵[J]. 系统工程理论与实践, 2004, 24(6): 93-97, 133.
[26] 吴江, 黄登仕. 多属性决策中区间数偏好信息的一致化方法[J]. 系统工程理论方法应用, 2003, 12(4): 359-362.

[27] 汪新凡. 区间数多属性决策的 SPA—TOPSIS 方法[J]. 湖南工业大学学报, 2008, 22(1): 61-64.

[28] 徐泽水. 不确定多属性决策方法及应用[M]. 北京: 清华大学出版社, 2004.

[29] Herrera F, Martinez L. The 2-tuple linguistic computational model. Advantages of its linguistic description, accuracy and consistency[J]. International Journal of Uncertainty, Fuzziness and Knowledge-Based Systems, 2001, 9: 33-48.

[30] Delgado M, Verdegay J L, Vila M. A model for linguistic partial information in decision-making problems[J]. International Journal of Intelligent Systems, 1994, 9(4): 365-378.

[31] Bordogna G, Fedrizzi M, Pasi G. A linguistic modeling of consensus in group decision making based on OWA operators[J]. IEEE Transactions on Systems, Man, and Cybernetics - Part A: Systems and Humans, 1997, 27(1): 126-133.

[32] Herrera F, Herrera-Viedma E. Aggregation operators for linguistic weighted information[J]. IEEE Transactions on Systems, Man, and Cybernetics - Part A: Systems and Humans, 1997, 27(5): 646-656.

[33] 王欣荣, 樊治平. 基于二元语义信息处理的一种语言群决策方法[J]. 管理科学学报, 2003, 6(5): 1-5.

[34] 徐泽水. 纯语言多属性群决策方法研究[J]. 控制与决策, 2004, 19(7): 778-781, 786.

[35] 姚升保, 岳超源. 基于综合赋权的风险型多属性决策方法[J]. 系统工程与电子技术, 2005, 27(12): 2047-2050.

[36] Zaras K. Rough approximation of a preference relation by a multi-attribute stochastic dominance for determinist and stochastic evaluation problems[J]. European Journal of Operational Research, 2001, 130(2): 305-314.

[37] Zaras K. Rough approximation of a preference relation by a multi-attribute dominance for deterministic, stochastic and fuzzy decision problems[J]. European Journal of Operational Research, 2004, 159(1): 196-206.

[38] Lahdelma R, Salminen P. SMAA-2: stochastic multicriteria acceptability analysis for group decision making[J]. Operations Research, 2001, 49(3): 444-454.

[39] Lahdelma R, Salminen P. Pseudo-criteria versus linear utility function in stochastic multi-criteria acceptability analysis[J]. European Journal of Operational Research, 2002, 141(2): 454-469.

[40] Lahdelma R, Salminen P. Stochastic multicriteria acceptability analysis using the data envelopment model[J]. European Journal of Operational Research, 2006, 170(1): 241-252.

[41] 贺仲雄. 模糊数学及其应用[M]. 天津: 天津科学技术出版社, 1983: 152-162.

[42] 廖貅武, 唐焕文. 信息不完全确定的动态随机多属性决策方法[J]. 大连理工学报, 2002, 42(1): 122-126.

[43] 徐泽水. 一种不确定型 OWA 算子及其在群决策中的应用[J]. 东南大学学报(自然科学版), 2002, 32(1): 147-150.

[44] Facchinetti G, Ricci R G, Muzzioli S. Note on ranking fuzzy triangular numbers[J]. International Journal of Intelligent Systems, 1998, 13(7): 613-622.

[45] 徐泽水. 模糊互补判断矩阵排序的一种算法[J]. 系统工程学报, 2001, 16(4): 311-314.

第 5 章　复杂大群体应急决策偏好冲突协调方法

在群体决策中，需要两个步骤来获得最优解：冲突协调过程与选择过程[1]。冲突协调过程是决策专家如何通过协调减少群体间的冲突从而获得最大限度的一致性或者共识的过程[2-4]；选择过程是如何从专家给出的观点(偏好)中获得最佳决策方案的过程。但群体规模增大时冲突更加显著，很明显在采取选择过程之前，成员间达到较低的冲突程度是最可取的情形。

5.1　基于“和谐管理理论”复杂大群体应急决策偏好冲突协调方法

实际上复杂大群体冲突协调与“和谐管理理论”存在一定的关系，因此本节针对求解决策问题，在和谐管理理论框架下研究复杂大群体偏好冲突协调方法，在此基础上形成复杂大群体偏好冲突协调机制，在冲突协调过程中考虑了大群体成员之间的现实客观的差异，更加符合复杂大群体决策的现实要求，较好地解决了整个复杂大群体低冲突偏好的形成问题。复杂大群体决策偏好冲突协调研究框架如图 5-1 所示。

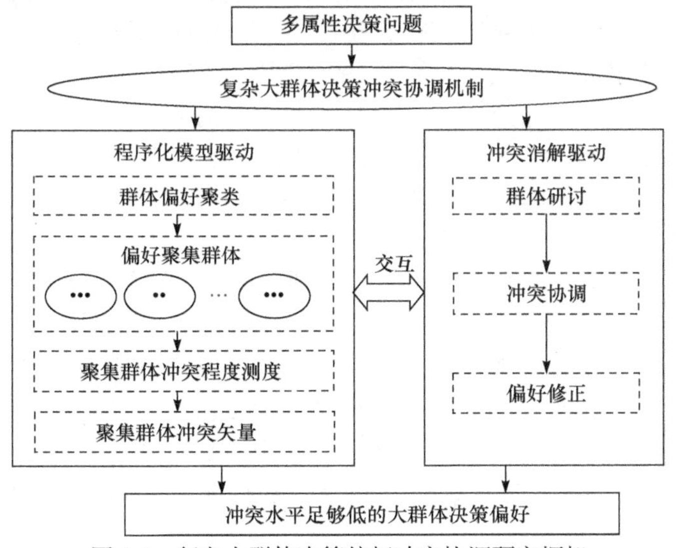

图 5-1　复杂大群体决策偏好冲突协调研究框架

5.1.1 复杂大群体偏好冲突协调原理

大群体决策冲突协调过程是一个动态与交互的程序化模型驱动和群体研讨冲突消解的过程，通过协调机制使他们的偏好达到接近一致。在这个协调机制中，通过冲突测度模型来测度成员的实际冲突水平与理想冲突状态的距离。如果实际冲突水平偏高不可接受，如冲突水平高于某一阈值，将促使决策成员对他们的偏好进行进一步讨论从而使其偏好之间更为接近。相反，如果冲突水平是可接受的，就可转入选择过程，从而获得一个最终的接近一致的整个大群体的偏好。

在复杂大群体决策中，决策成员之间的差异化程度可能比较大，不大可能通过展现与消解所有个体成员之间的冲突，实现群体成员意见的完全一致。但可以在对决策群体的偏好进行结构分析的基础上找到冲突协调的途径。本章借助第 2 章的偏好聚类分析方法，将大群体成员偏好聚类成若干个聚集，通过分析聚集之间的差异化冲突，来分析大群体冲突。在对决策大群体聚类后首先对产生的不同聚集的结构(包括聚集的数量、各个聚集中决策成员数等)进行分析，并在聚集的基础上组建聚集群体Ω^*，进行大群体冲突测度与分析协调。

“和谐管理理论”是组织为了达到其目标，在变动的环境中围绕和谐主题的分辨，以优化和不确定性为手段提供问题解决方案的实践活动[5]。其基本思想为在“问题导向”基础上的“优化设计”与“人的能动作用”双规则的互动耦合机制[6]。和谐管理由处于中心地位的和谐主题以及相应的问题解决方法“和则”与“谐则”两部分组成。

在大群体决策中，决策方案选优即“和谐主题”，大群体冲突测度模型的运用即“谐则”的运用，群体成员之间的信息沟通、权利与责任的分配、谈判协调为“和则”的运用。在多属性决策问题的复杂大群体决策中，群体冲突协调为大群体决策的一个重要组成部分，因此将寻求的大群体偏好为“和谐主题”；程序化的模型驱动机制为“谐则”；而整个大群体协调过程中的冲突消解作为“和则”，是一种沟通协调机制。“谐则”与“和则”有机结合，类似于一个有机的统一体，在该统一体的一端，严格地体现为程序化的模型驱动机制，而另一端则体现为冲突消解的非程序化协调机制，中间部分则是二者的耦合。

整个大群体冲突协调过程，围绕着“和谐主题”(大群体偏好)，以“谐则”(程序化的冲突测度模型驱动)的运用为主框架，同时在“谐则”运用过程中通过“和则”(冲突消解)的积极配合，实现对“和谐主题”的求解。在整个“和谐主题”求解过程中，虽然“谐则”为主框架，但更多的是“和则”与“谐则”的相互结合，实现两者的耦合，只有通过“和则”不断消除大群体成员之间的冲突和不确定性，“谐则”才能有效地运行。复杂大群体偏好冲突协调原理示意图如图 5-2 所示。

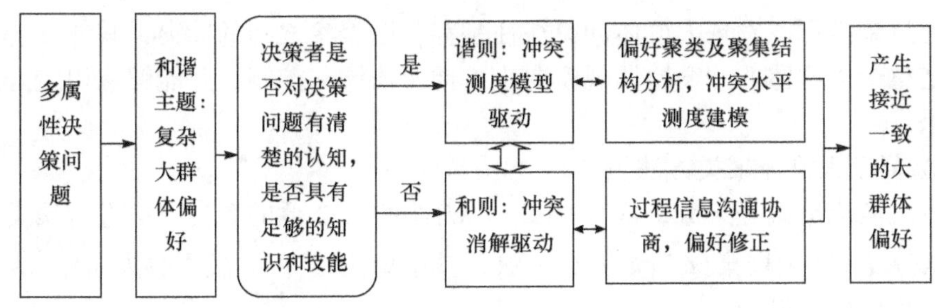

图 5-2　复杂大群体偏好冲突协调原理示意图

5.1.2　程序化冲突测度模型驱动

1. 多属性大群体决策问题描述

针对求解决策问题，存在 N 个属性，决策大群体 Ω 中有 M 个决策成员，决策成员 e_i 对第 j 个决策属性的评价值为 v_{ij} (其中 $v_{ij} \geqslant 0$，$i=1,2,\cdots,M$；$j=1,2,\cdots,N$)，则第 i 个成员 e_i 决策偏好矢量为 $V^i=(v_{i1},v_{i2},\cdots,v_{iN})$，需要得出整个大群体对决策问题的冲突水平足够低的偏好矢量。

各个决策成员依据决策问题的属性提供他们对问题的决策偏好矢量，在此基础上对大群体偏好进行结构化分析。在手段上首先对大群体偏好矢量集进行聚类，形成若干个聚集；然后对聚集的结果进行结构分析，主要包括聚集的数量以及聚集的大小等，分析是否存在普遍性冲突、群体思维或少数人意见。大群体内部的冲突往往来自各个聚集之间的冲突，同一个聚集内部的成员偏好之间冲突比较小。因此，为了探索大群体内部的冲突，将聚集作为元素组建聚集群体 Ω^*，构建聚集群体冲突测度分析模型，并进行聚集群体冲突分析，来获得大群体冲突水平。如果通过计算获得的大群体冲突水平超过了设定的冲突水平阈值，则说明聚集群体间(或者大群体内部)存在较大的冲突，就需要启动冲突消解程序。

2. 复杂大群体偏好结构分析

1) 复杂大群体决策偏好聚类目的

决策群体规模大，决策人员偏好之间的差异大，不能也无法实现所有决策成员偏好的高度一致，为此需要对复杂大群体偏好结构进行分析。首先对决策成员偏好进行聚类，根据聚类的结果，实现聚集偏好基本一致性要求，进而实现大群体偏好的接近一致性要求。

对聚类形成的聚集结构进行分析，即分析各个聚集以及聚集中成员的组成特点，分析聚集之间是否存在普遍性的冲突、是否存在群体思维、是否存在少数决策人员意见，从而引导大群体协调，进而达成更高的大群体偏好一致性。

通过聚类可以发现大群体冲突往往是存在于聚集之间的冲突，其冲突协调规模较之整个大群体的冲突协调规模要小，便于协调与控制，并能够取得较好的协调结果。

2) 复杂大群体聚类方法

将决策成员偏好矢量集$\{V^i|\ i=1,2,\cdots,M\}$按照第 2 章的聚类方法进行聚类，可得到$K(0\leqslant K\leqslant M)$个聚集$\{C^k\mid k=1,2,\cdots,K\}$，其中聚集$C^k$中的成员数为$n_k$。

聚集偏好矢量为

$$G^k=\sum_{V^i\in C^k}V^i\Bigg/\left\|\sum_{V^i\in C^k}V^i\right\|_2 \tag{5-1}$$

大群体偏好矢量为

$$E=\sum_{k=1}^{K}\frac{n_k}{M}G^k\Bigg/\left\|\sum_{k=1}^{K}\frac{n_k}{M}G^k\right\|_2 \tag{5-2}$$

同一个聚集内的成员偏好矢量之间具有较高的偏好一致性与较低的冲突程度，而聚集之间可能具有较低的偏好一致性与较高的冲突程度。

3) 复杂大群体聚类结果分析

聚类的结果是在大群体成员偏好矢量集中形成若干个聚集，涉及的分析参数为聚集数与各聚集内的成员数。

(1) 聚类后的聚集数分析。

一些有关群体规模与决策质量关系的研究得到了有益的结论，群体大小、任务类型和群体成员意见一致性是群体决策支持系统实验研究中的主要权变因素，设计群体决策支持系统时需重点考虑的首要因素就是群体规模[7-9]，有关群体规模的研究指出：群体决策中 5～11 人最有效，能得出较正确的结论；2～5 人能得到一致意见；规模大的群体意见不一致性可能增加，但与人数并不成正比，这可能是由产生相关的小群体造成的；4～5 人的群体易感满意；若以意见一致为重点，2～5 人合适；若以质量一致为重点，5～11 人合适[8]。上述小规模群体能够得到比较好的结果，但是对于大群体(群体成员超过 11 个)，则难以得到确定性的结果。

本书将聚类后的聚集数称为大群体决策的规模，聚集数受大群体规模以及问题属性规模的影响。群体成员或问题属性规模越大，聚类后形成的聚集就有可能越多，聚集越多说明群体成员间意见越分散，存在冲突的可能性越大。对聚类后的聚集数K进行分析，如果$K>\xi$(其中ξ为基于群体规模与决策质量关系的研究结论以及决策问题的特点，并根据实际情况设定的最大聚集数)，则说明聚集偏好分布较为分散，大群体中聚集之间存在普遍性冲突。在这种情况下有必要对所有群体成员进行沟通与协调，要求相关成员根据相关信息修订其偏好矢量。如果聚类后聚集数较少，如 $K\leqslant 2$，则说明决策大群体存在较高的偏好一致性，尤其是在决策的初期，由复杂大群体决策的特点可知，这一较高的偏好一致性一般为不正常的现象，有时是由“群体思维”造成的，因此有必要对聚集的特点进行分析，分析是否存在“群体思维”，若存在“群体思维”，则必须通过相应的方法消解“群体思维”。

(2) 聚集内的成员数分析。

如果聚集 C^k 中的成员数 $n_k\leqslant 2$，则说明聚集 C^k 中群体成员数较少，聚集 C^k 所反映的是少数人的意见。少数人聚集中的成员组成一般有以下几种类型：第一类为高层领导，他们对全局情况掌握得比较多，考虑问题周到全面，发表的意见通常会有独到之处；第二类为领域专家，他们的意见一般都经过深思熟虑，或经过科学论证；第三类为年轻成员，他们具有初生牛犊不怕虎的勇气，受其他人影响较小；第四类为具有特立独行个性的成员，他们敢于发表自己的意见，一般不具有从众心理。

对不同类型的少数人意见应采用不同的处理方式，对第一类和第二类少数人意见要高度重视，而对第三类和第四类少数人意见则要慎重考虑。通过这种方式，能及时发现并对少数人意见进行反馈，做到既保护少数人意见，也不会因为个别错误的少数人意见而影响整个大群体决策过程。

根据上述分析，一个聚集中的成员数应该在 3 个或者 3 个以上才相对合理，所以上述聚集数阈值 ξ 的值可以取 $M/3$ 的整数，如 20 个群体成员，则可取 $\xi=6$。

3. 聚集群体冲突分析

1) 聚集群体冲突测度

冲突程度指标的确定方法主要有模糊偏好关系法、欧氏距离法、向量余弦法以及向量正弦法等，本章在决策成员偏好矢量聚类结构的基础上进行聚集群体冲突程度指标构建。

定义 5-1 聚集群体 Ω^* 冲突程度指标 φ 定义为

$$\varphi=1-\frac{1}{\sum\limits_{k_1<k_2}^{K}(n_{k_1}+n_{k_2})}\sum_{k_1<k_2}^{K}(n_{k_1}+n_{k_2})\cdot r(G^{k_1},G^{k_2}) \tag{5-3}$$

其中，$r(G^{k_1},G^{k_2})=\dfrac{(|G^{k_1}-\bar{G}^{k_1}|)\cdot(|G^{k_2}-\bar{G}^{k_2}|)^{\mathrm{T}}}{\left\|G^{k_1}-\bar{G}^{k_1}\right\|_2\cdot\left\|G^{k_2}-\bar{G}^{k_2}\right\|_2}$ 为两个聚集 C^{k_1} 和 C^{k_2} 的偏好矢量 G^{k_1} 和 G^{k_2} 之间的相聚度，$1\leqslant k_1,k_2\leqslant K$，聚集群体 Ω^* 的冲突程度指标考虑了各个聚集中成员数权重和两两聚集偏好矢量相聚度之和的平均值，聚集群体的冲突程度受群体中成员数较多的聚集的影响。若群体中只有一个聚集，则该聚集群体 Ω^*

冲突程度指标为零；当聚集数大于 1 时，说明大群体中存在冲突，聚集群体Ω^*冲突程度指标大于零。聚集群体Ω^*冲突程度指标越大，说明大群体Ω中的冲突水平越高，聚集群体Ω^*冲突程度指标越小，说明大群体Ω中冲突水平越低。

引入聚集群体Ω^*冲突程度阈值δ，表示决策过程中所允许的大群体最大冲突程度。聚集群体冲突程度阈值δ一般采用事先设定值的形式给出。由于大群体冲突与大群体中聚集数有关，因此聚集群体冲突程度阈值δ可以取为大群体中最大聚集数与大群体成员数的比，即δ可取ξ/M。当$\varphi\geqslant\delta$时，说明大群体冲突程度超过了设定的最大冲突程度阈值，需要中断决策过程，进行大群体协调后重新进行决策；而当$\varphi<\delta$时，说明大群体冲突程度没有超出设定的最大冲突程度阈值，可以继续本次群体决策的后续步骤。

2) 聚集群体冲突矢量

在聚集群体冲突测度后，若$\varphi\geqslant\delta$，则说明需要进行大群体协调，通过构建聚集群体冲突矢量，可以明确是哪些聚集造成了大群体较高的冲突程度。

定义 5-2 聚集群体Ω^*冲突矢量定义为$\Psi=(\psi_1,\psi_2,\cdots,\psi_K)$，分量$\psi_k$ $(k=1,2,\cdots,K)$定义为

$$\psi_k = 1 - r_k(G^k, E) = 1 - \frac{(|G^k - \bar{G}^k|)\cdot(|E - \bar{E}|)^{\mathrm{T}}}{\left\|G^k - \bar{G}^k\right\|_2 \cdot \left\|E - \bar{E}\right\|_2} \tag{5-4}$$

其中，ψ_k为群体中聚集C^k与大群体的冲突程度，ψ_k越大说明聚集C^k与大群体的冲突越大，则聚集C^k就越有可能成为大群体冲突协调的对象；E为大群体偏好矢量。

通过大群体冲突分析，利用聚集群体冲突测度可检验整个大群体的冲突程度，并在聚集群体冲突程度超出冲突阈值的情况下，可以通过分析聚集群体冲突矢量，找到需要进行协调的聚集，为后续的冲突协调与消解提供支持。

在对大群体进行协调时，协调成员的选取从理论上应该是大群体中的所有成员，但是这样做组织者的协调难度可能很大，尤其是需要在多个聚集间进行协调时，这样组织者的协调难度会更大，协调成员的选取应该本着以下两个原则：

(1) 当需要协调的聚集只有一个并且聚集中成员数不多时，可选取该聚集中所有成员作为协调成员，由决策组织者组织协调。

(2) 当需要协调多个聚集并且聚集中成员数较多时，决策组织者可选取需进行协调的各聚集中与聚集偏好最接近的部分成员参加偏好协调，因为该部分成员的偏好最能代表本聚集的偏好特点。并由参加协调的成员把协调的结果反馈给各自的聚集，进行聚集内协调。

大群体冲突的协调不是达到大群体成员之间的没有冲突，或大群体成员的偏

好完全一致，大群体决策冲突协调过程强调群体成员之间的共识，但并不是否定群体成员之间的现实客观的差异性，本书所要达到的偏好一致性是满意冲突水平的偏好一致性。

5.1.3　冲突消解机制

在程序化冲突测度模型驱动的“谐则”运行过程中，有机地运用冲突消解“和则”可以最大限度地消除群体成员之间的冲突，达到两者最大限度的耦合，获得最大满意一致性的整个大群体偏好，即实现“和谐主题”的目标。

首先根据大群体偏好聚类分析结果，判断是否存在普遍性冲突、群体思维或少数人意见。如果出现上述情况，那么可以考虑要求相关聚集中的成员进行沟通和协调，并由相应决策成员根据组织者提供的信息修正其偏好矢量，然后重新进行聚类；否则，组建聚集群体，并进行聚集群体冲突分析，计算聚集群体冲突水平值，若聚集群体冲突水平超过阈值δ，则说明聚集间存在较大的冲突，要求冲突较大的聚集中的决策成员进行沟通与协调，根据组织者提供的信息修正其决策偏好矢量，再重新进行大群体决策，直到聚集群体冲突指标低于这个阈值。最后输出本次大群体决策冲突协调的结果：接近一致的大群体偏好矢量。

基于上述原理，复杂大群体偏好冲突消解机制如图 5-3 所示。

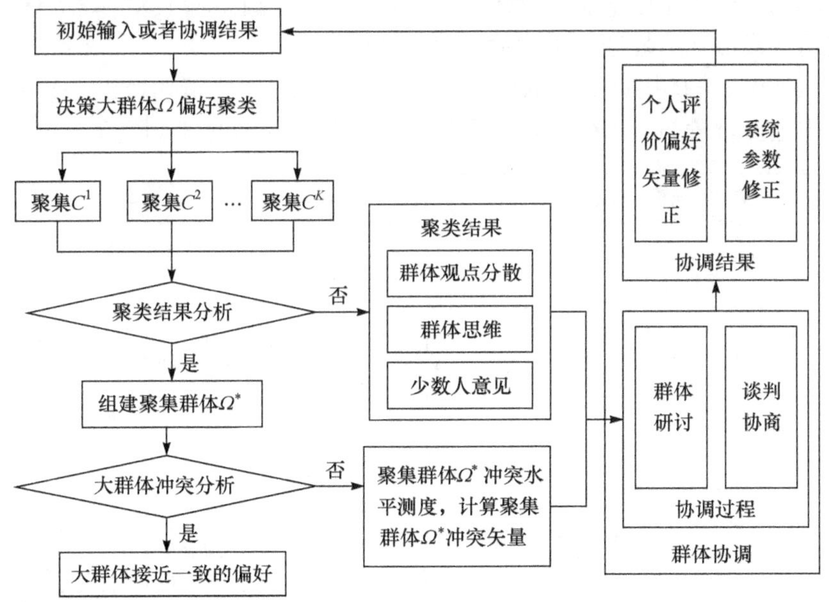

图 5-3　复杂大群体偏好冲突消解机制

相应的大群体偏好冲突消解过程如下：

(1) 协调过程参数初始化。确定聚类阈值(γ)、最大聚集数阈值(ξ)、聚集群体冲突程度指标阈值(δ)等。

(2) 生成大群体偏好矢量集。由决策成员根据决策问题属性(N 个)，提供决策偏好矢量，形成大群体成员偏好矢量集$\{V^i \mid i=1,2,\cdots,M\}$。

(3) 对决策大群体偏好矢量集$\{V^i\}$进行聚类。根据(1)中的聚类阈值γ对决策大群体偏好矢量集采用第 2 章中的聚类方法进行聚类，形成 K 个聚集。

(4) 对聚类结果进行分析。根据聚集的数量以及聚集中成员的数量分析大群体成员间的分歧是否较大或者是否存在群体思维或少数人意见，若存在，则进入(5)，否则进入(6)。

(5) 启动大群体协调。通过前续阶段的决策结果或者大群体协调中的群体成员研讨及谈判协商，发现冲突原因。若为系统参数误差，则修正系统参数误差；若为群体成员之间存在冲突，则分析冲突特点，在充分尊重相关冲突成员意愿以及进行沟通的基础上，要求相关冲突成员修正其决策偏好值，组织者根据各决策成员提供的修正决策值偏好矢量，提供下一轮次的决策分析结果，转入(2)。

(6) 组建聚集群体并进行冲突程度测度。根据(4)中的聚集组建聚集群体Ω^*，并根据式(5-3)对聚集群体冲突进行测度计算，若测度计算结果满足条件$\varphi<\delta$，则转入(8)，否则转入(7)。

(7) 生成聚集与大群体的冲突矢量。利用式(5-4)计算聚集群体冲突矢量，按照聚集协调成员选取规则组织协调成员，并转入(5)。

(8) 给出大群体接近一致的偏好。利用式(5-2)计算大群体接近一致的偏好向量，其中选择过程与大群体偏好一致性过程间的交互如图 5-4 所示。

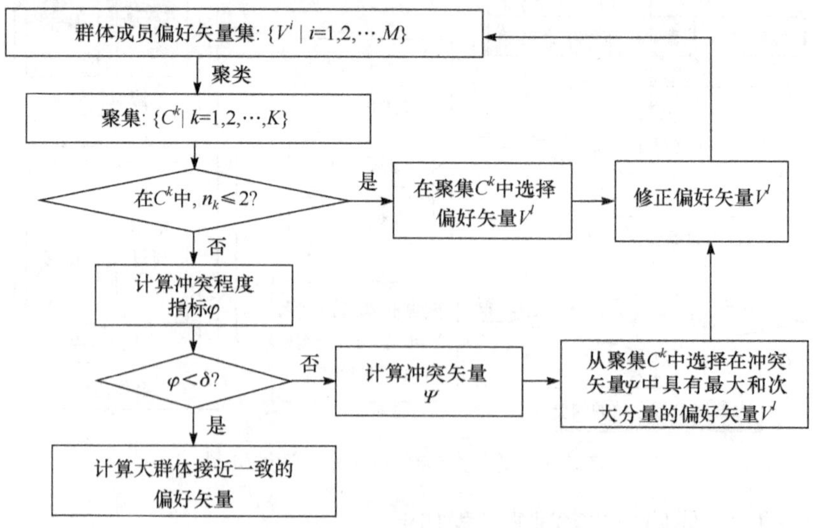

图 5-4 选择过程与大群体偏好一致性过程间的交互

大群体成员偏好冲突协调所达成的满意一致性不是一步就能实现的，是在大群体协调框架模型下反复多次协调的结果。而且由“群体思维”可知决策一开始就取得的大群体高度一致并不一定是正确的大群体一致。

5.1.4　大群体冲突协调算例

决策问题存在 4 个属性，分别记为属性 1、属性 2、属性 3、属性 4。设有 20 个专家成员构成决策大群体Ω，每个成员对该问题采用 4 个属性进行评价，可得 20×4=80 个评价数据(称为成员偏好数据)，为了消除不同属性的不同量纲的影响，需要对这些数据进行非量纲化处理。利用模糊数学隶属度函数概念进行如下标准化处理：

$$v'_{ij}=\frac{\max\limits_i v_{ij}-v_{ij}}{\max\limits_i v_{ij}-\min\limits_i v_{ij}},\quad i=1,2,\cdots,20；j=1,2,3,4$$

其中，$\max\limits_i x_{ij}$ 和 $\min\limits_i x_{ij}$ 是第 j 个属性中的最大值和最小值。则得到如下标准化数据矩阵，构成大群体成员偏好矢量集$\{V^i \mid i=1,2,\cdots,20\}$，如表 5-1 所示。

表 5-1　决策问题大群体决策偏好数据表

成员 V^i	属性 1	属性 2	属性 3	属性 4	成员 V^i	属性 1	属性 2	属性 3	属性 4
V^1	0.43	0.76	0.14	0.32	V^{11}	0.82	0.76	0.94	0.72
V^2	0.86	0.77	0.10	0.84	V^{12}	0.70	0.16	0.79	0.72
V^3	0.37	0.34	0.56	0.63	V^{13}	0.41	0.05	0.51	0.28
V^4	0.09	0.83	0.37	0.22	V^{14}	0.69	0.20	0.49	0.81
V^5	0.69	0.26	0.18	0.30	V^{15}	0.23	0.20	0.21	0.77
V^6	0.36	0.62	0.52	0.94	V^{16}	0.01	0.19	0.60	0.24
V^7	0.10	0.09	0.75	0.91	V^{17}	0.34	0.17	0.77	0.39
V^8	0.24	0.12	0.00	0.38	V^{18}	0.88	0.25	0.91	0.83
V^9	0.86	0.69	0.95	0.12	V^{19}	0.38	0.16	0.48	0.60
V^{10}	0.30	0.86	0.88	0.01	V^{20}	0.67	0.80	0.24	0.94

设定群体成员聚类阈值参数γ=0.8，根据上述分析设定最大聚集数阈值ξ=6，聚集群体冲突指标阈值δ=0.33。

1. 第一次聚类与聚集分析

对表 5-1 所示的大群体偏好矢量集$\{V^i \mid i=1,2,\cdots,20\}$采用第 2 章的聚类方法进行聚类，可得聚集数 K=7，大群体偏好矢量为 E=(0.488, 0.417, 0.546, 0.538)。第一次聚类结果如表 5-2 所示。

表 5-2 第一次聚类结果

聚集 C^k	成员数 n_k	成员偏好矢量 V^i	聚集偏好矢量 G^k
聚集 C^1	7	$V^1, V^{10}, V^{12}, V^{14}, V^{15}, V^{17}, V^{18}$	(0.511,0.372,0.600,0.4897)
聚集 C^2	4	V^2, V^8, V^9, V^{16}	(0.563,0.506,0.472,0.452)
聚集 C^3	4	V^3, V^4, V^5, V^7	(0.367,0.447,0.547,0.605)
聚集 C^4	1	V^6	(0.279,0.480,0.403,0.728)
聚集 C^5	2	V^{11}, V^{20}	(0.502,0.526,0.398,0.560)
聚集 C^6	1	V^{13}	(0.575,0.070,0.715,0.392)
聚集 C^7	1	V^{19}	(0.436,0.183, 0.550,0.688)

聚类结果中存在少数人意见，并且聚集数 K=7>ξ(=6)，超过最大聚集数阈值ξ。并且其中有聚集C^4、C^5、C^6和C^7中的成员数$n_k \leqslant 2$，说明大群体中存在多个少数人意见的聚集，因此必须中断群体决策过程，对形成的 7 个聚集以及少数人意见的原因进行分析。组织者通过决策组织相关决策成员分析得出，决策初期成员普遍性地存在对决策问题理解不深刻、主观意识较强现象。

2. 决策组织者启动第一次大群体协调

决策组织者向决策成员进一步解析问题的背景、特点和要求，加深对决策问题的认识和理解，对决策问题进行进一步研讨，尤其是提醒决策成员 V^6、V^{13}、V^{19}、V^{11}、V^{20}，通过反复沟通，配合他们完善决策偏好矢量。经第一次调整完善后的群体成员决策偏好矢量集数据标准化处理后如表 5-3 所示。

表 5-3 经第一次调整后的问题决策数据表

成员 V^i	属性 1	属性 2	属性 3	属性 4	成员 V^i	属性 1	属性 2	属性 3	属性 4
V^1	0.56	0.31	0.73	0.63	V^{11}	0.18	0.71	0.80	0.68
V^2	0.45	0.60	0.50	0.75	V^{12}	0.45	065	0.75	0.42
V^3	0.11	0.76	0.08	0.33	V^{13}	0.22	0.12	0.51	0.96
V^4	0.90	0.03	0.39	0.52	V^{14}	0.70	0.60	0.40	0.67
V^5	0.71	0.07	0.35	0.12	V^{15}	0.98	0.66	0.22	0.77
V^6	0.80	0.00	0.32	0.07	V^{16}	0.45	0.06	0.00	0.48
V^7	0.40	0.31	0.42	0.53	V^{17}	0.55	0.28	0.32	0.20
V^8	0.65	0.63	0.21	0.80	V^{18}	0.77	0.96	0.39	0.44
V^9	0.01	0.70	0.25	0.43	V^{19}	0.28	0.12	0.94	0.08
V^{10}	0.12	0.27	0.78	0.23	V^{20}	0.20	0.63	0.48	0.81

3. 第二次聚类与聚集分析

对表 5-3 所示大群体偏好矢量集$\{V^i|i=1,2,\cdots,20\}$采用上述聚类方法进行聚类，可得聚集数 $K=4$，大群体偏好矢量为 $E=(0.518, 0.460, 0.482, 0.536)$。第二次聚类结果如表 5-4 所示。

表 5-4　第二次聚类结果

聚集 C^k	成员数 n_k	成员偏好矢量 V^i	聚集偏好矢量 G^k
聚集 C^1	9	$V^1, V^3, V^4, V^5, V^6, V^9, V^{11}, V^{17}, V^{20}$	(0.535,0.464,0.495,0.504)
聚集 C^2	5	$V^2, V^{12}, V^{15}, V^{16}, V^{19}$	(0.541,0.434,0.500,0.512)
聚集 C^3	3	V^7, V^{13}, V^{18}	(0.455,0.455,0.432,0.632)
聚集 C^4	3	V^8, V^{10}, V^{14}	(0.484,0.494,0.457,0.560)

聚类结果中不存在少数人意见，并且聚集数 $K=4<6(=\xi)$。因此，继续下列群体决策过程。

4. 第一次聚集群体冲突分析

利用式(5-3)计算聚集群体冲突程度指标$\varphi=0.403>0.33$，说明聚集之间的冲突程度较大。因此，利用式(5-4)计算聚集群体冲突矢量$\Psi=(0.237, 0.142, 0.120, 0.230)$，可知各个聚集与大群体的冲突程度有$C^1 \succ C^4 \succ C^2 \succ C^3$，冲突程度最大的聚集$C^1$也是整个聚集群体中成员数最多的聚集，说明聚集间存在较高的冲突水平，其原因主要是各个聚集的决策成员存在对问题的认知和判断偏差，因此需要再次启动群体协调程序。

5. 决策组织者启动第二次大群体协调

决策组织者应加强引导，组织决策成员重新对问题进行更深入的分析和认知，并要求决策人员完善自己的决策偏好矢量，尤其是提醒聚集C^1中的决策成员V^1、V^3、V^4、V^5、V^6、V^9、V^{11}、V^{17}、V^{20}和C^4中的决策成员V^8、V^{10}、V^{14}、通过反复沟通，配合决策成员完善决策偏好矢量，经第二次调整完善后的大群体成员决策偏好矢量集数据标准化处理后如表 5-5 所示。

表 5-5　经第二次调整后的问题决策数据表

成员 V^i	属性 1	属性 2	属性 3	属性 4	成员 V^i	属性 1	属性 2	属性 3	属性 4
V^1	0.75	0.01	0.70	0.45	V^4	0.91	0.10	0.31	0.75
V^2	0.06	0.28	0.85	0.23	V^5	0.29	0.35	0.16	0.46
V^3	0.95	0.92	0.00	0.55	V^6	0.69	0.03	0.55	0.38

续表

成员 V^i	属性 1	属性 2	属性 3	属性 4	成员 V^i	属性 1	属性 2	属性 3	属性 4
V^7	0.89	0.25	0.41	0.94	V^{14}	0.93	0.92	0.00	0.71
V^8	0.73	0.64	0.98	0.63	V^{15}	0.46	0.326	0.56	0.81
V^9	0.93	0.72	0.66	0.63	V^{16}	0.87	0.91	0.50	0.30
V^{10}	0.39	0.95	0.19	0.06	V^{17}	0.93	0.37	0.61	0.19
V^{11}	0.53	0.43	0.02	0.64	V^{18}	0.43	0.68	0.36	0.34
V^{12}	0.34	0.29	0.03	0.50	V^{19}	0.15	0.10	0.53	0.66
V^{13}	0.21	0.43	0.20	0.59	V^{20}	0.41	0.51	0.03	0.59

6. 第三次聚类与聚集分析

对表 5-5 所示大群体偏好矢量集$\{V^i \mid i=1,2,\cdots,20\}$仍然采用上述聚类方法进行聚类，可得聚集数 $K=4$，大群体偏好矢量为 $E=(0.578, 0.471, 0.407, 0.526)$。第三次聚类结果如表 5-6 所示。

表 5-6　第三次聚类结果

聚集 C^k	成员数 n_k	成员偏好矢量 V^i	聚集偏好矢量 G^k
聚集 C^1	10	$V^1, V^3, V^4, V^6, V^7, V^9, V^{11}, V^{14}, V^{16}, V^{20}$	(0.689,0.421,0.279,0.521)
聚集 C^2	2	V^2, V^5	(0.245,0.444,0.711,0.486)
聚集 C^3	4	$V^8, V^{12}, V^{13}, V^{17}$	(0.574,0.450,0.473,0.496)
聚集 C^4	4	$V^{10}, V^{15}, V^{18}, V^{19}$	(0.406,0.581,0.465,0.530)

聚集数 $K=4<6(=\xi)$，并且聚类后的聚集中只有 C^2 中群体成员数$n_2 = 2 \leqslant 2$，存在单一的个别人意见。决策组织者通过分析，认为该个别人意见的存在在允许的范围之内，因此继续下列大群体决策过程。

7. 第二次聚集群体冲突分析

利用式(5-3)测定计算聚集群体冲突程度指标$\varphi=0.142<0.33$，说明聚集之间的冲突程度很小，通过聚集群体冲突分析，决策结果予以接受。

8. 得出大群体偏好矢量

利用式(5-2)给出决策问题的大群体偏好矢量 $E=(0.578, 0.471, 0.407, 0.526)$，即第六步的结果，结束对决策问题的大群体协调程序。

5.2　时间约束下复杂大群体应急决策偏好冲突协调方法

应急决策大群体冲突协调是整个应急群体决策研究中的重要内容，其关键性的问题是在决策过程中怎样将不同群体意见冲突进行协调，从而综合达成意见共识。然而，有一个值得注意的问题是，在冲突协调过程中是存在约束的，这些约束影响应急决策冲突协调的进行。若这些约束得不到满足，则将阻碍冲突协调，很有可能使冲突协调失败，从而无法获得冲突程度低和一致性高的决策结果。

5.2.1　应急决策冲突协调约束与冲突协调处理流程

1. 应急决策冲突协调约束

分析应急决策问题以及应急决策冲突性特点，可以得到应急决策冲突协调如下两个重要约束条件。

1) 时间约束

需要强调的是，在突发事件应急决策过程中，时间就是生命，是保证应急救援成功的一个非常关键的因素。随着时间的推移，事故会发生恶化，事故的复杂性和风险会不断增加，从而使应急救援工作难度加大[10]，因而若决策时间过长，对于决策方案的确定犹豫不决，就很有可能错过最佳的应急救援时间，造成更大的人员伤亡和财产损失，带来无法挽回的后果。因此，在应急决策过程中，当群体冲突程度比较高需进行冲突协调时，应该注意冲突协调的时间约束，尽量在比较短的时间内实现决策成员间冲突消解，从而节省整个应急决策时间，为应急救援工作赢取宝贵的时间。

2) 冲突程度约束

在突发事故应急决策中，要使得所有决策者对于决策方案结果满意，意见完全一致，即决策群体内部冲突完全不存在，这是完全没有必要并且是不符合实际情况的，因为一定的冲突能够抑制群体思维，而且达到成员意见完全一致也会需要耗费很多决策时间。因此，在此种情况下，将冲突程度设置为动态的“软”一致性指标[11]，使决策冲突协调必须达到这个事先设定的“软”冲突程度约束。此“软”冲突程度指标通常采用冲突水平阈值来表达合理的群体冲突程度，这样更加符合实际情况。该冲突程度指标阈值的确定通常与待解决的应急决策问题、应急决策备选方案数量、参与决策的成员数和成员的构成，以及冲突程度计算方式等因素有密切的关系。需要由决策冲突协调者和决策人员一起协商讨论后根据具体问题分析得出。通过这个冲突程度阈值，可以帮助协调者比较容易地判断群体冲突协调是否成功。所以，在应急决策冲突协调过程中，要注意冲突程度约束。

2. 应急决策冲突协调处理流程

应急决策冲突协调过程是一个动态的、交互的决策专家协商讨论冲突消解的过程，通过冲突协调机制使决策者达成共识。在实际应急决策过程中，考虑冲突协调的冲突程度约束，结合实际情况设置一个允许的合理冲突水平，“软”一致性指标用冲突水平阈值 δ 表示。在整个应急决策冲突协调过程中，协调者促使决策成员充分表达观点，集结各个应急决策专家偏好构成临时性群体偏好。通过量化测度各个专家偏好与群体偏好之间的距离来表示实际冲突水平，如果冲突水平专家不能接受，即超过事先设置的合理的冲突水平阈值 δ，这就意味着专家群体内部存在很大的差异性冲突意见，然后协调者组织决策者进入协商反馈阶段，促使专家进一步协商讨论他们的观点，尽量使冲突更小、观点更加一致。与之相反，如果冲突水平是在可接受的范围，那么协调者将应用选择过程，来获得最终的冲突程度低、一致性高的结果。此种方法的好处是使用专家的偏好来获得冲突程度，这样能够在真实的冲突情形中掌握更多的信息。在应急决策冲突协调过程中，考虑冲突协调时间约束，一定要注意尽量在所允许的最大协调约束次数 $T_{\max}$ 内获得有效的协商结果，而且同时要保证每次协商反馈协调后的冲突程度比上一轮的冲突程度小，达到冲突收敛的过程，保证冲突协调的稳定性，这样节省冲突协调时间从而在比较短的时间内获得冲突程度低的决策结果。上述应急决策冲突协调流程如图 5-5 所示。

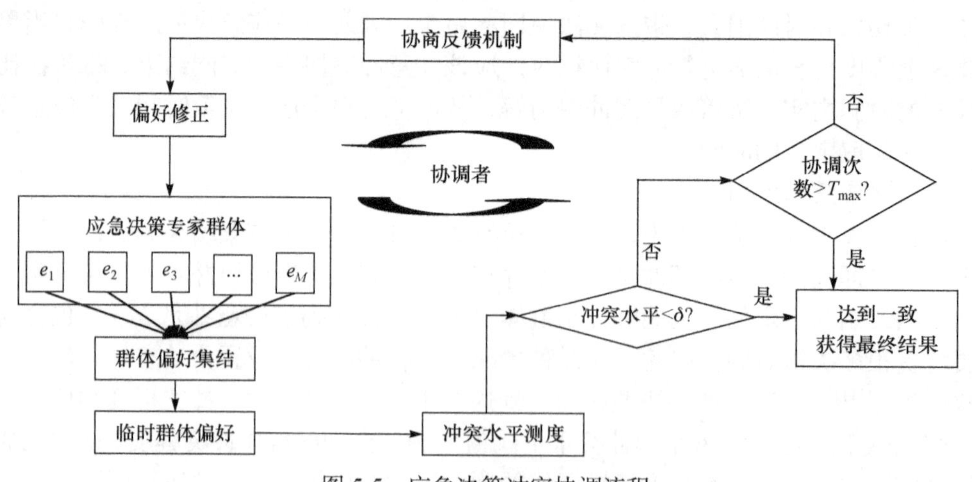

图 5-5　应急决策冲突协调流程

5.2.2　大群体应急决策冲突测度方法

1. 问题描述

群体决策是现代应急规划和管理的一个重要特征，参与应急决策的多个专家根据自己掌握的信息，对多个决策方案提供自己的偏好(观点)，然后将个体偏好集结形成群体偏好，从而获得群体满意的最终应急决策方案。因此，群体决策理论与技术的发展和应用对于应急管理决策研究用处很大。

针对应急决策问题，M 个决策专家构成应急决策大群体 $E=\{e_1,e_2,\cdots,e_M\}$，其中 e_i 为第 i 个成员。存在 P 个应急备选方案构成方案集 $X=\{x_1,x_2,\cdots,x_P\}$，其中 x_l 为第 l 个应急决策方案，应急决策群体中的第 i 个专家关于第 l 个决策方案给出的评价偏好为 v_{il} (其中 $v_{il}\geqslant 0$，i=1, 2, …, M; l=1, 2, …, P)，M 个专家关于 P 个决策方案给出的评价偏好构成矩阵 V，其中专家 e_i 给出的评价偏好为 $v_i=(v_{i1},v_{i2},\cdots,v_{iP})$。

$$V=\begin{bmatrix} v_{11} & v_{12} & \cdots & v_{1P} \\ v_{21} & v_{22} & \cdots & v_{2P} \\ \vdots & \vdots & & \vdots \\ v_{M1} & v_{M2} & \cdots & v_{MP} \end{bmatrix}=\{V^1,V^2,\cdots,V^P\} \tag{5-5}$$

在应急决策群体中，ω_i 表示专家 e_i 的重要程度或权重，由于每个决策专家在其专业和技术领域各有优势，采用第 4 章中的式(4-5)确定各决策成员权重 ω_i。通过线性加权将 M 个决策专家关于 P 个决策方案的评价偏好集结为整个决策大群体 Ω 关于这 P 个备选方案的偏好向量，O 即 P 个应急方案的排序向量。

$$\begin{aligned} O=\{O_l\}&=\omega\cdot V=(\omega_1,\omega_2,\cdots,\omega_M)\cdot V \\ &=(O_1,O_2,\cdots,O_P) \end{aligned} \tag{5-6}$$

2. 大群体应急决策冲突测度

冲突程度指标的计算方法主要有模糊偏好关系法、欧氏距离法、向量余弦法以及向量正弦法等，本节采用距离偏差来构建群体冲突程度指标。

定义 5-3　应急决策大群体冲突程度指标 θ 定义为

$$\theta=\frac{1}{M}\sum_{i=1}^{M}\sum_{l=1}^{P}\frac{|v_{il}-O_l|}{v_{il}} \tag{5-7}$$

其中，θ 代表整个应急决策大群体的冲突水平状况。θ 越大，表明应急决策大群体内的冲突水平越高；θ 越小，表明应急决策大群体内冲突水平越低。当 $\theta\leqslant\delta$ 时，大群体冲突已经达到了适当的水平，不需要进行冲突协调即可获得冲突水平低的最终决策结果；当$\theta \geqslant \delta$时，表明大群体冲突水平很高没有达到群体满意的状态，其中有专家个体的意见与群体意见冲突比较高，因而需要找出与大群体意见冲突程度比较大的成员，通过式(5-8)可以获得每个决策成员偏好与大群体偏好的冲突程度θ_i：

$$\theta_i=\sum_{l=1}^{P}\frac{\left|v_{il}-O_l\right|}{v_{il}} \tag{5-8}$$

其中，θ_i计算了成员个体偏好与大群体偏好之间的差异程度，则可用来表示各个决策专家偏好与群体偏好的冲突程度，通过比较θ_i的大小，可以获得大群体意见冲突较大的专家，然后协调者组织应急决策成员进入协商反馈阶段。

5.2.3 规范化大群体应急决策冲突消解协调方法

1. 时间约束控制

应急决策冲突消解协调是一个逐步实现的过程，存在多轮的反复协商反馈过程。在冲突消解协调阶段，协调者鼓励各个应急决策专家积极参与协商反馈来保证应急决策信息共享，使决策成员发现引起决策冲突的原因，通过协商反馈机制，与大群体意见冲突很大的决策成员完善自己的认知，调整自己的决策偏好，从而使大群体冲突逐渐减少，实现冲突消解。

考虑实际的应急决策冲突协调过程中存在时间约束问题，在每一轮的协商反馈阶段应该由协调者设置一个协商时间底限$t_{\max}$，即每轮的协商时间不超过$t_{\max}$；设置冲突协商反馈的所允许的最大约束轮次 $T_{\max}$，即所有的协商轮次不能超过 $T_{\max}$，因而应急决策冲突消解协调的总时间为多轮协商反馈时间的总和。

为了满足冲突协调时间少的约束条件，本节主要从冲突协调轮次考虑，因为根据应急决策具体问题在每一轮协商过程中设置的时间底限$t_{\max}$通常比较小，在某种程度已经满足了一定的时间约束，不会出现协商时间过长而很有可能引起更多不必要冲突的情况，同时如果协商时间过短，则可能使决策成员之间的意见表达不充分，冲突性分歧没有得到一定的控制，从而起不到很好的协商效果。所以，本节考虑通过冲突协调原则来尽量减少协商反馈的次数，使应急决策冲突消解协调的总时间减少，从而满足应急决策冲突协调的时间约束，在比较短的时间内获得冲突程度低的决策结果。

在整个冲突消解协调过程中，存在多轮群体冲突协调的情况，每一轮冲突协调后都将得到一个冲突程度指标$\theta^t(t=0, 1, 2,\cdots, T)$，$\{\theta^t\}$反映了决策群体内冲突程度的变化情况。为了减少冲突协商反馈协调的次数，本节的思路是在应急决策冲突协调过程中，采用相应的协商反馈偏好调整原则保证$\{\theta^t\}$呈逐渐减小收敛的趋势，使每次冲突协调具有稳定性和有效性，避免群体冲突呈发散的趋势增加冲突协商反馈的次数，避免冲突协调总时间过长，无法在相对较短的时间内形成冲突程度小于 δ 的群体决策结果。

然而，目前的研究对于协商反馈后达到一致性的决策者偏好修正提出了一定的策略但是相对具有随意不确定性[12]，而且对于调整后的冲突水平不能保证逐渐收敛的趋势，这样的冲突协调交互的次数可能会增多，没有达到冲突协调的稳定性。因此，本节采用比较规范化的偏好修正方法的冲突消解协调原则，使应急决策群体冲突协调的效果更加明显，尽快获得冲突水平低的决策结果，减少应急决策冲突协调时间，从而能够尽快获得有效的应急决策结果而展开应急救援。

2. 协商反馈冲突消解

定义 5-4　规范化的决策偏好修正方法(冲突消解协调原则)，根据第 t 轮应急决策专家的评价偏好和临时群体评价偏好 O^t 对第 t+1 轮的偏好进行调整如下：

$$V_i^{t+1} = p_i^t \cdot V_i^t + (1 - p_i^t) \cdot O^t \tag{5-9}$$

其中，$p_i^t\,(\in[0,\ 1])$为应急决策专家 e_i 对第 t 轮决策者的偏好修正系数，由应急决策者根据应急决策实际情况来设置。若对自己意见坚持程度比较大，则将 p_i^t 设置得较大(p_i^t>0.5)；若对群体意见的尊重程度比较大或是对自己意见让步比较大，则 p_i^t 设置得相对较小(p_i^t<0.5)；若 p_i^t=0.5，则表明决策者对自己意见和群体意见没有任何偏好。这样通过规范化的方法调整决策偏好后，可以有效避免偏好修正的随意性。接下来验证规范化偏好修正之后，应急决策群体内冲突程度逐渐减小，收敛于事先规定的冲突程度阈值范围内，保证群体协商反馈机制的有效性，能够逐步获得冲突程度较低的决策结果，减少协商交流冲突协调的时间，满足应急决策的冲突协调时间约束。

定理 5-1　按照式(5-9)对应急决策成员的偏好进行调整后，再按照式(5-7)得到的冲突程度逐渐减小，即冲突程度变化序列 $\{\theta^t\}$ 收敛。

证明　假设在第 t+1 轮冲突协调过程中，只有应急决策专家 e_i 把第 t 轮偏好 v_{il}^t 调整为 v_{il}^{t+1}，其余决策者评价偏好不变。

由式(5-9)可得

$$v_{il}^{t+1} = p_i^t \cdot v_{il}^t + (1 - p_i^t) \cdot O_l^t \tag{5-10}$$

其中，$O_l^t = \sum_{i=1}^{M} \omega_i \cdot v_{il}^t, p_i^t \in [0,1)$，则有

$$v_{il}^{t+1} \in [\min(v_{il}^t, O_l^t), \max(v_{il}^t, O_l^t)]$$

由式(5-7)可得

$$\theta^t = \frac{1}{M}\sum_{i=1}^{M}\sum_{l=1}^{P}\frac{\left|v_{il}^t - O_l^t\right|}{v_{il}^t}, \quad \theta^{t+1} = \frac{1}{M}\sum_{i=1}^{M}\sum_{l=1}^{P}\frac{\left|v_{il}^{t+1} - O_l^{t+1}\right|}{v_{il}^{t+1}}$$

$$\theta^{t+1} - \theta^t = \frac{1}{M}\sum_{i=1}^{M}\sum_{l=1}^{P}\left(\frac{\left|v_{il}^{t+1} - O_l^{t+1}\right|}{v_{il}^{t+1}} - \frac{\left|v_{il}^t - O_l^t\right|}{v_{il}^t}\right)$$

(1) 当 $v_{il}^t > O_l^t$ 时，由式(5-10)有 $v_{il}^t > v_{il}^{t+1} > O_l^t$ ，则有

$$O_l^{t+1} = \sum_{i=1}^{M}\omega_i \cdot v_{il}^{t+1} < \sum_{i=1}^{M}\omega_i \cdot v_{il}^t = O_l^t$$

于是有

$$v_{il}^t > v_{il}^{t+1} > O_l^t > O_l^{t+1}$$

$$\begin{aligned}
\theta^{t+1} - \theta^t &= \frac{1}{M}\sum_{i=1}^{M}\sum_{l=1}^{P}\left[\frac{v_{il}^{t+1} - O_l^{t+1}}{v_{il}^{t+1}} - \frac{v_{il}^t - O_l^t}{v_{il}^t}\right] \\
&= \frac{1}{M}\sum_{i=1}^{M}\sum_{l=1}^{P}\left(\frac{O_l^t}{v_{il}^t} - \frac{O_l^{t+1}}{v_{il}^{t+1}}\right) \\
&= \frac{1}{M}\sum_{i=1}^{M}\sum_{l=1}^{P}\left(\frac{\sum_{k=1}^{M}\omega_k \cdot v_{kl}^t}{v_{il}^t} - \frac{\sum_{k=1}^{M}\omega_k \cdot v_{kl}^{t+1}}{v_{il}^{t+1}}\right) \\
&= \frac{1}{M}\sum_{i=1}^{M}\sum_{l=1}^{P}\left(\frac{\omega_i \cdot v_{il}^t + \sum_{\substack{k=1\\k\neq i}}^{M}\omega_k \cdot v_{kl}^t}{v_{il}^t} - \frac{\omega_i \cdot v_{il}^{t+1} + \sum_{\substack{k=1\\k\neq i}}^{M}\omega_k \cdot v_{kl}^{t+1}}{v_{il}^{t+1}}\right)
\end{aligned}$$

由假设条件可知

$$\sum_{\substack{k=1\\k\neq i}}^{M}\omega_k \cdot v_{kl}^t = \sum_{\substack{k=1\\k\neq i}}^{M}\omega_k \cdot v_{kl}^{t+1}$$

则记

$$Q_l = \sum_{\substack{k=1\\k\neq i}}^{M}\omega_k \cdot v_{kl}^t = \sum_{\substack{k=1\\k\neq i}}^{M}\omega_k \cdot v_{kl}^{t+1} > 0$$

因此

$$\theta^{t+1}-\theta^{t}=\frac{1}{M}\sum_{i=1}^{M}\sum_{l=1}^{P}\left(\frac{\omega_i\cdot v_{il}^{t}+Q_l}{v_{il}^{t}}-\frac{\omega_i\cdot v_{il}^{t+1}+Q_l}{v_{il}^{t+1}}\right)$$
$$=\frac{1}{M}\sum_{i=1}^{M}\sum_{l=1}^{P}\left(\frac{Q_l}{v_{il}^{t}}-\frac{Q_l}{v_{il}^{t+1}}\right)$$

因为 $v_{il}^{t}>v_{il}^{t+1}$，且 $v_{il}^{t},v_{il}^{t+1}\in(0,1]$，$Q_l>0$，所以 $\theta^{t+1}-\theta^{t}<0$，即 $\theta^{t+1}<\theta^{t}$。

(2) 当 $v_{il}^{t}<O_l^{t}$ 时，同理可以证明 $\theta^{t+1}<\theta^{t}$。

综上所证，可得 $\theta^{t+1}<\theta^{t}$。

上述证明考虑的是每次只调整一个决策者的评价偏好，其实在每一轮的决策冲突协调过程中当有 M>1 个决策者改变其偏好时，就可以把该轮调整看成包含 M 次偏好改变，而每次只改变一个决策者偏好，将上述证明过程递推，同样可以得到 $\theta^{t+1}<\theta^{t}$ 仍然成立。因此，可得规范化偏好修正后使应急决策群体冲突程度逐渐减小，收敛到事先设定的阈值范围，这样就可以获得最终的冲突水平足够低的应急决策结果。

5.2.4　大群体应急决策冲突协调案例分析

为验证本节提到的时间约束下应急决策大群体冲突协调机制的实现过程和有效性，以某市地铁火灾事故的处置方案优选为例[4]进行算例分析。地铁火灾事故发生后应该对乘客进行紧急应急疏散，通常会选择列车驶入前方车站，利用车站疏散乘客或是在隧道区间停车，采用通风系统来排风减少火灾产生的烟雾，然而双向疏散乘客时，通风系统排风的上下风口对乘客会产生影响。因此，考虑各种情况拟定 5 种乘客应急疏散备选方案：①列车驶入前方车站后，采取双向、同时疏散乘客；②列车隧道停车，未开启通风系统，双向、同时疏散乘客；③列车驶入前方车站，通风系统朝列车行驶方向排风，暂不疏散乘客；④列车隧道停车，开启通风系统，单向、同时疏散乘客；⑤列车隧道停车，开启通风系统，暂不疏散乘客。针对事故涉及的领域，协调者选取 5 位专家构成应急决策群体 $E=\{e_1,e_2,\cdots,e_5\}$，各个决策专家对 5 个方案 $X=\{x_1,x_2,\cdots,x_5\}$ 独立给出评价偏好 $V_i=(v_{i1},v_{i2},\cdots,v_{i5})$，得到偏好矩阵 $V=\{V_{il}\}$ 如表 5-7 所示。

表 5-7　初始决策专家评价偏好矩阵 V

成员	方案				
	x_1	x_2	x_3	x_4	x_5
e_1	0.4	0.5	0.6	0.8	0.7
e_2	0.3	0.4	0.7	0.9	0.6
e_3	0.5	0.3	0.6	0.8	0.7

续表

成员	方案				
	x_1	x_2	x_3	x_4	x_5
e_4	0.4	0.4	0.5	0.6	0.8
e_5	0.4	0.3	0.6	0.8	0.7

本案例考虑各应急决策专家的权重是相同的，即ω_i=1/5(i=1,2,⋯, 5)。按式(5-6)计算应急专家群体对方案的综合评价，得到决策群体对 5 个决策方案的临时性综合排序向量 $O=(\omega_1, \omega_2, \omega_3, \omega_4, \omega_5)\cdot V=(0.40, 0.38, 0.60, 0.78, 0.70)$。协调者根据实际情况设置相应的群体冲突程度指标阈值 δ=0.38，为了避免拖延协调时间，每一轮的群体协商讨论时间为 $t_{\max}=5\min$，总的冲突协调约束次数 $T_{\max}=3$。首先根据式(5-7)计算整个应急决策群体冲突程度指标 $\theta^0(=0.510)>\delta(=0.38)$，说明群体内部存在比较高的冲突。然后根据式(5-8)计算出各个应急决策专家与群体初始冲突程度 θ_1^0=0.265、θ_2^0=0.826、θ_3^0=0.492、θ_4^0=0.675、θ_5^0=0.292，明确应急决策冲突协调成员。最后协调者组织应急决策群体进入协商反馈阶段，鼓励各个应急决策专家根据自己掌握的信息和群体偏好进行协商讨论，决策专家的偏好进行交互调整来实现冲突消解。通过协商反馈和根据式(5-9)计算出的各个应急决策专家与群体的冲突程度 $\theta_2^0 \succ \theta_4^0 \succ \theta_3^0 \succ \theta_5^0 \succ \theta_1^0$，说明应急决策专家 e_2、e_4 与群体意见冲突比较大，需要进行偏好修正，为了计算简便，本节只考虑修改与群体意见冲突程度最大者的评价偏好。

1. 随意偏好调整

若第一轮协调冲突程度最大的应急决策专家 e_2 的评价偏好随意调整结果如表 5-8 所示，则计算第一轮调整后专家群体的冲突程度 $\theta^1(=0.582)>\theta^0(=0.510)>\delta(=0.38)$，需进行第二轮调整，第二轮中专家 e_4 与群体意见冲突程度最大，则通过协商交流后专家 e_4 随意修正偏好后偏好矩阵如表 5-9 所示，则计算群体冲突程度为 $\theta^2(=0.628)>\theta^1(=0.582)>\delta(=0.38)$，比之前的冲突程度更大，则需要更多次反复进行冲突协调，因此这样的协调无法保证冲突协调的有效性，会浪费宝贵的冲突协调时间。

表 5-8 第一轮随意调整后群体的决策偏好矩阵

成员	方案				
	x_1	x_2	x_3	x_4	x_5
e_1	0.4	0.5	0.6	0.8	0.7

续表

成员	方案				
	x_1	x_2	x_3	x_4	x_5
e_2	0.45	0.60	0.75	0.79	0.62
e_3	0.5	0.3	0.6	0.8	0.7
e_4	0.4	0.4	0.5	0.6	0.8
e_5	0.4	0.3	0.6	0.8	0.7

表 5-9　第二轮随意调整后群体的决策偏好矩阵

成员	方案				
	x_1	x_2	x_3	x_4	x_5
e_1	0.4	0.5	0.6	0.8	0.7
e_2	0.45	0.6	0.75	0.79	0.62
e_3	0.5	0.3	0.6	0.8	0.7
e_4	0.52	0.45	0.55	0.6	0.89
e_5	0.4	0.3	0.6	0.8	0.7

2. 规范化偏好调整

基于上述情况，本节提出的冲突消解协调原则为对应急决策群体冲突协商反馈后专家的偏好进行规范化调整来实现冲突协调。应急决策专家 e_2 考虑应急实际情况选择尊重整个群体的偏好，将第一轮偏好修正系数设置为 $p_2^1=0.2$，则第一轮偏好规范化调整后的决策专家评价偏好矩阵如表 5-10 所示，根据式(5-7)协调者重新对群体冲突程度指标进行计算 $\theta^1(=0.444)>\delta(=0.38)$，说明通过第一轮偏好规范化调整之后群体内冲突程度减小，但是仍然没有达到事先设置的 δ，需进入第二轮冲突协调阶段(没有超过冲突协调约束次数)。根据式(5-8)计算得到各个专家与群体冲突程度 θ_1^1=0.385、θ_2^1=0.278、θ_3^1=0.523、θ_4^1=0.639、θ_5^1=0.395，经过计算得知专家 e_4 与群体的冲突程度最大，对 e_4 的评价偏好进行规范化调整，e_4 相对坚持自己的观点，因而其偏好修正系数设置为 $p_4^2=0.7$，则第二轮偏好规范化调整后的决策专家评价偏好矩阵如表 5-11 所示，专家群体对 5 个应急决策方案的综合评价偏好排序向量为 $O=(0.417,0.375,0.591,0.774,0.709)$。

表 5-10　第一轮规范化调整后群体的决策偏好矩阵

成员	方案				
	x_1	x_2	x_3	x_4	x_5
e_1	0.4	0.5	0.6	0.8	0.7
e_2	0.38	0.384	0.62	0.804	0.68
e_3	0.5	0.3	0.6	0.8	0.7
e_4	0.4	0.4	0.5	0.6	0.8
e_5	0.4	0.3	0.6	0.8	0.7

表 5-11　第二轮规范化调整后群体的决策偏好矩阵

成员	方案				
	x_1	x_2	x_3	x_4	x_5
e_1	0.4	0.5	0.6	0.8	0.7
e_2	0.38	0.384	0.62	0.804	0.68
e_3	0.5	0.3	0.6	0.8	0.7
e_4	0.406	0.391	0.534	0.664	0.766
e_5	0.4	0.3	0.6	0.8	0.7

计算第二轮冲突协调后应急决策群体冲突程度指标 $\theta^2(=0.370)<\delta(=0.38)$，说明专家群体之间的冲突程度达到了应急决策冲突协调的要求，决策结果予以接受，得到冲突程度较低的决策专家满意的结果。因此，应急决策专家群体对 5 个应急决策方案最终的综合评价偏好为第二轮调整后获得的结果 $x_4 \succ x_5 \succ x_3 \succ x_1 \succ x_2$，即方案 x_4 是最优决策方案。

整个应急决策冲突协调过程中，每一轮遵循规范化偏好调整的冲突协调原则进行冲突协调后群体冲突程度变化序列为 $\left\{\theta^t\right\}=\left\{0.510,0.444,0.370\right\}$，可知冲突程度呈现逐渐收敛的趋势。然而，随意偏好调整却使得群体冲突程度呈发散的状态，因此需要更多次反复进行冲突协调，其冲突协调总时间比规范化偏好调整方法花费更多。所以，规范化偏好调整协调原则在一定程度上满足了应急决策冲突协调时间约束，达到了群体冲突程度满足应急决策冲突程度约束，这样保证了冲突协调的稳定性和有效性。

5.3　基于冲突阈值选择的复杂大群体应急决策偏好冲突协调方法

并不是大群体的每一次决策都能得到高度一致的决策结果，大群体的冲突大到使群体很难得到一致结论的时候，有必要通过协商来得到高度一致性的决策结果。因此，在进行协商之前有必要先进行冲突分析，分析大群体中哪些决策成员的评价比较可靠，大群体中哪些人或者哪些子群体间的冲突造成了大群体结果的不一致，这样能有的放矢地解决冲突，与直接要求所有决策成员无条件做出让步的方法相比会事半功倍。

5.3.1　大群体决策成员间的冲突测度

相关的研究成果表明[13-17]，决策成员间的冲突主要分为三种：①认知冲突，决策成员个体的性格、价值观以及所掌握的知识不相同，从而造成对同一事物，不同的决策成员的评价不一致；②利益冲突，不同的决策成员代表着不同的利益团体，决策成员从各自的利益出发从而造成不同的评价结果；③信息不对称冲突，对于同一共享信息，决策成员各自获得的信息可能是不同的，决策信息可能不完整、有歧义、有冗余等，而且关键信息也可能掌握在个别少数决策成员手中，没有被共享出来。

信息不对称造成的冲突难以完全消除，只要有决策成员基于维护自身利益或其他目的隐藏了自己所独有的关键决策信息，冲突就会产生，群体决策共享信息就是不完整的。但在其他不知情的决策成员看来，他们认为决策共享信息是完整的。这种情况发生的概率很高，而解决办法也只能尽量提高决策成员自身的素质，使得关键信息得到完全共享。因此，本节重点考虑如何解决决策成员间的利益冲突和认知冲突。

冲突测度是度量决策成员之间的冲突大小，能够帮助协调者及时了解群体冲突水平，掌控冲突的发展方向。它的定义需满足下面的条件：①决策成员之间的冲突越大冲突测度的值就越大，决策成员之间的冲突越小冲突测度的值就越小；②决策成员与自己本身的冲突为零；③决策成员 A 与决策成员 B 之间的冲突大小和决策成员 B 与决策成员 A 之间的冲突应相等；④因为数量级和量纲的影响，同样程度的冲突，不同情况下的冲突测度值大小千差万别，但冲突的相对大小并没有改变，为了便于比较，所有的冲突测度最好统一度量。基于上面的分析，定义的冲突测度需满足三个条件：①冲突测度的取值范围为 0～1 的闭区间；②当两个决策成员之间的评价值完全一致时，两者之间没有冲突，此时两者之间的冲突测度值应为零；③当两个决策成员之间的评价值完全不一致时，两决策成员之间的冲突最大，冲突测度值应为 1。由于给出的偏好信息是评价向量，要满足冲突测度这几个条件，评价向量之间的距离定义是符合的，因此接下来给出的冲突测度的定义大多是基于向量之间距离的定义。

1. 大群体应急决策冲突问题描述

在重大灾害事件发生之后，为了最大限度地保证人民群众的生命和财产安全，需要在尽量短的时间内做出救援、防止灾害进一步扩大等反应。现有的政府部门的灾害应急响应机制，针对不同级别的灾害事件，往往事先准备了相应的应急预案。假设某重大灾害事件发生了，现针对该事件存在 P 个应急决策方案，决策大群体 Ω 有 M 个决策成员，决策成员根据 N 个决策属性对应急决策方案进行评价，从中选出最优决策方案。设第 i 个决策成员针对第 l 个决策方案关于第 j 个属性给出的评价值为 $x_{ij}{}^{l}$，其中 $1\leqslant i\leqslant M$，$1\leqslant j\leqslant N$，$1\leqslant l\leqslant P$。向量 $X_i^l=(x_{i1}^l,x_{i2}^l,\cdots,x_{iN}^l)$ 为应急决策大群体 Ω 中的第 i 个决策成员对第 l 个应急方案的评价向量，矩阵 $X^l=(X_1^l,X_2^l,\cdots,X_M^l)^{\mathrm{T}}$ 为应急决策大群体 Ω 对第 l 个应急方案的评价矩阵。

2. 属性权重确定

通过有序加权平均(ordered weight averaging，OWA)算子来确定各个决策成员对决策属性权重的评价，可由下列公式确定属性权重向量 $W=(w_1, w_2,\cdots, w_N)$：

$$w_j=Q\left(\frac{j}{N}\right)-Q\left(\frac{j-1}{N}\right),\quad j=1,2,\cdots,N \tag{5-11}$$

其中，Q 是模糊语义量化算子，其具体表达式为

$$Q(r)=\begin{cases}0, & r<a\\ \dfrac{r-a}{b-a}, & a\leqslant r\leqslant b\\ 1, & r>b\end{cases} \tag{5-12}$$

其中，$a, b, r\in[0, 1]$，对应的模糊语义量化准则为“大多数”、“至少半数”、“尽可能多”的算子参数对分别为$(a, b)=(0.3, 0.8)$、$(a, b)=(0, 0.5)$、$(a, b)=(0.5, 1.0)$。

通过上述方法确定了针对第 l 个方案第 i 个决策成员给出的属性权重向量为

$$W_i^l=(w_{i1}^l,w_{i2}^l,\cdots,w_{iN}^l),\quad w_{ij}^l\geqslant 0,\ \sum_{j=1}^{N}w_{ij}^l=1$$

3. 大群体利益冲突测度

决策成员为了自身或者其代表团队的利益，往往期望群体最终的决策结果同

自己的决策一致。对决策群体中所有的决策成员而言，评价所依据的属性，即决策属性是一样的，因而利益冲突主要体现在决策成员对各个决策属性重要性评价的不统一上[18]。各个决策成员对决策属性权重评价的差距测度也就是决策成员间的利益冲突测度。

通过上面的分析可知,冲突测度的定义要满足的三个条件,除了在闭区间[0,1]上的限定，距离的定义能够满足其他所有的条件。所以，冲突测度的定义可以在距离的基础上给出。下面在属性权重已知的前提下，给出利益冲突测度的几种定义。

定义 5-5(基于海明距离的决策成员间利益冲突测度)　针对第 l 个方案，第 i_1 个决策成员和第 i_2 个决策成员之间的利益冲突测度为 $\mathrm{CI}_{i_1i_2}^l=C\cdot\sum_{j=1}^{N}\left|w_{i_1j}^l-w_{i_2j}^l\right|$，其中 C 为一待定正常数，使 $0\leqslant\mathrm{CI}_{i_1i_2}^l\leqslant1$。

定义 5-6(基于欧氏距离的决策成员间利益冲突测度)　针对第 l 个方案，第 i_1 个决策成员和第 i_2 个决策成员之间的利益冲突测度为 $\mathrm{CI}_{i_1i_2}^l=C\cdot\sqrt{\sum_{j=1}^{N}\left(w_{i_1j}^l-w_{i_2j}^l\right)^2}$，其中 C 为一待定正常数，使 $0\leqslant\mathrm{CI}_{i_1i_2}^l\leqslant1$。

定义 5-7(基于切比雪夫距离的决策成员间利益冲突测度)　针对第 l 个方案，第 i_1 个决策成员和第 i_2 个决策成员之间的利益冲突测度为 $\mathrm{CI}_{i_1i_2}^l=C\cdot\max_{j=1,2,\cdots,N}\left|w_{i_1j}^l-w_{i_2j}^l\right|$，其中 C 为一待定正常数，使 $0\leqslant\mathrm{CI}_{i_1i_2}^l\leqslant1$。

定义 5-5～定义 5-7 给出的利益冲突测度都是基于距离给出的,其中还有一个常数 C 是需要根据具体情况给出的。下面给出另外一种定义，这一定义没有常数要确定，不仅能确保测度的取值范围在[0,1]的闭区间上，而且还满足距离定义的三个性质。

定义 5-8(决策成员间利益冲突测度)　针对第 l 个方案，第 i_1 个决策成员和第 i_2 个决策成员之间的利益冲突测度为

$$\mathrm{CI}_{i_1i_2}^l=1-\frac{\sum_{j=1}^{N}\min\left(w_{i_1j}^l,w_{i_2j}^l\right)}{\sum_{j=1}^{N}\max\left(w_{i_1j}^l,w_{i_2j}^l\right)}$$

性质 5-1　定义 5-5～定义 5-8 均满足如下三条性质：① $0\leqslant\mathrm{CI}_{i_1i_2}^j\leqslant1$，$\mathrm{CI}_{i_1i_1}^j=1$；② $\mathrm{CI}_{i_1i_2}^j=\mathrm{CI}_{i_2i_1}^j$；③ $\mathrm{CI}_{i_1i_3}^j\leqslant\mathrm{CI}_{i_1i_2}^j+\mathrm{CI}_{i_2i_3}^j$。

证明　对于定义 5-5～定义 5-7，由距离的性质可知，这三条性质显然成立。

对于定义 5-8，性质①和②显然成立。

下面重点证明定义 5-8 满足性质③。要证明性质③，即要证明

$$1-\frac{\sum_{j=1}^{N}\min\left(w_{i_1j}^{l},w_{i_3j}^{l}\right)}{\sum_{j=1}^{N}\max\left(w_{i_1j}^{l},w_{i_3j}^{l}\right)}\leqslant\left(1-\frac{\sum_{j=1}^{N}\min\left(w_{i_1j}^{l},w_{i_2j}^{l}\right)}{\sum_{j=1}^{N}\max\left(w_{i_1j}^{l},w_{i_2j}^{l}\right)}\right)+\left(1-\frac{\sum_{j=1}^{N}\min\left(w_{i_2j}^{l},w_{i_3j}^{l}\right)}{\sum_{j=1}^{N}\max\left(w_{i_2j}^{l},w_{i_3j}^{l}\right)}\right)$$

也就是要证明

$$\frac{\sum_{j=1}^{N}\min\left(w_{i_1j}^{l},w_{i_2j}^{l}\right)}{\sum_{j=1}^{N}\max\left(w_{i_1j}^{l},w_{i_2j}^{l}\right)}+\frac{\sum_{j=1}^{N}\min\left(w_{i_2j}^{l},w_{i_3j}^{l}\right)}{\sum_{j=1}^{N}\max\left(w_{i_2j}^{l},w_{i_3j}^{l}\right)}-\frac{\sum_{j=1}^{N}\min\left(w_{i_1j}^{l},w_{i_3j}^{l}\right)}{\sum_{j=1}^{N}\max\left(w_{i_1j}^{l},w_{i_3j}^{l}\right)}\leqslant 1$$

由于 $w_{ij}^{l}\geqslant 0$，即证

$$\begin{aligned}&\left(\sum_{j=1}^{N}\min\left(w_{i_1j}^{l},w_{i_2j}^{l}\right)\right)\left(\sum_{j=1}^{N}\max\left(w_{i_2j}^{l},w_{i_3j}^{l}\right)\right)\left(\sum_{j=1}^{N}\max\left(w_{i_1j}^{l},w_{i_3j}^{l}\right)\right)\\&+\left(\sum_{j=1}^{N}\min\left(w_{i_2j}^{l},w_{i_3j}^{l}\right)\right)\left(\sum_{j=1}^{N}\max\left(w_{i_1j}^{l},w_{i_2j}^{l}\right)\right)\left(\sum_{j=1}^{N}\max\left(w_{i_1j}^{l},w_{i_3j}^{l}\right)\right)\\&-\left(\sum_{j=1}^{N}\min\left(w_{i_1j}^{l},w_{i_3j}^{l}\right)\right)\left(\sum_{j=1}^{N}\max\left(w_{i_1j}^{l},w_{i_2j}^{l}\right)\right)\left(\sum_{j=1}^{N}\max\left(w_{i_2j}^{l},w_{i_3j}^{l}\right)\right)\\&\leqslant\left(\sum_{j=1}^{N}\max\left(w_{i_1j}^{l},w_{i_2j}^{l}\right)\right)\left(\sum_{j=1}^{N}\max\left(w_{i_1j}^{l},w_{i_3j}^{l}\right)\right)\left(\sum_{j=1}^{N}\max\left(w_{i_2j}^{l},w_{i_3j}^{l}\right)\right)\end{aligned}$$

于是有

$$\begin{aligned}\text{左边}\leqslant&\left(\sum_{j=1}^{N}\min\left(w_{i_1j}^{l},w_{i_2j}^{l}\right)\right)\left(\sum_{j=1}^{N}\max\left(w_{i_2j}^{l},w_{i_3j}^{l}\right)\right)\left(\sum_{j=1}^{N}\max\left(w_{i_1j}^{l},w_{i_3j}^{l}\right)\right)\\&+\left(\sum_{j=1}^{N}\min\left(w_{i_2j}^{l},w_{i_3j}^{l}\right)\right)\left(\sum_{j=1}^{N}\max\left(w_{i_1j}^{l},w_{i_2j}^{l}\right)\right)\left(\sum_{j=1}^{N}\max\left(w_{i_1j}^{l},w_{i_3j}^{l}\right)\right)\\&-\left(\sum_{j=1}^{N}\min\left(w_{i_1j}^{l},w_{i_3j}^{l}\right)\right)\left(\sum_{j=1}^{N}\min\left(w_{i_1j}^{l},w_{i_2j}^{l}\right)\right)\left(\sum_{j=1}^{N}\max\left(w_{i_2j}^{l},w_{i_3j}^{l}\right)\right)\\\leqslant&\left(\sum_{j=1}^{N}\min\left(w_{i_1j}^{l},w_{i_2j}^{l}\right)\right)\left(\left(\sum_{j=1}^{N}\max\left(w_{i_2j}^{l},w_{i_3j}^{l}\right)\right)\left(\sum_{j=1}^{N}\max\left(w_{i_1j}^{l},w_{i_3j}^{l}\right)\right)\right.\end{aligned}$$

$$-\left(\sum_{j=1}^{N}\max\left(w_{i_2 j}^{l}, w_{i_3 j}^{l}\right)\right)\left(\sum_{j=1}^{N}\min\left(w_{i_1 j}^{l}, w_{i_3 j}^{l}\right)\right)\Bigg)$$

$$+\left(\sum_{j=1}^{N}\max\left(w_{i_2 j}^{l}, w_{i_3 j}^{l}\right)\right)\left(\sum_{j=1}^{N}\max\left(w_{i_1 j}^{l}, w_{i_2 j}^{l}\right)\right)\left(\sum_{j=1}^{N}\max\left(w_{i_1 j}^{l}, w_{i_3 j}^{l}\right)\right)$$

$$\leqslant\left(\sum_{j=1}^{N}\max\left(w_{i_2 j}^{l}, w_{i_3 j}^{l}\right)\right)\left(\sum_{j=1}^{N}\max\left(w_{i_1 j}^{l}, w_{i_2 j}^{l}\right)\right)\left(\sum_{j=1}^{N}\max\left(w_{i_1 j}^{l}, w_{i_3 j}^{l}\right)\right)=\text{右边}$$

不等式成立，得证性质③成立。证毕。

4. 大群体认知冲突测度

决策成员个体的性格、价值观以及所掌握的知识不相同，从而造成对同一事物，不同的决策成员的评价不一致，即认知冲突。认知冲突的差异体现在决策成员之间的评价向量之间的差异。下面给出几种认知冲突测度的定义。

定义 5-9(基于海明距离的决策成员间认知冲突测度)　针对第 l 个方案，第 i_1 个决策成员和第 i_2 个决策成员之间的认知冲突测度为 $\mathrm{CC}_{i_1 i_2}^{l}=C\sum_{j=1}^{N}\left|x_{i_1 j}^{l}-x_{i_2 j}^{l}\right|$，其中 C 为一待定正常数，使 $0\leqslant \mathrm{CC}_{i_1 i_2}^{l}\leqslant 1$。

定义 5-10(基于欧氏距离的决策成员间认知冲突测度)　针对第 l 个方案，第 i_1 个决策成员和第 i_2 个决策成员之间的认知冲突测度为 $\mathrm{CC}_{i_1 i_2}^{l}=C\sqrt{\sum_{j=1}^{N}\left(x_{i_1 j}^{l}-x_{i_2 j}^{l}\right)^2}$，其中 C 为一待定正常数，使 $0\leqslant \mathrm{CC}_{i_1 i_2}^{l}\leqslant 1$。

定义 5-11(基于切比雪夫距离的决策成员间认知冲突测度)　针对第 l 个方案，第 i_1 个决策成员和第 i_2 个决策成员之间的认知冲突测度为 $\mathrm{CC}_{i_1 i_2}^{l}=C\max\limits_{j=1,2,\cdots,N}\left|x_{i_1 j}^{l}-x_{i_2 j}^{l}\right|$，其中 C 为一待定正常数，使 $0\leqslant \mathrm{CC}_{i_1 i_2}^{l}\leqslant 1$。

定义 5-12(决策成员间认知冲突测度)　针对第 l 个方案，第 i_1 个决策成员和第 i_2 个决策成员之间的认知冲突测度为

$$\mathrm{CC}_{i_1 i_2}^{l}=1-\frac{\sum_{j=1}^{N}\min\left(x_{i_1 j}^{l}, x_{i_2 j}^{l}\right)}{\sum_{j=1}^{N}\max\left(x_{i_1 j}^{l}, x_{i_2 j}^{l}\right)}$$

相关的性质和证明可参考前面利益冲突测度的内容。

5. 大群体综合冲突测度

决策成员间的冲突，既包括利益冲突，又包括认知冲突，要计算决策成员间的冲突测度，就是综合考虑利益冲突测度和认知冲突测度，对两者进行加权平均。

定义 5-13(决策成员间的综合冲突测度)　针对第 l 个方案，第 i_1 个决策成员和第 i_2 个决策成员之间的综合冲突测度为

$$C_{i_1 i_2}^{l}\left(x_{i_1}^{l}, x_{i_2}^{l}\right)=\alpha \cdot \mathrm{CI}_{i_1 i_2}^{l}+(1-\alpha) \cdot \mathrm{CC}_{i_1 i_2}^{l}, \quad 0 \leqslant \alpha \leqslant 1$$

其中，α 是利益冲突在整个综合冲突中所占的权重。

5.3.2　大群体偏好聚类

应急决策不同于一般的决策，其有以下特点：①应急决策由众多部门和专家个体参与，共同完成决策和协调过程，形成大群体决策；②应急决策是多阶段动态决策，决策群体在应急预案的基础上，根据事件的发展态势和具体决策目标，动态地给出相应的评价结果；③应急决策是不确定性决策，由于事件发生和演变的不确定性以及应急处置方案实施效果的不确定性，导致决策环境的不确定性；④应急决策有时间压力，救援的时间对生命等的拯救极度重要，应急决策要确保能在尽量短的时间内做出最优决策。应急决策的这些特点使得它必须依赖于计算机，本节研究正是为应急决策支持系统的建立提供理论基础。

决策群体规模与决策质量是有关系的，Dennis 等[19]就群体规模与决策质量关系之间的关系进行了相关研究，认为决策群体的规模、决策任务的类型以及决策成员之间意见的一致性是影响群体决策质量的主要因素，其中群体规模是需要重点考虑的因素；宋光兴等[20]提出：群体规模为 5～11 人时，群体所做出的决策最有效；群体规模为 4～5 人时，群体所做出的决策易使成员得到满足；群体规模为 2～5 人时，群体较易得到一致的决策结果。

为了保证应急决策过程中决策大群体能较快地得出有效的决策结果，有必要在决策过程中将决策大群体分成几个决策聚集，每个聚集的人数规模控制在 5～11 人的范围内。因此，在大群体冲突调节之前，应该先进行大群体聚类。

大群体聚类的基本思想是：先计算大群体中决策成员间的冲突测度，再进行具体的判断，当两个决策成员间的冲突测度小于事先给定的阈值时，就可以把这两个决策成员放在同一个聚集里，同一个聚集里决策成员之间的冲突与其他聚集里的决策成员的冲突相比要小得多，聚集内部成员之间较易形成一个同盟。

(1) 评价矩阵的数据标准化。这一步主要是消除各个评价值之间的量纲不同以及数量级不同的影响，数据标准化的方法有很多，像平移-标准差变换、正规化

变换、归一化变换[21]等，标准化时可以酌情选取某一种方法，此处不再赘述。数据标准化将原始数据转换成取值在[0,1]的数据，只改变了原始数据的绝对大小，数据间的相对大小并没有改变。

(2) 建立模糊相似关系矩阵。模糊相似矩阵是指满足对称性和自反性的矩阵。下面先根据冲突测度给出冲突矩阵的定义，在冲突矩阵的基础上，诱导出一个模糊相似关系矩阵。

定义 5-14(冲突矩阵)　针对第 l 个方案，决策大群体 Ω 成员间的冲突矩阵为 $C^l=\left(c_{mn}^l\right)_{M\times M}$，其中 $C_{mn}^l=\alpha\cdot\mathrm{CI}_{mn}^l+(1-\alpha)\cdot\mathrm{CC}_{mn}^l$，$0\leqslant\alpha\leqslant1$。

性质 5-2　冲突矩阵有如下两条性质：①当 m=n 时，$C_{mn}^l=0$；② $C_{mn}^l=C_{nm}^l$。

证明　当 m=n 时，定义 5-5～定义 5-8 的利益冲突测度均为零，即 $\mathrm{CI}_{mn}^l=0$，且满足性质 $\mathrm{CI}_{mn}^l=\mathrm{CI}_{nm}^l$；定义 5-9～定义 5-12 的认知冲突测度也均为零，即 $\mathrm{CC}_{mn}^l=0$，且满足性质 $\mathrm{CC}_{mn}^l=\mathrm{CC}_{nm}^l$。故 $C_{mn}^l=\alpha\cdot\mathrm{CI}_{mn}^l+(1-\alpha)\cdot\mathrm{CC}_{mn}^l=0$，且 $C_{mn}^l=C_{nm}^l$。

定义 5-15(基于冲突测度的模糊相似关系矩阵)　应急决策大群体 Ω 针对方案 l 的评价值的模糊相似关系矩阵定义为

$$R^l=\left(r_{mn}^l\right)_{M\times M}=E_M-C^l$$

其中，E_M 为 M 阶方阵，且其中每一个元素都等于 1。

由冲突函数的性质可知，该模糊相似关系矩阵满足对称性和自反性。

(3) 求模糊相似矩阵 R^l 的传递闭包 $t(R^l)$。使用平方自合成法[21]构造模糊相似矩阵的传递闭包，计算 $R^l\circ R^l=(R^l)^2,(R^l)^2\circ(R^l)^2=(R^l)^4,\cdots,(R^l)^{2^{(k-1)}}\circ(R^l)^{2^{(k-1)}}=(R^l)^{2^k},\cdots$，若有 k_0 使得 $(R^l)^{2^{(k_0-1)}}=(R^l)^{2^{k_0}}$，则 $t(R^l)=(R^l)^{2^{k_0}}$。从这一计算过程可知，使用平方自合成法，最多只需计算 $\log_2M+1$ 次，便可以得到 R^l 的传递闭包 $t(R^l)$。

(4) 选择适当的聚类阈值 γ，求 $t(R^l)$的截阵 $t(R^l)^\gamma$，从而得到若干聚集。根据聚类原则，当两个决策成员之间的冲突测度小于阈值 γ，即相应的模糊相似关系 $r_{i_1i_2}^l\geqslant\gamma$ 时，这两个决策成员可以归为一类。设针对第 l 个方案，大群体聚类之后可以得到若干个聚集 $\left\{C^{l1},C^{l2},\cdots,C^{lK}\right\}$，聚类得到的聚集数为 K^l，第 k 个聚集 C^{lk} 的决策成员数为 n_k^l。

聚类之后聚集之间的冲突越大，说明聚类的效果越好。为检测聚类结果的好坏，定义一个指标 F 来表征聚类效果的好坏(相关符号的定义详见 5.3.3 节)：

$$F=\frac{C^{*l}}{\theta^{l}}=\frac{\dfrac{1}{K^{l}\left(K^{l}-1\right)}\sum\limits_{k_1,k_2=1}^{K^l}C_{k_1k_2}^{*l}}{\dfrac{1}{M\left(M-1\right)}\sum\limits_{i_1,i_2=1}^{M}C_{i_1i_2}^{l}}=\frac{M\left(M-1\right)\sum\limits_{k_1,k_2=1}^{K^l}C_{k_1k_2}^{*l}}{K^{l}\left(K^{l}-1\right)\left(\sum\limits_{i_1,i_2=1}^{M}C_{i_1i_2}^{l}\right)}$$

其中，F 值的分子描述的是聚集间的冲突大小，分母描述的是大群体成员间的冲突大小。聚集间的冲突越大，说明聚类之后各聚集之间的差别越大，从而反映出聚类的效果越好，此时 F 值较大。当聚类的结果只有一个聚集(即 $K^l=1$)时，聚集结果较差，F=0。

5.3.3 聚集群体冲突测度

聚类之后，可以计算每个聚集的评价向量，针对第 l 个方案，第 k 个聚集 C^{lk} 的权重向量为 $u_k^l=\frac{1}{n_k^l}\sum\limits_{i\in C^{lk},i=1}^{n_k^l}\omega_i^l$ ，评价矩阵则为 $G^{lk}=\frac{1}{n_k^l}\sum\limits_{i\in C^{lk},i=1}^{n_k^l}X_i^l$ 。

定义 5-16(聚集内部的冲突度) 针对第 l 个方案，第 k 个聚集 C^{lk} 内部决策成员间的冲突度定义为

$$C^{*lk}=\frac{1}{n_k}\sum_{e_i\in C^{lk},i=1}^{n_k^l}C\left(X_i^l,G^{lk}\right)$$

定义 5-17(聚集间的冲突度) 针对方案 l，第 k_1 个聚集和第 k_2 个聚集间的冲突度为

$$C_{k_1k_2}^{*l}=C_{k_1k_2}^{l}\left(G^{lk_1},G^{lk_2}\right)$$

定义 5-18(聚集总冲突度) 针对方案 l，所有聚集的总冲突 C^{*l} 为各个聚集间冲突度的平均值，即

$$C^{*l}=\frac{1}{K^{l}\left(K^{l}-1\right)}\sum_{k_1,k_2=1}^{K^l}C_{k_1k_2}^{*l}$$

定义 5-19(大群体的冲突度) 针对方案 l，决策大群体 Ω 的冲突度为

$$\theta^{l}=\frac{1}{M\left(M-1\right)}\sum_{i_1,i_2=1}^{M}C_{i_1i_2}^{l}$$

5.3.4 冲突阈值选取方法

应急决策的冲突协商是一个动态的、交互的过程，决策成员通过协商来消解

冲突，使得决策大群体中各个成员达成群共识。在实际的决策过程中，要保证整个大群体的冲突为零是很困难的，也是没有必要的。因为一定程度的冲突水平能够有效地抑制群体思维，保证群体决策的质量。因此，冲突水平阈值的选取尤为重要。

在 5.3.2 节定义了表征聚类结果好坏的 F 值。F 值越大，说明聚类的结果越好，从而也说明相应的冲突阈值的选取比较合理。因此，可以根据 F 值的大小来选择合适的阈值，即选择使 F 值最大的阈值 γ^*。

现阶段，要找到一个较为合理的冲突阈值，可以采用遍历的方法，也就是说先多选取几个冲突阈值，分别进行聚类，对各个聚类结果计算相应的 F 值，从中选择使得 F 值最大的那个冲突阈值。这样选取出来的冲突阈值虽然不能说是最优的，但至少能尽量接近最优。

具体的冲突阈值选取过程如图 5-6 所示，步骤如下：

(1) 初始数据的输入，包括大群体原始的评价数据、事先决定的聚类次数 T，计数指标 t，事先给出的冲突阈值数列 $\{\gamma_t\}$，$t=1,2,\cdots,T$。

(2) 输入冲突阈值 γ_t，并根据该冲突阈值运用 5.3.2 节中的大群体聚类方法进行聚类。

(3) 根据大群体聚类结果，计算 F_t 的值。

(4) 判断 t 是否小于 T，若小于，则令 $t=t+1$，转到(2)；否则，进行(5)的操作。

(5) 确定最终的冲突阈值 γ^*，其中 γ^* 是使得 $F_t(1\leqslant t\leqslant T)$ 最大的阈值。

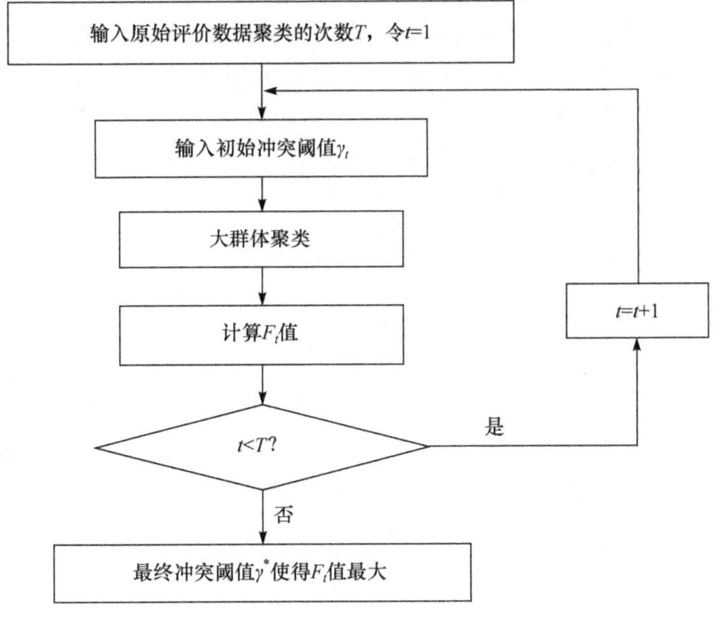

图 5-6　确定冲突阈值

5.3.5 大群体偏好冲突分析

为了保证大群体决策的质量，在 5.3.2 节进行了大群体偏好结构分析。本节依据大群体聚类结果进行冲突分析。

首先来看大群体聚类后聚集的数量 K^t。聚集的个数与大群体的规模及冲突阈值的选择有关。大群体的规模越大，聚类后形成的聚集就越多，往往大群体间成员意见的分歧也会越大，冲突水平越高，群体较难达到一致的结果。当然，冲突阈值也对聚类结果有很大的影响，冲突阈值越大，聚集数越多。聚集数越多，说明大群体成员间意见分歧越大，冲突越分散，越需要进行群体协商，才能达到一致的群体结果。反之，大群体的规模越小，冲突阈值越小，聚类后的聚集数越少，这时容易达成一致的群体结果，但是要警惕“群体思维”的影响。有无“群体思维”，可根据大群体聚类后聚集内的成员数来进行初步判断。

接下来看大群体聚类后各聚集内的成员数。由于群体成员的个数为 5～11 人时，群体决策的质量能得到有效的保障。聚集的成员数可分为下面四种情况。

(1) 所有聚集内的成员数都在 5～11 人的范围内。这种情况说明每个聚集的决策质量都能得到有效保障，为了消解大群体冲突，以聚集为单位进行协商。

(2) 所有聚集内的成员数都远小于 5 人，即 1～2 人的情况。成员数很少的聚集成员组成一般有四种类型，具体介绍详见 5.1.2 节。

(3) 所有聚集的成员数远远大于 11 人，极端情况甚至发展到大群体的所有成员都在一个聚集内。这种较高程度的一致性是很不正常的一种现象，要警惕是否有“群体思维”，或者是不是决策成员由于某种共同的利益而结成决策同盟。

(4) 是前面三种情况的聚集成员数都出现，这种情况较前面三种情况都要复杂，要依据实际情况具体分析每种情况的聚集。

如果聚类后的结果出现第一种情况，那么这样的群体做出的决策质量很高。第四种情况，决策质量次之。第二种情况和第三种情况，由于出现了少数人意见和群体思维等影响决策质量的情况，决策质量相对较差。实际决策中，出现第四种情况的时候比较多。面对群体思维的情况，需要决策群体重新讨论对方案的理解以及对决策环境的理解，重新给出评价数据。面对个人意见出现的情况，即聚集内成员数只有一两个人的聚集，其成员的观点有可能严重与群体的观点相背离，严重影响群体最后达成一致的结果。可以根据冲突分析的基本结果进行相应的协调，具体情况如图 5-7 所示，步骤如下：

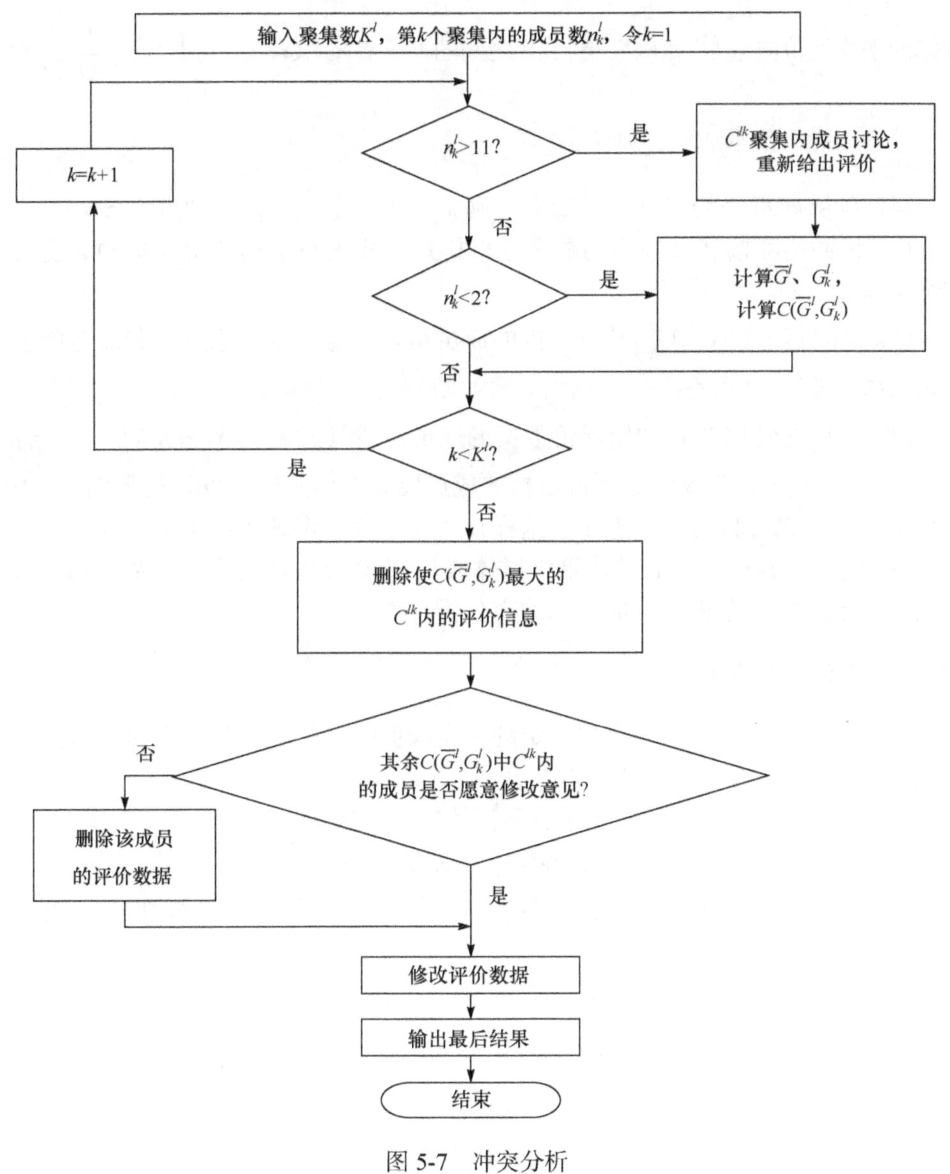

图 5-7　冲突分析

(1) 输入初始数据，包括聚类后的聚集数 K^l 和聚集内成员数 n_k^l (k=1,2,⋯, K^l)。k 的初始值为 1。

(2) 找出是否有群体思维的聚集，即判断 n_k^l >11 是否成立。若成立，则要求该聚集内的成员重新讨论，给出新的评价数据，进入(3)，否则直接进入(3)。

(3) 找出是否有少数人意见的聚集，即判断 n_k^l <2 是否成立。若成立，则计算大

群体的平均评价向量$\overline{G}^l$和该聚集与$\overline{G}^l$之间的冲突$C\left(\overline{G}^l,G_k^l\right)$，其中$\overline{G}^l=\frac{1}{M}\sum_{i=1}^{M}X_i^l$，$G_k^l=\frac{1}{n_k^l}\sum_{i=1}^{n_k^l}X_i^l$；若不成立，则进入(4)。

(4) 判断$k<K^l$是否成立，若成立，则$k=k+1$，进入(2)，否则进入(5)。

(5) 将冲突度按从大到小的顺序进行排列，找出与平均评价向量冲突度最大的那个聚集，将其意见剔除。

(6) 询问其余$C\left(\overline{G}^l,G_k^l\right)$中$C^{lk}$内的成员是否愿意修改其意见，若愿意修改，则进入(7)；若不愿意修改，则删除C^{lk}内成员的评价数据。

(7) (6)中愿意修改其初始评价数据的成员修改其意见。$X_i^l=\eta_i X_i^l+(1-\eta_i)\overline{G}^l$ $(i\in C^{lk})$，其中η_i为修改原始评价数据的成员愿意保留其原始偏好的程度，在[0,1)的范围内由该成员自行决定大小，这样在一定程度上保证了决策的柔性。

(8) 输出经调整后最后的决策大群体成员(此时成员数变为M')及其相应的评价向量、聚集数和聚集内的成员，冲突分析结束。

5.3.6 大群体冲突协调

当大群体的冲突度大于事先给定的冲突阈值时，需要经过冲突协调来减少群体成员间的冲突，详见图 5-8 和如下步骤：

(1) 输入冲突分析后的聚集情况和群体的决策成员情况。

(2) 计算聚集总冲突度C^{*l}和群体平均评价向量$\overline{G}^l$。

(3) 判断C^{*l}是否大于冲突阈值γ^*。若大于，则进入(4)，否则进入(9)，协调结束。

(4) 分别计算所有聚集与$\overline{G}^l$的冲突度，记为$C\left(G_k^l,\overline{G}^l\right)$。

(5) 将聚集按照对应的$C\left(G_k^l,\overline{G}^l\right)$从大到小降序排列，记为$C_1^l,C_2^l,\cdots,C_{K^l}^l$，其中$K^l$为聚集的个数。令$k=1$。

(6) 将$\overline{G}^l$反馈给C^{lk}的成员，并要求其修改评价数据。

(7) 计算大群体冲突度θ^l，判断C^{*l}是否大于冲突阈值γ^*。若大于，则进入(8)，否则进入(9)，协商结束。

(8) $k=k+1$，进入(6)。

(9) 冲突协调结束。

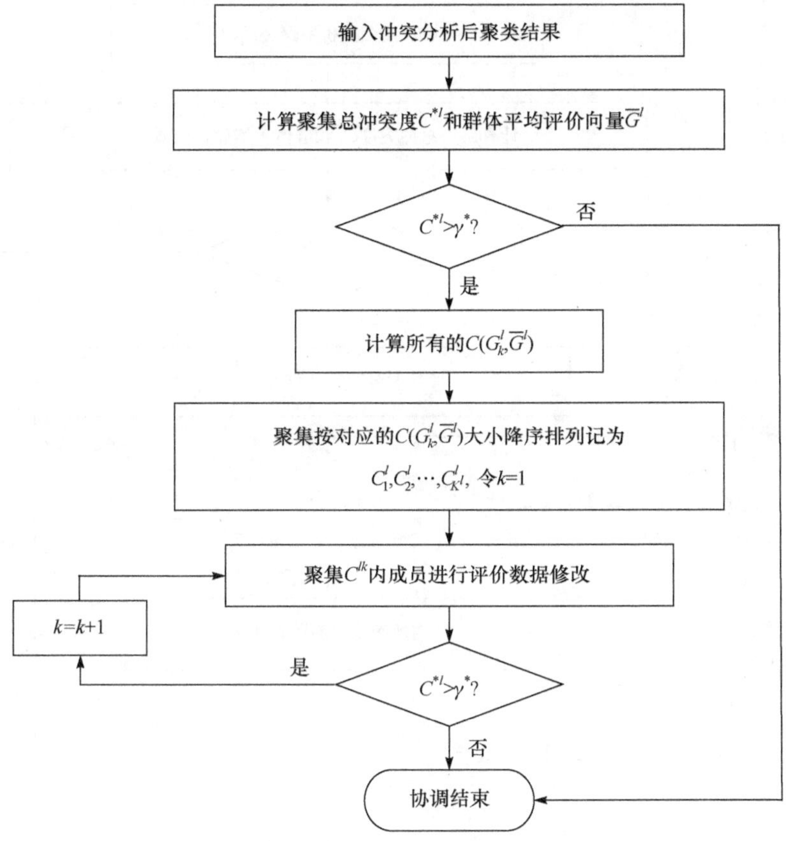

图 5-8　协调模型 1

上面的冲突协调方法，如果决策成员不愿意修改他们的评价数据，最后的群体一致结果不可能达到。此外，应急决策通常意味着有时间压力，即决策者必须在短时间内做出决策。若这两种情况发生了，则按照下面的模型来确保决策大群体最后达成一致意见。具体情况见图 5-9 和如下步骤：

(1)～(4)同上面协调模型的(1)～(4)。

(5) 将$\overline{G}^l$反馈给所有冲突测度$C(G_k^l,\overline{G}^l)$大于冲突阈值的聚集，要求这些聚集内的决策成员进行如下修改，即$X_i^l=\eta_i X_i^l+(1-\eta_i)\overline{G}^l$，其中$\eta_i$为修改原始评价数据的成员愿意保留其原始偏好的程度，在[0,1)的范围内由该成员自行决定大小，这样在一定程度上保证了决策的柔性。

(6)～(8)同上面协调模型的(7)～(9)。

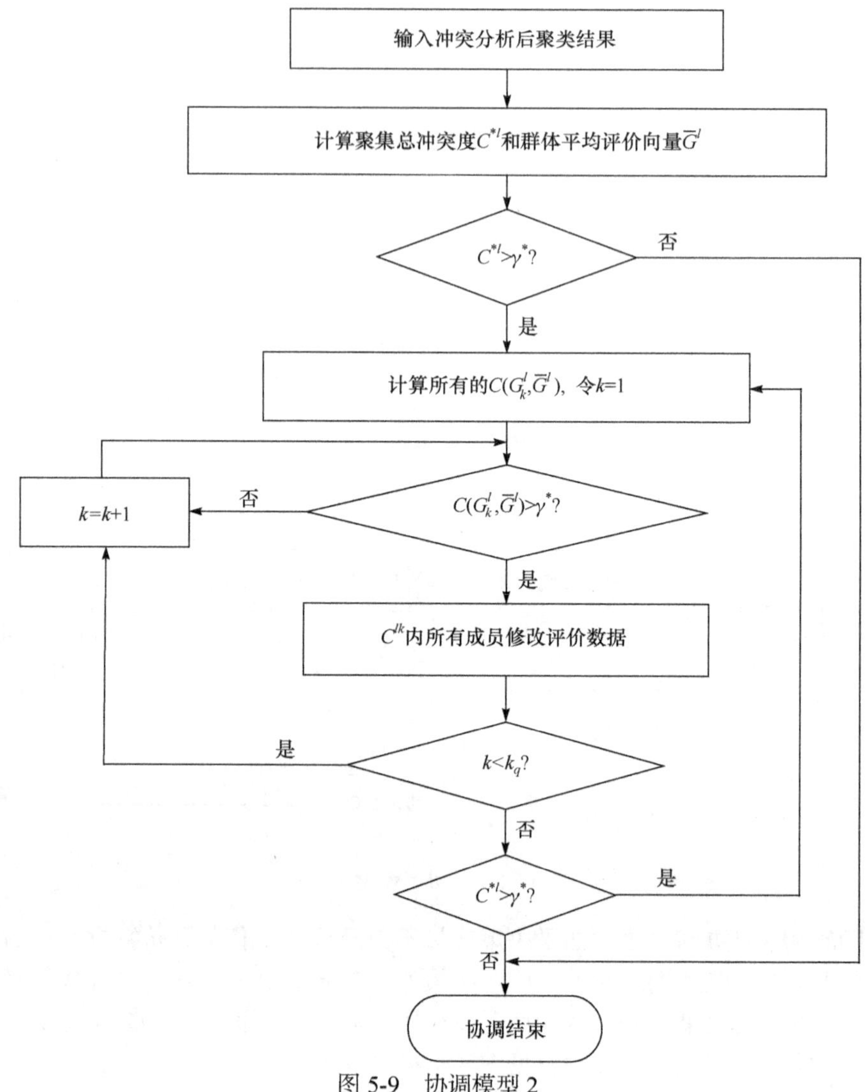

图 5-9　协调模型 2

5.3.7　应用案例分析

2009 年 5 月至 9 月，山东省甲型 H1N1 流感突发。流感突发事件转变成影响大的突发公共事件是因为被感染人流动引起事发地点的扩大，造成影响范围扩大进而导致事件严重程度增加、发展速度增大和引发效应加剧。所以，这一应急决策事件中关键的决策目标是阻止事发地点扩大并尽量减少事件造成的社会影响，为此相关部门成立了由医学专家、政府人员、疾控中心人员等组成的临时决策群体。决策群体由 20 名成员组成，旨在从下面 3 个应急方案中选择一个最优处理方案。

应急方案一：①启动山东省重大突发公共卫生事件 3 级应急响应预案；②加强大中小学等重点人群的宣传和预防；③患者隔离治疗。

应急方案二：①启动山东省重大突发公共卫生事件 3 级应急响应预案；②对省内人流密集区进行消毒；③全力追踪密切接触者，并实施医学观察；④患者隔离治疗；⑤依法发布消息，消除公众恐慌。

应急方案三：①落实山东省重大突发公共卫生事件 3 级应急响应预案；②患者隔离治疗。

决策过程中要考虑的因素有很多，包括疾病类型、疾病的影响范围和发展速度以及公众的恐慌程度等，为简化决策过程，决策依据的属性简化成 3 个指标，即社会影响、环境影响以及经济影响，这三个指标孰重孰轻，由决策成员讨论决定。决策大群体成员决定先各自对三个方案做出评价，汇总群体的意见，最后协商出一致的结果。决策大群体成员针对方案一给出的评价数据如表 5-12 所示。

表 5-12　决策大群体的评价向量

决策成员编号	评价向量	决策成员编号	评价向量
决策成员 1	(0.8147, 0.6557, 0.4387)	决策成员 11	(0.1576, 0.7060, 0.2760)
决策成员 2	(0.9058, 0.0357, 0.3816)	决策成员 12	(0.9706, 0.0318, 0.6797)
决策成员 3	(0.1270, 0.8491, 0.7655)	决策成员 13	(0.9572, 0.2769, 0.6551)
决策成员 4	(0.9134, 0.9340, 0.7952)	决策成员 14	(0.4854, 0.0462, 0.1626)
决策成员 5	(0.6324, 0.6787, 0.1869)	决策成员 15	(0.8003, 0.0971, 0.1190)
决策成员 6	(0.0975, 0.7577, 0.4898)	决策成员 16	(0.1419, 0.8235, 0.4984)
决策成员 7	(0.2785, 0.7431, 0.4456)	决策成员 17	(0.4218, 0.6948, 0.9597)
决策成员 8	(0.5469, 0.3922, 0.6463)	决策成员 18	(0.9157, 0.3171, 0.3404)
决策成员 9	(0.9575, 0.6555, 0.7094)	决策成员 19	(0.7922, 0.9502, 0.5853)
决策成员 10	(0.9649, 0.1712, 0.7547)	决策成员 20	(0.9595, 0.0344, 0.2238)

1. 属性权重确定

首先，根据式(5-11)计算权重向量，N=3，则 W=$(0.0667,0.6667,0.2667)^{\mathrm{T}}$。针对该方案，整个决策大群体的权重向量如表 5-13 所示。

表 5-13　决策大群体的权重向量

决策成员编号	权重向量	决策成员编号	权重向量
决策成员 1	(0.0667, 0.6667, 0.2667)	决策成员 3	(0.2667, 0.0667, 0.6667)
决策成员 2	(0.0667, 0.2667, 0.6667)	决策成员 4	(0.6667, 0.0667, 0.2667)

续表

决策成员编号	权重向量	决策成员编号	权重向量
决策成员 5	(0.6667, 0.0667, 0.2667)	决策成员 13	(0.0667, 0.2667, 0.6667)
决策成员 6	(0.2667, 0.0667, 0.6667)	决策成员 14	(0.0667, 0.2667, 0.6667)
决策成员 7	(0.2667, 0.0667, 0.6667)	决策成员 15	(0.0667, 0.2667, 0.6667)
决策成员 8	(0.6667, 0.2667, 0.0667)	决策成员 16	(0.2667, 0.0667, 0.6667)
决策成员 9	(0.0667, 0.2667, 0.6667)	决策成员 17	(0.2667, 0.6667, 0.0667)
决策成员 10	(0.0667, 0.2667, 0.6667)	决策成员 18	(0.0667, 0.2667, 0.6667)
决策成员 11	(0.2667, 0.0667, 0.6667)	决策成员 19	(0.6667, 0.0667, 0.2667)
决策成员 12	(0.0667, 0.2667, 0.6667)	决策成员 20	(0.0667, 0.2667, 0.6667)

2. 冲突测度

权重向量确定后，依据不同定义的冲突度，均取 $\alpha = 0.5$ ，选择不同的常数 C 分别计算相应的冲突矩阵，结果如表 5-14 所示(篇幅问题，此处冲突矩阵不赘述)。

表 5-14　冲突矩阵

定义类型	冲突矩阵	常数 C
定义 5-5 和定义 5-9	C_1	0.6352
定义 5-6 和定义 5-10	C_2	1.042
定义 5-7 和定义 5-11	C_3	1
定义 5-8 和定义 5-12	C_4	—

3. 大群体聚类

在冲突矩阵的基础上，根据定义 5-15 计算相应的模糊相似关系矩阵，并进行 5.3.2 节中的聚类步骤。聚类过程中阈值的取值和最后的聚类结果如表 5-15 所示。

表 5-15　聚类结果

冲突度定义	阈值	聚类结果	权重向量	评价矩阵	聚集内的冲突度	聚集总冲突度	F 值
定义 5-5 和定义 5-9	0.7	e_1	(0.0667, 0.6667, 0.2667)	(0.8147, 0.6557, 0.4387)	0	0.5754	1.0841
		e_2, e_9, e_{10}, e_{12}, e_{13}, e_{14}, e_{15}, e_{18}, e_{20}	(0.0667, 0.2667, 0.6667)	(0.8796, 0.1851, 0.4474)	0.1537		

续表

冲突度定义	阈值	聚类结果	权重向量	评价矩阵	聚集内的冲突度	聚集总冲突度	F 值
定义 5-5 和定义 5-9	0.7	$e_3, e_6, e_7, e_{11}, e_{16}$	(0.2667, 0.0667, 0.6667)	(0.1605, 0.7759, 0.4951)	0.0651	0.5754	1.0841
		e_4, e_5, e_{19}	(0.6667, 0.0667, 0.2667)	(0.7793, 0.8543, 0.5224)	0.1394		
		e_8	(0.6667, 0.2667, 0.0667)	(0.5469, 0.3922, 0.6463)	0		
		e_{17}	(0.2667, 0.6667, 0.0667)	(0.4218, 0.6948, 0.9597)	0		
定义 5-6 和定义 5-10	0.6	e_1	(0.0667, 0.6667, 0.2667)	(0.8147, 0.6557, 0.4387)	0	0.6333	1.0911
		$e_2, e_9, e_{10}, e_{12}, e_{13}, e_{14}, e_{15}, e_{18}, e_{20}$	(0.0667, 0.2667, 0.6667)	(0.8796, 0.1851, 0.4474)	0.1662		
		$e_3, e_6, e_7, e_{11}, e_{16}$	(0.2667, 0.0667, 0.6667)	(0.1605, 0.7759, 0.4951)	0.0793		
		e_4, e_5, e_{19}	(0.6667, 0.0667, 0.2667)	(0.7793, 0.8543, 0.5224)	0.1452		
		e_8	(0.6667, 0.2667, 0.0667)	(0.5469, 0.3922, 0.6463)	0		
		e_{17}	(0.2667, 0.6667, 0.0667)	(0.4218, 0.6948, 0.9597)	0		
定义 5-7 和定义 5-11	0.6	e_1	(0.0667, 0.6667, 0.2667)	(0.8147, 0.6557, 0.4387)	0	0.4743	1.0712
		$e_2, e_9, e_{10}, e_{12}, e_{13}, e_{14}, e_{15}, e_{18}, e_{20}$	(0.0667, 0.2667, 0.6667)	(0.8796, 0.1851, 0.4474)	0.1359		
		$e_3, e_6, e_7, e_{11}, e_{16}$	(0.2667, 0.0667, 0.6667)	(0.1605, 0.7759, 0.4951)	0.0718		
		e_4, e_5, e_{19}	(0.6667, 0.0667, 0.2667)	(0.7793, 0.8543, 0.5224)	0.1174		
		e_8	(0.6667, 0.2667, 0.0667)	(0.5469, 0.3922, 0.6463)	0		
		e_{17}	(0.2667, 0.6667, 0.0667)	(0.4218, 0.6948, 0.9597)	0		

续表

冲突度定义	阈值	聚类结果	权重向量	评价矩阵	聚集内的冲突度	聚集总冲突度	F 值
定义 5-8 和定义 5-12	0.8	e_1	(0.0667, 0.6667, 0.2667)	(0.8147, 0.6557, 0.4387)	0	0.5078	1.1277
		e_2, e_9, e_{10}, e_{12}, e_{13}, e_{14}, e_{15}, e_{18}, e_{20}	(0.0667, 0.2667, 0.6667)	(0.8796, 0.1851, 0.4474)	0.1387		
		e_3, e_6, e_7, e_{11}, e_{16}	(0.2667, 0.0667, 0.6667)	(0.1605, 0.7759, 0.4951)	0.0653		
		e_4, e_5,e_{19}	(0.6667, 0.0667, 0.2667)	(0.7793, 0.8543, 0.5224)	0.0938		
		e_8	(0.6667, 0.2667, 0.0667)	(0.5469, 0.3922, 0.6463)	0		
		e_{17}	(0.2667, 0.6667, 0.0667)	(0.4218, 0.6948, 0.9597)	0		

由表 5-15 结果可知，在取适当阈值的条件下，根据定义 5-5～定义 5-8 的不同定义的冲突度，得的聚类结构是一样的。不同定义测出的聚集内的冲突度和大群体的冲突度是类似的，只是冲突绝对大小在数量上有细微的差别，这是由量纲的关系造成的。为了便于冲突大小的比较，设定了常数 C 来保证其在[0,1]的取值范围内，在数据不同的情况下，C 的取值是不一样的，这就造成了上述的情况。但是不同定义下测出的冲突度，它们的相对大小是一致的。定义 5.8 的冲突测度是没有设定常数 C 就能保证冲突度在[0,1]的取值范围内，由于其聚类结果和冲突测度结果同其他定义类似，可以尽量采用定义 5-8 的冲突度来测度冲突度，这样就可以避免因为常数 C 的取值而造成冲突度量纲不一致的情况。

4. 冲突阈值的选取

1) 输入初始数据

事先给出冲突阈值数列，$\gamma_1=0.1$，$\gamma_2=0.2$，$\gamma_3=0.3$，$\gamma_4=0.4$，$\gamma_5=0.5$，$\gamma_6=0.6$，$\gamma_7=0.7$，$\gamma_8=0.8$，$\gamma_9=0.9$。对应的 T=9。

2) 确定冲突阈值

这里采用定义 5-12 中定义的冲突度来构造模糊相似关系矩阵，不同的冲突阈值对应的聚类结果和 F 值如表 5-16 所示。

表 5-16　聚类结果和 F 值

冲突阈值	F 值	聚类结果
0.1	1.1018	$\{e_1\}\{e_2,e_{20}\}\{e_3,e_6,e_7,e_{16}\}\{e_4,e_{19}\}\{e_5\}\{e_8\}\{e_9,e_{10},e_{12},e_{13}\}$ $\{e_{11}\}\{e_{14}\}\{e_{15}\}\{e_{17}\}\{e_{18}\}$
0.2	1.1277	$\{e_1\}\{e_2,e_9,e_{10},e_{12},e_{13},e_{14},e_{15},e_{18},e_{20}\}\{e_3,e_6,e_7,e_{11},e_{16}\}$ $\{e_4,e_5,e_{19}\}\{e_8\}\{e_{17}\}$
0.3	1.1277	$\{e_1\}\{e_2,e_9,e_{10},e_{12},e_{13},e_{14},e_{15},e_{18},e_{20}\}\{e_3,e_6,e_7,e_{11},e_{16}\}$ $\{e_4,e_5,e_{19}\}\{e_8\}\{e_{17}\}$
0.4	1.0734	$\{e_1,e_2,e_3,e_6,e_7,e_9,e_{10},e_{11},e_{12},e_{13},e_{14},e_{15},e_{16},e_{17},e_{18},e_{20}\}$ $\{e_4,e_5,e_8,e_{19}\}$
0.5	0	$\{e_1,e_2,\cdots,e_{20}\}$
0.6	0	$\{e_1,e_2,\cdots,e_{20}\}$
0.7	0	$\{e_1,e_2,\cdots,e_{20}\}$
0.8	0	$\{e_1,e_2,\cdots,e_{20}\}$
0.9	0	$\{e_1,e_2,\cdots,e_{20}\}$

由表 5-16 可知，当冲突阈值为 $\gamma_2=0.2$ 和 $\gamma_3=0.3$ 时，F 值最大，群体的聚类效果比较好。由于冲突阈值设置得越大，群体可容忍的冲突越大，群体越容易达成一致的结果。这里选取其中值较大的作为冲突阈值，$\gamma^*=0.3$。

5. 冲突分析

选择冲突阈值 $\gamma^*=0.3$，对大群体聚类后，大群体被分成了 6 个聚集。除了 $\{e_1\}$、$\{e_8\}$、$\{e_{17}\}$ 这三个聚集的聚集内成员数为 1，其他聚集的成员数都在 3～11 的范围内，这种情况说明大群体决策并没有产生“群体思维”，但是有“少数人意见”的情况出现。

此时，大群体的平均评价向量为 $\overline{G}^l=(0.6420, 0.4926, 0.5057)$。它同 $\{e_1\}$、$\{e_8\}$、$\{e_{17}\}$ 间的冲突度分别为 0.4075、0.4097、0.5059，其中聚集 $\{e_{17}\}$ 同 $\overline{G}^l$ 的冲突最大，可以将 e_{17} 的评价信息剔除。剩下的 e_1 和 e_8，e_1 愿意修改其评价数据，他给出的 η 值为 $\eta_1=0.7$。e_8 不愿意做出修改，将其评价信息剔除。

经过上面的冲突分析，此时决策群体的成员数变为 18，聚集数为 4，分别为 $\{e_1\}\{e_2,e_9,e_{10},e_{12},e_{13},e_{14},e_{15},e_{18},e_{20}\}\{e_3,e_6,e_7,e_{11},e_{16}\}\{e_4,e_5,e_{19}\}$。$e_1$ 的评价向量变为 $X_1^l=(0.7629, 0.6068, 0.4588)$，对应的权重向量变为 $\omega_1^l=(0.1207, 0.5347, 0.3447)$。

6. 冲突协调

经过冲突分析后，群体的平均评价向量变为 $\overline{G}^l=(0.6567, 0.4842, 0.4738)$，

相应的权重向量为 $\varpi^l=(0.2252, 0.1927, 0.5821)$。大群体的冲突度为 0.4964>0.3。

先用协调模型 1 进行协调。$C\left(G_1^l,\bar{G}^l\right)=0.3209$，$C\left(G_2^l,\bar{G}^l\right)=0.2861$，$C\left(G_3^l,\bar{G}^l\right)=0.3218$，$C\left(G_4^l,\bar{G}^l\right)=0.4110$。聚集 C^{l4} 和 $\bar{G}^l$ 之间的冲突最大，所以需要调整聚集 C^{l4} 内的成员的评价数据。最后经过调整，聚集 C^{l4} 的评价向量变为(0.6018, 0.4382, 0.5600)，权重向量变为(0.4459, 0.1297, 0.4244)。此时，大群体的冲突度为 0.4406>0.3。

接下来，继续用协调模型 1 进行协调，直到大群体的冲突度小于阈值 0.3。这里，为了说明协商模型 2，接下来用协商模型 2 来进行群体冲突协调。$C\left(G_1^l,\bar{G}^l\right)=0.3209$，$C\left(G_2^l,\bar{G}^l\right)=0.2861$，$C\left(G_3^l,\bar{G}^l\right)=0.3218$，$C\left(G_4^l,\bar{G}^l\right)=0.2358$。此时，同 $\bar{G}^l$ 之间的冲突大于阈值 0.3 的有聚集 C^{l1} 和 C^{l3}。聚集 C^{l1} 和 C^{l3} 内的决策成员按照协调模型 2 中的步骤(5)进行评价向量的修改。修改后，聚集 C^{l1} 的评价向量变为(0.6992, 0.5332, 0.4678)，权重向量变为(0.1834, 0.3295, 0.4871)。聚集 C^{l3} 的评价向量变为(0.6111, 0.5328, 0.4883)，权重向量变为(0.2356, 0.1612, 0.6032)。此时，大群体的冲突度为 0.2917<0.3。冲突协调结束。

5.3.8 研究结论

冲突分为利益冲突、认知冲突和信息不对称冲突，本节在应急决策成员评价矩阵的基础上，借鉴海明距离、欧氏距离、切比雪夫距离等分别定义了利益冲突测度、认知冲突测度以及综合冲突测度。在冲突测度定义的基础上，进行了大群体偏好结构分析——大群体聚类，将复杂大群体分成了几个聚集，每个群体内部的相互认同度相对于其他群体之间比较高。在大群体偏好结构分析的基础上，分别给出了冲突阈值的选取模型、冲突分析模型和冲突协调模型。冲突分析是为了消除群体思维、少数人意见等影响群体决策质量的现象对群体决策质量的不良影响。冲突协调是在冲突分析之后进行的步骤，消除了群体思维、少数人意见等不良影响后，若群体的意见还是不能达成一致，就需要进行冲突协调，从而使最终的决策结果能够被整个决策群体所接受。从冲突阈值的选取到冲突分析，再到冲突协调，整个过程就是基于冲突阈值选择的复杂大群体应急决策偏好冲突协调模型。最后，用算例说明了模型和方法的有效性及可行性。

参考文献

[1] Herrera-Viedma E, Martinez L, Mata F, et al. A consensus support system model for group decision-making problems with multigranular linguistic preference relations[J]. IEEE Transactions on Fuzzy Systems, 2005, 13(5): 644-658.

[2] Herrera F, Herrera-Viedma E, Verdegay J L. A model of consensus in group decision making

under linguistic assessments[J]. Fuzzy Sets and Systems, 1996, 78(1): 73-87.
[3] Kacprzyk J, Nurmi H, Fedrizzi M. Consensus Under Fuzziness[M]. Boston: Kluwer, 1997.
[4] Herrera-Viedma E, Herrera F, Chiclana F. A consensus model for multiperson decision making with different preference structures[J]. IEEE Transactions on Systems, Man, and Cybernetics—Part A: Systems and Humans, 2002, 32(3): 394-402.
[5] 席酉民, 尚玉钒, 井辉, 等. 和谐管理理论及其应用思考[J]. 管理学报, 2009, 6(1): 12-18.
[6] 井辉, 席酉民. 组织协调理论研究回顾与展望[J]. 管理评论, 2006, 18(2): 50-56.
[7] Dennis A R. An experimental investigation of small, medium, and large groups in an EMS environment[J]. IEEE Transactions on SMC, 1990, 20(5): 1049-1057.
[8] Gallupe R B, Dennis A R, Cooper W H, et al. Electronic brainstorming and group size[J]. Academy of Management Journal, 1992, 35(2): 350-369.
[9] O'Leary D E. Knowledge acquisition from multiple experts: An empirical study[J]. Management Science, 1998, 44(8): 1049-1058.
[10] Mendonça D. Decision support for improvisation in response to extreme events: Learning from the response to the 2001 World Trade Center attack[J]. Decision Support Systems, 2007, 43(3): 952-967.
[11] Fedrizzi M, Fedrizzi M, Marques Pereira R A. Soft consensus and network dynamics in group decision making[J]. International Journal of Intelligent Systems, 1999, 14(1): 63-77.
[12] 沈建飞, 王丽亚, 黄海量. 多指标方案评价中群体一致性的判断和调整方法[J]. 工业工程与管理, 2005, 10(5): 79-82, 87.
[13] Xu Z S. An automatic approach to reaching consensus in multiple attribute group decision making[J]. Computers & Industrial Engineering, 2009, 56(4): 1369-1374.
[14] 靖可, 赵希男, 王艳梅. 基于区间偏好信息的不确定性应急局部群决策模型[J]. 运筹与管理, 2010, 19(2): 97-103.
[15] 淳刚, 席酉民, 毕鹏程. 群体决策过程中的冲突研究[J]. 预测, 2005, 24(5): 1-8.
[16] Herrera F, Herrera-Viedma E, Chiclana F. Multiperson decision-making based on multiplicative preference relations[J]. European Journal of Operational Research, 2001, 129(2): 372-385.
[17] Yager R R. On ordered weighted averaging aggregation operators in multicriteria decisionmaking[J]. IEEE Transactions on Systems, Man, and Cybernetics, 1988, 18(1): 183-190.
[18]刘长贤, 田厚平, 郭亚军, 等. 决策者具有重要性大小的群体冲突决策方法[J]. 工业工程与管理, 2006, (3): 86-90.
[19] Dennis A R, Valacich J S, Nunamaker J F. An experimental investigation of the effects of group size in an electronic meeting environment[J]. IEEE Transactions on Systems, Man, and Cybernetics, 1990, 20(5): 1049-1057.
[20] 宋光兴, 杨槐. 群决策中的决策行为分析[J]. 学术探索, 2000, (3): 48-49.
[21] 贺仲雄. 模糊数学及其应用[M]. 天津: 天津科学技术出版社, 1983.

第 6 章　面向冲突的复杂大群体应急决策方法

重大突发事件应急决策涉及的决策群体具有较大规模性和高度复杂性及差异性，导致决策群体成员偏好之间存在显性冲突和隐性冲突，传统决策技术和方法难以支持这种复杂大群体偏好冲突性应急决策，根本原因在于没有考虑这种决策群体成员决策偏好之间的各种差异和冲突，也没有考虑决策结果的可接受性。复杂大群体偏好中存在冲突，在将冲突降到足够低的前提下，本章提出相应的复杂大群体决策方法。因此，本章在前面几章研究成果的基础上，提出系列面向冲突的复杂大群体决策方法。

6.1　基于偏好冲突最小化的多属性多阶段大群体应急决策方法

本节针对应急决策问题可能是属性权重、决策成员权重和决策阶段权重未知的多属性多阶段大群体决策问题，提出一种同时考虑阶段权重、动态决策者权重和动态属性权重的大群体决策方法，较为有效地解决现有研究成果在决策成员、属性和决策阶段综合赋权方面的不足。该方法首先利用偏好值离差最大化得出属性权重，其次利用决策成员的决策结果冲突最小化得出决策成员权重，再次利用单阶段内决策结果的有效性得出阶段权重，最后利用这三个权重得出最终决策方案的排序结果。

6.1.1　问题描述及分析

设决策问题有 N 个属性，记为 $C=\{C_1,C_2,\cdots,C_N\}$；决策过程分为 S 个阶段，记为$(t_1,t_2,\cdots,t_S)$；决策大群体记为 Ω，由 M 个决策成员组成。

决策问题在每个阶段有相应的决策方案，将各阶段的可行方案汇合成一个可行方案集，其中有 P 个备选决策方案，记为 $U=\{U_1,U_2,\cdots,U_P\}$，各阶段共享该决策方案集，在不同决策阶段，对该方案集进行偏好排序。如“阶段一”有决策方案 $\{A,B,C\}$，“阶段二”有决策方案 $\{D,E,F\}$，把“阶段一”和“阶段二”的各决策方案汇合成一个决策方案集合 $\{A,B,C,D,E,F\}$ (若两个阶段有相同的方案，则只需保留一个方案)，决策成员对“阶段一”进行决策时，除了对方案 $\{A,B,C\}$

进行决策“评分”，同时也对方案$\{D, E, F\}$进行决策“评分”，此时若认为“阶段二”的方案$\{D, E, F\}$对“阶段一”没有效果，则可相应地“打 0 分”，并剔除该方案。方案A对“阶段一”有影响，假设“阶段一”和“阶段二”有联系，则方案A将通过影响“阶段一”进而对“阶段二”造成影响，但是当“阶段二”对方案A的评分为 0，即方案A对第二阶段没有影响时，假设并不成立，即从方案A的角度看，“阶段一”和“阶段二”没有联系，可以利用单阶段决策，计算方案A在“阶段一”的排序，因此“0 分方案”的排序问题可在单阶段内解决。特别地，若“阶段一”对$\{D, E, F\}$评分均为 0(即不予采用)，即“阶段一”的所有方案对“阶段二”完全没有影响，则两个阶段完全相互独立，在这种情况下，可以把两个阶段分开进行单阶段决策。对“阶段二”进行决策时也用同样的方法，并形成最终决策方案集合$\{A, B, C, D, E, F\}$(已剔除“0 分”方案，最终决策方案集中所有方案对各阶段均有效)。各阶段分别对该决策方案集进行偏好排序，最终根据两个阶段的权重不同，对两个阶段的决策结果进行综合，得出最终的方案偏好排序。

第i个决策成员对第l个方案中第j个属性的决策值记为v_j^{li}，其中$v_j^{li} \geqslant 0$(且$i=1,2,\cdots,M$，$j=1,2,\cdots,N$，$l=1,2,\cdots,P$)，称矢量$V_j^l=(v_j^{l1},v_j^{l2},\cdots,v_j^{lM})$为决策群体对属性$j$的偏好矢量，称矩阵$V^l=\begin{bmatrix} v_1^{l1} & v_1^{l2} & \cdots & v_1^{lM} \\ v_2^{l1} & v_2^{l2} & \cdots & v_2^{lM} \\ \vdots & \vdots & & \vdots \\ v_N^{l1} & v_N^{l2} & \cdots & v_N^{lM} \end{bmatrix}$为决策群体对方案$l$的偏好矩阵。本节要解决的问题就是在各阶段有联系、给定备选决策方案且所有备选方案对各阶段均有效的条件下，决策问题的属性权重、决策成员权重和决策阶段权重都未知的情况下，对多属性多阶段决策问题进行决策方案的排序。

6.1.2 属性赋权方法

在多属性多阶段群体决策问题中，若各属性权重确定不当，则会导致决策成员对各决策方案偏好互相差异很小，不利于方案排序。确定属性权重的思想是使决策成员对各决策方案的偏好尽可能分散，越分散越有利于方案的排序与决策，分散程度用离差度量，离差越大表示分散程度越高；在多属性决策过程中，若各决策成员对各方案在某一属性下偏好值无差异，则该属性对决策方案的偏好排序将不起作用，令该属性的权重值为零，若各决策成员对各方案在某一属性下的偏好值有较大差异，则该属性对决策方案的偏好排序将起较大作用，赋予该属性较大的权重值。用离差度量偏好差异程度，离差越大，差异程度就越高。利用上述思想，确定属性权重就是使所有属性对各方案的离差达到最大，即确定属性权重使决策成员对所有方案的偏好离差最大。基于上述思想，采用偏好离差最大化方法对属性赋权。

首先从单个决策成员角度出发，在单个决策成员对所有方案决策偏好偏差最大时(此时对于该决策成员，其决策方案偏好分散程度最高且各属性对决策偏好排序影响最大)对属性赋权，得到对应于该决策成员的属性权重(一个决策成员对应一组属性权重)，再将所有对应单个决策成员的属性权重根据决策成员权重不同，用加权平均算子进行集结，得到最终属性权重向量。

设对应于决策成员 i ($i=1,2,\cdots,M$)，方案 l ($l=1,2,\cdots,P$)的各属性权重记为 $w^{li}=(w_1^{li},w_2^{li},\cdots,w_N^{li})$，则决策成员 i 对方案 l 的决策偏好为 $z^{li}=\sum_{j=1}^{N}w_j^{li}v_j^{li}$，$w_j^{li}\geqslant 0$，决策成员 i 对各方案的决策偏好向量为 $z^i=(z^{1i},z^{2i},\cdots,z^{Pi})$，用离差衡量决策成员 i 对各方案决策偏好的差异程度，记为

$$\mathrm{CV}(z^i)=\sum_{l_1=1}^{P}\sum_{l_2=1}^{P}(z^{l_1i}-z^{l_2i})^2$$

其中，z^{l_1i} 和 z^{l_2i} 表示偏好向量 z^i 中任意两个分量。使方案的决策偏好偏差最大，此时各方案的属性权重对于该决策成员来说是最优的，建立以下模型，求解各属性权重：

$$\max\ \mathrm{CV}(z^i)=\sum_{l_1=1}^{P}\sum_{l_2=1}^{P}(z^{l_1i}-z^{l_2i})^2$$

其中，$l=1,2,\cdots,P$。用 MATLAB 求解该模型，得到在方案 l 中，对应于决策成员 i 的最优属性权重向量为 $w^{li*}=(w_1^{li*},w_2^{li*},\cdots,w_N^{li*})$，表示对应于决策成员 i，方案 l 中属性 j 的权重。设方案 l 中各决策成员权重为 $\omega^l=(\omega^{l1},\omega^{l2},\cdots,\omega^{lM})$(决策成员权重通过 6.1.3 节模型求得)，式中 ω^{li} 表示在方案 l 中第 i 个决策成员的权重，将对应不同决策成员的属性权重用加权平均算子进行集结，并归一化得到方案 l 的最终属性权重向量，记为 w^{l*}，则

$$w^{l*}=\left(\frac{\sum_{i=1}^{M}\omega^{li}w_1^{li*}}{\sum_{j=1}^{N}\sum_{i=1}^{M}\omega^{li}w_j^{li*}},\frac{\sum_{i=1}^{M}\omega^{li}w_2^{li*}}{\sum_{j=1}^{N}\sum_{i=1}^{M}\omega^{li}w_j^{li*}},\cdots,\frac{\sum_{i=1}^{M}\omega^{li}w_N^{li*}}{\sum_{j=1}^{N}\sum_{i=1}^{M}\omega^{li}w_j^{li*}}\right) \tag{6-1}$$

其中，$\sum_{j=1}^{N}w_j^{l*}=1$，$w_j^{l*}\geqslant 0$ 且 $\sum_{i=1}^{M}\omega^{li}=1$，$0\leqslant\omega^{li}\leqslant 1$。为方便表述，将式(6-1)记为

$w^{l*}=(w_1^{l*},w_2^{l*},\cdots,w_j^{l*},\cdots,w_N^{l*})$，式中 $w_j^{l*}=\dfrac{\sum_{i=1}^{M}\omega^{li}w_j^{li*}}{\sum_{j=1}^{N}\sum_{i=1}^{M}\omega^{li}w_j^{li*}}$（$j=1,2,\cdots,N$），表示方案 l 中属性 j 的权重。

目前属性权重确定方法主要有二次规划相对优势法、离差最大化法、信息熵法等，主要通过各种方法的运用，对相关决策信息进行集结，从而确定最优方案。本节属性权重值是在各决策成员决策偏好离差最大时获得的，各个决策成员对各方案所有属性下的偏好值有最大的差异，此时属性对决策方案偏好排序影响最大，故在各属性权重值中是最优的；同时由于该属性权重能使各决策成员决策偏好分散程度最高，更有利于各决策成员对各自方案进行排序。

6.1.3　决策成员赋权方法

通常情况下，不同决策成员的决策会存在一定的冲突，本节基于最小化冲突的思想对决策成员进行赋权，使决策群体能最大限度地接受最终的群体决策偏好。决策成员 i 对方案 l 的决策偏好表示为

$$z^{li}=\sum_{j=1}^{N}w_j^{l*}v_j^{li}$$

其中，v_j^{li} 为决策成员 i 对方案 l 中属性 j 的偏好值。则决策成员 i 对所有方案的决策偏好向量为

$$z^i=\left(\sum_{j=1}^{N}w_j^{1*}v_j^{1i},\sum_{j=1}^{N}w_j^{2*}v_j^{2i},\cdots,\sum_{j=1}^{N}w_j^{P*}v_j^{Pi}\right) \tag{6-2}$$

为使决策群体对最终决策偏好的接受程度达到最大，令所有决策成员决策偏好两两间的冲突程度之和最小，以此确定决策成员权重。用向量间距离来度量各决策偏好的冲突程度，距离越小，两偏好向量就越接近，冲突程度就越小；距离越大，两偏好向量越不接近，冲突程度就越大。由于同一决策成员在不同方案下的权重不同，决策成员 i $(i=1,2,\cdots,M)$ 在各方案下的权重为 $\omega^i=(\omega^{1i},\omega^{2i},\cdots,\omega^{Pi})$，对所有方案的加权决策偏好向量为

$$Z^i=\left(\omega^{1i}\sum_{j=1}^{N}w_j^{1*}v_j^{1i},\omega^{2i}\sum_{j=1}^{N}w_j^{2*}v_j^{2i},\cdots,\omega^{Pi}\sum_{j=1}^{N}w_j^{P*}v_j^{Pi}\right) \tag{6-3}$$

决策成员 i_1 和决策成员 i_2 对所有方案加权决策偏好向量冲突程度记为

$$d(Z^{i_1},Z^{i_2})=\frac{1}{P}\sum_{l=1}^{P}\left|\omega^{li_1}\sum_{j=1}^{N}w_j^{l*}v_j^{li_1}-\omega^{li_2}\sum_{j=1}^{N}w_j^{l*}v_j^{li_2}\right|,\quad i_1\neq i_2;\ i_1,i_2=1,2,\cdots,M \tag{6-4}$$

为使决策群体对最终决策偏好的冲突程度尽可能小，令各决策成员对所有方案的加权决策偏好向量冲突程度两两之和取最小，建立如下模型，求解各决策成员在各方案下的权重。

$$\min D(Z)=\sum_{i_1=1}^{M}\sum_{i_2\neq i_1,i_2=1}^{M}d(Z^{i_1},Z^{i_2}) \tag{6-5}$$

采用 MATLAB 求解上述模型，结合属性权重(在 6.1.2 节中已求出，但包含的决策成员权重未知)，求出各方案下各决策成员权重记为 $\omega^i=(\omega^{1i},\omega^{2i},\cdots,\omega^{Pi})$，$\omega^i$ 表示决策成员 $i(i=1,2,\cdots,M)$ 在各方案下的权重，属性权重(见式(6-1))。在单决策阶段情况下，决策群体对方案的决策偏好可以表示为

$$Z=\sum_{i=1}^{M}Z^i=\left(\sum_{i=1}^{M}\left(\omega^{1i}\sum_{j=1}^{N}w_j^{1*}v_j^{1i}\right),\sum_{i=1}^{M}\left(\omega^{2i}\sum_{j=1}^{N}w_j^{2*}v_j^{2i}\right),\cdots,\sum_{i=1}^{M}\left(\omega^{Pi}\sum_{j=1}^{N}w_j^{P*}v_j^{Pi}\right)\right) \tag{6-6}$$

该模型适用于大群体决策成员权重的计算，决策成员越多，得出有效的群体决策偏好的可能性越大，决策成员与决策群体的冲突有效性越高的可能性越大，所以得出的决策成员权重接近实际情况的可能性越大；反之决策成员越少，其得出有效的群体决策偏好的可能性越小，决策成员与决策群体的冲突有效性高的可能性越小，得出的决策成员权重偏离实际情况的可能性越大，即与群体决策偏好冲突越小的决策成员权重越大，与群体决策冲突越大的决策成员权重越小。与传统的决策成员赋权方法相比，该方法有三个主要优势：①能有效减小有极端偏好的决策成员权重，从而将少数决策成员的极端偏好对群体决策偏好的影响降到最低甚至为零；②赋予同一决策成员在不同方案下不同的权重，更加切合实际；③该模型利用各决策成员决策偏好两两间的冲突程度之和最小计算决策成员权重，故各决策成员对最终群体决策偏好具有较高的接受程度。

6.1.4 阶段赋权方法

考虑多阶段情况，进行多阶段多属性群体决策过程分析，关键是确定每个阶段的权重，结合上面给出的单阶段决策方法，给出最终的多阶段多属性的大群体决策偏好。针对决策过程的 S 个阶段($t_1,t_2,\cdots,t_S$)，各阶段权重记为

$$s=(s_{t_1},s_{t_2},\cdots,s_{t_S}),\quad \sum_{k=1}^{S}s_{t_k}=1,\quad s_{t_k}\geqslant 0,\quad k=1,2,\cdots,S$$

根据各阶段成员决策偏好的冲突程度衡量各阶段决策的相对有效性，决策偏

好两两之间冲突程度越小的阶段效果越好，相应的权重就越大；决策偏好两两之间冲突程度越大的阶段效果相对不好，相应权重也就越小。用单阶段内各决策成员对所有方案的综合加权决策偏好向量冲突程度两两之和来表示该阶段决策偏好的冲突程度，即第 t_k 阶段决策偏好的冲突程度可以表示为

$$D^{t_k}(Z)=\sum_{i_1=1}^{N}\sum_{i_2\neq i_1,i_2=1}^{N}d(Z^{i_1},Z^{i_2})^{t_k} \tag{6-7}$$

其中，$d(Z^{i_1},Z^{i_2})^{t_k}$ 为第 t_k 阶段决策成员 i_1 和决策成员 i_2 对所有方案的决策偏好向量冲突程度，群体决策偏好冲突越小，阶段 t_k 权重越大，归一化得到各阶段权重计算公式为

$$s_{t_k}=\frac{\dfrac{1}{D^{t_k}(Z)}}{\sum\limits_{k=1}^{S}\dfrac{1}{D^{t_k}(Z)}}=\frac{1}{D^{t_k}(Z)\sum\limits_{k=1}^{S}\dfrac{1}{D^{t_k}(Z)}} \tag{6-8}$$

结合前面分析的单阶段决策过程，最终多属性多阶段群体决策偏好可以表示为

$$Z=\sum_{k=1}^{S}s_{t_k}Z_{t_k}$$

其中，Z_{t_k} 为第 t_k 阶段的群体决策偏好(见式(6-6))。根据决策偏好向量 Z 中各分量大小进行排序，最大的分量对应最优方案，以此类推，获得多属性多阶段大群体决策问题的决策偏好。

综上所述，基于偏好冲突最小的多属性多阶段群体决策过程如下：

(1) 根据式(6-1)得到对应各决策成员的属性权重，再用加权平均算子对各属性权重进行集结得到决策成员权重和属性权重的关系。

(2) 根据式(6-5)和(1)的结果确定属性权重和决策成员权重。

(3) 根据式(6-8)计算阶段权重。

(4) 根据(1)～(3)中各权重对原决策矩阵数据进行计算，得到最终方案排序结果。

6.1.5 应用案例

北京时间 2013 年 4 月 20 日 8 时 02 分四川省雅安市芦山县(北纬 30°01′～30°49′，东经 102°52′～103°11′)发生 7.0 级地震。截至 2013 年 4 月 24 日 10 时，共发生余震 4045 次，3 级以上余震 103 次，最大余震 5.7 级。受灾人口 152 万，受灾面积 12500 平方公里。据中国地震局网站消息，截至 24 日 14 时 30 分，地震共计造成 196 人死亡，失踪 21 人，11470 人受伤。

2013年7月作者课题组赴四川省雅安市芦山县，针对此次地震事故进行调研。为全面了解居民在地震灾害时的逃生方式，制定调查问卷，要求灾民在以下四项选择中，以自己的亲身经历说明可能性最大的逃生方式：选择 1——受灾者尽快到室外，等待转移；选择 2——尽快将受灾者就近转移到稍安全地点；选择 3——尽快将受灾者转移到较远的安全地点；选择 4——不采取任何措施。本次调研共发放问卷 200 多份，回收 200 份。统计结果显示，有 103 位灾民认为选择 2 是最佳逃生方案，46 位灾民认为选择 1 是最佳逃生方案，30 位灾民认为选择 3 是最佳逃生方式，21 位灾民认为选择 4 是最佳逃生方案。故由灾民的亲身经历来看，地震时最优的逃生方案排序为选择 2、选择 1、选择 3、选择 4。

课题组制定调查问卷，请 20 名专家成员针对此次地震灾害的应对方案进行两阶段决策，专家成员来自当地医院、应急办公室、派出所、国土资源局以及县政府，采取问卷调查方式获取决策成员决策偏好值。有四个应急方案来应对这次事故：方案 1——受灾者尽快到室外，等待转移；方案 2——尽快将受灾者就近转移到稍安全地点；方案 3——尽快将受灾者转移到较远的安全地点；方案 4——不采取任何措施。上述问题有五个属性，分别为受灾地区的伤亡情况、受灾地区灾害严重程度、受灾地区与救援地点的距离、受灾者的恐慌程度、救灾行动的成本。

决策成员在区间[0,100]内对五个属性进行决策“评分”(取整数)，因上述五个属性值均为越小越好，故此处用效益型方法对各决策成员的“评分”进行规范化处理，处理结果保留四位有效数字，得到问卷经过规范化之后的统计数据如表 6-1 所示，现根据本节模型确定各方案排序。

表 6-1 各决策成员对各方案的决策偏好值表

成员	方案	第一阶段决策数据表					第二阶段决策数据表				
1	1	0.5824	0.4210	0.0921	0.0240	0.4911	0.8147	0.9058	0.1270	0.9134	0.6324
	2	0.2783	0.3398	0.2873	0.1709	0.3993	0.0975	0.2785	0.5469	0.9575	0.9649
	3	0.6976	0.2037	0.6663	0.4431	0.4333	0.1576	0.9706	0.9572	0.4854	0.8003
	4	0.1752	0.1932	0.6164	0.2690	0.5597	0.1419	0.4218	0.9157	0.7922	0.9595
2	1	0.9448	0.7145	0.6792	0.9594	0.7753	0.6557	0.0357	0.8491	0.9340	0.6787
	2	0.6077	0.9480	0.0596	0.2687	0.9867	0.7577	0.7431	0.3922	0.6555	0.1712
	3	0.7722	0.4754	0.6809	0.4169	0.3801	0.7060	0.0318	0.2769	0.0462	0.0971
	4	0.2133	0.3829	0.0297	0.4723	0.3334	0.8235	0.6948	0.3171	0.9502	0.0344

续表

成员	方案	第一阶段决策数据表					第二阶段决策数据表				
3	1	0.9758	0.5554	0.8463	0.4081	0.4620	0.4387	0.3816	0.7655	0.7952	0.1869
	2	0.8263	0.9912	0.5239	0.9254	0.7390	0.4898	0.4456	0.6463	0.7094	0.7547
	3	0.5674	0.9688	0.8245	0.9596	0.6463	0.2760	0.6797	0.6551	0.1626	0.1190
	4	0.3796	0.4766	0.9119	0.0149	0.1567	0.4984	0.9597	0.3404	0.5853	0.2238
4	1	0.4716	0.5430	0.0597	0.6580	0.8896	0.7513	0.2551	0.5060	0.6991	0.8909
	2	0.1096	0.4378	0.2802	0.9852	0.6088	0.9593	0.5472	0.1386	0.1493	0.2575
	3	0.2537	0.1326	0.5450	0.8278	0.8370	0.8407	0.2543	0.8143	0.2435	0.9293
	4	0.8333	0.2037	0.5444	0.8749	0.1210	0.3500	0.1966	0.2511	0.6160	0.4733
5	1	0.8564	0.8998	0.2179	0.0770	0.4742	0.3517	0.8308	0.5853	0.5497	0.9172
	2	0.8350	0.4694	0.4138	0.5027	0.1254	0.2858	0.7572	0.7537	0.3804	0.5678
	3	0.1323	0.8705	0.6030	0.2653	0.8648	0.0759	0.0540	0.5308	0.7792	0.9340
	4	0.0581	0.4578	0.7222	0.3390	0.4012	0.1299	0.5688	0.4694	0.0119	0.3371
6	1	0.5270	0.8942	0.7784	0.0694	0.2788	0.1622	0.7943	0.3112	0.5285	0.1656
	2	0.3794	0.8647	0.4200	0.2399	0.5977	0.6020	0.2630	0.6541	0.6892	0.7482
	3	0.4794	0.8985	0.9347	0.8179	0.7089	0.4505	0.0838	0.2290	0.9133	0.1524
	4	0.7432	0.8997	0.0652	0.3359	0.0043	0.8258	0.5383	0.9961	0.0782	0.4427
7	1	0.8281	0.5074	0.3662	0.2266	0.5348	0.1067	0.9619	0.0046	0.7749	0.8173
	2	0.2895	0.0684	0.0850	0.0683	0.4098	0.8687	0.0844	0.3998	0.2599	0.8001
	3	0.1234	0.4430	0.8989	0.3536	0.1202	0.4314	0.9106	0.1818	0.2638	0.1455
	4	0.5691	0.8750	0.3486	0.0419	0.1423	0.1361	0.8693	0.5797	0.5499	0.1450
8	1	0.0766	0.7405	0.4565	0.6682	0.6992	0.8530	0.6221	0.3510	0.5132	0.4018
	2	0.5714	0.6287	0.8778	0.6624	0.8754	0.0760	0.2399	0.1233	0.1839	0.2400
	3	0.4675	0.1413	0.0681	0.7142	0.3080	0.4173	0.0497	0.9027	0.9448	0.4909
	4	0.6712	0.6524	0.5310	0.7151	0.5048	0.4893	0.3377	0.9001	0.3692	0.1112

续表

成员	方案	第一阶段决策数据表					第二阶段决策数据表				
9	1	0.4880	0.4978	0.9360	0.3893	0.1171	0.7803	0.3897	0.2417	0.4039	0.0965
	2	0.2404	0.6849	0.8393	0.9701	0.2152	0.1320	0.9421	0.9561	0.5752	0.0598
	3	0.7603	0.5841	0.4030	0.5100	0.4956	0.2348	0.3532	0.8212	0.0154	0.0430
	4	0.6514	0.7437	0.3020	0.0896	0.8260	0.1690	0.6491	0.7317	0.6477	0.4509
10	1	0.3896	0.7753	0.1794	0.1094	0.9052	0.5470	0.2963	0.7447	0.1890	0.6868
	2	0.8764	0.9998	0.8643	0.0369	0.5447	0.1835	0.3685	0.6256	0.7802	0.0811
	3	0.9976	0.5110	0.8735	0.0702	0.9875	0.9294	0.7757	0.4868	0.4359	0.4468
	4	0.9227	0.5643	0.4315	0.3378	0.7207	0.3063	0.5085	0.5108	0.8176	0.7948
11	1	0.0137	0.3741	0.9227	0.5465	0.4739	0.6443	0.3786	0.8116	0.5328	0.3507
	2	0.4965	0.3090	0.9508	0.9820	0.5136	0.9390	0.8759	0.5502	0.6225	0.5870
	3	0.9926	0.4558	0.4260	0.2132	0.1932	0.2077	0.3012	0.4709	0.2305	0.8443
	4	0.8328	0.7266	0.5297	0.8291	0.5119	0.1948	0.2259	0.1707	0.2277	0.4357
12	1	0.5520	0.2133	0.5878	0.1428	0.0522	0.3111	0.9234	0.4302	0.1848	0.9049
	2	0.6833	0.6086	0.2197	0.4063	0.6299	0.9797	0.4389	0.1111	0.2581	0.4087
	3	0.5553	0.1276	0.1692	0.0010	0.4182	0.5949	0.2622	0.6028	0.7112	0.2217
	4	0.4885	0.1599	0.6668	0.0179	0.1197	0.1174	0.2967	0.3188	0.4242	0.5079
13	1	0.9521	0.9759	0.0309	0.4939	0.8627	0.0855	0.2625	0.8010	0.0292	0.9289
	2	0.2429	0.8343	0.8136	0.6290	0.0022	0.7303	0.4886	0.5785	0.2373	0.4588
	3	0.3797	0.9044	0.6804	0.3788	0.6320	0.9631	0.5468	0.5211	0.2316	0.4889
	4	0.2433	0.5714	0.9817	0.8497	0.2834	0.6241	0.6791	0.3955	0.3674	0.9880
14	1	0.6825	0.3581	0.9869	0.0840	0.2503	0.0377	0.8852	0.9133	0.7962	0.0987
	2	0.8113	0.0844	0.5313	0.8006	0.7388	0.2619	0.3354	0.6797	0.1366	0.7212
	3	0.1417	0.4379	0.3504	0.4785	0.5874	0.1068	0.6538	0.4942	0.7791	0.7150
	4	0.1458	0.9053	0.6402	0.1629	0.5659	0.9037	0.8909	0.3342	0.6987	0.1978

续表

成员	方案	第一阶段决策数据表					第二阶段决策数据表				
15	1	0.9316	0.7831	0.6857	0.4662	0.2603	0.0305	0.7441	0.5000	0.4799	0.9047
	2	0.5693	0.2488	0.3193	0.9108	0.8852	0.6099	0.6177	0.8594	0.8055	0.5767
	3	0.7946	0.9258	0.1788	0.5175	0.6270	0.1829	0.2399	0.8865	0.0287	0.4899
	4	0.9132	0.6640	0.3892	0.7400	0.8176	0.1679	0.9787	0.7127	0.5005	0.4711
16	1	0.6003	0.0850	0.9224	0.0536	0.5270	0.0596	0.6820	0.0424	0.0714	0.5216
	2	0.1189	0.3801	0.8128	0.2441	0.8844	0.0967	0.8181	0.8175	0.7224	0.1499
	3	0.7126	0.3781	0.2489	0.2529	0.7672	0.6596	0.5186	0.9730	0.6490	0.8003
	4	0.0499	0.6853	0.6203	0.7467	0.9773	0.4538	0.4324	0.8253	0.0835	0.1332
17	1	0.3839	0.2602	0.8775	0.8061	0.4611	0.1734	0.3909	0.8314	0.8034	0.0605
	2	0.0910	0.5643	0.1874	0.5317	0.3550	0.3993	0.5269	0.4168	0.6569	0.6280
	3	0.3148	0.7267	0.5158	0.7906	0.2045	0.2920	0.4317	0.0155	0.9841	0.1672
	4	0.6781	0.0525	0.8012	0.6786	0.9460	0.1062	0.3724	0.1981	0.4897	0.3395
18	1	0.0916	0.9084	0.5100	0.6149	0.3161	0.9516	0.9203	0.0527	0.7379	0.2691
	2	0.0775	0.8506	0.1445	0.3705	0.6224	0.4228	0.5479	0.9427	0.4177	0.9831
	3	0.9976	0.5173	0.9905	0.2265	0.3980	0.3015	0.7011	0.6663	0.5391	0.6981
	4	0.6966	0.0646	0.7477	0.4204	0.8113	0.6665	0.1781	0.1280	0.9991	0.1711
19	1	0.3796	0.3191	0.9861	0.7182	0.4132	0.0326	0.5612	0.8819	0.6692	0.1904
	2	0.0986	0.7346	0.6373	0.0738	0.1205	0.3689	0.4607	0.9816	0.1564	0.8555
	3	0.9816	0.4968	0.0224	0.0538	0.1409	0.6448	0.3763	0.1909	0.4283	0.4820
	4	0.8935	0.4658	0.5609	0.4945	0.0678	0.1206	0.5895	0.2262	0.3846	0.5830
20	1	0.8976	0.2886	0.2690	0.5942	0.4759	0.2518	0.2904	0.6171	0.2653	0.8244
	2	0.3683	0.6556	0.9382	0.6204	0.2828	0.9827	0.7302	0.3439	0.5841	0.1078
	3	0.2052	0.4391	0.0273	0.8762	0.6101	0.9063	0.8797	0.8178	0.2607	0.5944
	4	0.2036	0.5199	0.0538	0.8622	0.4429	0.0225	0.4253	0.3127	0.1615	0.1788

(1) 属性权重和决策成员权重计算。对表 6-1 中数据进行规范化处理，并利用离差最大化原理和单个决策成员决策偏好与决策群体决策偏好冲突最小化思想，结合式(6-1)和式(6-4)，可得第一阶段和第二阶段中各方案下的属性权重和决策成员权重，结果如表 6-2 和表 6-3 所示。

表 6-2 决策属性权重表

方案	第一阶段属性权重					第二阶段属性权重				
	属性 1	属性 2	属性 3	属性 4	属性 5	属性 1	属性 2	属性 3	属性 4	属性 5
1	0.1975	0.1355	0.2470	0.1761	0.2440	0.2277	0.1826	0.2268	0.1503	0.2126
2	0.1355	0.2508	0.2066	0.1688	0.2380	0.1827	0.2490	0.2378	0.1205	0.2099
3	0.3116	0.0945	0.1158	0.2350	0.2430	0.2171	0.2253	0.1858	0.2090	0.1629
4	0.1443	0.1971	0.2418	0.2666	0.1500	0.1656	0.2024	0.1768	0.2303	0.2250

表 6-3 决策成员权重表

成员	第一阶段专家权重				第二阶段专家权重			
	方案 1	方案 2	方案 3	方案 4	方案 1	方案 2	方案 3	方案 4
1	0.0280	0.0509	0.0306	0.0290	0.0545	0.0630	0.0470	0.0664
2	0.0431	0.0686	0.0303	0.0622	0.0349	0.0346	0.0542	0.0544
3	0.0240	0.0419	0.0298	0.1088	0.0722	0.0336	0.0419	0.0529
4	0.0341	0.0230	0.0983	0.0581	0.0350	0.0661	0.0536	0.0573
5	0.0123	0.0239	0.0257	0.0529	0.0599	0.0534	0.0589	0.0344
6	0.0258	0.0299	0.0746	0.0178	0.0322	0.0520	0.0329	0.0361
7	0.0688	0.0269	0.0585	0.0323	0.0266	0.0771	0.0563	0.0324
8	0.0450	0.0134	0.0683	0.0089	0.0721	0.1138	0.0790	0.0922
9	0.0895	0.0922	0.0472	0.0186	0.0598	0.0343	0.0341	0.0267
10	0.0396	0.0468	0.0411	0.0618	0.0389	0.0275	0.0689	0.0573
11	0.0522	0.0427	0.0534	0.0539	0.0745	0.0344	0.0686	0.0106
12	0.0193	0.0692	0.1277	0.0548	0.0638	0.0371	0.0306	0.0718
13	0.1106	0.0395	0.0000	0.0808	0.0536	0.0200	0.0339	0.0420

续表

成员	第一阶段专家权重				第二阶段专家权重			
	方案 1	方案 2	方案 3	方案 4	方案 1	方案 2	方案 3	方案 4
14	0.0307	0.0865	0.0184	0.0675	0.0359	0.0506	0.0662	0.0469
15	0.0876	0.0211	0.0528	0.1090	0.0271	0.0490	0.0316	0.0671
16	0.0208	0.0522	0.0543	0.0491	0.0329	0.0543	0.0795	0.0569
17	0.1346	0.0353	0.0202	0.0246	0.0703	0.0589	0.0301	0.0528
18	0.0247	0.0669	0.0204	0.0129	0.0635	0.0451	0.0674	0.0429
19	0.0664	0.1142	0.1002	0.0600	0.0271	0.0550	0.0339	0.0552
20	0.0428	0.0548	0.0484	0.0369	0.0654	0.0400	0.0317	0.0436

(2) 利用式(6-4)、式(6-6)和表 6-2、表 6-3 数据，计算出两个阶段的决策偏好及各自阶段内的冲突程度(见式(6-7))，结果如表 6-4 和表 6-5 所示。

表 6-4　各阶段决策偏好

阶段	方案			
	方案 1	方案 2	方案 3	方案 4
第一阶段	10.4144	10.4714	10.3784	9.9324
第二阶段	10.1562	10.5507	9.6977	9.1331

表 6-5　各阶段冲突程度

阶段	冲突程度大小
第一阶段	1.5059
第二阶段	0.6968

(3) 利用表 6-5 中数据及式(6-8)，计算两个阶段的权重，结果如表 6-6 所示。

表 6-6　各阶段权重

阶段	权重大小
第一阶段	0.3168
第二阶段	0.6832

最后将表 6-4 中的数据，利用表 6-6 的权重进行加权平均，得到最终决策方案排序结果为 Z=(10.2380，10.5256，9.9133，9.3863)，方案排序结果为{方案 2，方案 1，方案 3，方案 4}，因此方案 2 为最优方案，即由本节模型计算得到的方案排序，与由灾民亲身经历选出的最优逃生方案排序完全吻合，说明本章模型对实际情况具有一定的适用性。

本节提出的模型通过同时考虑决策属性权重、决策成员权重和决策阶段权重，能够较好地解决决策信息分多个阶段给出的决策问题。

实际地震救援工作具有突发性、不确定性等特性，在实际地震救灾过程中，据相关资料显示，地震后 20 分钟内获救的灾民救活率达 98%以上，震后一小时获救的灾民救活率下降到 63%，因此救援队在十分有限的时间内必须以最短时间搜救出最多的灾民。在以上 4 个方案中，方案 1 和方案 4 显然是不明智的决策，方案 3 虽可保证获救灾民的安全，但所需时间比较长，耽误救援队搜救其他灾民。以最短时间救出最多的灾民才是最优决策，因此从实际地震救灾的情况看，方案 2 为最优方案，模型计算结果和实际情况十分吻合。

6.1.6　研究结论

本节针对大群体应急决策偏好具有冲突性以及决策属性权重、决策成员权重和决策阶段权重未知的多属性多阶段决策问题，提出了一种基于决策成员偏好冲突优化的大群体决策方法。在单个决策成员决策偏好偏差最大的情况下，求出对应属性权重，并利用决策成员权重不同，用加权平均算子对各属性权重进行集结，得出最终的属性权重。再令各决策成员对所有方案的加权决策偏好冲突程度两两之和取最小，求解属性权重和各决策成员在各方案下的权重。最后利用每个阶段内决策成员决策偏好的冲突程度来衡量该阶段决策的有效性，并计算各阶段的权重。利用三个权重值计算出最终的决策方案排序结果。

6.2　基于冲突状态阶段转移的复杂大群体应急决策方法

在多阶段大群体决策中，本节针对现有决策方法中没有考虑各个决策阶段决策成员之间的交互作用及相互影响的不足，提出基于马尔可夫链(Markov chain)的多阶段交互式群体决策方法，该方法使得多阶段决策过程中决策成员能够对其偏好进行调整，从而达成对方案偏好的共识；同时，引入马尔可夫链对下一阶段群体决策偏好状态进行预测，并与最后一阶段的群体方案偏好进行比较，从而对多阶段交互式群体决策的终止进行控制。最后给出一个应用算例分析说明方法实现的过程及有效性。

6.2.1　问题描述与理论基础

马尔可夫决策过程在各个学科领域都得到了广泛的应用[1]，而马尔可夫链则描述了一种状态随机序列，每一阶段的状态都取决于前一阶段系统所处的状态，并且通过马尔可夫链的引入可以对下一阶段系统状态进行预测。

定义 6-1　随机变量序列$\{q_n, n=0,1,\cdots\}$称为马尔可夫链，如果它对任意的取值为 $z_0,z_1,\cdots,z_n\in\mathbb{Z}$、$n\in\mathbb{N}$，有[2]

$$L(q_{n+1}=z_{n+1}|q_n=z_n,\cdots,q_0=z_0)=L(q_{n+1}=z_{n+1}|q_n=z_n)$$

$q_n=z_n$ 指该过程在 n 时刻处于状态 z_n，L 表示发生的概率。定义 6.1 又称为马尔可夫假设，即 n 时刻的取值仅仅依赖于 $n-1$ 时刻。

定义 6-2　设$\{q_n\}$是马尔可夫链，对于$\forall z_i$，$z_j\in\mathbb{Z}$，称 $L(q_{n+1}=z_j|q_n=z_i)$为 n 时刻的一步转移概率，表示事件从状态 z_i 到状态 z_j 的转移概率，为简化用 L_{ij} 表示，同时满足 $L_{ij}\geqslant 0,\sum_{j=0}^{\infty}L_{ij}=1$。将所有的一步转移概率放到一个矩阵 L 中，则转移概率矩阵为[2]

$$L=\begin{bmatrix} L_{11} & L_{12} & L_{13} & \cdots \\ L_{21} & L_{22} & L_{23} & \cdots \\ L_{31} & L_{32} & L_{33} & \cdots \\ \vdots & \vdots & \vdots & \end{bmatrix}$$

定理 6-1(Chapman-Kolmogorov 方程)　若马尔可夫链的转移概率矩阵是 L，如果在 z_n 时系统的状态分布是$\pi^{(n)}$，则 z_{n+1} 时刻的系统状态分布为[2]$\pi^{(n+1)}=\pi^{(n)}L$。

设决策问题有 M 个决策成员，有 P 个决策方案(方案 $x_1,x_2,\cdots,x_P$)，决策成员通过决策值来衡量方案的优劣，决策值取值区间为[0,10]。为保证决策结果的合理性，决策成员进行多阶段交互式群体决策，满足下列假设条件：各个决策成员都是理性人，在追求自身利益的同时，在合理可行的情况下愿意做出适当让步，调整自己的方案偏好；为了在多阶段决策中能够进行信息的交互作用，每个决策成员在给出自己决策值的同时要给出相关依据和理由，同时每一个决策成员都愿意对自己方案偏好进行调整，每一阶段群体偏好的调整对最终的方案偏好达成共识的贡献相同，即阶段权重相同；为保证决策结果能够达成共识，每一个决策成员都愿意使自己的方案偏好向群体偏好收敛的方向进行调整，由于本节着重考虑的是决策成员方案偏好的转移规律，因此认为各个决策成员偏好调整对最终方案偏好达成共识的贡献相同，即决策者权重相同。

设经过 S 轮(最开始交互阶段数不确定)交互，得到 S 个决策值矩阵，设第 s 轮的决策值矩阵 A^s 为

$$A^s = (a_{lj}^s)_{P\times M} = \begin{bmatrix} a_{11}^s & a_{12}^s & \cdots & a_{1M}^s \\ a_{21}^s & a_{22}^s & \cdots & a_{2M}^s \\ \vdots & \vdots & & \vdots \\ a_{P1}^s & a_{P2}^s & \cdots & a_{PM}^s \end{bmatrix}_{P\times M}$$

其中，a_{lj}^s 表示第 s 轮交互阶段第 j 个决策成员对方案 l 的决策值。现要通过 S 轮交互式阶段决策成员偏好的调整，判断决策成员是否达成某种程度的共识从而选出最优方案。

6.2.2　马尔可夫状态转移矩阵的建立

在交互式多阶段群体决策过程中，决策成员在每一阶段偏好的调整过程为：①由组织者在公告板上公布上一阶段所有决策成员的决策值及相关依据；②组织者对上一阶段决策值矩阵按列归一化处理得到归一化矩阵，在归一化矩阵基础之上计算出各个方案的平均决策值；③在本阶段，各个决策成员对照归一化矩阵，比较上一阶段自己给出的决策值与其他决策成员的决策值的差异及相关依据的合理性，如果觉得群体偏好的依据比较充分，则本阶段给出的方案偏好决策值就应该尽量接近群体偏好，如果觉得自己的偏好依据比较充分，则本阶段给出的方案偏好决策值就可以适当地接近群体偏好,同时进一步给出更加充分的理由和依据。重复这一过程进行多阶段交互式群体决策。

假设 M 个决策成员对 P 个决策方案已经进行了 S 轮交互式决策。每一阶段偏好的调整，就说明决策成员存在着从某个备选方案的偏好到另一个备选方案的偏好转移。但是这种偏好的转移可能是隐式的，而且是客观存在的。由于每一阶段决策成员对方案的决策值都是基于上一阶段公告板上的决策值信息进行的调整，即这一阶段偏好仅仅与上一阶段偏好有关,所以满足定义 6-1 描述的马尔可夫链性质。

对 S 个决策值矩阵按列归一化处理得到 S 个归一化矩阵 R^s 如下：

$$R^s = (r_{lj}^s)_{P\times M} = \begin{bmatrix} r_{11}^s & r_{12}^s & \cdots & r_{1M}^s \\ r_{21}^s & r_{22}^s & \cdots & r_{2M}^s \\ \vdots & \vdots & & \vdots \\ r_{P1}^s & r_{P2}^s & \cdots & r_{PM}^s \end{bmatrix}_{P\times M} \tag{6-9}$$

其中，$r_{lj}^s = \dfrac{a_{lj}^s}{\sum\limits_{l=1}^{P} a_{lj}^s}$。

然后对第 m 个决策成员，从第 s–1 阶段到 s 阶段的过程中，用规范化后的决策值矩阵 R^s 与 R^{s-1} 的第 m 列进行比较，设方案偏好升高的为集合 J^s，方案偏好降低的为集合 I^s，方案偏好不变的为集合 K^s，集合 J^s 的元素个数为 J_s。在第 s–1 阶段到 s 阶段的过程中，认为从降低的方案偏好平均转移到升高的方案偏好中；偏好升高或不变的方案则认为偏好全部转移到该方案中，即转移概率为 1；其他方案偏好转移概率为 0。则相应的方案偏好转移概率为

$$L_{ij}^{ms}=\begin{cases}\dfrac{1}{J_s}, & i\in I^s \text{且} j\in J^s\\ 1, & i=j\in J^s \text{或} i=j\in K^s\\ 0, & \text{其他}\end{cases} \tag{6-10}$$

其中，i、j 均为方案编号。

由相应的方案偏好转移概率即可构建第 m 个决策成员第 s 阶段的状态转移矩阵 $L^{ms}=(L_{ij}^{ms})_{P\times P}$ 。在多阶段交互式群体决策中，每一阶段方案偏好的调整都是以上一阶段的评价信息为基础的，所以可以认为每一阶段群体偏好的调整对最终的方案偏好达成共识的贡献相同，因此对第 m 个决策成员，集结其 S 个阶段的方案偏好状态转移可以得到第 m 个决策成员所有阶段的方案偏好状态转移矩阵：

$$L^m=(L_{ij}^m)_{P\times P} \tag{6-11}$$

其中， $L_{ij}^m=\dfrac{1}{S}\sum\limits_{s=1}^{S}L_{ij}^{ms}$ 。

由于本节考虑的是多阶段交互式群体决策中各个决策成员偏好的调整收敛过程，认为各个决策成员方案偏好调整对最终方案偏好达成共识的贡献相同，即决策者权重相同。因此，集结后的决策群体的方案偏好状态转移矩阵为

$$L=(L_{ij})_{P\times P} \tag{6-12}$$

其中， $L_{ij}=\dfrac{1}{M}\sum\limits_{m=1}^{M}L_{ij}^m$ 。

6.2.3　多阶段决策步骤

在多阶段交互式群体决策过程中，最开始所有决策成员对每个方案给出自己的初始决策值，并给出相应的依据，并由组织公布在公告板上，然后各个决策成员根据公告板上其他决策成员的决策值及相关依据，对自己的初始决策值进行修正，再给出该轮交互阶段的决策值及依据由组织者公布在公告板上，重复这一过程进行多阶段交互式群体决策。决策群体进行多阶段交互式偏好修正的目的是对

决策问题达成足够共识，使得各决策成员的偏好收敛，为了判断决策群体的多阶段交互式偏好调整是否达成共识，由组织者确定初始交互阶段次数 S，一般地 $S=5\pm1$，原因是德尔菲(Delphi)方法通常要经过 4 轮以上讨论[3]，而多阶段交互式群体决策方法本质上是对德尔菲方法的改进；然后引入马尔可夫链，计算方案偏好转移概率，从而建立方案偏好转移矩阵，通过偏好转移矩阵对下一阶段群体决策偏好进行预测，从而做出一个更加科学、可行的群体决策。

(1) 在决策初始，各个决策成员给出自己对各个方案的初始决策值及相关依据，并由组织者公布在公告板上。

(2) 各个决策成员根据公告板上其他决策成员的决策值及相关依据，对自己的初始决策值进行修正，再给出该轮交互阶段的决策值信息由组织者公布在公告板上，以进行下一阶段交互决策。

(3) 由组织者根据实际情况确定初始交互阶段次数 S，重复(2)进行多阶段交互决策。

(4) 利用前面方法求出 S 阶段的群体方案偏好状态转移矩阵 L。

(5) 利用加权几何平均计算最后一阶段交互决策时决策群体的方案偏好状态 $\pi^{(S)}=(\pi_1,\pi_2,\cdots,\pi_P)$，并利用(4)求出的状态转移矩阵 L 及定理 6-1 对下一阶段群体方案偏好进行预测得到 $\pi^{(S+1)}$。

(6) 将 $\pi^{(S)}$ 与 $\pi^{(S+1)}$ 进行比较，看预测结果所得到的最优方案与最后一阶段的交互式决策结果所得到的最优方案是否相同，若相同，则决策结束，即可选出最优方案；若不一样，则再进行下一阶段的交互决策，重复(5)，直至最后一阶段交互决策结果所得到的最优方案与预测的下一阶段所得出的最优方案一样。

6.2.4 算例应用与分析

为了说明所提出方法的有效性，引用文献[4]的算例，同时与文献[4]进行比较。假设有 6 个决策成员对 5 个决策方案进行决策。决策初始各个决策成员给出自己对各个方案的初始决策值，得到初始决策值矩阵 A^s，再进行 3 轮交互决策后，组织者认为可以利用马尔可夫链相关性质进行预测并比较。决策值矩阵为

$$A^0=\begin{bmatrix}4&5&8&3&7&6\\6&9&4&6&8&4\\3&7&9&5&4&7\\5&6&3&3&8&5\\3&5&7&6&2&2\end{bmatrix},\quad A^1=\begin{bmatrix}5&4&8&2&6&5\\8&6&3&6&7&3\\3&6&7&4&5&7\\7&8&4&3&6&5\\2&5&5&8&3&1\end{bmatrix},\quad A^2=\begin{bmatrix}7&6&3&6&2&4\\4&5&8&6&2&4\\2&3&7&5&2&8\\3&7&2&6&4&5\\4&5&2&8&3&6\end{bmatrix}$$

$$A^3 = \begin{bmatrix} 3 & 5 & 2 & 4 & 8 & 6 \\ 4 & 8 & 3 & 7 & 2 & 6 \\ 5 & 2 & 4 & 7 & 8 & 3 \\ 6 & 3 & 8 & 3 & 5 & 3 \\ 7 & 4 & 2 & 6 & 5 & 8 \end{bmatrix}$$

然后，对 4 组数据归一化处理得表 6-7。

表 6-7 方案偏好归一化数据表

R^0						R^1					
0.19	0.16	0.26	0.13	0.24	0.25	0.2	0.14	0.3	0.09	0.22	0.24
0.29	0.28	0.13	0.26	0.28	0.17	0.32	0.21	0.11	0.26	0.26	0.14
0.14	0.22	0.29	0.22	0.14	0.29	0.12	0.21	0.26	0.17	0.19	0.33
0.24	0.19	0.1	0.13	0.28	0.21	0.28	0.28	0.15	0.13	0.22	0.24
0.14	0.16	0.23	0.26	0.07	0.08	0.08	0.17	0.19	0.35	0.11	0.05
R^2						R^3					
0.35	0.21	0.14	0.19	0.15	0.15	0.12	0.23	0.11	0.15	0.29	0.23
0.2	0.28	0.36	0.19	0.15	0.15	0.16	0.36	0.16	0.26	0.07	0.23
0.1	0.1	0.32	0.16	0.15	0.3	0.2	0.09	0.21	0.26	0.29	0.12
0.15	0.24	0.09	0.19	0.31	0.19	0.24	0.14	0.42	0.11	0.18	0.12
0.2	0.17	0.09	0.26	0.23	0.22	0.28	0.18	0.11	0.22	0.18	0.31

再构建状态转移矩阵，限于篇幅，以决策成员 1 为例，其从决策初始到经过 3 个交互阶段的归一化后的方案偏好如表 6-8 所示。

表 6-8 决策成员 1 各阶段方案偏好归一化数据表

阶段	方案偏好				
0	0.19	0.29	0.14	0.24	0.14
1	0.20	0.32	0.12	0.28	0.08
2	0.35	0.20	0.10	0.15	0.20
3	0.12	0.16	0.20	0.24	0.28

在第一交互阶段，方案偏好增加的集合 $J^1=\{1,2,4\}$，方案偏好降低的集合 $I^1=\{3,5\}$，方案偏好不变的集合 $K^s=\{\Phi\}$，根据式(6-10)得到决策成员 1 在第一交互阶段的状态转移矩阵 L^{11}，同理得到其在第二、第三阶段的状态转移矩阵 L^{12} 和 L^{13}，根据式(6-11)得到决策成员 1 所有阶段的方案偏好状态转移矩阵 L^1。

$$L^{11}=\begin{bmatrix}1&0&0&0&0\\0&1&0&0&0\\\frac{1}{3}&\frac{1}{3}&0&\frac{1}{3}&0\\0&0&0&1&0\\\frac{1}{3}&\frac{1}{3}&0&\frac{1}{3}&0\end{bmatrix},\quad L^{12}=\begin{bmatrix}1&0&0&0&0\\\frac{1}{2}&0&0&0&\frac{1}{2}\\\frac{1}{2}&0&0&0&\frac{1}{2}\\\frac{1}{2}&0&0&0&\frac{1}{2}\\0&0&0&0&1\end{bmatrix},\quad L^{13}=\begin{bmatrix}0&0&\frac{1}{3}&\frac{1}{3}&\frac{1}{3}\\0&0&\frac{1}{3}&\frac{1}{3}&\frac{1}{3}\\0&0&1&0&0\\0&0&0&1&0\\0&0&0&0&1\end{bmatrix}$$

$$L^{1}=\begin{bmatrix}\frac{2}{3}&0&\frac{1}{9}&\frac{1}{9}&\frac{1}{9}\\\frac{1}{6}&\frac{1}{3}&\frac{1}{9}&\frac{1}{9}&\frac{2}{7}\\\frac{2}{7}&\frac{1}{9}&\frac{1}{3}&\frac{1}{9}&\frac{1}{6}\\\frac{1}{6}&0&0&\frac{2}{3}&\frac{1}{6}\\\frac{1}{9}&\frac{1}{9}&0&\frac{1}{9}&\frac{2}{3}\end{bmatrix}$$

同理可以得到其他 5 个决策成员所有阶段的方案偏好状态转移矩阵 $L^2 \sim L^6$。然后，利用式(6-12)对 6 个决策成员的方案偏好状态转移矩阵进行集结，即可得到决策群体的方案偏好状态转移矩阵 L：

$$L=\begin{bmatrix}0.444&0.083&0.130&0.130&0.213\\0.111&0.444&0.102&0.185&0.157\\0.167&0.111&0.333&0.157&0.231\\0.120&0.148&0.111&0.500&0.120\\0.102&0.074&0.111&0.102&0.611\end{bmatrix}$$

再利用加权几何平均计算出第三阶段交互决策时决策群体的方案偏好状态为 $\pi^{(3)}$=(4.667, 5, 4.833, 4.667, 5.333)，故第三阶段决策群体的方案偏好排序为 $x_5 \succ x_2 \succ x_3 \succ x_1 \sim x_4$。接着利用求出的状态转移矩阵 L 及定理 6-1 对第四阶段群体方案偏好进行预测得到 $\pi^{(4)}$=(4.540, 4.234, 3.836, 5.168, 6.720)，同样方案 5 为最优方案，故认为多阶段交互式群体决策达成了共识，决策终止。

在文献[4]中，方案偏好排序为 $x_5 \succ x_2 \succ x_1 \succ x_3 \succ x_4$，同样也是方案 5 为最优方案。利用本节所提方法，决策群体只需要经过 3 阶段的交互式决策，就能使得群体偏好达成共识，而文献[4]经过了 5 轮交互式决策过程，且文献[4]在由组织者给出交互次数后没有进行进一步的分析是否还需要进行交互，交互终止条件不明确，这足以证明本节方法的有效性。

本节在多阶段群体决策中，考虑各个决策阶段决策成员之间的交互作用及相互影响，提出了基于马尔可夫链的多阶段交互式群体决策方法，该方法能够促使多阶段决策过程中决策成员能够对其偏好进行调整，从而使得决策成员方案偏好逐渐收敛，最终达成对方案偏好的共识；同时，马尔可夫链的引入，能够对下一阶段决策群体方案偏好状态进行预测，并与最后一阶段的群体方案偏好进行比较，从而对多阶段交互式群体决策的阶段次数进行控制。但是，本节没有过多地考虑不同决策成员对决策群体达成共识的不同影响力问题，未来的研究将对决策者权重进行研究，从而能够做出一个更加合理、准确的群体决策。

6.3　基于改进云模型的语言偏好冲突的大群体应急决策方法

本节针对语言偏好复杂大群体决策冲突性特点和难以形成高一致性决策方案的问题，分析大群体决策冲突产生的原因，构建大群体决策冲突消解协调框架，提出基于改进云模型大群体决策冲突测度方法，以及基于改进云模型的大群体决策冲突消解模型和方法，在此基础上形成冲突型大群体改进云模型偏好冲突消解协调机制，使群体决策冲突逐渐收敛以获得冲突程度足够低的应急决策方案。最后通过案例分析验证冲突消解协调方法和机制的有效性。

6.3.1　改进云模型

1. 云模型

云模型是用自然语言描述的某个定性概念与其数值表示之间的不确定性转换模型[5]。

定义 6-3　设 U 是一论域且 $U=\{x\}$，T 是与 U 相联系的语言值，U 中的元素 x 对于 T 所表达的定性概念的隶属度 $G_T(x)$是一个具有稳定倾向的随机数，隶属度在论域上的分布称为隶属云，简称云。x 在[0,1]中取值，云是从论域 U 到区间 $[0,1]$ 上的映射，即

$$G_T(x):\ U \to [0,1],\quad x \in U,\ x \to G_T(x)$$

则概念 T 从论域 U 到区间 $[0,1]$ 的映射在数域空间的分布，称为隶属云，简称云，每一个 x 称为一个云滴。

1) 云模型的数字特征

云模型的数字特征用期望 Ex、熵 En、超熵 He 三个数值表示。

期望 Ex 是定性语言概念论域的中心值，也就是最能代表某一语言概念的一

点，或者是概念数量化的典型样本。

熵 En 是定性概念模糊度的度量，指语言概念的不确定性度量，是由语言概念的随机性和模糊性来共同决定的。一方面，是对语言概念随机性程度的度量，反映了代表这个语言概念所表示的云滴的离散程度。另一方面，En 又是对语言概念亦此亦彼的度量，从而反映了论域空间中可被语言概念所接受的云滴的取值范围。

超熵 He 指熵的不确定性程度，也就是熵的熵，反映了云滴的离散程度以及隶属度的随机性变化。

云模型的三个数字特征值充分地表示了定性概念的模糊性和随机性，如图 6-1 所示。

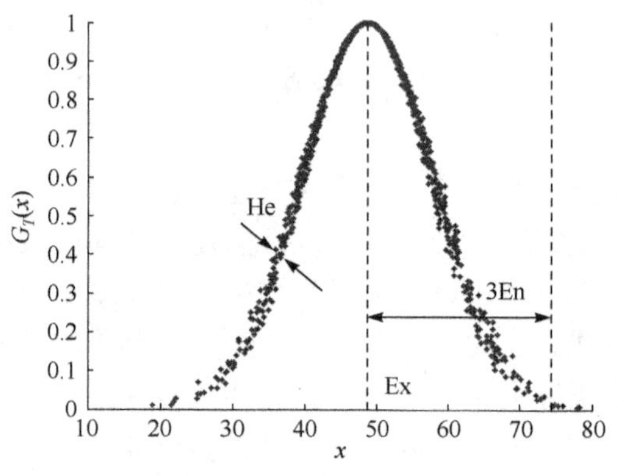

图 6-1 云模型的数字特征

2) 云的 3En 规则

在正态云模型中，云滴群里的每一个云滴对定性概念的贡献是不同的。因此，不妨设论域U中任一小区间上的云滴群Δx对定性概念的贡献记为[6]

$$\Delta C = \mu_A \cdot \Delta x / \left(\sqrt{2\pi}\mathrm{En}\right) \tag{6-13}$$

显然可知在论域X云滴群的总贡献为

$$C = \int_{-\infty}^{\infty} \Delta C \mathrm{d}x = \int_{-\infty}^{\infty} \frac{\mu_1}{\sqrt{2n}\mathrm{En}} \mathrm{d}x = 1 \tag{6-14}$$

当$x \in [\mathrm{Ex} - 3\mathrm{En}, \mathrm{Ex} + 3\mathrm{En}]$时，有

$$C = \int_{\mathrm{Ex}-3\mathrm{En}}^{\mathrm{Ex}+3\mathrm{En}} \Delta C \mathrm{d}x = \int_{\mathrm{Ex}-3\mathrm{En}}^{\mathrm{Ex}+3\mathrm{En}} \frac{\mu_1}{\sqrt{2n}\mathrm{En}} \mathrm{d}x = 0.9974 \tag{6-15}$$

由此可知，对论域中定性概念有贡献的定量值几乎全部落在区间[Ex−3En, Ex+3En]，换句话说，可以忽略该区间以外的定量值对定性概念的贡献，这就是“3En”原理。在设计基于云模型的评价方法时，根据“3En”原理可仅考虑贡献

区间的贡献，以增加评价度量的有效性，那么，对于某一知识或定性概念，其相应的云模型中位于$[\mathrm{Ex}-3\mathrm{En},\ \mathrm{Ex}+3\mathrm{En}]$之外的云滴元素为小概率事件，忽略主体区间之外的云滴并不影响云团整体形态特征。

3) 云运算法则

给定论域U中任意两朵云$Y_1(\mathrm{Ex}_1,\mathrm{En}_1,\mathrm{He}_1)$和$Y_2(\mathrm{Ex}_2,\mathrm{En}_2,\mathrm{He}_2)$，设$Y_1$和$Y_2$的运算结果为$Y(\mathrm{Ex},\mathrm{En},\mathrm{He})$，则$Y_1$和$Y_2$之间的运算定义如下[5]

(1) 加法运算为$\mathrm{Ex}=\mathrm{Ex}_1+\mathrm{Ex}_2$，$\mathrm{En}=\sqrt{\mathrm{En}_1^2+\mathrm{En}_2^2}$，$\mathrm{He}=\sqrt{\mathrm{He}_1^2+\mathrm{He}_2^2}$；

(2) 减法运算为$\mathrm{Ex}=\mathrm{Ex}_1-\mathrm{Ex}_2$，$\mathrm{En}=\sqrt{\mathrm{En}_1^2-\mathrm{En}_2^2}$，$\mathrm{He}=\sqrt{\mathrm{He}_1^2+\mathrm{He}_2^2}$；

(3) 乘法运算为$\mathrm{Ex}=\mathrm{Ex}_1\mathrm{Ex}_2$，$\mathrm{En}=|\mathrm{Ex}_1\mathrm{Ex}_2|\times\sqrt{\left(\frac{\mathrm{En}_1}{\mathrm{Ex}_1}\right)^2+\left(\frac{\mathrm{En}_2}{\mathrm{Ex}_2}\right)^2}$，$\mathrm{He}=|\mathrm{Ex}_1\mathrm{Ex}_2|\cdot\sqrt{\left(\frac{\mathrm{He}_1}{\mathrm{Ex}_1}\right)^2+\left(\frac{\mathrm{He}_2}{\mathrm{Ex}_2}\right)^2}$；

(4) 除法运算为$\mathrm{Ex}=\frac{\mathrm{Ex}_1}{\mathrm{Ex}_2}$，$\mathrm{En}=\left|\frac{\mathrm{Ex}_1}{\mathrm{Ex}_2}\right|\times\sqrt{\left(\frac{\mathrm{En}_1}{\mathrm{Ex}_1}\right)^2+\left(\frac{\mathrm{En}_2}{\mathrm{Ex}_2}\right)^2}$，$\mathrm{He}=\left|\frac{\mathrm{Ex}_1}{\mathrm{Ex}_2}\right|\cdot\sqrt{\left(\frac{\mathrm{He}_1}{\mathrm{Ex}_1}\right)^2+\left(\frac{\mathrm{He}_2}{\mathrm{Ex}_2}\right)^2}$；

(5) 加权运算为$\lambda Y=(\lambda\mathrm{Ex},\lambda\mathrm{En},\lambda\mathrm{He})$；

(6) 加权集结运算为$\lambda_1Y_1+\lambda_2Y_2=\left(\lambda_1\mathrm{Ex}_1+\lambda_2\mathrm{Ex}_2,\sqrt{\lambda_1^2\mathrm{En}_1^2+\lambda_2^2\mathrm{En}_2^2},\sqrt{\lambda_1^2\mathrm{He}_1^2+\lambda_2^2\mathrm{He}_2^2}\right)$。

其中，当某一云模型的熵和超熵都为零时，云模型间的运算变为云模型与某一精确数值间的运算。

云的代数运算具有如下性质。

(1) 云的加法、乘法运算满足交换律和结合律。

交换律：$A+B=B+A,\ AB=BA$。

结合律：$(A+B)+C=A+(B+C),\ (AB)C=A(BC)$。

(2) 云模型之间的加减乘除运算会增加不确定度，由此性质可知：$A+B=C$不能推出$C-B=A$；由$AB=C$不能推出$C\div B=A$。但是云模型与精确数值的代数运算不会改变不确定度。

定义 6-4　设论域U中有两朵云$Y_1(\mathrm{Ex}_1,\mathrm{En}_1,\mathrm{He}_1)$和$Y_2(\mathrm{Ex}_2,\mathrm{En}_2,\mathrm{He}_2)$，则$Y_1$、$Y_2$间的距离计算公式为[7]

$$D(Y_1,Y_2)=\left|\mathrm{Ex}_1-\mathrm{Ex}_2\right|/(\mathrm{En}_1+\mathrm{En}_2) \tag{6-16}$$

定义 6-5 一个云滴(x,y)对概念T的贡献可以用$s=xy$描述，s统计量的期望$\overline{s}$代表整个云Y对概念T的隶属程度，用正向云发生器可以产生云模型Y的n个的云滴$\{(x_1,y_1),(x_2,y_2),\cdots,(x_n,y_n)\}$，$\overline{s}$的定义为[8,9]

$$\overline{s}(A)=\frac{1}{n}\sum_{i=1}^{n}x_i y_i \tag{6-17}$$

两朵正态云模型A和B，如果$\overline{s}(A)\geqslant\overline{s}(B)$，那么$A\succ B$，也就是说云模型$A$优于云模型$B$。

2. 改进云模型生成方法

在决策过程中，决策者可能对方案的评价很难用确切的数值表示，而是用自然语言表达较为贴近实际。设决策者的语言评估标度为n (根据实际任意选取)，专家指定有效论域$[X_{\min},X_{\max}]$，在有效论域上生成n朵云，用来表示语言值。设中间云为$Y_0(\mathrm{Ex}_0,\mathrm{En}_0,\mathrm{He}_0)$。若$n$为奇数，则其左右相邻的云模型依次展开分别为$Y_{-1}(\mathrm{Ex}_{-1},\mathrm{En}_{-1},\mathrm{He}_{-1})$，$Y_{+1}(\mathrm{Ex}_{+1},\mathrm{En}_{+1},\mathrm{He}_{+1})$，$Y_{-2}(\mathrm{Ex}_{-2},\mathrm{En}_{-2},\mathrm{He}_{-2})$，$Y_{+2}(\mathrm{Ex}_{+2},\mathrm{En}_{+2},\mathrm{He}_{+2}),\cdots$，$Y_{-\frac{n-1}{2}}\left(\mathrm{Ex}_{-\frac{n-1}{2}},\mathrm{En}_{-\frac{n-1}{2}},\mathrm{He}_{-\frac{n-1}{2}}\right)$，$Y_{+\frac{n-1}{2}}\left(\mathrm{Ex}_{+\frac{n-1}{2}},\mathrm{En}_{+\frac{n-1}{2}},\mathrm{He}_{+\frac{n-1}{2}}\right)$。

1) 基于黄金分割法的改进云生成方法步骤

云的数字特征通常可采用黄金分割法生成。现有文献[10,11]给出利用黄金分割法生成云的计算方法具有一定的局限性，例如，针对具有 5 个语言评价等级的例子，当论域$U=[50,100]$时，构造的第二朵云和第四朵云的期望值计算过程如下：$\mathrm{Ex}_{-1}=\mathrm{Ex}_0-0.382\times(X_{\min}+X_{\max})/2=46.35$，$\mathrm{Ex}_{+1}=\mathrm{Ex}_0+0.382\times(X_{\min}+X_{\max})/2=103.65$，显然这两朵云的期望值都已超出论域$U$的范围；若当论域$U=[-100,100]$时，构造的第二朵云和第四朵云的期望值$\mathrm{Ex}_{-1}=\mathrm{Ex}_1=\mathrm{Ex}_0=0$，此时语言评价标度的等级无法得到区分。这是因为这种计算方法没有很好地表达黄金分割法的思想，黄金分割法分割的是线段，而此方法中$(X_{\min}+X_{\max})/2$仅表示出了Ex_0的坐标，不能表示线段。

为了解决现有云生成方法的缺陷，本节进行了改进，提出了一种新的在论域$U=[X_{\min},X_{\max}]$生成n朵云的计算方法，原理是：将论域对称分成两半，前一朵云和最后一朵云的期望值作为线段的两个端点，取靠近中间云的线段的 0.382 对应的数值作为后一朵云的期望值，前一朵云与后一朵云熵和超熵比例为黄金分割率，具体步骤如下。

(1) 云模型期望值的生成方法。

① 根据论域$U=[X_{\min},X_{\max}]$，生成中间、最左边和最右边的云模型的期望值。其计算公式分别为$\mathrm{Ex}_0=(X_{\min}+X_{\max})/2$、$\mathrm{Ex}_{-(n-1)/2}=X_{\min}$和$\mathrm{Ex}_{+(n-1)/2}=X_{\max}$。

② 将中间云和最右边一朵云的期望值作为线段的两个端点，取靠近中间云的线段的 0.382 对应的数值作为第一朵云的期望值$\mathrm{Ex}_0+0.382(X_{\max}-\mathrm{Ex}_0)$，将第一朵云和最后一朵云的期望值作为线段的两个端点，取靠近中间云的线段的 0.382 对应的数值作为第二朵云的期望值，左边同理。

③ 生成剩余云期望值，直到左右均找到第$(n-3)/2$朵云。

(2) 云模型熵的生成方法。

① 根据论域$U=[X_{\min},X_{\max}]$，生成与中间云相邻的左右第一个云模型的熵$\mathrm{En}_{-1}=\mathrm{En}_{+1}=0.382\times(X_{\max}-X_{\min})/6$。

② 依据前一朵云与后一朵云熵的比例为黄金分割率的原则，生成中间云的熵$\mathrm{En}_0=0.618\mathrm{En}_1$，并生成左右第二朵云的熵$\mathrm{En}_{-2}=\mathrm{En}_{-1}/0.618$，$\mathrm{En}_{+2}=\mathrm{En}_{+1}/0.618$。

③ 依据前一朵云与后一朵云熵的比例为黄金分割率的原则，生成剩余云的熵。

(3) 云模型超熵的生成方法。

① 给定中间云的超熵He_0。

② 依据前一朵云与后一朵云超熵的比例为黄金分割率的原则，生成左右第一朵云的超熵$\mathrm{He}_{-1}=\mathrm{He}_{+1}=\mathrm{He}_0/0.618$。

③ 依据前一朵云与后一朵云超熵的比例为黄金分割率的原则，生成剩余云的超熵。

左右最后一朵云模型的端点期望值$\mathrm{Ex}_{-(n-1)/2}=X_{\min}$，$\mathrm{Ex}_{+(n-1)/2}=X_{\max}$，其余云的期望值均是以前一朵云和最后一朵云为端点的线段内取 0.382 线段对应的数值作为后一朵云的期望，所以云模型的期望值在均值论域内；云模型的期望值在线段内是递增的，显然本方法生成的云模型期望值各不相同。

2) 改进语言值转化云模型数字特征的计算

改进语言值转化云模型数字特征具体计算公式如表 6-9 所示。

表 6-9　云生成方法

云	期望值 Ex	熵 En	超熵 He
$Y_{+\frac{n-1}{2}}\left(\mathrm{Ex}_{+\frac{n-1}{2}},\mathrm{En}_{+\frac{n-1}{2}},\mathrm{He}_{+\frac{n-1}{2}}\right)$	$X_{\max}$	$\dfrac{\mathrm{En}_{+(n-3)/2}}{0.618}$	$\dfrac{\mathrm{He}_{+(n-3)/2}}{0.618}$
$Y_{+\frac{n-3}{2}}\left(\mathrm{Ex}_{+\frac{n-3}{2}},\mathrm{En}_{+\frac{n-3}{2}},\mathrm{He}_{+\frac{n-3}{2}}\right)$	$\mathrm{Ex}_{+\frac{n-5}{2}}+0.382\left(X_{\max}-\mathrm{Ex}_{+\frac{n-5}{2}}\right)$	$\dfrac{\mathrm{En}_{+(n-5)/2}}{0.618}$	$\dfrac{\mathrm{He}_{+(n-5)/2}}{0.618}$
…	…	…	…

续表

云	期望值 Ex	熵 En	超熵 He
$Y_{+2}(\mathrm{Ex}_{+2},\mathrm{En}_{+2},\mathrm{He}_{+2})$	$\mathrm{Ex}_{+1}+0.382(X_{\max}-\mathrm{Ex}_{+1})$	$\dfrac{\mathrm{En}_{+1}}{0.618}$	$\dfrac{\mathrm{He}_{+1}}{0.618}$
$Y_{+1}(\mathrm{Ex}_{+1},\mathrm{En}_{+1},\mathrm{He}_{+1})$	$\mathrm{Ex}_0+0.382(X_{\max}-\mathrm{Ex}_0)$	$0.382\dfrac{X_{\max}-X_{\min}}{6}$	$\dfrac{\mathrm{He}_0}{0.618}$
$Y_0(\mathrm{Ex}_0,\mathrm{En}_0,\mathrm{He}_0)$	$\dfrac{X_{\min}+X_{\max}}{2}$	$0.618\mathrm{En}_1$	给定 He_0
$Y_{-1}(\mathrm{Ex}_{-1},\mathrm{En}_{-1},\mathrm{He}_{-1})$	$\mathrm{Ex}_0-0.382(\mathrm{Ex}_0-X_{\min})$	$0.382\dfrac{X_{\max}-X_{\min}}{6}$	$\dfrac{\mathrm{He}_0}{0.618}$
$Y_{-2}(\mathrm{Ex}_{-2},\mathrm{En}_{-2},\mathrm{He}_{-2})$	$\mathrm{Ex}_{-1}-0.382(\mathrm{Ex}_{-1}-X_{\min})$	$\dfrac{\mathrm{En}_{-1}}{0.618}$	$\dfrac{\mathrm{He}_{-1}}{0.618}$
…	…	…	…
$Y_{-\frac{n-3}{2}}\left(\mathrm{Ex}_{-\frac{n-3}{2}},\mathrm{En}_{-\frac{n-3}{2}},\mathrm{He}_{-\frac{n-3}{2}}\right)$	$\mathrm{Ex}_{-\frac{n-5}{2}}-0.382\left(\mathrm{Ex}_{-\frac{n-5}{2}}-X_{\min}\right)$	$\dfrac{\mathrm{En}_{-(n-5)/2}}{0.618}$	$\dfrac{\mathrm{He}_{-(n-5)/2}}{0.618}$
$Y_{-\frac{n-1}{2}}\left(\mathrm{Ex}_{-\frac{n-1}{2}},\mathrm{En}_{-\frac{n-1}{2}},\mathrm{He}_{-\frac{n-1}{2}}\right)$	$X_{\min}$	$\dfrac{\mathrm{En}_{-(n-3)/2}}{0.618}$	$\dfrac{\mathrm{He}_{-(n-3)/2}}{0.618}$

采用本章云生成方法生成 7 朵云，其数字特征计算过程如下：

给定论域$[0,100]$,$\mathrm{He}_0=0.1$；

$\mathrm{Ex}_0=(X_{\min}+X_{\max})/2=50$，$\mathrm{Ex}_{-3}=X_{\min}=0$，$\mathrm{Ex}_{+3}=X_{\max}=100$，$\mathrm{Ex}_{-1}=\mathrm{Ex}_0-0.382(\mathrm{Ex}_0-X_{\min})=30.9$，$\mathrm{Ex}_{+1}=\mathrm{Ex}_0+0.382(X_{\max}-\mathrm{Ex}_0)=69.1$，$\mathrm{Ex}_{-2}=\mathrm{Ex}_{-1}-0.382(\mathrm{Ex}_{-1}-X_{\min})=19.1$，$\mathrm{Ex}_{+2}=\mathrm{Ex}_{+1}+0.382(X_{\max}-\mathrm{Ex}_{+1})=80.9$；$\mathrm{En}_{-1}=\mathrm{En}_{+1}=0.382\times(X_{\max}-X_{\min})/6=6.37$，$\mathrm{En}_0=0.618\mathrm{En}_{+1}=3.93$，$\mathrm{En}_{-2}=\mathrm{En}_{+2}=\mathrm{En}_{+1}/0.618=10.31$，$\mathrm{En}_{-3}=\mathrm{En}_{+3}=\mathrm{En}_{+2}/0.618=16.7$；$\mathrm{He}_{-1}=\mathrm{He}_{+1}=\mathrm{He}_0/0.618=0.162$，$\mathrm{He}_{-2}=\mathrm{He}_{+2}=\mathrm{He}_{+1}/0.618=0.262$，$\mathrm{He}_{-3}=\mathrm{He}_{+3}=\mathrm{He}_{+2}/0.618=0.424$。

可得 7 朵云分别是$Y_{-3}(0,16.7,0.424)$，$Y_{-2}(19.1,10.31,0.262)$，$Y_{-1}(30.9,6.37,0.162)$，$Y_0(50,3.93,0.1)$，$Y_{+1}(69.1,6.37,0.162)$，$Y_{+2}(80.9,10.31,0.262)$，$Y_{+3}(100,16.7,0.424)$。

在实际应用中，针对不同贡献程度的云模型可能需要执行加权集结算法，采用文献[12]的算法对 n 朵正态云进行集结。假设论域 U 中存在 n 朵一维正态云 $Y_1(\mathrm{Ex}_1,\mathrm{En}_1,\mathrm{He}_1)$，$Y_2(\mathrm{Ex}_2,\mathrm{En}_2,\mathrm{He}_2)$，…，$Y_n(\mathrm{Ex}_n,\mathrm{En}_n,\mathrm{He}_n)$，若 n 朵云通过权重集结算子生成一朵综合云为$Y(\mathrm{Ex},\mathrm{En},\mathrm{He})$，则

$$Y=\sum_{i=1}^{n}w_iY_i=\left(\sum_{i=1}^{n}w_i\mathrm{Ex}_i,\sqrt{\sum_{i=1}^{n}(w_i\mathrm{En}_i)^2},\sqrt{\sum_{i=1}^{n}(w_i\mathrm{He}_i)^2}\right) \tag{6-18}$$

其中，$W=\{w_1,w_2,\cdots,w_n\}$ 为各正态云的权重。

6.3.2　基于语言偏好的大群体冲突测度和消解

如果决策大群体偏好冲突程度超过冲突水平阈值δ，则决策进入冲突消解阶段，此时决策者之间应该互相协商和反馈以保证决策信息共享，找到自己和群体意见产生冲突的原因，并通过相互沟通和协调机制帮助决策者更加充分地认识决策问题，了解决策的信息形式，补充自己认知的不足，对自己的决策偏好进行修正和调整。经过冲突消解协调阶段，决策结果的冲突水平比上一轮的决策结果的冲突水平更小，能够快速地在冲突协调约束上限范围内获得偏好一致性程度较高、冲突水平较低的满意的群体决策结果。

定义 6-6　各决策成员 e_i 偏好与大群体偏好之间的冲突水平定义为

$$\theta(Y_i,Y)=\left|\mathrm{Ex}_i-\mathrm{Ex}\right|/\left(\mathrm{En}_i+\mathrm{En}\right) \tag{6-19}$$

大群体冲突水平定义为

$$\theta=\frac{1}{M}\sum_{i=1}^{M}\theta(Y_i,Y) \tag{6-20}$$

其中，θ表示决策大群体冲突程度。θ越大，决策大群体之间冲突程度越大；反之，θ越小，决策大群体之间冲突程度越小。若$\theta<\delta$，则说明大群体冲突水平较小，已经控制在决策可接受的范围内，进入方案选择过程；否则表明成员聚集之间意见差异较大，需通过式(6-19)找出与大群体偏好冲突较大的决策成员，然后进入冲突协调消解过程。

在复杂大群体决策中，用式(6-20)计算经过冲突消解的临时偏好信息的整体的冲突水平 $\theta^t\left(t=0,1,\cdots,T\right)$，$\{\theta^t\}$ 的变化趋势反映了决策群体整体冲突程度的变化。因此，冲突消解的目标是保证$\{\theta^t\}$ 逐步收敛，才可以保证整个决策群体的冲突性得到有效降低，减小到群体可以接受的冲突程度阈值δ的范围内。目前对于群体冲突水平阈值δ的选取，主要是依据实际决策的群体规模与决策问题的特点进行设定。当产生一个决策结果的需求较高时，阈值可以取值相对大些，这样易于得到符合冲突水平要求的决策结果；反之，如果对决策结果的质量要求较高，则应将阈值取值相对小些，尽可能考虑每个决策者的意见。已有的关于群体决策偏好修正和调整的方法有很多，但大多数的偏好修正策略充满主观性和不确定性[13]，经过偏好修正后的决策结果的冲突水平并不能得到有效减少，因此这类方法并不能使冲突程度收敛，用这种方法进行冲突消解可能会增加消解次数，增加无效的冲突协调的工作量。也有一些冲突消解的方法稳定性好，但是只适用于矢量偏好，不适用于语言偏好。

基于上述讨论，本节在规范的冲突偏好修正方法的基础上，将其推广到解决基于云模型的语言偏好信息的决策偏好修正，提出了这种规范的冲突消解的定义，同时证明该方法适用于基于云模型的语言偏好大群体决策过程中，也能快速地得到群体冲突水平足够低的群体决策结果。

定义 6-7(群体成员决策偏好规范化修正方法)　冲突消解过程是一个动态、反复迭代的过程，在决策成员第 t 轮的决策偏好及临时群体偏好基础上，第 t+1 轮决策偏好的修正公式为

$$Y_i^{t+1} = \eta_i^t \cdot Y_i^t + (1-\eta_i^t) \cdot Y^t \tag{6-21}$$

其中，$\eta_i^t\left(\in[0,1]\right)$为第 t 轮偏好修正时决策成员 i 的修正系数，该系数主要是依据实际决策问题的特点和需要进行设定的。若 $\eta_i^t > 0.5$，则说明决策者坚持自身偏好的程度较高。若 $\eta_i^t < 0.5$，则表示决策者坚持自身偏好的程度较低，即愿意尊重群体意见调整自己的意见。若 η_i^t=0.5，则表明决策者公平看待自身偏好和群体偏好。修正系数是依据决策问题中决策者对自身偏好的坚持程度的实际情况决定的。式(6-21)对决策成员偏好进行修正有效地减少了冲突消解的主观性和不确定性，但是这种方法应用在决策偏好云模型中的可行性并没有得到验证。下面证明式 (6-21)对决策成员偏好云模型进行修正后，决策群体内部的冲突程度会逐渐收敛，可以保证群体协调和反馈阶段的有效性，达到降低群体冲突水平的目的，从而获得群体冲突水平低的决策结果，提高语言信息群体决策的效率和效果。

定理 6-2　设初始决策成员偏好云模型为 Ω=$\left\{Y_i^0 \middle| i=1,2,\cdots,M\right\}$，第 t 轮冲突消解阶段，接受协调的决策者的偏好云模型表示为 $Y_i^t\left(t=0,1,\cdots,T\right)$，用式(6-21)对决策者执行偏好修正，并通过式(6-20)计算的临时群体的冲突水平会逐渐降低，具体表示为决策群体冲突程度时间变化序列 $\{\theta^t\}$ 将会收敛。

证明　设 $t=0$，在初始阶段，每个决策成员针对决策问题给出各自的偏好语言值，用本节的改进云模型生成法将语言值转化成偏好云模型，形成初始偏好云模型 Ω=$\left\{Y_i^0 \middle| i=1,2,\cdots,M\right\}$。假设进入 t+1 轮冲突消解阶段，决策成员 e_i 将其在第 t 轮时的偏好云模型 Y_i^t 通过式(6-21)修正为偏好云模型 Y_i^{t+1}，其余决策成员偏好云模型不变，则有

$$Y_i^{t+1} = \eta_i^t \cdot Y_i^t + (1-\eta_i^t) \cdot Y^t$$

其中

$$Y=\sum_{i=1}^{M}w_iY_i=\left(\sum_{i=1}^{M}w_i\mathrm{Ex}_i,\sqrt{\sum_{i=1}^{M}(w_i\mathrm{En}_i)^2},\sqrt{\sum_{i=1}^{M}(w_i\mathrm{He}_i)^2}\right),\quad \eta\in[0,1]$$

也就是

$$\mathrm{Ex}=\sum_{i=1}^{M}w_i\mathrm{Ex}_i,\quad \mathrm{En}=\sqrt{\sum_{i=1}^{M}(w_i\mathrm{En}_i)^2},\quad \mathrm{He}=\sqrt{\sum_{i=1}^{M}(w_i\mathrm{He}_i)^2}$$

又

$$\mathrm{Ex}_i^{t+1}=\eta_i^t\mathrm{Ex}_i^t+(1-\eta_i^t)\mathrm{Ex}^t,\quad \mathrm{En}_i^{t+1}=\sqrt{\left(\eta_i^t\right)^2\left(\mathrm{En}_i^t\right)^2+(1-\eta_i^t)^2\left(\mathrm{En}^t\right)^2}$$

$$\mathrm{He}_i^{t+1}=\sqrt{\left(\eta_i^t\right)^2\left(\mathrm{He}_i^t\right)^2+(1-\eta_i^t)^2\left(\mathrm{He}^t\right)^2}$$

于是有

$$\mathrm{Ex}_i^{t+1}\in\left[\min\left(\mathrm{Ex}_i^t,\mathrm{Ex}^t\right),\max\left(\mathrm{Ex}_i^t,\mathrm{Ex}^t\right)\right]$$

$$\mathrm{En}_i^{t+1}\in\left[\min\left(\mathrm{En}_i^t,\mathrm{En}^t\right),\max\left(\mathrm{En}_i^t,\mathrm{En}^t\right)\right]$$

$$\mathrm{He}_i^{t+1}\in\left[\min\left(\mathrm{He}_i^t,\mathrm{He}^t\right),\max\left(\mathrm{He}_i^t,\mathrm{He}^t\right)\right]$$

另外，由式(6-20)可得

$$\theta^t=\frac{1}{M}\sum_{i=1}^{M}\frac{\left|\mathrm{Ex}_i^t-\mathrm{Ex}^t\right|}{\mathrm{En}_i^t+\mathrm{En}^t}$$

$$\theta^{t+1}=\frac{1}{M}\sum_{i=1}^{M}\frac{\left|\mathrm{Ex}_i^{t+1}-\mathrm{Ex}^{t+1}\right|}{\mathrm{En}_i^{t+1}+\mathrm{En}^{t+1}}$$

$$\theta^{t+1}-\theta^t=\frac{1}{M}\sum_{i=1}^{M}\left(\frac{\left|\mathrm{Ex}_i^{t+1}-\mathrm{Ex}^{t+1}\right|}{\mathrm{En}_i^{t+1}+\mathrm{En}^{t+1}}-\frac{\left|\mathrm{Ex}_i^t-\mathrm{Ex}^t\right|}{\mathrm{En}_i^t+\mathrm{En}^t}\right)$$

(1) 当 $\mathrm{Ex}_i^t>\mathrm{Ex}^t$ 时，由 $\mathrm{Ex}_i^{t+1}=\eta_i^t\mathrm{Ex}_i^t+(1-\eta_i^t)\mathrm{Ex}^t$，有 $\mathrm{Ex}_i^t>\mathrm{Ex}_i^{t+1}>\mathrm{Ex}^t$，则有

$$\mathrm{Ex}^{t+1}=\sum_{i=1}^{M}w_i\mathrm{Ex}_i{}^{t+1}<\sum_{i=1}^{M}w_i\mathrm{Ex}_i{}^t=\mathrm{Ex}^t$$

于是有

$$\mathrm{Ex}_i^t>\mathrm{Ex}_i^{t+1}>\mathrm{Ex}^t>\mathrm{Ex}^{t+1}$$

$$\theta^{t+1}-\theta^{t}=\frac{1}{M}\sum_{i=1}^{M}\left(\frac{\mathrm{Ex}_i^{t+1}-\mathrm{Ex}^{t+1}}{\mathrm{En}_i^{t+1}+\mathrm{En}^{t+1}}-\frac{\mathrm{Ex}_i^{t}-\mathrm{Ex}^{t}}{\mathrm{En}_i^{t}+\mathrm{En}^{t}}\right)$$

$$=\frac{1}{M}\sum_{i=1}^{M}\left(\frac{\mathrm{Ex}_i^{t+1}-\sum_{i=1}^{M}w_i\mathrm{Ex}_i^{t+1}}{\mathrm{En}_i^{t+1}+\mathrm{En}^{t+1}}-\frac{\mathrm{Ex}_i^{t}-\sum_{i=1}^{M}w_i\mathrm{Ex}_i^{t}}{\mathrm{En}_i^{t}+\mathrm{En}^{t}}\right)$$

$$=\frac{1}{M}\sum_{i=1}^{M}\left(\frac{\mathrm{Ex}_i^{t+1}-\left(w_i\mathrm{Ex}_i^{t+1}+\sum_{k=1,k\neq i}^{M}w_k\mathrm{Ex}_k^{t+1}\right)}{\mathrm{En}_i^{t+1}+\mathrm{En}^{t+1}}-\frac{\mathrm{Ex}_i^{t}-\left(w_i\mathrm{Ex}_i^{t}+\sum_{k=1,k\neq i}^{M}w_k\mathrm{Ex}_k^{t}\right)}{\mathrm{En}_i^{t}+\mathrm{En}^{t}}\right)$$

$$=\frac{1}{M}\sum_{i=1}^{M}\left(\frac{(1-w_i)\mathrm{Ex}_i^{t+1}-\sum_{k=1,k\neq i}^{M}w_k\mathrm{Ex}_k^{t+1}}{\mathrm{En}_i^{t+1}+\mathrm{En}^{t+1}}-\frac{(1-w_i)\mathrm{Ex}_i^{t}-\sum_{k=1,k\neq i}^{M}w_k\mathrm{Ex}_k^{t}}{\mathrm{En}_i^{t}+\mathrm{En}^{t}}\right)$$

由于在本轮冲突消解过程中，只有决策成员 e_i 把第 t 轮偏好云模型 Y_i^t 调整为偏好云模型 Y_i^{t+1}，其他决策成员的偏好云模型不变，于是可知其他决策成员偏好云模型的期望加权值不变，即

$$\sum_{k=1,k\neq i}^{M}w_k\mathrm{Ex}_k^{t+1}=\sum_{k=1,k\neq i}^{M}w_k\mathrm{Ex}_k^{t}$$

记

$$R=\sum_{k=1,k\neq i}^{M}w_k\mathrm{Ex}_k^{t+1}=\sum_{k=1,k\neq i}^{M}w_k\mathrm{Ex}_k^{t}>0$$

则有

$$\theta^{t+1}-\theta^{t}=\frac{1}{M}\sum_{i=1}^{M}\left(\frac{(1-w_i)\mathrm{Ex}_i^{t+1}-R}{\mathrm{En}_i^{t+1}+\mathrm{En}^{t+1}}-\frac{(1-w_i)\mathrm{Ex}_i^{t}-R}{\mathrm{En}_i^{t}+\mathrm{En}^{t}}\right)$$

① 当 $\mathrm{En}_i^t<\mathrm{En}^t$ 时，由 $\mathrm{Ex}_i^{t+1}<\mathrm{Ex}_i^t$ 知

$$\theta^{t+1}-\theta^{t}=\frac{1}{M}\sum_{i=1}^{M}\left(\frac{(1-w_i)\mathrm{Ex}_i^{t+1}-R}{\mathrm{En}_i^{t+1}+\mathrm{En}^{t+1}}-\frac{(1-w_i)\mathrm{Ex}_i^{t}-R}{\mathrm{En}_i^{t}+\mathrm{En}^{t}}\right)$$

$$<\frac{1}{M}\sum_{i=1}^{M}\left(\frac{(1-w_i)\mathrm{Ex}_i^{t}-R}{\mathrm{En}_i^{t+1}+\mathrm{En}^{t+1}}-\frac{(1-w_i)\mathrm{Ex}_i^{t}-R}{\mathrm{En}_i^{t}+\mathrm{En}^{t}}\right)$$

$$=\frac{1}{M}\sum_{i=1}^{M}\left[(1-w_i)\mathrm{Ex}_i^{t}-R\right]\left(\frac{1}{\mathrm{En}_i^{t+1}+\mathrm{En}^{t+1}}-\frac{1}{\mathrm{En}_i^{t}+\mathrm{En}^{t}}\right)$$

$$\left(1-w_i\right)\mathrm{Ex}_i{}^t-R=\mathrm{Ex}_i^t-\mathrm{Ex}^t>0$$

由

$$\mathrm{En}_i^{t+1}=\eta_i^t\mathrm{En}_i^t+(1-\eta_i^t)\mathrm{En}^t$$

有

$$\mathrm{En}^t>\mathrm{En}_i^{t+1}>\mathrm{En}_i^t$$

$$\mathrm{En}^{t+1}=\sqrt{\sum_{i=1}^{M}(w_i\mathrm{En}_i^{t+1})^2}>\sqrt{\sum_{i=1}^{M}(w_i\mathrm{En}_i^t)^2}=\mathrm{En}^t$$

于是有

$$\mathrm{En}^{t+1}>\mathrm{En}^t>\mathrm{En}_i^{t+1}>\mathrm{En}_i^t$$

$$\mathrm{En}^{t+1}+\mathrm{En}_i^{t+1}>\mathrm{En}^t+\mathrm{En}_i^t$$

故

$$\frac{1}{\mathrm{En}^{t+1}+\mathrm{En}_i^{t+1}}<\frac{1}{\mathrm{En}^t+\mathrm{En}_i^t}$$

即

$$\frac{1}{\mathrm{En}^{t+1}+\mathrm{En}_i^{t+1}}-\frac{1}{\mathrm{En}^t+\mathrm{En}_i^t}<0$$

因此

$$\theta^{t+1}-\theta^t<\frac{1}{M}\sum_{i=1}^{M}\left[\left(1-w_i\right)\mathrm{Ex}_i{}^t-R\right]\left(\frac{1}{\mathrm{En}_i^{t+1}+\mathrm{En}^{t+1}}-\frac{1}{\mathrm{En}_i^t+\mathrm{En}^t}\right)<0$$

即

$$\theta^{t+1}<\theta^t$$

② 当 $\mathrm{En}_i^t>\mathrm{En}^t$ 时，由 $\mathrm{En}_i^{t+1}=\eta_i^t\mathrm{En}_i^t+(1-\eta_i^t)\mathrm{En}^t$，有

$$\mathrm{En}_i^t>\mathrm{En}_i^{t+1}>\mathrm{En}^t$$

$$\mathrm{En}^{t+1}=\sqrt{\sum_{i=1}^{M}(w_i\mathrm{En}_i^{t+1})^2}<\sqrt{\sum_{i=1}^{M}(w_i\mathrm{En}_i^t)^2}=\mathrm{En}^t$$

于是有

$$\mathrm{En}_i^t>\mathrm{En}_i^{t+1}>\mathrm{En}^t>\mathrm{En}^{t+1}$$

$$\mathrm{En}^{t+1}+\mathrm{En}_i^{t+1}<\mathrm{En}^t+\mathrm{En}_i^t$$

故

$$\frac{1}{\mathrm{En}^{t+1}+\mathrm{En}_i^{t+1}}>\frac{1}{\mathrm{En}^t+\mathrm{En}_i^t}$$

即

$$\frac{1}{\mathrm{En}^{t+1}+\mathrm{En}_i^{t+1}}-\frac{1}{\mathrm{En}^t+\mathrm{En}_i^t}>0$$

$$\theta^{t+1}-\theta^t=\frac{1}{M}\sum_{i=1}^{M}\left(\frac{(1-w_i)\mathrm{Ex}_i^{t+1}-R}{\mathrm{En}_i^{t+1}+\mathrm{En}^{t+1}}-\frac{(1-w_i)\mathrm{Ex}_i^t-R}{\mathrm{En}_i^t+\mathrm{En}^t}\right)$$

$$=\frac{1}{M}\sum_{i=1}^{M}\left[(1-w_i)\left(\frac{\mathrm{Ex}_i^{t+1}}{\mathrm{En}_i^t+\mathrm{En}^t}-\frac{\mathrm{Ex}_i^t}{\mathrm{En}_i^{t+1}+\mathrm{En}^{t+1}}\right)+R\left(\frac{1}{\mathrm{En}_i^t+\mathrm{En}^t}-\frac{1}{\mathrm{En}_i^{t+1}+\mathrm{En}^{t+1}}\right)\right]$$

$$(1-w_i)\left(\frac{\mathrm{Ex}_i^{t+1}}{\mathrm{En}_i^t+\mathrm{En}^t}-\frac{\mathrm{Ex}_i^t}{\mathrm{En}_i^{t+1}+\mathrm{En}^{t+1}}\right)<\mathrm{Ex}_i^t(1-w_i)\left(\frac{1}{\mathrm{En}_i^t+\mathrm{En}^t}-\frac{1}{\mathrm{En}_i^{t+1}+\mathrm{En}^{t+1}}\right)$$

由 $\mathrm{Ex}_i^t>0,\ 1-w_i>0,\ \left(\frac{1}{\mathrm{En}_i^t+\mathrm{En}^t}-\frac{1}{\mathrm{En}_i^{t+1}+\mathrm{En}^{t+1}}\right)<0$，得

$$\mathrm{Ex}_i^t(1-w_i)\left(\frac{1}{\mathrm{En}_i^t+\mathrm{En}^t}-\frac{1}{\mathrm{En}_i^{t+1}+\mathrm{En}^{t+1}}\right)<0$$

由 $R>0$，$\frac{1}{\mathrm{En}^{t+1}+\mathrm{En}_i^{t+1}}-\frac{1}{\mathrm{En}^t+\mathrm{En}_i^t}>0$，得

$$R\left(\frac{1}{\mathrm{En}_i^t+\mathrm{En}^t}-\frac{1}{\mathrm{En}_i^{t+1}+\mathrm{En}^{t+1}}\right)<0$$

因此，$\theta^{t+1}-\theta^t<0$，即 $\theta^{t+1}<\theta^t$。

(2) 当 $\mathrm{Ex}_i^t>\mathrm{Ex}^t$ 时，同理可证明 $\theta^{t+1}<\theta^t$。

综上可得 $\theta^{t+1}<\theta^t$。

上述证明过程假设前提是每一次都只针对一个决策成员的偏好云模型进行修正，同样用定理 6-2 对决策偏好进行调整，M 轮偏好修正之后，可以证明 $\theta^{t+1}<\theta^t$。其实，实际的决策问题偏好调整过程可能针对多个冲突程度较大的决策成员进行偏好调整，为了快速达到消解冲突的目的，可以在一轮对多个决策成员进行偏好修正。通过定义 6-7 对决策成员偏好云模型进行调整后，决策结果的冲突水平逐渐降低，使得决策冲突逐步收敛到决策群体可接受的范围内，在短时间内快速获得偏好冲突程度较低的决策结果。

6.3.3 基于冲突消解的语言偏好大群体决策步骤

设有 P 个方案 $X=\{x_1,x_2,\cdots,x_P\}$，N 个决策属性 $A=\{a_1,a_2,\cdots,a_N\}$，对应的属性权重未知，属性权重向量记为 $w=\{w_1,w_2,\cdots,w_N\}$，且 $w_j\in[0,1]$，$w_1+w_2+\cdots+w_N=1$，方案 t 的属性权重向量记为 $w^t=\left\{w_1^t,w_2^t,\cdots,w_i^t,\cdots,w_N^t\right\}$，其中 w_i^t 表示方案 t

的属性 j 的权重。M 个决策专家构成决策群体 $E=\{e_1,e_2,\cdots,e_M\}$，对应的专家权重向量未知，决策专家对方案给出偏好语言偏好值，则基于冲突消解的语言偏好大群体决策步骤如下：

(1) 把所有成员的偏好云模型按照第 2 章的聚类方法进行聚类，得到 $K(1\leqslant K\leqslant M)$ 个聚集 $\left\{C^k\middle|k=1,2,\cdots,K\right\}$，并获得群体决策结果。

(2) 设置冲突协调次数 t=0，群体冲突水平阈值 δ 值，根据式(6-19)和式(6-20)计算各个决策成员偏好与群体偏好之间的冲突程度和整个群体冲突程度指标。

(3) 若 $\theta^t>\delta$，则进入下一轮冲突消解，冲突消解次数 t=t+1，对各个决策成员与决策群体冲突程度从大到小依次进行排序，取冲突程度较大的两个决策成员进行偏好修正，其中第 t+1 轮第 i 个成员的决策修正偏好系数为 η_i^{t+1}。

(4) 设置冲突消解次数最大值 T，群体冲突程度 $\theta^t>\delta$ 且 $t<T$ 时，算法循环，直至群体冲突程度 $\theta^t<\delta$，或 $t>T$ 时，算法停止。

(5) 集结决策成员偏好，得到综合评价云模型，计算云滴计分统计值，确定方案排序。

6.3.4　案例应用

1. 问题描述

某地发生化学品泄漏，经过初步分析，拟制了 4 个应急救援方案：居民待在屋子里，关紧窗户(x_1)；居民迅速逃离到就近屋顶(x_2)；逃离到较远的广场，等待转移(x_3)；逃离到上风高楼屋顶(x_4)。上述问题有 4 个评价属性，分别是居民的生理适应性(a_1)、安全标准(a_2)、可操作性(a_3)、节约的时间(a_4)。

聘请 20 名专家{e_1, e_2,$\cdots$, e_{20}}对上述突发事件进行决策，针对上述 4 个方案{x_1, x_2, x_3, x_4}，考虑 4 个评价属性{a_1, a_2, a_3, a_4}独立地给出决策偏好。这 20 名专家利用七标度的语言评价集 S ={VP,P,SP,F,SG,G,VG,} ={very poor, poor, slight poor, fair, slight good, good, very good}对方案关于 4 个属性进行决策，可得到决策偏好矩阵，如表 6-10 所示。

表 6-10　群体成员语言偏好表

决策者	方案	属性				决策者	方案	属性			
		a_1	a_2	a_3	a_4			a_1	a_2	a_3	a_4
e_1	x_1	VP	SG	VP	P	e_2	x_1	VP	F	G	VP
	x_2	VG	G	F	VP		x_2	F	VG	VG	SG
	x_3	P	SP	VG	G		x_3	VG	F	VG	F
	x_4	SG	VG	G	VP		x_4	F	G	F	SG

续表

决策者	方案	属性			
		a_1	a_2	a_3	a_4
e_3	x_1	SG	SG	VG	F
	x_2	F	P	SP	F
	x_3	VP	G	VG	VP
	x_4	VG	G	VP	P
e_4	x_1	F	G	F	SP
	x_2	F	F	VP	F
	x_3	G	VG	P	P
	x_4	G	VP	G	SG
e_5	x_1	F	G	P	SP
	x_2	VG	F	F	SP
	x_3	P	SP	VG	F
	x_4	SG	G	G	P
e_6	x_1	VP	SG	F	SG
	x_2	F	F	VP	G
	x_3	VG	SP	P	VG
	x_4	SP	G	VG	SG
e_7	x_1	P	G	SP	F
	x_2	P	G	SG	VP
	x_3	VP	P	P	F
	x_4	P	SP	P	P
e_8	x_1	SP	SG	VP	SG
	x_2	F	SP	VG	SP
	x_3	VP	SP	F	F
	x_4	SP	F	SG	SP
e_9	x_1	SP	SG	G	SG
	x_2	VP	SP	SG	VP
	x_3	SP	VG	VP	F
	x_4	F	F	SG	SP
e_{10}	x_1	SG	SG	P	G
	x_2	SP	P	P	F
	x_3	G	VG	G	SG
	x_4	F	G	F	SG

决策者	方案	属性			
		a_1	a_2	a_3	a_4
e_{11}	x_1	SG	VG	VG	G
	x_2	P	VG	P	SP
	x_3	SP	P	VP	F
	x_4	SG	SG	F	P
e_{12}	x_1	SG	G	G	P
	x_2	F	SP	VG	F
	x_3	P	SP	P	VP
	x_4	VG	SG	VG	P
e_{13}	x_1	F	VG	VP	G
	x_2	VG	SG	SP	VP
	x_3	G	P	VG	SG
	x_4	G	F	VP	SP
e_{14}	x_1	VP	G	G	VP
	x_2	SG	VP	F	SP
	x_3	P	SP	G	P
	x_4	VG	F	F	SG
e_{15}	x_1	G	F	SP	VP
	x_2	SP	SG	F	SG
	x_3	P	G	P	F
	x_4	F	G	SG	SG
e_{16}	x_1	VP	G	F	F
	x_2	VG	SP	P	SG
	x_3	SG	G	F	G
	x_4	SG	SG	P	SP
e_{17}	x_1	SG	SP	VG	VP
	x_2	VP	VG	VG	G
	x_3	F	SG	P	G
	x_4	P	VG	VG	G
e_{18}	x_1	F	SG	VP	G
	x_2	VP	SP	SP	F
	x_3	F	F	G	VG
	x_4	VG	F	G	G

续表

决策者	方案	属性				决策者	方案	属性			
		a_1	a_2	a_3	a_4			a_1	a_2	a_3	a_4
e_{19}	x_1	G	G	SP	SG	e_{20}	x_1	F	G	VP	P
	x_2	P	P	F	G		x_2	P	VG	F	VP
	x_3	SG	VG	VP	P		x_3	G	P	P	P
	x_4	G	VG	VP	G		x_4	F	F	VG	F

2. 决策步骤

进行冲突消解以验证语言偏好复杂大群体决策冲突协调方法的可行性和有效性，对方案 x_1 各决策者偏好云模型的冲突消解过程示例如下。

考虑案例决策环境，决策协调者最终将冲突程度阈值设定为 $\delta=1.5$。为了快速对群体冲突进行消解，设置冲突消解协调次数的上限为 T=3，每轮冲突消解过程对 2 名决策成员进行偏好调整。在已经得到聚类结果的基础上，初始 t=0，通过式(6-19)计算出每个决策成员与决策群体之间的冲突程度为 $\theta^0(Y_1,Y)$=3.19，$\theta^0(Y_2,Y)$=0.89，$\theta^0(Y_3,Y)$=4.31，$\theta^0(Y_4,Y)$=1.29，$\theta^0(Y_5,Y)$=1.00，$\theta^0(Y_6,Y)$=0.09，$\theta^0(Y_7,Y)$=1.00，$\theta^0(Y_8,Y)$=1.00，$\theta^0(Y_9,Y)$=3.49，$\theta^0(Y_{10},Y)$=2.08，$\theta^0(Y_{11},Y)$=5.17，$\theta^0(Y_{12},Y)$=2.86，$\theta^0(Y_{13},Y)$=0.24，$\theta^0(Y_{14},Y)$=0.79，$\theta^0(Y_{15},Y)$=0.25，$\theta^0(Y_{16},Y)$=0.64，$\theta^0(Y_{17},Y)$=2.01，$\theta^0(Y_{18},Y)$=0.13，$\theta^0(Y_{19},Y)$=3.32，$\theta^0(Y_{20},Y)$=1.93。通过式(6-20)计算出现阶段决策群体的整体冲突水平 θ=1.78 > 1.5，也就是说此时的决策结果并不优，决策成员内部偏好冲突程度较高，进入冲突协调阶段，决策成员之间互相协商和反馈，帮助决策者更加充分地认识决策问题，更新自己掌握的信息，对于群体意见冲突较大的决策成员用式(6-21)进行偏好修正。

将现阶段每个决策成员与决策群体之间的冲突程度从大到小依次进行排序为 $\theta^0(Y_{11},Y)\succ\theta^0(Y_3,Y)\succ\theta^0(Y_9,Y)\succ\theta^0(Y_{19},Y)\succ\theta^0(Y_1,Y)\succ\theta^0(Y_{12},Y)\succ\theta^0(Y_{10},Y)\succ\theta^0(Y_{17},Y)\succ\theta^0(Y_{20},Y)\succ\theta^0(Y_4,Y)\succ\theta^0(Y_5,Y)\sim\theta^0(Y_7,Y)\sim\theta^0(Y_8,Y)\succ\theta^0(Y_2,Y)\succ\theta^0(Y_{14},Y)\succ\theta^0(Y_{16},Y)\succ\theta^0(Y_{15},Y)\succ\theta^0(Y_{13},Y)\succ\theta^0(Y_{18},Y)\succ\theta^0(Y_6,Y)$。

可以发现决策成员 e_3、e_{11} 与群体偏好的冲突水平较大，因此他们需要充分地认识决策问题，了解决策的信息形势，对自己的决策偏好进行修正和调整。本节用式(6-21)对 e_3、e_{11} 的偏好云模型进行修正和调整。经过与决策成员 e_3、e_{11} 沟通，他们相继表达自己的偏好修正意向。决策成员 e_{11} 基本上愿意尊重群体整体的偏好，则设置第一轮冲突调整的偏好修正系数为 η_{11}^0=0.2，假设成员 e_3 对自己的意见比较坚持，设其决策偏好的修正系数为 $\eta_3^0=0.8$。经过第一轮冲突消解后的偏好修正云模型如表 6-11 所示。

表 6-11 经第一轮调整后的群体决策偏好云模型

决策者	方案 x_1	决策者	方案 x_1	决策者	方案 x_1
e_1	(7.61,8.60,0.22)	e_8	(31.69,6.75,0.17)	e_{15}	(38.01,6.26,0.16)
e_2	(31.43,8.05,0.20)	e_9	(61.62,4.68,0.12)	e_{16}	(35.43,5.51,0.14)
e_3	(67.98,5.28,0.14)	e_{10}	(54.02,5.24,0.13)	e_{17}	(59.35,8.10,0.21)
e_4	(45.39,2.67,0.07)	e_{11}	(48.93,1.89,0.05)	e_{18}	(41.03,6.97,0.18)
e_5	(33.96,4.42,0.11)	e_{12}	(59.32,5.24,0.13)	e_{19}	(58.98,4.20,0.11)
e_6	(40.61,5.69,0.14)	e_{13}	(41.96,6.99,0.18)	e_{20}	(23.47,6.98,0.18)
e_7	(34.28,4.14,0.11)	e_{14}	(32.36,8.06,0.20)		

第一轮次偏好调整后的专家综合云模型偏好聚类如表 6-12 所示。

表 6-12 经第一轮调整后的专家综合云模型偏好聚类表

聚集	成员数	成员	聚集偏好	单个成员权重
C^1	1	e_1	(7.61,8.60,0.22)	0.0055
C^2	1	e_{20}	(23.47,6.98,0.18)	0.0055
C^3	12	$e_2,e_4,e_5,e_6,e_7,e_8,e_{11},e_{13},e_{14},e_{15},e_{16},e_{18}$	(38.16,9.78,0.20)	0.0659
C^4	6	$e_3,e_9,e_{10},e_{12},e_{17},e_{19}$	(62.25,8.82,0.20)	0.0330

采用式(6-18)对专家进行偏好集结，得到群体决策结果为(42.08,1.43,0.04)。根据式(6-19)计算各个成员与决策群体在决策初始时的冲突程度为 $\theta^1(Y_1,Y)$=3.44，$\theta^1(Y_2,Y)$=1.12，$\theta^1(Y_3,Y)$=3.85，$\theta^1(Y_4,Y)$=0.81，$\theta^1(Y_5,Y)$=1.39，$\theta^1(Y_6,Y)$=0.21，$\theta^1(Y_7,Y)$=1.40，$\theta^1(Y_8,Y)$=1.27，$\theta^1(Y_9,Y)$=3.20，$\theta^1(Y_{10},Y)$=1.79，$\theta^1(Y_{11},Y)$=2.06，$\theta^1(Y_{12},Y)$=2.58，$\theta^1(Y_{13},Y)$=0.01，$\theta^1(Y_{14},Y)$=1.02，$\theta^1(Y_{15},Y)$=0.53，$\theta^1(Y_{16},Y)$=0.96，$\theta^1(Y_{17},Y)$=1.81，$\theta^1(Y_{18},Y)$=0.13，$\theta^1(Y_{19},Y)$=3.00，$\theta^1(Y_{20},Y)$=2.21。通过式(6-20)计算出现阶段决策群体的整体冲突水平 $\theta^1=1.64>1.5$，也就是说此时的决策结果并不优，决策成员内部偏好冲突程度较高，进入冲突协调阶段，决策成员之间互相协商和反馈，帮助决策者更加充分地认识决策问题，更新自己掌握的信息，对于群体意见冲突较大的决策成员用式(6-21)进行偏好修正。

将现阶段每个决策成员与决策群体之间的冲突程度从大到小依次进行排序为 $\theta^1(Y_3,Y)\succ\theta^1(Y_1,Y)\succ\theta^1(Y_9,Y)\succ\theta^1(Y_{19},Y)\succ\theta^1(Y_{12},Y)\succ\theta^1(Y_{20},Y)\succ\theta^1(Y_{11},Y)\succ\theta^1(Y_{17},$

$Y)\succ\theta^1(Y_{10},Y)\succ\theta^1(Y_7,Y)\succ\theta^1(Y_5,Y)\succ\theta^1(Y_8,Y)\succ\theta^1(Y_2,Y)\succ\theta^1(Y_{14},Y)\succ\theta^1(Y_{16},Y)\succ\theta^1(Y_4,Y)\succ\theta^1(Y_{15},Y)\succ\theta^1(Y_6,Y)\succ\theta^1(Y_{18},Y)\succ\theta^1(Y_{13},Y)$。

可以发现决策成员 e_3、e_1 与群体偏好的冲突水平较大，因此他们需要充分地认识决策问题，了解决策的信息形势，对自己的决策偏好进行修正和调整。本节用式(6-21)对 e_3、e_1 的偏好云模型进行修正和调整。经过与决策成员 e_3、e_1 的沟通，他们相继表达自己的偏好修正意向。决策成员 e_1 基本上愿意尊重群体整体的偏好，则设置第二轮冲突调整的偏好修正系数为 η_1^1=0.3，假设成员 e_3 对自己的意见比较坚持，但没上一轮那么强烈，设其决策偏好的修正系数为 η_3^1=0.6。经过第二轮冲突消解后的偏好修正云模型如表 6-13 所示。

表 6-13　经第二轮调整后的群体决策偏好云模型

决策者	方案 x_1	决策者	方案 x_1	决策者	方案 x_1
e_1	(31.74,2.77,0.07)	e_8	(31.69,6.75,0.17)	e_{15}	(38.01,6.26,0.16)
e_2	(31.43,8.05,0.20)	e_9	(61.62,4.68,0.12)	e_{16}	(35.43,5.51,0.14)
e_3	(57.62,3.22,0.08)	e_{10}	(54.02,5.24,0.13)	e_{17}	(59.35,8.10,0.21)
e_4	(45.39,2.67,0.07)	e_{11}	(48.93,1.89,0.05)	e_{18}	(41.03,6.97,0.18)
e_5	(33.96,4.42,0.11)	e_{12}	(59.32,5.24,0.13)	e_{19}	(58.98,4.20,0.11)
e_6	(40.61,5.69,0.14)	e_{13}	(41.96,6.99,0.18)	e_{20}	(23.47,6.98,0.18)
e_7	(34.28,4.14,0.11)	e_{14}	(32.36,8.06,0.20)		

第二轮次偏好调整后的专家综合云模型偏好聚类如表 6-14 所示。

表 6-14　经第二轮调整后的专家综合云模型偏好聚类表

聚集	成员数	成员	聚集偏好	单个成员权重
C^1	1	e_{20}	(23.47,6.98,0.18)	0.0062
C^2	11	$e_1,e_2,e_5,e_6,e_7,e_8,e_{13},e_{14},e_{15},e_{16},e_{18}$	(36.76,8.95,0.20)	0.0679
C^3	2	e_4,e_{11}	(46.97,3.11,0.07)	0.0123
C^4	6	$e_3,e_9,e_{10},e_{12},e_{17},e_{19}$	(56.84,6.62,0.21)	0.0370

采用式(6-18)对专家进行偏好集结，得到群体决策结果为(40.94,1.47,0.04)。再根据式(6-19)计算各个成员与决策群体在决策初始时的冲突程度为 $\theta^2(Y_1,Y)$=0.91，$\theta^2(Y_2,Y)$=1.00，$\theta^2(Y_3,Y)$=2.47，$\theta^2(Y_4,Y)$=1.07，$\theta^2(Y_5,Y)$=1.19，$\theta^2(Y_6,Y)$=0.05，$\theta^2(Y_7,Y)$=1.19，$\theta^2(Y_8,Y)$=1.13，$\theta^2(Y_9,Y)$=3.36，$\theta^2(Y_{10},Y)$=1.95，$\theta^2(Y_{11},Y)$=2.38，$\theta^2(Y_{12},Y)$=2.74，$\theta^2(Y_{13},Y)$=0.12，$\theta^2(Y_{14},Y)$=0.90，$\theta^2(Y_{15},Y)$=0.38，$\theta^2(Y_{16},Y)$=

0.79 , $\theta^2(Y_{17},Y)$=1.92 , $\theta^2(Y_{18},Y)$=0.01 , $\theta^2(Y_{19},Y)$=3.18 , $\theta^2(Y_{20},Y)$=2.07 。通过式(6-20)计算出现阶段决策群体的整体冲突水平 $\theta^2=1.44<1.5$ 。

此时，决策群体的整体冲突水平达到冲突水平阈值范围内，冲突协调阶段终止，接受此时的群体决策结果。经过两轮的冲突消解过程，冲突水平指标序列为 $\{\theta^t\}=\{1.78,1.64,1.44\}$ ，即决策群体冲突水平是逐渐收敛的。因此，本节的冲突消解方法能够快速有效地解决群体决策的冲突问题，通过本次算例验证了该方法有助于群体决策的高效解决。

6.3.5 研究结论

在复杂大群体决策中，由于各个专家在决策思想、决策态度、知识背景等方面存在差异，在决策过程中专家之间便不可避免地出现“偏好冲突”，有效的冲突消解方法是解决冲突的前提和基础。本节结合复杂大群体决策问题及决策环境，分析了大群体决策冲突产生的原因，构建了大群体决策冲突消解协调框架。首先提出了基于云模型大群体决策冲突测度方法，计算出群体临时冲突程度，通过与阈值大小的比较判断当前群体偏好是否需要协调和修正。然后，提出了基于云模型大群体决策冲突消解模型和方法，通过证明说明了此方法可以有效降低决策群体的偏好云模型冲突水平，使调整后的群体成员偏好冲突程度逐渐收敛，以获得冲突程度足够低的应急决策方案。案例应用验证了该方法及冲突消解协调机制的有效性。

6.4 基于少数意见和非合作行为协调的冲突型大群体应急决策方法

应急决策结果关系重大，少数意见十分重要，如何正确认识少数意见以及关于冲突型决策过程中非合作行为的协调与处理，是应急决策研究的重点和难点。解决冲突型应急决策问题的关键是在有限的时间内，做出被大多数决策成员认可的相对可靠的决策结果。本节建立基于少数意见和非合作行为协调的冲突型大群体决策模型，用于处理应急决策中可能存在的少数意见和非合作行为的情况，以保证决策的时效性和决策质量。

6.4.1 应急决策的特点和非合作行为及少数成员特征

重大突发事件应急决策是指灾难事故突然发生或出现征兆时，在尽可能充分获取灾害信息的条件下，首先在众多救援目标中分清主次目标，并依据主次目标的重要程度，选择合理合情的救援方案，在选择过程中科学运用相关决策理论与方法，并借助计算机技术等智能工具进行科学动态决策的过程。应急决策具有以下几个特点[14-16]：①协同性，应急决策需要多部门协同合作，往往需要组织来自不同领域的专家、与决策问题相关的决策者参与决策；②时效性，应急决策针对的是随时可能引起灾害事故的突发事件，必须在尽可能短的时间内做出决策；③ 决策群体结构具有复杂大群体性，群体规模比较庞大，决策问题的解决往往需要兼顾各方面，很难达成完全一致的决策结果；④冲突性，各方决策者根据所掌握的有限信息，基于不同的利益诉求，可能会给出差异较大的偏好意见；⑤后果严重性，一旦决策失误或者错失最佳决策时间，可能会带来难以估量的灾害损失。基于上述特点，决策者或专家在进行应急决策时，就不得不认真对待持非合作行为的决策者和少数意见，适当保护这些成员的意见获得有效的表达，因为对于各方关切的突发事件，各方提出的意见或方案都有可能接近或成为最终的决策结果。

多数人的意志可能并不一定符合理性，其利益表达与诉求可能也并非一定合理，这种情况在信息缺乏较严重的应急决策中表现更为明显。按照“少数服从多数”原则选择出的每一项决策方案都具有内在强制性，这就意味着持非合作行为的决策者的偏好或者少数意见没有得到有效考虑，从而可能影响到决策质量。在决策中，“少数”合理的不同意见可能使多数达成的决策更加完善，作为多数意见的有力补充，可以一定程度上防止多数原则的滥用，弥补其缺陷。决策中持少数意见的决策者一般分为以下几种类型[17]：①领导型，统筹全局，提出的意见具有前瞻性、与众不同，对最终的决策方案具有拍板确定的权力；②专家型，对决策问题本身有相当的了解和研究，在该领域有权威影响，提出的意见考虑周到、专业；③年轻气盛型，往往依据个人判断，给出较为偏激的偏好意见，且受他人影响较小；④特立独行型，给出的意见往往与众不同，一般不具有从众心理。对于第一类和第二类决策者的意见应当予以高度重视，而对于第三类和第四类决策者的意见则要慎重考虑。

非合作行为是指在群体冲突水平不符合预先定义阈值要求的情况下，与其他成员意见差异最大的决策者(或聚集)不愿意调整自身意见，进而不能使群体冲突水平降低或有效降低的决策行为。持非合作行为的决策者(或聚集)即非合作者。群体冲突水平阈值是指预先设定的、判断当前群体冲突水平是否符合要求，也是判断是否需要进行偏好调整的依据。非合作行为是群体决策中经常遇到的问题，特别是复杂应急环境，参与决策的成员往往来自不同部门、不同领域，具有不同的专业知识，甚至涉及不同利益方，这就决定了决策群体结构的复杂性。进一步，这种复杂性容易诱发成员之间的意见差异和偏好冲突，必然涉及偏好调整或者决策者权重调整。决策者的认知差异、利益关注点不同，客观上加剧了非合作行为出现的概率。

6.4.2 大群体决策冲突消解框架

在复杂大群体决策中，决策者个人偏好往往与群体偏好存在冲突，有时这种冲突很大。偏好冲突消解过程是一个动态、反复的群体协调过程，需要构建一个协调与冲突消解模型以尽可能缩小决策者个人偏好之间的差异。本节主要针对大群体应急决策背景，在决策开始时，决策者首先根据实际情况和自身知识经验，对各个决策方案给出相应的偏好信息，然后以决策者给出的偏好为依据，对成员偏好进行聚类，形成$K(1\leqslant K\leqslant M)$个聚集。偏好接近的决策者会被划分到同一个聚集。这样，聚集内部成员之间的冲突水平较低，而聚集之间的冲突水平可能较高，所以冲突协调消解的重点是针对聚集之间的偏好冲突。这样，以决策者个人为单位的决策就转变为以聚集为单位的整体决策。将大群体分成若干个聚集后，各聚集内的成员偏好较接近，并且成员人数规模相较初始大群体会小很多，这样有利于成员之间进行充分的沟通与讨论，较易形成一个统一的聚集偏好；聚集内部成员能够进行广泛而充分的信息交互、沟通，有利于达成聚集内部的共识；之后以聚集为单位进行整个决策群体的讨论，这种分层结构有利于信息传播、信息整合。为了提高决策效率、缩短决策时间，本节将每个聚集内部成员看成一个整体，对各聚集偏好进行冲突协调消解。

对于突发事件，稍有不慎，决策失误，可能会带来难以估量的损失，故在决策时需综合各方意见，特别要关注非合作行为和少数意见，有时“真理往往掌握在少数人手中”。要保证正确认识不被协调出局，就需要正确对待非合作行为和少数意见。同时，应急决策具有时间紧迫性和冲突性，要求决策既要做到在最短时间内给出结果，又要尽可能妥善处理意见分歧，得到群体冲突水平较低的应急决策方案。而这两个目标具有互斥性，要进行综合权衡。这就需要建立一种关于非合作行为和少数意见的协调处理模型，以做好这些成员意见的协调与处理。

本节考虑两种决策情形：①若群体冲突水平超过事先设定的冲突水平阈值δ，则说明各聚集偏好之间的冲突较大，需要进行冲突协调消解。随之按照本节提出的偏好冲突消解模型，对部分聚集偏好进行相应的处理或修正，如此迭代循环，直至最终群体冲突水平小于或等于阈值δ，同时得到冲突消解迭代次数t^*，以作为参考；或者达到冲突消解最大迭代次数 CT，迭代过程结束。②若群体冲突水平小于或等于阈值δ，则进入方案选择过程，从而获得群体冲突水平较低且方案较优的决策结果。

针对应急决策的特点，本节提出一种改进的冲突消解模型，该模型主要由关于少数意见的处理方法和关于非合作行为的处理方法两部分组成，以充分考虑各决策者的意见，保证正确认识不被协调出局，同时兼顾决策效率。提出综合修正系数和修正建议区间的思想，以有效减少偏好修正的主观性所产生的不确定性。基于少数意见和非合作行为协调的大群体决策冲突消解框架如图 6-2 所示。

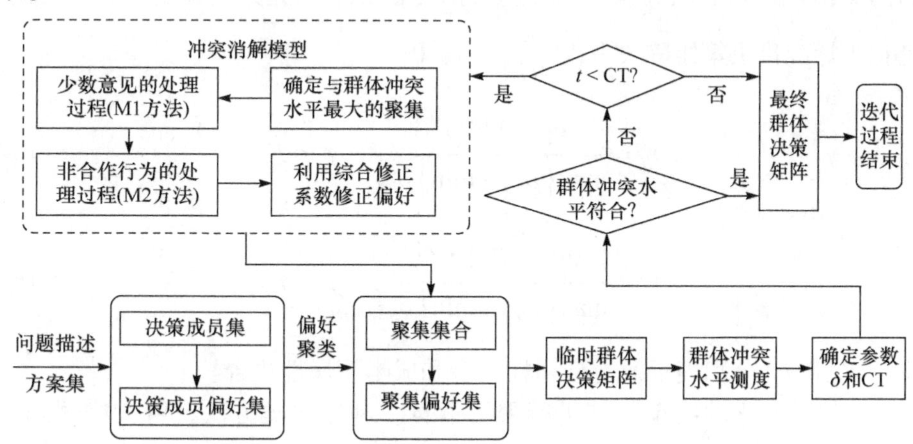

图 6-2　基于少数意见和非合作行为协调的大群体决策冲突消解框架

6.4.3　大群体冲突水平分析

多属性大群体应急决策问题定义为：应急环境下，有较大规模的决策者参与，需要在一组有限的备选方案中根据所要考虑到的属性及时选出较为满意的方案。一个典型的多属性大群体应急决策问题具有以下组成要素：

P 个离散有限的决策方案，构成方案集 $X=\{x_l \mid l=1,2,\cdots,P\}$ 。

M 个决策者组成决策大群体 $\Omega=\{e_i \mid i=1,2,\cdots,M\}$ ，决策者权重向量表示为 $\omega=\{\omega_i \mid i=1,2,\cdots,M\}$ ，这里 $\omega_i \geqslant 0$ ， $i=1,2,\cdots,M$ ， $\sum_{i=1}^{M}\omega_i=1$ 。通常，当成员数大于等于 11 时[18]，构成决策大群体，这样的决策称为大群体决策。

N 个决策属性组成属性集 $F=\{f_j \mid j=1,2,\cdots,N\}$ ，属性权重表示为 $W=\{w_j \mid j=1,2,\cdots,N\}$ ，这里 $w_j \geqslant 0$ ， $j=1,2,\cdots,N$ ， $\sum_{j=1}^{N}w_j=1$ 。

决策时间有限是应急决策必须考虑的因素，最终决策结果必须在尽可能短的、有效的时间内做出。

记 $P^i=\left(p_{lj}^i\right)_{P\times N}$ 为决策者 $e_i\in\Omega$ 给出的决策矩阵，这里 p_{lj}^i 为准确数，表示对于决策者 e_i ，方案 $x_l\in X$ 针对属性 $f_j\in F$ 的评价值。根据 Yu 等[19]、Palomares 等[20]的研究，在不考虑决策者偏好差异的情况下，解决多属性大群体应急决策问题通常由以下步骤组成。

(1) 规范化初始决策矩阵。在大群体应急决策问题中，决策属性通常可以划分为两类：效益型属性和成本性属性。根据文献[21]，将初始决策矩阵 $P^i=\left(p_{lj}^i\right)_{P\times N}$ 规范化为标准化决策矩阵 $R^i=\left(r_{lj}^i\right)_{P\times N}$，这里

$$r_{lj}^i=\frac{p_{lj}^i-\min\limits_l\left\{p_{lj}^i\right\}}{\max\limits_l\left\{p_{lj}^i\right\}-\min\limits_l\left\{p_{lj}^i\right\}},\quad f_j\in F_B \tag{6-22}$$

$$r_{lj}^i=\frac{\max\limits_l\left\{p_{lj}^i\right\}-p_{lj}^i}{\max\limits_l\left\{p_{lj}^i\right\}-\min\limits_l\left\{p_{lj}^i\right\}},\quad f_j\in F_C \tag{6-23}$$

其中，F_B 和 F_C 分别表示效益型属性集合和成本型属性集合。

(2) 对标准化的决策矩阵进行聚类运算。利用聚类方法，将大群体划分为 $K(1\leqslant K\leqslant M)$ 个规模较小的子群体，可以得到聚集决策矩阵 $G^k=\left(g_{lj}^k\right)_{P\times N}$ $(k=1,2,\cdots,K)$。

(3) 集结聚集决策矩阵。假设聚集权重向量为 $U=(u_1,u_2,\cdots,u_K)^{\mathrm{T}}$。利用加权平均(weighted averaging, WA)算子集结聚集决策矩阵，得到群体决策矩阵 $R^c=\left(r_{lj}^c\right)_{P\times N}$，其中

$$r_{lj}^c=\mathrm{WA}\left(g_{lj}^1,g_{lj}^2,\cdots,g_{lj}^K\right)=\sum_{k=1}^K u_k\cdot g_{lj}^k \tag{6-24}$$

(4) 选出最优方案。利用加权平均算子，对群体决策矩阵第 l 行元素进行集结，得到各个方案的综合评价值，记为 $\mathrm{OEV}(x_l)(l=1,2,\cdots,P)$，其中

$$\mathrm{OEV}(x_l)=\sum_{j=1}^N w_j\cdot r_{lj}^c \tag{6-25}$$

利用方案综合评价值，可以对各备选方案进行排序，得到最优方案。在大群体应急决策中，由于决策者较多，且他们知识背景、专业领域的不同，成员偏好之间的差异程度可能较大，个体偏好往往与群体偏好存在冲突。因此，在对决策方案排序选优之前，先要对决策结果进行群体冲突水平测度。如果群体冲突水平大于群体冲突水平阈值 δ，就要考虑进行冲突协调与消解，以期获得群体冲突水平较低的决策结果。

(1) 决策群体偏好聚类与群体偏好集结。

采用聚类方法[22]将初始决策群体划分为 $K(1\leqslant K\leqslant M)$ 个子群体，也称为聚

集。上述聚类方法是以决策者初始偏好的接近程度进行划分的。因此，为便于之后处理，由于同一聚集内的成员持有对决策问题相似或者相同的偏好或意见，其可被赋予相同的权重。遵循多数原则，如果聚集包含的成员数较多，显然该聚集内的成员应被赋予较大的权重。因为一般地，多数人的意见是接近正确结果的。反之，若聚集包含的成员数较少，则该聚集内的成员应被赋予较小的权重。因此，成员 e_i 的权重为

$$\omega_i = n_k \Big/ \sum_{k=1}^{K} n_k^2 \tag{6-26}$$

计算聚集 C^k 的权重 $u_k = n_k \cdot \omega_i$ ，$e_i \in C^k$ 。易知 $0 < u_k < 1$ ，$\sum_{k=1}^{K} u_k = 1$ 。利用加权平均算子集结各决策者的决策矩阵，得到聚集决策矩阵 $G^k = \left(g_{lj}^k\right)_{P\times N}$ ，其中

$$g_{lj}^k = \sum_{i=1}^{n_k} \omega_i \cdot r_{lj}^i \tag{6-27}$$

集结各聚集决策矩阵，得到群体决策矩阵为 $R^c = \left(r_{lj}^c\right)_{P\times N}$ ，其中

$$r_{lj}^c = \sum_{k=1}^{K} u_k \cdot g_{lj}^k \tag{6-28}$$

(2) 决策群体冲突水平测度。

定义 6-8(聚集冲突水平) 各聚集决策矩阵 $G^k\,(k=1,2,\cdots,K)$ 与群体决策矩阵 R^c 之间的冲突水平 $\varphi\left(G^k\right)$ 定义为

$$\varphi\left(G^k\right) = \frac{1}{P\times N} \sum_{l=1}^{P} \sum_{j=1}^{N} \left| g_{lj}^k - r_{lj}^c \right| \tag{6-29}$$

定义 6-9 整个群体冲突水平为

$$\theta = \frac{1}{K} \sum_{k=1}^{K} \varphi\left(G^k\right) \tag{6-30}$$

易知 $0 \leqslant \theta \leqslant 1$ 。若 $\theta \leqslant \delta$ ，则说明群体冲突水平较低，可进入方案选择过程；否则说明群体冲突水平较高，需要进入冲突协调消解迭代过程。

6.4.4 基于少数意见和非合作行为协调的冲突消解模型

由于应急决策具有后果严重性的特征，决策结果异常重要，因此少数意见和非合作行为必须得到必要的考虑与协调。本节将上面两个因素加入传统的冲突消解模型[23]中，并提出冲突消解迭代过程中所需重要参数的定量确定方法。

1. 综合修正系数的确定

冲突消解过程是一个动态、反复迭代的过程，应急环境下的冲突消解模型[24]为

$$v_{lj}^{i(t+1)} = p_i^{(t)} v_{lj}^{i(t)} + \left(1 - p_i^{(t)}\right) r_{lj}^{c(t)} \tag{6-31}$$

其中，$p_i^{(t)}$是偏好修正系数，代表决策者e_i坚持自身偏好的程度，即对于调整自身偏好的非合作度。$p_i^{(t)}$取值越大，表示决策者e_i对于修正自身偏好以促进群体冲突水平降低的行为持非合作的程度越深。然而，应急决策环境独有的特点使得决策者给出的偏好修正系数可能带有主观性和随意性，影响到决策质量和时效性。基于该不足，本节提出综合修正系数的思想。

假设第 t+1 次迭代时，聚集C^k的决策矩阵为$G^{k(t)} = \left(g_{lj}^{k(t)}\right)_{P\times N}$，群体决策矩阵为$R^{c(t)} = \left(r_{lj}^{c(t)}\right)_{P\times N}$。经过冲突水平测度，若群体冲突水平$\theta^{(t)}$大于事先设定的群体冲突水平阈值$\delta$，即$\theta^{(t)} > \delta$，则需要进行冲突协调消解迭代。根据式(6-29)的计算结果，找出第 t+1 次迭代时与群体冲突水平最大的聚集，标记为C^{k^*}，即$\varphi\left(G^{k^*(t)}\right) = \max\left\{\varphi\left(G^{k(t)}\right) \middle| k = 1,2,\cdots,K\right\}$。因此，为获得群体冲突水平较低的决策结果，并将决策过程的波动控制在最小限度，此轮迭代中只调整聚集C^{k^*}的偏好。

首先，聚集C^{k^*}内的决策者经过充分讨论，结合实际决策情况，给出偏好修正系数$\eta_{k^*}^{S(t)}\left(0 \leqslant \eta_{k^*}^{S(t)} \leqslant 1\right)$。这里，$\eta_{k^*}^{S(t)}$表示第 t+1 次迭代时，聚集C^{k^*}主观上尊重群体偏好的程度，也就是聚集C^{k^*}修正自身偏好的比例，因此称为主观修正系数。

其次，确定客观修正系数。客观修正系数是依据某种原则计算得到的聚集修正自身偏好的程度，其确定遵循以下原则：①获得决策者一致认可的决策结果是最理想的决策情形，而这在应急环境下几乎不可能，尽管如此，但以最理想的决策情形为目标，能够督促和鼓励决策者为获得群体冲突水平较低的决策结果做出努力；②当群体冲突水平阈值δ设定得很小时，为保证最终群体冲突水平符合阈值要求，某些聚集偏好修正程度应适当加大；③如果第 t 次迭代后，聚集C^k偏好与群体偏好相差较大，那么为了尽快使决策共识达成，应当加大对聚集C^k偏好中冲突的消解；④若聚集C^k偏好与群体偏好相差不大，则相应的客观修正系数应设置得小些，这样可以降低因决策矩阵过度修正带来的偏好扭曲。

定义 6-10(客观修正系数) 假定第 t 次迭代后，聚集C^{k^*}偏好与群体偏好冲突

水平最高，则称

$$\eta_{k^*}^{O(t)} = \frac{\left(\varphi\left(G^{k^*(t)}\right)-0\right)-(\delta-0)}{\varphi\left(G^{k^*(t)}\right)-0} = 1-\frac{\delta}{\varphi\left(G^{k^*(t)}\right)} \tag{6-32}$$

为针对聚集 C^{k^*} 偏好的客观修正系数。其中，$0 \leqslant \eta_{k^*}^{O(t)} \leqslant 1$，$\eta_{k^*}^{O(t)}$ 表示依据客观修正系数给出的聚集 C^{k^*} 尊重群体偏好的程度。

最后，可以得到综合修正系数，记为 $\eta_{k^*}^{(t)}$，其确定遵循以下规则：

(1) 若 $\eta_{k^*}^{S(t)} \geqslant \eta_{k^*}^{O(t)}$，则取 $\eta_{k^*}^{(t)} = \eta_{k^*}^{S(t)}$；

(2) 若 $\eta_{k^*}^{S(t)} < \eta_{k^*}^{O(t)}$，则取 $\eta_{k^*}^{(t)} = \varepsilon\eta_{k^*}^{S(t)} + (1-\varepsilon)\eta_{k^*}^{O(t)}$。

这里，ε 是一个控制系数，用以控制主观修正系数在综合修正系数中的占比。易知 $0 \leqslant \eta_{k^*}^{(t)} \leqslant 1$。然后通过式(6-33a)对聚集 C^{k^*} 的决策矩阵进行修正：

$$G^{k^*(t+1)} = \eta_{k^*}^{(t)} R^{c(t)} + \left(1-\eta_{k^*}^{(t)}\right) G^{k^*(t)} \tag{6-33a}$$

其中，$G^{k^*(t+1)}$ 为利用式(6-33a)求得的第 t+1 次迭代后聚集 C^{k^*} 的决策矩阵。基于不同类型的修正系数，可以得到不同的偏好修正公式：

$$G^{k^*(t+1)} = \eta_{k^*}^{S(t)} R^{c(t)} + \left(1-\eta_{k^*}^{S(t)}\right) G^{k^*(t)} \tag{6-33b}$$

$$G^{k^*(t+1)} = \eta_{k^*}^{O(t)} R^{c(t)} + \left(1-\eta_{k^*}^{O(t)}\right) G^{k^*(t)} \tag{6-33c}$$

其中，$0 \leqslant \eta_{k^*}^{S(t)} \leqslant 1$，$0 < \eta_{k^*}^{O(t)} \leqslant 1$。Xu[21]已证明利用式(6-33b)对决策者偏好进行修正，可以降低成员偏好之间的冲突水平，并最终使群体冲突水平达到阈值要求。由于式(6-33b)和式(6-33a)、式(6-33c)对偏好修正的原理基本一致，因此可以得知利用上述三式对偏好进行修正，都可以达到降低群体冲突水平的目的。主观修正系数基于决策者的主观判断，可能存在一定的随机性和不确定性，而客观修正系数是依据某种规则确定的，是对主观修正系数的有利补充。将两者融合得到综合修正系数，既可以将决策者本身的态度考虑进去，也能对决策者的主观性和不确定性起到一定程度的修正作用。

2. 偏好冲突消解迭代过程所需参数的确定

冲突消解迭代过程所需参数主要包括群体冲突水平阈值 δ 和最大迭代次数 CT。目前对于群体冲突水平阈值 δ 的选取，主要是依据实际决策的群体规模与决策问题的特点进行设定。当产生一个决策结果的需求较高时，阈值δ可以取值相对大些，这样易于得到符合冲突水平要求的决策结果；反之，如果对决策结果的质量要求较高，则应将阈值δ取值相对小些，尽可能考虑每个决策者的意见[24]。这种选取方法存在一定程度的主观性和经验性。Chiclana 等[25]已经证明，决策过程中采用不同的距离公式对成员偏好进行冲突水平测度，可能会产生不同的结果。基于此，本节利用客观修正系数的思想，构建新的群体冲突水平阈值选取方法。利用客观修正系数，对冲突消解迭代过程进行模拟，可以得到在没有考虑聚集主观修正系数情况下的冲突消解迭代过程模拟结果。易知，依据不同的群体冲突水平阈值对聚集偏好进行修正，会得到不同的迭代次数和决策结果。参照此模拟结果，结合实际决策情形，决策者经过商议可以给出群体冲突水平阈值δ和最大迭代次数 CT 的具体数值。同时，偏好修正量也是必须考虑的因素。

定义 6-11 假设第t次迭代后和第t+1 次迭代后，聚集C^k的决策矩阵分别为$G^{k(t+1)}$和$G^{k(t)}$。那么，与上一次迭代后的偏好相比，第t+1 次迭代后，聚集C^k的偏好修正量为

$$\mathrm{AD}\left(G^{k(t+1)},G^{k(t)}\right)=\frac{1}{P\times N}d\left(G^{k(t+1)},G^{k(t)}\right) \tag{6-34}$$

其中，$d\left(G^{k(t+1)},G^{k(t)}\right)$表示聚集决策矩阵$G^{k(t+1)}$和$G^{k(t)}$的曼哈顿距离，即

$$d\left(G^{k(t+1)},G^{k(t)}\right)=\sum_{l=1}^{P}\sum_{j=1}^{N}\left|g_{lj}^{k(t+1)}-g_{lj}^{k(t)}\right| \tag{6-35}$$

定义 6-12 假设最终迭代次数为t^*，那么经过t^*次迭代后，偏好总修正量为

$$\mathrm{SAD}=\sum_{k=1}^{K}\sum_{t=0}^{t^*-1}\mathrm{AD}\left(G^{k(t+1)},G^{k(t)}\right) \tag{6-36}$$

根据本节算例分析部分给出的决策信息，计算得到初始群体冲突水平为$\theta^{(0)}=0.2614$。利用式(6-33c)对决策者偏好进行修正，可以得到冲突消解迭代过程模拟结果。图 6-3 展示了设定不同的群体冲突水平阈值情形下，冲突消解迭代次数、群体冲突水平及聚集偏好总修正量三者之间的关系。

一般地，参数δ和 CT 的确定需要考虑以下因素：

(1) 可供决策的时间是否充裕。充足的决策时间意味着决策者之间可以进行多轮次讨论，充分发表意见以尽可能使最终方案取得大多数成员的认可。因此，群体冲突水平阈值可以设置得相对小些。例如，当设定阈值$\delta=0.15$时，由模拟结果可知，需要迭代 6 次才能使群体冲突水平满足阈值要求。反之，若时间有限，

则阈值应当被限定在一个较低的范围内，如 $0.15 \leqslant \delta \leqslant 0.2614$ 。

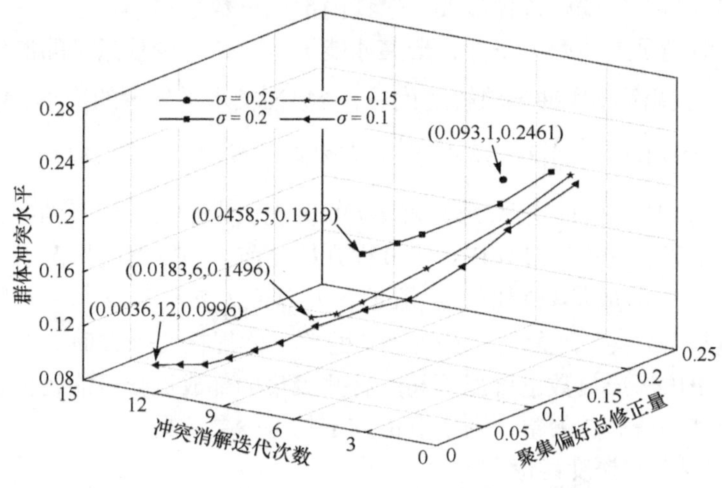

图 6-3　偏好冲突消解迭代过程模拟结果

(2) 结果对整个决策的影响是否很大。决策时效性与决策结果质量均为应急决策必须重视的因素。但一般来说，在尽可能短的时间内做出决策更为重要。因此，群体冲突水平阈值不应设定过低，甚至接近于零。同时，由于应急决策问题本身涉及面广以及参与成员的结构复杂，群体冲突水平阈值通常不会低于 0.1。

(3) 避免极端情形。一方面，如果群体冲突水平阈值设定为 $\delta = 0.3$ ，则说明无须偏好调整即可达到要求，这显然不是最佳的决策结果。另一方面，如果阈值设定为 $\delta = 0.1$，那么直到第 12 次迭代后才能满足阈值要求，这与应急决策的时效性要求相违背。而且，此时总的偏好修正量达到了 $\text{SAD} = 0.9882$ 。需要注意的是，较高的偏好修正量意味着偏好扭曲的可能性在增加。

综合考虑上述三个方面的因素，可以认为，群体冲突水平阈值的取值置于半开半闭区间[0.15, 0.2614)较为合适。参照此模拟结果，结合决策问题的实际情况，决策者可以给出群体冲突水平阈值 δ 和最大迭代次数 CT。

3. 少数意见处理方法

应急决策涉及面广，可以利用的决策信息有限，不可避免地会出现决策者意见相左，甚至是发生偏好冲突的情况。如何能够在充分考虑少数意见的基础上完成冲突协调消解过程，获得满意的决策方案，一直都是冲突解决的核心与关键。本节提出一种关于少数意见的处理方法(标记为 M1)，包括识别、讨论和协调处理三个阶段。

1) 查询和识别少数意见

大群体决策中关于少数意见的判定应当满足以下两个条件：经过冲突测度之后，聚集偏好与群体偏好差异最大；聚集内部成员数足够小。

只有同时满足上述两个条件，聚集才能被认定是持少数意见的群体。通过冲突水平测度，找出第 t 次冲突消解迭代后，聚集冲突水平最大的聚集，标记为 C^{k^*}，即 $\varphi\left(G^{k^*(t)}\right)=\max\left\{\varphi\left(G^{k(t)}\right)\middle|k=1,2,\cdots,K\right\}$。如果聚集 C^{k^*} 中的成员数 $n_{k^*}\leqslant\overline{n}$，则说明聚集 C^{k^*} 中的成员数相对较少，那么聚集 C^{k^*} 可被认为是与群体意见冲突水平最大的少数意见聚集。这里，$\overline{n}$ 为在迭代过程开始之前，根据聚类情况事先设定的界定少数意见聚集的成员数阈值。一般地，$\overline{n}$ 取值为 $\overline{n}=[M/K]$，这里 $[M/K]$ 为 M/K 的取整函数。少数意见与多数意见的差异体现在两个方面，即聚集冲突水平不同、聚集内部成员数也可能不同。有些聚集内部成员数可能较少，但并不是与群体冲突水平最大的聚集，则不能被判定是持少数意见。

2) 阐述观点和深度讨论

聚集 C^{k^*} 中的成员详细阐述自身偏好的合理性，各聚集之间应本着充分考虑少数意见的原则，进行广泛深入的讨论，以确定少数意见是否具有一定的合理性。

3) 适当协调和处理少数意见

经过充分讨论，如果超过半数聚集认为聚集 C^{k^*} 的意见值得考虑，有一定的合理性，那么可适当调整聚集 C^{k^*} 的权重，提高其在群体意见中的影响，然后重新对聚集冲突水平进行测度。在设计和给出针对少数意见的权重调整函数时，自变量是认为少数意见值得考虑的聚集数，因变量是调整后的少数意见聚集 C^{k^*} 的权重。总的原则是：若少数意见的合理性得到其他多数聚集认可，则应当提高聚集 C^{k^*} 的权重，并对权重调整上限做出适当限制。聚集权重调整函数应为关于对聚集 C^{k^*} 偏好持支持态度的聚集数的增函数。本节提出一种以对少数意见持支持态度的聚集数为依据的权重替代函数，具体操作如下：

(1) 对聚集权重以升序重新进行排序，可以得到有序聚集权重向量 $u'^{(t)}=\left(u_1'^{(t)},u_2'^{(t)},\cdots,u_K'^{(t)}\right)^{\mathrm{T}}$，这里 $u_k'^{(t)}\left(k=1,2,\cdots,K\right)$ 表示第 k 个聚集权重。

(2) 计算其他聚集中，对聚集 C^{k^*} 偏好持支持态度的聚集数与剩余聚集数一半的差值，用 $\mathrm{nd}_{k^*}^{M1(t)}$ 表示，则有

$$\mathrm{nd}_{k^*}^{M1(t)}=\begin{cases}\mathrm{round}\left(n_{k^*}^{M1(t)}-\dfrac{K-1}{2}\right), & K\text{是偶数}\\ n_{k^*}^{M1(t)}-\dfrac{K-1}{2}, & K\text{是奇数}\end{cases}\tag{6-37}$$

其中，$n_{k^*}^{M1(t)}$ 为对少数意见持支持态度的聚集数，round(·) 是常规四舍五入算法。

(3) 确定聚集权重替代函数。

定义 6-13 设聚集权重向量为 $u^{(t)}=\left(u_1^{(t)},u_2^{(t)},\cdots,u_K^{(t)}\right)^{\mathrm{T}}$，有序聚集权重向量为 $u'^{(t)}=\left(u_1'^{(t)},u_2'^{(t)},\cdots,u_K'^{(t)}\right)^{\mathrm{T}}$。聚集 C^{k^*} 权重排序为第 q^* 小，即 $u_{k^*}^{(t)}=u_{q^*}^{(t)}$。那么，持少数意见的聚集 C^{k^*} 的权重替代函数定义为

$$u_{k^*}^{M1(t)}=\min\left\{\max\left\{u_k^{(t)}\middle|k=1,2,\cdots,K\right\},u'^{(t)}_{q^*+\mathrm{nd}_{k^*}^{M1(t)}}\right\} \tag{6-38}$$

其中，$u_{k^*}^{M1(t)}$ 为调整后聚集 C^{k^*} 的权重，对调整后的各聚集权重进行归一化处理，可以得到更新后的聚集权重向量。这里设定权重调整上限为上一次迭代过程中最大的聚集权重，目的在于防止权重调整幅度过大、忽视初始偏好的重要性，保证各聚集偏好能够尽可能在最终决策结果中均有体现。利用式(6-38)对聚集 C^{k^*} 权重进行调整后，若 $u_{k^*}^{M1(t)}<\max\left\{u_k^{(t)}\middle|k=1,2,\cdots,K\right\}$，则聚集 C^{k^*} 权重将成为第 $q^*+\mathrm{nd}_{k^*}^{M1(t)}$ 小的聚集权重。若 $u_{k^*}^{M1(t)}=\max\left\{u_k^{(t)}\middle|k=1,2,\cdots,K\right\}$，则 $u_{k^*}^{M1(t)}$ 将被看成第 $K-1$ 小的权重。

例 6-1 假设一个决策群体由 6 个聚集构成。计算得到有序聚集权重向量为 $u'^{(t)}=(0.05,0.15,0.15,0.15,0.24,0.26)^{\mathrm{T}}$。假定第 t 次迭代时，聚集 C^2 持少数意见，权重为 $u_2^{(t)}=0.15$，可知按序其为第二小的权重。设对少数意见持支持态度的聚集数为 $n_2^{M1(t)}=4$，则 $\mathrm{nd}_2^{M1(t)}=\mathrm{round}(4-(6-1)/2)=2$。因此，调整后的聚集 C^2 权重为 $u_2^{M2(t)}=\min\left\{0.26,u'^{(t)}_{2+2}\right\}=\min\{0.26,0.15\}=0.15$。需要指出的是，尽管聚集 C^2 权重数值在调整前后没有发生变化，但可以认为聚集 C^2 的权重从之前排序为第二小提高到第四小。

这里需要定义少数意见得到重视的判定标准：持少数意见的聚集权重得到提升；少数意见与群体偏好在方案排序上的差异程度减小，可以用方案绝对位置移动总量进行测度。

定义 6-14 假设初始方案排序为 $x_1\succ x_2\succ\cdots\succ x_P$，第 t 次迭代后方案排序为 $x_1'\succ x_2'\succ\cdots\succ x_P'$。初始方案 $x_{l^*}\left(l^*\in P\right)$ 变为之后的 $x'_{q^*}\left(q^*\in P\right)$，则方案 x_{l^*} 的绝对位置移动量为 $\mathrm{aaps}^{(t)}\left(x_{l^*}\right)=\left|l^*-q^*\right|$。称

$$\mathrm{AAPS}^{(t)}=\sum_{l=1}^{P}\mathrm{aaps}^{(t)}\left(x_l\right) \tag{6-39}$$

为第 t 次迭代前后方案绝对位置移动总量。方案绝对位置移动总量减小，代表少数意见与群体偏好的差异在缩小，也说明少数意见在群体偏好中得到了更大程度的体现。

例 6-2　假设有 4 个决策方案 x_1、x_2、x_3、x_4。第 t 次迭代时，依据群体偏好的方案排序为 $x_4 \succ x_3 \succ x_1 \succ x_2$，持少数意见成员(或聚集)的方案排序为 $x_4 \succ x_2 \succ x_3 \succ x_1$，对少数意见协调处理后群体偏好方案排序为 $x_2 \succ x_4 \succ x_3 \succ x_1$。可以看到第 t 次迭代时，少数意见与群体偏好相比，方案的绝对位置移动总量为 $\mathrm{AAPS}^{(t-1)}(C^{k^*})=4$，而第 t 次迭代后降低到 $\mathrm{AAPS}^{(t)}(C^{k^*})=2$。这说明，经过对少数意见协调处理后，少数意见在群体意见中得到了更大程度的体现。

如果认为聚集 C^{k^*} 意见值得考虑的聚集数未超过半数，那么可以认为多数聚集对聚集 C^{k^*} 的意见持怀疑态度，接着进入关于非合作行为的处理方法。

4. 非合作行为处理方法

应急决策具有强时效性，要求在尽可能短的时间内给出决策结果，如果决策过程中出现了非合作行为，必然会影响决策进度与质量。因此，需要建立一种针对非合作行为的协调处理方法，以保证决策的时效性和合理性。非合作行为是指在群体冲突水平不符合预先定义阈值的情况下，与其他成员意见差异最大的决策者(或聚集)不愿意调整自身意见，进而不能使群体冲突水平降低(或有效降低)的情景，持非合作行为的决策者即非合作者。关于非合作行为的处理方法(标记为 M2)包括三个阶段，即识别阶段、表征阶段和处理阶段。

1) 查询和识别非合作行为

其他聚集 $C^{k'}\left(k'=1,2,\cdots,K;k'\neq k^*\right)$ 根据讨论结果以及群体冲突水平，给出关于聚集 C^{k^*} 偏好的修正建议 $\eta_{k'k^*}^{(t)}$，其中 $\eta_{k'k^*}^{(t)}$ 是准确数，且 $0\leqslant\eta_{k'k^*}^{(t)}\leqslant 1$。同时利用式(6-32)求得聚集 C^{k^*} 的客观修正系数 $\eta_{k^*}^{O(t)}$。对 $\left\{\eta_{k'k^*}^{(t)}\middle|k'=1,2,\cdots,K\right\}$ 和 $\eta_{k^*}^{O(t)}$ 进行取大取小运算，可以得到在其他聚集看来，针对聚集 C^{k^*} 偏好的修正建议区间 $\overline{\eta}_{k^*}^{(t)}=\left[\eta_{k^*}^{(t)L},\eta_{k^*}^{(t)U}\right]=\left[\min\left\{\eta_{k'k^*}^{(t)},\eta_{k^*}^{O(t)}\right\},\max\left\{\eta_{k'k^*}^{(t)},\eta_{k^*}^{O(t)}\right\}\right]$，其中，$\eta_{k^*}^{(t)L}$ 和 $\eta_{k^*}^{(t)U}$ 分别为修正建议区间的下限和上限。修正建议区间代表了其他聚集依据现实决策情况确定的关于聚集 C^{k^*} 偏好修正水平的建议区间，用以判定聚集 C^{k^*} 给出的主观修正系数是否属于持非合作行为的范围之内。若聚集 C^{k^*} 的主观修正系数小于修正建议区间上限，则说明聚集 C^{k^*} 对于偏好修正持一定程度的非合作态度。

2) 定量表征非合作行为

引入非合作度来测度聚集不愿意调整自身偏好的程度。区间数比较可能度概念用来确定两个区间数的大小关系和次序关系，可以用来测度非合作度。

定义 6-15(区间数比较可能度公式)[26]　假设两个区间数 $\overline{a}=\left[a^L,a^U\right]$ 和 $\overline{b}=\left[b^L,b^U\right]$，记 $l\left(\overline{a}\right)=a^U-a^L$，$l\left(\overline{b}\right)=b^U-b^L$。那么，$\overline{a}\geqslant\overline{b}$ 的可能度为

$$p\left(\overline{a}\geqslant\overline{b}\right)=\min\left\{\max\left\{\frac{a^U-b^L}{l\left(\overline{a}\right)+l\left(\overline{b}\right)},0\right\},1\right\} \tag{6-40}$$

记 $\overline{a}$ 和 $\overline{b}$ 的次序关系为 $\overline{a}\geqslant\overline{b}$。显然，$p\left(\overline{a}\geqslant\overline{b}\right)$ 满足以下性质：$0\leqslant p\left(\overline{a}\geqslant\overline{b}\right)\leqslant 1$；$p\left(\overline{a}\geqslant\overline{b}\right)=1$ 当且仅当 $b^U\leqslant a^L$；$p\left(\overline{a}\geqslant\overline{b}\right)=0$ 当且仅当 $a^U\leqslant b^L$; $p\left(\overline{a}\geqslant\overline{b}\right)+p\left(\overline{b}\geqslant\overline{a}\right)=1$，特别地，$p\left(\overline{a}\geqslant\overline{a}\right)=1/2$。

定义 6-16　聚集 C^{k^*} 给出的偏好主观修正系数为 $\eta_{k^*}^{S(t)}$，修正建议区间为 $\overline{\eta}_{k^\circ}^{(t)}$。将 $\eta_{k^*}^{S(t)}$ 视为区间数，即 $\overline{\eta}_{k^*}^{S(t)}=\left[\eta_{k^*}^{S(t)L},\eta_{k^*}^{S(t)U}\right]$，其中，$\eta_{k^*}^{S(t)}=\eta_{k^*}^{S(t)L}=\eta_{k^*}^{S(t)U}$。称

$$\tau^{(t)}(C^{k^*})=1-p\left(\overline{\eta}_{k^*}^{S(t)}\geqslant\overline{\eta}_{k^\circ}^{(t)}\right) \tag{6-41}$$

为聚集 C^{k^*} 修正自身偏好的非合作度。易知，$0\leqslant\tau^{(t)}(C^{k^*})\leqslant 1$。例如，如果 $p\left(\overline{\eta}_{k^*}^{S(t)}\geqslant\overline{\eta}_{k^\circ}^{(t)}\right)=0.35$，则根据式(6-41)计算得到聚集 C^{k^*} 修正自身偏好的非合作度为 $\tau^{(t)}(C^{k^*})=1-0.35=0.65$。

3) 适当协调处理非合作行为

考虑三种不同情形的非合作行为：

(1) 若 $\tau^{(t)}(C^{k^*})=0$，则聚集 C^{k^*} 被视为完全合作者，因此无须调整其权重，采用综合修正系数对其偏好进行修正即可。

(2) 若 $\tau^{(t)}(C^{k^*})=1$，则意味着聚集 C^{k^*} 对于修正其偏好持非常高的非合作度。为保证决策进程，在尽可能短的时间内获得决策结果，可以建议聚集 C^{k^*} 中的成员退出决策。根据上述提出的应对非合作行为的审慎处理原则，关于成员退出的选择必须建立在实际决策情形基础上，慎重考虑。

(3) 若 $0<\tau^{(t)}(C^{k^*})<1$，则聚集 C^{k^*} 被认为是对调整其偏好持一定程度的非合作态度，因此可适当调整该聚集的权重，降低其在群体意见中的重要程度。

在设计和给出针对持非合作行为聚集的权重调整函数时，自变量为聚集 C^{k^*} 的主观修正系数与修正建议区间的位置关系，因变量为调整后聚集 C^{k^*} 的权重。总的原则是为保证决策进程，应根据聚集 C^{k^*} 的非合作程度适当降低其权重。常

规权重调整函数如图 6-4 所示，不同的函数代表不同的权重调整策略。

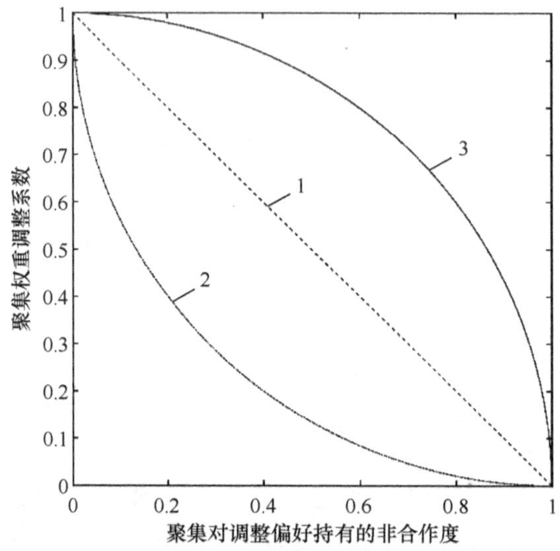

图 6-4　关于持非合作行为的聚集的一般权重调整函数

曲线 1 为线性函数，表示不管对偏好修正所持的非合作程度是多少，函数斜率不变。曲线 2 为向下凸的递减函数，在这种情况下，决策者更关注非合作行为存在的事实，而不是非合作度的大小。当非合作度趋向于 1 时，决策者对非合作度的变化并不敏感。曲线 3 为向下凹的递减函数，在这种情境下，决策者更多地关注非合作度的大小。若非合作度相对较小，则权重调整幅度也会较小。

然而，具体的实值函数无法适应于所有决策问题。基于此，本节提出一种以非合作度为比例系数的阶梯型权重调整函数。将非合作度所属的[0,1]区间等分为六小部分，每一部分对应一个权重调整系数。

定义 6-17　称

$$u_{k^*}^{M2(t)}=\begin{cases}u_{k^*}^{(t)}, & \tau^{(t)}(C^{k^*})\in\left[0.0,\,0.2\right)\\ 0.8\times u_{k^*}^{(t)}, & \tau^{(t)}(C^{k^*})\in\left[0.2,\,0.4\right)\\ 0.6\times u_{k^*}^{(t)}, & \tau^{(t)}(C^{k^*})\in\left[0.4,\,0.6\right)\\ 0.4\times u_{k^*}^{(t)}, & \tau^{(t)}(C^{k^*})\in\left[0.6,\,0.8\right)\\ 0.2\times u_{k^*}^{(t)}, & \tau^{(t)}(C^{k^*})\in\left[0.8,\,1.0\right)\\ 0, & \tau^{(t)}(C^{k^*})=1.0\end{cases} \tag{6-42}$$

为针对持非合作行为的聚集 C^{k^*} 的阶梯型权重调整函数，如图 6-5 所示。这里，$u_{k^*}^{(t)}$

为第 t 次迭代后聚集 C^{k^*} 的权重，$u_{k^*}^{M2(t)}$ 为调整后聚集 C^{k^*} 的权重。对调整后的各聚集权重进行归一化处理，得到更新的聚集权重向量。若调整后聚集 C^{k^*} 的权重 $u_{k^*}^{M2(t)}=0$，则可以要求聚集 C^{k^*} 中的成员退出决策。

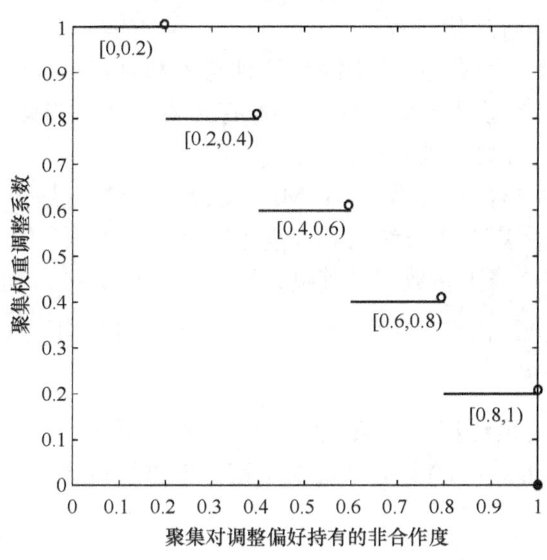

图 6-5　本节所提出的针对持非合作行为聚集的权重调整函数

6.4.5　决策过程

综上，归纳出基于少数意见和非合作行为协调的冲突型大群体决策方法过程。

输入：初始标准化决策矩阵 $R^{i(0)}(i=1,2,\cdots,M)$ 和属性权重向量 ω。

输出：最终迭代次数 t^*、最终聚集决策矩阵 $G^{k(t^*)}(k=1,2,\cdots,K)$、最终群体决策矩阵 $R^{c(t^*)}$ 以及最终方案排序。

(1) 将决策者偏好进行聚类，得到 K 个聚集 $\left\{C^k \middle| k=1,2,\cdots,K\right\}$ 以及聚集权重向量 $U^{(0)}=\left(u_1^{(0)},u_2^{(0)},\cdots,u_K^{(0)}\right)^{\mathrm{T}}$，利用式 (6-27) 可以得到各聚集决策矩阵 $G^{k(t)}(k=1,2,\cdots,K)$，并令迭代次数 $t=0$。

(2) 利用式(6-28)求得临时群体决策矩阵 $R^{c(t)}$。

(3) 模拟冲突消解过程，确定参数：最大群体冲突水平阈值 δ 和最大迭代次数 CT。利用客观修正系数思想，确定群体冲突水平阈值的参照标准。基于此，决策者根据决策问题的特征和决策群体规模，确定最大群体冲突水平阈值 δ 和最大迭代次数 CT。冲突水平阈值和最大迭代次数一经确定，则此阶段在今后的迭代过程中即可略过。

(4) 偏好冲突水平测度。利用式(6-29)和式(6-30)分别求得各聚集冲突水平 $\varphi(G^{k(t)})(k=1,2,\cdots,K)$ 和群体冲突水平 $\theta^{(t)}$ 。若 $\theta^{(t)}\leqslant\delta$ ，则转到(6)；若 $\theta^{(t)}>\delta$ 且 $t<\mathrm{CT}$ ，则进入(5)；否则，进入(6)。

(5) 偏好冲突消解迭代过程。

① 查找和处理少数意见。利用 M1 方法查找和判定持少数意见的聚集，确定是否需要修正持少数意见聚集的权重。若有必要，则适当修正其权重，然后令 $t=t+1$ ，返回(2)；否则，进入步骤②。

② 查找和处理非合作行为。利用 M2 方法查找和判定是否存在持非合作行为的聚集，若有，则利用 M2 方法对其权重进行处理；否则，无须对其权重进行处理。然后，利用综合修正系数调整其决策矩阵。令 $t=t+1$ ，返回(2)。

(6) 输出最终决策信息。令 $t^*=t$ ，输出最终聚集决策矩阵 $G^{k(t^*)}(k=1,2,\cdots,K)$ 和群体决策矩阵 $R^{c(t^*)}$ 。

(7) 依据得到的最终群体决策矩阵 $R^{c(t^*)}$ ，利用式(6-25)求得各决策方案综合评价值 $\mathrm{OEV}(x_l)(l=1,2,\cdots,P)$ ，并依此对决策方案进行排序，选出最优方案。

6.4.6 算例分析

长久以来，煤炭资源一直是推动我国经济发展和社会生活水平提高的能源基础，我国一半以上一次能源生产与消费曾一度由煤炭资源占据。然而，煤矿事故时有发生成为困扰煤矿可持续生产和安全管理的一个重大难题。据不完全统计，2013 年，全国煤矿共发生各类安全生产事故 48 起，死亡 371 人，受伤 108 人。因此，做好预防和煤矿安全生产事故发生之后的应急管理与决策工作至关重要。

2014 年 9 月 23 日 16 时 30 分，云南省倘塘镇小河边煤矿突发透水事故。据煤矿管理方证实，事故发生区域共有 15 人作业，事故发生时已有 7 人安全升井，然而仍有 8 人被困井下等待救援。应急指挥部结合掌握的事故灾情判断情况后，迅速组织相关专家，进行应急决策。假设紧急邀集相关领域专家以及涉事方共 20 位决策者组成决策专家群体 $\Omega=\{e_1,e_2,\cdots,e_{20}\}$ 进行决策，其中包括 5 名负责应急事项的政府官员(标记为 e_1,e_2,e_3,e_4,e_5)，5 名武警官兵(标记为 e_6,e_7,e_8,e_9,e_{10})，5 名煤矿代表(标记为 $e_{11},e_{12},e_{13},e_{14},e_{15}$)和 5 名地质专家(标记为 $e_{16},e_{17},e_{18},e_{19},e_{20}$)。

经过初步分析，拟制了 5 套应急救援方案，构成方案集 $X=\{x_1,x_2,x_3,x_4,x_5\}$ 。

方案 x_1 ：采用局部爆破，爆破后调集挖掘机展开救援。

方案 x_2 ：调集排水泵进行排水作业，以减小事故发生区域水压。

方案 x_3 ：局部爆破，爆破后消防、武警官兵下井展开救援。

方案 x_4 ：组织武警、消防官兵紧急抢险，清除通道阻挡物，乘坐矿车下井实施救援。

方案 x_5：调用挖掘机、深孔钻机异地打孔进行挖掘救援。

考虑三个属性：人员安全率(f_1 ，单位为 % ，类型为效益型，范围为 0～100)、救援时间(f_2 ，单位为天，类型为成本型，范围为 0～10)、救援成本(f_3 ，类型为成本型，范围为 0～1)。属性权重为 $W=\{0.5,0.3,0.2\}$ 。专家给出的关于各方案的初始偏好信息如表 6-15 所示。由于参与决策的都是具有相关经验的应急专家，因此每个决策者的意见都应当予以重视。

表 6-15　初始专家偏好信息表

决策专家	方案	属性			决策专家	方案	属性			决策专家	方案	属性			决策专家	方案	属性		
		f_1	f_2	f_3			f_1	f_2	f_3			f_1	f_2	f_3			f_1	f_2	f_3
	x_1	0.1	0.3	0.7		x_1	0.6	0.4	0.1		x_1	0.6	0.9	0.4		x_1	0.8	0.4	0.2
	x_2	0.2	0.2	0.4		x_2	0.5	0.4	0.3		x_2	0.7	0.8	0.4		x_2	0.5	0.8	0.2
e_1	x_3	0.3	0.8	0.5	e_6	x_3	0.9	0.8	0.8	e_{11}	x_3	0.3	0.8	0.3	e_{16}	x_3	0.3	0.5	0.4
	x_4	0.4	0.1	0.2		x_4	0.6	0.1	0.8		x_4	0.5	0.2	0.1		x_4	0.6	0.6	0.2
	x_5	0.5	0.9	0.4		x_5	0.8	0.1	0.4		x_5	0.1	0.5	0.1		x_5	0.6	0.8	0.5
	x_1	0.9	0.6	0.3		x_1	0.3	0.2	0.1		x_1	0.4	0.6	0.5		x_1	0.5	0.6	0.7
	x_2	0.5	0.6	0.8		x_2	0.5	0.4	0.3		x_2	0.3	0.6	0.6		x_2	0.6	0.6	0.2
e_2	x_3	0.5	0.3	0.7	e_7	x_3	0.4	0.6	0.1	e_{12}	x_3	0.5	0.4	0.4	e_{17}	x_3	0.5	0.6	0.1
	x_4	0.2	0.3	0.7		x_4	0.6	0.9	0.4		x_4	0.4	0.2	0.8		x_4	0.4	0.9	0.6
	x_5	0.4	0.9	0.4		x_5	0.6	0.1	0.3		x_5	0.6	0.3	0.7		x_5	0.6	0.2	0.4
	x_1	0.8	0.6	0.2		x_1	0.3	0.2	0.1		x_1	0.9	0.7	0.2		x_1	0.8	0.4	0.2
	x_2	0.5	0.5	0.8		x_2	0.5	0.4	0.3		x_2	0.5	0.4	0.4		x_2	0.5	0.8	0.2
e_3	x_3	0.6	0.3	0.6	e_8	x_3	0.3	0.6	0.1	e_{13}	x_3	0.3	0.4	0.5	e_{18}	x_3	0.3	0.5	0.4
	x_4	0.3	0.3	0.6		x_4	0.6	0.9	0.4		x_4	0.1	0.2	0.4		x_4	0.6	0.6	0.2
	x_5	0.5	0.8	0.3		x_5	0.6	0.1	0.3		x_5	0.6	0.1	0.8		x_5	0.6	0.8	0.5
	x_1	0.8	0.4	0.3		x_1	0.6	0.4	0.3		x_1	0.8	0.4	0.2		x_1	0.1	0.5	0.9
	x_2	0.5	0.6	0.8		x_2	0.1	0.5	0.4		x_2	0.5	0.8	0.2		x_2	0.9	0.6	0.2
e_4	x_3	0.5	0.3	0.7	e_9	x_3	0.1	0.8	0.9	e_{14}	x_3	0.3	0.5	0.4	e_{19}	x_3	0.6	0.5	0.1
	x_4	0.1	0.4	0.6		x_4	0.9	0.6	0.1		x_4	0.6	0.6	0.2		x_4	0.4	0.7	0.1
	x_5	0.4	0.8	0.4		x_5	0.1	0.1	0.8		x_5	0.6	0.8	0.5		x_5	0.6	0.5	0.6
	x_1	0.1	0.4	0.3		x_1	0.6	0.1	0.2		x_1	0.7	0.9	0.7		x_1	0.7	0.7	0.3
	x_2	0.9	0.6	0.8		x_2	0.3	0.5	0.2		x_2	0.6	0.4	0.3		x_2	0.2	0.3	0.3
e_5	x_3	0.7	0.2	0.8	e_{10}	x_3	0.1	0.2	0.6	e_{15}	x_3	0.5	0.4	0.7	e_{20}	x_3	0.4	0.6	0.4
	x_4	0.5	0.6	0.7		x_4	0.4	0.3	0.2		x_4	0.6	0.4	0.4		x_4	0.6	0.7	0.2
	x_5	0.4	0.5	0.1		x_5	0.4	0.5	0.8		x_5	0.3	0.4	0.7		x_5	0.3	0.4	0.1

1. 算例结果与分析

利用式(6-22)和式(6-23)规范化决策矩阵。

(1) 采用聚类方法(取聚类阈值为 $\gamma=0.63$ [22])对上述专家的决策矩阵进行聚类，聚类结构如表 6-16 所示。

表 6-16　聚类结构表

C^k	n_k	e_i	$u_k^{(0)}$	$G^{k(0)}$			C^k	n_k	e_i	$u_k^{(0)}$	$G^{k(0)}$		
				0	0.75	0					0	0.9063	0.7500
				0.25	0.875	0.5					0.7500	0.5938	0.4687
C^1	1	e_1	0.0132	0.5	0.125	0.3333	C^4	4	e_7, e_8, e_{10}, e_{19}	0.2105	0.3229	0.5313	1
				0.75	1	0.8333					0.8438	0	0.2500
				1	0	0.5					0.9063	1	0.3437
				0.75	0.55	0.9286					0.9444	0	0.1111
				0.6	0.3750	0					0.5833	0.7143	0.4444
C^2	4	e_2, e_3, e_4, e_5	0.2105	0.5875	1	0.1833	C^5	3	e_{11}, e_{15}, e_{20}	0.1184	0.4111	0.4643	0.1111
				0.1250	0.7000	0.2691					0.7389	0.6667	0.6389
				0.3723	0.0625	0.8583					0.0667	0.7738	0.6667
				0.5417	0.3143	0.7000					1	1	1
				0.3000	0.3857	0.6679					0.4	0	1
C^3	5	$e_6, e_9, e_{12}, e_{13}, e_{17}$	0.3289	0.4833	0.2857	0.5000	C^6	3	e_{14}, e_{16}, e_{18}	0.1184	0	0.75	0.3333
				0.3167	0.6238	0.3667					0.6	0.5	1
				0.6750	0.9500	0.2893					0.6	0	0

(2) 计算临时群体决策矩阵。利用式(6-28)集结各聚集决策矩阵，得到临时群体决策矩阵：

$$R^{c(0)}=\begin{bmatrix}0.5663 & 0.5382 & 0.7151\\ 0.5026 & 0.4269 & 0.4960\\ 0.4059 & 0.5617 & 0.4706\\ 0.4765 & 0.5039 & 0.4349\\ 0.5833 & 0.6277 & 0.4337\end{bmatrix}$$

(3) 模拟冲突消解迭代过程，确定参数 δ 和 CT。图 6-3 描述了偏好冲突消解迭代过程模拟结果。结合应急决策问题的特征和实际决策情况，考虑到专家给出的修正系数可能存在主观性和不确定性，专家商议将群体冲突水平阈值设定为 $\delta=0.2$ 较合理，同时确定最大迭代次数 $\mathrm{CT}=5$。

(4) 偏好冲突水平测度。利用式(6-29)计算各聚集冲突水平：$\varphi(G^{1(0)})=0.3430$，$\varphi(G^{2(0)})=0.2584$，$\varphi(G^{3(0)})=0.1312$，$\varphi(G^{4(0)})=0.2597$，$\varphi(G^{5(0)})=0.2618$，

$\varphi(G^{6(0)})=0.3144$。初始群体冲突水平为 $\theta^{(0)}=0.2614$。由于初始群体冲突水平 $\theta^{(0)}>\delta$，这说明聚集偏好之间冲突较大，需要进行偏好冲突消解。

(5) 偏好冲突消解过程。

① 第一次迭代。

利用 M1 方法查找和处理少数意见。

基于表 6-16 所示聚类结果，令 $\bar{n}=[20/6]=3$ 作为判定聚集是否属于少数意见群体的阈值。由于 $\varphi\left(G^{1(0)}\right)=\max\left\{\varphi\left(G^{k(0)}\right)\middle|k=1,2,3,4,5,6\right\}$，$n_1(=1)<\bar{n}(=3)$，聚集 C^1 被认为是持少数意见。聚集成员对其给出的偏好的合理性进行了详细阐述，聚集之间经过充分讨论后，一致认为(即 $n_1^{M1(0)}=5$)聚集 C^1 的意见应当予以重视。为了使聚集 C^1 的偏好能够更好地体现到群体偏好中，应适当提高聚集 C^1 的权重。求得有序聚集权重向量 $u'^{(0)}=(0.0132,0.1184,0.1184,0.2105,0.2105,0.3289)^{\mathrm{T}}$。可知，聚集 C^1 的权重最小。利用式(6-37)计算 $\mathrm{nd}_1^{M1(0)}=3$。因此，调整后聚集 C^1 的权重为 $u_1^{M1(0)}=\min\left\{\max\left\{u_k^{(0)}\middle|k=1,2,3,4,5,6\right\},u_{1+3}'^{(0)}\right\}=\{0.3289,0.2105\}=0.2105$。对所有聚集的权重进行归一化处理，得到更新后的聚集权重向量 $u^{(1)}=(0.1758,0.1758,0.2747,0.1758,0.0989,0.0989)^{\mathrm{T}}$。可以看出，聚集 C^1 的权重跨越 3 个聚集成为第四小的权重。

利用加权平均算子，再次集结聚集决策矩阵，得到新的临时群体决策矩阵。继续迭代过程，得到更新后的聚集冲突水平 $\varphi(G^{1(1)})=0.2865$，$\varphi(G^{2(1)})=0.2821$，$\varphi(G^{3(1)})=0.1451$，$\varphi(G^{4(0)})=0.2700$，$\varphi(G^{5(1)})=0.2523$，$\varphi(G^{6(1)})=0.3268$。群体冲突水平 $\theta^{(1)}=0.2605>\delta$，这说明需要再次进入冲突消解过程。

② 第二次迭代。

利用 M1 方法查找和处理少数意见。

由于 $\varphi(G^{6(1)})=\max\left\{\varphi(G^{k(1)})\middle|k=1,2,3,4,5,6\right\}$，$n_6=3=\bar{n}$，聚集 C^6 被认为是持少数意见。聚集之间经过充分讨论，认为聚集 C^6 偏好值得考虑的聚集数为 $\mathrm{nd}_6^{M1(1)}=2$ (即未过半数)，因此聚集 C^6 的权重无须进行调整。

利用 M2 方法查找和处理非合作行为。

聚集之间进行详细的讨论，结合当前群体冲突水平，其他聚集给出针对聚集 C^6 偏好的修正建议 $\eta_{16}^{(1)}=0.5$，$\eta_{26}^{(1)}=0.65$，$\eta_{36}^{(1)}=0.35$，$\eta_{46}^{(1)}=0.7$，$\eta_{56}^{(1)}=0.45$。同时，利用式(6-32)求得客观修正系数 $\eta_6^{O(1)}=0.3880$。将修正建议集合中的数值 $\left\{\eta_{k'6}^{(1)}\middle|k'=1,2,3,4,5\right\}$ 与 $\eta_6^{O(1)}$ 进行逐一比较，计算得到修正建议区间：

$\eta_{6^\circ}^{(1)}=\left[\min\left\{\eta_{k'6}^{(1)},\eta_6^{O(1)}\right\},\max\left\{\eta_{k'6}^{(1)},\eta_6^{O(1)}\right\}\right]$。聚集$C^6$给出的主观修正系数$\eta_6^{S(1)}=0.1$。由于$\tau^{(1)}(C^6)=1$，聚集$C^6$被认为是完全非合作者。为保证在尽可能短的时间内做出决策，聚集C^6内的成员被建议退出决策。

更新聚集权重向量$u^{(2)}=(0.1951,0.1951,0.3049,0.1951,0.0989)^{\mathrm{T}}$。计算各聚集冲突水平$\varphi(G^{1(2)})=0.2822$，$\varphi(G^{2(2)})=0.2822$，$\varphi(G^{3(2)})=0.1528$，$\varphi(G^{4(2)})=0.2694$，$\varphi(G^{5(2)})=0.2178$。群体冲突水平$\theta^{(2)}=0.2409>\delta$，这说明仍需要进入冲突消解过程。

③ 第三次迭代。

利用M1方法查找和处理少数意见。

由于$\varphi(G^{1(2)})=\varphi(G^{2(2)})=\max\left\{\varphi(G^{k(2)})\middle|k=1,2,3,4,5\right\}$，可能需要对聚集$C^1$和$C^2$进行处理。但聚集$C^1$在第一次迭代时已经被协调处理过，因此这里优先处理聚集C^2。由于$n_2=4>\overline{n}$，聚集C^2并非持少数意见的群体。

利用M2方法查找和处理非合作行为。

其他聚集之间进行详细的讨论，结合当前群体冲突水平，给出针对聚集C^2偏好的修正建议：$\eta_{12}^{(2)}=0.65$，$\eta_{32}^{(2)}=0.6$，$\eta_{42}^{(2)}=0.75$，$\eta_{52}^{(2)}=0.5$。求得客观修正系数$\eta_2^{O(2)}=0.2931$。求得修正建议区间$\overline{\eta}_{2^\circ}^{(2)}=[0.2931,0.75]$。聚集$C^2$给出的主观修正系数$\eta_2^{S(2)}=0.8$。由于$\tau^{(2)}(C^2)=0$，聚集$C^2$被认为是完全合作者。因此，只需利用综合修正系数修正其偏好即可。

更新聚集冲突水平$\varphi(G^{1(3)})=0.2665$，$\varphi(G^{2(3)})=0.1005$，$\varphi(G^{3(3)})=0.1474$，$\varphi(G^{4(3)})=0.2654$，$\varphi(G^{5(3)})=0.2157$。群体冲突水平$\theta^{(3)}=0.1991<\delta$。这说明经过三次迭代过程(包括两次聚集权重调整和一次偏好修正)，群体冲突水平达到阈值要求。

(6) 输出相关决策信息。令$t^*=3$，最终群体决策矩阵为

$$R^{c(3)}=\begin{bmatrix}0.4561 & 0.5226 & 0.5055\\0.5045 & 0.6544 & 0.5541\\0.4895 & 0.4229 & 0.5148\\0.6465 & 0.6444 & 0.5364\\0.7088 & 0.7393 & 0.5023\end{bmatrix}$$

利用式(6-25)计算各方案的综合评价值为

$$\mathrm{OEV}(x_1)=0.4859,\quad \mathrm{OEV}(x_2)=0.5591,\quad \mathrm{OEV}(x_3)=0.4746$$

$$\mathrm{OEV}(x_4)=0.6239,\quad \mathrm{OEV}(x_5)=0.6766$$

得到方案排序 $x_5 \succ x_4 \succ x_2 \succ x_1 \succ x_3$。因此，最优方案为 x_5，即调用挖掘机、深孔钻机异地打孔进行挖掘救援。

2. 对比分析

(1) 采用不同类型的修正系数得到的迭代过程与结果对比。为更好地体现三种修正系数进行偏好冲突消解的不同，这里不考虑关于少数意见和非合作行为的协调处理。利用不同类型的修正系数对聚集偏好进行调整，得到如表 6-17 所示的计算结果。

表 6-17　采用不同类型修正系数的偏好冲突消解迭代过程

t	主观修正系数				客观修正系数				综合修正系数			
	C^{k^*}	$\eta_{k^*}^{(t)}$	$\theta^{(t)}$	偏好修正量	C^{k^*}	$\eta_{k^*}^{(t)}$	$\theta^{(t)}$	偏好修正量	C^{k^*}	$\eta_{k^*}^{(t)}$	$\theta^{(t)}$	偏好修正量
0	C^1	0.10	0.2614	—	C^1	0.4169	0.2614	—	C^1	0.2585	0.2614	—
1	C^6	0.80	0.2558	0.0343	C^6	0.3635	0.2378	0.1430	C^6	0.8000	0.2468	0.0887
2	C^2	0.05	0.2146	0.1361	C^2	0.2245	0.2192	0.1142	C^2	0.1373	0.2069	0.2514
3	C^5	0.10	0.2108	0.0130	C^5	0.2218	0.2093	0.0581	C^1	0.2107	0.2008	0.0358
4	C^4	0.05	0.2066	0.0257	C^4	0.1863	0.2002	0.0570	C^5	—	0.1918	0.0541
5	C^2	0.01	0.2044	0.0126	C^6	—	0.1919	0.0458	—	—	—	—
6	C^2	0.03	0.2040	0.0025	—	—	—	—	—	—	—	—
7	C^4	0.10	0.2027	0.0074	—	—	—	—	—	—	—	—
8	C^2	—	0.1987	0.0241	—	—	—	—	—	—	—	—

注：假定群体冲突水平阈值为 $\delta = 0.20$，控制系数 $\varepsilon = 0.5$；第四次迭代时，聚集 C^1 给出的主观修正系数为 $\eta_1^{S(3)} = 0.2$。

由表 6-17 可以清晰地看出：

① 无论采用哪种类型的修正系数，随着迭代次数的增加，群体冲突水平都会降低，逐渐收敛于阈值附近。

② 区别在于，采用不同类型的修正系数，迭代次数和偏好修正量可能有所不同。只采用主观修正系数虽然可以充分考虑聚集本身的修正态度，但是会存在一定程度的主观性和随机性，修正系数可能会出现较大波动，还可能会对冲突消解的效率和效果产生不可控的影响；若单独采用客观修正系数，虽能避免主观修正的随意性和不确定性，但没有考虑到被消解对象的意见，这显然对于决策质量要求很高的应急决策是不合适的；而采用综合修正系数，则可综合两方面的特点和优势，既可部分考虑被调整对象本身的意见，又能在一定程度上克服主观修正带来的不确定性。

(2) 对比采用 M1 方法和 M2 方法后是否对最终决策结果产生了影响，即决策过程中是否考虑到少数意见以及对于非合作行为有效处理。第一次迭代中，根据聚集 C^1 初始偏好，得到方案排序为 $x_4 \succ x_5 \succ x_2 \succ x_3 \succ x_1$，这与初始群体偏好的差异较大(依据初始群体偏好得到的方案排序为 $x_1 \succ x_5 \succ x_2 \succ x_4 \succ x_3$)。利用式(6-39)，计算方案绝对位置移动总量为 $\mathrm{AAPS}^{(0)}(G^{1(0)}, R^{c(0)}) = 8$。而经过 M1 方法对少数意见进行适当处理后，依群体偏好得到的方案排序为 $x_5 \succ x_4 \succ x_2 \succ x_3 \succ x_1$，方案绝对位置移动总量降低为 $\mathrm{AAPS}^{(1)}(G^{1(1)}, R^{c(1)}) = 2$。同时，聚集 C^1 的权重由 $u_1^{(0)} = 0.0132$ 提升到 $u_1^{(1)} = 0.1758$。这说明决策过程中，少数意见得到了充分的考虑和重视。

在第二次迭代中，聚集 C^6 偏好与群体偏好差异最大，且该聚集不愿意调整自身偏好以促进共识达成。因此，聚集 C^6 中的成员被建议退出决策。可以发现，聚集 C^6 退出决策后，群体冲突水平从 $\theta^{(1)} = 0.2605$ 下降到 $\theta^{(2)} = 0.2409$。这说明，及时要求与群体意见相差较大，且不愿调整自身偏好的决策者退出决策，有利于决策共识的快速达成，满足应急决策的时效性要求。

6.4.7 本节小结

本节在分析了应急决策的特点和非合作行为以及持少数意见成员特征的基础上，提出了基于少数意见和非合作行为协调的冲突型大群体决策方法，主要结论如下：

(1) 考虑到应急决策环境的特殊需求，利用客观修正系数的思想，对决策过程进行模拟，可以为群体冲突水平阈值和偏好冲突消解最大迭代次数的确定提供较为定量的参照标准，以减少由于上述两参数的确定对决策结果产生不利影响。

(2) 提出综合修正系数和修正建议区间的思想，以尽可能考虑到决策者自身对于偏好修正的主观能动性，又能有效减少偏好修正的不确定性，提高偏好修正效率和效果。

(3) 本着充分考虑非合作行为和少数意见的原则，提出了应对非合作行为和少数意见的处理方法，界定了判定少数意见和非合作行为存在的条件，并建立了相应的处理模型。

6.5 基于退出-委托动态冲突消解机制的大群体应急决策方法

本节针对重大突发事件应急决策时间紧迫的需求，提出一种基于退出-委托动态冲突消解机制的大群体应急决策方法。首先对决策群体进行偏好聚类；然后对群体冲突进行测度并判断冲突程度的高低，在冲突程度过高的情况下进行消解，在决策过程中建立退出机制使与群体偏好冲突较大的聚集退出决策过程，利用委托机制使退出决策过程的聚集对后续决策过程仍有影响并通过反馈机制对冲突进行消解；最后通过一个案例验证该方法的合理性与可行性。

6.5.1　大群体应急决策偏好动态冲突消解框架

决策活动主要分为冲突消解过程与方案选择过程[27]，其中，冲突消解过程是一个动态循环过程，是将群体之间的冲突降到群体所能接受的程度，通常在群体决策过程前由所有决策专家讨论确定一个可接受的阈值 δ，如果群体冲突小于等于阈值 δ，那么可以直接进入选择过程选择最优方案，否则需要进入冲突消解过程。冲突与一致性是互补的，冲突越大一致性越小，因此可以通过对一致性阈值的确定来得到冲突阈值，一致性阈值是由所处理问题的重要性决定的。同时，为了避免冲突消解过程的循环次数过多而大大消耗应急决策的时间，应该设定一个最大消解次数 CT 来限制冲突消解的时间。在冲突指数大于阈值的情况下，判断消解次数 t 是否达到最大消解次数 CT，若 $t < \mathrm{CT}$，则可以进入消解过程对冲突进行消解，否则应该结束冲突消解过程，进入方案选择过程。大群体应急决策偏好动态冲突消解框架如图 6-6 所示。

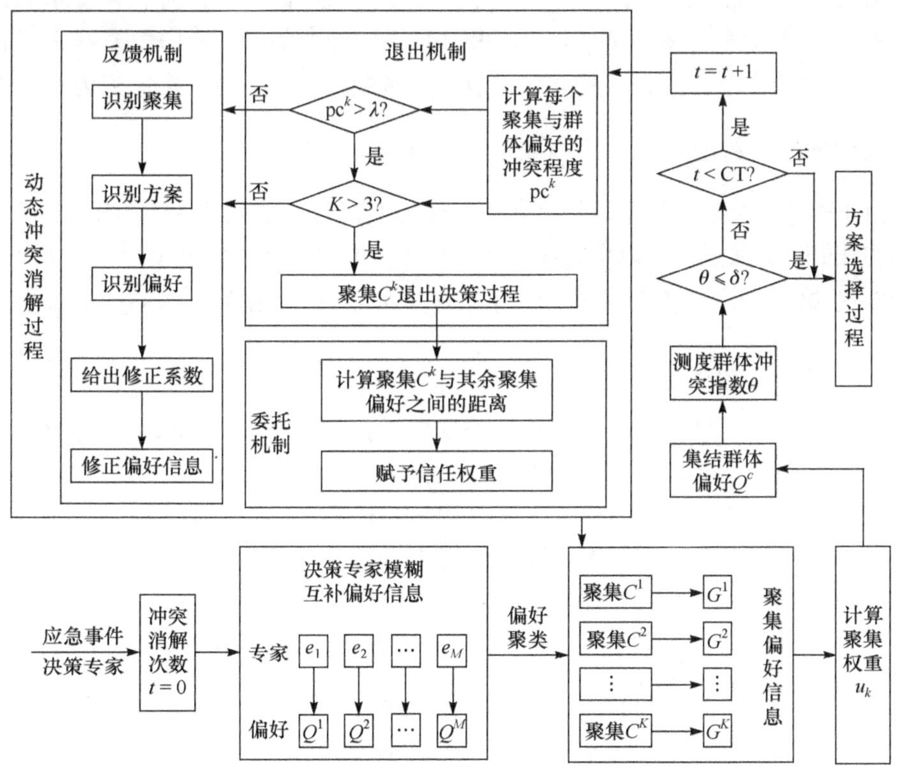

图 6-6　大群体应急决策偏好动态冲突消解框架

6.5.2 大群体应急决策冲突测度

1. 决策偏好聚类

在大群体应急决策过程中，设有可供选择的方案集 $X=\{x_l|l=1,2,\cdots,P\}$（$P\geqslant 2$），决策专家群 $\Omega=\{e_i|i=1,2,\cdots,M\}$（$M\geqslant 11$）。决策专家对方案进行评价，给出相应的模糊互补偏好信息。决策专家对方案集 X 的模糊偏好信息 Q 是关于方案集 $X\times X$ 的模糊集，其隶属函数为 $\mu_Q:X\times X\to[0,1]$，形成模糊偏好信息判断矩阵 $Q^i=(q^i_{l_1l_2})_{P\times P}$，其中 $q^i_{l_1l_2}=u_{q^i}(x_{l_1},x_{l_2})$ 表示决策专家 e_i 对方案 x_{l_1} 与方案 x_{l_2} 的偏好程度。$q^i_{l_1l_2}=0.5$ 表示决策专家 e_i 认为方案 x_{l_1} 与方案 x_{l_2} 同等重要（$x_{l_1}\sim x_{l_2}$），$q^i_{l_1l_2}>0.5$ 说明决策专家 e_i 认为方案 x_{l_1} 优于方案 x_{l_2}（$x_{l_1}\succ x_{l_2}$），$q^i_{l_1l_2}<0.5$ 说明决策专家 e_i 认为方案 x_{l_2} 优于方案 x_{l_1}（$x_{l_1}\prec x_{l_2}$）。同时，模糊偏好信息判断矩阵 Q^i 是互补的，即 $q^i_{l_1l_2}+q^i_{l_2l_1}=1$，$\forall l_1,l_2\in\{1,2,\cdots,P\}$。

应急决策常常涉及大群体决策，为了简化决策过程，首先对决策专家的偏好进行聚类，将其转化成小群体决策，再对其进行冲突测度。采用聚类方法[22]将决策专家聚类成 K 个聚集，形成群体成员偏好聚集结构。第 k 个聚集记为 C^k，第 k 个聚集中的成员数记为 n_k，则 $\sum_{k=1}^{K}n_k=M$，且 $1\leqslant K\leqslant M$。

由于聚类的标准是两个偏好之间的相聚程度，因此处于同一聚集内的决策专家给出的偏好较为接近，可以认为属于同一聚集内的决策专家权重相同，在集结聚集内的专家偏好时可以采用算术平均算子来得到每个聚集的偏好 $G^k=(g^k_{l_1l_2})_{P\times P}$。

2. 聚集权重与群体偏好

在对决策专家进行聚类后，将每个聚集看成一个整体，对其进行冲突测度。首先计算每个聚集的权重，为了增强决策的客观性，本节通过对每个聚集偏好信息的一致性程度的计算来得到每个聚集的初始权重。

利用加性传递性来对聚集偏好一致性进行测量。依据 Tanino[28]提出的加性传递性计算公式，如式(6-43)所示：

$$g_{l_1l_3}=g_{l_1l_2}+g_{l_2l_3}-0.5,\quad \forall l_1,l_2,l_3=\{1,2,\cdots,P\} \tag{6-43}$$

对于一个模糊互补偏好信息判断矩阵，可利用式(6-43)计算出一个估计的模糊偏好信息矩阵。如利用中间方案 x_{l_2} 可以得到偏好值 $g_{l_1l_3}$ 的估计值 $\mathrm{eg}_{l_1l_3}$：

$$\mathrm{eg}_{l_1l_3}=\sum_{l_2=1,l_2\neq l_1,l_3}^{P}\frac{g_{l_1l_2}+g_{l_2l_3}-0.5}{P-2} \tag{6-44}$$

由式(6-44)可知，估计的偏好值 $\mathrm{eg}_{l_1l_3}\in[-0.5,1.5]$，为了使得到的估计偏好矩阵仍然是模糊偏好矩阵，可使最终的估计值 $\mathrm{bg}_{l_1l_3}$ 取 0、1 和 $\mathrm{eg}_{l_1l_3}$ 的中间值，即 $\mathrm{bg}_{l_1l_3}=\mathrm{med}(0,1,\mathrm{eg}_{l_1l_3})$。

然后可由 Chiclana 等[29]得到偏好矩阵 G 的一致性程度：

$$\mathrm{cd}=\frac{\sum_{l_1=1}^{P}\sum_{l_3=1,l_3\neq l_1}^{P}(1-\varepsilon\mathrm{g}_{l_1l_3})}{P^2-P} \tag{6-45}$$

其中，$\varepsilon\mathrm{g}_{l_1l_3}$ 是指原始偏好值与估计偏好值之间的误差，$\varepsilon\mathrm{g}_{l_1l_3}=\left|g_{l_1l_3}-\mathrm{bg}_{l_1l_3}\right|$。

最后通过式(6-46)得到聚集 C^k 的初始权重：

$$u_k=\frac{\mathrm{cd}^k}{\sum_{k=1}^{K}\mathrm{cd}^k} \tag{6-46}$$

通过加权平均算子集结所有聚集的偏好得到群体偏好：

$$Q^c=\sum_{k=1}^{K}u_k\cdot G^k \tag{6-47}$$

3. 决策大群体冲突测度

决策大群体冲突测度是指测量决策中的个体偏好与大群体偏好之间的非一致性，可通过对群体一致性的计算来得到。群体一致性可分为三个层次，即两两方案层次的群体一致性、方案层次的群体一致性与偏好信息层次的群体一致性[27]。首先对任意两两聚集进行相似性测量得到相似矩阵，然后将其集结成群体一致性矩阵，最后分别对三个不同层次的群体一致性进行计算得到总的群体一致性。其具体步骤如下：

(1) 对任意两个聚集 $(C^k,C^h)(k<h)$，得到一个相似矩阵 $\mathrm{SM}^{kh}=(\mathrm{sm}_{l_1l_2}^{kh})_{P\times P}$，其中 $\mathrm{sm}_{l_1l_2}^{kh}=1-\left|g_{l_1l_2}^{k}-g_{l_1l_2}^{h}\right|$。

(2) 利用算术平均算子作为集结函数 ϕ 将相似矩阵集结得到一致性矩阵 $\mathrm{CM}=(\mathrm{cm}_{l_1l_2})_{P\times P}$，其中 $\mathrm{cm}_{l_1l_2}=\phi\left(\mathrm{sm}_{l_1l_2}^{kh},k<h\right)$。

(3) 得到一致性矩阵后，就可以计算得到三个不同层次的群体一致性指数。

① 两两方案层次的群体一致性指数为

$$\mathrm{cp}_{l_1l_2} = \mathrm{cm}_{l_1l_2} \tag{6-48}$$

② 方案层次的群体一致性指数为

$$\mathrm{ca}_{l_1} = \frac{\sum\limits_{l_2=1,l_2\neq l_1}^{P} \mathrm{cp}_{l_1l_2}}{P-1} \tag{6-49}$$

③ 偏好信息层次的群体一致性指数为

$$\mathrm{cr} = \frac{\sum\limits_{l_1=1}^{P} \mathrm{ca}_{l_1}}{P} \tag{6-50}$$

通过式(6-51)可得到决策群体的冲突指数。

$$\theta = 1 - \mathrm{cr} \tag{6-51}$$

最后，将总的冲突指数与决策之前所确定的阈值δ进行比较，若$\theta \leqslant \delta$，则可以进入选择过程对方案进行排序选优；否则需将消解次数 t 与最大消解次数 CT 进行比较，若$t < \mathrm{CT}$，则进入冲突消解过程，否则进入方案选择过程。

6.5.3 大群体应急决策动态冲突消解方法

大群体应急决策动态冲突消解是一个循环迭代的过程。为了在有限的时间内达到尽可能小的冲突程度，在决策过程中有必要对某些与群体偏好冲突较大的聚集进行一定的处理，建议其退出决策过程。但是，为了保留其对后续决策过程的影响，可采用委托机制让其对决策过程中的其余聚集赋予信任权重。

1. 退出机制

首先通过距离测量来计算聚集偏好与群体偏好的冲突程度：

$$\mathrm{pc}^k = \frac{\sum\limits_{l_1=1}^{P} \mathrm{ps}_{l_1}^k}{P} \tag{6-52}$$

其中，$\mathrm{ps}_{l_1}^k$ 表示聚集 C^k 与群体对方案 x_{l_1} 的偏好之间的冲突程度，且有 $\mathrm{ps}_{l_1}^k = \dfrac{\sum\limits_{l_2=1,l_2\neq l_1}^{P} \left| g_{l_1l_2}^k - q_{l_1l_2}^c \right|}{P-1}$。若$\mathrm{pc}^k > \delta$，则需要建议聚集$C^k$退出决策过程，并进入委托机制，否则进入反馈机制。同时，考虑到应急决策过程中有可能会出现聚集数只有两个而其意见完全相反的极端情况，需要采取一定的措施避免这种情况的出现。Weick[30]指出 3 人组是群体分析的基本单元，是避免对立意见出现的最小

群体规模。因此，本节在退出机制中设定聚集数不小于 3，这样就可以避免决策过程中对立意见出现的极端情况。

2. 委托机制

当有聚集退出时，之前所给出的偏好信息就会失去作用，通过委托机制对所委托的聚集赋予信任权重来增加所委托聚集的权重，使其对方案的偏好以另一种方式继续产生作用。

首先计算将退出的聚集 C^k 与群体中其余聚集 C^h 之间的相近性，通过计算偏好信息之间的欧氏距离来得到，即

$$d^{kh}=\sqrt{\sum_{l_1=1}^{P}\sum_{l_2=1,l_2\neq l_1}^{P}\left(g_{l_1l_2}^{k}-g_{l_1l_2}^{h}\right)^2} \tag{6-53}$$

通过距离的大小可以得到与将退出的聚集 C^k 偏好信息相近度的一个排序 $N^k=\left\{C^{h_1},C^{h_2},\cdots,C^{h_{K-1}}\right\}$，这样将退出的聚集可以对与其偏好信息相近的聚集进行委托，赋予其信任权重 τ_{kh}，通过 $u_{h_{t+1}}=u_{h_t}+u_{k_t}\cdot\tau_{kh}$ 增加所委托聚集的权重，其中 $u_{h_{t+1}}$、u_{h_t} 分别表示聚集 C^h 第 t+1、t 阶段的权重，u_{k_t} 表示聚集 C^k 第 t 阶段的权重，$\tau_{kh}\in[0,1]$ 且 $\sum_{h=1,h\neq k}^{K}\tau_{kh}=1$。

3. 反馈机制

当退出的聚集进行委托之后，再次进行冲突测度，如果冲突指数仍然过大且无须建议聚集退出决策过程或需要建议聚集退出而聚集数不大于 3，那么可以进入反馈机制对聚集的偏好信息进行讨论与修正。反馈机制分为两个阶段：识别阶段与建议阶段[27]。

1) 识别阶段

识别阶段分为三个层次，即识别出需要修正偏好的聚集 C、需修正的偏好所对应的方案 ALT 和需要修正的偏好 APS。

(1) 识别聚集：找出需要接受建议修正其偏好信息的聚集 C，即

$$C=\left\{h|\mathrm{pc}^h=\max(\mathrm{pc}^k)\right\}$$

(2) 识别方案：找出上述聚集需修正偏好信息所对应的方案集，用 ALT 表示为

$$\mathrm{ALT}=\left\{(h,l_1)|C^h\in C\wedge \mathrm{ca}_{l_1}<\mathrm{cr}\right\}$$

(3) 识别偏好：找出上述聚集需要修正的偏好值，即

$$\mathrm{APS}=\left\{\left(h,l_1,l_2\right)\middle|\left(h,l_1\right)\in \mathrm{ALT}\wedge \mathrm{cp}_{l_1l_2}<\mathrm{cr}\right\}$$

2) 建议阶段

识别出聚集需要修正的偏好之后，就需要对其提供修正建议。应急决策专家与应急事件通常没有直接利益关系，属于利益无冲突群体决策，在决策过程中需考虑对专家个体意见的尊重，因此在偏好修正时应考虑决策专家聚类形成的聚集坚持自己偏好的主观意愿。利用消解公式 $g_{l_1l_2(t+1)}^{h}=\eta_t\cdot g_{l_1l_2(t)}^{h}+(1-\eta_t)q_{l_1l_2(t)}^{c}$[23]为聚集提供修正建议，其中 $g_{l_1l_2(t+1)}^{h}$ 表示修正后的偏好，$g_{l_1l_2(t)}^{h}$、$q_{l_1l_2(t)}^{c}$ 分别表示第 t 阶段聚集 C^h 与群体的偏好，η_t 则表示第 t 阶段聚集 C^h 的偏好修正系数，是指聚集 C^h 坚持自己偏好的主观意愿，由需要修正偏好的聚集根据具体决策问题集体讨论得到，这样可以有效避免偏好修正的随意性，并充分保证了对聚集中决策专家的尊重。

当聚集接受建议修正其偏好时，新产生的偏好信息有可能与之前退出决策过程而对其委托的聚集的偏好信息有很大不同，这时就需要一个信任检验机制来检查他们偏好信息的相近性。同样通过偏好信息之间的欧氏距离来计算委托聚集与被委托聚集之间的偏好距离，得到一个新的排序，并通知退出的聚集修改其信任权重。

当群体冲突指数小于等于阈值或消解次数 t 达到最大消解次数 CT 时，就可以利用文献[31]所提出的公式对方案进行排序选优，即

$$O_{l_1}=\frac{1}{P(P-1)}\sum_{l_2=1}^{P}\left(p_{l_1l_2}+\frac{P}{2}-1\right) \tag{6-54}$$

6.5.4 方法步骤

综上所述，可得到基于动态冲突消解机制的大群体应急决策方法的步骤如下：

(1) 决策专家针对应急事件给出相应的模糊互补偏好信息，并设冲突消解次数 $t=0$。

(2) 对所有决策专家偏好进行聚类，得到 K 个聚集，并通过算术平均算子得到每个聚集的偏好。

(3) 利用式(6-44)～式(6-46)计算各聚集的权重，并利用式(6-47)集结各聚集偏好得到群体偏好。

(4) 利用式(6-48)～式(6-51)计算群体冲突指数 θ，并将其与阈值 δ 进行比较，当 $\theta\leqslant\delta$ 时，进入(10)，否则进入(5)。

(5) 判断消解次数 t 是否达到最大消解次数 CT，若 $t<\mathrm{CT}$，则进入(6)，否则进入(10)。

(6) 利用式(6-52)计算每个聚集偏好与群体偏好之间的冲突程度 pc^k，若 $\mathrm{pc}^k > \delta$，则进入(7)，否则进入(9)。

(7) 计算决策过程中的聚集数 K，若 K>3，则进入(8)，否则进入(9)。

(8) 第 k 个聚集 C^k 退出决策过程，进入委托机制，退出的聚集 C^k 对其余聚集赋予信任权重进行委托，并返回(2)。

(9) 进入反馈机制，识别出需修正的偏好，提供修正建议对偏好进行修正，并返回(2)。

(10) 进入方案选择过程，利用式(6-54)对方案进行排序选优，决策过程结束。

6.5.5 案例分析

现以某城市综合大楼火灾处置方案选优为例进行案例分析，以验证动态冲突消解机制的大群体应急决策方法的实现过程及其有效性。在综合大楼发生火灾后，通过对火灾情况的了解，消防中心可以选择如下方案：x_1——出动两辆中低压消防车；x_2——出动一辆中低压消防车与一辆登高消防车；x_3——出动两辆中低压消防车与一辆消防直升机；x_4——出动两辆中低压消防车与一辆云梯消防车。

针对上述火灾所涉及的领域，现聘请 12 位决策专家构成应急决策大群体 $\Omega = \{e_1, e_2, \cdots, e_{12}\}$ 针对上述 4 个应急方案 $X = \{x_1, x_2, x_3, x_4\}$ 做出决策。在决策之前首先由这 12 位专家根据火灾的具体情况集体讨论确定冲突阈值 $\delta = 0.16$ 与最大消解次数 $\mathrm{CT} = 8$，下面进行应急决策，其步骤如下。

1. 第一阶段

(1) 12 位决策专家针对火灾事件给出其对 4 个方案的模糊互补偏好信息，其数据如下：

$$Q^1 = \begin{bmatrix} 0.5 & 0.9 & 0.9 & 0.8 \\ 0.1 & 0.5 & 0.7 & 0.8 \\ 0.1 & 0.3 & 0.5 & 0.4 \\ 0.2 & 0.2 & 0.6 & 0.5 \end{bmatrix},\quad Q^2 = \begin{bmatrix} 0.5 & 0.4 & 0.4 & 0.1 \\ 0.6 & 0.5 & 0.5 & 0.4 \\ 0.6 & 0.5 & 0.5 & 0.7 \\ 0.9 & 0.6 & 0.3 & 0.5 \end{bmatrix},\quad Q^3 = \begin{bmatrix} 0.5 & 0.7 & 0.4 & 0.5 \\ 0.3 & 0.5 & 0.1 & 0.2 \\ 0.6 & 0.9 & 0.5 & 0.4 \\ 0.5 & 0.8 & 0.6 & 0.5 \end{bmatrix}$$

$$Q^4 = \begin{bmatrix} 0.5 & 0.3 & 0.7 & 0.8 \\ 0.7 & 0.5 & 0.3 & 0.6 \\ 0.3 & 0.7 & 0.5 & 0.3 \\ 0.2 & 0.4 & 0.7 & 0.5 \end{bmatrix},\quad Q^5 = \begin{bmatrix} 0.5 & 0.6 & 0.2 & 0.3 \\ 0.4 & 0.5 & 0.4 & 0.3 \\ 0.8 & 0.6 & 0.5 & 0.4 \\ 0.7 & 0.7 & 0.6 & 0.5 \end{bmatrix},\quad Q^6 = \begin{bmatrix} 0.5 & 0.3 & 0.4 & 0.7 \\ 0.7 & 0.5 & 0.7 & 0.1 \\ 0.6 & 0.3 & 0.5 & 0.7 \\ 0.3 & 0.9 & 0.3 & 0.5 \end{bmatrix}$$

$$Q^7=\begin{bmatrix}0.5&0.2&0.6&0.6\\0.8&0.5&0.8&0.8\\0.4&0.2&0.5&0.6\\0.4&0.2&0.4&0.5\end{bmatrix},\quad Q^8=\begin{bmatrix}0.5&0.3&0.4&0.7\\0.7&0.5&0.8&0.8\\0.6&0.2&0.5&0.4\\0.3&0.2&0.6&0.5\end{bmatrix},\quad Q^9=\begin{bmatrix}0.5&0.1&0.8&0.4\\0.9&0.5&0.6&0.6\\0.2&0.4&0.5&0.8\\0.6&0.4&0.2&0.5\end{bmatrix}$$

$$Q^{10}=\begin{bmatrix}0.5&0.8&0.7&0.6\\0.2&0.5&0.4&0.8\\0.3&0.6&0.5&0.7\\0.4&0.2&0.3&0.5\end{bmatrix},\quad Q^{11}=\begin{bmatrix}0.5&0.1&0.6&0.6\\0.9&0.5&0.6&0.4\\0.4&0.4&0.5&0.3\\0.4&0.6&0.7&0.5\end{bmatrix},\quad Q^{12}=\begin{bmatrix}0.5&0.6&0.4&0.2\\0.4&0.5&0.3&0.7\\0.6&0.7&0.5&0.6\\0.8&0.3&0.4&0.5\end{bmatrix}$$

(2) 通过偏好聚类方法将 12 位专家聚类成 4 个聚集，并集结各聚集中专家的偏好得到每个聚集的偏好，如表 6-18 所示。

表 6-18 聚类结果及聚集偏好信息

聚集 C^k	成员数 n_k	成员 e_i	聚集偏好 G^k	一致性指标
C^1	2	e_1,e_{10}	$\begin{bmatrix}0.500&0.850&0.800&0.700\\0.150&0.500&0.550&0.800\\0.200&0.450&0.500&0.550\\0.300&0.200&0.450&0.500\end{bmatrix}$	0.9250
C^2	4	e_2,e_5,e_6,e_{11}	$\begin{bmatrix}0.500&0.350&0.400&0.425\\0.650&0.500&0.550&0.300\\0.600&0.450&0.500&0.525\\0.575&0.700&0.475&0.500\end{bmatrix}$	0.8583
C^3	2	e_3,e_{12}	$\begin{bmatrix}0.500&0.650&0.400&0.350\\0.350&0.500&0.200&0.450\\0.600&0.800&0.500&0.500\\0.650&0.550&0.500&0.500\end{bmatrix}$	0.9000
C^4	4	e_4,e_7,e_8,e_9	$\begin{bmatrix}0.500&0.225&0.625&0.625\\0.775&0.500&0.625&0.700\\0.375&0.375&0.500&0.525\\0.375&0.300&0.475&0.500\end{bmatrix}$	0.8707

(3) 利用式(6-44)～式(6-46)计算各聚集的初始权重为 $U=(0.242,0.251,0.252,0.255)$，并集结群体偏好得

$$Q^c=\begin{bmatrix}0.5000&0.5147&0.5543&0.5238\\0.4853&0.5000&0.4810&0.5610\\0.4457&0.5190&0.5000&0.5248\\0.4762&0.4390&0.4752&0.5000\end{bmatrix}$$

(4) 利用式(6-48)～式(6-51)计算得到各方案的群体一致性指数 $\mathrm{ca}_1=0.7222$, $\mathrm{ca}_2=0.7$, $\mathrm{ca}_3=0.8222$, $\mathrm{ca}_4=0.8$ 及群体偏好一致性指数 $\mathrm{cr}=0.7611$，群体冲突指数 $\theta(=0.2389)>\delta(=0.16)$，且消解次数 $t(=0)<\mathrm{CT}(=8)$，故需要进行冲突消解。

(5) 利用式(6-52)计算各聚集与群体偏好冲突程度 $\mathrm{pc}^1=0.1817$, $\mathrm{pc}^2=0.1247$, $\mathrm{pc}^3=0.1467$, $\mathrm{pc}^4=0.1241$，其中 $\mathrm{pc}^1>\delta$，同时 $K=4>3$，所以应建议聚集 C^1 退出决策过程，进入委托机制。

(6) 利用式(6-53)计算聚集 C^1 与其余聚集的欧氏距离，得到相近度排序 $N^k=\left\{C^4,C^3,C^2\right\}$，聚集 C^1 中的决策专家通过讨论对其余聚集赋予信任权重 $\tau_{12}=0.1$, $\tau_{13}=0.3$, $\tau_{14}=0.6$。

2. 第二阶段

(1) 重新计算聚集 C^2、C^3、C^4 的权重为 $u_2=0.251+0.242\times0.1=0.2752$, $u_3=0.252+0.242\times0.3=0.3246$, $u_4=0.255+0.242\times0.6=0.4002$，同时集结群体偏好

$$Q^c=\begin{bmatrix}0.5000 & 0.3974 & 0.4900 & 0.4807\\ 0.6026 & 0.5000 & 0.4664 & 0.5088\\ 0.5100 & 0.5336 & 0.5000 & 0.5169\\ 0.5193 & 0.4912 & 0.4831 & 0.5000\end{bmatrix}$$

(2) 利用式(6-48)～式(6-51)计算得到各方案的群体一致性指数 $\mathrm{ca}_1=0.7944$, $\mathrm{ca}_2=0.7222$, $\mathrm{ca}_3=0.85$, $\mathrm{ca}_4=0.8444$ 及群体偏好一致性指数 $\mathrm{cr}=0.8028$，群体冲突指数 $\theta(=0.1972)>\delta(=0.16)$，且消解次数 $t(=1)<\mathrm{CT}(=8)$，需进行冲突消解。

(3) 利用式(6-52)计算每个聚集偏好与群体偏好之间的冲突程度 $\mathrm{pc}^2=0.0823$, $\mathrm{pc}^3=0.1359$, $\mathrm{pc}^4=0.1349$，所有聚集的 pc 指数都小于 δ，聚集不需要退出决策过程，进入反馈机制。

(4) 识别出需要修正偏好的聚集、所对应的方案及偏好值，首先选择最大的 pc 指数所对应的聚集 C^4 来修正其偏好信息，其需要修正偏好所对应的方案为 x_1、x_2，需修正的偏好为 $\{(1,2),(2,1),(2,3),(2,4)\}$，考虑到对专家个体意见的尊重，首先由聚集 C^4 中的专家集体讨论得到其修正系数 $\eta=0.2$，则可得到修正后的偏好信息：

$$G^4=\begin{bmatrix}0.5000 & 0.3629 & 0.6250 & 0.6250\\ 0.6371 & 0.5000 & 0.4981 & 0.5470\\ 0.3750 & 0.5019 & 0.5000 & 0.5250\\ 0.3750 & 0.4530 & 0.4750 & 0.5000\end{bmatrix}$$

3. 第三阶段

(1) 重新计算群体冲突指数$\theta(=0.158)<\delta(=0.16)$，冲突消解结束，进入方案选择过程。

(2) 修正偏好后的各聚集权重$U=(0.2421,0.2505,0.2517,0.2557)$，进行信任检验，聚集$C^1$再对其余聚集赋予新的信任权重。首先得到新的距离排序$N^k=\{C^4,C^3,C^2\}$，排序没有变化，信任权重无须改变，则$u_2=0.2505+0.2421\times 0.1=0.27471$，$u_3=0.2517+0.2421\times 0.3=0.32433$，$u_4=0.2557+0.2421\times 0.6=0.40096$，群体偏好$Q^c=\begin{bmatrix}0.5000 & 0.4525 & 0.4902 & 0.4809\\ 0.5475 & 0.5000 & 0.4157 & 0.4477\\ 0.5098 & 0.5843 & 0.5000 & 0.5169\\ 0.5191 & 0.5523 & 0.4831 & 0.5000\end{bmatrix}$，利用式(6-54)得到方案排序结果$x_3\succ x_4\succ x_1\succ x_2$。

6.5.6 研究结论

本节针对大群体应急决策紧迫性的特点，提出了一种动态冲突消解决策方法，该方法首先对大群体成员偏好进行聚类，形成聚集并以聚集为决策单位对其进行冲突消解。方法中每个聚集的权重是动态的，考虑了聚集的偏好一致性指数与委托机制中的信任权重，同时在冲突消解过程中对一些因与群体偏好冲突过大而退出决策过程的聚集采取委托机制保留其对后续决策的影响。

本节在测度聚集偏好一致性指数时没有对一致性指数过低的偏好采取一定的措施来提高其一致性；同时本节所提出的冲突动态消解方法是基于模糊环境下的模糊互补偏好信息，应用范围比较狭小，在以后的研究中可以考虑将其运用于语言环境中或针对一般偏好关系。

参考文献

[1] Huang Y H, Guo X P. Finite horizon semi-Markov decision processes with application to maintenance systems[J]. European Journal of Operational Research, 2011, 212(1): 131-140.

[2] 丘成桐. Markov 过程导论[M]. 北京: 高等教育出版社, 2005.

[3] 田军, 张朋柱, 王刊良, 等. 基于德尔菲法的专家意见集成模型研究[J]. 系统工程理论与实践, 2004, 24(1): 57-62.

[4] 张发明, 郭亚军, 张连怀. 一种多阶段交互式群体评价方法[J]. 管理学报, 2010, 7(9): 1416-1420.

[5] 李德毅, 杜鹢. 不确定性人工智能[M]. 北京: 国防工业出版社, 2005.

[6] 郭凤鸣. 基于云模型的遗传进化算法的研究[D]. 南京: 南京理工大学, 2013.

[7] 任剑. 基于云模型的语言随机多准则决策方法[J]. 计算机集成制造系统, 2012, 12: 2792-2797.

[8] 王坚强, 杨恶恶. 基于蒙特卡罗模拟的直觉正态云多准则群决策方法[J]. 系统工程理论与实践, 2013, 11: 2859-2865.

[9] Wang J Q, Peng L, Zhang H Y, et al. Method of multi-criteria group decision-making based on cloud aggregation operators with linguistic information[J]. Information Sciences, 2014, 274: 177-191.

[10] 王洪利, 冯玉强. 基于云模型具有语言评价信息的多属性群决策研究[J]. 控制与决策, 2005, (6): 679-681,685.

[11] 王坚强, 刘淘. 基于综合云的不确定语言多准则群决策方法[J]. 控制与决策, 2012, 27(8): 1185-1190.

[12] Yang X J, Yan L L, Zeng L. How to handle uncertainties in AHP: The Cloud Delphi hierarchical analysis[J]. Information Sciences, 2013, 222(222): 384-404.

[13] 沈建飞, 王亚丽, 黄海量. 多指标方案评价中群体一致性的判断和调整方法[J]. 工业工程管理, 2005, 10(5): 79-87.

[14] 陈兴, 王勇, 吴凌云, 等. 多阶段多目标多部门应急决策模型[J]. 系统工程理论与实践, 2010, 30(11): 1977-1985.

[15] Cosgrave J. Decision making in emergencies[J]. Disaster Prevention and Management, 1996, 5(4): 28-35.

[16] 汪业凤. 突发事件应急决策过程中群体冲突协调机制研究[D]. 长沙: 中南大学, 2011.

[17] 熊才权, 李德华, 金良海. 基于保护少数人意见的群体一致性分析[J]. 系统工程理论与实践, 2008, 10: 102-107.

[18] 宋光兴. 杨槐. 群决策中的决策行为分析[J]. 学术探索, 2000,(3): 48-49.

[19] Yu L A, Lai K K. A distance-based group decision-making methodology for multi-person multi-criteria emergency decision support[J]. Decision Support Systems, 2011, 51(2): 307-315.

[20] Palomares I, Martinez L, Herrera F. A consensus model to detect and manage noncooperative behaviors in large-scale group decision making[J]. IEEE Transactions on Fuzzy Systems, 2014, 22(3): 516-530.

[21] Xu Z S. An automatic approach to reaching consensus in multiple attribute group decision making[J]. Computers & Industrial Engineering, 2009, 56(4): 1369-1374.

[22] 徐选华, 陈晓红. 一种多属性多方案大群体决策方法研究[J]. 系统工程学报, 2008, 23(2): 137-141.

[23] 徐选华, 周声海, 汪业凤, 等. 非常规突发事件应急决策冲突消解协调方法[J]. 控制与决策, 2013, 28(8): 1138-1144.

[24] Herrera-Viedma E, Martinez L, Mata F, et al. A consensus support system model for group decision-making problems with multigranular linguistic preference relations[J]. IEEE Transactions on Fuzzy Systems, 2005, 13(5): 644-658.

[25] Chiclana F, Tapia Garcia J M, del Moral M J, et al. A statistical comparative study of different similarity measures of consensus in group decision making[J]. Information Sciences, 2013, 221: 110-123.

[26] Nakahara Y, Sasaki M, Gen M. On the linear programming problems with interval coefficients[J]. Computers & Industrial Engineering, 1992, 23(1-4): 301-304.

[27] Herrera-Viedma E, Alonso S, Chiclana F, et al. A consensus model for group decision making with incomplete fuzzy preference relations[J]. IEEE Transactions on Fuzzy Systems, 2007, 15(5): 863-877.

[28] Tanino T. Fuzzy preference orderings in group decision making[J]. Fuzzy Sets and Systems, 1984, 12(2): 117-131.

[29] Chiclana F, Mata F, Martinez L, et al. Integration of a consistency control module within a consensus model[J]. International Journal of Uncertainty, Fuzziness and Knowledge-Based Systems, 2008, 16: 35-53.

[30] Weick K E. The Social Psychology of Organizing[M]. Ithaca: Cornell University, 1979.

[31] 徐泽水. 模糊互补判断矩阵排序的一种算法[J]. 系统工程学报, 2001, 16(4): 311-314.

第 7 章　复杂大群体应急决策风险形成与演化

重大突发事件的特殊性决定了其决策群体范围需要更加广泛，形成复杂大群体，根据前面的研究可知复杂大群体决策不可避免地存在较大的冲突，而冲突的存在将导致决策风险，决定了这种应急决策是一种风险型决策。因此，本章研究应急决策风险形成与演化，为复杂大群体风险决策提供理论支撑。

7.1　基于决策犹豫调节的大群体冲突、风险感知与应急决策质量的关系

本节针对应急决策中大群体冲突影响因素及其作用机理的问题，探索大群体冲突与应急决策质量之间的逻辑联系及影响路径，以风险决策理论和冲突理论为基础，通过构建一个被调节的中介模型，对大群体冲突、风险感知和决策犹豫度影响应急决策质量的机制进行研究。基于 367 份有效样本数据进行统计分析，结果表明：任务冲突通过风险感知行为对应急决策质量产生积极影响，且群体决策犹豫度越低，风险感知发挥的中介作用越强；关系冲突对应急决策质量存在显著负向影响。研究结论能揭示大群体冲突、风险感知与应急决策质量之间的作用机理，对应急处置环境下的大群体决策行为和决策方法研究具有理论和实际价值。

7.1.1　理论基础与研究假设

1. 应急决策质量

决策质量是指一项策略对达成组织愿景、使命、目标的贡献程度，主要强调的是决策行为的过程与结果[1]。它是评估参与决策群体与决策本身的核心，也是决策科学领域的关键问题之一。不同于传统的决策质量，应急决策质量是基于突发事件处置的背景下，对时效性很高的决策活动进行评估，可用于应急决策质量分析的理论和方法主要有统计决策理论、期望效用理论和犹豫模糊决策方法等[2]，而随着研究的深入，决策者自身的心理和行为同样受到关注，冲突理论[3]、风险决策理论[4]被相继应用于应急决策质量的分析。由此可见，不仅决策的外在环境会对决策质量产生影响，决策者自身心理行为等内在因素同样会对决策质量产生

影响。

面对日渐频繁的突发事件，并伴随着互联网渠道下的快速传播，决策群体的应急处置更加刻不容缓，其决策事项也伴随着更高的随机不确定性和动态演变性 [5]。在这样的决策环境下，专家对于潜在风险和衍生风险的感知能力能够有效应对环境的改变，同时专家群体间的任务冲突也可起到弥补经验差异和知识短板的功能性作用，能够克服突发事件背景下大群体专家如行业差异、经验背景和风险偏好不同等制约因素[6],有利于在短时间内形成科学有效的决策方案。因此，将大群体冲突和风险感知相结合来研究应急决策质量具有重要的理论意义和实际应用价值。

目前已有大量成熟维度或评价指标体系来衡量决策质量，但对于应急决策质量的测度相对较少。本节借鉴 Amason 等[7]的研究成果，将决策过程满意度、决策结果认同度作为主要衡量指标，考虑到应急处置的时效性要求，又将决策时效性、决策过程果断性纳入评价指标[8]。

2. 任务冲突与关系冲突对应急决策质量的作用

组织行为学的研究将冲突定义为组织内个体间的观点差异或者不相容[7]，随着参与决策成员的日渐庞大，冲突已经成为群体决策领域的重要课题。Jehn 等[4]的研究进一步将冲突划分为任务冲突与关系冲突。前者是指冲突目标与群体任务相一致的功能性冲突，即冲突内容有助于补足专家对问题的认知差异，利于发挥群体智慧和信息优势；而后者则注重情绪上的宣泄与争辩，即非功能性的情感表达。同时，既有研究将大于等于 11 人的群体决策称为大群体决策[2]，异于传统的决策规模使得大群体决策具有更明显的大规模动态性和复杂异质性，即在相互合作且目标一致的组织内部，大量经验背景、行为偏好不同的专家会保持相对独立，导致决策过程中大群体冲突更为明显。

van Knippenberg 等[6]对决策团队的实证研究探明了任务冲突对提升决策质量的积极作用，表明丰富的任务冲突有利于在团队内部形成互补性的知识交流，进而提高决策方案的科学性与全面性。而在突发事件处置的过程中，复杂的决策问题往往需要综合多个领域的知识和方法，亟须借助大群体决策发挥优势。首先，大群体内部丰富的任务冲突有助于专家接触到不同领域的经验和信息，有利于拓展自身的专业化水平和决策视角，同时增强了学习和监督的能力[9]，从而提升了整体决策的包容性和专业性；然后，Jehn[8]的研究表明，不同意见的交流和碰撞有利于对决策方案形成批判性评价，充分发挥团队成员异质性的优势，避免群体中出现被迫决策或跟随决策的现象，从而降低了群体思维的风险；最后，也有部分学者如 Amason 等[7]认为，任务冲突对于决策质量的作用是一把双刃剑，过度的任务冲突则会引发情感冲突，导致群体内部关系紧张甚至决策质量不佳。

而当大群体冲突是非功能性的关系冲突时，研究结论趋于一致。Simons 等[10]在总结综述既有研究的基础上认为关系冲突对团队绩效具有消极影响。突发事件的应急处置本就伴随高度紧张、压抑等负面情绪[11]，关系冲突的出现进一步增加了群体内部的不和谐因素和负面情绪，使得决策者的关注焦点偏离决策本身，从而浪费了大量的时间精力，不利于形成及时、全面的应急决策。另外，关系冲突的存在会降低决策者的共同心理认知[12]，阻碍团队的正常交流和信息传递，Barsade[9]的研究同样表明团队的情绪氛围对于开展合作、提升工作质量均具有显著影响，而情绪效应在大群体内部会得到进一步放大，限制团队的决策效率和信息处理能力，导致决策质量低下甚至出现极端决策。

基于此，本节提出以下假设。

H1a：决策专家间的任务冲突与应急决策质量具有正相关关系。

H1b：决策专家间的关系冲突与应急决策质量具有负相关关系。

3. 任务冲突与关系冲突对风险感知的作用

风险感知是风险决策理论中一个非常重要的方面，或译为风险知觉[13]，近年来围绕风险感知的定性与定量研究逐渐成为国内研究的热点。风险感知是描述人们在特定情境下，对待不确定事件的态度与直觉判断，具有高度的变化性和情境依赖性[14]，既包含人们在面对风险时做出的直观判断，也包括经过理性和复杂分析后得出的主观认识。

突发事件的应急决策是识别风险、规避风险与消解风险的动态过程[15]。在高度复杂且动态演化的事件背景下，如何在短时间内利用有限的信息资源实现对风险因素的控制和消解，并制订切实有效的应对方案，是对决策群体风险决策能力的重大考验。Epstein[16]将人们对风险的判断分为理性分析与情绪经验两种类型，前者借助于个人的逻辑分析与意识主导，而后者则依靠个人经验或事物之间的联系做出决策。而在特定突发事件的处置过程中，专家个体无论是理论知识或经验储备，都往往难以应对复杂的处置环境，并对各种潜在、衍生风险形成有效把控。而在大群体决策环境下，来自不同领域的异质性和互补性知识交流与碰撞易于形成知识传递与积累，补足了决策专家缺失的知识储备和认知视角，强化了个体对风险事件的理解和感知水平。同时，根据情境启发理论，在风险决策过程中决策者往往需要借助特定的意象或情境来激活相应的风险感知。Slovic 等[17]的研究同样强调了直觉和经验在个体风险判断中的重要作用，任务冲突则拓展了该种互补性意象和情境传播及获取渠道，使得专家风险感知更加全面。

与任务冲突的功能性相反，关系冲突使得个体之间的信息交流受阻，从而难以产生正面的情绪激励，导致决策成员的认知和感悟背离组织初衷。Peters 等[13]提出了风险感知情绪模型，认为情绪反应的强烈程度是影响个体风险感知差异的关键因素。由于情绪本身具有行为导向性，个体负面情绪会加重群体间的不信任和猜疑，使得风险感知和决策行为夹杂了更多的个人情感因素。Baron[14]认为团队内部关系冲突会激化矛盾，形成个体间孤立，进而导致团队的风险感知水平降低或风险测度失准，造成风险决策行为偏离事件本身。

基于此，本节提出以下假设。

H2a：决策专家之间的任务冲突与风险感知具有正相关关系。

H2b：决策专家之间的关系冲突与风险感知具有负相关关系。

4. 风险感知对应急决策质量的作用

风险感知的行为导向作用已经取得较深入的研究成果。Veld 等[15]研究指出，机会感知、风险感知和风险偏好均会显著影响决策质量。在风险决策理论的描述中，人们的决策行为建立在其对风险的评估与判断基础之上，而风险评估和风险判断又受到个体认知层面的影响[18]。突发事件的应急处置过程伴随着大量复杂、动态的风险因素，决策专家致力于风险的消减和规避，旨在通过决策方案最大限度地降低突发事件风险水平，提高事态可控性和结果可预测性。

黄杰等[19]基于认知心理学的研究，认为在高度复杂和不确定的环境下，灵敏的风险感知能力是弥补群体感知偏差、经验匮乏的重要途径，有利于增强团队的决策信心和决策果断性。决策专家对突发事件中风险因素的感知程度越高，对潜在或衍生风险的感知和识别越准确，对事件的整体认识也更为清晰和透彻，有利于研判事件的发展态势并形成针对性的决策方案。Williams 等[20]的研究进一步将风险感知视作决策过程中固有的一部分，认为参照风险感知的决策行为更有利于形成富有针对性的策略。

基于此，本节提出以下假设。

H3：决策专家的风险感知与应急决策质量具有正相关关系。

5. 风险感知的中介作用

社会交换理论和认知理论认为，组织的共存依托于知识信息资源的交换关系[21]。专家群体的决策过程伴随着大量知识经验的交换与转移，由此形成频繁的任务冲突和关系冲突，进而对决策质量产生影响。然而，仅从专家群体冲突的视角切入应急决策质量的研究，缺乏对决策者心理及微观视角的探索过程，难以形成全面客观的结果致因和作用逻辑。由此，本节结合由群体冲突引发的专家认知和偏好等心理行为变化，探究复杂致因逻辑下提升应急决策质量的有效途径，并将风险感知作为大群体冲突与应急决策质量之间的中介变量，主要理由如下：

风险感知的多元化作用弥补了决策专家“复杂偏好异质性”与群体共同目标之间的矛盾，承接了群体“预期目标”与“方案修正、达成”之间的关系[22]。一方面，决策大群体中的知识信息交换具有普遍性和不可避免性，并以任务冲突的形式伴随整个决策过程。大量互补性的经验交流有助于填补专家对事件的认知空白，进而直接影响群体讨论交流的动机、偏好信息的选择与判断，最终左右决策。另一方面，情绪泛化假说(affective generalization hypothesis)认为与事件本身无关的情绪会增加与情绪相同效价的事件发生的概率[23]，即消极情绪的蔓延会增加专家对风险性事件发生概率的感知，并倾向于对事件采取更加悲观和保守的行动，这无疑会进一步扩散消极情绪并导致情绪化决策。Edwards 等[23]提出风险感知情绪模型，同样认为波动的情绪会降低群体对风险因素的敏感程度，导致消极或惩罚性后果，最终影响决策质量。

基于此，本节提出以下假设。

H4a：风险感知在任务冲突对应急决策质量的影响路径中起到中介作用，即任务冲突通过改变决策专家风险感知影响应急决策质量。

H4b：风险感知在关系冲突对应急决策质量的影响路径中起到中介作用，即关系冲突通过改变决策专家风险感知影响应急决策质量。

6. 决策犹豫度的调节作用

犹豫作为一种普遍的个体决策现象，主要表现为个体在多个选择中迟疑做出选择或无法及时做出决策。Gafni 等[24]的研究表明，决策者的犹豫行为在个体承担合作任务时更易发生，且对决策质量存在显著的负向影响。而在突发事件处置过程中：一方面，决策信息不充分和高度时间压力的客观现实，造成决策专家难以及时预估各种可能的结果以及出现每种结果的概率，从而选择推迟决策以等待更多信息出现，抑或反复质疑所做决策的正确性而犹豫不决；另一方面，突发事件的复杂程度远远超过单个专家的处置能力和认知水平，高度社会关注带来的舆论压力加剧了决策专家的紧张情绪甚至消极反应，使得专家视野变窄，决策更为慎重、延迟。

在高时间压力的背景下，仅通过群体冲突理论和风险感知理论不足以分析决策者的应急决策质量。决策人员在高度复杂且不确定的环境中，需在最短的时间内得到科学有效的决策方案，其行为必然受到外界高压环境的影响。因此，本节基于 de Dreu[25]的相关研究结论，将决策犹豫度作为调节变量引入概念模型，有助于更清晰地认识风险感知对于应急决策质量的作用逻辑，以及决策犹豫度在其间的调节作用。

作为制约专家群体决策质量和效率的重要心理因素，决策犹豫度的强弱会对整体决策过程的应急性和流畅性产生影响。Langfred[26]研究认为，为降低决策风险或规避焦虑情绪而出现的决策犹豫行为，会对最终决策绩效产生显著影响。群体决策专家面对不可控且瞬息万变的决策环境，无论是策略偏好上的摇摆不定，抑或是决策时间上的拖延不决，都不利于快速形成一致性的方案，有碍最终的应急决策质量。相反，低犹豫度的群体更容易把握先决优势，充分发挥时间优势对风险进行消减和控制，快速形成及时有效的处置方案。

基于此，本节提出以下假设。

H5：专家决策犹豫度负向调节了风险感知与应急决策质量之间的关系，即随着决策专家犹豫程度提高，风险感知与应急决策质量之间的正相关关系得到减弱。

在以上论述的基础上，本节进一步提出决策犹豫度会削弱风险感知在大群体冲突与应急决策质量之间的中介作用。Hijazi 等[27]研究认为，决策者越想做一个完美的决策，他们所感知到的信息越不充分，决策时间也会大大延长。因此，在突发事件背景下，决策专家会在等待信息与延迟决策过程中周而复始，造成犹豫行为伴随应急事件处置的全过程，并通过改变专家决策行为间接影响决策质量。鉴于此，瞬息万变的事件态势不容决策者有时间和方案上的耽搁，犹豫不决可能造成群体研判困难、方案失灵和决策滞后等一系列问题，已有的一致性意见和风险感知优势将完全失效。

一方面，高犹豫度的心理降低了决策专家的经验分享意愿，阻碍了群体中的信息交流和知识传递，不利于形成事件的多维认知[18]。考虑到突发事件的随机性和衍生性，高度犹豫会进一步导致决策者难以有效估计和考量风险性因素，进而无法预估应急处置方案的成效和后果。反之，降低犹豫度则有利于决策者接触到更多的领域外知识和信息，提高对突发事件认知的维度和丰度，强化风险认知和评判的能力，进而提升整体决策团队的应急决策质量。

另一方面，高犹豫度的心理使得群体内部焦虑烦躁等负面情绪累积，进一步加剧了关系冲突带来的消极影响，降低了个体对团队的认同感，导致决策专家的风险识别偏离事件主体。反之，低犹豫度的决策群体则能够适当缓解决策本身带来的压力和紧张情绪，减轻由关系冲突带来的负面效应。

基于此，本节提出以下假设。

H6a：风险感知在任务冲突与应急决策质量中的中介作用受决策犹豫度的负向调节，即犹豫程度越大，任务冲突通过风险感知影响应急决策质量的中介效应越弱。

H6b：风险感知在关系冲突与应急决策质量中的中介作用受决策犹豫度的负向调节，即犹豫程度越大，关系冲突通过风险感知影响应急决策质量的中介效应越弱。

根据上述分析，本节提出大群体冲突对应急决策绩效的影响机制，认为任务冲突和关系冲突会通过风险感知的中介作用影响最终应急决策质量，且在专家决策犹豫度不确定的情境下，风险感知对决策质量的影响效果不同。此形成关系模型如图 7-1 所示。

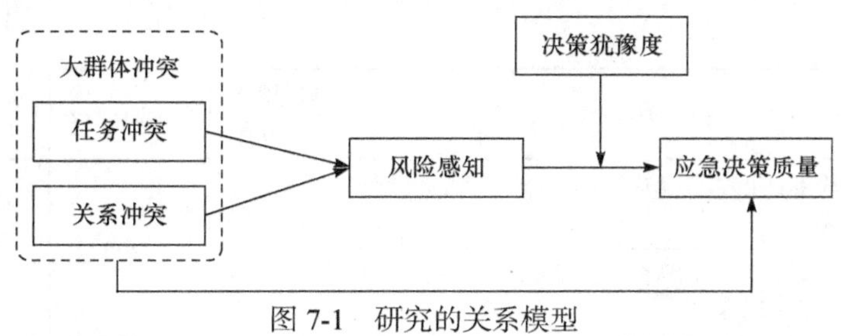

图 7-1　研究的关系模型

7.1.2　变量与数据

1. 研究变量

为了保证变量测量的信度和效度，本节从国内外现有研究中甄选出符合本节研究对象的成熟量表作为主要参考。首先，根据综述内容对外文文献中的量表进行回译，以保证量表内容的正确性；然后，为保证量表表述合理准确，特请 5 位大群体决策领域专家和 5 位具有丰富工作经验的应急办处置人员，对问卷内容进行检查，并根据反馈意见对措辞、表述进行改进，形成初步量表；最后，选择某一所 985 高校保卫处和所在辖区派出所进行问卷预发放，共计发放问卷 50 份，回收 47 份，剔除不符合大群体界定及其他无效问卷共计 14 份，有效回收率为 66%。通过对预实验样本进行探索性因子分析和信度、效度检验，剔除因子载荷不符合统计学要求的题项 3 个(任务冲突量表 2 项、关系冲突量表 1 项)，形成最终量表。

题项设置主要参考了来自权威期刊的成熟量表。大群体冲突(包括任务冲突和关系冲突)主要借鉴了 Jehn[8]的研究设计，包括“在群体决策制定时，团队成员会因为经验差异而产生不同意见”等 7 个题项。风险感知主要借鉴了 Simon 等[10]的研究设计，包括“群体决策可以有效避免负面影响带来的风险”等 6 个题项。决策犹豫度主要借鉴了 Germeijs 等[21]的 GIS(Germeijs and de Boeck’s indecisiveness scale)量表设计，包括“团队成员倾向于推迟、拖延决策”等 5 个题项。应急决策质量主要借鉴了 Amason 等[7]的研究设计，包括“整个决策过程高效且富有价值”等 9 个题项。所有题项均采用 Likert-7 尺度量表设定，由 1 到 7 分数逐渐增大表示符合程度不断提高，题项具体内容如表 7-1 所示。

表 7-1　量表的信度与效度

测量变量	测量题项	因子载荷	Cronbach’s α	KMO 值	解释均方差
任务冲突	在群体决策制定时，团队成员会因为经验差异而产生不同意见	0.809	0.819	0.790	61.28%
	在群体决策制定时，团队成员会因为领域知识差异而产生不同意见	0.791			

续表

测量变量	测量题项	因子载荷	Cronbach's α	KMO 值	解释均方差
任务冲突	在群体决策制定时，团队成员会因为认知观念差异而产生不同意见	0.732	0.819	0.790	61.28%
	在群体决策制定时，团队成员会因为对决策内容认知侧重差异而产生不同意见	0.796			
关系冲突	在群体决策制定时，团队内部成员间常常存在摩擦	0.828	0.838	0.681	65.66%
	在群体决策制定时，会经常由于情绪原因导致关系紧张	0.823			
	在群体决策制定时，会由于个人性格上的差异引起矛盾	0.779			
风险感知	群体决策可以有效避免负面影响带来的风险	0.764	0.865	0.870	59.74%
	群体决策可以有效避免外部环境不良、冲突带来的风险	0.796			
	群体决策可以避免技术不足、资源利用不充分带来的风险	0.813			
	群体决策具有较强的及时性和综合性	0.745			
	群体决策有利于团队有效预测决策执行带来的风险	0.768			
	群体决策有利于团队有效把控决策执行带来的风险	0.750			
决策犹豫度	团队成员倾向于推迟、拖延决策	0.782	0.870	0.869	65.90%
	团队成员易耗费更多时间进行决策	0.821			
	团队成员常常避免进行决策	0.839			
	团队成员常常怀疑所做决策的正确性	0.777			
	团队成员常常后悔已做出的决策	0.838			
应急决策质量	整个决策过程高效且富有价值	0.732	0.835	0.912	57.07%
	整个决策过程有利于专家交换知识和观点	0.765			
	整个决策过程可以达成较高的决策一致性	0.751			
	整个决策过程契合最初设定的决策意图	0.769			
	我相信最终决策代表了所有备选方案中的最优选择	0.757			
	我非常愿意为这项决策的正确执行尽最大努力	0.789			
	我十分赞同讨论这项决策最终形成的决议	0.759			
	我相信这项决策能够有效解决决策制定意图	0.769			
	我对整个决策制定与达成过程感到满意	0.713			

2. 数据收集与分析

本研究选取天津港“8·12”特大火灾爆炸事件和长沙“6·30”特大暴雨为

背景案例，以事件发生时部分现场指挥部成员及后续处置工作参与者为主要被试。案例选取理由是基于我国重大突发事件的背景，上述决策群体具有明显的大规模动态性和复杂异质性，决策事项涉及社会多个方面并持续受到社会舆论高度关注，符合突发事件应急处置的一般性规律。参与者及相关联系方式在当地应急办公室和各单位人力资源部的支持与协助下获取，初步形成调研和访谈列表，并通过 E-mail、电话或现场访谈的形式开展数据收集。本研究数据收集时间为 2018 年 4～7 月，其间共计在相关政府机构、高校科研院所、公安消防维稳部门等发放问卷 611 份，剔除 186 份不符合大群体界定的问卷、44 份不完整问卷及 14 份自相矛盾问卷，有效问卷共计 367 份，有效回收率 60.07%。问卷题项设置还包括填写对象基本概况，如年龄、从业领域、受教育程度、职业层次等，具体如表 7-2 所示。

表 7-2　研究样本特征

统计学指标	测量成分	样本数量	比例/%	统计学指标	测量成分	样本数量	比例/%
年龄	25 岁以下	40	10.90	受教育程度	专科	57	15.53
	26～35 岁	88	23.98		本科	225	61.31
	36～45 岁	114	31.06		硕士	65	17.71
	46～55 岁	75	20.44		硕士以上	20	5.45
	55 岁以上	50	13.62	职业层次	专业技术人员	240	65.40
从业领域	政府机构	79	21.53		运营人员	38	10.35
	科研院所	67	18.26		管理人员	89	24.25
	一般企事业单位	115	31.34	参与决策人数规模	10 人及以下	186	剔除
	部队及公安	63	17.17		11～30 人	238	64.85
	其他	43	11.72		31～40 人	129	35.15

表 7-2 统计结果显示，在所有内容完整的量表中，符合大群体决策界定、决策群体规模在 11 人及以上占比 100%。决策人员年龄构成广泛且基本符合正态分布，接受过本科及以上教育者占 84.47%，有良好的受教育背景有助于对调查问卷的理解，确保回答问题的客观性和有效性，问卷质量得以保证。同时，受调查者的从业领域分布广泛，职业层次丰富，保障了问卷的全面性和专业性。总体而言，调查样本能够较好地反映调研对象的总体特征。

7.1.3　实证分析

1. 信度与效度检验

在信度方面，通过 SPSS19.0 软件使用 Cronbach's α 系数检验变量信度，问卷整体信度为 0.845。如表 7-1 所示，任务冲突、关系冲突、风险感知、决策犹豫度和应急决策质量的 Cronbach's α 值均在 0.7 以上，可见问卷的内部信度较高。在效度方面，由于本节借鉴成熟量表进行变量测度，因此问卷具有较高的内容效度。进一步通过 SPSS19.0 采用因子分析的方法计算结构效度如表 7-1 所示，结果显示 KMO 值为 0.824，且所有题项的 KMO 值均大于 0.5，各个量表的解释均方差均大于 50%，表明问卷的结构效度较好。

2. 描述性统计分析

本节基于研究内容，借鉴 Jehn[8]和 Simons 等[10]对此类研究的控制变量设计，采用年龄、受教育程度、从业领域和职业层次作为控制变量。并对各变量之间的相关性进行检验，结果如表 7-3 所示。决策冲突变量的相关性分析显示，任务冲突与风险感知、任务冲突与应急决策质量、关系冲突与决策犹豫度、风险感知与应急决策质量均存在显著的正相关性，初步验证了假设 H1a、H2a 和 H3。同时通过计算变量自身的平均提取方差值(AVE)如表 7-3 所示，表明各变量内部具有较高的内部一致性。

表 7-3 描述性统计分析($N=367$)

变量	年龄	受教育程度	从业领域	职业层次	任务冲突	关系冲突	风险感知	决策犹豫度	应急决策质量
年龄	1	0.107*	0.027	0.094	0.032	0.034	0.005	0.048	0.088
受教育程度		1	−0.03	0.087	0.111	0.088	0.073	0.041	0.002
从业领域			1	0.003	0.099	0.079	0.037	0.045	0.057
职业层次				1	0.020	0.060	0.056	0.017	0.076
任务冲突					**0.783**	−0.230**	0.413**	−0.445**	0.391**
关系冲突						**0.810**	−0.217**	0.438**	−0.292**
风险感知							**0.773**	−0.305**	0.472**
决策犹豫度								**0.812**	−0.280**
应急决策质量									**0.756**
平均值	2.440	2.360	1.970	2.290	5.775	5.761	6.001	5.999	6.21
标准差	1.258	0.807	1.128	0.618	0.529	0.542	0.566	0.641	0.437

注：对角线加粗数据为变量自身的平均提取方差；*代表显著性水平 $p<0.05$，**代表 $p<0.01$，***代表 $p<0.001$(此表无，见表 7-4)，下同。

3. 假设检验

1) 主效应检验

将控制变量和观测变量依次放入回归方程，运算结果如表 7-4 所示。由表 7-4

中 Model6、Model2 可知，任务冲突与应急决策质量、风险感知均显著正相关(β = 0.334、p < 0.001，β = 0.253、p < 0.001)，假设 H1a、H2a 成立；由 Model3、Model8 可知，关系冲突与应急决策质量、风险感知均显著负相关(β = –0.291、p < 0.001，β = –0.181、p < 0.01)，假设 H1b、H2b 成立；由 Model5 可知，风险感知与应急决策质量显著正相关(β = 0.278、p < 0.001)，假设 H3 成立。

表 7-4　主效应及中介效应回归结果(N = 367)

变量	风险感知			应急决策质量					
	Model1	Model2	Model3	Model4	Model5	Model6	Model7	Model8	Model9
年龄	–0.026	–0.058	–0.008	0.068	0.075	0.067	0.073	0.047	0.057
受教育程度	0.06	–0.001	0.052	0.028	0.012	0.001	–0.012	–0.023	–0.026
从业领域	–0.028	–0.002	–0.036	–0.056	–0.048	–0.058	–0.051	–0.03	–0.029
职业层次	0.049	0.039	0.066	0.099	0.106*	0.121*	0.109*	0.117*	0.106*
任务冲突		0.253***				0.334***	0.312***		
关系冲突			–0.181**					–0.291***	0.235***
风险感知					0.278***		0.251***		0.008
F	0.705	5.775***	5.563***	2.204	8.083***	11.200***	14.670***	8.429***	10.600***
R^2	0.008	0.101	0.082	0.024	0.101	0.134	0.196	0.105	0.15
调整后 R^2	–0.003	0.083	0.072	0.013	0.088	0.122	0.183	0.092	0.136
R^2 更改	0.705	0.093	0.074	0.024	0.077	0.111	0.062	0.081	0.046
DW	1.954	2.071	1.902	1.791	1.872	1.779	1.846	1.795	1.852

注：DW(Durbin-Watson)代表残差的自相关性检测指标。

2) 中介效应检验

由表 7-4 中 Model7 可知，当加入风险感知变量时，任务冲突对应急决策质量的正向作用依然显著(β = 0.312、p < 0.001)，且与 Model6 相关系数相比显著降低(0.312 < 0.334)，说明风险感知在任务冲突与应急决策质量之间起到中介作用，其中介作用占比总效应 0.253 × 0.251/0.334 × 100% = 19.01%，假设 H4a 成立。同理可知，风险感知在关系冲突与应急决策质量之间的中介作用不显著(β = 0.008、p > 0.05)，假设 H4b 不成立。

3) 调节效应检验

假设 H5 提出决策犹豫度调节了风险感知与应急决策质量之间的作用关系，将控制变量、观测变量以及构造交互项依次放入回归方程，运算结果如表 7-5 所示。在 Model2 的基础上，Model3 引入了决策犹豫度变量，Model4 引入了风险感知与决策犹豫度的交互项。由 Model4 可知，交互项对应急决策质量有显著的负向影响(β = –0.173、p < 0.001)，假设 H5 成立。

表 7-5　决策犹豫度的调节效应回归结果($N=367$)

变量	应急决策质量			
	Model1	Model2	Model3	Model4
年龄	0.068	0.072	0.054	0.058
受教育程度	0.028	−0.003	−0.026	−0.022
从业领域	−0.056	−0.047	−0.044	−0.025
职业层次	0.099	0.101*	0.095	0.081
风险感知		0.350***	0.265***	0.269***
决策犹豫度			−0.232***	−0.233***
风险感知 × 决策犹豫度				−0.173***
F	2.204	12.213***	14.063***	14.405***
R^2	0.024	0.145	0.19	0.219
调整后 R^2	0.013	0.133	0.176	0.204
R^2 更改	0.024	0.121	0.045	0.029
DW	1.791	1.896	1.862	1.877

本节分别以高于均值一个标准差和低于均值一个标准差为基准，描绘具有不同决策犹豫度的团队中风险感知对应急决策质量的影响差异，如图 7-2 所示。即在高犹豫度的团队中，风险感知对应急决策质量的影响得到削弱；而专家群体的决策犹豫度较低时，应急决策质量会显著提高。因此，本节认为决策犹豫弱化了风险感知对应急决策质量的正向影响。

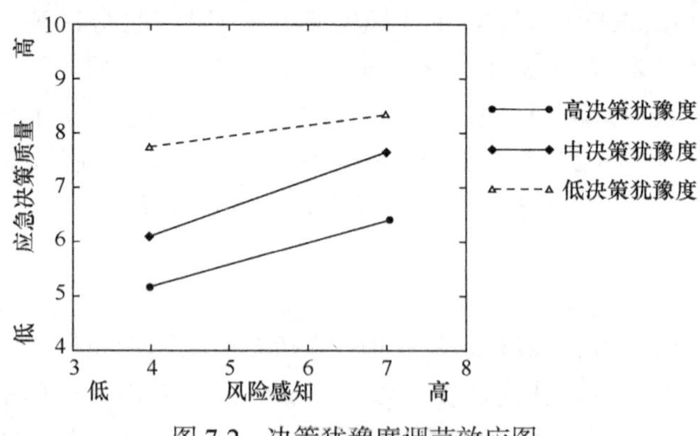

图 7-2　决策犹豫度调节效应图

4) 被调节的中介效应检验

本节采用 Edwards 等[23]推荐的方法检验被调节的中介效应，将自变量对中介变量的效应、中介变量对因变量的效应(前两者的组合构成自变量对因变量的间接效应)，以及自变量对因变量的直接效应，按照调节变量的不同水平分别进行模拟运算并对比结果，运算结果如表 7-6 所示。

表 7-6　被调节的中介效应回归结果($N = 367$)

变量		第一阶段效应(自变量对中介变量的影响)	第二阶段效应(中介变量对因变量的影响)	直接效应(自变量对因变量的直接影响)	间接效应(自变量通过中介变量对因变量的影响)	总效应(直接效应＋间接效应)
任务冲突作为自变量	高决策犹豫度	0.203	0.228	0.284	0.046	0.330
	低决策犹豫度	0.429**	0.478**	0.534**	0.205**	0.739**
	高-低组差异	−0.226**	−0.250**	−0.250**	−0.159**	−0.409**
关系冲突作为自变量	高决策犹豫度	−0.062	0.228	−0.241	−0.055	−0.296
	低决策犹豫度	−0.194**	0.299**	−0.303**	−0.058	−0.361**
	高-低组差异	0.132	−0.071	0.062	0.003	0.065

当任务冲突作为自变量时，高、低决策犹豫度的直接、间接效应和总效应表现出差异。对于低决策犹豫度的群体，任务冲突通过风险感知行为对应急决策质量的影响显著($\beta = 0.205$、$p < 0.01$)，而对于高决策犹豫度的群体，以上影响关系并不显著($\beta = 0.046$、$p > 0.05$)，故假设 H6a 得到验证。而当关系冲突作为自变量时，高、低决策犹豫度的直接效应、间接效应和总效应均未表现出显著性差异，假设 H6b 没有得到支持。

此外，本节分析了任务冲突与关系冲突的交互作用，统计检验结果($\beta = 0.098$、$p > 0.01$)表明两者不存在明显交互作用。同时考虑了年龄($\beta = 0.068$、$p > 0.01$)、受教育程度($\beta = 0.028$、$p > 0.01$)、从业领域($\beta = -0.056$、$p > 0.01$)和职业层次($\beta = 0.099$、$p > 0.01$)四个控制变量，以上控制变量对应急决策质量的统计检验均不显著。因此，上述因素对本书的研究结果并不产生影响。

7.1.4　分析与讨论

1. 研究结果分析

本节重点关注应急决策质量的影响因素及其作用逻辑，探索了不同的决策犹豫度下，大群体决策冲突、风险感知行为与应急决策质量之间的作用关系。研究结果表明，大群体内部的任务冲突会通过风险感知行为促进应急决策质量的提升，并且这一中介作用随着专家决策犹豫度不同而改变。虽然大群体内部的关系冲突通过风险感知行为影响应急决策质量的中介效应没有得到验证，但关系冲突对于最终决策的形成呈现消极作用。具体分析如下：

第一，本节证实了大群体冲突与风险感知、应急决策质量之间的相关关系。其中任务冲突有利于形成高质量的应急决策(H1a，$\beta = 0.334$、$p < 0.001$)，而关系冲突则对高质量应急决策起到负向影响作用(H1b，$\beta = -0.291$、$p < 0.001$)。在引入风险感知作为大群体冲突与应急决策质量之间的中介变量之后，风险感知在任务冲突与应急决策质量之间的中介关系显著(H4a，$\beta = 0.251$、$p < 0.001$)，而在关系冲突与应急决策质量之间的中介关系不显著(H4b，$\beta = 0.008$、$p > 0.05$)。结果表明：风险感知部分中介了任务冲突与应急决策质量之间的关系，而在关系冲突与应急决策质量之间不具有中介效应。其原因可以解释为：一方面，在突发事件处置过程中，风险感知作为决策专家识别、规避和消解风险的重要能力，亟须借助自身充足的知识储备和处置经验才能形成敏锐的直觉与判断；而在大群体内部广泛存在的任务冲突加速了成员间互补性知识的交换，增强了群体成员运用不同经验、方法处置特定事件的能力。因此，在引入风险感知之后，任务冲突的功能性价值得到进一步提升，可以将分散的领域知识与处置经验进行有效整合，利于形成更加科学、全面的决策。另一方面，关系冲突的存在则进一步增加了大群体内部的负面情绪与紧张气氛，降低了决策专家的知识分享意愿，阻碍了群体内部信息交流与知识传递，不利于形成高质量应急决策。从跨文化研究的视角可以解读为：中国文化更加注重人际关系的和谐，组织内部沟通也相对委婉。由此，出现关系冲突的群体往往被解读为不和谐、低效率的组织，有碍最终决策质量和成员对决策结果的认同。而风险感知作为决策者的心理感知行为，在强烈的情绪反应状态下可能难以发挥效果，所以未能如期产生中介效应。

第二，本节研究进一步表明，风险感知行为在拥有较低决策犹豫度的群体中发挥作用更为明显。换言之，任务冲突通过风险感知行为传递的效应大小，会在决策犹豫度不同的群体中有所差异。低决策犹豫度的群体更容易从任务冲突中收获风险感知带来的益处，即更好地发挥风险识别与消减带来的事件处置优势，并借此提升应急决策的质量和效率。反之，如果群体拥有较高的决策犹豫度，那么该种中介机制的功效会受到影响。以上研究对于风险决策理论具有重要意义：长期以来，研究者从群体情商[28]、群体感知氛围[29]、成员信任关系[30]、求知动机[31]等方面，探索了内在和外在决策情境因素对群体冲突发挥效能的影响，并借此设置不同的调节变量探索群体冲突作用于决策绩效的边界，本节进一步拓展了决策犹豫度行为对大群体决策质量的影响，丰富了风险决策理论在应急处置中的应用。

2. 研究启示

由于本研究是对突发事件应急处置情境下，大群体冲突、风险感知、决策犹豫度与应急决策质量之间关系的初探，因此对于决策专家和群体管理者，本研究可以为他们带来以下启示：

首先，本研究显示在突发事件应急处置的情境下，通过增加团队内部任务冲突，并及时控制消极情绪的负面影响，有利于提高应急决策质量。因此，一方面在处置过程中扩大参与决策群体的规模，使得决策专家涵盖事件所属领域的方方面面，通过专业性的技术人员或拥有丰富处置经验的专家加强对事件处置的宏观把控，有利于提升决策的全面性与科学性。另一方面，事件本身的处置压力及负面影响经互联网传播和舆论放大，易在大群体内部形成“涟漪效应”，呈现出接二连三的传播态势。故对于现场指挥，应当正确引导和排解大群体成员内部的消极情绪，控制危害群体稳定的舆情、不当言论等。并通过对群体成员进行关怀、支持和鼓励，开展必要的情感交流以改善其情绪状态，积极缓解高度紧张、不安等负面情绪。

然后，本研究从决策者的心理及微观视角探明了风险感知能力在高质量应急决策中的重要作用。因此，作为应急处置人员，应当对不同领域与行业的知识提起足够的重视，并进行充分的沟通与讨论以加强对事件理解的全面性和准确性。同时，针对现场处置指挥部等指挥机构，应当重视决策群体的人员构成和领域分布，综合多个领域的专业知识和经验来应对复杂环境的动态事件，有利于在不同背景和视角下挖掘更多的潜在风险与衍生风险。

最后，本研究显示在突发事件背景下决策专家的犹豫行为会影响应急决策质量。突发事件不可避免地会存在信息不全面、随机动态性高等特点，无论是方案取舍上的摇摆不定，抑或是决策时间上的拖延不决，都会给决策行为带来困难。因此，决策专家应当注重在决策过程中尽可能不拖沓，通过设定决策时间节点，或阶段性处置目标方式来消减高犹豫带来的危害。

3. 研究局限性与展望

尽管本研究得到了一些有价值的论断，但由于各种主观或客观方面的限制，本节也不可避免地存在以下几方面的局限：①本节对于中介变量的选取仅考虑了专家的风险感知水平，这种专家能力性的描述在突发事件背景下可能并不充分，如心理承受能力、专家风险偏好和团队情绪氛围，都可以作为风险感知的前因变量，未来研究可以对此做进一步讨论；②本节采用的变量测量量表大部分来自国外的相关文献，虽然在国内突发事件的背景下也获得了较高的信度水平，但更严谨的做法应该是基于我国的组织文化背景开发出更适合我国实际情况的量表；③未来研究可以对群体规模及领域细分等控制变量进行进一步完善和细化，并加大实验样本的数量进行对比分析，进一步探索大群体冲突对应急决策质量的影响，以期获得更具说服力和适用性的结论。

7.2 基于多主体仿真的大群体应急决策风险致因分析

重大突发事件大群体应急决策风险来源众多，且对决策的影响不容忽视。本节从个体因素和群体因素两方面对大群体应急决策风险进行系统识别，并将各风险因素与两类群体效应(认知冲突和关系冲突)进行关联，建立大群体应急决策风险致因体系。在此基础上，首先设置由个体认可度、群体结构、沟通方式、决策策略和外部影响组成的仿真变量，然后基于观点动力学利用 Netlogo 工具建立大群体应急决策风险致因多主体仿真模型，最后通过案例模拟得出各风险因素致因机理的一般规律。仿真结果表明：控制高认可度决策主体的比例，增加聚集间交互，采取必要的预见性措施，对降低决策风险、提高决策共识速度、应对决策环境的高动态性具有积极作用。研究有助于掌握大群体应急决策风险因素的组成及其影响规律，为应急决策的策略引导提供参考和借鉴。

7.2.1 大群体应急决策风险因素识别

重大突发事件复杂情形下的决策很少由个人做出，而是由相互作用的团体、团队、组织或更大的群体集体做出。相关研究表明，群体决策优于个体决策[32]，通过个体决策者间的相互制约与影响，以最大限度地提高个体决策者的理性程度，最大化群体决策的准确度[33]。在这一过程中，为实现最终目标，相关主体、决策者、利益相关者和其他参与者之间不可避免地存在行为互动和观点碰撞，彼此间的妥协或坚持导致冲突的产生，影响群体决策共识形成的效率。特别是在大群体应急决策中，应急决策处在风险高度集中的环境，不仅决策对象(自然灾害事件)本身具有高风险，决策主体也会因自身的局限性给大群体决策带来风险，若这些风险不能控制在有效范围内，将会成为新的风险源，使态势进一步恶化。救援机构、社会团体和个体层面之间的联系越复杂，冲突产生的可能性越大，风险控制的难度也越大，故需对大群体应急决策的风险因素进行识别，以便后续的风险致因机理模型的构建，并为精细化风险控制提供理论依据。本节通过文献分析、案例数据分析和专家访谈，提取大群体应急决策过程中存在的主要风险因素，并从个体因素和群体因素两方面进行系统识别。

1. 个体因素

大群体决策的风险程度随着决策个体异质性的变化而变化[34]，群体异质性与决策风险之间的关系曲线呈倒 U 形关系，也就是说具有中度多样性的群体比个体风格非常相似的群体以及个体风格极端异质的群体决策风险更低[35]。这表明，成员彼此过于同质的群体缺乏在群体决策过程中所需的各种观点和技能,与此同时,成员异质性过高的群体因观点过于分散难以在短时间内有效沟通和协调。所以大群体应急决策个体异质性是群体决策风险产生的根本因素，个体的异质性主要表现在解决问题的能力、抽象思维、快速学习和从经验中学习的能力，在应急情形下，更是体现在信息处理的能力和全面深层次理解应急态势的能力。个体决策的准确性与速度是个体所具备各项能力的综合表现，其主要由以下几个方面影响。

1) 知识水平

知识是个人头脑中关于给定领域内物体特征有组织的事实和原则[36]，这些知识结构是通过培训、教育和经验形成的[37]，它不是事件的积累，因为它超越了积累，而是对不同事件信息的理解并组织成有意义的类别[38]。拥有更多知识的个体具有更广泛和多样的知识结构，可以根据基本原理组织信息并能高效存储信息，高知识水平与解决问题的能力直接相关[37,39]。在大群体应急决策中，决策主体的知识水平决定主体对应急问题的理解与选择，并在大群体决策层面上体现出来。因此，大群体应急决策中每个决策主体的知识水平与高效准确的决策密切相关。

2) 专业素养

有关研究表明,决策者在熟悉的专业领域决策更为果断且具有较高的准确度,并有专业能力越强表现越为明显的趋势；在不熟悉的专业领域，决策者往往会表现得犹豫不决[40]。在群体决策中，涉及专业领域的决策内容，决策成员往往会依赖该领域专业素养相对较强的决策者，并倾向于接受其观点与选择[41]。自然灾害大群体应急涉及交通、医疗、通信等专业部门的高效合作，应急方案的确定需经过各相关专业、领域专家的充分论证与讨论，各领域决策成员专业能力的高低会在专业领域内影响其他决策者对各领域形势的判断，从而影响大群体应急决策的准确性和速度。

3) 个人经验

应急决策是一种复杂的、动态变化的、不确定性程度较高的风险决策[42]，需在有限信息情境下短时间内完成，不是总能按一定的程序逻辑进行准确的判断，决策主体往往会凭其实践经验，对应急备选方案做出直觉的最佳断定[43]。经验丰富的决策主体更能以最快的速度迅速做出最优的选择，相反，经验欠缺的决策主体的决策时间相对较长或决策准确度会相对较低。

4) 风险偏好

风险偏好作为影响大群体应急决策的个体因素之一，是一种个体相对稳定的内在特质，是具有个体间差异的心理品质[44]。在应急决策情境下，决策主体对应急方案客观风险的感知和认识存在差异，对熟悉领域内的风险因素则更为敏感和熟悉，风险倾向性(风险趋向、风险中立或风险规避)也有所不同[45]，并最终影响方案的抉择。

5) 承压能力

压力与决策有着错综复杂的联系[46]，压力会影响决策，增加决策风险[47]，且压力反应存在较大的个体差异[48]。自然灾害事件大群体应急决策各决策主体处在复杂的决策任务、高时间压力、高度紧张的决策环境，在一定范围内，决策主体能够不断适应较高的压力水平，但如果压力水平超过决策主体的承受阈值，则决策主体的决策质量将会降低[49,50]，不同的决策环境和压力源，个体的压力承受阈值各异[51]。

6) 自信水平

大群体应急决策中，自信水平在个体决策和群体决策中扮演了重要的作用[52-54]。在决策后果具有较高不确定性的情形下，决策主体的自信水平与决策主体的决策准确度存在一定的联系，个体自信水平越高做出的决策越准确，个体自信水平越低决策的错误率越高[55]。同时在决策主体反复交互达成群体共识的过程中，决策主体对自己确信的选择可能表现出更高的自信水平[56]，并能影响其他决策主体后续的判断和选择，最终影响决策结果。

7) 逻辑能力

推理是认知的核心组成部分，是对已知知识、信息进行关联以生成判断[57]。逻辑能力与个体智力高度相关，且受决策背景和内容高度影响[58]。决策主体在自然灾害应急决策复杂情形下，往往会将决策问题按一定的规则分解成若干细节，然后运用所学知识，利用所掌握的信息，逐一找到解决方法，最后应用逻辑推理能力综合实现整体方案的选择[59]。

自然灾害应急决策的环境纷繁复杂，决策信息庞杂，容易受多方面因素或条件的制约，决策是个体综合能力的表现，专家的判断往往是模糊的、片面的、不完整的，其个体风险因素不仅仅只限于上述的知识水平、专业素养、个人经验、风险偏好、承压能力、自信水平、逻辑能力等，此外还有性别、年龄、情绪智力、价值观、性格特点、个体偏好、判断能力、沟通能力等方面的因素，个体决策的准确性与时效性是各风险因素整体影响的结果。个体差异越大，个体间的偏好差异也会越大，决策共识的形成也会变得越困难，交互过程不可避免，造成的冲突程度也会加剧，决策失控的可能性变大。因此，个体差异的存在是群体决策过程认知冲突产生的直接原因，也是决策风险的重要来源之一。

2. 群体因素

决策个体独立判断后的信息交互对最后群体决策的表现影响很大，优质的个体决策、良好的信息交互方式对提高群体决策的质量有着重要作用[54]，通过汇集独立的个体评价来实现的群体决策将比单个成员决策更准确[33]，决策主体之间彼此通力合作在方案选择时效率更高[60]。同时在解决自然灾害等多维度复杂问题时，包含各专业领域专家组成的决策群体在方案选择时更准确，但群体成员的多样性无疑增加了群体异质性，更易导致不确定因素增多，虽然决策主体间的交互一定程度上有利于提高决策质量，但有交互就会有碰撞，进而就有可能对决策时效性产生影响。如果这些群体因素控制不当，最终会影响群体决策方案选择的效率，增加决策风险，其主要有下几个影响因素。

1) 成员组成

我国在应对和处置重大自然灾害时实行的是政府统一组织，各专业部门、专家等组成应急决策大群体，决策大群体具有不同的群体规模以及差异显著的性别结构、年龄结构、学历结构、职业结构等人口统计特征[61]。已有大量关于群体规模等人口统计特征对群体决策效率影响的研究，各人口统计特征对决策的影响或积极或消极或无显著相关性，结论不一，没有统一定论。无论何种影响，应急决策大群体成员都是来自不同的救援部门，决策主体专业互补，在应急救援领导小组的统一协调组织下，以求全面的信息资源掌握，最大限度发挥群体决策的优势，降低应急救援风险。

2) 权力分布

在中国社会背景下，自然灾害应急主要还是由政府部门主导救援活动，决策成员大多是各救援团队组成部门的主要负责人和领域专家，这就造成了成员间存在高低次序，由此会导致成员之间权力不一，这也是政府主导的救援活动的显著特征。通常情况下权力的分布在某种程度上有利于维持大群体应急决策群体内部的良好秩序，明确各决策主体的职能与分工，减少决策过程中的不确定因素，进而提高群体决策的效率与质量。但如果高权力者过于专权或独裁，会使得其他决策者由于从权压力，不敢客观公正地评估候选方案，不能勇于发表观点，引发群体思维，反而不利于进行科学民主的大群体决策。因此，权力分布是一把双刃剑，即良性的权力分布才能有利于大群体决策的推进，最大限度发挥大群体决策在应急救援上的优势。

3) 人际联结

人际联结是指寻求他人陪伴的内在动机[62]或与他人互动的基本人类需求[63]，它受决策个体的心理需求、生理需求、社会规范、人格特性等因素共同影响。有研究表明，人际联结会影响决策主体对他人的信任与合作，促进信息共享，人际联结的提升可能会降低应急决策群体对决策主体人因风险的规避程度，进而增加群体决策风险[63,64]。

4) 沟通方式

大群体应急决策主体来自不同的专业领域，具有不同的角色和职责，问题有效解决依赖于适当的群成员沟通，更多沟通和更平等参与的群体更有可能利用所有成员的全部知识和技能，使群体整体对应急事件辅助决策信息的掌握更加全面，对应急形势的理解更加深入[65]。良好的沟通是激发建设性冲突的最好办法，并且群体成员之间不断交换认知信息的过程不仅会加深他们对态势的理解，同时也会加深群体成员对决策对象的认知，有利于迸发智慧的火花。应当利用多途径的沟通方式，减小决策成员间的信息不对称程度和降低个体感知的差异，以引发决策成员间的充分讨论，促使建设性建议的产生。

5) 协调机制

在大群体应急决策的全过程中，冲突不可避免地出现且无法完全杜绝，有冲突就有风险，为提高决策效率，提倡接纳冲突，使其存在合理化，为减少冲突导致的消极影响，需要各种协调机制，有避免群体冲突的机制(如群体异质性控制、民主性决策方式等)、有群体冲突出现后的处理机制[66](如退出机制、委托-代理机制、引入第三方协调机制等)，适当地协调机制介入，有利于提高应急决策的速度和效率。

大群体应急决策的群体因素是影响应急决策效率的关键因素，是应急决策风险不容忽视的重要因素，其主要来源于决策群体特性、群体决策机制两方面，这些因素影响决策主体深层次的信息共享和观点交互、共识形成的时间和科学准确的方案选择。因此，调节并控制大群体应急决策群体因素，使决策群体从不同专业角度看待决策问题，进行更深入广泛的交流；能够有更多见解和看法，有更多丰富经验借鉴，实现优势互补的效果；能够发现隐藏的危机，决策结果是集体智慧的结晶，得到不同人员的支持配合，更能保障决策方案的实施。

3. 大群体应急决策风险因素体系

大群体应急决策风险形成的原因是多元化的，本节将风险来源划分为个体因素和群体因素，前者包括知识水平、专业素养、个人经验、风险偏好、承压能力、自信水平、逻辑能力等，后者包括成员组成、权力分布、人际联结、沟通方式、协调机制等。这些风险因素的致因机理复杂多样，决策的效率是各风险因素综合作用的结果，本节从大群体冲突角度出发，将各风险因素与认知冲突和关系冲突这两类群体效应进行关联，认知冲突是指大群体应急决策主体对决策对象的偏好存在意见、观点不合的现状；关系冲突是指大群体应急决策主体间因偏好差异而产生的负面效应；且认知冲突和关系冲突常常交互影响、相互转化，并最终通过共识形成、时间限制两方面体现风险后果。在重大自然灾害应急决策环境下，决策客体本身具有高度动态风险性，且决策环境越复杂，群体决策的不确定性越大，就越需要将风险意识融合到应急决策的各个层面，因此必须将决策环境与其他风险因素一起纳入决策风险体系中，系统分析其作用机理。综上所述，在识别并分析大群体应急决策相关风险因素的基础上，建立大群体应急决策风险致因体系如图 7-3 所示。

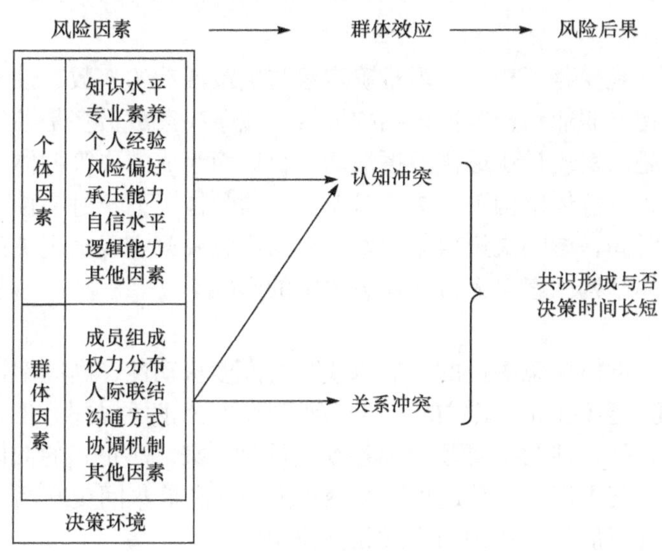

图 7-3　大群体应急决策风险致因体系

7.2.2　大群体应急决策风险致因多主体仿真模型构建

1. 多主体仿真模型变量

在前面构建的大群体应急决策风险致因体系的基础上，为理解和解释大群体应急决策的风险影响作用，必须掌握风险因素的变化引起的群体效应的致因机理。各风险因素对大群体应急决策的影响不一，作用机理各异，对决策的影响是各风险因素综合作用的结果，无法断定起主导作用的因素或因素集。考虑到风险因素较多，且存在多因素综合作用的实际情况，特别是个体因素方面，不能将每个因素作为独立的影响要素逐一进行机理研究，故本节将影响大群体应急决策的风险因素归纳为五个重要的影响变量：个体认可度(个体因素、权力分布、人际联结)、群体结构(成员组成)、沟通方式、决策策略(协调机制)、外部影响(决策环境)，并将这些指标作为多主体仿真模型构建的控制变量进行模拟仿真，以探究各风险因素的致因机理。

1) 个体认可度

决策主体对不同的自然灾害应急方案会持有不同的意见和立场，知识渊博、专业素养高超、经验丰富、高位权力者更易受人尊敬，得到他人的认可，更容易影响他人的决策偏好[67]。个体认可度可能来自积极的社会关系、感知知识水平、社会地位、个体权力、外表或其他人口统计学特征[68,69]。决策主体的地位、价值取向和专业知识分布等因素构成了决策者认可度的基础因素，本节将与决策主体个体决策能力相关的因素以及个体间影响的因素合并为个体认可度。

2) 群体结构

决策群体的规模各不相同，很难确定参与决策活动的人数、性别结构、年龄结构、学历结构、职业结构等群体结构要素。应急决策成员多是各领域专家、应急部门领导，是以实现最快最优救援活动为目标而组成的决策群体，一切都是为应急需要出发，其群体结构不具规律可循，且紧急情况下，过多控制群体结构必然会增加决策时间，影响决策效率。本节根据应急决策实践确定决策主体数量，不考虑其他群体结构因素对大群体应急决策的影响。

3) 沟通方式

自然灾害大群体应急决策的沟通方式具有高度机动性、高频率性，包括正式的群体互动(规模会议)和非正式的群体互动(现场办公)两种方式，正式的群体互动一般规格较高，往往涉及主要领导和各专业重要专家，非正式的群体互动较为随机，互动自发程度更高；互动过程存在聚集内交互和聚集间交互两种形式[70]，本节将考虑这四种可能发生的沟通方式相互作用的影响。

4) 决策策略

应急情形有限时间内，决策主体能够迅速达成共识固然最佳，但实践表明，现实中并不是所有的应急决策都是在达成群体共识之后才做选择的[71]。在时间约束下未达成共识不得不做出决策确定应急方案的情况下，不同情况选择不同的决策策略(如由其中一个或几个关键决策主体做出最终决定、更高层级的领导或专家的介入做出外部调解)，选择合理的决策策略才能提高决策效率[72]。

5) 外部影响

自然灾害大群体应急决策的决策过程不仅存在决策主体间的交互和偏好变化，还存在外部环境对决策主体偏好的影响，即复杂多变的决策环境对决策信息的持续更新，决策目标、约束条件的不断改变，使得决策主体偏好不断变化，从而改变决策主体的交互过程，影响决策结果。

2. 多主体仿真方法

在前述的大群体应急决策风险识别和多主体仿真变量设计的基础上，运用多主体仿真软件 NetLogo[73]，通过模型变量的参数化设定和决策过程的程序化运算，将大群体应急决策场景仿真实现，并满足决策过程的动态性和决策结果的多样性，仿真流程包括决策主体初始化、决策风险测度、决策主体聚类、外部影响、决策主体交互、决策策略选择，该仿真方法侧重于主要风险因素对决策的影响，多主体仿真流程如图 7-4 所示。

1) 决策主体初始化

决策主体初始化通过创建 N 个决策主体，并随机赋予每个决策主体认可度(r_{ij}，表示主体 i 对主体 j 的认可度，$r_{ij}\in[0, 1]$，0 表示不认可，1 表示最认可)、决

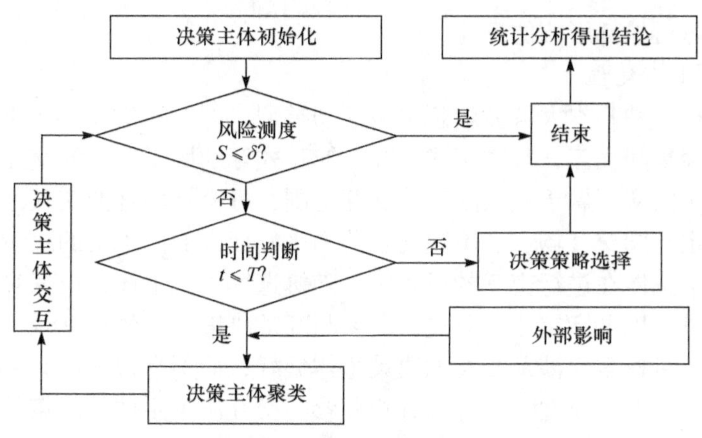

图 7-4　多主体仿真流程

策偏好(a_i，表示决策主体对决策方案的认可程度，$a_i \in [0, 1]$)；其中个体认可度是决策主体基于综合素质、救援专业需要等方面对各决策主体的客观评估，用于衡量一个决策主体对其他主体决策偏好信息的支持程度，决策偏好是决策主体对决策方案的看法和支持程度。

2) 决策风险测度

本节采用冲突风险熵进行风险测度，将决策冲突量化为风险。冲突水平为[74]

$$\varphi = \frac{1}{N}\sum_{i=1}^{N}\frac{\left|a_i - \overline{a}\right|}{\overline{a}}, \quad \overline{a} = \frac{1}{N}\sum_{i=1}^{N}a_i \tag{7-1}$$

决策风险为[75]

$$R = -\varphi \log_{1/a} \alpha\varphi \tag{7-2}$$

其中，α 为决策者失误水平，假设决策主体理性水平较高，则取 $\alpha = 0.1$；若 $R \leqslant \delta$，(δ 为最大决策风险承受阈值)说明群体决策风险水平较低，仿真结束，进入结果统计阶段；否则表明群体决策风险水平较高，需要进入决策时间判断、决策主体交互阶段。

3) 决策主体聚类

本节采用文献[76]的聚类方法对决策主体大群体进行聚类。应急环境下，参与决策的人数众多，给出的偏好信息量很大，对决策主体进行偏好聚类处理，可将大群体分成若干聚集，各聚集内的成员偏好较接近。

4) 外部影响

自然灾害应急状况的变化，新情况、新形势、新处境的出现都会导致应急决策目标、方案的变化，从而引起部分或全部决策主体的决策偏好的突变。因此，本节假设决策主体以概率(p_i)根据新增决策信息重新评估，随机改变决策偏好，以表示决策主体对外部影响的反应。

5) 决策主体交互

本节模拟 4 种基本大群体应急决策互动类型，即正式交互、非正式交互、聚集内交互和聚集间交互，其中正式交互、非正式互动属于决策的交互场合，聚集内交互、聚集间交互属于决策主体的交互范围，各交互场合的交互范围不一，故本节通过设定不同交互场合、不同交互范围来实现大群体决策的决策主体交互。

应急决策主体在进行交互的过程中，随机选择决策主体，根据对彼此决策偏好的认可度进行思考和定位。首先，对参与互动决策主体的相互认可度进行归一化，以确保相对权重仅涉及交互的决策主体偏好，而不是包括所有决策主体。然后，采用观点动力学模型[77]，计算并更新参与交互决策主体的决策偏好。观点动力学模型如下：

$$a_{i,t+1} = \sum_{j=1}^{n} r'_{ij} \times a_{i,t} \tag{7-3}$$

其中，$a_{i,t+1}$ 为交互后决策主体 i 的决策偏好；n 为参与互动的决策主体数量；r'_{ij} 为参与互动的 n 个决策主体间认可度的归一化，表示决策主体 i 对决策主体 j 的交互影响度；$a_{i,t}$ 为交互前决策主体 i 的决策偏好。

6) 决策策略选择

大群体应急决策是有限时间内的群体决策，短时间内无论是否达成共识都必须做出方案选择，因此当未达成群共识而必须做出选择时，就需根据决策主体的决策风险情况进行不同决策策略的选择，迅速做出决策。本模型每次运行时间截止后，进行决策风险测度，根据决策风险水平(R)进行三种决策策略的选择[75]。当 $R \leqslant 0.1$ 时，决策的风险水平较低，表示决策的冲突水平较低，共识水平相对较高，决策主体偏好整体收敛，模拟结束；当 $0.1 < R \leqslant 0.4$ 时，决策风险处在中等水平，决策冲突明显存在，大群体应急决策主体没有达到完全共识，此时进行关键人决策，由决策主体中个体认可度较高的决策主体做出最终决策，存在多名认可度较高者则取各决策主体决策偏好平均值；当 $R > 0.4$ 时，表示决策风险较高，决策冲突水平较高，决策主体间的意见分歧较大，则需应急决策群体外的机构、组织或更高领导者、权威专家的介入进行外部调解。由此，模型建立了明确的决策机制，将决策时间约束与决策风险、最终决策策略联系起来，无论是否达成决策共识，都会进行最终方案选择，较符合应急决策现实情况。

7.2.3 仿真案例与结果分析

1. 案例背景与参数选择

2017 年 6 月 24 日 5 时 45 分，四川省阿坝州茂县叠溪镇新磨村突发山体高位垮塌，阿坝州立即启动 I 级地质灾害响应，各方救援力量迅速集结，大规模现场搜救迅速展开。6 月 24 日 11 时，已有二批次 14 名地质灾害救援专家赶赴救援现场。24 日 12 时，抢险救灾前线指挥部成立，24 日晚成立“6 · 24”茂县叠溪山体突发高位垮塌灾害抢险救灾指挥部，下设现场救援组、医疗救护组等 8 个工作组。6 月 25 日上午，指挥部成员、专家组成员 20 人召开指挥部第一次会议， 6 月 26 日，垮塌位置发生位移，可能发生二次滑坡，危险区域救援人员随时准备紧急撤离，下午，召开指挥部第二次会议。6 月 27 日 11 时，部分山体出现二次垮塌。在灾害发生后 72 小时关键的“黄金搜救时间”内，调配 3200 多名救援人员和 150 多辆机具车辆参与救援。该自然灾害事件造成 10 人死亡，73 人失踪，紧急转移安置 405 人，造成直接经济损失达 1.78 亿元。

通过案例背景分析，有专家参与的大群体应急决策活动起始时间为 24 日 11 时，黄金搜救时间 72 小时内为大群体应急决策活动密集时间段，并有二次规格较高的正式会议，根据案例实际设计仿真模型参数如表 7-7 所示。

表 7-7 仿真模型参数选择

参数	参数值	备注
决策主体数(N)	20	指挥部成员、专家组成员
仿真时长(T)	72	黄金搜救时间 72 小时
仿真步长	1	单位时长 1 小时
个体认可度(r_{ij})	(0, 1)	随机分布
决策偏好(a_i)	(0, 1)	随机分布
正式交互	2 次	6 月 25 日上午、6 月 26 日下午 (第 22～25 步时、第 51～54 步时)
非正式交互	100%	现场交流
聚集内交互	20%/80%	正式交互 20%，非正式交互 80%
聚集间交互	80%/20%	正式交互 80%，非正式交互 20%
外部影响(p_i)	⩽ 20%	6 月 26 日救援环境突变，可能出现二次垮塌

2. 仿真实验与结果

在模型中，每个时间步骤涉及两个主要事件：主体交互和外部影响(新信息的涌入导致的偏好突变)。在该模型的仿真中，模拟决策主体个体认可度、交互方式和突变信息介入对大群体应急决策结果的影响，并对多次仿真结果进行统计分析，以得出具有现实指导意义的结论。根据表 7-7 所示的参数值设定，对每类场景进行仿真运行 100 次，并统计每次仿真的运行结果，最后总结规律。

1) 决策主体认可度的影响

为检验决策主体认可度对大群体应急决策的影响，设置高认可度主体的比例依次为 5%、10%、15%、20%、25%、30%、35%、40%、45%、50%。高认可度主体具有丰富的决策经验，在问题解决和应急方案选择中扮演主导角色，较其他主体具有更高权威，有着不对称的影响作用，设置非高认可度决策主体对高认可度决策主体的认可度为 0.95，高认可度主体对其他主体、其他主体间的认可度随机分布于区间(0,1)。

通过模拟，利用决策偏好平均标准差(决策主体偏好收敛程度度量)、平均决策风险(R)、决策策略选择比例三个指标进行统计，各指标统计结果如图 7-5 所示，横轴表示高认可度主体所占比例，从图 7-5(a)和(b)可以直观地看出，决策偏好标准差和平均决策风险随高认可度主体所占比例的增加而增加，表明较高比例的高认可度主体增加了群体决策偏好的离散程度，增加了决策共识形成的难度，增加了大群体应急的决策风险。如图 7-5(c)所示，增加高认可度主体的比例，共识决策的比例降低，关键人决策比例先增加后降低，外部调解决策的比例增加明显，当高认可度主体数量达到一定比例后，外部调解决策策略成为大群体应急决策的主要决策方式。

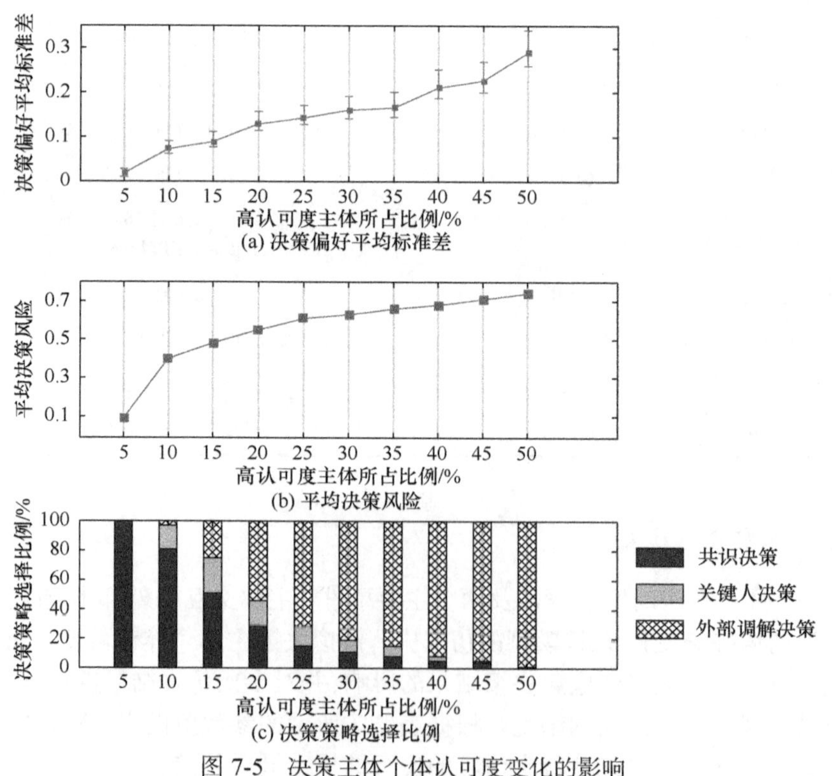

图 7-5　决策主体个体认可度变化的影响

综合分析图 7-5(a)、(b)、(c)可得，仅当高认可度主体的比例低于 10%时，决策偏好的分散程度相对较低，平均决策风险处于易控范围，共识决策的比例相对较高。本案例背景下，5%比例的高认可度主体个数为 1，10%比例的高认可度主体个数为 2，其群体观点演化分别如图 7-6(a)、(b)所示，从图中可以发现，在决策互动过程中，高认可度主体根据各类信息适当调整自己的观点，非高认可度主体向高认可度主体集结，低比例高认可度主体的应急决策群体更易达成群体共识，而高比例高认可度主体的决策群体较易形成观点簇，如图 7-6(b)所示，不利于达成决策共识，增加决策策略选择介入的概率。

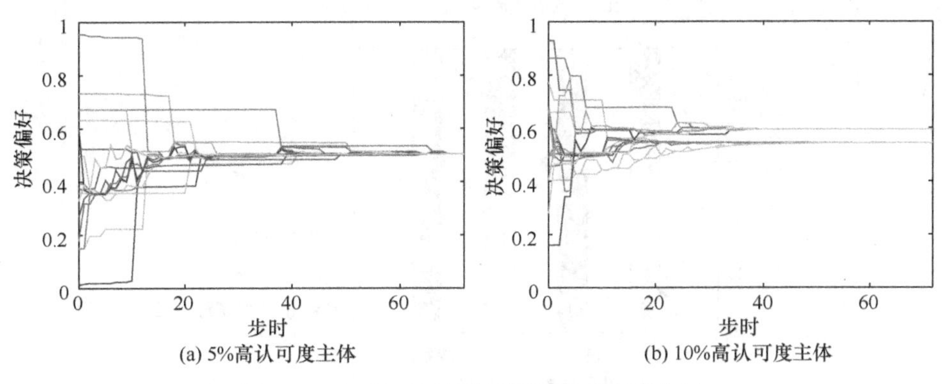

(a) 5%高认可度主体　(b) 10%高认可度主体

图 7-6　5%和 10%高认可度群体观点演化图

2) 交互方式的影响

在不考虑其他因素影响的情况下，为检验交互方式对大群体应急决策的影响，设置 4 种不同的交互方式的决策情景(情景一为正式交互 + 聚集内交互，情景二为正式交互 + 聚集内交互 + 聚集间交互，情景三为非正式交互 + 聚集内交互，情景四为非正式交互 + 聚集内交互 + 聚集间交互)，各情景仿真结果统计如图 7-7 所示。

根据图 7-7(a)，正式交互下的平均决策风险整体上低于非正式交互的平均决策风险，存在聚集内交互和聚集间交互的平均决策风险低于仅存在聚集内交互下的平均决策风险的趋势明显。图 7-7(b)中，情景一、三中无共识决策，关键人决策和外部调解决策约各占 50%，情景二、四共识策占较大比例，分别为 89%、82%，关键人决策的比例分别为 8%、16%。如图 7-7(a)、(b)所示，决策效率从高到低依次为情景二、情景四、情景一、情景三，情景二是最容易达成共识决策并保持较低决策风险的决策情景。各情景下决策主体的观点演化趋势如图 7-8 所示，正式交互情形下，如图 7-8(a)、(b)所示，图中虚线区域显示聚集间偏好收敛明显，其他步时聚集内偏好收敛明显，聚集内观点一致性较高，形成多个观点簇，正式交互发生时(虚线区域内)，观点簇间观点趋同，观点簇数量减少。非正式交互情景下，如图 7-8(c)、(d)所示，决策主体聚集内观点收敛趋势强烈，存在聚集间交互

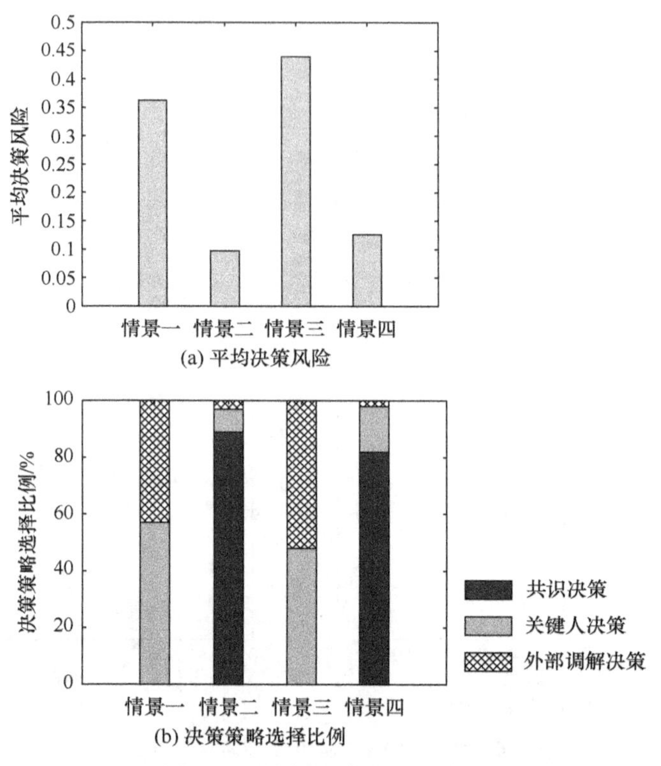

(a) 平均决策风险

(b) 决策策略选择比例

图 7-7　不同交互情景下的影响

时，群体观点收敛均匀，如图 7-8(d)所示，而无聚集间交互时，观点簇间无观点趋同，观点簇状态保持不变，如图 7-8(c)所示。可见，有聚集间交互的群体观点收敛效果比无聚集间交互的收敛效果明显，交互范围更广的聚集间交互使决策主体间观点收敛的可能性增加，如图 7-8(b)、(d)所示；聚集内小范围的交互能够迅速形成聚集内共识，而聚集间明显存在冲突与观点分歧，如图 7-8(a)、(c)所示，形成多观点簇，降低了决策共识形成的可能性，如图 7-7(b)所示。

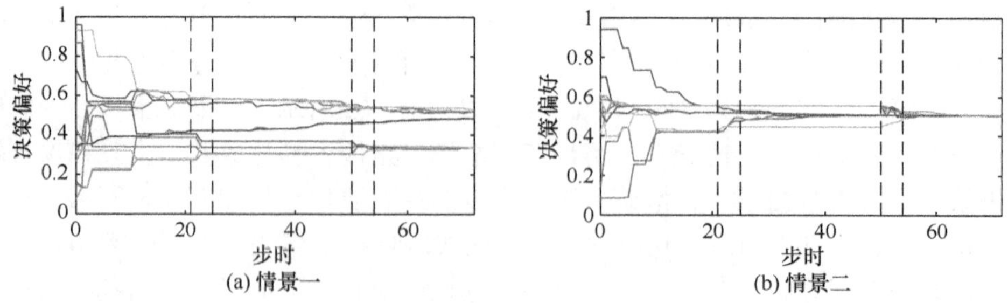

(a) 情景一　(b) 情景二

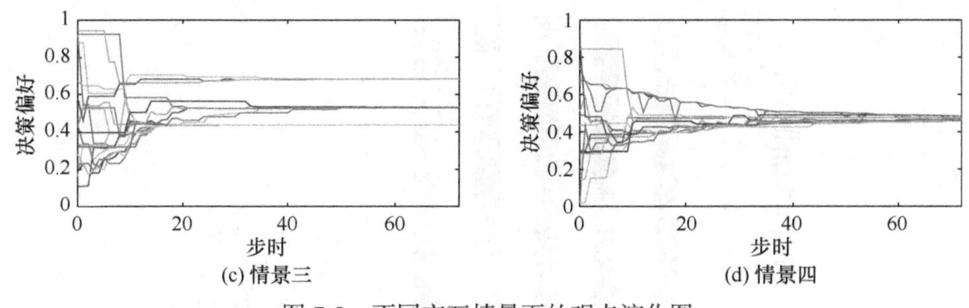

(c) 情景三　　(d) 情景四

图 7-8　不同交互情景下的观点演化图

3) 外部影响

设置不同的偏好突变频率，低突变率与高突变率下的观点演化趋势如图 7-9 所示，图 7-9(a)突变率为 5%，箭头表示突变位置，图 7-9(b)突变率为 20%，其中观点偏好波动明显。突变导致决策主体偏好的偏移，高突变率增加了个体决策偏好的分散度和群体偏好收敛的难度，加剧群体观点分歧，减缓决策共识的达成。

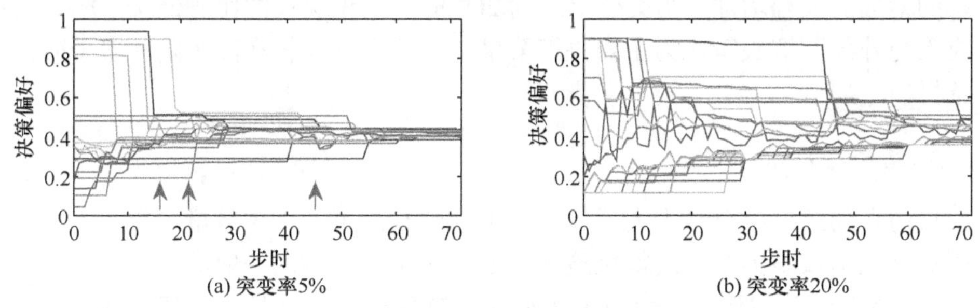

(a) 突变率5%　　(b) 突变率20%

图 7-9　偏好突变下的群体观点演化趋势图

随着突变率的变化，平均决策风险和决策策略选择比例变化如图 7-10 所示。在无突变的情况下，共识决策比例为 100%，如图 7-10(b)所示，当突变率为 5%时，平均决策风险增加较少，共识决策达 98%，决策策略选择不受影响；当突变率大

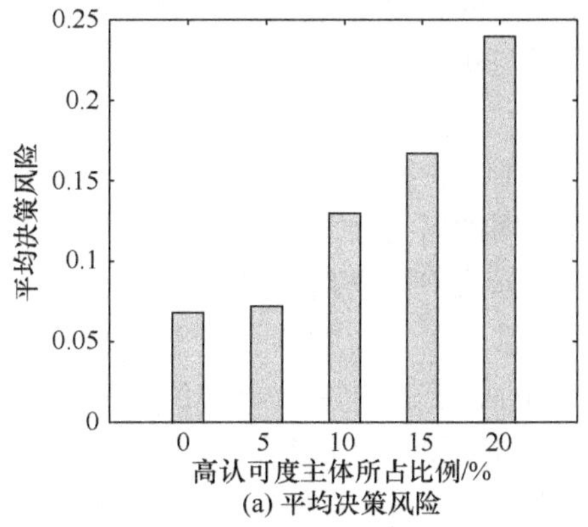

(a) 平均决策风险

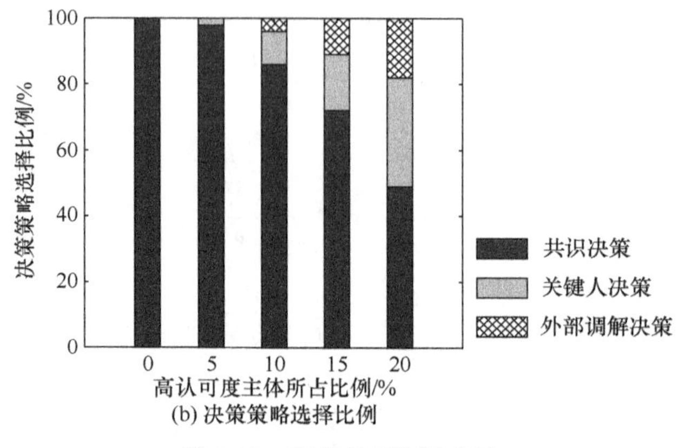

(b) 决策策略选择比例

图 7-10　突变率变化影响图

于 5%时，平均决策风险成倍增加，如图 7-10(a)所示，共识决策比例呈下降趋势，关键人决策比例增加明显；当突变率增加到 10%时，外部调解决策出现，并随突变率的增加而大幅增加；当突变率达到 20%时，共识决策的比例低于 50%，关键人决策与外部调解决策成为主要决策策略，决策大群体将在高风险状态下做出方案选择。

3. 结论与启示

从仿真的结果中总结出大群体应急决策中高认可度主体数量、交互方式和外部影响这三类风险因素对决策风险和决策策略选择影响的一般规律如下：

(1) 将群体共识作为应急决策的最佳决策目标，特别是在有限时间内，高认可度决策主体、交互方式对大群体应急决策的影响显著，决策环境的动态性对大群体应急决策风险控制的消极作用明显。

(2) 高认可度决策主体比例越大，对偏好收敛的阻滞效应越显著，较大比例的高认可度决策主体易形成观点簇，抑制群体凝聚力。故在大群体应急决策情景下，为保证高认可度决策主体间偏好收敛的速度，资深专家或领导等有丰富应急决策经验和在应急方案选择与决策中扮演关键及主导角色的高认可度主体应控制在 10%以内。

(3) 聚集间交互是促进群体快速达成共识的主要交互方式，正式交互与非正式交互对大群体应急决策作用的区分度不大，影响决策效果的交互因素主要还是交互范围，增加聚集间的交互比例能够降低决策风险，缩短应急决策共识形成的时间，提高群体决策的时效性。

(4) 决策环境外部影响的稳定性对决策风险的影响不容忽略，决策效率对外部影响的动态性具有一定的接受阈，当决策环境高度动态变化时，决策群体需充分预见方案选择的高风险性，并在决策过程中考虑可能的突发情况，制定有针对性的预案，以便迅速做出决策方案调整，将外部影响动态变化造成的影响降到最低。

综上所述，对于复杂和不确定性较高的大群体应急决策，融合和集成不同的信息和观点是决策风险控制的关键驱动力，组建最优的决策群体，增加决策者的参与度和交互范围，促进更加全面的信息共享，保证充分高效的观点交流，最大效率地达成决策共识，并对决策环境外部影响的动态性保持高度的预见性，能够有效控制大群体应急决策风险，保证大群体应急决策的效率。

7.2.4　研究结论

本节针对大群体应急决策中存在的风险问题，对决策风险从个体因素和群体因素两方面进行了系统识别，并建立了大群体应急决策风险致因体系，并基于实际案例通过多主体仿真的方法探讨了各风险因素的致因机理，仿真结论对控制大群体应急决策风险具有重要的现实指导意义。本节的研究将决策冲突作为决策风险的一种表征，创新性地将大群体应急决策的研究从决策冲突方向深入到决策风险方向，是对大群体应急决策研究领域的扩展和整合。本节也存在一定的局限性：首先，与大群体应急决策方案选择的实际过程相比，所建立的仿真模型有所简化，并且在该模型中可能还有其他风险因素没有被考虑，如决策主体极端偏好、非理性行为以及利益群体博弈等；然后，仿真模型中所使用的观点演化模型是最基础的观点动力学模型，没有考虑更复杂的观点演化情况等，这些都是今后有待进一步深入研究的重点。

7.3　考虑个体极端偏好影响的大群体应急决策风险偏好演化

本节针对重大突发事件应急决策极端偏好成员在应急决策中存在较大影响力的问题，构建个体极端偏好影响力模型，结合风险偏好矢量的方向性和距离性提出一种新的决策成员风险偏好相似度模型，在此基础上引入非极端偏好成员主观接受程度来说明非极端偏好成员对个体极端偏好影响力的接受程度，进而构建多阶段大群体应急决策风险偏好演化模型。最后通过案例及数据仿真结果的对比分析，验证该模型的合理性和有效性。

7.3.1　个体极端偏好风险决策影响机制及风险偏好演化机理分析

1. 大群体决策成员关系假设

大型工程项目应急事件因具有突发性、高破坏性和时限性等特点，其风险决策问题具有特殊性和复杂性，涉及的决策大群体的构成具有复杂异质性，其中个体偏好具有较大的差异性。

从广义上来讲，决策群体是由两类决策成员构成的，即极端偏好成员和非极端偏好成员。本节所定义的极端偏好成员是指那些在突发事件发生前就对事件有大量知识储备或有类似决策经验的决策者，在突发事件发生后，他们往往可以在第一时间根据风险事件带来的潜在发展机会或危机而做出完全接受风险或排除风险的选择，并对自身偏好的确定度极高，此类能够在突发事件发生时毫不犹豫地做出接受或排除风险的决策者多为对某一领域的专家或领导，有一定相关决策经验及个人影响力，在群体讨论过程中会对其他决策者的偏好产生一定的影响[78-80]。与此相对的是非极端偏好成员，此类决策者因对突发事件了解不足、经验缺乏等，在突发事件发生时，对风险因素的评估给出模棱两可的风险偏好值。此类决策者多为一个决策大群体中的普通决策者，由于他们对自身的风险偏好有不确定性，因此他们对其他决策者的影响力较微弱，甚至不存在影响力，本节假设非极端偏好成员之间无影响力，决策者关系假设如图 7-11 所示。

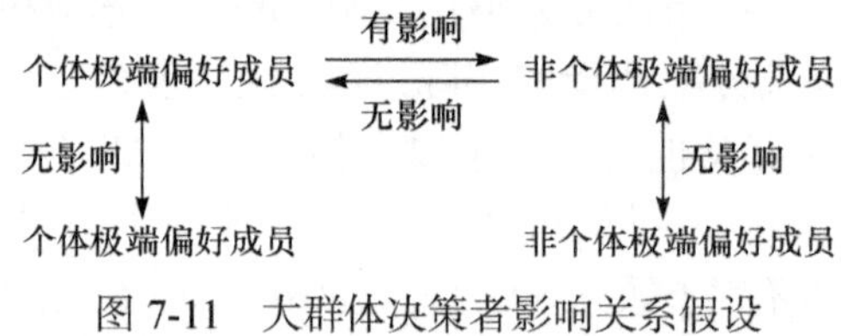

图 7-11　大群体决策者影响关系假设

2. 极端偏好成员对非极端偏好成员风险偏好影响机制

在大群体决策领域，为了使决策更加理性和获取更全面的信息，非极端偏好成员往往需要更多的信息来得出相对确定的风险偏好值，他们的偏好在群体讨论过程中常会受到态度坚决的极端偏好成员的影响。在实际的决策过程中，虽然极端偏好成员的风险偏好对非极端偏好成员的风险偏好有一定的影响力，但非极端偏好成员对影响力的接受程度不尽相同，有些非极端偏好成员更愿意接受与其偏好相近的意见，而难以接受与自己偏好差异较大的意见；相反，有些决策者则认为与其偏好相近的意见无参考意义，他们更愿意在一定程度上听取与其偏好差异较大甚至完全相反的意见，这也符合实际决策情景。极端偏好者 e_k^1 对非极端偏好者 e_j^2 有影响，如 e_j^2 因其所处的不同利益群体、差异化的个性特征等，e_j^2 对 e_k^1 影响力的接受程度会有所不同。

同时，对每个非极端偏好成员而言，极端偏好成员的群体可以被分为与其风险偏好相类似的极端偏好成员群体以及与其风险偏好有一定差异的极端偏好成员群体，前者定义为非极端偏好成员的风险偏好同质群体(简称同质群体)，后者定义为非极端偏好成员的风险偏好异质群体(简称异质群体)，同质群体和异质群体共同构成了极端偏好成员群体。非极端偏好成员 e_j^2 对同质群体和异质群体影响力的接受程度也会有所不同，例如，有些非极端偏好成员喜欢接受与众不同的偏好，那么他对异质群体接受度就会相对较高，而另一些非极端偏好成员对与众不同的风险偏好比较谨慎，那么他对同质群体接受度就会相对较高。极端偏好成员对非极端偏好成员风险偏好影响机制如图 7-12 所示。

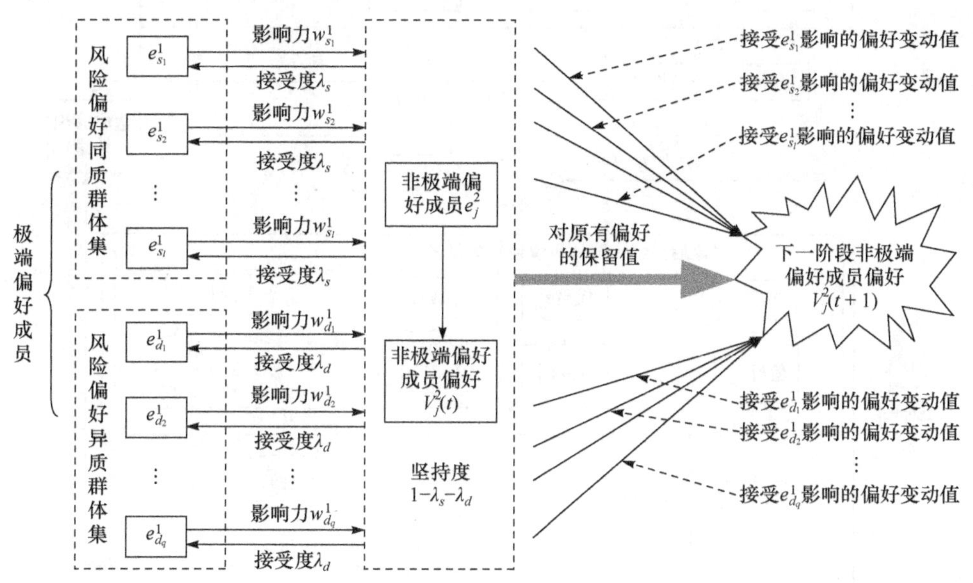

图 7-12　极端偏好成员对非极端偏好成员风险偏好影响机制

图中 e_*^1 为极端偏好成员，e_j^2 为第 j 个非极端偏好成员。$e_{s_1}^1 \sim e_{s_l}^1$ 所构成的集合为 e_j^2 的同质群体集；$e_{d_1}^1 \sim e_{d_q}^1$ 所构成的集合为 e_j^2 的异质群体集。$w(\cdot)$ 为每个极端偏好成员所对应的影响力；λ_s 为 e_j^2 对同质群体的接受度，λ_d 为 e_j^2 对异质群体的接受度；$1-\lambda_s-\lambda_d$ 表示 e_j^2 对自身原有偏好的坚持度。从图 7-12 中可以看出，e_j^2 在群体讨论后，他的风险偏好由 $V_j^2(t)$ 更新为 $V_j^2(t+1)$，$t+1$ 阶段的风险偏好值 $V_j^2(t+1)$ 取决于对 t 阶段偏好的保留值、对同质群体影响力的接受值及对异质群体影响力的接受值。

3. 考虑个体极端偏好影响的大群体应急决策风险偏好演化过程及决策机制

基于上述个体极端偏好成员对单个非极端偏好成员风险偏好影响机制，进一步研究了整个突发事件中，考虑个体极端偏好影响的大群体应急决策风险演化过程及决策机制如图 7-13 所示。

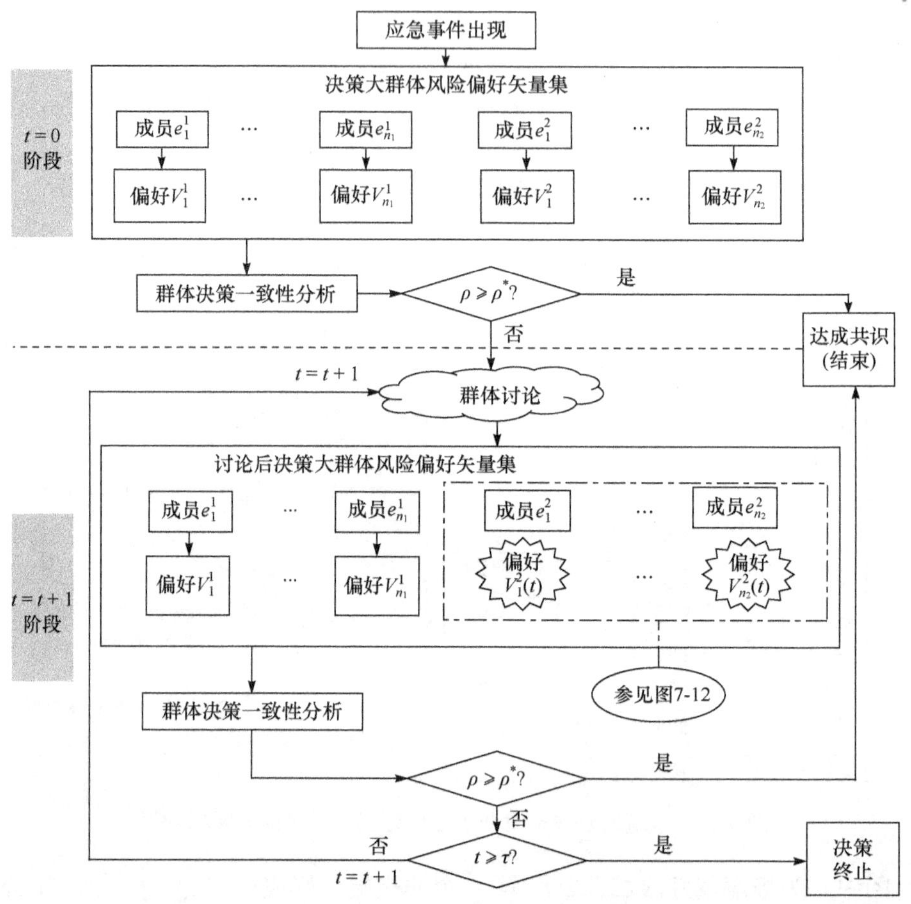

图 7-13　考虑个体极端偏好影响的大群体应急决策风险演化过程及决策机制

在应急事件出现时，决策成员对风险因素进行评估，形成决策大群体风险偏好矢量集，通过识别，将决策大群体划分为极端偏好成员群体和非极端偏好成员群体。

在初始阶段($t=0$)，对决策大群体风险偏好矢量集进行一致性分析，ρ^*为应急事件给定的一致度阈值，当群体的一致度$\rho \geqslant \rho^*$时，群体达成满意共识，决策结束。当$\rho < \rho^*$时，则认为群体内部未达到满意的共识，需要进行下一步讨论，进入$t+1$阶段，在群体讨论过程中，非极端偏好成员的风险偏好将发生演化，演化过程参照前面极端偏好成员对非极端偏好成员风险偏好影响机制，更新后的非极端偏好成员风险偏好矢量与极端偏好成员风险偏好矢量构成一个新的偏好矢量集。

再对这个新的大群体风险矢量集进行一致性分析，判断其是否达到满意的一致性，若 $\rho \geqslant \rho^*$，则达成共识，决策结束；若 $\rho < \rho^*$，则需要判断本阶段的决策时间 t 是否已经超过极端偏好成员的影响力持续时间 τ，若 $t < \tau$，则说明极端偏好成员对非极端偏好成员仍产生影响，有进一步讨论达成满意一致性的可能，此时进入下一轮决策。

群体讨论重复进行，直至 $\rho \geqslant \rho^*$ 或 $t \geqslant \tau$ 时决策达成共识，决策终止。若 $t > \tau$，则说明决策的时限已超过极端偏好成员的影响力持续时间，极端偏好成员将不再对非极端偏好成员产生影响，决策未达成共识，决策终止。

7.3.2　大群体应急决策风险偏好演化模型构建

在实际应急风险决策过程中，因决策者个体所擅长的领域不同、代表的利益群体不同等，为避免由一个决策者下达最终决策指令造成失误，决策结果应取决于大群体中的决策成员在偏好交互后所达成的风险决策共识。在研究考虑个体极端偏好影响的大群体应急决策风险演化模型的过程中，构建三个模型：①影响力模型，用以测量极端偏好成员在大群体风险决策共识达成的过程中对非极端偏好成员所起到的作用；②相似度模型，用以测量个体极端风险偏好与非个体极端风险偏好的相近程度，进而对极端偏好成员加以划分和分析；③偏好演化模型，在上述两个模型的基础上构建，用以测度考虑个体极端偏好影响的非极端偏好成员的风险偏好演化情况，如图 7-14 所示。

1. 基本定义

定义 7-1 (混合偏好决策大群体)　应急事件下的风险因素集为 $X=\{x_l|l=1,2,\cdots,P\}$，$P\geqslant 2$，混合偏好决策大群体 $\Omega=\left\{e_i\middle|i=1,2,\cdots,M\right\}$，其由两个子集构成，即 $\Omega=\{C^1,C^2\}=\left\{\left\{e_k^1\middle|k=1,2,\cdots,n_1\right\},\left\{e_j^2\middle|j=1,2,\cdots,n_2\right\}\right\}$，$n_1\geqslant 1$，$n_2\geqslant 19$，$n_1+n_2=M\geqslant 20$ [81]。

C^1 为极端偏好成员集，其中的决策者在突发事件风险决策时对风险因素的评估做出最大风险值或最小风险值的选择；C^2 为非极端偏好成员集，其中的决策者在突发事件风险决策时对风险因素的评估不会做出绝对高或绝对低的选择。

通常决策者在不同的风险因素下有不同的风险偏好，他们的风险偏好可以从不同的维度来相对全面地表现决策者的风险决策意见。因此，要全面衡量决策者个体的风险偏好程度，需要考虑 P 个风险因素下的风险偏好值，建立 P 维风险因素下的风险偏好矢量，下面给出个体极端风险偏好矢量及非个体极端风险偏好矢量的定义。

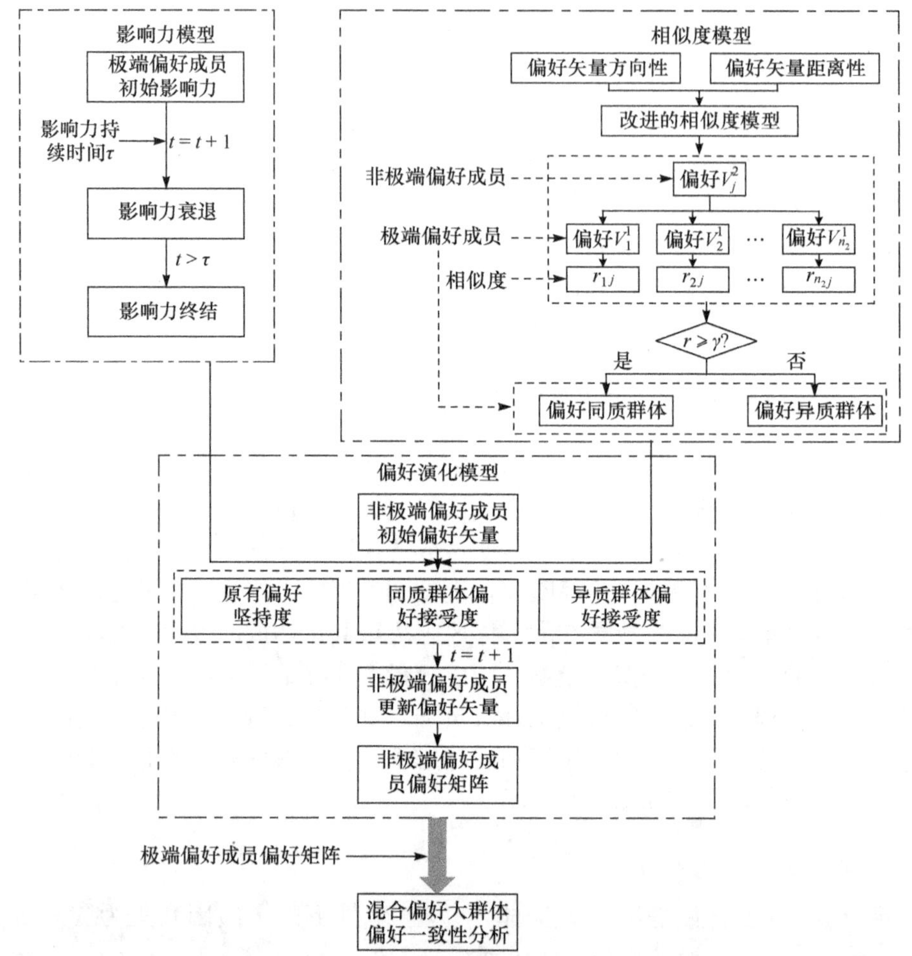

图 7-14　考虑个体极端偏好影响的大群体应急决策风险偏好演化模型关系及构建流程

定义 7-2 (个体极端风险偏好矢量)　C^1 中第 k 个决策成员对突发事件中的第 p 个风险因素的偏好值为 $v_{kp}^1=1或0$，其中 1 为此风险因素下决策者可选择的最大风险偏好值，0 为此风险因素下决策者可选择的最小风险偏好值，$k=1,2,\cdots,n_1$，$p=1,2,\cdots,P$，则称风险偏好矢量 $V_k^1=(v_{k1}^1,v_{k2}^1,\cdots,v_{kp}^1)$ 为 C^1 中第 k 个决策者的个体极端风险偏好矢量。

定义 7-3 (非个体极端风险偏好矢量)　C^2 中第 j 个决策成员对突发事件中的第 p 个风险因素的偏好值为 v_{jp}，$j=1,2,\cdots,n_2$，$p=1,2,\cdots,P$，$0<v_{jp}<1$，即非极端偏好成员风险偏好值会在风险偏好最大值和最小值之间选择，则称风险偏好矢量 $V_j^2=(v_{j1}^2,v_{j2}^2,\cdots,v_{jp}^2)$ 为非极端偏好成员聚集 C^2 中第 j 个决策者的非个体极端

风险偏好矢量。

2. 个体极端偏好影响力模型构建

假设集合 C^1 中的极端偏好成员 e_k^1 的风险偏好值对集合 C^2 中的每一个非极端偏好成员的风险偏好值在时间 t 产生影响，其影响力为 $w_k(t)$。

在时间节点 $t=0$ 时，极端偏好成员初始影响力为 $w_k(0)$，因为假设非极端偏好成员对其他决策者不产生影响力，所以极端偏好成员 e_k^1 的初始影响力 $w_k(0)$ 不考虑集合 C^2 中的决策者意见，仅考虑集合 C^1 中持相反意见的极端偏好成员数和集合 C^1 中的决策成员数 n_1。

用异或数学运算来区分极端偏好成员集 C^1 中与决策成员 e_k^1 持相反风险偏好的数量，假设 a 和 b 为实数，若 $a=b$，则 $a\oplus b=0$，若 $a\neq b$，则 $a\oplus b=1$。根据如上定义，给出 C^1 中极端偏好成员 e_k^1 的初始影响力 $w_k(0)$ 的计算公式为

$$w_k(0)=1-\frac{\sum\limits_{p=1}^{P}\sum\limits_{k_1=1,k_2=2,k_1\neq k_2}^{n_1} v_{k_1p}^1\oplus v_{k_2p}^1}{P\cdot n_1},\quad k_1,k_2\in n_1 \tag{7-4}$$

在实际突发事件中，随着时间的推移，极端偏好成员的影响力会发生衰退，即极端偏好成员的影响力在突发事件发生的那一刻最具有影响力，而后随着时间的推移，极端偏好成员的影响力在时间压迫环境下其优势将随着时间的推移而被削弱。文献[82]在意见领袖影响力的研究中提出了一种用指数截断表示的幂律衰减函数 $y'(t)=N_0t^{-\gamma}\mathrm{e}^{-\frac{t}{\tau}}$。

在此函数中，意见领袖的影响力 $y'(t)$ 受初始影响力 N_0、传播时间 t、影响力衰减速度 γ 及意见领袖消息传播的消亡时间 τ 这 4 个因素影响。此函数与本节研究的极端偏好成员影响力类似，因此本节借鉴此函数，在不考虑影响力衰减速度 γ 的情况下(即 $\gamma=0$)，得出极端偏好成员 e_i^* 影响力模型为

$$w_k(t+1)=w_k(t)\cdot\mathrm{e}^{-\frac{t}{\tau}} \tag{7-5}$$

其中，τ 为一个既定的常数，代表极端偏好成员的影响力持续时间，当决策时间 t 远远小于 τ 时，极端偏好成员的影响力不发生变化，在决策时间 t 增加到超过影响力持续时间 τ 时，极端偏好成员将毫无影响力。

3. 含有极端偏好成员的大群体风险偏好相似度与群体一致性建模

偏好相似度就是计算两个偏好矢量之间的相似程度，其值越小则表示两个偏

好矢量之间的相似程度越低，差异则越大。国内外对于偏好相似度的研究主要有内积法、夹角余弦法、DICE 系数法、Jacard 系数法。偏好矢量间的距离度量主要是对两个偏好矢量间的空间距离进行度量，两者距离越大则说明差异越大，国内外的主要方法为明氏距离、曼哈顿距离、欧氏距离等。

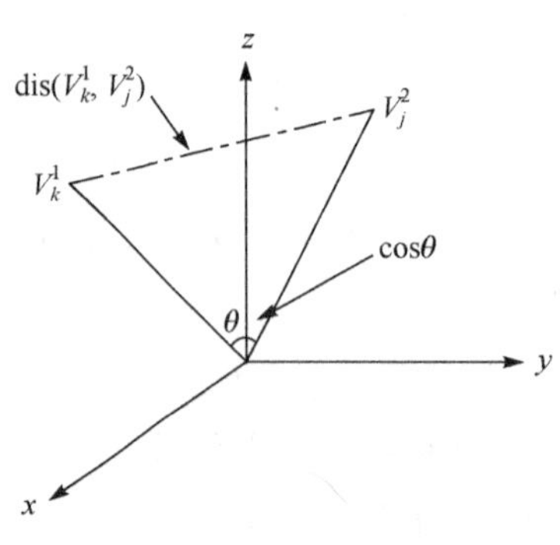

图 7-15　考虑距离和方向性的风险偏好相似度模型

偏好夹角余弦度量方法和偏好距离度量方法侧重点有所不同：前者为考量两个偏好矢量的空间夹角即方向一致性进行衡量，体现了偏好矢量间方向上的差距；而后者考量的是两个偏好矢量节点之间的绝对距离。当 V_k^1 位置不变，V_j^2 沿着原方向远离原点时，夹角不会发生改变，但 V_k^1 和 V_j^2 的距离明显发生了变化，如图 7-15 所示。所以在度量偏好矢量相似度时，如果只考虑两个偏好矢量方向上的一致性，而未考虑它们之间的相对距离，是不全面的。

文献[83]和[84]用空间夹角余弦的方向性原理对两个偏好矢量的相似度模型进行了构建，结合前文对非极端偏好成员和极端风险偏好成员的定义，第 k 个极端偏好成员与第 j 个非极端偏好成员的风险偏好相似度为

$$r_{kj}(V_k^1,V_j^2)=\frac{\left(\left|V_k^1-\overline{V}_k^1\right|\right)\cdot\left(\left|V_j^2-\overline{V}_j^2\right|\right)^{\mathrm{T}}}{\left\|V_k^1-\overline{V}_k^1\right\|_2\cdot\left\|V_j^2-\overline{V}_j^2\right\|_2} \tag{7-6}$$

本节在式(7-6)的基础上，结合欧氏距离法，构建了同时考虑偏好矢量方向及偏好矢量距离的风险偏好相似度测度模型，即

$$r_{kj}(V_k^1,V_j^2)=\left\{\frac{\left(\left|V_k^1-\overline{V}_k^1\right|\right)\cdot\left(\left|V_j^2-\overline{V}_j^2\right|\right)^{\mathrm{T}}}{\left\|V_k^1-\overline{V}_k^1\right\|_2\cdot\left\|V_j^2-\overline{V}_j^2\right\|_2}\times\left(1-\sqrt{\frac{\sum_{p=1}^{P}(v_{kp}^1-v_{jp}^2)^2}{P}}\right)\right\}^{1/2} \tag{7-7}$$

在模型中，V_k^1 和 V_j^2 为在集合 C^1 和集合 C^2 中的极端偏好成员 e_k^1 和非极端偏好成员 e_j^2 的风险偏好矢量，v_{kp}^1 和 v_{jp}^2 分别为 e_k^1 和 e_j^2 的第 p 个风险因素下的风险偏好值。

因 v_{kp}^1 和 v_{jp}^2 的取值范围为[0,1]，且 $0 \leqslant \dfrac{\left(\left|V_k^1 - \overline{V}_k^1\right|\right) \cdot \left(\left|V_j^2 - \overline{V}_j^2\right|\right)^{\mathrm{T}}}{\left\|V_k^1 - \overline{V}_k^1\right\|_2 \cdot \left\|V_j^2 - \overline{V}_j^2\right\|_2} \leqslant 1$，明显可以得出 $0 \leqslant r_{kj}(V_k^1, V_j^2) \leqslant 1$。由此模型可知，两个决策者风险偏好矢量夹角越小且距离越近，这两个决策者的风险偏好矢量的相似度越高。

极端偏好成员和非极端偏好成员共同组成混合偏好大群体集合，混合偏好大群体的偏好一致性实际上就是由大群体内决策成员偏好的相似度来决定的，他们的偏好相似度越高，则大群体的偏好一致性越高，说明大群体内决策意见越容易达成共识。文献[83]给出的大群体一致性计算过程如下：

(1) 把决策大群体 Ω 中所有成员的风险偏好矢量按顺序标记为 1～M，i_1、i_2 为 Ω 中的两个决策成员，其对应的风险偏好矢量为 V_{i_1} 和 V_{i_2}，且 $V^{i_1}, V^{i_2} \in \Omega(i_1, i_2 = 1, 2, \cdots, M)$。

(2) 令 i_1、i_2 的初始标记为 1，按照 $i_1 > i_2$ 依次用式(7-7)计算出任意两个成员的风险偏好相似度 $r(V_{i_1}, V_{i_2})$。

(3) 计算决策大群体 Ω 中所有成员风险偏好的一致性：

$$\rho = \frac{1}{C_M^2} \sum_{\substack{i_1, i_2 = 1 \\ i_1 > i_2}}^{M} r(V_{i_1}, V_{i_2}) \tag{7-8}$$

其中，$C_M^2 = \dfrac{M \cdot (M-1)}{2}$。

4. 风险偏好同质群体集与异质群体集识别机制

按照风险偏好相似度模型计算出 C^2 中的一个非极端偏好成员 e_j^2 与 C^1 中的所有极端偏好成员之间的 n_1 个风险偏好相似度 $r_{1j}, r_{2j}, \cdots, r_{n_1 j}$，以此为依据对 C^1 进行聚类。在聚类过程中，使用阈值 γ 来判断非极端偏好成员 e_j^2 与集合 C^1 中任意一个极端偏好成员之间的风险偏好矢量相似度：当两个决策者的相似度大于阈值 γ 时，将其中对应的极端偏好成员放入 e_j^2 的风险偏好同质群体集 E_s^j，反之则放入 e_j^2 的风险偏好异质群体集 E_d^j，这两个集合分别代表 e_j^2 的风险偏好同质群体和风险偏好异质群体。当群体 C^2 中的每个非极端偏好成员都有对应的风险偏好同质群体和风险偏好异质群体时，算法停止。

(1) 把非极端偏好成员集 C^2 中的所有风险偏好矢量按顺序进行标号，标记为 $1 \sim n_2$，把极端偏好成员集 C^1 中的所有风险偏好矢量也按顺序进行标号，标记为

$1 \sim n_1$，同时设置集合 E_s 和 E_d。

(2) 初始化集合 C^2 中风险偏好矢量的顺序号 $j=1$ 及集合 C^1 中风险偏好矢量 $k=1$，阈值 γ ($0 \leqslant \gamma \leqslant 1$)。

(3) 从集合 C^1 中按顺序选取偏好矢量 V_k^1，并根据式(7-4)计算 V_k^1 与 V_j^2 的风险偏好相似度 $r_{kj}(V_k^1, V_j^2)$ 。

当 $r_{kj}(V_k^1, V_j^2) \geqslant \gamma$ 时，把 V_k^1 放入集合 E_s^j 中，否则将 V_k^1 放入集合 E_d^j 中，同时将 V_k^1 从集合 C^1 中移出。偏好矢量 $k=k+1$，继续执行(3)，直至 C^1 中的所有风险偏好矢量都被分配至 E_s^k 和 E_d^k 中。

(4) 当(3)中 C^1 为空时，执行 $k=k+1$，并将 C^1 恢复至初始状态，转入(2)。当 C^2 为空时，转入(5)。

(5) 记录结果。

通过阈值 γ 和以上计算步骤，对 C^2 中的每个非极端偏好成员 e_j^2 划分出 C^1 中的同质群体及异质群体。

5. 非极端偏好成员风险偏好演化模型

在时间 t 下，集合 C^2 中决策成员 e_j^2 的风险偏好矢量为 $V_j^2(t)$，$j=1,2,\cdots,n_2$，其对应极端偏好成员的风险偏好同质群体及异质群体分别为 E_s^j 和 E_d^j。其中 E_s^j 中的第 j_1 个决策者的风险偏好矢量为 $V_{j_1}^1(t)$，$j_1=1,2,\cdots,n_s$；E_d^j 中第 j_2 个决策者的风险偏好矢量为 $V_{j_2}^1(t)$，$j_1=1,2,\cdots,n_d$，n_s 和 n_d 分别为同质群体 E_s^j 及异质群体 E_d^j 中决策成员的个数，且 $n_s+n_d=n_1$。由于极端偏好成员不受其他决策者的影响，因此他们的风险偏好矢量在各个阶段均与初始阶段相同，即 $V_{j_1}^1(t)=V_{j_1}^1(0)$，$V_{j_2}^1(t)=V_{j_2}^1(0)$。

当下一个时间节点 $t+1$ 时，非极端偏好成员在 t 阶段风险偏好值的基础上考虑对他有影响的极端偏好成员的风险偏好值，并根据自己的接受度来更新 $t+1$ 阶段的风险偏好矢量。

在建立更新模型之前，为了使更新值在本节设定的合理值 0 与 1 之间，首先需要对同质群体和异质群体中极端偏好成员的影响度进行归一化处理：

$$\hat{w}_{j_1}(t)=\frac{w_{j1}(t)}{\sum_{j_1=1}^{n_s(p,t)} w_{j_1}(t)} \tag{7-9}$$

$$\hat{w}_{j_2}(t)=\frac{w_{j_2}(t)}{\sum_{j_2=1}^{n_d(p,t)} w_{j_2}(t)} \tag{7-10}$$

则 $t+1$ 阶段非极端偏好成员 e_j^2 的风险偏好更新模型为

$$V_j^2(t+1)=(1-\lambda_s-\lambda_d)\cdot V_j^2(t)+\lambda_s\cdot\sum_{j_1=1}^{n_s(p,t)}\hat{w}_{j_1}(t)\cdot V_{j_1}^1(0)+\lambda_d\cdot\sum_{j_2=1}^{n_d(p,t)}\hat{w}_{j_2}(t)\cdot V_{j_2}^1(0) \tag{7-11}$$

其中，$V_j^2(t+1)$ 中的第 p 个风险因素的偏好矢量为 $v_{jp}^2(t+1)$，因 $0\leqslant\lambda_s,\lambda_d\leqslant 1$，$0<v_{jp}^2(t)<1$，$0\leqslant\hat{w}_{j_1}(t),\hat{w}_{j_2}(t)\leqslant 1$，$\sum_{j_1=1}^{n_s(p,t)}\hat{w}_{j_1}(t)=\sum_{j_2=1}^{n_d(p,t)}\hat{w}_{j_2}(t)=1$，故 $0\leqslant v_{jp}^2(t+1)\leqslant 1$。其中，$\lambda_s$ 表示非极端偏好成员 e_j^2 对同质群体中极端偏好成员的风险偏好矢量的接受程度，λ_d 表示非极端偏好成员 e_j^2 对异质群体中极端偏好成员的风险偏好矢量的接受程度。非极端偏好成员对同质群体与异质群体的风险偏好矢量接受程度越低，则代表非极端偏好成员越坚定自己的风险偏好；相反，则越对自己的风险偏好有不确定性。因此，$1-\lambda_s-\lambda_d$ 代表非极端偏好成员 e_j^2 对自己当前阶段风险偏好的坚定程度。$t+1$ 阶段 C^2 中决策成员 e_j^2 的风险偏好为自己固有偏好值加上受影响而改变的偏好值。

7.3.3　考虑个体极端偏好影响的大群体应急决策风险偏好演化仿真

1. 案例背景

青海大柴旦矿业有限公司是由加拿大埃尔拉多黄金公司、大柴旦金矿、青海省第一地质大队共同出资组建的中外合作黄金采、选、冶大型联合企业。该公司在海西州大柴旦地区建设的滩间山金矿(一期)扩建项目于 2002 年 12 月由青海省发展计划委员会批复实施，建设规模为年处理原矿 50 万吨，年产黄金 10 万盎司(1 盎司 = 28.35 克)，总投资 5500 万美元。2004 年 10 月 20 日开工建设，至 2005 年底累计完成投资 2.3 亿元。

在滩间山金矿(一期)扩建项目的实施阶段，因当地电力公司不同意原项目设计方案，电力公司紧急提出将 35kV 高压部分由室内配置改为室外布置、高压变压器由 1 台变为 2 台的重新设计方案意见。项目部收到发起设计变更申请这一应急事件后，紧急召集 70 名施工管理总承包方项目部各经理、业主方负责人及项目关联方人员对方案设计变更申请可能带来的风险进行评估。

根据案例资料，提取出重新设计方案这一应急事件会产生环境恶化、项目总投资增加、项目进度拖延、质量变差、可操作性难、可维护性差、健康与安全危险及工作范围扩大八项主要风险。

项目部根据决策成员对风险的偏好程度，将风险偏好划分为五个等级，即关键、严重、中度、微小及可忽略，并给出了这五个等级对应的风险偏好量化值及解释说明，如表 7-8 所示。

表 7-8　决策成员风险偏好量化表

风险偏好等级	风险偏好量化值	说明
关键	1	应急事件发生后，风险一旦发生，将导致整个项目失败
严重	0.69～0.99	应急事件发生后，风险一旦发生，将导致整个项目的目标指标严重下降
中度	0.39～0.68	应急事件发生后，风险一旦发生，项目受到一定影响，但项目目标能够部分达到
微小	0.01～0.38	应急事件发生后，风险一旦发生，项目受到轻微影响，但项目目标能够基本达到
可忽略	0	应急事件发生后，决策者认为风险的发生对项目计划没有影响，项目目标能够完全达到

在紧急召开的应急决策会议中，70 名决策成员根据自身的经验、阅历结合表的风险偏好等级对风险进行评估。会议结束后，从会议资料中提取出 70 名决策成员的风险评估结果，根据 7.3.2 节的定义识别出这 70 名决策成员是由 20 名极端偏好成员及 50 名非极端偏好成员组成的混合偏好大群体集，如表 7-9 和表 7-10 所示。

表 7-9　极端偏好成员风险偏好值

极端偏好成员	环境恶化	项目总投资增加	项目进度拖延	质量变差	可操作性难	可维护性差	健康与安全危险	工作范围扩大
e_1^1	0	1	0	0	1	1	0	0
e_2^1	0	0	0	1	1	1	0	0
e_3^1	1	0	1	0	1	1	0	1
e_4^1	0	0	1	0	1	0	1	0
e_5^1	1	0	0	0	0	0	1	0
e_6^1	1	0	1	1	1	0	1	1
e_7^1	1	0	1	0	0	1	1	0
e_8^1	0	1	0	1	0	1	1	0

续表

极端偏好成员	环境恶化	项目总投资增加	项目进度拖延	质量变差	可操作性难	可维护性差	健康与安全危险	工作范围扩大
e_9^1	0	0	1	0	1	0	0	1
e_{10}^1	0	1	0	1	0	1	0	0
e_{11}^1	1	1	1	0	0	1	1	1
e_{12}^1	1	1	0	1	1	1	0	0
e_{13}^1	0	1	0	0	1	1	1	1
e_{14}^1	1	1	0	0	0	1	1	1
e_{15}^1	1	0	0	0	1	1	1	0
e_{16}^1	1	1	1	1	0	1	0	0
e_{17}^1	1	0	0	1	1	0	0	0
e_{18}^1	0	1	1	1	1	0	1	0
e_{19}^1	0	1	0	0	0	0	1	0
e_{20}^1	1	0	0	1	1	0	1	0

表 7-10 非极端偏好成员风险偏好值

非极端偏好成员	环境恶化	项目总投资增加	项目进度拖延	质量变差	可操作性难	可维护性差	健康与安全危险	工作范围扩大
e_1^2	0.82	0.61	0.12	0.99	0.63	0.74	0.67	0.15
e_2^2	0.43	0.99	0.49	0.54	0.09	0.23	0.43	0.38
e_3^2	0.89	0.53	0.85	0.71	0.08	0.74	0.45	0.16
e_4^2	0.39	0.48	0.87	1.00	0.78	0.97	0.61	0.76
e_5^2	0.77	0.80	0.27	0.29	0.91	0.87	0.06	0.87
e_6^2	0.40	0.23	0.21	0.41	0.53	0.09	0.32	0.35
e_7^2	0.81	0.50	0.57	0.46	0.11	0.37	0.77	0.69
e_8^2	0.76	0.90	0.64	0.76	0.83	0.37	0.70	0.29
e_9^2	0.38	0.57	0.42	0.82	0.34	0.69	0.13	0.53
e_{10}^2	0.22	0.85	0.21	0.10	0.29	0.60	0.13	0.83
e_{11}^2	0.79	0.74	0.95	0.18	0.75	0.79	0.09	0.60

续表

非极端偏好成员	环境恶化	项目总投资增加	项目进度拖延	质量变差	可操作性难	可维护性差	健康与安全危险	工作范围扩大
e_{12}^2	0.95	0.59	0.08	0.36	0.01	0.37	0.01	0.34
e_{13}^2	0.33	0.25	0.11	0.06	0.05	0.21	0.42	0.30
e_{14}^2	0.67	0.67	0.14	0.52	0.67	0.09	0.66	0.45
e_{15}^2	0.44	0.08	0.17	0.34	0.60	0.77	0.72	0.42
e_{16}^2	0.83	0.63	0.62	0.18	0.53	0.21	0.53	0.36
e_{17}^2	0.77	0.66	0.57	0.21	0.73	0.39	0.11	0.56
e_{18}^2	0.17	0.73	0.05	0.91	0.71	0.55	0.63	0.74
e_{19}^2	0.86	0.89	0.93	0.68	0.78	0.23	0.13	0.42
e_{20}^2	0.99	0.98	0.73	0.47	0.29	0.64	0.13	0.43
e_{21}^2	0.51	0.77	0.74	0.91	0.69	0.48	0.10	0.12
e_{22}^2	0.88	0.58	0.06	0.10	0.56	0.15	0.14	0.02
e_{23}^2	0.59	0.93	0.86	0.75	0.40	0.78	0.17	0.29
e_{24}^2	0.15	0.58	0.93	0.74	0.06	0.10	0.20	0.32
e_{25}^2	0.20	0.02	0.98	0.56	0.78	0.29	0.32	0.65
e_{26}^2	0.41	0.12	0.86	0.18	0.34	0.24	0.32	0.96
e_{27}^2	0.75	0.86	0.79	0.60	0.61	0.53	0.22	0.94
e_{28}^2	0.83	0.48	0.51	0.30	0.74	0.09	0.25	0.46
e_{29}^2	0.79	0.84	0.18	0.13	0.10	0.41	0.89	0.24
e_{30}^2	0.32	0.21	0.40	0.21	0.13	0.10	0.70	0.76
e_{31}^2	0.53	0.55	0.13	0.89	0.55	0.11	0.56	0.76
e_{32}^2	0.09	0.63	0.03	0.07	0.49	0.78	0.18	0.74
e_{33}^2	0.11	0.03	0.94	0.24	0.89	0.29	0.21	0.74
e_{34}^2	0.14	0.61	0.30	0.05	0.80	0.60	0.08	0.11
e_{35}^2	0.68	0.36	0.30	0.44	0.73	0.96	0.91	0.68
e_{36}^2	0.50	0.05	0.33	0.01	0.05	0.43	0.71	0.46
e_{37}^2	0.19	0.49	0.47	0.90	0.07	0.69	0.56	0.21

续表

非极端偏好成员	环境恶化	项目总投资增加	项目进度拖延	质量变差	可操作性难	可维护性差	健康与安全危险	工作范围扩大
e_{38}^2	0.50	0.19	0.65	0.20	0.09	0.76	0.31	0.10
e_{39}^2	0.15	0.12	0.03	0.09	0.80	0.43	0.17	0.82
e_{40}^2	0.06	0.21	0.84	0.31	0.94	0.66	0.62	0.18
e_{41}^2	0.85	0.15	0.56	0.46	0.68	0.11	0.99	0.16
e_{42}^2	0.56	0.19	0.85	0.10	0.13	0.93	0.17	0.67
e_{43}^2	0.93	0.04	0.35	1.00	0.72	0.19	0.26	0.89
e_{44}^2	0.70	0.64	0.45	0.33	0.11	0.27	0.40	0.52
e_{45}^2	0.58	0.28	0.05	0.30	0.12	0.80	0.07	0.70
e_{46}^2	0.82	0.54	0.18	0.06	0.64	0.49	0.68	0.15
e_{47}^2	0.88	0.70	0.66	0.30	0.33	0.77	0.40	0.95
e_{48}^2	0.99	0.50	0.33	0.05	0.65	0.40	0.98	0.54
e_{49}^2	0.00	0.54	0.90	0.51	0.75	0.27	0.40	0.68
e_{50}^2	0.87	0.45	0.12	0.76	0.58	0.04	0.62	0.04

2. 计算步骤及数据仿真过程

(1) 根据上述识别出的初始极端偏好成员及非极端偏好成员的风险偏好值，把极端偏好成员集 C^1 中的所有风险偏好矢量也按顺序进行标号，标记为 $1\sim n_1$；把非极端偏好成员集 C^2 中的所有风险偏好矢量按顺序进行标号，标记为 $1\sim n_2$。

(2) 在 $t=0$ 时根据式(7-4)计算出极端偏好成员的初始影响力 $w_k(t)$，并根据式(7-7)和式(7-8)的一致性计算过程得出群体一致度 $\rho(t)$。

(3) 当 $\rho(t)\geqslant\rho^*$ 或 $t\geqslant\tau$ 时结束，否则，令 $t=t+1$。

(4) 模拟阈值 γ，并根据前面所述的步骤来划分同质群体 E_s^j 和异质群体 E_d^j。

(5) 模拟同质群体接受度 λ_s、异质群体接受度 λ_d，并根据式(7-11)来更新第 j 个非极端偏好成员下一阶段的风险偏好矢量 $V_j^2(t+1)$。

(6) 执行 $j=j+1$，重复(4)及(6)，直至 $j=n_2$，更新所有非个体极端偏好的风险偏好矢量。

(7) 根据式(7-7)和式(7-8)的聚类算法计算出群体一致度 $\rho(t+1)$，重复(3)～

(7)，直至 $\rho(t) \geqslant \rho^*$ 或 $t \geqslant \tau$ 时结束。

根据上述计算公式及步骤在 MATLAB R2014a 中进行编程仿真，当 $t=0$ 时，可以看到初始状态下非极端偏好成员与极端偏好成员的风险偏好相似度如图 7-16 所示，图中 x 轴为非极端偏好成员，y 轴为极端偏好成员，z 轴为相似度，从图中可以看出非极端偏好成员与极端偏好成员风险偏好的相似度在 0.4015～0.8849。

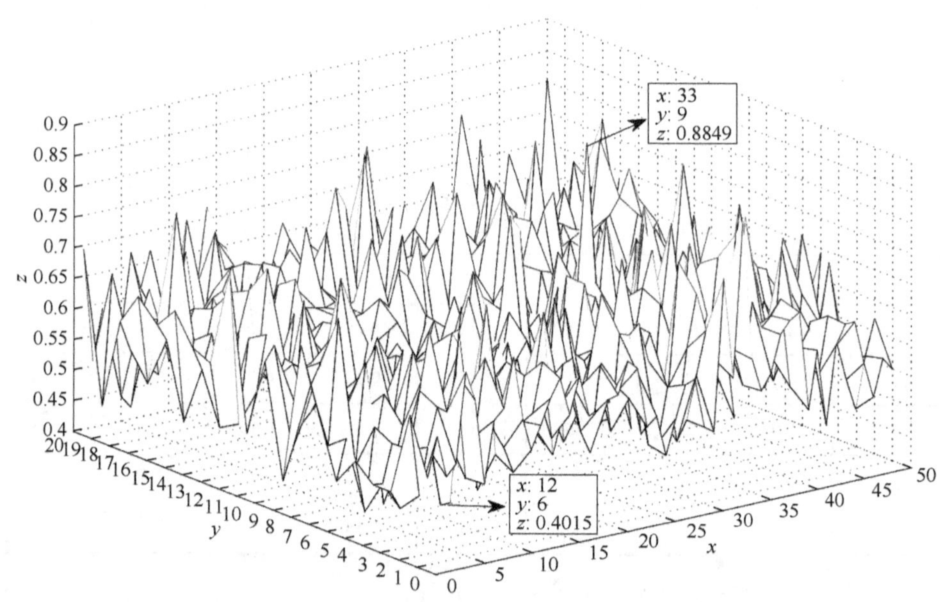

图 7-16　初始状态下非极端偏好成员与极端偏好成员的风险偏好相似度

3. 结果讨论

为了研究同质、异质极端偏好成员对非极端偏好成员风险偏好值的影响，本节将相似度的阈值取任一接近相似度区间的中间值，目的在于更好地划分出非极端偏好成员的同质群体集和异质群体集。首先，固定阈值和影响力持续时间来研究非极端偏好成员的同质群体影响力接受度和异质群体影响力接受度的变化对群体风险偏好值及一致性的影响；然后，研究在接受度确定的情况下阈值的大小对群体风险偏好值及一致性的影响。

1) 给定阈值、极端偏好成员影响力持续时间

根据以上分析，本节取接近相似度区间中间值的阈值，暂取阈值 $\gamma=0.65$，以探究非极端偏好成员的同质群体影响力接受度和异质群体影响力接受度的变化对群体风险偏好值及一致性的影响。下述分析以风险因素 x_1 为例。

(1) 当非极端偏好成员不接受异质群体的影响时，即 $\lambda_d=0$ 时，考虑非极端偏好成员仅接受同质个体极端偏好群体影响的情况如图 7-17 所示。

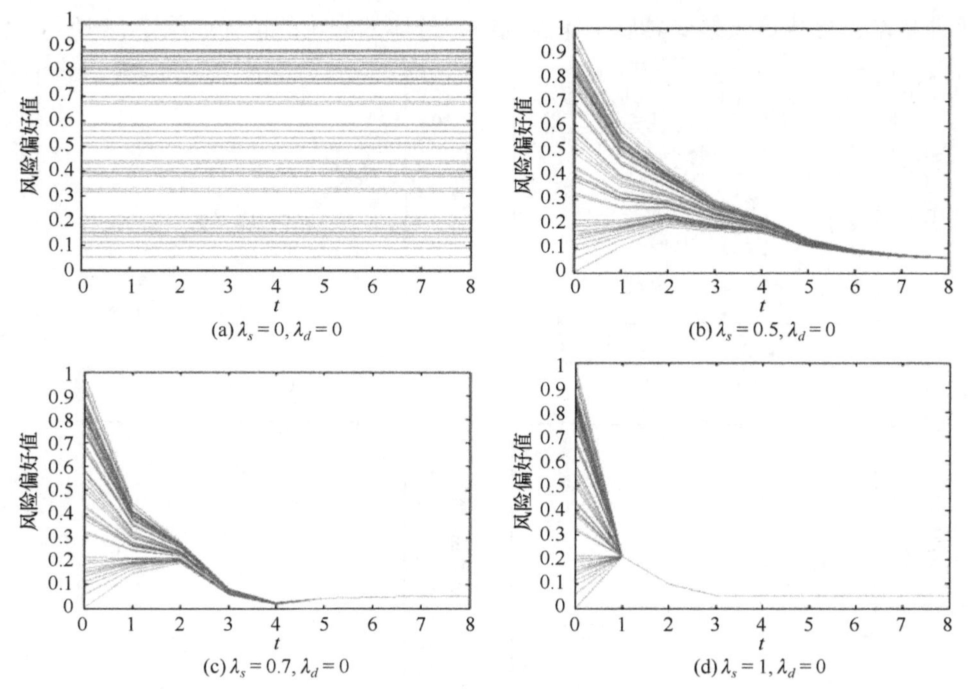

图 7-17　考虑非极端偏好成员仅接受同质个体极端偏好群体影响偏好演化图

当 $\lambda_s=0$ 时，说明非极端偏好成员不受极端偏好成员影响，无论持续时间多久，非极端偏好成员风险偏好值始终不会发生变化，群体也不会达成共识。

当 $\lambda_s=0.5$ 时，非极端偏好成员对同质极端偏好成员群体有一定的接受度并对自己原有的风险偏好值有一定的坚持度，因此随着时间的增长，非极端偏好成员群体的风险偏好值逐渐向一个方向趋近，直到 $t=8$ 时，非极端偏好成员群体在极端偏好成员的影响下达成稳定共识。

当 $\lambda_s=0.7$ 时，非极端偏好成员对同质极端偏好成员群体有较大的接受度，但对自己原有的风险偏好值有较小的坚持度，当 $t=5$ 时，非极端偏好成员群体在极端偏好成员的影响下达成稳定共识。

当 $\lambda_s=1$ 时，表示非极端偏好成员对同质个体极端偏好群体的影响力完全接受，并放弃自己原有风险偏好值，下一阶段的风险偏好值完全取决于同质个体极端偏好成员群体对他们的影响力度，因此非个体极端偏好者群体在 $t=1$ 时达成共识。

通过模拟可以发现，当非极端偏好成员不接受异质群体的影响时，非极端偏好成员对同质极端偏好成员的风险偏好值接受度越大，则非极端偏好成员群体越容易达成一致。

(2) 当非极端偏好成员不接受同质个体极端偏好群体的影响，即 $\lambda_s=0$ 时，考虑非极端偏好成员仅接受异质个体极端偏好群体的影响的情况如图 7-18 所示。

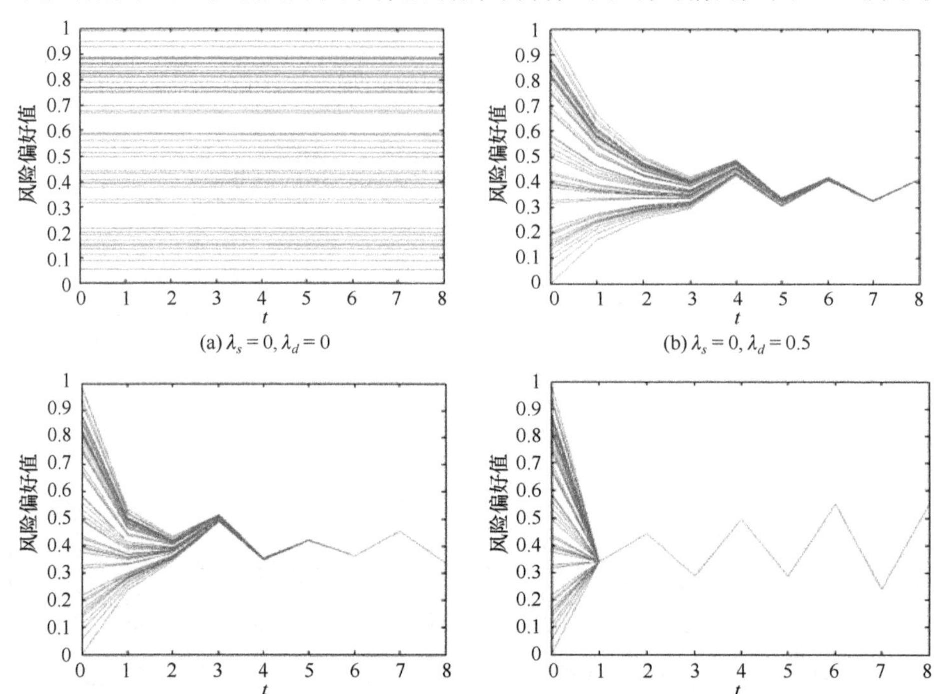

图 7-18 考虑非极端偏好成员仅接受异质个体极端偏好群体影响偏好演化图

由图 7-18 可以得出与前面类似的结论，即当非极端偏好成员不接受同质群体的影响时，非极端偏好成员对异质极端偏好成员的风险偏好值接受度越大，则非极端偏好成员群体越容易达成一致，因此可以得出，非极端偏好成员对极端偏好成员的风险偏好值接受度越大，非极端偏好成员群体越容易达成一致。

另外，在讨论接受异质极端偏好成员影响时，可以看到非极端偏好成员的风险偏好值随着时间的推移而出现了 W 形曲线波动，即使在非极端偏好成员决策群体达成一致后，群体的风险偏好值也会随着时间的推移而发生演化作用，使下一阶段的群体风险偏好与上一阶段的群体风险偏好出现较大差异，这主要是因为非极端偏好成员始终受与自己风险偏好差异较大的极端偏好成员影响，进而产生风险偏好波动或反转的情况，因此在非极端偏好成员只接受异质极端偏好成员群体影响时，虽然非极端偏好群体会在一定时间内达成共识，但达成的共识会随时间波动，在一定时间内不会达成稳定的共识，使决策结果产生偏移。

(3) 当非极端偏好成员以不同的接受度接受同质、异质极端偏好成员影响时，即存在$\lambda_{s_{j1}} \neq \lambda_{s_{j2}}$ 及 $\lambda_{d_{j1}} \neq \lambda_{d_{j2}}$ 时(j_1、j_2 为任两个非极端偏好成员，$j_1, j_2 = 1,2,\cdots,50$)，讨论非极端偏好成员对自身风险偏好有相同坚持度及不同坚持度下不同接受度的非极端偏好成员风险偏好演化及群体的一致度情况。

① 非极端偏好成员拥有相同的坚持度。当$\lambda_{s_j}+\lambda_{d_j}=1$时，即非极端偏好成员的坚持度为零时，令$\lambda_{s_j}$随机取 0.1、0.3、0.5、0.7、0.9 这 5 个不同同质群体接受度中的任一值(5 个同质群体接受度可随机取 5 个 0～1 的值，本节仅以这 5 个等差数列为例)，但保证 5 个值均被取到且存在$\lambda_{s_{j1}}\neq\lambda_{s_{j2}}$，则对应$\lambda_{d_j}=1-\lambda_{s_j}$时，非极端偏好成员对极端偏好成员的影响持 5 个不同同质群体接受度和异质群体接受度时的风险偏好演化情况如图 7-19 所示(任意选 2 组不同数据)。

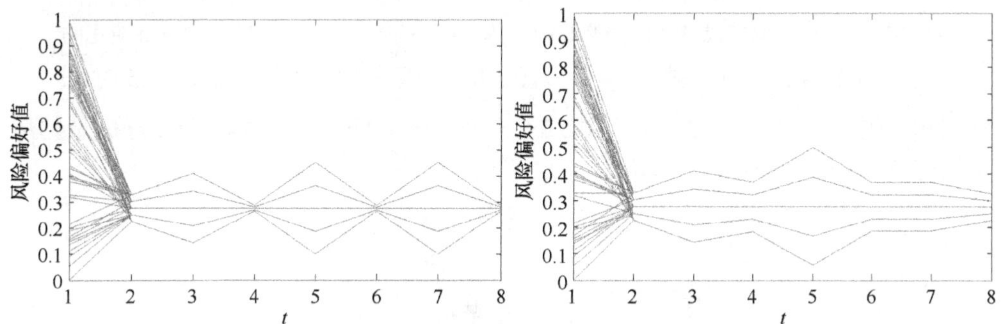

图 7-19　非极端偏好成员对极端偏好影响持 5 个不完全相同接受度的风险偏好演化图

在坚持度为零的情况下，令λ_{s_i}随机取 0.1、0.3、0.5、0.7 这 4 个不同值中的任一值时，非极端偏好成员对极端偏好成员的影响持 4 个不同同质群体接受度和异质群体接受度时的风险偏好演化情况如图 7-20 所示(任意选 2 组不同数据)。

在相同的情况下，用 MATLAB 中的 rand 函数为λ_{s_i}在 0～1 取任意一个数值，保证任意$\lambda_{s_{j1}}\neq\lambda_{s_{j2}}$，即每一个非极端偏好成员都拥有各自不同的同质群体接受度和异质群体接受度时，50 个非极端偏好成员在极端偏好成员影响下的风险偏好演化情况如图 7-21 所示(任意选 2 组不同数据)。

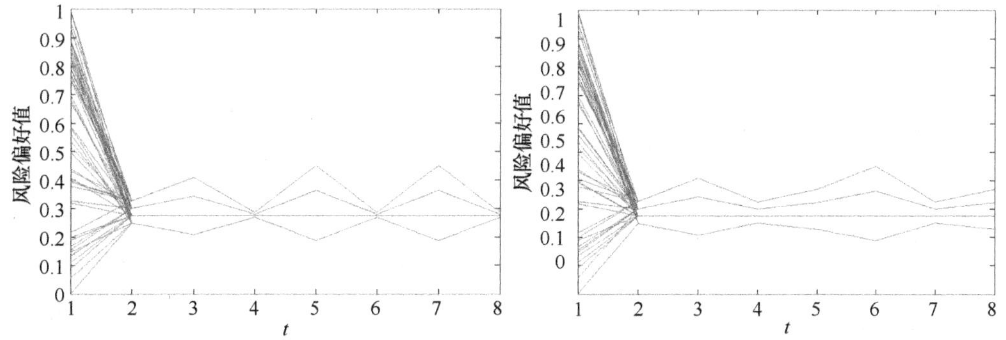

图 7-20　非极端偏好成员对极端偏好影响持 4 个不完全相同接受度的风险偏好演化图

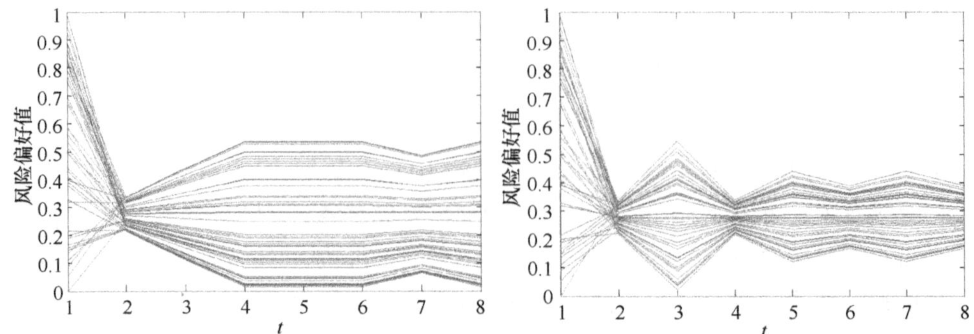

图 7-21　非极端偏好成员对极端偏好影响持 50 个完全不同接受度的风险偏好演化图

同样当 $\lambda_{s_j}+\lambda_{d_j}=0.7$ 或 $\lambda_{s_j}+\lambda_{d_j}=0.5$ 时，即坚持度分别为 0.3 和 0.5 时，令 λ_{s_j} 分别随机取 0.1、0.2、0.3、0.4、0.5 这 5 个值中的任一值，非极端偏好成员的风险偏好演化情况如图 7-22 所示。

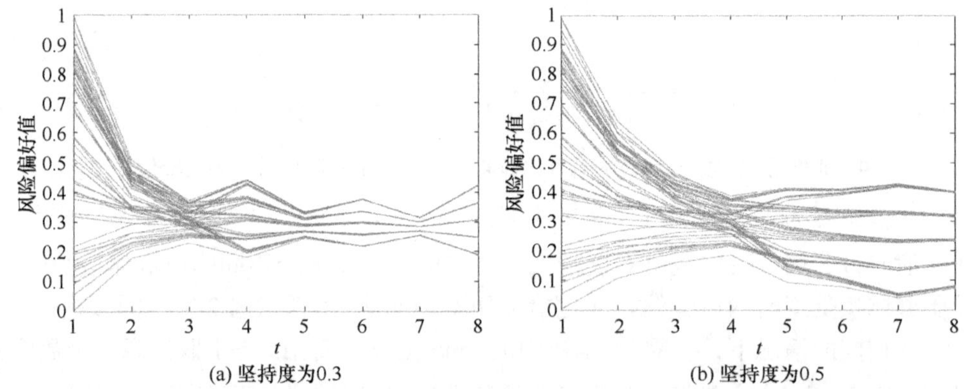

(a) 坚持度为0.3　　(b) 坚持度为0.5

图 7-22　当坚持度为 0.3 和 0.5 时非极端偏好成员有 5 组接受度的风险偏好演化图

在同样情况下，λ_{s_j} 取 4 个不同值时非极端偏好成员的风险偏好演化情况如图 7-23 所示。

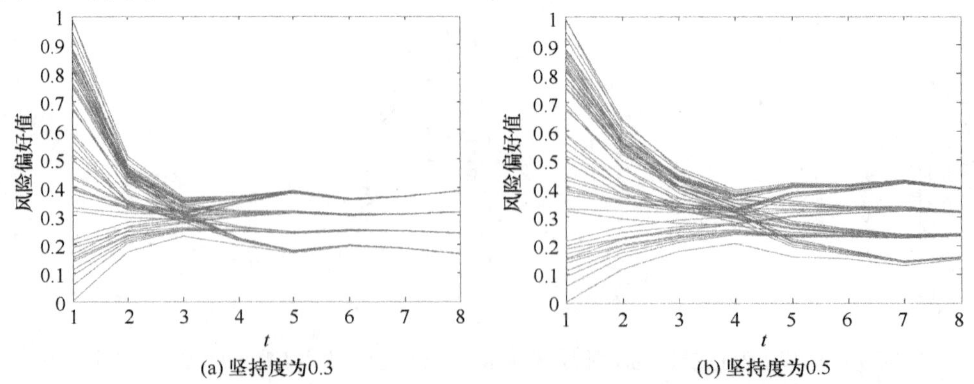

(a) 坚持度为0.3　　(b) 坚持度为0.5

图 7-23　当坚持度为 0.3 和 0.5 时非极端偏好成员有 4 组接受度的风险偏好演化图

在固定坚持度为 0.3 或 0.5 时，用 MATLAB 的 rand 函数为 λ_{s_j} 取随机值，保证任意 $\lambda_{s_{j1}} \neq \lambda_{s_{j2}}$，则 50 个非极端偏好成员在极端偏好成员影响下的风险偏好演化情况如图 7-24 所示(各任选一组数据)。

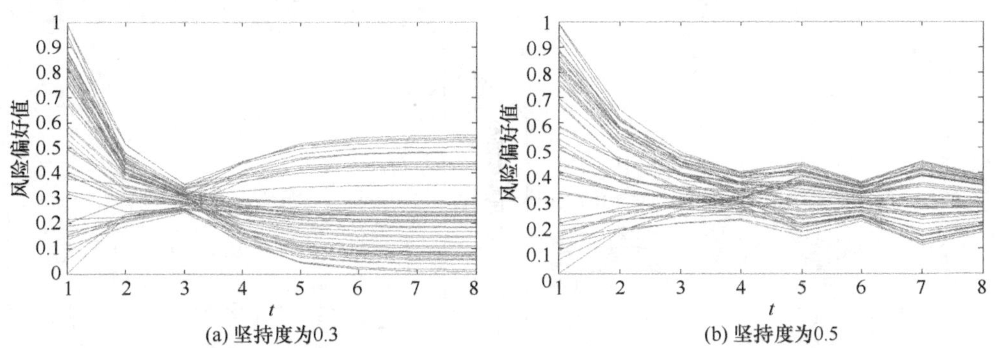

图 7-24　当坚持度为 0.3 和 0.5 时非极端偏好成员有 50 组接受度的风险偏好演化图

从以上结果可以看出，非极端偏好成员在保持相同坚持度但不完全相同的同质群体接受度和异质群体接受度时，非极端偏好成员的风险偏好值在极端偏好成员的影响下发生变化，并形成了一系列波动曲线。

当 $\lambda_{s_j} + \lambda_{d_j} = 1$，非极端偏好群体有 5 组不同同质群体接受度时，50 个非极端偏好成员的风险偏好值在 $t = 2$ 时形成 5 条风险偏好演化曲线；有 4 组不同同质群体接受度下，在 $t = 2$ 时 50 个非极端偏好成员的风险偏好值形成了 4 条风险偏好演化曲线；有 50 组不同同质群体接受度时，则 50 个非极端偏好成员的风险偏好值在极端偏好成员的影响下虽有一定的收敛性，但仍保持各自的波动曲线，即每一个非极端偏好成员在极端偏好成员的影响下都有其各自的风险偏好值演化曲线。

$\lambda_{s_j} + \lambda_{d_j} = 0.7$ 和 $\lambda_{s_j} + \lambda_{d_j} = 0.5$ 的情况与 $\lambda_{s_j} + \lambda_{d_j} = 1$ 得出的演化情况类似，即在固定坚持度的情况下，有 N 组不同同质群体接受度及异质群体接受度，就会对应 N 组非极端偏好风险偏好值演化曲线，不同的是达成稳定曲线的时间，当 $\lambda_{s_j} + \lambda_{d_j} = 0.7$ 时，在 $t = 5$ 非极端偏好成员的风险偏好演化曲线达到稳定个数，当 $\lambda_{s_j} + \lambda_{d_j} = 0.5$ 时，在 $t = 7$ 非极端偏好成员的风险偏好演化曲线达到稳定个数。这说明非极端偏好成员风险偏好演化曲线形成稳定曲线个数的时间与坚持度有关，非极端偏好成员的坚持度越小，则非极端偏好成员达成稳定风险偏好曲线的时间越长。在形成风险偏好曲线后，非极端偏好成员的风险偏好值在极端偏好成员的影响下会跟随曲线产生不同程度的波动。

② 非极端偏好成员拥有不同的坚持度。非极端偏好成员有不同坚持度时，令

λ_{s_j} 分别随机取 0.1、0.3、0.5、0.7、0.9 这 5 个不同值中的任一值时，λ_{d_j} 取 $(0,1-\lambda_{s_j}]$ 区间的任意值，即存在 $\lambda_{s_{j1}}+\lambda_{d_{j1}}\neq\lambda_{s_{j2}}+\lambda_{d_{j2}}$ 时，则不同坚持度下非极端偏好成员有 5 组同质群体接受度的风险偏好演化情况如图 7-25 所示(任意选 2 组不同数据)。

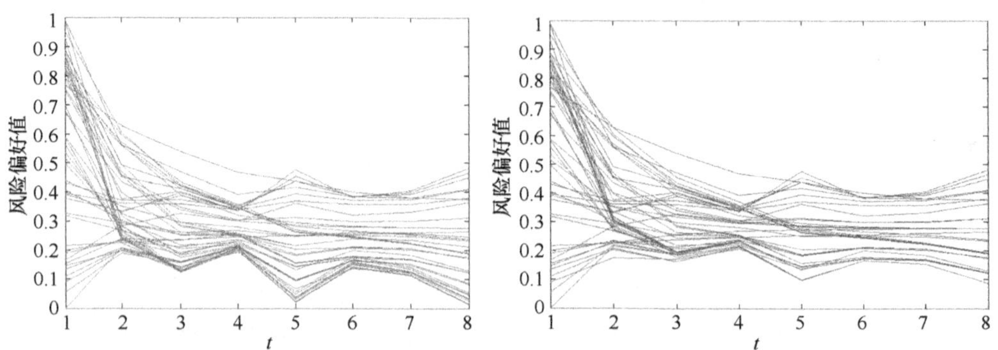

图 7-25　不同坚持度下非极端偏好成员有 5 组同质群体接受度的风险偏好演化图

非极端偏好成员有不同坚持度时，用 MATLAB 中的 rand 函数为 λ_{s_j} 分别取 50 组(0, 1)区间的随机数，$i=1,2,\cdots,50$，λ_{d_j} 取 $(0,1-\lambda_{s_j}]$ 区间任意数值，使非极端偏好成员有不完全相同的接受度和坚持度，则非极端偏好成员的风险偏好演化情况如图 7-26 所示(以任意一组随机数为例)。

从以上结果可以看出，当 50 个非极端偏好成员持有不完全相同的坚持度、同质群体接受度及异质群体接受度时，非极端偏好成员的风险偏好值在极端偏好成员的影响下发生波动，但未达到群体共识，50 个非极端偏好成员在不同坚持度和接受度的情况下，对应 50 条不同的演化曲线进行波动。

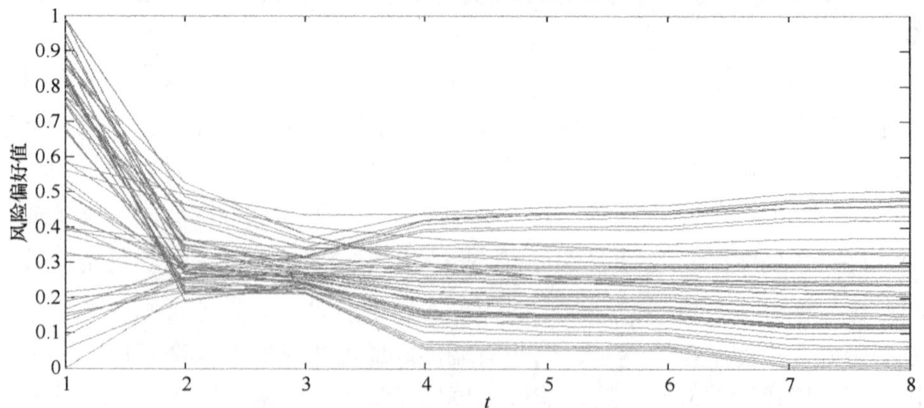

图 7-26　非极端偏好成员对极端偏好成员影响有不完全相同接受度的风险偏好演化图

2) 当确定接受度时，改变阈值对非极端偏好成员的风险偏好值产生的影响

为了更清晰地研究阈值改变对非极端偏好成员的风险偏好值产生的影响，这里模拟 4 组不同接受度下$\gamma=0.65$与$\gamma=0.55$对结果的影响，如图 7-27 所示。

(1) $\lambda_s=1$、$\lambda_d=0$。当$\gamma=0.65$时，非极端偏好成员群体在$t=1$时达成一致，风险偏好值介于 0.2 和 0.3 之间；当$\gamma=0.55$时，非极端偏好成员群体在$t=1$时达成一致，风险偏好值介于 0.3 和 0.5 之间。

(2) $\lambda_s=0.7$，$\lambda_d=0$。当$\gamma=0.65$时，非极端偏好成员群体在$t=4$时达成一致，风险偏好值介于 0 和 0.1 之间；当$\gamma=0.55$时，非极端偏好成员群体在$t=4$时达成一致，风险偏好值介于 0.4 和 0.5 之间。

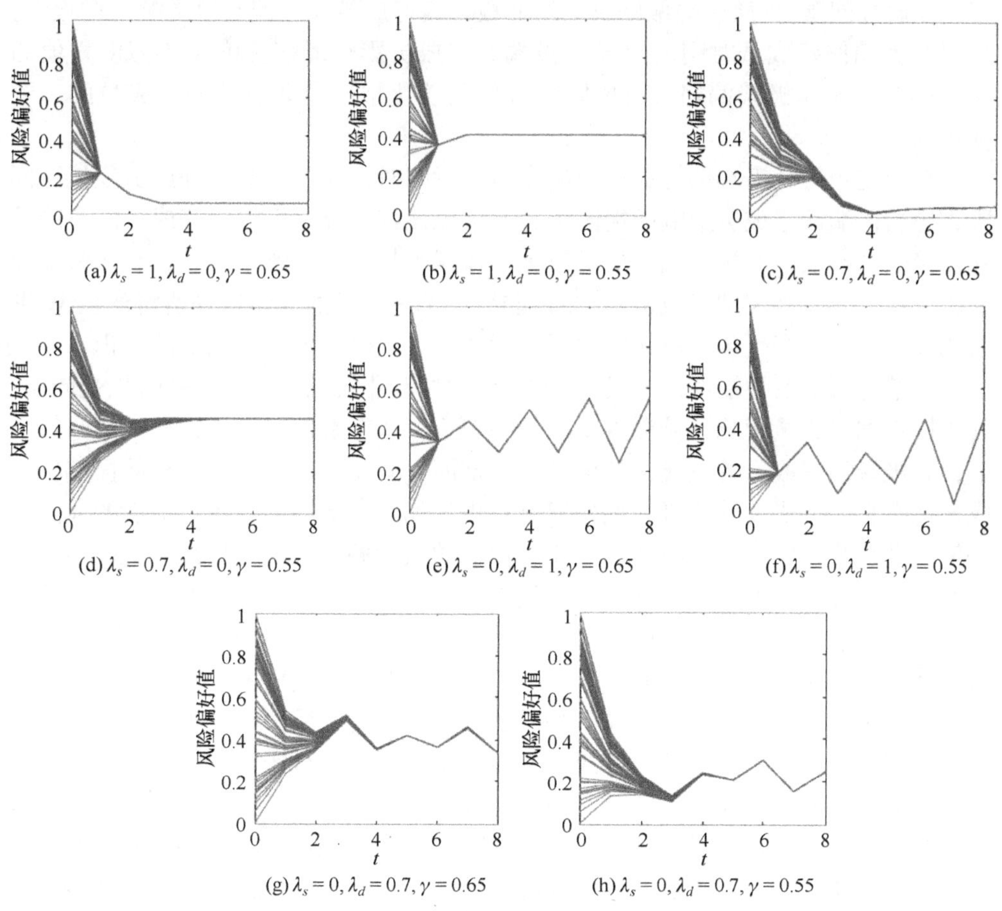

图 7-27 阈值改变对非极端偏好成员风险偏好影响图

(3) $\lambda_s=0$，$\lambda_d=1$。当$\gamma=0.65$时，非极端偏好成员群体在$t=1$时达成一致，风险偏好值介于 0.2 和 0.6 之间；当$\gamma=0.55$时，非极端偏好成员群体在$t=1$时达

成一致，风险偏好值介于 0 和 0.5 之间。

(4) $\lambda_s = 0$，$\lambda_d = 0.7$。当 $\gamma = 0.65$ 时，非极端偏好成员群体在 $t = 4$ 时达成一致，风险偏好值介于 0.3 和 0.6 之间；当 $\gamma = 0.55$ 时，非极端偏好成员群体在 $t = 4$ 时达成一致，风险偏好值介于 0.1 和 0.3 之间。

从以上结果可以看出，当非极端偏好成员只接受同质极端偏好成员影响时，阈值取值越小，非极端偏好成员决策群体的风险偏好值越高，反之则越低；当非极端偏好成员只接受异质极端偏好成员影响时，阈值取值越小，非极端偏好成员决策群体的风险偏好值在同一阶段越低，反之则越高；阈值大小对非极端偏好成员决策达成一致的时间无影响。

在研究同质、异质极端偏好成员对非极端偏好成员风险偏好值影响的过程中，发现非极端偏好成员对同质、异质极端偏好成员影响的接受度及相似度阈值的大小都会影响非极端偏好成员风险偏好值的演化情况及非极端偏好成员的一致度情况。

在给定阈值及极端偏好成员影响力持续时间时，在非极端偏好成员仅接受同质或异质极端偏好成员影响的情况下，非极端偏好成员对极端偏好成员的风险偏好值接受度越大，非极端偏好成员决策群体越容易达成一致，另外，在非极端偏好成员接受异质极端偏好成员影响时，非极端偏好成员的风险偏好值将产生 W 形曲线波动，甚至产生偏好反转的情况，无法在一定时间内达成稳定的共识。

在给定阈值及极端偏好成员影响力持续时间、非极端偏好成员同时接受同质、异质极端偏好成员影响且接受度不同的情况下，非极端偏好成员在相同的坚持度下，非极端偏好成员的风险偏好值产生“抱团”效应，即对同质、异质极端偏好成员持有相同接受度的非极端偏好成员在极端偏好成员的影响下，他们的风险偏好值逐渐趋为一致，随着时间的演化，他们的风险偏好值渐渐与其接受度不一致的非极端偏好成员的风险偏好值产生较大分歧，进而形成各自“抱团”群体的稳定演化曲线，有多少组不同的接受度，就会产生多少组不同的非极端偏好成员的风险偏好值演化曲线；在不同接受度的情况下，非极端偏好群体在特定时间内不会达成共识；非极端偏好成员在不相同的坚持度及对同质、异质极端偏好成员影响的不同接受度下，非极端偏好成员的风险偏好值将各自产生不同的波动曲线，造成决策意见分散，无法在特定时间内达成共识。

在接受度为固定值时，阈值大小不影响非极端偏好成员决策达成一致的时间，但是会影响非极端偏好成员的风险偏好值的大小，在同质极端偏好成员的影响下，阈值越小，非极端偏好成员的风险偏好值越大，而在异质极端偏好成员的影响下，则出现了相反的情况。

7.3.4　研究结论

本节分析了应急决策的特点及应急决策中决策成员的构成情况，基于风险偏好视角将决策群体界定为个体极端偏好成员群体及非个体极端偏好成员群体。随后，也对极端偏好成员在群体决策中对其他成员风险偏好的影响机制及非极端偏好成员风险偏好演化机理进行了详细研究。在假设大群体中只有极端偏好成员对其他非极端偏好成员风险偏好产生影响的基础上，研究了极端偏好成员的影响力作用,构建了考虑影响力持续时间及影响力衰退作用的极端偏好成员影响力模型。非极端偏好成员对极端偏好成员的影响力作用可能会产生接受或排斥的情况，因此需要根据非极端偏好成员与极端偏好成员的风险偏好相似程度进行判定，本节从风险偏好矢量方向性和距离性构建了决策者风险偏好相似度模型，用以划分个体极端偏好者群体中的同质群体及异质群体。在此基础上，引入了非极端偏好成员对同质个体极端偏好群体及异质个体极端偏好群体的接受度，构建了考虑个体极端偏好影响的非极端偏好成员的风险偏好演化模型。最后以滩间山金矿(一期)扩建项目在实施阶段的变电所设计方案紧急变更为背景，利用 MBTLAB 对其中的决策数据进行仿真模拟，并通过对仿真模拟的参数变动及数据对比分析，得出极端偏好成员在大群体应急决策风险偏好演化过程中所起的影响程度及群体共识达成的时间效率，验证了模型的合理性及有效性。但在实际决策过程中，决策成员风险偏好具有一定的复杂性，不太可能仅存在极端偏好成员对非极端偏好成员的影响作用，在今后研究中，应考虑大群体应急决策过程中极端偏好成员间、非极端偏好成员之间的影响作用，以及极端偏好成员群体或部门等个体极端群体的影响力对群体共识所起的作用。

参 考 文 献

[1] Amason A C. Distinguishing the effects of functional and dysfunctional conflict on strategic decision making: Resolving a paradox for top management teams[J]. Academy of Management Journal, 1996, 39(1): 123-148.

[2] Xu X H, Pan B, Yang Y S. Large-group risk dynamic emergency decision method based on the dual influence of preference transfer and risk preference[J]. Soft Computing, 2018, 22(22): 7479-7490.

[3] Camelo-Ordaz C, García-Cruz J, Sousa-Ginel E. The influence of top management team conflict on firm innovativeness[J]. Group Decision and Negotiation, 2015, 24(6): 957-980.

[4] Jehn K A, Mannix E A. The dynamic nature of conflict: A longitudinal study of intragroup conflict and group performance[J]. Academy of Management Journal, 2001, 44(2): 238-251.

[5] 徐选华, 钟香玉, 周艳菊, 等. 基于退出-委托动态冲突消解机制的应急大群体决策方法[J]. 控制与决策, 2015, (9): 1583-1590.

[6] van Knippenberg D, de Dreu C K W, Homan A C. Work group diversity and group performance:

An integrative model and research agenda[J]. Journal of Applied Psychology, 2004, 89(6): 1008-1022.

[7] Amason A C, Mooney A C. The effects of past performance on top management team conflict in strategic decision making[J]. International Journal of Conflict Management, 1999, 10(4): 340-359.

[8] Jehn K A. A multimethod examination of the benefits and detriments of intragroup conflict[J]. Administrative Science Quarterly, 1995, 40(2): 256.

[9] Barsade S G. The ripple effect: Emotional contagion and its influence on group behavior[J]. Administrative Science Quarterly, 2002, 47(4): 644-675.

[10] Simons T, Peterson R S. Task conflict and relationship conflict in top management teams: The pivotal role of intragroup trust[J]. Journal of Applied Psychology, 2000, 85(1): 102-111.

[11] Sitkin S B, Weingart L R. Determinants of risky decision-making behavior: A test of the mediating role of risk perceptions and propensity[J]. Academy of Management Journal, 1995, 38(6): 1573-1592.

[12] Wang S, Huang G. Risk-based factorial probabilistic inference for optimization of flood control systems with correlated uncertainties[J]. European Journal of Operational Research, 2016, 249(1): 258-269.

[13] Peters E, Burraston B, Mertz C K. An emotion-based model of risk perception and stigma susceptibility: Cognitive appraisals of emotion, affective reactivity, worldviews, and risk perceptions in the generation of technological stigma[J]. Risk Analysis, 2004, 24(5): 1349-1367.

[14] Baron R A. Positive effects of conflict: A cognitive perspective[J]. Employee Responsibilities and Rights Journal, 1991, 4(1): 25-36.

[15] Veld C, Veld-Merkoulova Y V. The risk perceptions of individual investors[J]. Journal of Economic Psychology, 2008, 29(2): 226-252.

[16] Epstein S. Integration of the cognitive and the psychodynamic unconscious[J]. American Psychologist, 1994, 49(8): 709-724.

[17] Slovic P, Finucane M L, Peters E, et al. The affect heuristic[J]. European Journal of Operational Research, 2007, 177(3): 1333-1352.

[18] Johnson E J, Tversky A. Affect, generalization, and the perception of risk[J]. Journal of Personality and Social Psychology, 1983, 45(1): 20-31.

[19] 黄杰, 朱正威, 赵巍. 风险感知、应对策略与冲突升级——一个群体性事件发生机理的解释框架及运用[J]. 复旦学报(社会科学版), 2015, 57(1): 134-143.

[20] Williams D J, Noyes J. How does our perception of risk influence decision-making? Implications for the design of risk information[J]. Theoretical Issues in Ergonomics Science, 2007, 8(1): 1-35.

[21] Germeijs V, de Boeck P. A measurement scale for indecisiveness and its relationship to career indecision and other types of indecision[J]. European Journal of Psychological Assessment, 2002, 18(2): 113-122.

[22] 温忠麟, 叶宝娟, Zhonglin W , 等. 有调节的中介模型检验方法: 竞争还是替补?[J]. 心理学报, 2014, 46(5): 714-726.

[23] Edwards J R, Lambert L S. Methods for integrating moderation and mediation: A general

analytical framework using moderated path analysis[J]. Psychological Methods, 2007, 12(1): 1-22.

[24] Gafni R, Geri N. Time management: Procrastination tendency in individual and collaborative tasks[J]. Interdisciplinary Journal of Information, Knowledge, and Management, 2010, 5: 115-125.

[25] de Dreu C K W. When too little or too much hurts: Evidence for a curvilinear relationship between task conflict and innovation in teams[J]. Journal of Management, 2006, 32(1): 83-107.

[26] Langfred C W. Too much of a good thing? negative effects of high trust and individual autonomy in self-managing teams[J]. Academy of Management Journal, 2004, 47(3): 385-399.

[27] Hijazi Y, Tatar M, Gati I. Career decision-making difficulties among israeli and palestinian arab high-school seniors[J]. Professional School Counseling, 2004, 8(1): 64-72.

[28] 刘喜怀, 葛玉辉, 赵丙艳. TMT 团队过程、团队自反性对决策绩效的影响[J]. 管理评论, 2016, 28(1): 130-140.

[29] Wächter H P, Mazzoni T. Consistent modeling of risk averse behavior with spectral risk measures[J]. European Journal of Operational Research, 2013, 229(2): 487-495.

[30] Liu Y, Fan Z P, Zhang Y. Risk decision analysis in emergency response: A method based on cumulative prospect theory[J]. Computers & Operations Research, 2014, 42: 75-82.

[31] Xu X, Yang Y, Method of dynamic emergency decision for risk type of large group based on cumulative prospect theory[J]. Control Decis, 2017, 32(11): 1957-1965.

[32] Clearwater S H, Huberman B A, Hogg T. Cooperative solution of constraint satisfaction problems[J]. Science, 1991, 254(5035): 1181-1183.

[33] Bose T, Reina A, Marshall J A. Collective decision-making[J]. Current Opinion in Behavioral Sciences, 2017, 16: 30-34.

[34] Massoni S, Roux N. Optimal group decision: A matter of confidence calibration[J]. Journal of Mathematical Psychology, 2017, 79: 121-130.

[35] Aggarwal I, Woolley A W. Do You see what I see? The effect of members' cognitive styles on team processes and errors in task execution[J]. Organizational Behavior and Human Decision Processes, 2013, 122(1): 92-99.

[36] Fleischman E A, Mumford M D. Abilities as causes of individual differences in skill acquisition[J]. Human Performance, 1989, 2(3): 201-223.

[37] Mumford M D, Connelly M S. Leaders as creators: Leader performance and problem solving in ill-defined domains[J]. The Leadership Quarterly, 1991, 2(4): 289-300.

[38] Snow R E, Lohman D F. Toward a theory of cognitive aptitude for learning from instruction[J]. Journal of Educational Psychology, 1984, 76(3): 347-376.

[39] Mumford M D, Connelly M S. Leaders as creators: Leader performance and problem solving in ill-defined domains[J]. The Leadership Quarterly, 1991, 2(4): 301-315.

[40] Nonaka I, von Krogh G. Perspective: -tacit knowledge and knowledge conversion: Controversy and advancement in organizational knowledge creation theory[J]. Organization Science, 2009, 20(3): 635-652.

[41] Bonner B L. Expertise in group problem solving: Recognition, social combination, and

performance[J]. Group Dynamics: Theory, Research, and Practice, 2004, 8(4): 277-290.

[42] Baumann M R, Bonner B L. The effects of variability and expectations on utilization of member expertise and group performance[J]. Organizational Behavior and Human Decision Processes, 2004, 93(2): 89-101.

[43] 黄志华, 闫巩固, 王天乐. 经验决策: 概念、研究和展望[J]. 心理科学进展, 2011, 19(12): 1814-1821.

[44] Kobus D A, Proctor S, Holste S. Effects of experience and uncertainty during dynamic decision making[J]. International Journal of Industrial Ergonomics, 2001, 28(5): 275-290.

[45] Boyer T W. The development of risk-taking: A multi-perspective review[J]. Developmental Review, 2006, 26(3): 291-345.

[46] Andreoni J, Sprenger C. Risk preferences are not time preferences[J]. American Economic Review, 2012, 102(7): 3357-3376.

[47] Koolhaas J M, Bartolomucci A, Buwalda B, et al. Stress revisited: A critical evaluation of the stress concept[J]. Neuroscience & Biobehavioral Reviews, 2011, 35(5): 1291-1301.

[48] Starcke K, Brand M. Decision making under stress: A selective review[J]. Neuroscience & Biobehavioral Reviews, 2012, 36(4): 1228-1248.

[49] Kudielka B M, Hellhammer D H, Wust S. Why do we respond so differently? Reviewing determinants of human salivary cortisol responses to challenge[J]. Psychoneuroendocrinology, 2009, 34(1): 2-18.

[50] Adelman L, Miller S L, Henderson D, et al. Using Brunswikian theory and a longitudinal design to study how hierarchical teams adapt to increasing levels of time pressure[J]. Acta Psychologica, 2003, 112(2): 181-206.

[51] Starcke K, Brand M. Effects of stress on decisions under uncertainty: A meta-analysis[J]. Psychological Bulletin, 2016, 142(9): 909-933.

[52] Hertwig R. Tapping into the wisdom of the crowd: With confidence[J]. Science, 2012, 336(6079): 303-304.

[53] Toelch U, Bach D R, Dolan R J. The neural underpinnings of an optimal exploitation of social information under uncertainty[J]. Social Cognitive and Affective Neuroscience, 2014, 9(11): 1746-1753.

[54] van den Berg R, Zylberberg A, Kiani R, et al. Confidence is the bridge between multi-stage decisions[J]. Current Biology, 2016, 26(23): 3157-3168.

[55] 余柳涛, 鲍建樟, 陈清华, 等. 个体自信度对双人决策的影响[J]. 心理学报, 2016, 48(8): 1013-1025.

[56] Schuldt J P, Chabris C F, Woolley A W, et al. Confidence in dyadic decision making: The role of individual differences[J]. Journal of Behavioral Decision Making, 2017, 30(2): 168-180.

[57] Reiter R. A logic for default reasoning[J]. Artificial Intelligence, 1987, 13(1): 68-93.

[58] Evans J S B T. Logic and human reasoning: An assessment of the deduction paradigm[J]. Psychological Bulletin, 2002, 128(6): 978-996.

[59] Sprenger J. Probability, rational single-case decisions and the Monty Hall Problem[J]. Synthese, 2010, 174(3): 331-340.

[60] Vicsek T. Complexity: The bigger picture[J]. Nature, 2002, 418(6894): 131.

[61] Dezso C L, Ross D G. Does female representation in top management improve firm performance? a panel data investigation[J]. Strategic Management Journal, 2012, 33(9): 1072-1089.

[62] O'Connor S C, Rosenblood L K. Affiliation motivation in everyday experience: A theoretical comparison[J]. Journal of Personality and Social Psychology, 1996, 70(3): 513-522.

[63] 祝婧媛, 何贵兵. 风险来源与决策: 背信规避现象及人际联结需求的作用[J]. 心理学报, 2016, 48(6): 733-745.

[64] Arora P, Peterson N D, Krantz D H, et al. To cooperate or not to cooperate: Using new methodologies and frameworks to understand how affiliation influences cooperation in the present and future[J]. Journal of Economic Psychology, 2012, 33(4): 842-853.

[65] 孙晓敏, 魏聪, 陈婷, 等. 不胜任专家对团队互动模式的影响: 团队成员补偿效应[J]. 心理科学, 2017, 40(1): 181-186.

[66] Xu X H, Zhong X Y, Chen X H, et al. A dynamical consensus method based on exit-delegation mechanism for large group emergency decision making[J]. Knowledge Based Systems, 2015, 86: 237-249.

[67] See K E. Reaction to decision with uncertain consequences[J]. Journal of Personality and Social Psychology, 2009, 96(1): 1104-1118.

[68] Thomashunt M C, Ogden T Y , Neale M A. Who's really sharing? Effects of social and expert status on knowledge exchange within groups[J]. Management Science, 2003, 49(4): 464-477.

[69] Wittenbaum G M. The bias toward discussing shared information[J]. Communication Research, 2000, 27(3): 379-401.

[70] Watson W E, Michaelsen L K, Sharp W. Member competence, group interaction, and group decision making: A longitudinal study[J]. Journal of Applied Psychology, 1991, 76(6): 803-809.

[71] Regan H M, Colyvan M, Markovchick-Nicholls L. A formal model for consensus and negotiation in environmental management[J]. Journal of Environmental Management, 2006, 80(2): 167-176.

[72] Conradt L, Roper T J. Conflicts of interest and the evolution of decision sharing[J]. Philosophical Transactions of the Royal Society B, 2009, 364(1518): 807-819.

[73] NetLogo.http://ccl.northwestern.edu/netlogo[2020-07-08].

[74] 徐选华, 杜志娇, 陈晓红, 等. 保护少数意见的冲突型大群体应急决策方法[J]. 管理科学学报, 2017, 20(11): 10-23.

[75] Xu X H, Yin X P, Chen X H. A large-group emergency risk decision method based on data mining of public attribute preferences[J]. Knowledge Based Systems, 2019, 163: 495-509.

[76] 徐选华, 陈晓红. 一种多属性多方案大群体决策方法研究[J]. 系统工程学报, 2008, 23(2): 137-141.

[77] Acemoglu D, Ozdaglar A. Opinion dynamics and learning in social networks[J]. Dynamic Games and Applications, 2011, 1(1): 3-49.

[78] Mathias J D, Huet S, Deffuant G. Bounded confidence model with fixed uncertainties and extremists: The opinions can keep fluctuating indefinitely[J]. Journal of Artificial Societies and

Social Simulation, 2016, 19(1): 1-6.

[79] Hegselmann R, Krause U. Opinion dynamics under the influence of radical groups, charismatic leaders, and other constant signals: A simple unifying model[J]. Networks and Heterogeneous Media, 2015, 10(3): 477-509.

[80] Hegselmann R. Bounded confidence, radical groups, and charismatic leaders[J]. Computational Social Science and Social Simulation, 2014: 217-219.

[81] 徐选华, 王佩, 蔡晨光. 基于云相似度的语言偏好信息多属性大群体决策方法[J]. 控制与决策, 2017, 32(3): 459-466.

[82] 王晨旭, 管晓宏, 秦涛, 等. 微博消息传播中意见领袖影响力建模研究[J]. 软件学报, 2015, 26(6): 1473-1485.

[83] 徐选华, 陈晓红. 基于矢量空间的群体聚类方法研究[J]. 系统工程与电子技术, 2005, 27(6): 1034-1037.

[84] 徐选华, 曹静. 大型水电工程复杂生态环境风险评价[J]. 系统工程理论与实践, 2012, 32(10): 2237-2246.

第 8 章　大数据环境下面向风险的复杂大群体应急决策方法

重大突发事件的特殊性使得应对决策成为高时间压力下动态交互过程，涉及的决策群体具有大规模性、异质性、高复杂性和动态性，上述背景下的应急决策面临信息不完备、风险认知缺乏、事件研判困难、预案失灵和决策滞后等一系列严峻的挑战性问题，使得事件应急决策存在较大的显性风险和隐性风险，决定了这种应急决策是一种复杂偏好大数据环境下的高风险型决策，在上述情景应对下如何能够尽快地达成风险足够低的应急方案，尽快投入应急处置以最大限度地减少伤亡和损失，就是迫切需要解决的问题。因此，本节在前面几章研究成果的基础上，提出大数据环境下面向风险的复杂大群体应急决策方法。

8.1　基于公众属性偏好大数据挖掘的大群体应急风险决策方法

本节针对重大突发事件大群体应急决策属性缺乏公共关注的问题，提出一种基于公众属性偏好大数据挖掘的大群体应急风险决策方法。首先，通过文本分析和潜在语义分析建立属性-关键词词库，应用模糊关联规则挖掘和模糊认知图的方法获取公众对属性的关注度；然后，提出基于信息熵的程度性指标风险测度模型，根据大群体成员给出的语言偏好信息，对大群体成员的决策风险进行测度；接着，构建成员聚类算法进行大群体聚类，利用区间直觉模糊数得分函数和精确函数的比较进行大群体应急决策方案选择；最后，通过天津港“8・12”特大爆炸火灾案例分析，验证该方法能够有效控制大群体应急决策风险。

8.1.1　方法基础

1. 决策风险测度模型

1) 基于信息熵的程度性指标风险测度模型

熵的概念最初产生于热力学，表示系统的紊乱程度，是系统的无序状态的度量。从信息论角度考虑，它代表提供有用信息量的多寡程度。从概率论的角度，信息熵表示事件发生的不确定性，事件发生的概率越确定，风险越低。Gnedenko

等[1]提出，当熵 $H(p_1, p_2, \cdots, p_t)$满足合理且相容的要求时，熵只有唯一的形式，即

$$H(p_1, p_2, \cdots, p_t) = -\sum_{i=1}^{t} p_i \cdot \lg p_i \tag{8-1}$$

其中，p_i 为某事件 x_i 具有的独立可能结果，即该事件所对应的概率大小。

信息熵能够直观地将概率性事件的风险测度出来，但是信息熵对程度性指标的风险度量不够理想，如决策的不确定性(犹豫度、模糊度等)，假如决策者的犹豫度较高，根据信息熵的方法，那就表述为当决策者的犹豫度较高时决策的风险水平较低，这与现实情况完全相背，因为较高的决策犹豫度，只能增加决策失误的可能性，应具有较高的决策风险，而不是处于风险低值。基于此，借鉴信息熵模型，提出程度性指标风险测度模型，如式(8-2)所示：

$$H(q_1, q_2, \cdots, q_t) = -\sum_{i=1}^{t} q_i \cdot \log_{1/\alpha}(\alpha q_i) \tag{8-2}$$

其中，q_i 为某事件 x_i 具有的独立可能结果，为该事件所对应的不确定程度大小；α为风险调节因子，表示决策者决策失误的可能性，$\alpha \in (0,1]$，α 值越小，决策者决策失误的可能性越低，决策能力较强，越能很好地控制决策风险，保证较高的决策准确性；反之α 值越大，决策者决策失误的可能性越高，决策能力越低，不能很好地控制决策风险。函数 $y = -q_i \cdot \log_{1/\alpha}(\alpha q_i)$ 的曲线如图 8-1 所示。

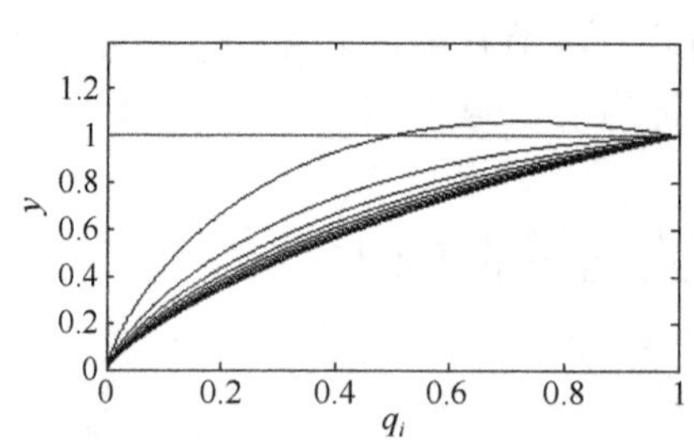

图 8-1　程度性指标风险测度函数变化图(α 不同取值)

从图 8-1 可以看出，对于程度性指标，决策者在某一失误水平下，当对事件判断的不确定性程度达到某一高值时，对应的风险值超过 1，即所做的决策是绝对风险的；不同的决策者决策失误水平，对应的绝对风险阈值点不同，这与不同决策者的失误水平α 有关，而且失误水平α 与决策者的经验、知识水平、逻辑的清晰程度、决策的确定程度等主观影响决策的因素有关。观察图 8-1 不同风险调节因子α 下的函数图像，可直观得出，在 $y \in (0,1]$ 区间内，该函数具有严格的单调性、递增性、凹凸性和保序性，证明过程省略。

2) 基于不确定性和冲突的组合风险测度模型

风险与不确定性的关系是理论界的争论焦点之一。观点一：风险就是不确定性，与不确定性没有本质的区别[2]。观点二：尽管风险与不确定性有密切的联系，但二者有关本质性的区别，不能混为一谈[3]。实践中，某一事件处于风险状态还是不确定状态，并不完全由事件本身的性质决定，有时很大程度上取决于决策者

的认知能力和所拥有的知识量，随着决策者的认知能力提高和所掌握信息量的增加，不确定性决策才会演化为绝对客观的风险决策[4]。对于决策风险与决策冲突和不确定性的关系，本节认为决策冲突、决策的不确定性是决策风险的一种表现形式，需通过特定方法将冲突、不确定性量化为风险。故本节将决策风险定义为：决策者在决策过程中由于决策者间的偏好冲突、决策的不确定性而导致决策失误的可能性。给出决策风险测度公式如式(8-3)所示：

$$R=\beta\cdot R_B+(1-\beta)\cdot R_C \tag{8-3}$$

其中，R_B 为决策者给出偏好信息时的犹豫度和偏好信息的模糊性等不确定性导致的风险，$R_B\in[0,1]$；R_C 为决策者间因偏好冲突而导致的风险，$R_C\in[0,1]$；β 为主客观决策风险调节因子，$\beta<0.5$ 表示注重决策者主观因素导致的风险，$\beta=0.5$ 表示主、客观因素风险同等重要，$\beta>0.5$ 表示注重决策者客观因素导致的风险。

2. 公众多属性偏好挖掘

1) 文本挖掘和潜在语义分析

文本挖掘(text mining，TM)是指从非结构化文本中发现有趣的趋势或规则，从文本中自动发现知识的过程[5,6]。非结构化文本信息处理通常包括分词、去除停用词以及特征提取等。文本挖掘假定文本节档语义可以用关键字来描述，认为建立词-文档矩阵(term-document matrix，TDM)是将大量非结构化文本数据处理为结构化数据，并从中提取有用信息的常用方法。潜在语义分析(latent semantic analysis，LSA)是通过分析与文档及词相关的一组概念来分析文档与其所包含的词间语义结构的技术[7]。潜在语义分析假定意思相近的词会出现在类似的文本中。通过奇异值分解(singular value decomposition，SVD)降低词-文档矩阵的维度，找出潜在语义结构表示词和文本。

2) 模糊关联规则挖掘方法

关联规则挖掘(association rule mining，ARM)是从大数据集中发现对象间潜在关系的方法，它是通过“if-then”规则给出数据集中项目间的相关性、频率规律和关联结构，包括三个主要的度量指标(支持度、置信度、作用度)来产生并选择关联规则。该方法通过划分量化属性域，再将问题转化为二进制属性域来寻找关联规则。显然，无论采用何种分区方法，“清晰的边界”仍然是一个问题，这可能导致语义的不准确表示。作为一种解决模糊边界问题的方法，模糊集理论在关联规则挖掘领域得到了越来越广泛的应用[8]，称其为模糊关联规则挖掘(fuzzy association rule mining，FARM)。

模糊关联规则挖掘的主要思想是任意值可以属于多个子区间，该值具有与每个子区间相关联的隶属度。设 $E=\{t_1,t_2,\cdots,t_T\}$ 为一个数据集，$G=\{i_1,i_2,\cdots,i_l\}$ 为 E 中全部属性的集合，v_{ij} 为 E 中的第 i 个记录的第 j 个属性的值，对于 G 中的每

一个数值属性 i_k，都有一个与之对应的模糊集 $F=\{f_{ik}^1, f_{ik}^2, \cdots, f_{ik}^l\}$。模糊关联规则的形式表达为 $\langle X,A\rangle \to \langle Y,B\rangle$，规则意义表示为若属性 X 为 A，则可以推出属性 Y 为 B，其中 $X\subseteq I$，$Y\subseteq I$，并且 $X\cap Y=\varnothing$，A 和 B 分别为 X 和 Y 对应的模糊集，$\langle X,A\rangle$ 表示 X 中属性取 A 中相应值。由此，规则 $X\to Y$ 的支持度与置信度扩展为[8]

$$\mathrm{supp}(X\to Y)=\frac{\sum_{i=1}^{T}X(a)\otimes Y(b)}{\left|T_f\right|} \tag{8-4}$$

$$\mathrm{conf}(X\to Y)=\frac{\sum_{i=1}^{T}X(a)\otimes Y(b)}{X(a)} \tag{8-5}$$

其中，$\left|T_f\right|$ 为数据集 E 的数据条数总量，即 T；$X(a)$和 $Y(b)$分别为 a 元素和 b 元素对于模糊集 X 和 Y 的隶属度；$\otimes$ 表示聚集两个隶属度交集的 t 范数。基于该标记法，通过遵循相同的逻辑，使用定义的最小支持度和最小置信度来获得规则。

3) 模糊认知图

模糊认知图(fuzzy cognitive map，FCM)由 Kosko 首次提出，是认知地图的延伸和扩展，作为一种智能工具，其具有较强的知识表达和推理功能[9]。模糊认知图起源于模糊逻辑和神经网络的结合，并用概念和因果关系描述系统的行为[10,11]。在模糊认知图中，节点代表用于描述系统行为的概念(如一个实体、一个变量或系统的一个特性)，概念之间的因果关系由符号和加权弧表示，如图 8-2(a)和(b)所示。

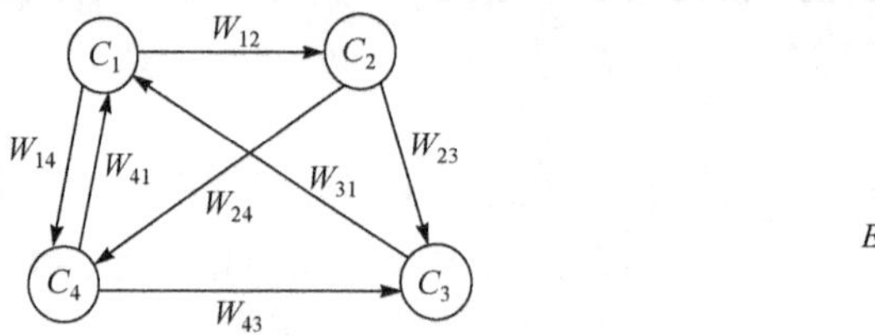

(a) 由概念 C_1、C_2、C_3、C_4 组成的模糊认知图

$$E=\begin{array}{c} \\ C_1 \\ C_2 \\ C_2 \\ C_3 \end{array}\begin{array}{c} \begin{array}{cccc} C_1 & C_2 & C_3 & C_4 \end{array} \\ \begin{bmatrix} 0 & W_{12} & 0 & W_{14} \\ 0 & 0 & W_{23} & W_{24} \\ W_{31} & 0 & 0 & 0 \\ W_{41} & 0 & W_{43} & 0 \end{bmatrix} \end{array}$$

(b) 包含(a)中有向边权重的连接矩阵(E)

图 8-2　模糊认知图的结构和对应的连接矩阵

其中，C_1、C_2、C_3、C_4 为概念，表示所考虑问题至关重要的驱动力和制约因素；$C_i\to C_j$ 代表定向边，表示概念间的影响关系，用箭头表示；$E=(W_{ij})$为连接矩阵，W_{ij} 表示有向边 $C_i\to C_j$ 的模糊权重，矩阵包含概念之间的所有关系的值，通常在−1 和 1 之间。

图 8-2(a)给出了由 4 个概念和具有模糊权重 W_{12}、W_{14} 等 7 个有向边组成的模糊

认知图。每个概念间的有向边具有−1 到 1 之间的权重，对应的连接矩阵如图 8-2(b)所示。模糊认知图可以直观表示概念间的相互关系，并有助于模糊认知图的重建，作为添加和删除概念间连接的参考。

8.1.2　问题描述

目前，在应急管理应用上比较新颖的是使用“分众”(crowd sourcing)方式，且将会成为应急群体决策的主流方式[12-14]，“分众”是由社会大众通过网络分散完成工作任务，并通过整合后在网络上提供服务的一种方式，在这个过程中往往涉及不同层次的组织、专家以及社会公众，构成动态复杂的决策大群体，同时产生来源分散的信息，体量巨大，且半结构性和非结构性的数据总量越来越大，而充分挖掘这些数据中隐藏的内在含义，以供应急决策专家作为决策参考，有利于决策成员准确判断，选择最优应急方案，由此构建重大突发事件大群体应急决策分众模式，如图 8-3 所示。

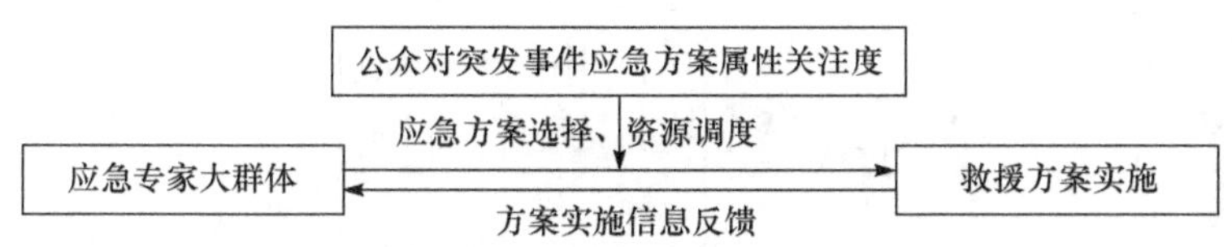

图 8-3　重大突发事件大群体应急决策分众模式

专家决策者在重大突发事件应急决策过程中占据着举足轻重的地位，其自身判断能力的高低对于决策方案的可行性和实效性有着至关重要的影响，专家成员间的偏好冲突程度与群体偏好的一致性达成息息相关。重大突发事件应急决策过程中，有效控制决策者间偏好冲突产生的主客观决策风险，能够提高决策的准确性与科学性。基于此，本节提出应急决策多属性公众偏好挖掘的大群体应急决策风险测度方法。首先利用网络爬虫爬取天津港“8·12”特大火灾爆炸事故公众社交媒体文本大数据，运用文本数据处理技术，获得公众对应急决策多属性的关注度，将其作为公众属性偏好供应急决策群体成员决策参考；然后根据决策专家群体成员给出的偏好信息，对每个决策成员进行主客观决策风险测度，再以各决策成员的决策风险水平为依据对决策大群体进行聚类；最后利用区间直觉模糊数得分函数和精确函数的比较进行方案排序，得到最终决策结果。具体符号规定如下：$\Omega=\{e_1,e_2,\cdots,e_m,\cdots,e_M\}$表示 M 个决策者的集合；$A=\{a_1,a_2,\cdots,a_p,\cdots,a_P\}$表示重大突发事件 P 个备选应急方案集合；$C=\{c_1,c_2,\cdots,c_n,\cdots,c_N\}$表示应急方案的 N 个属性集合；$W=(w_1,w_2,\cdots,w_N)^{\mathrm{T}}$ 表示公众对各属性的关注度，同时表示属性权重向量，且 $\sum_{j=1}^{N}w_j=1$；$A^i=(a_{jl}^i)_{N\times P}$ 为决策者的初始偏好矩阵，其中 a_{jl}^i 为第 i 个

决策专家对第 l 个方案的第 j 个属性的语言形式的评价值。

8.1.3　公众对突发事件属性偏好信息的获取

重大突发事件发生后，大量的社会公众和专家会在社交网络平台上(包括微博、微信、论坛、新闻评论和其他即时通信等)发起和参与应急主题相关话题的讨论，在各种形式的信息中，文本数据最能直接体现公众的观点和意见，这些信息多是文本的、非结构化的词料库(即文本节档集)，因此采用文本分析处理自然语言，并分析其潜在语义，以挖掘出公众对应急主题相关属性的偏好水平。在文本预处理中，将文本按照统计分词法转化为词；建立属性-关键词词库，去除停用词、低频关键词和无意义的关键词，进行属性关键词抽取。首先构建初始词-文档矩阵；然后利用潜在语义分析和奇异值分解从词-文档矩阵中抽取出相关属性；最后将含关键词频率的词-文档矩阵归一化，归一化后的词-文档矩阵为

$$\mathrm{TDM}=\begin{array}{c} \\ t_1 \\ t_2 \\ \vdots \\ t_Q \end{array}\begin{array}{c} \begin{matrix} d_1 & d_2 & \cdots & d_L \end{matrix} \\ \left|\begin{matrix} \mathrm{tf}_{11} & \mathrm{tf}_{12} & \cdots & \mathrm{tf}_{1L} \\ \mathrm{tf}_{21} & \mathrm{tf}_{22} & \cdots & \mathrm{tf}_{2L} \\ \vdots & \vdots & & \vdots \\ \mathrm{tf}_{Q1} & \mathrm{tf}_{Q2} & \cdots & \mathrm{tf}_{QL} \end{matrix}\right| \end{array} \tag{8-6}$$

其中，t_i 表示属性词库中的第 $i(i=1,2,\cdots,Q)$ 个词条，d_j 表示第 $j(j=1,2,\cdots,L)$个文档，tf_{ij} 表示 t_i 在文本 d_i 中的标准化词条频率。然而，词-文档矩阵中的关键词 t_i 不足以掌握文本数据的上下文并分析其潜在语义，这是因为应急主题相关数据是许多网民在线编辑的文档，他们可能具有不同的写作风格或使用不同的词表示相同的含义，在这种情况下，潜在语义分析能有效地识别文档集中具有类似含义的一组关键词。因此，属性概念由语义文本确定，多文档维度的潜在语义分析，可运用奇异值分解在词-文档矩阵中集成为一维，奇异值分解能够很好地在词-文档矩阵中降低矩阵维度，具体方法如下：

$$\mathrm{TDM}\approx U\sum V^{\mathrm{T}}$$

$$U=\begin{array}{c} \\ t_1 \\ t_2 \\ \vdots \\ t_Q \end{array}\begin{array}{c} \begin{matrix} v_1 & v_2 & \cdots & v_N \end{matrix} \\ \left|\begin{matrix} u_{11} & u_{12} & \cdots & u_{1N} \\ u_{21} & u_{22} & \cdots & u_{2N} \\ \vdots & \vdots & & \vdots \\ u_{Q1} & u_{Q2} & \cdots & u_{QN} \end{matrix}\right| \end{array},\quad \sum=\begin{array}{c} \\ v_1 \\ v_2 \\ \vdots \\ v_N \end{array}\begin{array}{c} \begin{matrix} v_1 & v_2 & \cdots & v_N \end{matrix} \\ \left|\begin{matrix} \sum_1 & 0 & \cdots & 0 \\ 0 & \Sigma_2 & \cdots & 0 \\ \vdots & \vdots & & \vdots \\ 0 & 0 & \cdots & \sum_N \end{matrix}\right| \end{array},\quad V=\begin{array}{c} \\ d_1 \\ d_2 \\ \vdots \\ d_L \end{array}\begin{array}{c} \begin{matrix} v_1 & v_2 & \cdots & v_N \end{matrix} \\ \left|\begin{matrix} v_{11} & v_{12} & \cdots & v_{1N} \\ v_{21} & v_{22} & \cdots & v_{2N} \\ \vdots & \vdots & & \vdots \\ v_{L1} & v_{L2} & \cdots & v_{LN} \end{matrix}\right| \end{array} \tag{8-7}$$

其中，u_{in} 为第 i 个词对 $U(Q\times N$ 的正交矩阵)中第 $n(n=1,2,\cdots,N)$个语义的影响程度，$\sum_n$ 为第 n 个语义对 $\sum$ (降序排列的 $N\times N$ 对角矩阵)的重要度，v_{jn} 为第 j 个

文本对 $V(L\times N$ 的正交矩阵)中语义的作用度。语义 $v_1, v_2, \cdots, v_N$ 直接对与模糊认知图中的属性概念 $C_1, C_2, \cdots, C_N$ 相匹配。对于每个 v_n，通过审查矩阵 U 中的 u_{in} 来识别高度影响 v_n 的词条，并通过考虑分配高 u_{in} 值的词条来界定对应的属性概念。在得到“属性-文本”的关系矩阵 V 后，为得出属性间的关联规则，将矩阵 V 作为模糊关联规则挖掘的输入，其输入结构如图 8-4 所示。

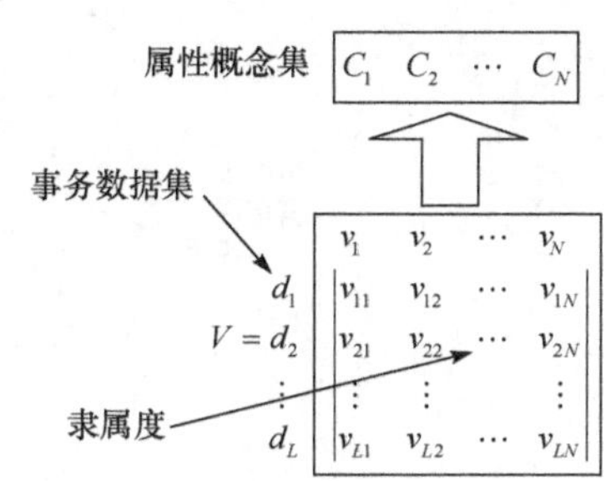

图 8-4　模糊关联规则挖掘输入的数据结构

本节应用模糊关联规则挖掘的原因是为提取 $C_n\to C_l$ 等属性概念间考虑文档中属性概念影响值的因果规则，模糊词条集 I_f 对应属性概念 $C=\{C_1, C_2,\cdots, C_N\}$，而模糊的事务数据集 $D_f=\{t_1, t_2, \cdots, t_Q\}$ 可以是一组包含 C_j 出现强度或影响的文档。矩阵 V 中的影响值 v_{jn} 表示文档 d_j 对属性概念 C_n 的影响程度，并将其定义为属于 C_n 的隶属度。其中的支持度、置信度和作用度做如下调整：

$$\text{supp}(C_n\to C_l)=\frac{\sum_{j=1}^{L} v_{jn}\otimes v_{jl}}{L} \tag{8-8}$$

$$\text{conf}(C_n\to C_l)=\frac{\sum_{j=1}^{L} v_{jn}\otimes v_{jl}}{v_{jn}} \tag{8-9}$$

$$\text{lift}(C_n\to C_l)=\frac{\text{conf}(C_n\to C_l)}{\text{supp}(C_n\to C_l)} \tag{8-10}$$

模糊关联规则挖掘输出的规则表示为 $C_n\to C_l$，然而这些提取的关联规则并不直接表示其关联关系，关联意味着联系，但反过来并不总是正确的。因此，关联规则被认为是因果假设，需要重新评估它的真实性。为阐述这一点，本节采用部分关联(partial association，PA)测试。对于关联规则 $X\to Y$，给出第三个控制变量 Z 来评估规则是否仍然关联，当 X、Y 都是由 Z 导致时，或 X 引发 Z、Z 导致 Y 时，这两种情况都不能表示为 X 与 Y 相关联，认为该规则不存在(即零关联)。

将模糊关联规则作为模糊认知图的输入，节点表示应急方案中的相关实体、概念、属性或者指标等，其有向弧代表节点间的相互作用关系。概念节点由支持度确定，因果权重的绝对值由置信度确定，正/负极性由作用度确定，如图 8-5 所示。

本节通过支持度与最小支持度(minsupp)的比较从属性概念集中选出重要的属性概念，若与属性概念相关的每个规则的支持度都小于最小支持度，则移除属

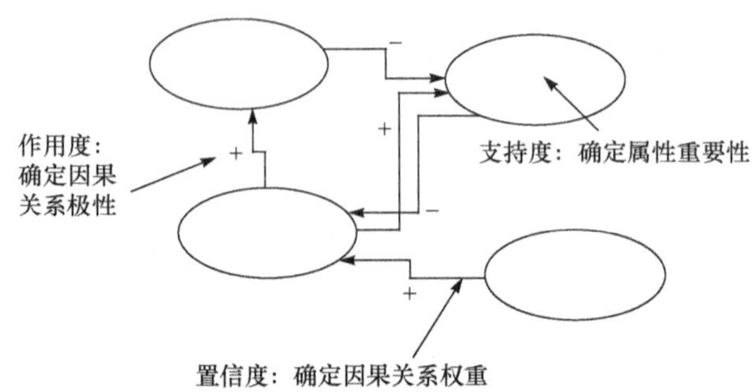

图 8-5　将模糊关联规则挖掘应用于模糊认知图的建模框架

性概念。而置信度用来识别满足最小置信度(minconf)的关联规则，并将置信度作为边界权重，对应于 W_{ij} 的“绝对值”。规则的条件概率或因果关系直接对应一个属性概念出现对另一个属性概念出现的影响或关系的相对强度，极性权重最终由作用度确定，作用度指规则的置信度与规则出现概率的比值。因此，若 lift($X\to Y$) 为 1，则表示 X 和 Y 独立。此外，作用度能够表示前提与结果之间的正向或负向相关性，若 lift($X\to Y$)小于 1，则表示 X 和 Y 负向相关；若 lift($X\to Y$)大于 1，则表示 X 和 Y 正相关。使用该框架，可以确定规则关系[15-17]。

建立好模糊认知图后，仅需要得出公众对各属性的关注度，即对各属性关注的百分比，作为属性权重为群专家提供参考和后续计算，故仅需对建立好的模糊认知图进行静态分析，确定属性概念的相对重要性，社交网络理论中的中心度(concept centrality)可作为确定模糊认知图中节点重要性的一种度量，计算公式如式(8-11)所示：

$$\text{ConceptCentrality}(n)=\text{IN}(C_n)+\text{OUT}(C_n) \tag{8-11}$$

其中，IN(C_n)为节点 C_j 连接至节点 C_i 的所有路径的权重总和，$i\neq j$；OUT(C_n)为节点 C_i 连接至其他节点 C_j 的所有路径的权重总和，$i\neq j$；在任何关于决策支持的分析中都应特别注意具有高中心度的节点。将各节点中心度进行归一化处理可得各节点对应属性的权重 $w=(w_1,w_2,\cdots,w_N)^{\mathrm{T}}$，具体计算方法如式(8-12)所示：

$$w_n=\frac{\text{ConceptCentrality}(n)}{\sum_{n=1}^{N}\text{ConceptCentrality}(n)} \tag{8-12}$$

8.1.4　决策风险测度计算

突发事件发生后一定时间内，收集社交网络中社会公众与应急主题相关的文本大数据，并进行大数据分析，可以得出社会公众对事件各应急属性偏好的关注度，以供群体决策专家进行决策参考，群体专家给出语言偏好矩阵，再将语言偏好信息转化为理论较成熟的区间直觉模糊数，语言变量与区间直觉模糊数的转化方法如表 8-1 所示。

表 8-1　语言变量与区间直觉模糊数对照表

语言变量	区间直觉模糊数	语言变量	区间直觉模糊数
极好(extremely good, EG)	([1, 1], [0, 0])	不差(more or less bad, MLB)	([0.4, 0.41], [0.5, 0.51])
非常好(very very good, VVG)	([0.9, 0.91], [0, 0.01])	差(bad, B)	([0.25, 0.26], [0.6, 00.61])
很好(very good, VG)	([0.8, 0.81], [0.1, 0.11])	很差(very bad, VB)	([0.1, 0.11], [0.75, 0.76])
好(good, G)	([0.7, 0.71], [0.2, 021])	非常差(very very bad, VVB)	([0, 0.01], [0.9, 0.91])
不错(more or less good, MLG)	([0.6, 0.61], [0.3, 0.31])	极差(extremely bad, EB)	([0, 0], [1, 1])
一般(fair, F)	([0.5, 0.51], [0.4, 0.41])		

则第 i 个专家对第 l 个备选方案中的第 j 个属性给出的偏好值形成矩阵 $\tilde{A}^{M}$ 如式(8-13)所示：

$$\tilde{A}^{M}=(\tilde{a}_{jl}^{M})_{N\times P}=([a_{jl}^{ML},a_{jl}^{MU}],[b_{jl}^{ML},b_{jl}^{MU}])_{N\times P} \tag{8-13}$$

其中，$i=1,2,\cdots,M$；$l=1,2,\cdots,P$；$j=1,2,\cdots,N$。

采用距离大小表示冲突程度高低、模糊熵表示偏好信息模糊性的特性，利用区间直觉模糊数距离、犹豫度和模糊熵的计算方法，将其代入决策风险测度公式即式(8-13)中，得出群体成员决策风险矢量 $R=(R^1,R^2,\cdots,R^i,\cdots,R^M)$，其中表达式 R^i 如式(8-14)所示：

$$\begin{aligned}R^{i}&=\beta R_{B}^{i}+(1-\beta)R_{C}^{i}=\frac{\beta}{2}(R_{R}^{i}+R_{M}^{i})+(1-\beta)R_{C}^{i}\\&=\frac{\beta}{2}\left\{-\frac{1}{PN}\sum_{l=1}^{P}\sum_{j=1}^{N}\pi(\tilde{a}_{jl}^{i})\log_{1/\alpha}\left[\alpha\pi(\tilde{a}_{jl}^{i})\right]-I(\tilde{A}^{i})\log_{1/\alpha}\left[\alpha I(\tilde{A}^{i})\right]\right\}\\&\quad+\frac{1-\beta}{M-1}\left[-\sum_{i'=1,i'\neq i}^{M}\frac{D(\tilde{A}^{i},\tilde{A}^{i'})}{\sum\limits_{i'=1,i'\neq i}^{M}D(\tilde{A}^{i},\tilde{A}^{i'})}\log_{1/\alpha}\frac{\alpha D(\tilde{A}^{i},\tilde{A}^{i'})}{\sum\limits_{i'=1,i'\neq i}^{M}D(\tilde{A}^{i},\tilde{A}^{i'})}\right]\end{aligned} \tag{8-14}$$

其中，R_R^i 为决策者 i 决策过程中的犹豫风险；R_M^i 为决策者 i 给出偏好信息的模糊性导致的模糊风险；$\pi(\tilde{a}_{jl}^{i})$ 为第 i 个决策者对第 l 个方案的第 j 个属性偏好信息的犹豫度，且 $\pi(\tilde{a}_{jl}^{i})=1-\frac{1}{2}\left(a_{jl}^{iL}+a_{jl}^{iU}+b_{jl}^{iL}+b_{jl}^{iU}\right)$； $D(\tilde{A}^{i},\tilde{A}^{i'})$ 为根据偏好矩阵距离大小能有效度量决策者间的偏好冲突程度，表示决策者 m 与决策者 m' 的冲突程度，且 $D(\tilde{A}^{i},\tilde{A}^{i'})=\frac{\sqrt{2}}{4}\left(\sqrt{\left(a_{jl}^{iL}-a_{jl}^{i'L}\right)^2+\left(a_{jl}^{iU}-a_{jl}^{i'U}\right)^2}+\sqrt{\left(b_{jl}^{iL}-b_{jl}^{i'L}\right)^2+\left(b_{jl}^{iU}-b_{jl}^{i'U}\right)^2}\right)$；

$I(\tilde{A}^{i})$ 为决策者 m 给出偏好信息的模糊熵，且有

$$I(\tilde{A}^{i})=\frac{\sqrt{2}+1}{PN}\sum_{l=1}^{P}\sum_{j=1}^{N}\left\{\sin\frac{\pi\times[1+a_{jl}^{iL}+0.5\times(a_{jl}^{iU}-a_{jl}^{iL})-b_{jl}^{iL}-0.5\times(b_{jl}^{iU}-b_{jl}^{iL})]}{4}\right.$$
$$\left.+\sin\frac{\pi\times[1-a_{jl}^{iL}-0.5\times(a_{jl}^{iU}-a_{jl}^{iL})+b_{jl}^{iL}+0.5\times(b_{jl}^{iU}-b_{jl}^{iL})]}{4}-1\right\}$$

8.1.5 基于决策风险测度的大群体成员聚类算法

在对决策成员给出的偏好信息进行风险测度的基础上，设计大群体成员聚类算法进行决策成员聚类，将大群体聚类为若干个聚集，各聚集内成员的决策风险处于相当水平，有利于根据决策成员的风险水平控制整体决策风险。聚类算法步骤如下：

(1) 将决策大群体 Ω 中所有专家构成一个成员集合 U，并对其对应的风险值进行随机排序，同时设置一个临时集合 T。

(2) 初始化聚集计数器 $k=1$，阈值$[\gamma, 1/\gamma]$，$\gamma\in[0,1]$。

(3) 从 U 中按顺序选取风险值 R^i，其中 $R^i\in U$，把它分配到聚集 G^k，记为 R_i^k，且从集合中移除 R^i，同时这个聚集 G^k 的成员计数器 $n_k=1$。

(4) 如果 U 是非空的，那么从 U 中按顺序选择下一个风险值，这里 $R^i\in U$；若 U 是空的，则转入(6)。

(5) 计算 R^i 与 G^k 聚集中每个 R_i^k 的相对风险度 $R_i=R^i/R_i^k$，如果 $R_i\in[\gamma,1/\gamma]$，那么将 R^i 分配到 G^k 中，并从 U 中移除 R^i，聚集成员计算器 $n_k=n_k+1$；若 $R_i\notin[\gamma,1/\gamma]$，则将 R^i 分配到临时集合 T 中，同时从 U 中移除 R^i，转入(4)。

(6) 如果 T 是非空的，那么分别执行集合赋值操作 $U=T$，$T=\varnothing$，聚集计数器 $k=k+1$，转入(3)，否则转入(7)。

(7) 记录聚类结果，K 为决策大群体 Ω 中聚集的数量，n_k 为聚集 G^k 中的成员数，其中 $\sum_{k=1}^{K}n_k=M$。聚类算法如表 8-2 所示。

表 8-2 成员聚类算法

```
Input : R^i∈U , γ ,i∈[1,M]
Output: G^k, n_k, k
    1.for k = 1,i = 1
    2.while U∉∅ do
    3.move R^i form U to G^k, mark as R_i^k ,do
    4.if R^i/R_i^k ∈[γ ,1/ γ] do
    5.n_k=n_k+1, go to(3);
    6.else
    7.move R^i to T;
    8.end if
    9.if T ∉∅ do
    10.move R^i∈T to U
    11.k=k+1, go to(2);
    12.else
    13.output.
```

8.1.6 聚集权重计算

聚类完成后，Ω 中的成员被划分为若干个聚集，同一聚集内成员具有相近的决策风险水平，因此假设聚集内成员的重要程度相等，利用区间直觉模糊数加权平均(interval-valued intuitionistic fuzzy weighted averaging，IIFWA)算子[18]可得到聚集 G^k 的偏好矩阵 $\widetilde{A}^{G^k}$ 如式(8-15)所示：

$$
\begin{aligned}
\widetilde{A}^{G^k} &= (\tilde{a}_{jl}^{G^k})_{N\times P} = ([a_{jl}^{G^k L}, a_{jl}^{G^k U}],[b_{jl}^{G^k L}, b_{jl}^{G^k U}])_{N\times P} \\
&= \left(\left[1-\prod_{t=1}^{n_k}(1-a_{jl}^{tL})^{\frac{1}{n_k}}, 1-\prod_{t=1}^{n_k}(1-a_{jl}^{tU})^{\frac{1}{n_k}}\right],\left[\prod_{t=1}^{n_k}(b_{jl}^{tL})^{\frac{1}{n_k}}, \prod_{t=1}^{n_k}(b_{jl}^{tU})^{\frac{1}{n_k}}\right]\right)_{N\times P}
\end{aligned}
\tag{8-15}
$$

然后，根据得出的各聚集的偏好矩阵，再次利用式(8-14)计算出各聚集的决策风险值 R^{G^k} 。R^{G^k} 值越大，表示聚集风险水平越高；R^{G^k} 越小，表示聚集风险水平越低。为控制群体决策的整体风险，保证足够低的决策风险水平，通过给风险水平较高的聚集分配较低的权重，给风险水平相对较低的聚集分配较高的权重，各聚集的权重分配公式如式(8-16)所示，得出聚集权重分配矩阵 $U=(u_1,u_2,\cdots,u_k,\cdots,u_K)$ 。

$$
u_k = \frac{1-R^{G^k}}{K-\sum_{k=1}^{K} R^{G^k}} \tag{8-16}
$$

其中，u_k 为聚集 G^k 的权重。

8.1.7 群体偏好矩阵计算与方案排序

得出聚集权重后，利用区间直觉模糊数加权平均算子[18]可得大群体偏好矩阵 $\tilde{A}$ 如下：

$$\begin{aligned}\tilde{A}&=(\tilde{a}_{jl})_{N\times P}=([a_{jl}^{L},a_{jl}^{U}],[b_{jl}^{L},b_{jl}^{U}])_{N\times P}\\&=\left(\left[1-\prod_{k=1}^{K}(1-a_{jl}^{G^kL})^{u_k},1-\prod_{k=1}^{K}(1-a_{jl}^{G^kU})^{u_k}\right],\left[\prod_{k=1}^{K}(b_{jl}^{G^kL})^{u_k},\prod_{k=1}^{K}(b_{jl}^{G^kU})^{u_k}\right]\right)_{N\times P}\end{aligned}\tag{8-17}$$

将公众属性偏好信息作为属性权重 W，再次利用区间直觉模糊数加权平均算子得出方案偏好值 $\tilde{A}'$ 如式(8-18)所示：

$$\begin{aligned}\tilde{A}'&=(\tilde{a}'_{1l})_{1\times P}=([a'^{L}_{1l},a'^{U}_{1l}],[b'^{L}_{1l},b'^{U}_{1l}])_{1\times P}\\&=\left(\left[1-\prod_{j=1}^{N}(1-a_{jl}^{L})^{w_j},1-\prod_{j=1}^{N}(1-a_{jl}^{U})^{w_j}\right],\left[\prod_{j=1}^{N}(b_{jl}^{L})^{w_j},\prod_{j=1}^{N}(b_{jl}^{U})^{w_j}\right]\right)_{1\times P}\end{aligned}\tag{8-18}$$

为了对区间直觉模糊集进行比较排序，定义方案的区间直觉模糊偏好值 $\tilde{a}'_{1l}=([a'^{L}_{1l},a'^{U}_{1l}],[b'^{L}_{1l},b'^{U}_{1l}])$ 的得分函数为[18]

$$M(\tilde{a}'_{1l})=\frac{1}{2}(a'^{L}_{1l}+a'^{U}_{1l}-b'^{L}_{1l}-b'^{U}_{1l})\tag{8-19}$$

以及精确函数为

$$\varDelta(\tilde{a}'_{1l})=\frac{1}{2}(a'^{L}_{1l}+a'^{U}_{1l}+b'^{L}_{1l}+b'^{U}_{1l})\tag{8-20}$$

对于两个方案的区间直觉模糊偏好值规定其大小关系或排序如下。

(1) 若 $M(\tilde{a}'_{1l_1})>M(\tilde{a}'_{1l_2})$，则方案 l_1 优于方案 l_2。

(2) 若 $M(\tilde{a}'_{1l_1})=M(\tilde{a}'_{1l_2})$，存在以下三种情况：

若 $\varDelta(\tilde{a}'_{1l_1})=\varDelta(\tilde{a}'_{1l_2})$，则方案 l_1 与方案 l_2 优势一致；

若 $\varDelta(\tilde{a}'_{1l_1})>\varDelta(\tilde{a}'_{1l_2})$，则方案 l_1 优于方案 l_2；

若 $\varDelta(\tilde{a}'_{1l_1})<\varDelta(\tilde{a}'_{1l_2})$，则方案 l_1 劣于方案 l_2。

(3) 若 $M(\tilde{a}'_{1l_1})<M(\tilde{a}'_{1l_2})$，则方案 l_2 优于方案 l_1。

综上所述，方法操作步骤如下：

(1) 收集社交网络中应急主题相关文本数据，通过文本处理、潜在语义挖掘、模糊关联规则挖掘和模糊认知图的数据处理方法，获得公众对突发事件属性偏好信息。

(2) 以公众属性偏好信息为依据，将专家给出的语言偏好信息转化为区间直觉模糊数的形式。

(3) 利用式(8-14)测度各决策专家的决策风险水平。

(4) 利用前述聚类算法，将大群体偏好矩阵进行聚类，然后利用式(8-15)计算得到各聚集的偏好矩阵 $\tilde{A}^{G^k}$ 。

(5) 利用式(8-14)得出聚集风险水平 R^{G^k} ，再利用式(8-16)得到聚集权重 U，接着利用式(8-17)计算得群体偏好矩阵 $\tilde{A}$ 。

(6) 将公众属性偏好信息作为属性权重 W，利用式(8-18)计算各备选方案的偏好值 $\tilde{A}'$ ，根据得分函数(8-19)和精确函数(8-20)的大小关系对备选方案进行排序。

8.1.8　案例分析

1. 案例背景

2015 年 8 月 12 日 23：00 左右，位于天津市滨海新区塘沽开发区第五大街与跃进路交叉口的一处集装箱码头发生火灾爆炸，并在极短的时间间隔内连续发生两次大爆炸，形成多个着火点，已有多名消防官兵在前期的救援行动中牺牲，且现场情况异常复杂，危险品仓库储存物质不明，不确定危险因素众多，加之现场道路全部阻断，有毒有害气体造成巨大威胁，这给救援活动带来了极大的挑战，若处置不当，不仅会污染天津市环境并给周边居民带来严重伤害，还会带来巨大的舆论压力。基于现场的复杂性和时间的紧迫性，天津市成立事故救援处置总指挥部，紧急召集 20 位各领域专家，成立专项应急决策小组，并给出如下三个应急方案：

a_1——暂缓扑灭，撤离消防救援队伍，派遣专业防化救援队查明危化品种类、数量及储存方式；

a_2——加大从周边地区调遣武警消防官兵进入火灾现场进行灭火及人员搜救，并派遣专业防化救援队查明危化品种类、数量及储存方式；

a_3——继续扑灭，并加大从周边地区调遣武警消防官兵进入火灾现场进行灭火及人员搜救。

2. 决策过程

1) 数据说明与属性确定

专家在给出偏好矩阵前，为减轻网络舆论压力，最大限度地考虑公众对该事件救援的关注重点，收集了事件发生后至 8 月 13 日 10 时新浪微博平台上网民发表的有关天津港火灾爆炸事件的评论文本信息，共 92734 条，利用自然语言处理常用工具 jieba 分词进行分词，去除停用词，统计应急相关词汇词频，构建每个文本中具有关键字频率的词-文档矩阵，以便进行潜在语义分析。

通过建立语义词库，即应急决策属性-关键词词库，如表 8-3 所示，分析每个文本的潜在语义，例如，文本关键词出现词“伤亡”、“死亡”等词，则属性“人员伤亡”为该文本关注的应急属性之一。本节选择“人员伤亡”、“财产损失”、“救援成本”、“环境污染控制”、“二次伤害控制”、“救援速度”、“救援效果”7个应急决策属性，并确定其对应词116个，选择包含上述属性相关关键词的评论文本，去除非属性相关关键词，并对同一文本的同属性词频率相加，获得部分词-文档矩阵，包含8617个文本，矩阵的一部分如表8-4所示，归一化频率处理后，使用MATLAB工具进行奇异值分解对其降维得正交矩阵 V。

表 8-3 应急决策属性-关键词词库

属性	对应词
人员伤亡(c_1)	伤亡、死亡、伤害、受伤、牺牲、身亡、尸体、失踪、失联、献身、伤兵、遇难、遇难者、伤口、残酷、死者、杀死、灭亡、伤员、遗体、埋葬、重伤、毁灭、死伤、生命、殉职、安危
财产损失(c_2)	损失、财产、摧毁、毁坏、受损、破坏
救援成本(c_3)	经费、成本、费用、耗费、损耗、资源、代价、尽可能
环境污染控制(c_4)	环境、污染、环保、垃圾、污水、废气、废渣、难闻、气味、笼罩、阴云、废液、废水、有毒、水源、泄漏、危害、检测、剧毒
二次伤害控制(c_5)	二次、再次、次生、多米诺、连锁、潜在、接连、防护、科学、连续、防护、评估、专业、保护、计划、继续、调查、分析、隐患、疏散、措施、防止、盲目
救援速度(c_6)	速度、时间、迅速、及时、来不及、时刻、抓紧、迟钝、缓慢、火速、迅猛、延缓、减慢、拖延、赶不上、不快、停滞、全速、快速、飞快、全力
救援效果(c_7)	控制、效果、效率、失控、成效、见效、有效、困难、无效、质疑、后果、质量

表 8-4 部分词-文档矩阵

属性	Text1	Text2	Text3	…	Text8617
c_1	1	0	1	…	4
c_2	2	0	0	…	0
c_3	0	1	2	…	0
c_4	0	0	3	…	0
c_5	0	2	0	…	1
c_6	1	2	0	…	0
c_7	0	0	1	…	1

2) 属性关系确定

将奇异值分解得到的矩阵 V 作为模糊关联规则挖掘的输入，以识别出各属性之间的关联关系与权重。列出模糊关联规则的部分输入如表8-5所示，矩阵 V 中的值为潜在语义分析得到的概念影响值，可以理解为每个文本隶属于某个属性的程度，即给出文本信息的公众对该属性的关注度。例如，Text3 隶属于属性 c_1 的概率为 0.102、隶属于属性 c_3 的概率为 0.132、隶属于属性 c_4 的概率为 0.259、隶属于属性 c_7 的概率为 0.062。

表 8-5　模糊关联规则的部分输入

	c_1	c_2	c_3	c_4	c_5	c_6	c_7
Text1	0.106	0.223	0	0	0	0.048	0
Text2	0	0	0.13	0	0.177	0.186	0
Text3	0.102	0	0.132	0.259	0	0	0.062
Text4	0	0.045	0	0	0.126	0	0
Text5	0.206	0	0	0	0.054	0.023	0
⋮	⋮	⋮	⋮	⋮	⋮	⋮	⋮
Text8617	0.186	0	0	0	0	0.048	0.061

运用利物浦大学计算机科学系开发的 Fuzzy Apriori-T 软件进行模糊关联规则挖掘[19]。选择最小支持度和最小置信度为 minsupp = 0.4、minconf = 0.22，使用支持度、置信度框架得出 21 个关联规则，各关联规则的置信度和作用度如表 8-6 所示。运用部分关联测试方法检测这 21 个规则，其中相对重要的规则 14 个，相对不重要的规则 7 个，表 8-6 中带*号的规则为非重要关系，不予考虑。

表 8-6　关联规则输出

规则	置信度	作用度	规则	置信度	作用度	规则	置信度	作用度
$c_6 \to c_1$	0.53	1.14	$c_3 \to c_1$*	0.39	0.92	$c_5 \to c_3$	0.32	1.16
$c_4 \to c_1$	0.51	1.42	$c_7 \to c_4$*	0.39	1.23	$c_6 \to c_5$*	0.3	0.88
$c_4 \to c_7$	0.49	1.05	$c_7 \to c_5$	0.37	0.87	$c_5 \to c_6$	0.31	1.32
$c_5 \to c_1$	0.47	1.24	$c_6 \to c_4$	0.36	1.13	$c_5 \to c_4$	0.27	0.89
$c_2 \to c_1$*	0.47	1.05	$c_3 \to c_1$*	0.36	0.79	$c_4 \to c_5$	0.24	1.09
$c_5 \to c_2$	0.41	1.21	$c_2 \to c_4$*	0.34	0.86	$c_1 \to c_2$	0.24	1.03
$c_4 \to c_3$*	0.42	1.33	$c_2 \to c_5$	0.32	0.98	$c_3 \to c_6$	0.22	0.87

3) 属性权重计算

如前面所述，模糊认知图概念间正负关系由作用度确定，若作用度大于 1，则为正；若作用度小于 1，则为负。由表 8-6 通过部分关联测试得出模糊认知图的连接矩阵，如表 8-7 所示。矩阵的值为规则的置信度，表示属性间的影响强度，例如，规则 $c_5 \to c_1$，作用度为 1.24，置信度为 0.47，因此属性 c_5 对属性 c_1 的影响强度为 0.47。对建立好的模糊认知图进行静态分析，可得各属性的中心度，具体结果如表 8-8 所示。

表 8-7　模糊认知图连接矩阵

属性	c_1	c_2	c_3	c_4	c_5	c_6	c_7
c_1		0.24					
c_2					−0.32		
c_3						−0.22	
c_4	0.51				0.24		0.49
c_5	0.47	0.41	0.32	−0.27		0.31	
c_6	0.53			0.36			
c_7					−0.37		

表 8-8　模糊认知图静态分析结果

属性	出度	入度	中心度
c_1	0.24	1.00	1.24
c_2	0.32	0.24	0.56
c_3	0.22	0	0.22
c_4	0.49	0.63	1.12
c_5	1.05	0.69	1.74
c_6	0.89	0.53	1.42
c_7	0.37	0.49	0.86

从表 8-8 中可以看出，公众对 c_2(财产损失)、c_3(救援成本)这两个属性的关注度相对较低；同时，在应急救援方案制订和实施过程中，人员的救助总是第一位，控制人员伤亡是总的出发点，以人员伤亡指标评估方案优劣可比性不高。故从公众属性关注度和人员救助首要角度出发，专家成员一致通过选择 c_4、c_5、c_6、c_7 作为本次应急决策的属性，利用式(8-12)得属性权重为 $W=[w_1, w_2, w_3, w_4]^{\mathrm{T}}=[w_{c4}, w_{c5}, w_{c6}, w_{c7}]^{\mathrm{T}}=[0.218, 0.339, 0.276, 0.167]^{\mathrm{T}}$。

4) 专家群体决策

参考公众的属性关注度并结合现场实况，各领域专家以语言变量形式给出偏好矩阵，偏好信息如表 8-9 所示。

表 8-9　专家偏好信息

专家	属性	a_1	a_2	a_3	专家	属性	a_1	a_2	a_3	专家	属性	a_1	a_2	a_3
1	c_4	G	MLG	VG	5	c_4	G	VG	F	9	c_4	G	MLG	G
	c_5	VG	G	MLB		c_5	G	F	G		c_5	VVG	VG	F
	c_6	EG	G	G		c_6	G	VG	MLG		c_6	G	G	MLG
	c_7	G	VG	G		c_7	VG	G	F		c_7	MLG	G	G
2	c_4	VG	VVB	G	6	c_4	F	F	VVG	10	c_4	G	G	F
	c_5	G	VVG	MLB		c_5	VG	F	F		c_5	VVG	B	VG
	c_6	VG	MLB	VB		c_6	F	G	G		c_6	G	MLG	G
	c_7	MLG	MLG	G		c_7	F	VG	G		c_7	G	G	MLG
3	c_4	VG	VG	MLG	7	c_4	G	VG	G	11	c_4	G	MLG	F
	c_5	EG	G	VG		c_5	EG	F	G		c_5	VG	G	VVG
	c_6	VG	G	G		c_6	G	VG	F		c_6	VG	G	MLG
	c_7	G	MLG	F		c_7	G	MLG	MLF		c_7	G	MLG	F
4	c_4	G	MLG	F	8	c_4	G	MLG	MLG	12	c_4	F	G	VVG
	c_5	MLG	G	VG		c_5	VG	F	G		c_5	G	MLG	MLB
	c_6	VVG	F	MLG		c_6	MLG	G	MLG		c_6	G	VVB	MLG
	c_7	G	MLG	F		c_7	G	VG	G		c_7	G	VG	B

续表

专家	属性	a_1	a_2	a_3	专家	属性	a_1	a_2	a_3	专家	属性	a_1	a_2	a_3
13	c_4	VVG	VG	F	16	c_4	VG	MLG	MLG	19	c_4	G	B	G
	c_5	VVG	G	VG		c_5	G	G	F		c_5	VVG	VG	G
	c_6	G	F	G		c_6	G	MLG	MLB		c_6	G	MLG	VB
	c_7	MLG	VG	G		c_7	MLG	VG	F		c_7	G	G	VG
14	c_4	G	G	G	17	c_4	G	VG	MLG	20	c_4	G	VG	MLG
	c_5	MLG	G	MLG		c_5	VG	G	F		c_5	EG	F	G
	c_6	G	VVG	MLG		c_6	G	MLG	VG		c_6	MLG	G	F
	c_7	F	MLB	VG		c_7	G	F	MLB		c_7	VG	F	MLG
15	c_4	MLG	G	G	18	c_4	G	F	G					
	c_5	G	VG	VVG		c_5	MLG	VG	F					
	c_6	G	MLG	MLG		c_6	EG	F	MLG					
	c_7	G	G	F		c_7	G	G	G					

首先根据语言变量与区间直觉模糊数对照表(表 8-1)，将专家给出的偏好信息转化为区间直觉模糊数，按照前述给出的决策者风险测度方法，取$\alpha=0.1$、$\beta=0.5$，对每个决策者做决策时的风险程度进行度量。然后根据前述给出的大群体成员聚类算法对大群体成员进行聚类，取$\gamma=0.8$[20]，利用区间直觉模糊数加权平均算子得出各聚集偏好信息，计算结果如表 8-10 所示。

表 8-10　大群体聚类结果

G^k	成员 (风险值)	$\tilde{A}^{G^k}$	聚集风险水平	聚集成员平均风险值	聚集一致性指标
G^1	$e_5(0.1869)$ $e_{15}(0.219)$ $e_{20}(0.2206)$	(([0.7017,0.7168],[0.2102,0.2151]) ,([0.3197,0.3391], [0.5476,0.5549]),([0.8325,0.8412],[0.1214,0.1536]); ([0.7175,0.7284],[0.2616,0.2918]) ,([0.6173,0.6279], [0.2784,0.2789]),([0.6173,0.6239], [0.3657,0.2875]); ([0.4325,0.4536],[0.5512,0.5621]) ,([0.6147,0.6289], [0.2713,0.3421]),([0.5838,0.5943],[0.3116,0.3241]); ([0.3926,0.4031],[0.4789,0.4894]) ,([0.5634,0.5672], [0.3280,0.3392]),([0.4523,0.4647],[0.4765,0.4849]);)	0.2043	0.2088	0.7241
G^2	$e_{11}(0.276)$ $e_{14}(0.2926)$ $e_{18}(0.3404)$ $e_{19}(0.3273)$	(([0.6871,0.698],[0.2213,0.2319]) ,([0.4922,0.5029], [0.3867,0.3976]),([0.6321,0.6423],[0.2645,0.2745]); ([0.6481,0.6590],[0.2352,0.2469]) ,([0.5486,0.5589], [0.3483,0.3587]),([0.1784,0.1885],[0.6708,0.6809]); ([0.8125,0.8149],[0.1243,0.1324]) ,([0.7134,0.7256], [0.2152,0.2279),([0.5256,0.5312],[0.4123,0.4256]); ([0.6536,0.6637],[0.2449,0.2534]) ,([0.7123,0.7214], [0.2348,0.2423]),([0.6536,0.6637],[0.2487,0.2598]);)	0.2987	0.303	0.8652
G^3	$e_1(0.4387)$ $e_2(0.3956)$ $e_6(0.4898)$ $e_7(0.4456)$ $e_{16}(0.4914)$	(([0.6580,0.6689],[0.2287,0.2401]) ,([0.5357,0.5469], [0.3654,0.3739]),([0.1513,0.1634],[0.6864,0.7063]); ([0.4419,0.4522],[0.4456,04674]) ,([0.5297,0.5332], [0.3740,0.3735]),([0.6962,0.7063],[0.1531,0.1631]); ([0.4419,0.4522],[0.4458,0.4557]) ,([0.0007,0.0071], [0.0002,0.0001]),([0.5229,0.5342],[0.3743,0.3876]); ([0.5213,0.5324],[0.3617,0.3731]) ,([0.6225,0.6328], [0.2765,0.2868]),([0.6614,0.6715],[0.1988,0.2134]);)	0.4316	0.4552	0.8329

续表

G^k	成员(风险值)	$\tilde{A}^{G^k}$	聚集风险水平	聚集成员平均风险值	聚集一致性指标
G^4	$e_3(0.7655)$ $e_4(0.7952)$ $e_8(0.6463)$ $e_9(0.7094)$ $e_{10}(0.7547)$ $e_{12}(0.6799)$ $e_{13}(0.6651)$ $e_{17}(0.8067)$	(([0.8754,0.8863],[0.1002,0.1184]) ,([0.5773,0.5877],[0.317,0.3276]),([0.8067,0.8184],[0.1324,0.1421]);([0.7216,0.7330],[0.2147,0.2243]) ,([0.4997,0.5107],[0.3627,0.3732]),([0.4645,0.475],[0.4086,0.418]);([0.5128,0.5232],[0.353,0.3633]) ,([0.6827,0.6947],[0.2123,0.2795]),([0.5768,0.5876],[0.3127,0.3243]);([0.5238,0.5346],[0.3557,0.367]) ,([0.7928,0.8043],[0.3116,0.3233]),(,[0.7247,0.7312],[0.2134,0.2213]);)	0.6783	0.7278	0.9204

5) 决策结果

为控制各聚集的决策风险，给高风险聚集分配低权重，低风险聚集分配高权重，根据聚集权重分配公式(8-16)，得 $W=[0.3333, 0.2938, 0.2381,0.1348]^{\mathrm{T}}$，利用式(8-17)得大群体偏好融合后的群体偏好矩阵为

$$\begin{aligned}\tilde{A}=(&([0.6923,0.6991],[0.1239,0.1267]),([0.6411,0.6548],[0.2134,0.2341]),\\&([0.5186,0.5293],[0.3668,0.3788]);([0.7149,0.7213],[0.1026,0.1078]),\\&([0.6923,0.7004],[0.2014,0.2045]),([0.5759,0.5877],[0.2991,0.3115]);\\&([0.6816,0.6907],[0.2145,0.2212]),([0.5803,0.5928],[0.2612,0.2744]),\\&([0.4981,0.5078],[0.3866,0.3974]);([0.6127,0.6816],[0.2139,0.2216]),\\&([0.6256,0.6324],[0.1298,0.1316]),([0.5247,0.5316],[0.2478,0.2603]))\end{aligned}$$

利用属性权重 $W=[0.218, 0.339, 0.276, 0.167]^{\mathrm{T}}$、$\tilde{A}$ 及式(8-18)得到整个决策的方案偏好值 $\tilde{A}'=(([0.6793,0.6824],[0.2214,0.2285]),([0.6042,0.6138],[0.2134,0.2206]),([0.5267,0.5329],[0.2216,0.2321]))$。利用式(8-19)计算方案的得分函数 $M(a_1)=0.9118$，$M(a_2)=0.784$，$M(a_3)=0.6059$。可知各方案的得分函数具有明显的区分度，因此不需要对其精确函数进行计算，根据得分函数的计算结果对方案进行排序，得 $M(a_1)>M(a_2)>M(a_3)$，故方案 a_1 为最佳方案，即暂缓扑灭，撤离消防救援队伍，派遣专业防化救援队查明危化品种类、数量及储存方式。

3. 结果分析和灵敏度分析

1) 结果分析

由表 8-10 可以发现，通过基于决策风险测度的成员聚类，聚集的风险水平值明显低于聚集成员的平均风险值，而且有聚集成员的平均风险水平越高，聚类后的聚集风险值降低越多的趋势，可以发现，基于决策风险测度的成员聚类越能够降低群体的决策风险水平；按照文献[21]方法，计算各聚集的一致性指标，各聚集

的一致性指标越高，基于决策风险的成员聚类越能够保证聚集的偏好一致性。

为验证本节方法的有效性，将本节方法的决策结果与文献[22]方法的结果进行比较，采用文献[22]的方法得到的方案排序结果为 $a_1 > a_3 > a_2$；可以看出，这两种方法都得出方案 a_1 为最佳选择方案，但方案 a_2 与方案 a_3 排序相反，造成这种结果的主要原因就是本节方法是在控制群体决策风险的基础上进行方案排序，且不影响最佳方案的选择。

2) 灵敏度分析

参数的变化不仅会影响决策成员决策风险水平，也会影响最终的决策结果，因此需要对本节所涉及的主要参数进行灵敏度分析。

(1) α 参数的选择。风险调节因子 α 主要作用为控制决策者个体决策能力的差异，从图 8-1 可以看出，在相同的不确定条件下，高失误水平决策者的决策风险要高于低失误水平的决策者，且失误水平越高，决策风险越高；而失误水平与多方面的因素有关，且存在个体差异性。如何准确度量每个决策者的失误水平还没有有效的方法，因此本节假设在重大突发事件的应急决策过程中，参与决策的群体组成成员在各自领域都具有较高的专业水平和决策能力，在时间压力下，都能够根据现场情况，保持较高的判断力及较低的失误水平，因此本节取 $\alpha = 0.1$。

(2) β 灵敏度分析。设定不同的主客观风险调节因子 β，分别取 $\beta = 0.3,0.5,0.7$，利用式(8-14)得出决策者的决策风险值如图 8-6 所示，从图中可以看出，决策者决策风险值的变化幅度不一，这与决策个体在决策过程中主客观因素导致的风险大小有关。当主客观因素导致的风险大小差值较大时，可以通过主客观风险调节因子降低高风险因素导致的决策风险；此种情况下，β 值的调整会引起较大的风险值波动，其波动幅度如图 8-7 所示，可以看出决策者 e_1、e_2、e_6、e_7、e_9、e_{10}、e_{12}、e_{15} 的决策风险值的变动较大，较大的决策风险值的变动，必定会导致群体聚类结果的变化，最终影响决策结果。仅当 β 值在一定范围内变动时才能保证聚类结果稳定，提高 β 的变化精度，通过式(8-14)计算可得结论：当 $\beta \in [0.473,0.521]$ 时，聚类结果保持不变，超出该范围都会导致聚类结果的变化，甚至产生完全相反的决策结果。

根据图 8-7 中 β 值的变化和决策风险值的上下浮动，能够判断出决策者在决策过程中决策风险主客观因素中的主导因素。当 $\beta_1 < \beta_2$ 时，即 β 值正向变化时，决策风险值增加，表示决策者决策风险的主导因素为主观因素，决策风险值减少时，表示决策者决策风险的主导因素为客观因素；相反，当 $\beta_1 > \beta_2$ 时，即 β 值负向变化时，决策风险值增加，表示决策者决策风险的主导因素为客观因素，决策风险值减少时，表示决策者决策风险的主导因素为主观因素。从图 8-7 中可得出决策者 e_1、e_2、e_4、e_6、e_7、e_8、e_{10}、e_{14}、e_{17} 的决策风险随着 β 值的变大而增加，故 e_1、e_2、e_4、e_6、e_7、e_8、e_{10}、e_{14}、e_{17} 决策风险的主导因素为主观因素；同理可以得出，决策者 e_3、e_5、e_9、e_{11}、e_{12}、e_{13}、e_{15}、e_{16}、e_{18}、e_{19}、e_{20} 决策风险的主导因素为客观因素，这可为精细化控制决策风险提供参考。

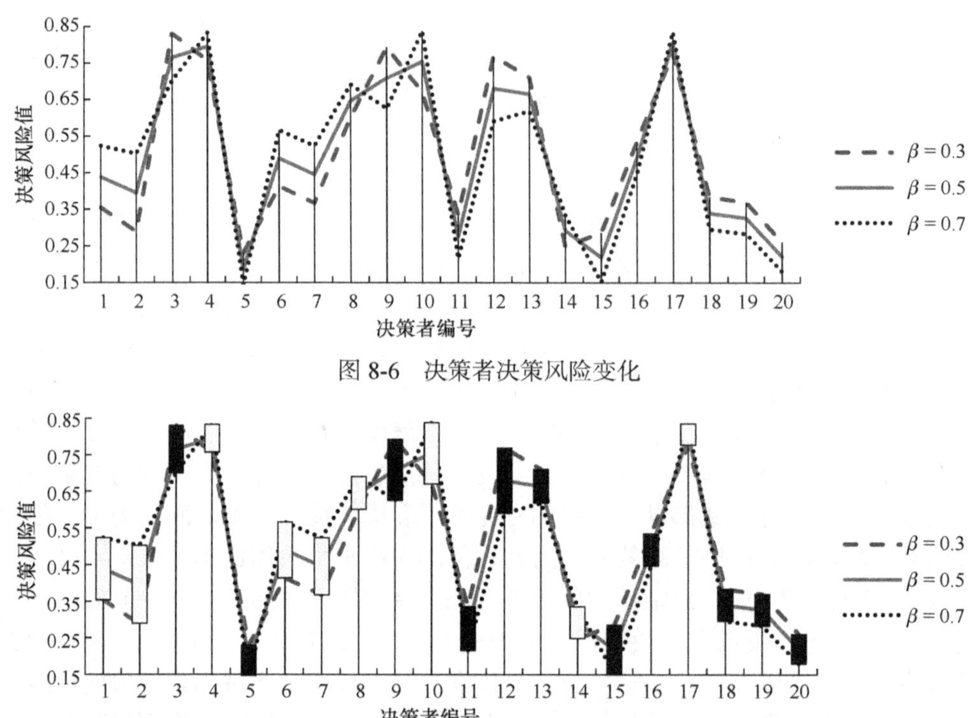

图 8-6　决策者决策风险变化

图 8-7　决策者决策风险波动幅度

8.1.9　研究结论

本节将文本分析、潜在语义分析、模糊关联规则挖掘与模糊认知图相结合，获取公众对重大突发事件应急决策方案属性的关注程度，并将其作为应急方案的属性权重，代替了传统人工或专家定义属性的过程，属性权重由大数据分析得出，解决了传统决策方案属性偏主观的问题；本节还针对利用信息熵测度程度性指标效果不佳的情况，给出程度性指标风险测度模型，并应用于大群体应急决策成员决策风险测度，基于决策风险测度的成员聚类，对决策成员给出决策时的犹豫风险、模糊风险和冲突风险有很好的控制效果，且能保证较高的群体一致性，通过天津火灾爆炸事件案例证明了该方法有效可行。

本研究也存在一定的局限性，如在潜在语义分析确定属性-关键词词库上很大程度还依赖于专家的词意理解归纳的全面性，语义理解的查全率还有很大的提升空间；在决策成员的决策风险测度方面，仅考虑决策者给出偏好信息的犹豫风险、模糊风险和冲突风险，而对其他方面的风险因素没有考虑，如决策成员间的合作、非合作博弈风险、非理性决策风险等，这些都是今后有待进一步深入研究的重点。

8.2　基于公众关注主题的复杂大群体风险性应急决策方法

本节针对大群体应急决策复杂风险偏好难以融合的问题，引入重大突发事件社会公众关注主题，提出一种基于非均衡语言 D 数的大群体决策复杂风险偏好融合方法。首先，利用词频-逆文档频率(term frequency and inverse document frequency，TF-IDF)算法对表达公众观点的微博大数据文本流进行关键词提取，分析公众关注主题并将其作为应急决策方案选择的依据；然后，利用决策风险系数最优离散拟合方法，将大群体决策专家分成 5 个不同类型的风险偏好聚集；最后，将 D 数理论引入包含决策风险偏好信息的非均衡语言环境中，设计 D 数扩展的非均衡语言偏好关系(D number extended unbalanced linguistic preference relation，D-ALPR)矩阵，用于大群体决策模糊及残缺型信息的处理以及复杂风险偏好的融合和决策方案排序。

8.2.1　方法基础

1. 关键词提取技术

重大突发事件爆发实时在微博平台形成热点话题，代表公众观点的微博文本极速增长形成大数据文本流。对每条博文进行关键词提取可了解公众对事件的关注主题。词频-逆文档频率是数据挖掘领域广泛使用的关键词提取技术[23]，通过考虑词频(term frequency，TF)与逆文档频率(inverse document frequency，IDF)确定关键词权重，评估词条在文档集合中的重要性。

对某重大突发事件，设相关的微博文本量为 m 的文本集合为 $D=\{d_1,d_2,\cdots,d_m\}$。对每一条博文进行分词、清洗、词性标注与实体词识别后，每个文本即 n 个实体词组成的集合，表示为 $d_i=\{\omega_{i1},\cdots,\omega_{ij},\cdots,\omega_{in}\}$，其中 ω_{ij} 为第 i 个文本中的第 j 个实体词，词条文本矩阵为

$$D_\omega=\begin{matrix} d_1 \\ \vdots \\ d_i \\ \vdots \\ d_m \end{matrix}\begin{bmatrix} \omega_{11} & \cdots & \omega_{1j} & \cdots & \omega_{1n} \\ \vdots & & \vdots & & \vdots \\ \omega_{i1} & \cdots & \omega_{ij} & \cdots & \omega_{in} \\ \vdots & & \vdots & & \vdots \\ \omega_{m1} & \cdots & \omega_{mj} & \cdots & \omega_{mn} \end{bmatrix}$$

定义 8-1　词频-逆文档频率关键词提取函数为

$$w(\omega,d,D)=\mathrm{tf}(\omega,d)\times\mathrm{idf}(\omega,D) \tag{8-21}$$

$$\mathrm{idf}(\omega,D)=\lg\left(\frac{N}{\mathrm{df}_{\omega}}\right) \tag{8-22}$$

词频 $\mathrm{tf}(\omega,d)$ 为词条 ω 在文本 d 中出现的频率；逆文档频率 $\mathrm{idf}(\omega,D)$ 表示只有少量文本包含的词条才更有区分度，更为重要；N 表示文本集合 D 中短文本总数；df_{ω} 表示文本集合中出现词条 ω 的文本数。

2. 广义非均衡语言集

重大突发事件应急决策问题的复杂不确定性与人类思维的模糊性使得决策专家倾向于采用语言变量定性表达决策信息。现有的语言模型多假设语义值对称均匀分布，而在实际决策问题中，非均衡语言信息能更好地刻画决策信息，具有更广阔的应用前景[24]。

定义 8-2　设 $S=\{s_t \mid t=-\mu,\cdots,-1,0,1,\cdots,\mu\}$ 为有限的下标对称的离散语言术语集，则广义非均衡语言集定义为[24]

$$U_{\mu}=\left\{\left\langle s_t,u_t\right\rangle \mid t=-\mu,\cdots,0,\cdots,\mu;u_t=g(t)\right\} \tag{8-23}$$

$$g(t)=(1+\mathrm{e}^{-\theta_1 t})^{-1}\times 1_{\{t|t\geqslant 0\}}+(1+\mathrm{e}^{-\theta_2 t})^{-1}\times 1_{\{t|t<0\}} \tag{8-24}$$

其中，μ 为正整数，$2\mu+1$ 为广义非均衡语言集的粒度；u_t 为语言术语 s_t 的语义值；θ_1 和 θ_2 为两个可变参数且 $\theta_1,\theta_2\geqslant 0$。当 $\theta_1\neq\theta_2$ 时，$g(t)$ 为非对称“S”型有界可微实函数，呈边际递减性，表示广义非均衡语言集 U_S 的语义函数；$g(t)\in[0,1]$，当 $t\geqslant 0$ 时，$g(t)\in[0.5,1]$，当 $t<0$ 时，$g(t)\in[0,0.5)$。

性质 8-1　广义非均衡语言集 U_S 满足以下两个性质：

(1) 若 $i\geqslant j$，则 $u_i\geqslant u_j$；

(2) 非对称“S”型语义函数中点 u_0=0.5 为中性语义评估值，其他语义值以 u_0 为中心，分别向“好”$(g(t)=(1+\mathrm{e}^{-\theta_1 t})^{-1}>0.5)$ 与“差”$(g(t)=(1+\mathrm{e}^{-\theta_2 t})^{-1}<0.5)$ 两个方向不对称不均匀延伸。

定义 8-3　设 $s_{\alpha},s_{\beta}\in\overline{S}$，$\overline{S}=\{s_{\alpha}|\alpha\in[-q,q]\}(q>\mu)$，定义如下运算法则：

$$s_{\alpha}\oplus s_{\beta}=s_{\alpha+\beta},\quad -s_{\alpha}=s_{-\alpha}$$

定义 8-4　θ_1 和 θ_2 分别为广义非均衡语言集 U_{μ} 中“好”与“差”两个方向的决策风险偏好参数，定义为风险偏好因子[25]。

本节引入最优离散拟合方法[25]获得 θ_1 和 θ_2。设 $S_1=\{s_1,\cdots,s_{\mu-1},s_{\mu}\}$ 和 $S_2=\{s_{-\mu},\cdots,s_{-2},s_{-1}\}$ 分别为广义非均衡语言集 U_{μ} 中“好”与“差”两个方向的语言术语，对

应的非对称“S”型语义函数为 $g_1(t)=(1+\mathrm{e}^{-\theta_1 t})^{-1}$ 与 $g_2(t)=(1+\mathrm{e}^{-\theta_2 t})^{-1}$。决策者对 S_1 与 S_2 中语言术语的语义值进行主观评估，$Z=\{z(t_\sigma),\cdots,z(t_\rho)\}(\sigma,\cdots,\rho\in[-\mu,\mu])$ 为主观评估值集合。Z 中至少存在两个元素 z_α,z_β，满足 $\alpha\in[1,\mu]$，$\beta\in[-\mu,-1]$。Z 中元素个数为 k，则 $k\in[2,2\mu+1]$。选择欧氏距离构建约束条件：

$$\min\{d_e(\theta_1,\theta_2,Z)\}=\min\{(|g(t_\sigma)-z(t_\sigma)|^2+\cdots+|g(t_\rho)-z(t_\rho)|^2)^{\frac{1}{2}}\} \tag{8-25}$$

解此非线性规划问题既可求得风险偏好因子 θ_1、θ_2。

性质 8-2　对广义非均衡语言集 $U_\mu=\{\langle s_t,u_t\rangle\,|\,t=-\mu,\cdots,0,\cdots,\mu\}$ 中同一语言术语 s_t 的语义，风险偏好型决策者倾向于给出较大的主观评估值，其非对称“S”型语义函数具有更明显的边际递减性，风险规避型决策者与之相反。因此

$$\theta_1^{\mathrm{SP}}>\theta_1^{\mathrm{GP}}>\theta_1^{\mathrm{N}}>\theta_1^{\mathrm{GA}}>\theta_1^{\mathrm{SA}},\quad \theta_2^{\mathrm{SP}}<\theta_2^{\mathrm{GP}}<\theta_2^{\mathrm{N}}<\theta_2^{\mathrm{GA}}<\theta_2^{\mathrm{SA}}$$

其中，上标 SP 代表较强的风险偏好，GP 代表一般的风险偏好，N 代表风险中性，GA 代表一般的风险规避，SA 代表较强的风险规避。当 θ_1 与 θ_2 逐步变化时，80%的可行域处于 $\theta_1=\theta_2=0.1$ 和 $\theta_1=\theta_2=3$ 之间，如图 8-8 所示。

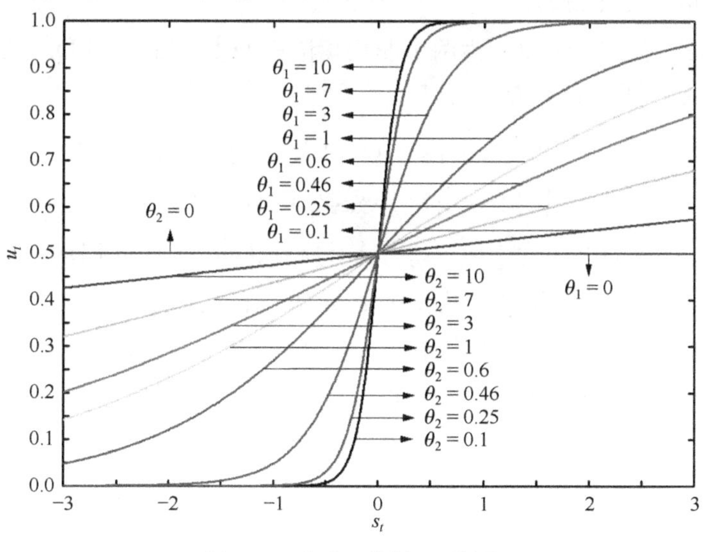

图 8-8　“S”型语义函数图

本节对此区域的风险偏好因子进行研究，依据风险偏好因子变化可对应急决策专家群体进行决策风险偏好类型的划分。

3. 非均衡语言 D 数

D 数理论是对证据理论的扩展，克服了 Dempster-Shafer(D-S)证据理论关于识

别框架中元素互斥与信息完备的强假设[26]。非均衡语言 D 数综合考虑非均衡语言集与 D 数理论在模糊及残缺信息表达中的优势，满足群体决策中对不同评价语言与信任程度的表达。

定义 8-5 设广义非均衡语言集 $\widetilde{U_\tau}=\{\langle s_a,u_a\rangle \mid a=-\tau,\cdots,0,\cdots,\tau;u_a=g(a)\}$ 对应的语言术语集为 $\tilde{S}=\{s_a|a\in[-\tau,\tau]\}$，非均衡语言 D 数定义为 $\mathrm{LD}:\tilde{S}\to[0,1]$，满足 $\sum_{s\subseteq\tilde{S}}\mathrm{LD}(s)\leqslant 1$ 且 $\mathrm{LD}(\varnothing)=0$，表示为 $\mathrm{LD}(\{s_a\})=v_a(a=-\tau,\cdots,0,\cdots,\tau)$，简记为

$$\mathrm{LD}=\{(s_{-\tau},v_{-\tau}),\cdots,(s_a,v_a),\cdots,(s_\tau,v_\tau)\} \tag{8-26}$$

利用式(8-24)将非均衡语言 D 数中语言术语转换为非对称“S”型语义值，记为

$$\widetilde{\mathrm{LD}}=\{(u_{-\tau},v_{-\tau}),\cdots,(u_a,v_a),\cdots,(u_\tau,v_\tau)\} \tag{8-27}$$

其中，v_a 表示对语言评价等级 s_a 的信任程度，满足 $v_a\geqslant 0$ 且 $\sum_{a=-\tau}^{\tau}v_a\leqslant 1$。若 $\sum_{a=-\tau}^{\tau}v_a<1$，则认为非均衡语言 D 数表达的信息是不完备的；若 $\sum_{a=-\tau}^{\tau}v_a=1$，则认为非均衡语言 D 数表达的信息是完备的。

定义 8-6 设 LD_1 和 LD_2 为两个非均衡语言 D 数，$\widetilde{\mathrm{LD}}_1$ 与 $\widetilde{\mathrm{LD}}_2$ 为其非对称“S”型语义函数值形式，表示为

$$\begin{aligned}\mathrm{LD}_1&=\{(s_{-\tau 1}^1,v_{-\tau 1}^1),\cdots,(s_a^1,v_a^1),\cdots,(s_{\tau 1}^1,v_{\tau 1}^1)\}\to\widetilde{\mathrm{LD}}_1\\&=\{(u_{-\tau 1}^1,v_{-\tau 1}^1),\cdots,(u_a^1,v_a^1),\cdots,(u_{\tau 1}^1,v_{\tau 1}^1)\}\\\mathrm{LD}_2&=\{(s_{-\tau 2}^2,v_{-\tau 2}^2),\cdots,(s_b^2,v_b^2),\cdots,(s_{\tau 2}^2,v_{\tau 2}^2)\}\to\widetilde{\mathrm{LD}}_2\\&=\{(u_{-\tau 2}^2,v_{-\tau 2}^2),\cdots,(u_b^2,v_b^2),\cdots,(u_{\tau 2}^2,v_{\tau 2}^2)\}\end{aligned}$$

依据 D 数融合公式[27]，非均衡语言 D 数的融合表示为 $\mathrm{LD}=\mathrm{LD}_1\oplus\mathrm{LD}_2$，其非对称“S”型语义值形式 $\widetilde{\mathrm{LD}}=\widetilde{\mathrm{LD}}_1\oplus\widetilde{\mathrm{LD}}_2$，定义为

$$\widetilde{\mathrm{LD}}(u)=v \tag{8-28}$$

其中

$$u=(u_a^1+u_b^2)/2 \tag{8-29}$$

$$v=\frac{\dfrac{v_a^1+v_b^2}{2}}{C} \tag{8-30}$$

$$C=\begin{cases}\sum_{b=-\tau2}^{\tau2}\sum_{a=-\tau1}^{\tau1}\left(\dfrac{v_a^1+v_b^2}{2}\right), & \sum_{a=-\tau1}^{\tau1}v_a^1=1\text{ 且 }\sum_{b=-\tau2}^{\tau2}v_b^2=1\\ \sum_{b=-\tau2}^{\tau2}\sum_{a=-\tau1}^{\tau1}\left(\dfrac{v_a^1+v_b^2}{2}\right)+\sum_{b=-\tau2}^{\tau2}\left(\dfrac{v_c^1+v_b^2}{2}\right), & \sum_{a=-\tau1}^{\tau1}v_a^1<1\text{ 且 }\sum_{b=-\tau2}^{\tau2}v_b^2=1\\ \sum_{b=-\tau2}^{\tau2}\sum_{a=-\tau1}^{\tau1}\left(\dfrac{v_a^1+v_b^2}{2}\right)+\sum_{a=-\tau1}^{\tau1}\left(\dfrac{v_a^1+v_c^2}{2}\right), & \sum_{a=-\tau1}^{\tau1}v_a^1=1\text{ 且 }\sum_{b=-\tau2}^{\tau2}v_b^2<1\\ \sum_{b=-\tau2}^{\tau2}\sum_{a=-\tau1}^{\tau1}\left(\dfrac{v_a^1+v_b^2}{2}\right)+\sum_{b=-\tau2}^{\tau2}\left(\dfrac{v_c^1+v_b^2}{2}\right)+\sum_{a=-\tau1}^{\tau1}\left(\dfrac{v_a^1+v_c^2}{2}\right)+\dfrac{v_c^1+v_c^2}{2}, & \sum_{a=-\tau1}^{\tau1}v_a^1<1\text{ 且 }\sum_{b=-\tau2}^{\tau2}v_b^2<1\end{cases} \tag{8-31}$$

定义 8-7　对于给定的非对称“S”型语义值表示的非均衡语言 D 数为

$$\widetilde{\mathrm{LD}}=\{(u_{-\tau},v_{-\tau}),\cdots,(u_a,v_a),\cdots,(u_\tau,v_\tau)\}$$

非均衡语言 D 数集成定义为

$$I(D)=\sum_{a=-\tau}^{\tau}u_a v_a \tag{8-32}$$

其中，$I(D)$ 为一个实数，表示非均衡语言 D 数形式进行集成后的值。

8.2.2　问题描述

设 $X=\{x_1,x_2,\cdots,x_P\}$ 和 $C=\{c_1,c_2,\cdots,c_N\}$ 分别表示方案集与准则集，且准则权重矢量为 $W=(w_1,w_2,\cdots,w_n)^{\mathrm{T}}(w_j\geqslant 0,\sum_{j=1}^{n}w_j=1)$；决策专家集 $E=\{e_1,e_2,\cdots,e_M\}$，其中 $M\geqslant 11$[19]；$S=\{s_t\,|\,t=-\mu,\cdots,-1,0,1,\cdots,\mu\}$ 为下标对称的离散语言术语集，满足若 $i>j$，则 $s_i>s_j$；$\overline{S}=\{s_\alpha|\alpha\in[-q,q]\}(q>\mu)$ 为 S 扩展后的连续语言术语集[28]。对语言术语集 $S=\{s_t\,|\,t=-\mu,\cdots,-1,0,1,\cdots,\mu\}$ 中的同一元素 s_t，决策者对其语义的主观评估值大小差异代表差异化的决策风险偏好，本节引入风险偏好因子 θ 并结合其决策风险偏好原理将决策专家大群体的复杂决策风险偏好(RP)程度分为 5 类：较强的风险偏好(SP)、一般的风险偏好(GP)、风险中性(N)、一般的风险规避(GA)、较强的风险规避(SA)[25]。本节要解决的问题是：在重大突发事件社交媒体大数据环境下，如何考虑公众对事件的关注主题，对含有复杂风险偏好的大群体应急决策信息进行融合，完成应急方案择优。

8.2.3　D 数扩展的非均衡语言偏好关系

传统模糊偏好关系允许专家以模糊信息给出偏好关系，但难以表达具有复杂偏好的群体决策信息。D 数扩展的非均衡语言偏好关系将非均衡语言 D 数引入传统模糊偏好关系中，满足了大群体决策专家对模糊及残缺信息的表达。

1. 广义非均衡语言偏好关系

决策者基于某一准则，用广义非均衡语言术语对方案集 $X=\{x_1,x_2,\cdots,x_P\}$ 进行比较，构建广义非均衡语言偏好关系。

定义 8-8 设 $S=\{s_t \mid t=-\mu,\cdots,-1,0,1,\cdots,\mu\}$ 为非均衡语言术语集，广义非均衡语言偏好关系矩阵定义为 $P_S=(s_{t_{ij}})_{p\times p}$，即

$$P_S=\begin{bmatrix} s_{t_{11}} & s_{t_{12}} & \cdots & s_{t_{1p}} \\ s_{t_{21}} & s_{t_{22}} & \cdots & s_{t_{2p}} \\ \vdots & \vdots & & \vdots \\ s_{t_{p1}} & s_{t_{p2}} & \cdots & s_{t_{pp}} \end{bmatrix}$$

$s_{t_{ij}} \in \{s_t\}$ 表示方案 x_i 优于 x_j 的偏好程度。

性质 8-3 对广义非均衡语言偏好关系矩阵 P_S 有

$$t_{ij}+t_{ji}=0, \quad t_{ii}=0$$

定理 8-1 广义非均衡语言偏好关系矩阵 $P_S=(s_{t_{ij}})_{p\times p}$ 满足加性一致性的条件为[25]

$$t_{ik}+t_{kj}=t_{ij} \tag{8-33}$$

其中，$i,j,k=1,2,\cdots,p$；$t_{ik},t_{kj},t_{ij}\in[-\mu,-\mu+1,\cdots,0,\cdots,\mu-1,\mu]$。

定理 8-2 广义非均衡语言偏好关系矩阵 $P_S=(s_{t_{ij}})_{p\times p}$ 满足加性一致性的式 (8-33)的等价形式为

$$t_{ik}+t_{kj}+t_{ji}=0, \quad \forall i,j,k \tag{8-34}$$

$$t_{i(i+1)}+t_{(i+1)(i+2)}+\cdots+t_{(j-1)j}+t_{ji}=0, \quad \forall i<j \tag{8-35}$$

证明 令 $p_{ij}=\dfrac{t_{ij}+\mu}{2\mu}$，由 $t_{ij}\in[-\mu,-\mu+1,\cdots,0,\cdots,\mu-1,\mu]$，则 $p_{ij}\in[0,1]$，$p_{ii}=0.5$，且 $p_{ij}=\dfrac{t_{ij}+\mu}{2\mu}=\dfrac{-t_{ji}+\mu}{2\mu}=1-p_{ji}\in[0,1]$。

因此，矩阵 $P=[p_{ij}]_{n\times n}$ 为模糊偏好关系矩阵，P 满足加性一致性判的两个等价条件为[29]

$$(p_{ik}-0.5)+(p_{kj}-0.5)=(p_{ij}-0.5), \quad \forall i,j,k$$

$$p_{i(i+1)}+p_{(i+1)(i+2)}+\cdots+p_{(j-1)j}+p_{ji}=\frac{j-i+1}{2}, \quad \forall i<j$$

因此

$$\frac{t_{ik}+\mu}{2\mu}+\frac{t_{kj}+\mu}{2\mu}+\frac{t_{ji}+\mu}{2\mu}=\frac{3}{2}$$

$$\frac{t_{i(i+1)}+t_{(i+1)(i+2)}+\cdots+t_{(j-1)j}+t_{ji}+(j-i+1)\ \mu}{2\mu}=\frac{j-i+1}{2}$$

即

$$t_{ik}+t_{kj}+t_{ji}=0,\quad \forall i,j,k$$

$$t_{i(i+1)}+t_{(i+1)(i+2)}+\cdots+t_{(j-1)j}+t_{ji}=0,\quad \forall i<j$$

证毕。

2. D 数扩展的非均衡语言偏好关系矩阵

D 数扩展的非均衡语言偏好关系矩阵将决策专家大群体的非均衡语言偏好关系信息表达在同一矩阵中，提供了一种简单有效表达群体决策信息的方法。

定义 8-9　大群体决策专家以非均衡语言 D 数的形式给出两两方案优劣比较的偏好信息，构建 D 数扩展的非均衡语言偏好关系矩阵为 $P_{\mathrm{LD}}=(\mathrm{LD}_{ij})_{p\times p}$，表示为

$$P_{\mathrm{LD}}=\begin{bmatrix} \mathrm{LD}_{11} & \mathrm{LD}_{12} & \cdots & \mathrm{LD}_{1p} \\ \mathrm{LD}_{21} & \mathrm{LD}_{22} & \cdots & \mathrm{LD}_{2p} \\ \vdots & \vdots & & \vdots \\ \mathrm{LD}_{p1} & \mathrm{LD}_{p2} & \cdots & \mathrm{LD}_{pp} \end{bmatrix}$$

其中，$\mathrm{LD}_{ij}=\{(s_{t_{ij}}^1,v_{ij}^1),(s_{t_{ij}}^2,v_{ij}^2),\cdots,(s_{t_{ij}}^h,v_{ij}^h),\cdots\}(\forall i,j\in\{1,2,\cdots,p\})$。$(s_{t_{ij}}^h,v_{ij}^h)$ 为非均衡语言 D 数 LD_{ij} 中第 h 个元素，其含义为：对方案 x_i 与 x_j 的比较，给出语言评价术语 $s_{t_{ij}}$ 的决策者数量所占比例为 v_{ij}，满足 $\sum_h v_{ij}^h\leqslant 1$ 且 $\mathrm{LD}_{ii}=\{s_0,1\}$。

定义 8-10　矩阵 P_{LD} 中 LD_{ij} 对称元素 LD_{ji} 定义为

$$\mathrm{LD}_{ji}=\neg\mathrm{LD}_{ij}=\{(-s_{t_{ij}}^1,v_{ij}^1),(-s_{t_{ij}}^2,v_{ij}^2),\cdots,(-s_{t_{ij}}^h,v_{ij}^h),\cdots\} \tag{8-36}$$

3. 满足一致性的 D 数扩展的非均衡语言偏好关系矩阵构建

根据广义非均衡语言偏好关系矩阵 $P_S=(s_{t_{ij}})_{p\times p}$ 满足加性一致性的等价条件(式(8-34)和式(8-35))，满足一致性的 D 数扩展的非均衡语言偏好关系矩阵构建步骤如下：

(1) 决策者对方案集 $X=\{x_1,x_2,\cdots,x_p\}$ 进行优劣比较，给出 $p-1$ 个比较结果，

非均衡语言 D 数集合表示为 $\{\mathrm{LD}_{12},\mathrm{LD}_{23},\cdots,\mathrm{LD}_{(p-1)p}\}$。

(2) 依据广义非均衡语言偏好关系矩阵 P_S 加性一致性等价条件，LD_{ji} 中的每一元素可由如下公式获得

$$s_{t_{ji}}^{h}=-(s_{t_{i(i+1)}}^{x}\oplus s_{t_{(i+1)(i+2)}}^{y}\oplus\cdots\oplus s_{t_{(j-1)j}}^{z}),\quad \forall(x,y,\cdots,z) \tag{8-37}$$

$$v_{ji}^{h}=v_{i(i+1)}^{x}\times v_{(i+1)(i+2)}^{y}\times\cdots\times v_{(j-1)j}^{z} \tag{8-38}$$

其中，$(s_{t_{i(i+1)}}^{x},v_{i(i+1)}^{x})$ 为 $\mathrm{LD}_{i(i+1)}$ 第 x 个元素，$(s_{t_{(i+1)(i+2)}}^{y},v_{(i+1)(i+2)}^{y})$ 为 $\mathrm{LD}_{(i+1)(i+2)}$ 第 y 个元素，…，$(s_{t_{(j-1)j}}^{z},v_{(j-1)j}^{z})$ 为 $\mathrm{LD}_{(j-1)j}$ 第 z 个元素。

(3) D 数扩展的非均衡语言偏好关系矩阵的其余元素由式(8-36)给出，即 $\mathrm{LD}_{ji}=\neg\mathrm{LD}_{ij}$，$\forall i,j\in\{1,2,\cdots,p\}$。

8.2.4 基于非均衡语言 D 数的大群体决策风险偏好融合与方案排序

设 $S=\{s_t\mid t=-m,\cdots,-1,0,1,\cdots,m\}$ 为有限的非均衡语言术语集，其对应的广义非均衡语言集为 $U_\mu=\{\langle s_t,u_t\rangle\mid t=-\mu,\cdots,0,\cdots,\mu;u_t=g(t)\}$，$u_t$ 为 s_t 的语义值。专家对 s_t 语义主观评估值的大小包含决策风险偏好，依据风险偏好因子对决策专家大群体进行风险偏好划分，并分别构建一致性的 D 数扩展的非均衡语言偏好关系矩阵。按照上述分析，给出融合专家群体差异化决策风险偏好的方案择优框架，具体步骤如图 8-9 所示。

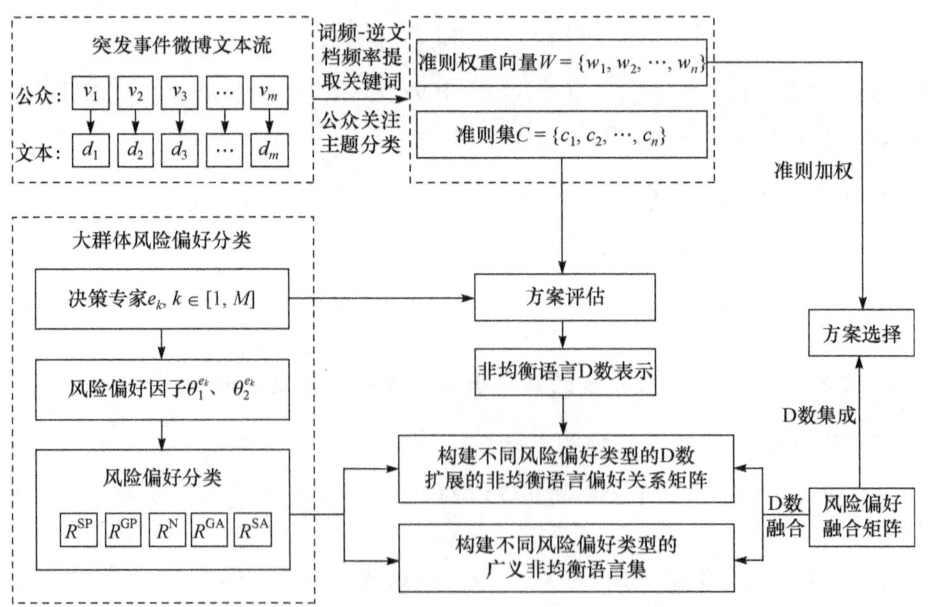

图 8-9 考虑重大突发事件公众关注主题的大群体应急决策复杂风险偏好融合框架

1. 求解风险偏好因子

决策者对非均衡语言术语集 S 中术语的语义值进行评估并给出主观评估值，利用式(8-25)最优离散拟合方法求得风险偏好因子 θ_1 与 θ_2。

2. 构建 5 种不同决策风险偏好类型的广义非均衡语言集

依据决策专家群体 θ_1 与 θ_2 的变化范围[25]，将决策专家 $E=\{e_1,e_2,\cdots,e_M\}$ ($M>11$[19])划分成 5 个不同类型的风险偏好聚集 $\{R^{\mathrm{SP}},R^{\mathrm{GP}},R^{\mathrm{N}},R^{\mathrm{GA}},R^{\mathrm{SA}}\}$，对每一风险偏好聚集 $R^{\varepsilon}(\varepsilon\in\{\mathrm{SP},\mathrm{GP},\mathrm{N},\mathrm{GA},\mathrm{SA}\})$ 构建广义非均衡语言集：

$$U_{\mu}^{\varepsilon}=\left\{\left\langle s_t,u_t^{\varepsilon}\right\rangle \mid t=-\mu,\cdots,0,\cdots,\mu;u_t^{\varepsilon}=g^{\varepsilon}(t)\right\} \tag{8-39}$$

其中

$$u_t^{\varepsilon}=g^{\varepsilon}(t)=(1+\mathrm{e}^{-\theta_1^{\varepsilon}t})^{-1}\times 1_{\{t|t\geqslant 0\}}+(1+\mathrm{e}^{-\theta_2^{\varepsilon}t})^{-1}\times 1_{\{t|<0\}}$$

定义 8-11　风险偏好聚集 R^{ε} 的聚集决策风险偏好系数定义为

$$\theta_1^{\varepsilon}=\frac{\sum\limits_{e_k\in R^{\varepsilon}}\theta_1^{e_k}}{n_{\varepsilon}} \tag{8-40}$$

$$\theta_2^{\varepsilon}=\frac{\sum\limits_{e_k\in R^{\varepsilon}}\theta_2^{e_k}}{n_{\varepsilon}} \tag{8-41}$$

其中，$\theta_1^{e_k}$ 与 $\theta_2^{e_k}$ 表示第 k 个专家的风险偏好因子，$k=1,2,\cdots,M$；n_{ε} 为聚集 R^{ε} 的决策成员数。

3. 决策专家分别针对 n 个评估准则评估 p 个备选方案

针对准则 $c_{\lambda}(\lambda=1,2,\cdots,n)$，决策成员用 S 中的语言术语对方案集 $X=\{x_1,x_2,\cdots,x_p\}$ 进行评估，给出 $n-1$ 个比较结果为 $S^{\lambda}=(s_{t_{12}}^{\lambda},s_{t_{23}}^{\lambda},\cdots,s_{t_{(p-1)p}}^{\lambda})$，聚集 R^{ε} 中决策专家群体以非均衡语言 D 数集合形式表示方案比较结果为 $\mathrm{LD}^{\lambda\text{-}\varepsilon}=\{\mathrm{LD}_{12}^{\lambda\text{-}\varepsilon},\mathrm{LD}_{23}^{\lambda\text{-}\varepsilon},\cdots,\mathrm{LD}_{(p-1)p}^{\lambda\text{-}\varepsilon}\}$。

4. 构建 5 种不同决策风险偏好类型的一致性 D 数扩展的非均衡语言偏好关系矩阵

利用式(8-36)～式(8-38)，将聚集 R^{ε} 中非均衡语言 D 数集合 $\mathrm{LD}^{\lambda\text{-}\varepsilon}$ 构建为满足一致性的 D 数扩展的非均衡语言偏好关系矩阵 $P_{\mathrm{LD}}^{\lambda\text{-}\varepsilon}$，表示为

$$P_{\text{LD}}^{\lambda\text{-}\varepsilon}=\begin{bmatrix}\text{LD}_{11}^{\lambda\text{-}\varepsilon} & \text{LD}_{12}^{\lambda\text{-}\varepsilon} & \cdots & \text{LD}_{1p}^{\lambda\text{-}\varepsilon}\\ \text{LD}_{21}^{\lambda\text{-}\varepsilon} & \text{LD}_{22}^{\lambda\text{-}\varepsilon} & \cdots & \text{LD}_{2p}^{\lambda\text{-}\varepsilon}\\ \vdots & \vdots & & \vdots\\ \text{LD}_{p1}^{\lambda\text{-}\varepsilon} & \text{LD}_{p2}^{\lambda\text{-}\varepsilon} & \cdots & \text{LD}_{pp}^{\lambda\text{-}\varepsilon}\end{bmatrix} \tag{8-42}$$

其中，$\text{LD}_{ij}^{\lambda\text{-}\varepsilon}=\{(s_{t_{ij}}^1,v_{ij}^1),(s_{t_{ij}}^2,v_{ij}^2),\cdots,(s_{t_{ij}}^h,v_{ij}^h),\cdots\}$，$\forall i,j\in\{1,2,\cdots,p\}$，$\lambda=1,2,\cdots,n$；$P_{\text{LD}}^{\lambda\text{-}\varepsilon}$ 为含有风险偏好信息的 D 数扩展的非均衡语言偏好关系矩阵，$P_{\text{LD}}^{\lambda\text{-}\varepsilon}\in\{P_{\widetilde{\text{LD}}}^{\lambda\text{-SP}},P_{\widetilde{\text{LD}}}^{\lambda\text{-GP}},P_{\widetilde{\text{LD}}}^{\lambda\text{-N}},P_{\widetilde{\text{LD}}}^{\lambda\text{-GA}},P_{\widetilde{\text{LD}}}^{\lambda\text{-SA}}\}$。

5. 将非均衡语言 D 数中的语言术语转换为非对称“S”型语义值

利用式(8-39)～式(8-41)，将 $P_{\text{LD}}^{\lambda\text{-}\varepsilon}$ 矩阵中非均衡语言 D 数中的语言术语 $s_{t_{ij}}$ 转化成非对称“S”型语义函数值 u_t，D 数扩展的非均衡语言偏好关系矩阵 $P_{\text{LD}}^{\lambda\text{-}\varepsilon}=[\text{LD}_{ij}^{\lambda\text{-}\varepsilon}]_{p\times p}$ 转化为 $P_{\widetilde{\text{LD}}}^{\lambda\text{-}\varepsilon}=[\widetilde{\text{LD}}_{ij}^{\lambda\text{-}\varepsilon}]_{p\times p}$。矩阵中元素表示为 $\widetilde{\text{LD}}_{ij}^{\lambda\text{-}\varepsilon}=\{(u_{t_{ij}}^1,v_{ij}^1),(u_{t_{ij}}^2,v_{ij}^2),\cdots,(u_{t_{ij}}^h,v_{ij}^h),\cdots\}$。

6. 对大群体复杂决策风险偏好进行非均衡语言 D 数融合

使用式(8-28)～式(8-31)，将含有 5 类不同风险偏好信息且经过非对称“S”型语义值转化后的 D 数扩展的非均衡语言偏好关系矩阵 $\{P_{\widetilde{\text{LD}}}^{\lambda\text{-SP}},P_{\widetilde{\text{LD}}}^{\lambda\text{-GP}},P_{\widetilde{\text{LD}}}^{\lambda\text{-N}},P_{\widetilde{\text{LD}}}^{\lambda\text{-GA}},P_{\widetilde{\text{LD}}}^{\lambda\text{-SA}}\}$ 进行非均衡语言 D 数融合：

$$\widetilde{\text{LD}}_{ij}^{\lambda}=\widetilde{\text{LD}}_{ij}^{\lambda\text{-SP}}\oplus\widetilde{\text{LD}}_{ij}^{\lambda\text{-GP}}\oplus\widetilde{\text{LD}}_{ij}^{\lambda\text{-N}}\oplus\widetilde{\text{LD}}_{ij}^{\lambda\text{-GA}}\oplus\widetilde{\text{LD}}_{ij}^{\lambda\text{-SA}} \tag{8-43}$$

形成基于准则 c_λ 的复杂决策风险偏好 D 数融合矩阵 $P_D^\lambda=[\widetilde{\text{LD}}_{ij}^{\lambda}]_{p\times p}$。

进一步使用 D 数集成公式(8-32)，将矩阵 P_{LD}^λ 中的每一元素 $\widetilde{\text{LD}}_{ij}^{\lambda}$ 进行 D 数集成，形成矩阵 $P_{\text{ID}}^\lambda=[\text{ID}_{ij}^\lambda]_{p\times p}$。

7. 准则集成

基于准则权重向量 $W=(w_1,w_2,\cdots,w_n)^{\text{T}}$，将 $P_{\text{ID}}^\lambda=[\text{ID}_{ij}^\lambda]_{p\times p}$ 进行准则集成，形成矩阵 $P_{\text{ID}}=[\text{ID}_{ij}]_{p\times p}(i,j=1,2,\cdots,p;\lambda=1,2,\cdots,n)$。其中

$$\text{ID}_{ij}=\sum_{\lambda=1}^{n}\text{ID}_{ij}^{\lambda}w_\lambda \tag{8-44}$$

w_λ 为准则 c_λ 权重，$w_\lambda \geqslant 0$ 且 $\sum_{\lambda=1}^{n} w_\lambda = 1$。

8. 应急决策方案排序

对矩阵 $P_{\mathrm{ID}} = [\mathrm{ID}_{ij}]_{p\times p}\ (i, j=1,2,\cdots,p)$ 第 i 行偏好值进行求和融合，获得融合偏好值 ID_i，依据 ID_i 对备选方案集 $X=\{x_1,x_2,\cdots,x_p\}$ 进行排序，得最优应急决策方案。

8.2.5　案例分析与方法对比

1. 案例分析

以“8 · 12”天津滨海新区爆炸事故为例对本节提出方法的可行性进行验证分析。2015 年 8 月 12 日 23 时 34 分 06 秒，天津滨海新区瑞海公司所属的危险品仓库发生爆炸，现场火光冲天，高数十米的灰白色蘑菇云瞬间腾起，30 秒后发生更为剧烈的爆炸，相当于 21 吨三硝基甲苯(TNT)。因无法确定具体爆炸物种类、位置与储存方式，距离爆炸 8 小时后，大火仍未完全扑灭，现场彩色气体溢出，味道刺鼻。此次特大突发事件定性为重大生产安全责任事故，不仅造成了巨大的人员财产伤亡，也对周边环境与居民生活产生了严重负面影响。鉴于此次爆炸事件的紧迫性，天津应急决策指挥中心迅速成立，并下设 5 个工作组，分别为事故现场处置组、伤员救治组、保障维稳群众工作组、信息发布组和事故原因调查组。按照指挥中心要求，需组织全力控制爆炸火势，科学施救，抓紧组织精干力量全力救治受伤人员。同时，应急决策指挥中心根据已有的预案内容，结合现场实际情况，紧急召集由消防、化工、环保等 110 位各领域专家组成的决策专家大群体 $E=\{e_1,e_2,\cdots,e_{110}\}$，对火灾现场进行综合评估，并迅速制订了如下 4 个应急备选方案。

x_1: 为了避免不明危险物的二次爆炸，暂缓大规模灭火，调派防化团、核生化应急救援队深入现场搜救并对燃烧物取样，根据燃烧物成分选取不同灭火办法；调取附近街道监控视频，勘测周边环境；由空气质量地理信息系统(geographic information system，GIS)发布平台实时监测滨海新区 5 个监测点的空气质量指数，所有污水、雨水外排口用水泥封堵，区域内废水用油罐车收集后送至危险废物处理机构。

x_2: 为了避免不明危险物的二次爆炸，暂缓大规模灭火，调派防化团深入现场搜救，勘测隐患起火点，进行沙土掩埋或化学品中和；调派无人机绘制爆炸现场 360 度全景图；事故现场增设应急监测点监测空气质量，对事故区域砌墙分围，区域内的所有污水、雨水外排口用水泥封堵，用水泵将污水抽进废水处理厂。

x_3: 从北京、河北增派消防员协助天津消防总队控制火势，对着火区域冷却隔离，网格式搜救被困伤员；调派无人机绘制爆炸现场 360 度全景图，并详细勘测隐患起火点；对事故现场增设应急监测点监测空气质量，对事故区域内的所有污水、雨水外排口用水泥封堵，并在事故区域引入新设置的应急废水处理装置。

x_4: 由天津消防总队进入火场外围区域进行全力灭火，网格式搜救被困伤员；调取附近街道监控视频，勘测周边环境；对事故现场增设应急监测点监测空气质量，事故区域内的所有污水、雨水外排口用水泥封堵，区域内废水用油罐车收集后进行含氰废水预处理后送至污水处理厂。

在方案评估过程中需预先制定评估准则，为做出公众满意的最优决策，本节将社会公众对此次爆炸事件的关注主题纳入方案评估准则中。通过观察发现，当微博针对“8 · 12”天津滨海新区爆炸特大突发事件形成热点话题时文本数量会极速增长，具有代表该文本观点的关键词也会重复出现，且短时间内高频增长。本节使用 8 月 12 日 23 时至 13 日 12 时捕获的 86580 条新浪微博原文及评论文本数据，作为获取关键词的原始数据。使用 Python 自然语言处理包对每个新浪微博文本进行分词、清洗、词性标注与实体词识别预处理后，对实体词进行词频-逆文档频率计算，选定词频-逆文档频率权值前五的词条作为该博文的关键词。如某条微博短文本“他们又何尝不畏惧，可是责任与使命让他们毅然决然地冲进去!! 向他们致敬”经关键词提取后表示为{冲进去；致敬；畏惧；使命；责任}。全部样本经关键词提取后，由 Wordcloud 生成词云图如图 8-10 所示。

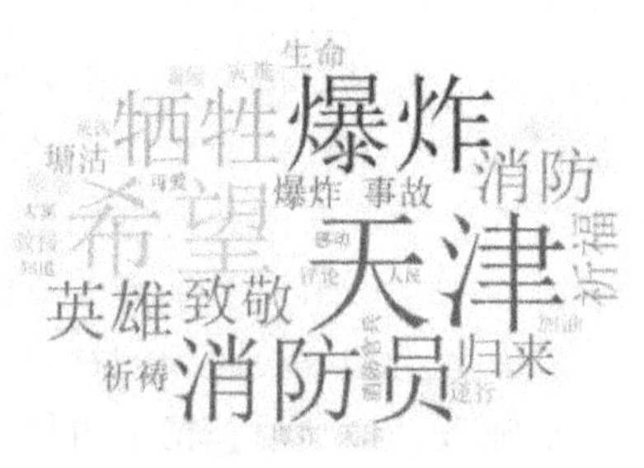

图 8-10　“8 · 12”天津滨海新区爆炸微博词云图

本研究选取 500 个词频-逆文档频率值最高的词条作为大数据文本流关键词。分析发现 500 个关键词中存在一些与爆炸事件毫无关联的词条，如“原创”、“晚安”、“漫画”、“电影”等；此外，一些词条无法确定社会公众对该事件的关注主题，如“天津”、“爆炸”、“灾难”、“事件”等；为了后续分析，将此部分词条删除。将余下的 237 个关键词词条进行主题分类，可将此次灾害事件公众关注主题概括为 6 类：人员伤亡、应急救援、突发事件原因调查与问责、灾害现场及周边环境监测、环境污染与衍生灾害控制、事件跟踪与公众情感表达。其中，公众情感表达主要包括“祈祷”、“致敬”、“加油”、“英雄”等关键词 74 个；事件跟踪包含“直播”、“媒体”、“发布会”、“采访”、“辟谣”等关键词 31 个。公众情感表达与灾害事件跟踪虽在微博文本中较多涉及，但不宜作为专家对重大突发事件应急方案评估的考量因素，因此本节不将其作为方案评估准则处理；又因实施应急救援活动的首要目标与根本原则是减少人员伤亡，故将公众关注主题人员伤亡与应急救援进行主题合并，表示准则人员伤亡控制。基于以上分析，考虑重大突发事件公众关注主题的应急方案评估准则及其对应关键词(共计 132 个)如表 8-11 所示，将准则对应关键词的词频-逆文档频率权值求和后进行归一化处理作为准则权重。

表 8-11　应急方案评估准则及其关键词对应表

方案评估准则	对应关键词	词条数目	权值
人员伤亡控制 c_1	死伤、尸体、受伤、失踪、伤亡人数、失联、逝者、遇难、拯救、灭火、防化、搜救、救援、救人、医护人员等	58	0.44
原因调查与问责 c_2	爆炸点、核实、严查、追究、责任人、质疑、问责、说法、事实、存放、隐瞒、追责等	29	0.22
现场及周边环境监测 c_3	航拍、火海、码头、大火、生活、火情、场面、火海、事故现场、废墟、炸成、居民区等	28	0.21
环境污染与衍生灾害控制 c_4	泄漏、隔离带、危险物品、口罩、氰化物、氰化钠、剧毒、污染、化学品等	17	0.13

确定方案准则及其权值后，专家组分别针对每一准则使用粒度为 7 的非均衡评估术语 $S=\{s_{-3}=\mathrm{VP}, s_{-2}=\mathrm{P}, s_{-1}=\mathrm{SP}, s_0=\mathrm{F}, s_1=\mathrm{SG}, s_2=\mathrm{G}, s_3=\mathrm{VG}\}$ 进行方案评估，下面给出运用前文提出的方法的部分计算过程和结果。

(1) 110 位应急决策专家对非均衡语言术语集 S 中术语的语义给出主观评估值，由最优离散拟合方法求得每位决策者风险偏好因子 θ_1、θ_2。

决策者 e_1 对 S 中的术语给出的评估值为 $Z=\{z(t_{-2})=0.4, z(t_2)=0.9, z(t_3)=1.0\}$，表现出较强的风险偏好。由式(8-25)求得风险偏好因子 $\theta_1^{e_1}=1.1845$，$\theta_2^{e_1}=0.2027$。重复上述步骤，求得应急决策专家大群体的风险偏好因子。

(2) 依据风险偏好因子对决策专家大群体进行决策风险偏好划分，构建 5 种不同决策风险偏好类型的广义非均衡语言集。

对决策专家大群体的风险偏好因子 θ_1 与 θ_2 绘制散点图如图 8-11 所示，根据风险偏好因子的分布范围变化情况，结合决策者对 S 中语言术语的语义实际给出主观评估值的大小，将 110 位决策专家划分为 5 种不同类型的决策风险偏好，即 $\{\mathrm{SP}, \mathrm{GP}, \mathrm{N}, \mathrm{GA}, \mathrm{SA}\}$。由式(8-20)和式(8-21)求得 5 类不同风险偏好聚集的风险偏好因子，具体结果如表 8-12 所示。依据 θ_1^{ε} 与 θ_2^{ε} ($\varepsilon \in \{\mathrm{SP}, \mathrm{GP}, \mathrm{N}, \mathrm{GA}, \mathrm{SA}\}$)，利用式(8-39)构建 5 类不同风险偏好类型的广义非均衡语言集 U_3，如表 8-13 所示。根据 5 类不同风险偏好类型的风险偏好因子 θ_1 与 θ_2，绘制非对称“S”型语义函数如图 8-12 所示。由表 8-13 和图 8-12 可以看出，对语言集 S 中的同一语言术语，风险偏好型决策者具有更大的非对称语义值，其边际递减效应更为明显。

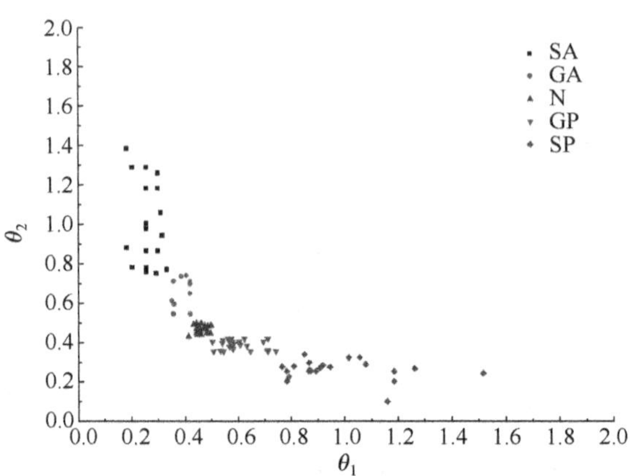

图 8-11 5 类风险偏好决策者散点图

表 8-12 风险偏好分类结果

风险偏好聚集 R^{ε}	θ_1 区间	θ_2 区间	成员数 n_{ε}	θ_1^{ε}	θ_2^{ε}
R^{SP}	[0.1,0.35]	(0.75,3]	23	1.0592	0.2562
R^{GP}	(0.35,0.42]	(0.5,0.75]	27	0.5967	0.3899
R^{N}	(0.42,0.5]	(0.42,0.5]	28	0.4625	0.4668
R^{GA}	(0.5,0.75]	(0.35,0.42]	12	0.3942	0.6359
R^{SA}	(0.75,3]	[0.1,0.35]	20	0.2551	1.1167

表 8-13 5 类不同风险偏好类型的广义非均衡语言集

风险偏好类型	广义非均衡语言集 U_3
SP	$\{\langle s_{-3},0.3167\rangle,\langle s_{-2},0.3746\rangle,\langle s_{-1},0.4363\rangle,\langle s_0,0.5\rangle,\langle s_1,0.7425\rangle,\langle s_2,0.8927\rangle,\langle s_3,0.9600\rangle\}$
GP	$\{\langle s_{-3},0.2369\rangle,\langle s_{-2},0.3144\rangle,\langle s_{-1},0.4037\rangle,\langle s_0,0.5\rangle,\langle s_1,0.6449\rangle,\langle s_2,0.7673\rangle,\langle s_3,0.8569\rangle\}$
N	$\{\langle s_{-3},0.1978\rangle,\langle s_{-2},0.2822\rangle,\langle s_{-1},0.3854\rangle,\langle s_0,0.5\rangle,\langle s_1,0.6136\rangle,\langle s_2,0.7161\rangle,\langle s_3,0.8002\rangle\}$
GA	$\{\langle s_{-3},0.1292\rangle,\langle s_{-2},0.2189\rangle,\langle s_{-1},0.3462\rangle,\langle s_0,0.5\rangle,\langle s_1,0.5973\rangle,\langle s_2,0.6875\rangle,\langle s_3,0.7654\rangle\}$
SA	$\{\langle s_{-3},0.0339\rangle,\langle s_{-2},0.0968\rangle,\langle s_{-1},0.2466\rangle,\langle s_0,0.5\rangle,\langle s_1,0.5634\rangle,\langle s_2,0.6249\rangle,\langle s_3,0.6825\rangle\}$

(3) 5 种不同类型决策风险偏好专家分别针对 4 个评估准则(c_1,c_2,c_3,c_4)，从非均衡语言术语集 S 中选择合适的语言变量对应急方案(x_1,x_2,x_3,x_4)进行评估，给出语言信息比较结果 $S^{\lambda}=\{s_{t_{12}}^{\lambda},s_{t_{23}}^{\lambda},s_{t_{34}}^{\lambda}\}(\lambda=1,2,3,4)$，表示成非均衡语言 D 数形式如表 8-14 所示。

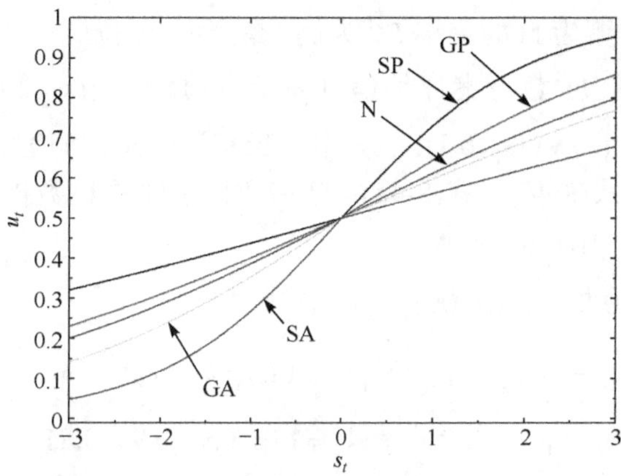

图 8-12　5 类风险偏好非对称“S”型语义函数

表 8-14　各风险偏好决策群体聚集的非均衡语言 D 数偏好信息

	c_1	c_2	c_3	c_4
SP	$LD_{12}^1=\{(G,0.5),(VG,0.4)\}$	$LD_{12}^2=\{(SP,0.9)\}$	$LD_{12}^3=\{(SP,0.8),(P,0.2)\}$	$LD_{12}^4=\{(SP,0.8),(SG,0.2)\}$
	$LD_{23}^1=\{(G,1.0)\}$	$LD_{23}^2=\{(SP,0.5),(P,0.5)\}$	$LD_{23}^3=\{(SG,0.9)\}$	$LD_{23}^4=\{(SP,0.9)\}$
	$LD_{34}^1=\{(VG,0.8)\}$	$LD_{34}^2=\{(SG,1.0)\}$	$LD_{34}^3=\{(G,1.0)\}$	$LD_{34}^4=\{(SP,1.0)\}$
GP	$LD_{12}^1=\{(SG,0.6),(G,0.4)\}$	$LD_{12}^2=\{(P,1.0)\}$	$LD_{12}^3=\{(VP,0.9),(P,0.1)\}$	$LD_{12}^4=\{(SG,1.0)\}$
	$LD_{23}^1=\{(G,1.0)\}$	$LD_{23}^2=\{(SP,1.0)\}$	$LD_{23}^3=\{(G,0.9)\}$	$LD_{23}^4=\{(SP,1.0)\}$
	$LD_{34}^1=\{(SG,0.9)\}$	$LD_{34}^2=\{(SG,1.0)\}$	$LD_{34}^3=\{(SG,1.0)\}$	$LD_{34}^4=\{(SG,0.9)\}$
N	$LD_{12}^1=\{(SG,0.9)\}$	$LD_{12}^2=\{(P,0.6),(SP,0.4)\}$	$LD_{12}^3=\{(P,1.0)\}$	$LD_{12}^4=\{(SG,0.9)\}$
	$LD_{23}^1=\{(G,1.0)\}$	$LD_{23}^2=\{(P,0.9)\}$	$LD_{23}^3=\{(G,0.9)\}$	$LD_{23}^4=\{(SP,0.7),(SG,0.3)\}$
	$LD_{34}^1=\{(G,0.7),(VG,0.2)\}$	$LD_{34}^2=\{(G,1.0)\}$	$LD_{34}^3=\{(SG,0.9),(G,0.1)\}$	$LD_{34}^4=\{(SP,1)\}$
GA	$LD_{12}^1=\{(SG,1.0)\}$	$LD_{12}^2=\{(SP,0.9),(P,0.1)\}$	$LD_{12}^3=\{(VP,1.0)\}$	$LD_{12}^4=\{(SP,0.7),(SG,0.3)\}$
	$LD_{23}^1=\{(SG,1.0)\}$	$LD_{23}^2=\{(SP,1.0)\}$	$LD_{23}^3=\{(SG,0.6),(G,0.4)\}$	$LD_{23}^4=\{(SP,1.0)\}$
	$LD_{34}^1=\{(G,1.0)\}$	$LD_{34}^2=\{(G,0.9)\}$	$LD_{34}^3=\{(G,1.0)\}$	$LD_{34}^4=\{(SG,1.0)\}$
SA	$LD_{12}^1=\{(SG,0.9),(G,0.1)\}$	$LD_{12}^2=\{(SP,0.82),(P,0.18)\}$	$LD_{12}^3=\{(P,1.0)\}$	$LD_{12}^4=\{(SP,0.9)\}$
	$LD_{23}^1=\{(G,1.0)\}$	$LD_{23}^2=\{(SP,1.0)\}$	$LD_{23}^3=\{(G,0.9)\}$	$LD_{23}^4=\{(SP,0.5),(SG,0.5)\}$
	$LD_{34}^1=\{(SG,1.0)\}$	$LD_{34}^2=\{(VG,1.0)\}$	$LD_{34}^3=\{(G,1.0)\}$	$LD_{34}^4=\{(SG,0.9)\}$

(4) 构建 5 种不同决策风险偏好类型的一致性 D 数扩展的非均衡语言偏好关系矩阵。

以风险偏好类型为 N 的聚集 R^{N} 为例，聚集内 28 位应急决策专家，对准则 c_3 给出的非均衡语言 D 数方案评估信息表示为 $\mathrm{LD}_{12}^{3\text{-N}}=\{(s_{-2},1.0)\}$ 、 $\mathrm{LD}_{23}^{3\text{-N}}=\{(s_2,0.9)\}$ 、 $\mathrm{LD}_{34}^{3\text{-N}}=\{(s_1,0.9),(s_2,0.1)\}$ 。其中， $\mathrm{LD}_{23}^{3\text{-N}}$ 为不完备信息、 $\mathrm{LD}_{34}^{3\text{-N}}$ 为不确定不完全信息。运用式(8-46)～式(8-48)构建一致性条件的 D 数扩展的非均衡语言偏好关系矩阵 $P_{\mathrm{LD}}^{3\text{-N}}$ 过程如下：

$\mathrm{LD}_{41}^{3\text{-N}}=\{(s_{-1},0.81),(s_{-2},0.09)\}$ ，由于

$$s_{t_{41}}^1=-(s_{t_{12}}^1+s_{t_{23}}^1+s_{t_{34}}^1)=-(s_{-2}+s_2+s_1)=-s_1=s_{-1}$$

$$v_{41}^1=v_{12}^1\times v_{23}^1\times v_{34}^1=1.0\times0.9\times0.9=0.81$$

$$s_{t_{41}}^2=-(s_{t_{12}}^1+s_{t_{23}}^1+s_{t_{34}}^2)=-(s_{-2}+s_2+s_2)=-s_2=s_{-2}$$

$$v_{41}^2=v_{12}^1\times v_{23}^1\times v_{34}^2=1.0\times0.9\times0.1=0.09$$

同理可得 $\mathrm{LD}_{31}^{3\text{-N}}$、$\mathrm{LD}_{42}^{3\text{-N}}$ 。

此外，$\mathrm{LD}_{21}^{3\text{-N}}=\neg\mathrm{LD}_{12}^{3\text{-N}}=\{(s_2,1.0)\}$，同理可得 $\mathrm{LD}_{13}^{3\text{-N}}$、$\mathrm{LD}_{14}^{3\text{-N}}$、$\mathrm{LD}_{32}^{3\text{-N}}$、$\mathrm{LD}_{24}^{3\text{-N}}$、 $\mathrm{LD}_{43}^{3\text{-N}}$ 。因此

$$P_{\mathrm{LD}}^{3\text{-N}}=\begin{bmatrix}(s_0,1.0) & (s_{-2},1.0) & (s_0,0.9) & (s_1,0.81),(s_2,0.09)\\(s_2,0.9) & (s_0,1.0) & (s_2,0.9) & (s_3,0.81),(s_4,0.09)\\(s_0,0.9) & (s_{-2},0.9) & (s_0,1.0) & (s_1,0.9),(s_2,0.1)\\(s_{-1},0,81),(s_{-2},0.09) & (s_{-3},0.81),(s_{-4},0.09) & (s_{-1},0.9),(s_{-2},0.1) & (s_0,1.0)\end{bmatrix}$$

(5) 将 D 数扩展的非均衡语言偏好关系矩阵中语言术语转化为非对称“S”型语义值，即将矩阵 $P_{\mathrm{LD}}^{\lambda\text{-}\varepsilon}$ 转化为 $P_{\widetilde{\mathrm{LD}}}^{\lambda\text{-}\varepsilon}$ 。

依据表 8-13，将 D 数扩展的非均衡语言偏好关系矩阵中的语言术语 s_t 转化为非对称“S”型语义函数值 u_t 。以前文 D 数扩展的非均衡语言偏好关系矩阵 $P_{\mathrm{LD}}^{3\text{-N}}$ 为例，其应急决策专家群体表现为风险中性。$P_{\mathrm{LD}}^{3\text{-N}}$ 转化后的矩阵 $P_{\widetilde{\mathrm{LD}}}^{3\text{-N}}=[\widetilde{\mathrm{LD}}_{ij}^{3\text{-N}}]_{4\times4}$ 为

$$\begin{bmatrix}(0.5,0.10) & (0.2822,1.0) & (0.5,0.9) & (0.6136,0.81),(0.7161,0.09)\\(0.7161,09) & (0.5,1.0) & (0.7161,0.9) & (0.8002,0.81),(0.8641,0.09)\\(0.5,0.9) & (0.2822,0.9) & (0.5,1.0) & (0.6136,0.9),(0.7161,0.1)\\(0.3854,0.81),(0.2822,0.09) & (0.1978,0.81),(0.1339,0.09) & (0.3854,0.9),(0.2822,0.1) & (0.5,1.0)\end{bmatrix}$$

此处省略其他 D 数扩展的非均衡语言偏好关系矩阵的转化过程。

(6) 对大群体复杂决策风险偏好进行非均衡语言 D 数融合。

对准则 $c_\lambda \in \{c_1, c_2, c_3, c_4\}$，将含有 5 类不同决策风险偏好信息且进行语义值转化后的 D 数扩展的非均衡语言偏好关系矩阵 $\{P_{\widetilde{\mathrm{LD}}}^{\lambda\text{-SP}}, P_{\widetilde{\mathrm{LD}}}^{\lambda\text{-GP}}, P_{\widetilde{\mathrm{LD}}}^{\lambda\text{-N}}, P_{\widetilde{\mathrm{LD}}}^{\lambda\text{-GA}}, P_{\widetilde{\mathrm{LD}}}^{\lambda\text{-SA}}\}$，用式(8-28)～式(8-31)进行非均衡语言 D 数融合，形成 4 个准则下的决策风险偏好融合矩阵 P_{D}^1、P_{D}^2、P_{D}^3、P_{D}^4。

以准则 u_3 为例，$P_{\mathrm{D}}^3 = [\widetilde{\mathrm{LD}}_{ij}^3]_{4\times4}$ 中元素 $\widetilde{\mathrm{LD}}_{12}^3$ 由下列公式获得

$$
\begin{aligned}
\widetilde{\mathrm{LD}}_{12}^3 &= \widetilde{\mathrm{LD}}_{12}^{3\text{-SP}} \oplus \widetilde{\mathrm{LD}}_{12}^{3\text{-GP}} \oplus \widetilde{\mathrm{LD}}_{12}^{3\text{-N}} \oplus \widetilde{\mathrm{LD}}_{12}^{3\text{-GA}} \oplus \widetilde{\mathrm{LD}}_{12}^{3\text{-SA}} \\
&= \{(0.1292,1.0)\} \oplus \{(0.2369,0.9),(0.3144,0.1)\} \oplus \{0.2822,1.0\} \oplus \{0.1292,1.0\} \oplus \{(0.0968,1)\} \\
&= \{(0.1581,0.2514),(0.1542,0.2502),(0.1629,0.2498),(0.1590,0.2486)\}
\end{aligned}
$$

进一步用式(8-32)对 $P_{\mathrm{D}}^3 = [\widetilde{\mathrm{LD}}_{ij}^3]_{4\times4}$ 中每一元素进行 D 数集成，形成矩阵 $P_{\mathrm{ID}}^\lambda = [\mathrm{ID}_{ij}^\lambda]_{4\times4}$。同理，不同准则下差异化复杂决策风险偏好融合后的矩阵为

$$
P_{\mathrm{ID}}^1 = \begin{bmatrix} 0.5 & 0.4928 & 0.5826 & 0.7195 \\ 0.1849 & 0.5 & 0.6550 & 0.4911 \\ 0.0965 & 0.2133 & 0.5 & 0.4196 \\ 0.0439 & 0.0592 & 0.1637 & 0.5 \end{bmatrix}, \quad
P_{\mathrm{ID}}^2 = \begin{bmatrix} 0.5 & 0.1991 & 0.1228 & 0.2507 \\ 0.47 & 0.5 & 0.1977 & 0.3265 \\ 0.6146 & 0.4092 & 0.5 & 0.6298 \\ 0.5060 & 0.2932 & 0.1447 & 0.5 \end{bmatrix}
$$

$$
P_{\mathrm{ID}}^3 = \begin{bmatrix} 0.5 & 0.1585 & 0.3619 & 0.5721 \\ 0.6646 & 0.5 & 0.2914 & 0.5539 \\ 0.4770 & 0.0895 & 0.5 & 0.6633 \\ 0.2420 & 0.0773 & 0.1937 & 0.5 \end{bmatrix}, \quad
P_{\mathrm{ID}}^4 = \begin{bmatrix} 0.5 & 0.2408 & 0.2507 & 0.2954 \\ 0.3125 & 0.5 & 0.2651 & 0.1977 \\ 0.4236 & 0.3291 & 0.5 & 0.1934 \\ 0.3077 & 0.1601 & 0.1928 & 0.5 \end{bmatrix}
$$

(7) 由词频-逆文档频率得准则权重向量 $W = (0.43, 0.22, 0.21, 0.14)^{\mathrm{T}}$，用式(8-44)将风险偏好后的矩阵 P_{ID}^1、P_{ID}^2、P_{ID}^3、P_{ID}^4 进行准则集成，得

$$
P_{\mathrm{ID}} = \begin{bmatrix} 0.5 & 0.3227 & 0.3886 & 0.5260 \\ 0.3662 & 0.5 & 0.4235 & 0.4270 \\ 0.3362 & 0.2466 & 0.5 & 0.4854 \\ 0.2241 & 0.1586 & 0.1699 & 0.5 \end{bmatrix}
$$

(8) 对矩阵 $P_{\mathrm{ID}} = [\mathrm{ID}_{ij}]_{4\times4}$ 中的第 i 行偏好值进行求和融合，获得 4 个方案的偏好融合偏好值分别为 1.7374、1.7167、1.5681、1.0226。因此，方案排序结果为 $x_1 > x_2 > x_3 > x_4$，即方案 x_1 为最优方案。

2. 方法比较与讨论

为了说明本节提出方法的有效性，从应急方案评估准则确定与考虑决策者风

险偏好的决策结果两个方面，将本节提出的方法与文献[14]进行对比。

对于决策方案评估准则的确定，文献[14]中方案准则与准则权重由专家主观确定。本节将社交媒体中公众对突发事件的关注主题进行分类后作为方案评估准则，使广大公众参与到应急决策中，方案的制订不仅包含专家意见，也切实反映民意。

考虑决策者风险偏好对方案排序结果的影响，两种方法最终的决策结果如表 8-15 所示。

表 8-15 方案排序结果比较

方法	决策风险偏好类型	方案排序结果
文献[14]的方法	SP	$x_1 > x_2 > x_4 > x_3$
	GP	$x_2 > x_1 > x_3 > x_4$
	N	$x_2 > x_1 > x_3 > x_4$
	GA	$x_1 > x_2 > x_3 > x_4$
	SA	$x_2 > x_1 > x_4 > x_3$
本节方法	SP、GP、N、GA、SA 共存	$x_1 > x_2 > x_3 > x_4$

文献[14]中的方法，不同风险偏好决策者将得到差异化决策方案，无法有效地完成方案选优。本节方法将文献[14]中风险型决策方法应用到大群体环境中，并用非均衡语言 D 数进行决策风险偏好融合，在不同决策风险偏好类型共存的情况下得到唯一方案排序结果。

8.2.6 研究结论

本节考虑社会公众对重大突发事件应急方案的关注主题，针对大群体应急决策复杂风险偏好难以融合问题进行研究，提出了一种新的融合方法。与已有方法相比，本节方法的特点主要体现在以下三个方面：①使用数据挖掘与文本分析技术对“8 · 12”天津滨海新区爆炸事件公众微博文本流进行关键词提取，分析公众关注主题并将其作为方案评估依据，使得广大社会公众参与到应急决策中，决策结果更加切合民意；②将 D 数理论引入包含专家风险偏好的非均衡语言环境中，克服了证据理论中关于元素互斥与信息完备的强假设，更加适用于群体决策中对模糊与残缺信息的表达；③决策结果融合了不同类型决策风险偏好的专家意见，更加全面客观。

本节在矩阵残缺值填充方面依赖于矩阵一致性，未考虑专家对填充值的满意度，该方面有待进一步研究。

8.3　基于用户生成内容大数据挖掘的大群体风险性应急决策方法

由重大突发事件导致的人员伤亡、设施破坏、财产损失、社会影响等后果给各级政府带来了挑战。当事故现场数据需要通过多环节层层上报时，信息往往存在滞后性和不完整性，事件的实时监测较为困难，这些问题增加了应急决策分析的风险。Web2.0 时代推动了博客、论坛等社交媒体的蓬勃发展，在重大突发事件发生后，除了受到事件直接影响的人员会使用社交媒体描述所感知的情况，社会公众也会对事件保持关注，并参与到对其的讨论中，使得重大突发事件往往也会伴随产生较大体量的用户生成内容(user-generated content，UGC)，决策者需要重视公众对事件的关注点，并设法降低事件焦点方面的影响。因此，本节在传统专家决策的基础上引入用户生成内容的关键词提取结果作为决策依据。针对在重大突发事件应急决策大数据环境下决策者偏好的不确定性及偏离群体一致性导致的风险，提出一种基于用户生成内容大数据挖掘的大群体两阶段风险性应急决策方法。首先，通过数据挖掘和自然语言处理方法从用户生成内容中获取公众对事件的偏好信息并构建应急决策属性体系，利用词频-逆文档频率方法结合专家评估信息确定属性权重；其次，建立一个意见开放式的两阶段决策流程，提出依据决策者意见的可靠度和准确度量化决策风险，在此基础上利用聚类方法得到相应的成员权重，进而对决策方案进行排序。

8.3.1　问题描述

设应急决策问题有备选方案集 $X=\{x_1,x_2,\cdots,x_P\}$，其中 $x_l(l=1,2,\cdots,P)$ 表示第 l 个应急方案；属性集 $U=\{u_1,u_2,\cdots,u_N\}$，其中 u_j $(j=1,2,\cdots,N)$ 表示第 j 个属性；决策大群体 $E=\{e_1,e_1,\cdots,e_M\}$（$M\geqslant 11$ [30]），其中 $e_i(i=1,2,\cdots,M)$ 表示第 i 个决策成员。属性权重集合为 $W=\{w_1,w_2,\cdots,w_N\}$，满足 $w_j\geqslant 0$ 且 $\sum_{j=1}^{N}w_j=1$；决策成员权重为 $\omega=\{\omega_1,\omega_2,\cdots,\omega_M\}$，满足 $\omega_i\geqslant 0$ 且 $\sum_{i=1}^{M}\omega_i=1$。每个决策成员使用语言术语集 $S=\left\{s_0,s_1,\cdots,s_g\right\}$ 给出初始偏好矩阵 $V_i^{(1)}=(B_{lj}^i)_{P\times N}$。其中，$B_{lj}^i$ 为第 i 个决策成员对第 l 个方案的第 j 个属性的偏好信息。

在重大突发事件所处的大数据环境下，充分挖掘公众对事件的关注点及偏好信息，对决策者偏好的不确定性及偏离群体一致性导致的风险，提出依据决策者意见的可靠度和准确度对风险进行测度，在此基础上实现对决策方案的科学排序。

8.3.2　方法流程设计

为了将公众信息考虑到决策过程中，本节从数据挖掘获得的突发事件用户生成内容大数据出发，首先决策专家利用抽取得到的事件关键词构建属性体系，然后对制订好的备选方案进行评价。由于现实中的决策群体成员之间通常有很强的依赖行为，当别人的决策是可观察的，且决策有先后次序时，很容易产生“羊群行为”[31]。此时决策者易跟随他人的判断表现出非真实偏好，决策信息拥有较低的可靠性。利用这一行为特点，可以让决策者在意见开放的场景下进行决策，通过记录决策者对偏好信息做出的修改行为识别出群体中对偏好不确定程度较大的成员。因此，本节将收集决策者偏好信息的过程设计为两个阶段，即决策者先独立给出个体偏好信息，再参照其他决策者的意见重新给出个体偏好信息。最后利用属性权重和成员权重对决策者的评价信息进行集结，获得备选方案的排序结果。基于用户生成内容大数据挖掘的大群体两阶段风险性应急决策流程如图 8-13 所示。

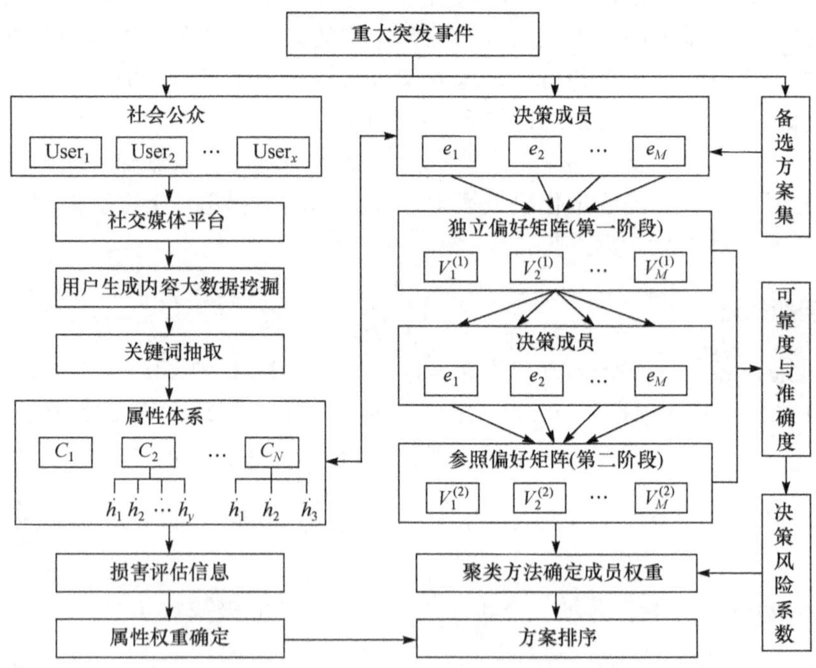

图 8-13　基于用户生成内容大数据挖掘的大群体两阶段风险性应急决策流程

8.3.3　语言偏好矩阵转化

鉴于应急决策问题的复杂性和模糊性，决策者难以采用定量化的数值去刻画所有决策对象，同时属性间的差异也难以适用于同一语言术语集。本节采用多粒度区间二元语义模型[32]，能够有效避免语言评价信息的损失和扭曲，使语言信息计算结果具有很好的精确性和可操作性。

定义 8-12　假设语言集 $S=\{s_0,s_1,\cdots,s_g\}$ 的粒度为 $g+1$，经集成运算得到结果 $\beta\in[0,1]$。将二元语义 (s_r,α) 表达为数值形式 β 的函数 Δ 表示为

$$\Delta:[0,1]\to S\times\left[-\frac{1}{2g},\frac{1}{2g}\right)$$

$$\Delta(\beta)=(s_r,\alpha)\text{，且}\begin{cases}s_r, & r=\text{round}(\beta\cdot g)\\ \alpha=\beta-\dfrac{r}{g}, & \alpha\in\left[-\dfrac{1}{2g},\dfrac{1}{2g}\right)\end{cases}\tag{8-45}$$

其中，“round”为四舍五入取整算子。

存在反函数 Δ^{-1} 将二元语言变量转换成相应的实数 $\beta\in[0,1]$，即

$$\Delta^{-1}:S\times\left[-\frac{1}{2g},\frac{1}{2g}\right)\to[0,1]$$

$$\Delta^{-1}(s_r,\alpha)=\frac{r}{g}+\alpha=\beta\tag{8-46}$$

定义 8-13　假设语言集 $S=\{s_0,s_1,\cdots,s_g\}$ 的粒度为 $g+1$，区间二元语义变量由两个二元语义 $[(s_a,\alpha_a),(s_z,\alpha_z)]$ 组成，其中 $(s_a,\alpha_a)\leqslant(s_z,\alpha_z)$。用来将区间二元语义变量表达为等价信息区间值 $[\beta_1,\beta_2](\beta_1,\beta_2\in[0,1],\beta_1\leqslant\beta_2)$ 的集成转移函数 Δ 为

$$\Delta[\beta_1,\beta_2]=[(s_a,\alpha_a),(s_z,\alpha_z)]$$

$$\text{且}\begin{cases}s_a, & a=\text{round}(\beta_1\cdot g)\\ s_z, & z=\text{round}(\beta_2\cdot g)\\ \alpha_a=\beta_1-\dfrac{a}{g}, & \alpha_a\in\left[-\dfrac{1}{2g},\dfrac{1}{2g}\right)\\ \alpha_z=\beta_2-\dfrac{z}{g}, & \alpha_z\in\left[-\dfrac{1}{2g},\dfrac{1}{2g}\right)\end{cases}\tag{8-47}$$

存在逆函数 Δ^{-1} 可以将区间二元语义变量转换为相应的区间值，即

$$\Delta^{-1}[(s_a,\alpha_a),(s_z,\alpha_z)]=\left[\frac{a}{g}+\alpha_a,\frac{z}{g}+\alpha_z\right]=[\beta_1,\beta_2]\tag{8-48}$$

为了便于表达，决策者在给出偏好信息时可以采用具体语言值或区间语言值(如 s_1 或 $[s_1,s_3]$)两种形式，将它们转换为区间二元语义偏好信息方式分别为

$$s_1 \to [(s_1,0),(s_1,0)],\quad (s_1,s_3) \to [(s_1,0),(s_3,0)]$$

8.3.4 词语权重分配

词频-逆文档频率是向量空间模型中一种计算文档中特征权重的经典方法，它由 Salton 在 1988 年提出。其函数包括两个部分：TF，即词频，是特定文档中某个特征项(字、词或短语)出现的频率；IDF，即逆文档频率，是包含该词或短语的文档与文档集总数的比例的对数。其计算公式为

$$w_{td} = \mathrm{tf}_{td} \times \lg\left(\frac{N}{\mathrm{df}_t}\right) \tag{8-49}$$

其中，w_{td} 为文档 d 中特征项 t 的权重；tf_{td} 为文档 d 中特征项 t 出现的频率；N 为文档集的总数；df_t 为包含特征项 t 的文档数。

词频-逆文档频率算法的优势在于其能够通过统计手段分析处理非结构化文本大数据。对于某一特定文档内的高频词语，以及该词语在其他文档集合中的低词频，可以产生出高权重。故词频-逆文档频率倾向于过滤掉常见的词语，保留一些不频繁出现但重要的词语。例如，在爆炸事故背景下许多相关文本中常见的“爆炸”一词的逆文档频率会很低，权重也会相应较低。因此，本节采用词频-逆文档频率法分配词语权重。

8.3.5 决策属性体系构建及其权重确定

当重大突发事件现场数据需要通过多环节层层上报时，信息存在滞后性和不完整性，事件的实时动态监测较为困难，这些问题增加了应急决策分析的风险。而近年来，随着信息技术的发展和公众对突发事件关注度的提升，网络信息资源也已成为重大突发事件应急决策需要重视的一环。当事件发生后，社交网络平台上会生成大量公众对事件发表的信息，这些用户生成内容代表了公众当下的关注点，同时也包含了公众对事件的描述、心态和造成损害的感知。因此，应急决策方案选择的属性权重确定有必要考虑社交网络中公众的偏好信息。

1. 决策属性体系构建

用户生成内容的优势在于其对突发事件反应的即时性，但同时也存在信息过于分散的现象，通过结合专家意见的指导能够有效弥补这一问题。本节基于用户生成内容的突发事件应急决策方案评估属性体系主要包括两部分：①传统的突发事件应急决策方案评估属性；②社交媒体用户实时信息中的关键词。具体而言，前者需要专家凭借经验经由群体讨论确定，并作为属性体系的框架部分；后者首先通过数据挖掘获取用户生成内容，再通过抽取算法得到若干代表文本特征的

关键词，作为公众偏好信息的概括。最后根据关键词与属性的语义关系构建属性体系。

其中，关键词的抽取采用词频-逆文档频率算法对文本分词后的特征项进行排序，并选取特征项中权重较大的实词作为关键词。将从社交网络平台爬取的文本数据作为语料库，每条文本信息被看成一篇文档，关键词 h 的权重 w_h 由包含该词语的所有文档数进行算术平均得到，其计算公式为

$$w_h = \frac{1}{\mathrm{df}_h} \times \left(\sum_{d \in D_h} \mathrm{tf}_{hd} \right) \times \lg \left(\frac{N}{\mathrm{df}_h} \right) \tag{8-50}$$

2. 事件损害评估及属性权重确定

基于建立的属性体系可以利用模糊综合评价实现对事件造成损害的实时评估，并由此计算属性权重，为决策者进行方案选择提供参考信息。损害程度将用于描述事件对当地社会、人员财产以及公众心态的影响大小。由于关键词的获取方法侧重于统计分析而非内容分析，其权重仅代表在文档中出现频率的重要程度，而不同词语的语义本身还反映出不同的损害程度，因此事件的损害评估需要组织专家对每个关键词给出语义评判分值 S_h，以表征损害的严重程度。例如，词语“死亡”的严重程度高于词语“受伤”，则赋予“死亡”的分值大于“受伤”。分值的范围设定为从 0 到 5。

反映不同属性方面受到的损害程度通过各个对应的关键词语义评分进行加权求和得到。评价第 j 个属性的损害程度值 Da_j 的计算函数为

$$\mathrm{Da}_j = \sum_{h=1}^{y} w_h \cdot S_h, \quad h = 1, 2, \cdots, y \tag{8-51}$$

其中，y 为属性 j 对应的关键词个数。

由于损害程度的计算来源于公众对事件造成影响的主观感知与信息关注偏好，当某个属性的损害程度值较大时，说明公众在此方面受到了较大影响或给予了较大关注，决策者在评判方案时必须对此加以重视，避免制定的决策方案在此方面造成更严重的后果，因此属性的权重根据各属性损害程度值的大小确定。

$$w_j = \frac{\mathrm{Da}_j}{\sum_{j=1}^{N} \mathrm{Da}_j}, \quad j = 1, 2, \cdots, N \tag{8-52}$$

8.3.6 大群体决策成员权重确定

随着计算机网络和信息系统技术的发展，已经开发出愈加专业化的决策支持

系统，使得决策者意见的收集、处理、统计及交互共享更加便捷。对于重大突发事件大群体应急决策问题，考虑到决策成员较多，不同成员的主观决策能力是构成决策风险的一项重要因素，决策结果将直接受其影响。因此，需要将决策者的主观决策风险因素纳入成员权重确定中。本节基于两阶段决策流程对决策者的决策风险进行测度，并通过定义决策者意见的可靠度和准确度量化风险的大小。决策成员的权重按照其决策风险大小进行相应的修正。

1. 决策偏好信息收集

当重大突发性事件发生后，决策者利用基于用户生成内容构建的属性体系及事件损害评估信息：在第一阶段，针对制订的多套备选方案，由决策者 e_i 独立对第 l 个方案的第 j 个属性给出语言形式的初始偏好信息 B_{lj}^i，形成独立语言偏好矩阵 $V_i^{(1)}=(B_{lj}^i)_{P\times N}$，其中定义 B_{lj}^i 为决策者 e_i 的独立意见；在第二阶段，各决策者的独立意见被公开，决策者 e_i 可以获取、观察到其他所有人的决策偏好信息，并选择对自己在第一阶段给出的偏好信息做出修改或维持不变，然后重新提交对各方案给出的语言偏好信息 Q_{lj}^i，形成参照语言偏好矩阵 $V_i^{(2)}=(Q_{lj}^i)_{P\times N}$，其中定义 Q_{lj}^i 为决策者 e_i 的参照意见。

在这个过程中，各决策者将群体中其他人的意见当成一种反馈的参照系统，因此第二阶段的意见可以被认为是参照了其他决策成员的意见。同时，在第二阶段某些成员的意见可能会受其他人的影响，例如，专业性较低的决策者对于第一阶段给出的偏好信息没有把握，在观察到其他成员的意见后对自己的初始偏好信息做出修改，或决策者出于从众心理，将初始偏好信息调整为与多数人的意见保持一致，而某些决策者也可能选择对初始偏好信息维持不变。通常来说，坚持第一阶段意见的成员意味着他们对于做出的判断越自信，其决策偏好的确定性就越高；相反，修改偏好后与初始意见相差越大则表示其对于做出的判断越没有自信，决策偏好的不确定性就越高。

2. 考虑决策者意见可靠度和准确度的决策风险系数测度

在收集到决策者两次决策的偏好信息后，为了衡量某位决策者的独立意见与参照意见之间的差异大小，定义信心差的概念。在此之前，为便于处理，对于决策者给出的初始语言偏好信息，先将其转化为区间二元语义形式，再根据定义 8-13 转化为相应的区间偏好值，得到独立意见区间偏好矩阵 $\tilde{V}_i^{(1)}=(b_{lj}^i)_{P\times N}$，其中 $b_{lj}^i=[b_{lj}^{iL},b_{lj}^{iU}]$ 表示独立意见区间偏好值，满足 $b_{lj}^{iU}\geqslant b_{lj}^{iL}\geqslant 0$；得到参照意见区间偏好矩阵 $\tilde{V}_i^{(2)}=(q_{lj}^i)_{P\times N}$，其中 $q_{lj}^i=[q_{lj}^{iL},q_{lj}^{iU}]$ 表示参照意见区间偏好值，满足 $q_{lj}^{iU}\geqslant$

$q_{lj}^{iL} \geqslant 0$。

定义 8-14　设决策者 e_i 给出的独立意见与其参照意见区间偏好值之间的距离 $D(b_{lj}^i, q_{lj}^i)$ 为决策者的信心差。其值越小表示决策者 e_i 的独立意见与参照意见越接近，即决策者对所给意见的信心越高；反之，则决策者 e_i 的独立意见与参照意见越疏远，即决策者对所给意见的信心越不足。

$$D(b_{lj}^i, q_{lj}^i) = \frac{\sqrt{2}}{2}\sqrt{\left(b_{lj}^{iL} - q_{lj}^{iL}\right)^2 + \left(b_{lj}^{iU} - q_{lj}^{iU}\right)^2} \tag{8-53}$$

$D(b_{lj}^i, q_{lj}^i)$ 满足以下性质：①有界性，即 $0 \leqslant D(b_{lj}^i, q_{lj}^i) \leqslant 1$；②对称性，即 $D(b_{lj}^i, q_{lj}^i) = D(q_{lj}^i, b_{lj}^i)$；③自反性，即 $D(b_{lj}^i, q_{lj}^i) = 0$，$b_{lj}^i = q_{lj}^i$。易证(①～③)成立。

计算各决策方案的属性均值以反映群体意见。例如，第 l 个备选方案中属性 j 在个体独立决策和参照决策过程中的平均值分别为

$$\overline{b}_{lj} = \left[\overline{b}_{lj}^{\,L}, \overline{b}_{lj}^{\,U}\right] = \left[\frac{1}{M}\sum_{i=1}^{M} b_{lj}^{iL}, \frac{1}{M}\sum_{i=1}^{M} b_{lj}^{iU}\right],\quad \overline{q}_{lj} = \left[\overline{q}_{lj}^{\,L}, \overline{q}_{lj}^{\,U}\right] = \left[\frac{1}{M}\sum_{i=1}^{M} q_{lj}^{iL}, \frac{1}{M}\sum_{i=1}^{M} q_{lj}^{iU}\right] \tag{8-54}$$

对于大群体决策成员，以往的多属性群体决策研究中很少考虑决策者偏好信息的可靠性，或简单地假设所有决策者的偏好信息都是完全可靠的。事实上，任何决策者都是不完全理性的，其做出的不同程度可靠性的判断将对决策结果产生影响。

定义 8-15　设 Ra_{lj}^i 为决策者意见的可靠度，表示决策者 e_i 对于方案 l 中属性 j 给出偏好信息的确定程度，有

$$\mathrm{Ra}_{lj}^i = \frac{1 + D(\overline{b}_{lj}, \overline{q}_{lj})}{1 + D(b_{lj}^i, q_{lj}^i)} \tag{8-55}$$

其中，$D(\overline{b}_{lj}, \overline{q}_{lj})$ 的计算含义如式(8-53)和式(8-54)所示，表示所有决策者分别在独立和参照情况下两次群体意见的差异。若其值为零，则说明群体中大多数成员坚持了第一阶段的意见。由于 $D(\overline{b}_{lj}, \overline{q}_{lj})$ 对于所有决策者是一个定值，因此它与每个决策者信心差的比值 $D(\overline{b}_{lj}, \overline{q}_{lj}) / D(b_{lj}^i, q_{lj}^i)$ 可以反映出决策者对所给意见的相对确定程度。某个决策者的信心差 $D(b_{lj}^i, q_{lj}^i)$ 越大，此比值将越小，表示决策者对于所给意见的可靠度越低，其偏好信息的不确定程度越高；反之，某个决策者的信心差越小，此比值将越大，表示决策者偏好信息的确定程度越高。同时，为避免分母为零，分子分母分别加 1。

除此之外，在群体决策中群体意见的一致性也是值得关注的问题。决策结果能否被群体接受或在多大程度上能被群体接受往往更具有现实意义和更能快速实

施。个体意见与群体意见偏离程度越大，其对达成群体一致性的阻力越大，由此将引发成员偏好冲突带来的决策风险。为了使决策结果拥有较高的共识水平，本节认为占多数的专家意见比少数意见更为准确，即当某位决策者给出的偏好信息与群体意见更接近时表明其拥有更高的专业性。

定义 8-16 设 Ac_{lj}^{i} 为决策者意见的准确度，表示决策者 e_i 对于方案 l 中属性 j 给出的偏好与其他成员的一致性程度，有

$$\mathrm{Ac}_{lj}^{i}=\frac{1}{1+D(q_{lj}^{i},\overline{q}_{lj})} \tag{8-56}$$

其中，$D(q_{lj}^{i},\overline{q}_{lj})$ 表示决策者第二阶段的个体意见与群体意见的距离。$D(q_{lj}^{i},\overline{q}_{lj})$ 越小，得到的 Ac_{lj}^{i} 越大，表示决策者与大多数人的意见越接近，即其给出的意见对于群体一致性的贡献越大。反之，$D(q_{lj}^{i},\overline{q}_{lj})$ 越大，得到的 Ac_{lj}^{i} 越小，表示其给出的意见越偏离群体一致性。

针对决策者，其自身决策能力导致的风险是无法避免的，仅仅拥有较高的可靠度并不能保证决策者拥有较低的决策风险，当决策者对事件相关的知识、经验掌握并不充分时，其仍可能为假装其专业性坚持初始意见。因此，成员的决策风险将依据其意见的可靠度和准确度共同度量。

首先，由于定义 8-15 的可靠度 Ra_{lj}^{i} 和定义 8-16 的准确度 Ac_{lj}^{i} 取值范围不同，且均为效益型指标，为消除不同量纲对决策结果的影响和便于判断，对可靠度和准确度进行非线性变换，得到规范化后的可靠度 $\mathrm{Ra}_{lj}^{i'}$ 和准确度 $\mathrm{Ac}_{lj}^{i'}$ 为

$$\begin{cases}\mathrm{Ra}_{lj}^{i'}=\dfrac{\mathrm{Ra}_{lj}^{i}-\min\limits_{i}\mathrm{Ra}_{lj}^{i}}{\max\limits_{i}\mathrm{Ra}_{lj}^{i}-\min\limits_{i}\mathrm{Ra}_{lj}^{i}}\\[2ex] \mathrm{Ac}_{lj}^{i'}=\dfrac{\mathrm{Ac}_{lj}^{i}-\min\limits_{i}\mathrm{Ac}_{lj}^{i}}{\max\limits_{i}\mathrm{Ac}_{lj}^{i}-\min\limits_{i}\mathrm{Ac}_{lj}^{i}}\end{cases},\quad i=1,2,\cdots,N \tag{8-57}$$

定义 λ^{i} 为成员 e_i 的决策风险系数，表示决策者 e_i 偏好的不确定性及偏离群体一致性导致的决策风险程度，有

$$\lambda^{i}=\frac{1}{P\cdot N}\sum_{l=1}^{P}\sum_{j=1}^{N}[\theta(1-\mathrm{Ra}_{lj}^{i'})+(1-\theta)(1-\mathrm{Ac}_{lj}^{i'})] \tag{8-58}$$

其中，θ 和 $1-\theta$ 分别为可靠度和准确度所对应的权重，且 $0\leqslant\theta\leqslant 1$。具体由决策者根据决策问题和实际情况而定，若无特殊偏好，则取 $\theta=1/2$，表示赋予可靠度和准确度相同的权重。

对于 λ^i，首先分别计算决策者对于方案 l 中属性 j 给出偏好的决策风险系数，再进行简单加权算术平均得到成员的决策风险系数。显然，决策者意见的可靠度或准确度越大，成员的决策风险系数 λ^i 越小，表示成员的决策风险越小；反之，λ^i 越大，表示成员的决策风险越大。

3. 大群体偏好聚类及成员权重确定

在完成群体成员的决策风险量化后，需要确定成员权重。考虑到参与决策的成员较多，有必要对大群体成员进行偏好聚类分析。本节采用文献[33]中的聚类方法对决策成员经过调整后的参照意见区间偏好矩阵 $\tilde{V}_i^{(2)}=(q_{lj}^i)_{P\times N}$ 进行聚类，可将决策群体聚类为 K 个聚集，设 n_k 为某一聚集 C^k 中的成员数。根据该聚类方法的思想，处于同一聚集的成员偏好相似，故赋予同一聚集成员相同的权重。同时，赋予聚集内部成员数较多的成员较大的权重。由聚类结果得到的成员初始权重 ω_i' 为

$$\omega_i'=\omega_{nk}=n_k\bigg/\sum_{k=1}^{K}n_k^2,\quad i=1,2,\cdots,M \tag{8-59}$$

利用决策成员风险系数 λ^i 对成员的初始权重进行调整，λ^i 越大，说明其提供的信息越不确定或越偏离一致性目标，应赋予的权重越低。最终，决策成员 e_i 的决策风险权重 ω_i 为

$$\omega_i=\left(\omega_i'\cdot\frac{1}{\lambda^i}\right)\bigg/\sum_{i=1}^{M}\left(\omega_i'\cdot\frac{1}{\lambda^i}\right) \tag{8-60}$$

8.3.7　方法步骤

综上，基于用户生成内容大数据挖掘的大群体两阶段风险性应急决策方法的步骤如下。

(1) 从社交媒体平台爬取与突发事件相关的用户生成内容，结合专家制定的属性框架和用户生成内容中抽取的关键词构建属性体系。

(2) 利用式(8-50)获得的关键词词频-逆文档频率权重 w_h 及专家评分法确定的语义评判值 S_h，根据式(8-51)计算每个属性的损害程度值 Da_j，归一化后得到各属性的权重 w_j。

(3) 按照两阶段决策流程分别收集决策者给出的独立意见语言偏好矩阵 $V_i^{(1)}=(B_{lj}^i)_{P\times N}$ 和参照意见语言偏好矩阵 $V_i^{(2)}=(Q_{lj}^i)_{P\times N}$，并利用式(8-47)和式(8-48)及定义 8-13 将其分别转化为独立意见区间偏好矩阵 $\tilde{V}_i^{(1)}=(b_{lj}^i)_{P\times N}$ 和参照意见区

间偏好矩阵 $\tilde{V}_i^{(2)}=(q_{lj}^i)_{P\times N}$。

(4) 分别利用式(8-55)和式(8-56)计算决策者给出偏好信息的可靠度 Ra_{lj}^i 和准确度 Ac_{lj}^i，并利用式(8-57)对其进行规范化处理，利用式(8-58)计算群体中各决策成员的决策风险系数 λ^i。

(5) 对全体决策成员的参照意见偏好矩阵进行聚类，利用式(8-59)得到聚集 C^k 中各个成员的初始权重 ω_i'，结合决策风险系数确定群体成员的决策风险权重 ω_i。

(6) 通过 TOPSIS 方法对备选方案进行排序。

① 利用属性权重对决策者的参照意见区间偏好矩阵进行集结，得到如下加权决策矩阵

$$\tilde{V}_i^{(2)}=\begin{bmatrix} v_{11}^i & v_{12}^i & \cdots & v_{1N}^i \\ v_{21}^i & v_{22}^i & \cdots & v_{2N}^i \\ \vdots & \vdots & & \vdots \\ v_{P1}^i & v_{P2}^i & \cdots & v_{PN}^i \end{bmatrix}$$

其中，$v_{lj}^i=q_{lj}^i\times w_j$，$1\leqslant i\leqslant M$，$1\leqslant j\leqslant N$。

② 确定决策方案的正理想解和负理想解：

$$V^+=\left\{v_1^+,v_2^+,\cdots,v_N^+\right\},\quad V^-=\left\{v_1^-,v_2^-,\cdots,v_N^-\right\}$$

$$V_j^+=\left[v_j^{+L},v_j^{+U}\right]=\left[\min(v_{lj}^{i\,L}),\min(v_{lj}^{i\,U})\right],\quad V_j^-=\left[v_j^{-L},v_j^{-U}\right]=\left[\max(v_{lj}^{i\,L}),\max(v_{lj}^{i\,U})\right]$$

③ 计算各方案到正理想解和负理想解的距离：

$$D_l^{i+}=\sqrt{\sum_{j=1}^{M}\left(V_{lj}^i-V_j^+\right)^2}=\sqrt{\sum_{j=1}^{M}\left(V_{lj}^{iL}-V_j^{+L}\right)^2+\left(V_{lj}^{iU}-V_j^{+U}\right)^2}$$

$$D_l^{i-}=\sqrt{\sum_{j=1}^{M}\left(V_{lj}^i-V_j^-\right)^2}=\sqrt{\sum_{j=1}^{M}\left(V_{lj}^{iL}-V_j^{-L}\right)^2+\left(V_{lj}^{iU}-V_j^{-U}\right)^2}$$

④ 计算各方案的贴近度：

$$C_l=\frac{D_l^-}{D_l^++D_l^-} \tag{8-61}$$

其中，$D_l^+=\sum_{j=1}^{M}\omega_i D_l^{i+}$，$D_l^-=\sum_{j=1}^{M}\omega_i D_l^{i-}$。

最后，按照 C_l 的大小排列方案的优劣次序。

8.3.8 案例分析

1. 案例背景

2015 年 8 月 12 日 23 时 30 分，天津港瑞海公司仓库发生特大火灾爆炸事故，先后两次爆炸的强度分别相当于 3 吨、21 吨 TNT。爆炸造成重大人员伤亡，并引发大量集装箱起火。当地消防指挥中心接警后迅速响应处置，截至 13 日 11 时，天津消防总队已先后调派 143 辆消防车、1000 余名消防官兵到场进行灭火搜救。与此同时，事故通过社交媒体引发了公众的强烈关注，大量网络用户在爆炸发生后的短时间内利用社交网络发表了自己的观点和见闻。由于现场存放有大量危险品且具体爆炸物尚无法确定，为避免事态进一步加剧，天津市应急决策指挥中心在网络上召集了 16 位应急管理领域的专家，并根据当时的事故状态制订了如下 3 个应急备选方案。

x_1：持续开展环境应急监测，继续增派消防人员及消防车辆支援现场以加强火情控制。

x_2：持续开展环境应急监测，通知消防力量撤离现场，派遣防化团携专业设备进场搜救。

x_3：持续开展环境应急监测，暂缓扑灭或搜救工作，待紧急查明危化品内容、数量及存储方式后再做进一步决策。

专家群体根据以往对此类突发事件的应对经验商讨出 6 个因素作为方案的评估属性：方案成本 u_1、人员伤亡 u_2、财产损失 u_3、公众恐慌程度 u_4、对环境的影响 u_5、对生活的影响 u_6。其中，决策者对属性 $u_1 \sim u_4$ 使用粒度为 9 的语言术语集 S^1 给出偏好信息，对属性 u_5 和 u_6 使用粒度为 7 的语言术语集 S^2 给出偏好信息。

$$S^1 = \begin{Bmatrix} s_0 = \text{极低}, s_1 = \text{很低}, s_2 = \text{低}, s_3 = \text{稍低}, s_4 = \text{一般}, \\ s_5 = \text{稍高}, s_6 = \text{高}, s_7 = \text{很高}, s_8 = \text{极高} \end{Bmatrix}$$

$$S^2 = \begin{Bmatrix} s_0 = \text{非常小}, s_1 = \text{小}, s_2 = \text{较小}, s_3 = \text{中等}, \\ s_4 = \text{较大}, s_5 = \text{大}, s_6 = \text{非常大} \end{Bmatrix}$$

2. 决策步骤

(1) 本节选取新浪微博作为用户生成内容数据的获取来源，以“天津爆炸”、“塘沽爆炸”为主题搜索词，利用新浪微博提供的应用程序接口(application program interface，API)抓取了时间段为 8 月 12 日 23 时 30 分至 8 月 13 日 15 时的微博数据，抓取字段包括用户名、微博内容、发布时间、评论内容。由于包含非公众生成内容或噪声数据，经过人工筛选去除政府或主流媒体账号发布的消息以及词语个数少于 2 的消息后保留微博文本共 79221 条。

收集到新浪微博用户生成内容文本数据后，对数据进行预处理，包括去除其中的主题标签、@内容、统一资源定位符(uniform resource locator，URL)等无用内容后，对文本进行分词、去除停用词以及词性标注，再进行词频算法分析。本节使用 Python 编程语言实现关键词的抽取算法，并采用其自带的 jieba 分词软件包将文本切分成词语特征项。选取词频-逆文档频率值排名前 500 的特征项作为候选关键词，对含义相同或语义接近的词语进行合并，如“死亡”、“遇难”、“遗体”、“去世”合并为关键词“遇难”，“恐怖”、“可怕”、“害怕”合并为关键词“可怕”等，并对合并词语的词频-逆文档频率值进行累加。再根据专家确定的属性框架，基于语义关系列出每个属性下对应的关键词，从而构成天津港“8・12”重大爆炸事故的应急决策方案评估属性体系，如表 8-16 所示。

表 8-16　天津港“8・12”重大爆炸事故应急决策方案评估属性体系

序号	属性(u)	关键词
1	方案成本(u_1)	不惜一切、抓紧、人工降雨、无人机、消防车
2	人员伤亡(u_2)	遇难、牺牲、失联、搜救、救治、伤害、平安
3	财产损失(u_3)	烧毁、废墟、倒塌、破碎、汽车、融化、起火、蘑菇云
4	公众恐慌程度(u_4)	眼泪、揪心、可怕、难过、震惊、担心、祈福、致敬
5	对环境的影响(u_5)	化学品、有毒、刺鼻、有害气体、污染、氰化物、泄漏
6	对生活的影响(u_6)	撤离、疏散、断水、停电、拥堵、停运、让路

(2) 利用式(8-50)由 Python 程序计算出关键词的词频-逆文档频率权重。然后采用专家评分法，组织 10 位专家对属性体系中的关键词按照其表征的严重程度赋予分值，经过统计平均后得到每个关键词的语义评判分值。利用式(8-51)计算每个属性的损害程度值，其中属性 u_2 的损害程度值计算示例如表 8-17 所示，结果为 21.206。

表 8-17　属性 u_2 的损害程度值计算

属性	关键词	语义评判分值	词频-逆文档频率值	损害程度值
人员伤亡(u_2)	遇难	5.0	1.838	9.190
	牺牲	5.0	0.499	2.495
	失联	4.0	0.506	2.024
	搜救	3.5	1.094	3.829
	救治	3.0	0.783	2.349
	伤害	2.5	0.233	0.583
	平安	1.0	0.736	0.736
总和	—	—	—	21.206

在计算出每个属性的损害程度值后，由式(8-52)得到各属性的权重向量为 $W=\{0.07, 0.25, 0.16, 0.23, 0.20, 0.08\}$。

(3) 根据两阶段决策流程，各决策者按照给定的语言标度对决策对象分别给出独立意见、参照意见语言偏好信息。其中，除决策者 e_3、e_{13}、e_{16}，其余决策者均在第二阶段对部分偏好信息做出了调整。并利用定义 8-14 将语言偏好矩阵转化为区间偏好矩阵，如表 8-18～表 8-21 所示。

表 8-18　决策者独立意见语言偏好矩阵

专家	方案	u_1	u_2	u_3	u_4	u_5	u_6	专家	方案	u_1	u_2	u_3	u_4	u_5	u_6
	x_1	$[s_5,s_8]$	$[s_7,s_8]$	$[s_2,s_4]$	$[s_3]$	$[s_2,s_4]$	$[s_2,s_5]$								
e_1	x_2	$[s_3,s_6]$	$[s_1,s_3]$	$[s_3,s_8]$	$[s_5,s_7]$	$[s_3,s_5]$	$[s_3,s_5]$	⋮	⋮			⋮			
	x_3	$[s_1,s_3]$	$[s_4]$	$[s_4,s_6]$	$[s_7,s_8]$	$[s_1,s_5]$	$[s_2,s_4]$								
	x_1	$[s_1,s_3]$	$[s_5,s_7]$	$[s_3]$	$[s_5,s_7]$	$[s_3,s_5]$	$[s_5,s_6]$		x_1	$[s_3,s_5]$	$[s_6,s_7]$	$[s_1,s_4]$	$[s_4,s_6]$	$[s_4,s_6]$	$[s_5,s_6]$
e_2	x_2	$[s_2,s_5]$	$[s_4,s_6]$	$[s_6,s_7]$	$[s_6,s_8]$	$[s_3,s_6]$	$[s_1,s_2]$	e_{15}	x_2	$[s_2,s_4]$	$[s_4,s_6]$	$[s_2,s_5]$	$[s_3,s_5]$	$[s_3]$	$[s_2,s_3]$
	x_3	$[s_6,s_7]$	$[s_0,s_6]$	$[s_3,s_4]$	$[s_2,s_4]$	$[s_1]$	$[s_0,s_2]$		x_3	$[s_1]$	$[s_3,s_4]$	$[s_4,s_7]$	$[s_4,s_7]$	$[s_1,s_2]$	$[s_0,s_2]$
									x_1	$[s_4,s_6]$	$[s_4,s_6]$	$[s_3,s_5]$	$[s_1]$	$[s_2,s_4]$	$[s_3,s_5]$
⋮	⋮			⋮				e_{16}	x_2	$[s_5]$	$[s_1,s_4]$	$[s_4,s_5]$	$[s_5,s_7]$	$[s_3,s_6]$	$[s_3,s_5]$
									x_3	$[s_3,s_4]$	$[s_2,s_5]$	$[s_5,s_8]$	$[s_2,s_5]$	$[s_2,s_5]$	$[s_1,s_4]$

表 8-19　决策者参照意见语言偏好矩阵

专家	方案	u_1	u_2	u_3	u_4	u_5	u_6	专家	方案	u_1	u_2	u_3	u_4	u_5	u_6
	x_1	$[s_5,s_7]$	$[s_7,s_8]$	$[s_2,s_4]$	$[s_2,s_4]$	$[s_3,s_4]$	$[s_2,s_5]$								
e_1	x_2	$[s_1,s_3]$	$[s_1,s_3]$	$[s_4,s_6]$	$[s_6,s_7]$	$[s_1,s_5]$	$[s_2,s_4]$	⋮	⋮			⋮			
	x_3	$[s_1,s_3]$	$[s_4]$	$[s_4,s_6]$	$[s_7,s_8]$	$[s_1,s_5]$	$[s_2,s_4]$								
	x_1	$[s_5,s_6]$	$[s_5,s_6]$	$[s_3]$	$[s_2,s_4]$	$[s_3,s_4]$	$[s_5,s_6]$		x_1	$[s_3,s_5]$	$[s_5,s_6]$	$[s_1,s_4]$	$[s_4,s_6]$	$[s_4,s_6]$	$[s_5,s_6]$
e_2	x_2	$[s_2,s_5]$	$[s_2,s_6]$	$[s_6,s_7]$	$[s_3,s_6]$	$[s_3,s_4]$	$[s_1,s_2]$	e_{15}	x_2	$[s_2,s_4]$	$[s_4,s_6]$	$[s_4,s_5]$	$[s_3,s_5]$	$[s_3]$	$[s_2,s_3]$
	x_3	$[s_1,s_3]$	$[s_0,s_6]$	$[s_5,s_7]$	$[s_6,s_7]$	$[s_1]$	$[s_1,s_2]$		x_3	$[s_1]$	$[s_3,s_4]$	$[s_4,s_7]$	$[s_4,s_7]$	$[s_1,s_2]$	$[s_0,s_2]$
									x_1	$[s_4,s_6]$	$[s_4,s_6]$	$[s_3,s_5]$	$[s_1]$	$[s_2,s_4]$	$[s_3,s_5]$
⋮	⋮			⋮				e_{16}	x_2	$[s_5]$	$[s_1,s_4]$	$[s_4,s_5]$	$[s_5,s_7]$	$[s_3,s_6]$	$[s_3,s_5]$
									x_3	$[s_3,s_4]$	$[s_2,s_5]$	$[s_5,s_8]$	$[s_2,s_5]$	$[s_2,S_5]$	$[s_1,s_4]$

表 8-20　决策者独立意见区间偏好矩阵

专家	方案	u_1	u_2	u_3	u_4	u_5	u_6
e_1	x_1	[0.625, 1.000]	[0.875, 1.000]	[0.250, 0.500]	[0.375, 0.375]	[0.333, 0.667]	[0.333, 0.833]
	x_2	[0.375, 0.750]	[0.125, 0.375]	[0.375, 1.000]	[0.625, 0.875]	[0.500, 0.833]	[0.500, 0.833]
	x_3	[0.125, 0.375]	[0.500, 0.500]	[0.500, 0.750]	[0.875, 1.000]	[0.167, 0.833]	[0.333, 0.667]
e_2	x_1	[0.125, 0.375]	[0.625, 0.875]	[0.375, 0.375]	[0.625, 0.875]	[0.500, 0.833]	[0.833, 1.000]
	x_2	[0.250, 0.625]	[0.500, 0.750]	[0.750, 0.875]	[0.750, 1.000]	[0.500, 1.000]	[0.167, 0.333]
	x_3	[0.750, 0.875]	[0.000, 0.750]	[0.375, 0.500]	[0.250, 0.500]	[0.167, 0.167]	[0.000, 0.333]
⋮	⋮	⋮					
e_{15}	x_1	[0.375, 0.625]	[0.750, 0.875]	[0.125, 0.500]	[0.500, 0.750]	[0.667, 1.000]	[0.833, 1.000]
	x_2	[0.250, 0.500]	[0.500, 0.750]	[0.250, 0.625]	[0.375, 0.625]	[0.500, 0.500]	[0.333, 0.500]
	x_3	[0.125, 0.125]	[0.375, 0.500]	[0.500, 0.875]	[0.500, 0.875]	[0.167, 0.333]	[0.000, 0.333]
e_{16}	x_1	[0.500, 0.750]	[0.500, 0.750]	[0.375, 0.625]	[0.125, 0.125]	[0.333, 0.667]	[0.500, 0.833]
	x_2	[0.625, 0.625]	[0.125, 0.500]	[0.500, 0.625]	[0.625, 0.875]	[0.500, 1.000]	[0.500, 0.833]
	x_3	[0.375, 0.500]	[0.250, 0.625]	[0.625, 1.000]	[0.250, 0.625]	[0.333, 0.833]	[0.167, 0.667]

表 8-21　决策者参照意见区间偏好矩阵

专家	方案	u_1	u_2	u_3	u_4	u_5	u_6
e_1	x_1	[0.625, 0.875]	[0.875, 1.000]	[0.250, 0.500]	[0.250, 0.500]	[0.500, 0.667]	[0.333, 0.833]
	x_2	[0.375, 0.750]	[0.125, 0.375]	[0.375, 0.625]	[0.625, 0.875]	[0.333, 0.833]	[0.333, 0.833]
	x_3	[0.125, 0.375]	[0.500, 0.500]	[0.500, 0.750]	[0.750, 0.875]	[0.167, 0.833]	[0.333, 0.667]
e_2	x_1	[0.625, 0.750]	[0.625, 0.750]	[0.375, 0.375]	[0.250, 0.500]	[0.500, 0.667]	[0.833, 1.000]
	x_2	[0.250, 0.625]	[0.250, 0.750]	[0.750, 0.875]	[0.375, 0.750]	[0.500, 0.667]	[0.167, 0.333]
	x_3	[0.125, 0.375]	[0.000, 0.750]	[0.625, 0.875]	[0.750, 0.875]	[0.167, 0.167]	[0.167, 0.333]
⋮	⋮	⋮					
e_{15}	x_1	[0.375, 0.625]	[0.625, 0.750]	[0.125, 0.500]	[0.500, 0.750]	[0.667, 1.000]	[0.833, 1.000]
	x_2	[0.250, 0.500]	[0.500, 0.750]	[0.250, 0.625]	[0.375, 0.625]	[0.500, 0.500]	[0.333, 0.500]
	x_3	[0.125, 0.125]	[0.375, 0.500]	[0.500, 0.875]	[0.500, 0.875]	[0.167, 0.333]	[0.000, 0.333]
e_{16}	x_1	[0.500, 0.750]	[0.500, 0.750]	[0.375, 0.625]	[0.125, 0.125]	[0.333, 0.667]	[0.500, 0.833]
	x_2	[0.625, 0.625]	[0.125, 0.500]	[0.500, 0.625]	[0.625, 0.875]	[0.500, 1.000]	[0.500, 0.833]
	x_3	[0.375, 0.500]	[0.250, 0.625]	[0.625, 1.000]	[0.250, 0.625]	[0.333, 0.833]	[0.167, 0.667]

(4) 针对同一决策者参照意见与独立意见的差异以及与群体意见的差异，分别利用式(8-35)和式(8-56)计算决策者意见的可靠度和准确度，并利用式(8-57)对其进行规范化处理，其中决策者 e_1 的计算结果如表 8-22 和表 8-23 所示。再利用式 (8-58) 计算得到决策群体中每位成员的决策风险系数，如表 8-24 所示。

表 8-22　决策者 e_1 意见的可靠度

方案	u_1	u_2	u_3	u_4	u_5	u_6
x_1	0.735	1	1	1	0	1
x_2	1	1	0.232	1	1	1
x_3	1	1	1	0.637	1	1

表 8-23　决策者 e_1 意见的准确度

方案	u_1	u_2	u_3	u_4	u_5	u_6
x_1	0.623	0.118	1	1	0.656	0.690
x_2	0.746	0.646	0.834	0.479	0.496	0.882
x_3	1	0.541	0.499	0.512	0.548	0.998

表 8-24　群体成员决策风险系数

专家	λ^i	专家	λ^i	专家	λ^i	专家	λ^i
e_1	0.226	e_5	0.255	e_9	0.298	e_{13}	0.219
e_2	0.455	e_6	0.221	e_{10}	0.403	e_{14}	0.261
e_3	0.264	e_7	0.218	e_{11}	0.333	e_{15}	0.242
e_4	0.414	e_8	0.242	e_{12}	0.270	e_{16}	0.188

(5) 采用文献[34]方法对 16 位决策成员的参照意见偏好矩阵进行聚类，取聚类阈值$\gamma = 0.85$，可以得到 4 个聚集及其权重，聚类结果如表 8-25 所示。

表 8-25　聚类结果

聚集	成员数	成员	聚集权重
C^1	7	e_1 , e_5 , e_8 , e_{11} , e_{13} , e_{14} , e_{16}	0.630
C^2	4	e_2 , e_6 , e_9 , e_{15}	0.204
C^3	2	e_3 , e_{10}	0.052
C^4	3	e_4 , e_7 , e_{12}	0.114

利用式(8-59)计算得到决策成员的初始权重，并结合决策风险系数利用式 (8-60) 得到各成员的决策风险权重，如表 8-26 所示。

表 8-26 决策成员初始权重、决策风险权重

成员	初始权重	决策风险权重	成员	初始权重	决策风险权重
e_1	0.090	0.102	e_9	0.051	0.044
e_2	0.051	0.029	e_{10}	0.026	0.016
e_3	0.026	0.025	e_{11}	0.090	0.069
e_4	0.038	0.023	e_{12}	0.038	0.036
e_5	0.090	0.090	e_{13}	0.090	0.105
e_6	0.051	0.059	e_{14}	0.090	0.088
e_7	0.038	0.044	e_{15}	0.051	0.054
e_8	0.090	0.095	e_{16}	0.090	0.122

(6) 利用式(8-61)计算各个方案的贴近度 C_l，并对方案进行最终排序，结果如表 8-27 所示。

表 8-27 方案的贴近度和排序

候选方案	D_l^+	D_l^-	C_l
x_1	0.2695	0.1820	0.4031
x_2	0.1970	0.1971	0.5002
x_3	0.2191	0.1963	0.4726
排序结果		$x_2 > x_3 > x_1$	

由计算结果可以得出，应选择方案 x_2 对事故进行处置，即持续开展环境应急监测，通知消防力量撤离现场，派遣防化团携专业设备进场搜救。

3. 方法比较与讨论

为了说明本节方法的有效性和优势，将本节方法与文献[35]提出的专家权重方法进行对比，并且仅对聚集内部决策成员权重的求解进行相应的变换，其结果如表 8-28 所示，可以看出两种方法排序结果一致。

表 8-28　利用文献[35]决策方法得到的结果

候选方案	D_l^+	D_l^-	C_l
x_1	0.2096	0.1713	0.4497
x_2	0.2155	0.2183	0.5032
x_3	0.2474	0.2116	0.4610
排序结果		$x_2 > x_3 > x_1$	

文献[35]提出双重权重模型，对大群体进行了聚类分析，并认为聚集内部成员的权重取决于其对聚集一致性的贡献。而本节对聚集内部成员的权重进行的调整不仅基于对群体一致性的考量，同时还考虑了决策者对偏好的不确定性引发的风险，通过对决策成员偏好信息的可靠度和准确度进行测度，能够有效识别专业性较低的决策者，使成员权重的确定更为合理。

本节未将属性权重确定方法进行对比，由于现阶段文献中属性权重的确定大多通过专家偏好矩阵计算或由专家主观给出，其方法不具有可比性。但就思路而言，本节从社交媒体数据中获取属性的重要程度，其客观性具有较强的优势。

8.3.9　研究结论

本节针对重大突发事件产生的用户生成内容大数据和决策者对偏好信息的不确定性及偏离群体一致性引起的主观决策风险，给出了一种基于用户生成内容大数据挖掘的大群体两阶段风险应急决策方法：一方面，该方法将社交媒体中的用户生成内容大数据引入应急决策方案选择中，采用词频-逆文档频率方法对关键词进行提取获得公众偏好信息，进而对事件损害程度进行评估确定属性权重；另一方面，考虑到决策者在意见开放的决策场景下出现调整偏好的行为可能会引起决策风险的问题，设计了两阶段决策流程收集决策成员的偏好信息，并结合聚类方法确定决策者权重。

本节的研究成果主要适用于受公众强烈关注或专家需要结合公众信息进行辅助判断的应急决策问题，如台风、地震、洪涝灾害、特大安全生产事故等重大突发事件的处置。与传统方法相比，决策属性权重的制定考虑了公众的信息关注倾向，可以弥补专家在确定权重时受主观性干扰的不足，并增加公众对决策的满意度，降低事件可能造成的社会风险。关键词的提取过程也不涉及对大量语法句法信息进行复杂的语义分析，拥有较高的文本处理速度和效率，能够满足应急决策的时效性要求。同时，通过决策者意见的可靠度和准确度对决策风险进行量化，能够识别出对所给偏好信息不确定程度较大或偏离群体一致性程度较高的成员，使决策结果更为合理。

当然，本节方法也存在一定局限性，例如，属性权重的确定与用户生成内容的质量相关，当事件发生初期社交媒体上相关的用户生成内容较少或文本存在较多噪声数据时将对决策结果造成影响。未来的研究将考虑进一步挖掘公众对事件的情绪表达信息，提高分析的质量，并尝试从用户生成内容中自动提取构建属性体系，结合采用更加全面的时空模式分析，实现对突发事件的动态决策。

8.4 社会网络环境下基于信任-知识模型的风险性大群体应急决策方法

针对大群体应急决策专家之间信任关系及其传递引发的决策风险，以及由于大群体中个体偏好差异较大导致生成独立聚集等问题。本节首先提出一个信任-知识模型对决策专家之间的信任关系进行集成和传递，并根据决策专家的信任风险偏好得出决策专家之间的信任知识度网络；然后利用 Louvain 算法对信任知识度网络进行聚类，高效快速地获得若干个聚集，并用社会网络分析技术确定每个决策者和聚集的权重；最后对每个聚集中的决策者偏好进行集结，并综合决策者给出的信息对备选决策方案进行排序。

8.4.1 方法基础

1. 信任-非信任模型

Victor 等[36]提出用矩阵的方式表示信任-非信任模型，在该模型中，每个个体之间的信任值、非信任值、知识水平等都得到了体现。

定义 8-17 设(t,d)是集合$[0,1]\times[0,1]$中的元素，其中 t 表示信任值，d 表示非信任值，则称(t,d)为信任得分[36]。信任得分空间

$$BL^{H} = ([0,1]^2, \leqslant_t, \leqslant_k, \neg)$$

由信任得分集合、信任排序($\leqslant_t$)、知识水平排序($\leqslant_k$)以及负算子($\neg$)组成。所有的信任得分(t_1, d_1)和(t_2, d_2)都满足：

$$(t_1, d_1)\leqslant_t(t_2, d_2) \text{ iff } t_1\leqslant t_2 \text{ 且 } d_1\geqslant d_2$$

$$(t_1, d_1)\leqslant_k(t_2, d_2) \text{ iff } t_1\leqslant t_2 \text{ 且 } d_1\leqslant d_2$$

$$\neg(t_1, d_1) = (d_1, t_1)$$

定义 8-18 与信任-非信任值(t_1, d_1)相关的信任度和知识缺陷度分别定义为[37]

$$TS(t_1, d_1) = t_1-d_1$$

$$KD(t_1, d_1) = |1-t_1-d_1|$$

令(t_1, d_1)和(t_2, d_2)是两组信任得分值，则它们的信任度分别为$\mathrm{TS}_1 = t_1 - d_1$，$\mathrm{TS}_2 = t_2 - d_2$；知识缺陷度分别为$\mathrm{KD}_1 = |1 - t_1 - d_1|$，$\mathrm{KD}_2 = |1 - t_2 - d_2|$，则有以下不等式成立：

(1) 当$\mathrm{TS}_1 < \mathrm{TS}_2$时，$(t_1, d_1) < (t_2, d_2)$；当$\mathrm{TS}_1 > \mathrm{TS}_2$时，$(t_1, d_1) > (t_2, d_2)$。

(2) 当$\mathrm{TS}_1 = \mathrm{TS}_2$时，需要对比两组信任得分的知识缺陷度大小。当$\mathrm{KD}_1 < \mathrm{KD}_2$时，$(t_1, d_1) > (t_2, d_2)$；当$\mathrm{KD}_1 > \mathrm{KD}_2$时，$(t_1, d_1) < (t_2, d_2)$；当$\mathrm{KD}_1 = \mathrm{KD}_2$时，$(t_1, d_1) = (t_2, d_2)$。同时，定义“1-KD”为知识度；不失一般性，知识缺陷度越小，知识度越大，在信任度相同的情况下，信任得分越大，反之亦然。

定义 8-19　设A是一组节点的集合，R是一个$A \times A \to [0,1]^2$的映射，该映射可将A中的节点对(a,b)映射成一个$[0,1] \times [0,1]$中的信任得分值$R(a,b) = (R^+(a,b), R^-(a,b))$，其中$R^+(a,b)$和$R^-(a,b)$分别表示节点$a$到$b$的信任值和非信任值，则称二元组$(A,R)$为信任网络。信任网络可用矩阵$\mathrm{TD} = [(t_{ij}, d_{ij})]_{M \times M}$来表示，其中$(t_{ij}, d_{ij}) = (1,0)$，$t_{ij} \in [0,1]$，$d_{ij} \in [0,1]$，$i = 1,2,\cdots,M$。

2. 社会网络

定义 8-20　社会网络是由一组节点E和一组边L组成的网络结构[38]，用G表示社会网络关系矩阵，则$G = (E(G), L(G))$。其中$E = \{e_1, e_2, \cdots, e_M\}$，节点$e_i$表示第$i$个人或组织；边$L = \{l_1, l_2, \cdots, l_O\}$表示节点之间的社会关系。其中边是可以有方向性的，即一个节点连接到另一个节点，但并不表示另一个节点一定连接到此节点。与节点e_i相连的边权重称为节点的度，在有向网络中，节点的度数分为点入度和点出度，一个点的点出度是网络中以该点为起点的有向边权重之和，点入度是网络中以该点为终点的有向边权重之和，通常用$d(e_i)$或d_i表示。本节用节点表示决策专家，边表示决策专家之间的信任关系。

定义 8-21　社会网络分区检测是一种用来揭示社会网络结构的方法[39]，该方法所产生的分区质量通常通过分区模块化来度量，如下所示：

$$Q = \frac{1}{2O} \sum_{l=1}^{k} \sum_{i \in C, j \in C} (G_{ij} - d_i d_j / (2O)) \cdot \delta(c_i, c_j) \tag{8-62}$$

其中，k为检测到的分区数量，O为网络中边的总数(当网络图的边带权重时，则表示边的权重总和)，c_i、c_j分别为节点e_i和e_j所属的社区，d_i、d_j分别为节点e_i和e_j的度，G_{ij}为节点e_i与e_j之间的权重。当节点e_i和e_j属于相同社区时，函数$\delta(c_i, c_j) = 1$，否则$\delta(c_i, c_j) = 0$。

3. 区间直觉模糊集

定义 8-22　设X是一个非空集合，则称$A = \{\langle x, \tilde{u}_A(x), \tilde{v}_A(x) \rangle | x \in X\}$为区间直觉模糊集[40]，其中$\tilde{u}_A(x) = \left[u_A^-(x), u_A^+(x)\right] \subset [0,1]$，$\tilde{v}_A(x) = [v_A^-(x), v_A^+(x)] \subset [0,1]$，

且 $u_A^+(x)+v_A^+(x)\leqslant 1$，$x\in X$。区间数 $\tilde{u}_A(x)$ 和 $\tilde{v}_A(x)$ 分别表示 X 中的元素 x 对于区间模糊集 A 的隶属度和非隶属度。

令 $\tilde{\pi}_A(x)=1-\tilde{u}_A(x)-\tilde{v}_A(x)$、$\tilde{\pi}_A^-(x)=1-u_A^+(x)-v_A^+(x)$、$\tilde{\pi}_A^+(x)=1-u_A^-(x)-v_A^-(x)$，称 $\tilde{\pi}_A(x)$ 为 X 中的元素 x 属于 A 的犹豫度。

特别地，当 $u_A^-(x)=u_A^+(x)$ 且 $v_A^-(x)=v_A^+(x)$ 时，区间直觉模糊集简化为直觉模糊集。区间直觉模糊集的一般表示形式为 $\tilde{\alpha}=(\tilde{u}_\alpha(x),\tilde{v}_\alpha(x))$，简要表示为 $\tilde{\alpha}=([a,b],[c,d])$，其中隶属度 $[a,b]\subseteq[0,1]$，非隶属度 $[c,d]\subseteq[0,1]$，且 $b+d\leqslant 1$，犹豫度 $[e,f]=[1-b-d,1-a-c]$。

定义 8-23 设 $\tilde{\alpha}_1=([a_1,b_1],[c_1,d_1])$ 和 $\tilde{\alpha}_2=([a_2,b_2],[c_2,d_2])$ 为任意两个区间直觉模糊数，则有：

(1) $\tilde{\alpha}_1+\tilde{\alpha}_2=([a_1+a_2-a_1a_2,b_1+b_2-b_1b_2],[c_1c_2,d_1d_2])$；

(2) $\lambda\tilde{\alpha}_1=([1-(1-a_1)^\lambda,1-(1-b_1)^\lambda],[c_1^\lambda,d_1^\lambda])$，$\lambda>0$；

(3) $\tilde{\alpha}_1^\lambda=([a_1^\lambda,b_1^\lambda],[1-(1-c_1)^\lambda,1-(1-d_1)^\lambda])$，$\lambda>0$。

定义 8-24 设 $\tilde{\alpha}_j=([a_j,b_j],[c_j,d_j])$ $(j=1,2,\cdots,N)$为一组区间直觉模糊数，则该组区间直觉模糊数加权平均算子为[40]

$$\begin{aligned}&\mathrm{IIFWA}_w(\tilde{\alpha}_1,\tilde{\alpha}_2,\cdots,\tilde{\alpha}_N)\\&=\sum_{j=1}^N w_j\tilde{\alpha}_j=\left(\left[1-\prod_{j=1}^N(1-a_j)^{w_j},1-\prod_{j=1}^N(1-b_j)^{w_j}\right],\left[\prod_{j=1}^N c_j^{w_j},\prod_{j=1}^N d_j^{w_j}\right]\right)\end{aligned}\tag{8-63}$$

其中，$w=(w_1,w_2,\cdots,w_N)^{\mathrm{T}}$ 为 $\tilde{\alpha}_j$ $(j=1,2,\cdots,N)$的权重向量，$w_j\in[0,1]$且 $\sum_{j=1}^N w_j=1$。

设 $\tilde{\alpha}_1=([a_1,b_1],[c_1,d_1])$ 和 $\tilde{\alpha}_2=([a_2,b_2],[c_2,d_2])$ 为任意两组区间直觉模糊数，记得分函数 $R(\tilde{\alpha}_1)=\dfrac{a_1-c_1+b_1-d_1}{2}$，精确函数 $H(\tilde{\alpha}_1)=\dfrac{a_1+b_1+c_1+d_1}{2}$，则有[41]：

(1) 若 $R(\tilde{\alpha}_1)<R(\tilde{\alpha}_2)$，则 $\tilde{\alpha}_1<\tilde{\alpha}_2$；

(2) 若 $R(\tilde{\alpha}_1)=R(\tilde{\alpha}_2)$，则：①若 $H(\tilde{\alpha}_1)=H(\tilde{\alpha}_2)$，则 $\tilde{\alpha}_1=\tilde{\alpha}_2$；②若 $H(\tilde{\alpha}_1)<H(\tilde{\alpha}_2)$，则 $\tilde{\alpha}_1<\tilde{\alpha}_2$。

8.4.2 问题描述

设决策大群体 $E=\{e_1,e_2,\cdots,e_M\}$，e_i 表示第 i 个决策专家；决策方案集 $X=\{x_1,x_2,\cdots,x_P\}$，其中 x_l 表示第 l 个应急决策方案；决策属性集 $F=\{f_1,f_2,\cdots,f_N\}$，其中 f_j 表示第 j 个决策属性，属性权重向量为 $W=(w_1,w_2,\cdots,w_N)^{\mathrm{T}}$，其中 w_j 表示属性 f_j 的权重，满足 $w_j\in[0,1]$且 $\sum_{j=1}^N w_j=1$；应急决策专家之间组成的信任网络为 $\mathrm{TD}=[(t_{ij},$

$d_{ij})]_{M\times M}$。$[a_{lj}^i,b_{lj}^i]$ 和 $[c_{lj}^i,d_{lj}^i]$ 分别表示决策者 e_i 对方案 x_l 关于属性 f_j 的隶属度区间和非隶属度区间，则决策者 e_i 的决策矩阵表示为 $A^i=[\alpha_{lj}^i]_{P\times N}$。

在实际决策问题中，应急决策专家之间并不能直接构成社会网络，所以不能用 Wu 等[42]的社会网络技术直接对决策成员进行聚类，而需要将专家之间的信任得分转化成具体数值。然而，一些应急决策专家对某个特定的专家来说可能是未知的或不了解的，这就意味着这个特定专家不能给出他未知的或不了解的专家的信任值和非信任值，例如，专家 e_1 信任专家 e_2，专家 e_2 信任专家 e_3，专家 e_1 对专家 e_3 的信任值和非信任值无法确定，显然这会影响信任网络的构成，不同于一般的社会网络，信任网络可用通过专家之间的信任关系进行传递。在这种情况下，可以通过使用可信任的第三方的间接路径来获取关于未知专家的信任信息。

8.4.3 信任-知识模型的建立

定义 8-25 设 $(t_1,d_1), (t_2,d_2), \cdots, (t_{M-1}, d_{M-1})$ 分别表示专家 e_1 对专家 e_2 的信任值和非信任值[36]，专家 e_2 对专家 e_3 的信任值和非信任值，专家 e_{M-1} 对专家 e_M 的信任值和非信任值，则专家 e_1 对专家 e_M 的信任值和非信任值可以用传递算子进行计算。

$$P'((t_1,d_1), (t_2,d_2),\cdots,(t_{M-1},d_{M-1}))=(T(t_1, t_2,\cdots, t_{M-1}),T(t_1, t_2,\cdots, d_{M-1})) \tag{8-64}$$

一般情况下，取 $T(x,y)=x\cdot y$，则式(8-64)可以简化为

$$P'((t_1,d_1), (t_2,d_2),\cdots,(t_{M-1},d_{M-1}))=(t_1\cdot t_2\cdot t_{M-1},\ t_1\cdot t_2\cdot t_{M-2}\cdot d_{M-1}) \tag{8-65}$$

在大群体应急决策问题中，由于某位专家可以通过多种传递途径对同一位专家生成信任值和非信任值，因此需要将多种传递途径生成的信任值和非信任值进行聚类。Wu 等[37]提出了信任-诱导有序加权平均(trust score-induced ordered weighted averaging operator，TS-IOWA)算子来对信任值和非信任值进行集成和传递：设信任得分集合为 $\{(t_i,d_i)|i=1,2,\cdots,v\}$，则由诱导变量 $U=(u_1,u_2,\cdots,u_v)$ 诱导出的信任-诱导有序加权平均算子表示如下：

$$\text{TS-IOWA}_U((t_1,d_1),(t_2,d_2),\cdots,(t_v,d_v))=(\text{IOWA}_{U,T},\ \text{IOWA}_{U,D}) \tag{8-66}$$

其中，$u_i=(\text{TS}_i,\ \text{KD}_i)=(t_i-d_i,|1-t_i-d_i|)$，$\text{IOWA}_{U,T}=\text{IOWA}(\langle u_1,t_1\rangle,\langle u_2,t_2\rangle,\cdots,\langle u_v,t_v\rangle)$；$\text{IOWA}_{U,D}=\text{IOWA}(\langle u_1,d_1\rangle,\langle u_2,d_2\rangle,\cdots,\langle u_v,d_v\rangle)$。

与 $\text{IOWA}_{U,T}$ 和 $\text{IOWA}_{U,D}$ 关联的加权权重为

$$uw_{\sigma(h)}=Q'(T(\sigma(h))/T(\sigma(n)))-Q'(T(\sigma(h-1)))/T(\sigma(n)) \tag{8-67}$$

$T(\sigma(h))=\sum_{n=1}^{h}\text{TS}_{\sigma(n)}$，$u_{\sigma(n)}$ 是集合 $\{u_1,u_2,\cdots,u_v\}$ 中第 n 大的元素。Q' 是基本区间

单调函数，即 Q':[0, 1]→[0, 1]；$Q'(0) = 0$，$Q'(1) = 1$；当 $x>y$ 时，$Q'(x)>Q'(y)$。

然而，用式(8-66)计算与 $\text{IOWA}_{U,T}$ 和 $\text{IOWA}_{U,D}$ 关联的加权权重时，计算过程特别烦琐，计算量较大，严重影响决策效率，且只考虑了信任度对权重大小的影响，没有考虑知识缺陷度 KD_i 对加权权重的影响，没有考虑 $\text{TS}_i\leqslant 0$ 的情况；除此之外，式(8-67)计算 $\text{IOWA}_{U,T}$ 和 $\text{IOWA}_{U,D}$ 关联的加权权重时没有考虑决策者的风险偏好且在各组信任度差距非常小，计算出来的加权权重差别非常大。如文献[37]所示，作者在集成决策者 e_1 对决策者 e_4 的信任值和非信任值时，已知 $u_{134} = (0.48, 0.20)$、$u_{1524} = (0.42,0.16)$。用式(8-67)对其进行权重大小计算得出 $uw_{\sigma(1)} = 0.73$、$uw_{\sigma(2)} = 0.27$。很明显诱导变量 u_{134} 和 u_{1524} 的信任度 TS 相差仅 0.06，而计算出来的加权权重相差很大，除此之外也未考虑知识缺陷度对加权权重的影响，知识缺陷度 KD 越小，代表决策者犹豫度越小，知识缺陷度越大，知识水平越高，因此较小的知识缺陷度会促进专家信任值和权重的提升，很明显 u_{134} 的知识缺陷度小于 u_{1524} 知识缺陷度，而在计算两者的加权权重时却没有被考虑进去而得出差别非常大的结果，因此式(8-67)存在很大的缺陷。

另外，上述信任传递过程中未考虑当信任网络较大且复杂时，识别所有的信任传播路径非常耗时且信任质量随着传播长度的增加而减少。因此，对信任路径的传播长度进行限制有利于降低信任计算的复杂性。

六度分割理论[43]假设世界上任何两个互不认识的人都可以通过少量的中间人进行连接；一般来说，根据六度分割理论[44]，一个人与另一个人连接需要 7 个人。Leskovec 等[45]基于 MSN 的用户信息，发现任何用户平均可以与 6.6 个人建立联系。基于该理论，在一个信任网络中，一个决策者平均只需要 7 个中间决策者就能与他人建立有效的信任关系。因此，为了降低计算复杂度，提高信任网络传播的质量，本节只考虑信任关系传播路径在 7 个决策者以内的信任关系传播。

本节通过设立式(8-68)对诱导变量 U 中各元素的加权权重进行计算，考虑信任度和知识度对加权权重的影响，极大提高了计算效率，同时引入决策者信任风险偏好系数 θ 来衡量决策者在信任网络中的信任风险，其中 $\theta\in[0,1]$，则诱导变量 U 中第 i 个诱导元素 $u_i = (\text{TS}_i, \text{KD}_i)$的加权权重大小定义为

$$uw_i = \frac{\theta \text{TS}_i + \dfrac{(1-\theta)(1-\text{KD}_i)}{2}}{\sum_{i=1}^{v}\left[\theta \text{TS}_i + \dfrac{(1-\theta)(1-\text{KD}_i)}{2}\right]} \tag{8-68}$$

特别地，式(8-68)包含 $\text{TS}_i\leqslant 0$ 的情况；当 $\text{TS}_i\leqslant 0$ 时，可能出现 $uw_i\leqslant 0$ 的情况，此时也满足条件，因为 uw_i 并不是指决策者的权重，而是指决策者信任关系传递路径的权重。除此之外，令 $v\leqslant 7$，即只考虑信任关系传递路径在 7 个决策者以内的情况。

由以上易知 $\sum_{i=1}^{v} uw_i = 1$，且计算加权权重时既考虑了信任度对权重的影响，又考虑了知识度对权重的影响。

其中，决策者信任风险偏好系数θ有：

(1) 当$\theta = 1$即决策者信任风险偏好系数为最大，决策者是极端信任风险偏好型，只考虑信任度对信任传递的影响，不考虑知识度对信任传递的影响。

(2) 当$0.5 < \theta < 1$时，此时决策者是信任风险偏好型。

(3) 当$\theta = 0.5$时，此时决策者是信任风险中立型。

(4) 当$0 < \theta < 0.5$时，此时决策者是信任风险规避型。

(5) 当$\theta = 0$时，即决策者信任风险偏好系数为最小，此时决策者是极端信任风险规避型，不考虑信任度对信任传递的影响，只考虑知识度对信任传递的影响。

为了方便对信任得分(t_i,d_i)进行社会网络分析，需将其转化成具体数值，而且需要综合考虑信任度和知识度对信任得分的影响。

定义 8-26　信任知识度 g_i 为

$$g_i = [2\theta \cdot \mathrm{TS}_i + (1-\theta)(1-\mathrm{KD}_i)] / (\theta + 1) \tag{8-69}$$

由定义 8-26 可知，g_i 表示决策者 e_i 对决策者 e_{i+1} 的信任知识度，为了更容易理解，用 g_{ij} 表示决策者 e_i 对决策者 e_{i+1} 的信任知识度大小，易证 $0 \leqslant g_{ij} \leqslant 1$。特别地，若 $\mathrm{TS}_i \leqslant 0$，则令 $g_{ij} = 0$，也就是说决策者之间的信任知识度是建立在信任度 $\mathrm{TS}_i > 0$ 基础之上的。式(8-69)满足当信任得分为(1,0)时，信任知识度 $g_{ij} = 1$，信任得分为(0,1)时，$g_{ij} = 0$。g_{ij} 越大，代表决策者 e_i 对决策者 e_j 所做的决策越认可，相应的决策者 e_j 在社会网络中具有越大的话语权，如果所有决策者对 e_j 都有很高的信任知识度，则表明 e_j 是该网络的意见领袖，具有很高的权重和话语权。

在实际应急决策问题中，决策专家可以依据实际问题给出自己的信任风险偏好系数，从而得出专家之间信任知识度大小。

8.4.4　社会网络环境下大群体聚类及聚集权重确定

1. 将决策者的信任网络转化为可以用社会网络分析技术处理的信任知识度网络

由于在信任网络 $\mathrm{TD} = [(t_{ij},d_{ij})]_{M\times M}$ 中，决策者之间的信任关系是通过(t,d)信任值和非信任值来体现的，不能用社会网络分析技术对(t,d)对进行分析，因此需要将这个关系对转化成一个具体的数值，再用社会网络分析技术对其进行处理。转化的具体步骤如下：

(1) 将信任网络 $\mathrm{TD} = [(t_{ij},d_{ij})]_{M\times M}$ 转化为矩阵 $U' = [(\mathrm{TS}_{ij},\ \mathrm{KD}_{ij}) = (t_{ij}-d_{ij},\ |1-t_{ij}-d_{ij}|)]_{m\times m}$。

(2) 将矩阵 U'转化为信任知识度网络 $G=[g_{ij}]_{M\times M}$，其中 g_{ij} 可用式(8-69)进行计算。

2. 利用社会网络分析技术 Louvain 算法对信任知识度网络进行聚类

Wu 等[42]认为社区检测是社会网络分析技术中基本而又不可或缺的工具，且这些检测到的社区在不同情况下被称为组、聚集、内聚子组或模块。Blondel 等[46]提出了一种社区检测方法，可以高效提取大型网络社区结构的 Louvain 算法。本节对这种算法进行拓展，对大群体决策问题中的专家进行聚类分析，分为以下两个阶段。

(1) 第一阶段：对节点(决策者)进行分区(聚类)。模块化变量ΔQ 定义为

$$\Delta Q=\left[\frac{\Sigma_{\text{in}}+2d_{i,\text{in}}}{2O}-\left(\frac{\Sigma_{\text{tot}}+d_{i,\text{in}}}{2O}\right)^2\right]-\left[\frac{\Sigma_{\text{in}}}{2O}-\left(\frac{\Sigma_{\text{tot}}}{2O}\right)^2-\left(\frac{d_i}{2O}\right)^2\right] \tag{8-70}$$

首先，将网络中的每个节点分配为单独的社区，因此最初有 M 个分区；其次，对模块化变量ΔQ 进行评估，将节点 e_i 移动到其相邻的 e_j 节点所在分区 c_j 中，计算分配前与分配后模块化变量ΔQ；再次，将 e_i 移动到其他所有相邻的节点所在分区中，并计算分配前与分配后模块化变量$\Delta Q'$，当找到将节点 e_i 放置在模块化变量ΔQ 最大的分区中时，则节点 e_i 就属于该分区。对所有节点迭代此过程，直到ΔQ 最大，表明不能实现进一步的改进，完成第一阶段。

其中，Σ_{in} 为社区 c 内的边权重总和，Σ_{tot} 为与社区 c 内的节点相连的边权重总和，d_i 为与节点 e_i 连接的边权重之和，$d_{i,\text{in}}$ 为从节点 e_i 到 c 中节点的边权重之和，O 为整个社会网络中所有边的权重之和。

(2) 第二阶段：不断迭代重复第一阶段，通过增加分区中节点的数量改变ΔQ，直到迭代过程不可能进一步使模块化变量增加，则找到分区数量及分区内所含节点，从而使大群体形成 K 个聚集。

3. 确定每个决策者权重和聚集的权重

1) 计算每个决策者权重

由于决策者 e_i 在信任知识度网络中入度越高，则其他决策者对决策者 e_i 赋予的信任越高，因此可用决策者 e_i 在信任知识度网络中入度的大小来确定 e_i 的权重。

$$\text{rg}_i=\frac{\sum\limits_{t=1,t\neq i}^{M}g_{ti}}{\sum\limits_{i=1,i\neq t}^{M}\sum\limits_{t=1,t\neq i}^{M}g_{ti}} \tag{8-71}$$

2) 计算聚集 C^k(其中 $k=1,2,\cdots,K$)的权重大小

设聚集 C^k 中一共有 n_k 个决策者，其中 $1\leqslant k\leqslant K$，$1\leqslant n_k\leqslant M$。那么聚集 C^k 的权重

计算公式为

$$r_k = \sum_{i=1}^{n_k} \mathrm{rg}_i \tag{8-72}$$

3) 对聚集权重进行归一化处理

用式(8-71)和式(8-72)计算出所有聚集的权重大小后，还需要对其进行归一化处理，方便起见，用 u'_k 来表示，得到最终的聚集 C^k 权重为

$$u'_k = \frac{u_k}{\sum_{k=1}^{K} u_k} \tag{8-73}$$

根据上述模型，可求得大群体聚集的权重向量为 $U=(u'_1,u'_2,\cdots,u'_K)^{\mathrm{T}}$ 。

8.4.5　方法步骤

综上，基于信任-知识模型的风险性大群体应急决策步骤可以归纳如下：

(1) 通过问卷收集大群体决策者之间的信任关系和决策者信任风险偏好系数，并构建大群体信任网络矩阵 $\mathrm{TD}=[(t_{ij},d_{ij})]_{M\times M}$；然后利用式(8-65)和式(8-68)对信任网络中缺少的信任关系进行传递和补全。

(2) 利用式(8-69)对信任网络矩阵 TD 进行转化，得到信任知识度网络 $G=[g_{ij}]_{M\times M}$。

(3) 利用社会网络分析技术 Louvain 算法对信任知识度网络 G 进行聚类，形成 K 个聚集。

(4) 用式(8-71)～式(8-73)计算出每个决策者权重 $\mathrm{rg}_i=(\mathrm{rg}_1,\mathrm{rg}_2,\cdots,\mathrm{rg}_M)^{\mathrm{T}}$ 和每个聚集权重 $U=(u'_1,u'_2,\cdots,u'_k)^{\mathrm{T}}$。

(5) 由(3)和(4)结果，利用式(8-63)对决策偏好信息矩阵 $A^i=[\alpha^i_{lj}]_{P\times N}$ 进行集结，共得到 K 个聚集的决策偏好矩阵 $A^k=[\alpha^k_{lj}]_{P\times N}$ ，其中 $k=1,2,\cdots,K$。

(6) 用区间直觉模糊数加权平均算子对 k 个聚集的决策偏好矩阵 $A^k=[\alpha^k_{lj}]_{P\times N}$(其中 $k=1,2,\cdots,K$)与聚集权重 $U=(u'_1,u'_2,\cdots,u'_K)^{\mathrm{T}}$ 进行集结，将集结后的方案偏好矩阵与决策属性权重 $W=(w_1,w_2,\cdots,w_N)^{\mathrm{T}}$ 进行集结，得到每个方案的综合区间模糊值 $\tilde{\alpha}_l$ ，然后根据定义 8-24 计算各方案的得分函数 $R(\tilde{\alpha}_p)$ 和精确函数 $H(\tilde{\alpha}_p)$ 对应急方案进行排序，选出最优方案。

8.4.6　案例分析

1. 案例背景

下面通过对一个大型爆炸事故救援的方案来说明本节所提出方法的适用性。

2018 年 6 月 5 日在辽宁省本溪市某铁矿发生爆炸事故，事故发生后，造成伤亡 20 人，25 人被困井下。为了对井下人员进行营救，相关部门组织了来自救援组、消防组和安全措施专家组等 20 名应急决策专家组成决策大群体 $E=\{e_1,e_2,\cdots,e_{20}\}$ 对事故现场进行分析，并且基于已有的应急预案初步制订了 4 个应急方案。

方案 x_1：调用 2 台挖掘机对未取得联系的人员进行搜救。

方案 x_2：采取一次爆破，并派出消防人员下井救援可以取得联系的人；同时调用 4 台挖掘机对未取得联系的人员进行搜救。

方案 x_3：采取小批量多批次进行局部爆破，将可以取得联系的井下人员救出，同时调用 2 台挖掘机对未取得联系的人员进行搜救。

方案 x_4：采取小批量多批次进行局部爆破，并派出消防人员下井疏通巷道，将可以取得联系的人救出；同时调用 3 台挖掘机对未取得联系的人员进行搜救。

在进行救援时，主要从三个方面对应急方案进行评价分析：人员安全度 f_1、降低成本 f_2、缩短救援时间 f_3。根据以往救援经验，确定属性权重向量为 $W=(0.5,0.2,0.3)^{\mathrm{T}}$。20 名决策专家使用区间直觉模糊数给出决策偏好矩阵 $A^i=[\alpha_{lj}^i]_{20\times 20}$。

2. 决策步骤

(1) 通过问卷收集大群体决策者之间的信任关系和信任风险偏好系数，并构建大群体信任网络矩阵 $\mathrm{TD}=[(t_{ij},d_{ij})]_{20\times 20}$；由于信任网络矩阵较大，限于篇幅，仅截取其中 7 个决策者之间的信任网络矩阵，如表 8-29 所示。

表 8-29　7 个决策者之间的信任网络矩阵

	x_1	x_2	x_3	x_4	x_5	x_6	x_7
x_1	(1.0,0)	(0.5,0.2)	(0.7,0.1)	(0.7,0.2)	(0.6,0.1)	(0.8,0.1)	(0.7,0.2)
x_2	(0.5,0.3)	(1.0,0)	(0.8,0.2)	(0.7,0.3)	(0.6,0.3)	(0.9,0.2)	(0.6,0.3)
x_3	(0.7,0.2)	—	(1.0,0)	(0.5,0.2)	(0.4,0.3)	(0.6,0.1)	(0.7,0.4)
x_4	(0.6,0.2)	(0.6,0.4)	(0.7,0.1)	(1.0,0)	(0.6,0.1)	(0.8,0.2)	—
x_5	(0.5,0.2)	(0.4,0.3)	(0.5,0.3)	(0.6,0.3)	(1.0,0)	(0.8,0.3)	(0.6,0.4)
x_6	(0.4,0.5)	(0.3,0.6)	(0.5,0.4)	(0.6,0.4)	(0.7,0.2)	(1.0,0)	(0.4,0.5)
x_7	(0.6,0.5)	(0.5,0.6)	(0.6,0.2)	(0.7,0.4)	(0.5,0.6)	(0.7,0.1)	(1.0,0)

然后利用式(8-65)和式(8-68)对以上信任网络进行补全，以(t_{32},d_{32})为例。

① 用式(8-65)计算专家 3 通过某一位专家与专家 2 进行间接信任传递。

$P'_{31,2}((0.7,0.2),(0.5,0.2))=(0.35,0.14)$，$P'_{34,2}((0.5,0.2),(0.6,0.4))=(0.3,0.2)$，$P'_{35,2}((0.4,0.3),(0.4,0.3))=(0.16,0.12)$，$P'_{36,2}((0.6,0.1)(0.3,0.6))=(0.18,0.36)$，$P'_{37,2}((0.7,0.4)(0.5,0.6))=(0.35,0.42)$，$P'_{39,2}=(0.42,0.12)$，$P'_{310,2}=(0.36,0.12)$，$P'_{311,2}=(0.42,0.42)$，

$P'_{312,2}=(0.35,0.28)$，$P'_{314,2}=(0.25,0.25)$，$P'_{315,2}=(0.42,0.07)$，$P'_{316,2}=(0.24,0.15)$，$P'_{317,2}=(0.48,0.09)$，$P'_{318,2}=(0.30,0.24)$，$P'_{319,2}=(0.30,0.15)$，$P'_{320,2}=(0.48,0.12)$

② 由于 20 位决策专家之间的联系非常紧密，已知信任关系较多，根本不需要联系 6 个人就可以与其他专家取得信任关系，若要考虑 7 以内的信任传播情况，则每个缺失的信任关系需要计算上亿次，为了兼顾计算的及时性和准确性，在这里只考虑专家 3 间接通过一位专家与专家 2 进行间接信任传递的情况。

已知决策专家 3 的信任风险偏好系数$\theta=0.5$，用式(8-68)对上述 16 个传递关系进行加权权重求解得：$uw_{31,2}=0.071$、$uw_{34,2}=0.055$、$uw_{35,2}=0.028$、$uw_{36,2}=0.014$、$uw_{37,2}=0.049$、$uw_{39,2}=0.089$、$uw_{310,2}=0.075$、$uw_{311,2}=0.065$、$uw_{312,2}=0.060$、$uw_{314,2}=0.039$、$uw_{315,2}=0.093$、$uw_{316,2}=0.044$、$uw_{317,2}=0.105$、$uw_{318,2}=0.051$、$uw_{319,2}=0.058$、$uw_{320,2}=0.103$；将传递算子和加权权重进行合并计算可得$(t_{32},d_{32})=(0.37,0.19)$。在本案例中，假设决策专家的信任风险偏好为中立型，则取$\theta=0.5$。可以用 MATLAB 对以上计算过程进行编程处理，极大地提高了决策效率，方便起见，还记为 $\mathrm{TD}=[(t_{ij},d_{ij})]_{20\times20}$。

(2) 利用式(8-69)对信任网络矩阵 TD 进行转化，得到信任知识度网络 $G=[g_{ij}]_{20\times20}$，限于篇幅，仅给出 10 位专家之间的信任知识度网络关系，如表 8-30 所示。

表 8-30　专家之间的信任知识度网络矩阵

	1	2	3	4	5	6	7	8	9	10
1	1.00	0.43	0.67	0.63	0.57	0.77	0.63	0.87	0.43	0.60
2	0.40	1.00	0.73	0.60	0.50	0.77	0.50	0.73	0.37	0.39
3	0.63	0.31	1.00	0.43	0.30	0.57	0.50	0.67	0.47	0.57
4	0.53	0.47	0.67	1.00	0.57	0.73	0.35	0.77	0.00	0.40
5	0.43	0.30	0.40	0.50	1.00	0.63	0.47	0.77	0.37	0.50
6	0.00	0.00	0.37	0.47	0.63	1.00	0.00	0.73	0.28	0.63
7	0.37	0.00	0.53	0.50	0.00	0.67	1.00	0.63	0.00	0.00
8	0.00	0.34	0.00	0.50	0.63	0.77	0.63	1.00	0.47	0.60
9	0.37	0.63	0.67	0.73	0.60	0.77	0.67	0.87	1.00	0.50
10	0.32	0.53	0.53	0.53	0.63	0.77	0.37	0.73	0.00	1.00

(3) 利用社会网络分析技术 Louvain 算法对信任知识度网络 G 进行分析，形成 4 个聚集，并用可视化工具 pajek 进行可视化处理，如图 8-14 所示。

(4) 用式(8-71)～式(8-73)计算可得每个聚集的权重 $r=(0.17,0.37,0.30,0.16)^{\mathrm{T}}$ 和聚集内每个决策者权重 $\mathrm{rg}_i=(r_1,r_2,\cdots,r_{20})^{\mathrm{T}}$，聚集内每个决策者的权重大小如表 8-31 所示。

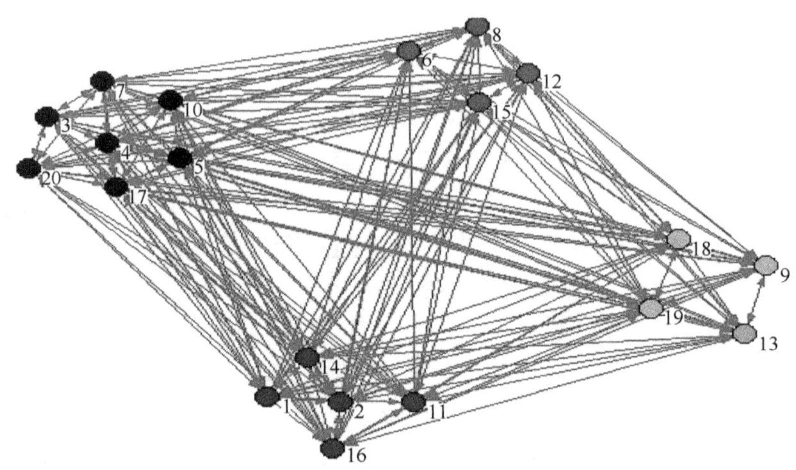

图 8-14　20 个决策专家的信任知识度网络聚集结果

表 8-31　每个聚集内决策者的权重大小

聚集								
聚集 1	决策者	x_1	x_2	x_{11}	x_{14}	x_{16}		
	权重	0.04	0.04	0.03	0.03	0.03		
聚集 2	决策者	x_3	x_4	x_5	x_7	x_{10}	x_{17}	x_{20}
	权重	0.05	0.06	0.05	0.05	0.05	0.06	0.05
聚集 3	决策者	x_6	x_8	x_{12}	x_{15}			
	权重	0.07	0.08	0.07	0.07			
聚集 4	决策者	x_9	x_{13}	x_{18}	x_{19}			
	权重	0.04	0.04	0.05	0.03			

(5) 由(4)可得每个聚集内部各个决策者的平均权重，利用区间直觉模糊加权平均算子对(3)中所得聚集的决策者偏好信息进行集结，共得到 4 个聚集的决策偏好矩阵 $A^k=[\alpha_{lj}^k]_{4\times3}$，其中 $k=1,2,3,4$，如表 8-32 所示。

表 8-32　大群体决策聚集偏好信息矩阵

聚集	方案	属性		
		人员安全度 f_1	降低成本 f_2	缩短救援时间 f_3
C^1	x_1	([0.34,0.54],[0.25,0.37])	([0.77,0.87],[0.10,0.13])	([0.43,0.59],[0.16,0.31])
	x_2	([0.66,0.74],[0.14,0.23])	([0.60,0.70],[0.18,0.30])	([0.58,0.74],[0.13,0.24])
	x_3	([0.74,0.85],[0.11,0.15])	([0.56,0.65],[0.24,0.33])	([0.72,0.85],[0.10,0.15])
	x_4	([0.75,0.86],[0.09,0.14])	([0.34,0.49],[0.28,0.44])	([0.72,0.82],[0.08,0.18])

续表

聚集	方案	属性		
		人员安全度 f_1	降低成本 f_2	缩短救援时间 f_3
C^2	x_1	([0.29,0.55],[0.20,0.35])	([0.77,0.87],[0.08,0.13])	([0.43,0.55],[0.23,0.39])
	x_2	([0.61,0.74],[0.12,0.18])	([0.60,0.74],[0.15,0.25])	([0.64,0.81],[0.12,0.19])
	x_3	([0.70,0.82],[0.12,0.17])	([0.50,0.62],[0.26,0.35])	([0.66,0.81],[0.11,0.18])
	x_4	([0.66,0.80],[0.12,0.18])	([0.31,0.44],[0.32,0.47])	([0.71,0.82],[0.10,0.18])
C^3	x_1	([0.31,0.47],[0.27,0.39])	([0.74,0.84],[0.10,0.15])	([0.39,0.51],[0.21,0.34])
	x_2	([0.69,0.80],[0.11,0.20])	([0.54,0.68],[0.19,0.29])	([0.75,0.89],[0.06,0.10])
	x_3	([0.57,0.68],[0.19,0.31])	([0.60,0.71],[0.18,0.25])	([0.52,0.67],[0.20,0.31])
	x_4	([0.68,0.78],[0.13,0.22])	([0.45,0.60],[0.25,0.36])	([0.75,0.86],[0.11,0.13])
C^4	x_1	([0.26,0.49],[0.33,0.46])	([0.77,0.87],[0.08,0.14])	([0.46,0.55],[0.20,0.35])
	x_2	([0.51,0.60],[0.22,0.35])	([0.58,0.70],[0.17,0.27])	([0.51,0.66],[0.16,0.33])
	x_3	([0.72,0.82],[0.15,0.18])	([0.52,0.69],[0.21,0.29])	([0.79,0.86],[0.08,0.13])
	x_4	([0.65,0.76],[0.16,0.24])	([0.41,0.60],[0.20,0.39])	([0.74,0.86],[0.09,0.14])

(6) 将大群体决策偏好矩阵 $A^k=[\alpha_{lj}^k]_{4\times 3}$ 与聚集的权重 $r=(0.17,0.37,0.30,0.16)^{\mathrm{T}}$ 进行集结，将集结后的方案偏好矩阵与决策属性权重 $W=(0.5,0.2,0.3)^{\mathrm{T}}$ 进行集结，得到每个方案的综合区间直觉模糊值 $\tilde{\alpha}_1=([0.47,0.63],[0.19,0.31])$、$\tilde{\alpha}_2=([0.63,0.76],[0.14,0.23])$、$\tilde{\alpha}_3=([0.66,0.78],[0.15,0.23])$、$\tilde{\alpha}_4=([0.66,0.78],[0.13,0.21])$。然后，根据定义 8-24 计算各方案的得分：$R(\tilde{\alpha}_1)=0.30$、$R(\tilde{\alpha}_2)=0.51$、$R(\tilde{\alpha}_3)=0.53$、$R(\tilde{\alpha}_4)=0.55$，由于 $x_4>x_3>x_2>x_1$，因此方案 x_4 为铁矿爆炸事故的应急方案，即采用小批量多批次进行局部爆破，并派出消防人员下井疏通巷道，将可以取得联系的人救出；同时调用 3 台挖掘机对未取得联系的人员进行搜救。

3. 方法比较与讨论

为了说明本节提出方法的合理性与有效性，与不考虑决策专家之间信任及信任传递关系和决策专家的信任风险偏好，以及用基于决策专家的偏好信息对大群体进行聚类的传统方法进行对比。首先将 20 名决策专家的偏好信息进行聚类，设阈值为 0.983，共得到 4 个聚集，即 C^1、C^2、C^3、C^4，聚类结果为 $C^1=\{e_1,e_4,e_5,e_6,e_{10},e_{15},e_{20}\}$，$C^2=\{e_2,e_{14}\}$，$C^3=\{e_3,e_7,e_9,e_{11},e_{12},e_{13},e_{16},e_{17},e_{18},e_{19}\}$，$C^4=\{e_8\}$。因此，可得聚集权重向量 $U=(0.35,0.10,0.50,0.05)^{\mathrm{T}}$。聚类结果如表 8-33 所示。

表 8-33　大群体决策聚集偏好信息矩阵

聚集	方案	属性		
		人员安全度 f_1	降低成本 f_2	缩短救援时间 f_3
C^1	x_1	([0.33,0.54],[0.20,0.34])	([0.80,0.89],[0.08,0.11])	([0.40,0.54],[0.22,0.37])
	x_2	([0.69,0.80],[0.10,0.17])	([0.62,0.73],[0.16,0.25])	([0.68,0.85],[0.10,0.15])
	x_3	([0.68,0.81],[0.13,0.19])	([0.65,0.75],[0.15,0.24])	([0.56,0.76],[0.13,0.24])
	x_4	([0.70,0.81],[0.10,0.16])	([0.50,0.63],[0.25,0.33])	([0.68,0.79],[0.11,0.20])
C^2	x_1	([0.37,0.57],[0.18,0.30])	([0.77,0.87],[0.08,0.13])	([0.46,0.68],[0.11,0.24])
	x_2	([0.67,0.73],[0.11,0.21])	([0.60,0.74],[0.15,0.25])	([0.51,0.74],[0.08,0.25])
	x_3	([0.81,0.91],[0.03,0.07])	([0.50,0.62],[0.26,0.35])	([0.75,0.87],[0.03,0.12])
	x_4	([0.79,0.89],[0.07,0.10])	([0.31,0.44],[0.32,0.47])	([0.69,0.79],[0.06,0.20])
C^3	x_1	([0.29,0.51],[0.28,0.41])	([0.76,0.85],[0.10,0.15])	([0.44,0.54],[0.21,0.38])
	x_2	([0.58,0.69],[0.17,0.27])	([0.57,0.69],[0.20,0.30])	([0.60,0.75],[0.15,0.26])
	x_3	([0.69,0.80],[0.15,0.19])	([0.52,0.67],[0.22,0.31])	([0.75,0.84],[0.12,0.16])
	x_4	([0.66,0.79],[0.14,0.21])	([0.41,0.56],[0.25,0.42])	([0.75,0.87],[0.09,0.13])
C^4	x_1	([0.14,0.36],[0.45,0.58])	([0.73,0.84],[0.10,0.15])	([0.42,0.53],[0.16,0.26])
	x_2	([0.52,0.64],[0.21,0.32])	([0.59,0.65],[0.18,0.34])	([0.75,0.84],[0.02,0.13])
	x_3	([0.41,0.53],[0.24,0.43])	([0.61,0.68],[0.23,0.29])	([0.56,0.72],[0.13,0.25])
	x_4	([0.53,0.67],[0.20,0.32])	([0.50,0.62],[0.22,0.34])	([0.83,0.90],[0.05,0.10])

用区间直觉模糊加权平均算子将聚集偏好信息矩阵与聚集权重向量 $U=(0.35,0.10,0.50,0.05)^{\mathrm{T}}$、属性权重向量 $W=(0.5,0.2,0.3)$进行集结，可得每个方案下的综合区间直觉模糊值 $\tilde{\alpha}_1=([0.48,0.64],[0.19,0.31])$、$\tilde{\alpha}_2=([0.63,0.76],[0.14,0.23])$、$\tilde{\alpha}_3=([0.67,0.79],[0.14,0.20])$、$\tilde{\alpha}_4=([0.66,0.79],[0.13,0.20])$。根据定义 8-24 求得各方案的得分：$R(\tilde{\alpha}_1)=0.31$、$R(\tilde{\alpha}_2)=0.51$、$R(\tilde{\alpha}_3)=0.56$、$R(\tilde{\alpha}_4)=0.56$，由于 $R(\tilde{\alpha}_3)=R(\tilde{\alpha}_4)$，因此需要对比 $H(\tilde{\alpha}_3)$ 和 $H(\tilde{\alpha}_4)$ 大小，$H(\tilde{\alpha}_3)=0.90$、$H(\tilde{\alpha}_4)=0.89$。因此，$x_3>x_4>x_2>x_1$，方案 x_3 为铁矿爆炸事故的应急方案。

由此可见，两种方法得出的聚集及其权重不同，最终得出的方案排序略有不同，其原因就是根据偏好聚类的传统方法没有考虑决策专家在其所处的社会网络中的信任关系，没有考虑决策专家信任关系和信任风险偏好对决策者权重的影响，而且传统的聚类方法忽略了大群体中个体偏好差异较大导致生成的独立聚集具有较高重要性等问题。例如，在本案例中决策专家 8 单独生成了一个类别且决策权重很小，对决策方案影响有限。但是在决策者信任网络中，决策专家 8 具有很高的信任知识度，在决策中应该给予更高的权重。在应急决策中应考虑决策专家之间信任关系及其传递引发的风险，以及由于大群体偏好差异较大导致忽略个别独立聚集重要性等问题，应充分利用决策专家内部信任关系对突发事件进行应急响应，这样才能降低决策失误的可能性，这也是本节研究提出该方法的主要原因。

8.4.7 研究结论

本节针对决策属性评价值为区间直觉模糊数的多属性大群体风险性应急决策问题，首先提出了信任-知识模型，然后提出了一种在社会网络环境下基于信任-知识模型的风险性大群体应急决策方法，为社会网络环境下大群体应急决策问题提供了参考。一方面，对文献[42]中信任传递的加权权重进行了改进，在保证计算准确性的同时，提高了计算传递关系的效率；另一方面，综合考虑信任度和知识度对决策者权重的影响，定义了信任知识度，引入了信任风险偏好系数，提出了一种信任-知识模型来获得决策者之间的信任传递关系，并根据决策者的信任风险偏好得出决策者之间的信任知识度网络及其在网络中的权重大小。除此之外，为了弥补传统聚类方法忽略大群体中个体偏好差异较大导致生成的独立聚集具有较高重要性等问题，通过利用 Louvain 算法对其进行聚类分析，快速有效地对大群体进行聚类。

虽然本节是关于偏好信息为区间直觉模糊数的决策问题，但提出的方法并不仅仅局限于区间直觉模糊集，对其他偏好形式同样适用，专家规模没有限制，同时也适应分众模式下由社会大众构成的复杂大群体应急决策问题。本节研究不足之处在于，未考虑随着决策环境变化决策者信任网络及其偏好的变化，也未对本节中的决策者信任风险偏好系数进行更深入的研究，可进一步对动态大群体应急决策方法和决策者信任风险偏好系数如何影响最终决策进行深入探讨和研究。

8.5 基于累积前景理论的大群体风险型动态应急决策方法

本节针对复杂环境下决策者对于应急事件做出的决策往往会面对偏好转移的问题，提出一种新的基于累积前景理论的大群体风险型动态应急决策方法。首先利用偏好判断矩阵对事件不同状态下的全体决策者偏好进行集结；其次，针对大群体决策成员数较多的情况，利用大群体聚类方法对决策群体偏好进行聚类，可得若干不同聚集并对其赋予相应权重；再次，考虑决策者的风险偏好往往会对其决策结果产生影响，利用累积前景理论计算决策大群体的总体前景值；最后，根据事件发展状态的变化，决策者需要对偏好判断矩阵进行调整，经过多阶段的调整后，得出当前发展状态下的偏好转移马尔可夫链和决策者偏好转移矩阵，再将偏好转移矩阵与大群体总体前景值进行结合，可得当前状态路径上的最优方案。

利用该方法，决策者可以提前得到应急事件在不同发展状态下的最优选择方案，从而生成应急事件预案，降低决策者偏好转移带来的风险。在最后用案例分析验证所提出方法的有效性和可行性。

8.5.1 方法基础

1. 互补判断矩阵和互反判断矩阵

互补判断矩阵和互反判断矩阵与传统的效用值形式相比，更加适用于信息不完全情况，因为在这种情况下，决策者很难就具体的方案给出效用值。对于多属性决策问题，全体决策者分别独立对所有决策方案进行两两比较，可得：

(1) 若专家按互反型标度进行赋值，给出互反判断矩阵 $B=(b_{l_il_j})_{P\times P}$, $b_{l_il_j}$ 表示方案 l_i 相对于 l_j 的偏好值，$b_{l_il_j}>1$ 表示方案 l_i 严格优于方案 l_j，且 $b_{l_il_j}>0$，$b_{l_jl_i}=1/b_{l_il_j}$，$b_{l_il_i}=1$，其中 $i,j=1,2,\cdots,P$，若 $b_{l_il_j}=b_{l_il_k}b_{l_kl_j}$，则称该互反判断矩阵满足完全一致性。

(2) 若专家按互补型标度进行赋值，给出互补判断矩阵 $A=(a_{l_il_j})_{P\times P}$ ，$a_{l_il_j}$ 表示方案 l_i 相对于 l_j 的偏好值，$a_{l_il_j}>0.5$ 表示 l_i 严格优于 l_j，且 $a_{l_il_j}>0$，$a_{l_jl_i}=1-a_{l_il_j}$，$a_{l_il_i}=0.5$，其中 $i,j=1,2,\cdots,P$，若 $a_{l_il_j}=a_{l_il_k}+a_{l_kl_j}-0.5$，则称该互补判断矩阵满足加性一致性。若 $a_{l_il_j}=a_{l_il_k}a_{l_kl_j}/[a_{l_il_k}a_{l_kl_j}+(1-a_{l_il_k})(1-a_{l_kl_j})]$，则称该互补判断矩阵满足乘性一致性。

2. 累积前景理论

累积前景理论是由 Tversky 和 Kahneman 于 1992 年在改进前景理论的基础上提出的一种考虑个体专家风险偏好的决策方法，与传统的期望效用理论相比，已有大量的文献证明累积前景理论比期望效用理论更适用于风险领域。关于个体前景值计算主要包括两个部分，即价值函数 $v(\Delta x_i)$ 和决策权重函数 Π_i，具体公式如下。

(1) 价值函数：

$$v(\Delta x_i)=\begin{cases}(\Delta x)^{\alpha}, & \Delta x\geqslant 0\\ -\lambda(-\Delta x)^{\beta}, & \Delta x<0\end{cases} \tag{8-74}$$

其中，Δx 表示决策者相对于参考点所获得的收益或损失值；$\alpha(>0)$、$\beta(<1)$分别为风险厌恶系数和风险偏好系数，当 $\alpha\neq\beta$ 时，表明个体决策者对于损失和收益的偏好效用值不一致；λ 为损失规避系数，一般而言，$\lambda>1$ 表示相比于收益来说，决策者对于损失感受到的效用值更大，表明一般的决策者往往是风险规避者。

(2) 决策权重函数。累积前景理论区别于前景理论的关键是累积前景理论所采用的权重函数同样考虑到了个体决策者的主观偏好，使得权重函数不再是线性函数，而是一条反 S 型曲线，表明个体决策者往往都会高估小概率事件发生的权重，而低估中、高概率事件发生的权重，即个体决策者对于小概率事件更加敏感，因此收益和损失的概率权重函数公式如下：

$$w^{+}(p_i)=\frac{p_i^{\chi}}{[p_i^{\chi}+(1-p_i)^{\chi}]^{1/\chi}} \tag{8-75}$$

$$w^{-}(p_i)=\frac{p_i^{\delta}}{[p_i^{\delta}+(1-p_i)^{\delta}]^{1/\delta}} \tag{8-76}$$

其中，$\chi(>0)$、$\delta(<1)$分别表示个体决策者对收益和损失的态度，描述加权函数的反S型变换；一般情况下，往往$\chi<\delta$，表示决策者经常高估小概率事件而低估大概率事件。

根据式(8-74)，将计算结果按从小到大排序，则下标集合为$\{1,2,\cdots,n\}$，可得收益和损失的决策权重如下：

$$\Pi_i=\begin{cases}\omega^{+}\left(\sum\limits_{j=i}^{n}p_j\right)-\omega^{+}\left(\sum\limits_{j=i+1}^{n}p_j\right), & \Delta x_i\geqslant 0\\ \omega^{-}\left(\sum\limits_{j=1}^{i}p_j\right)-\omega^{-}\left(\sum\limits_{j=1}^{i-1}p_j\right), & \Delta x_i<0\end{cases} \tag{8-77}$$

根据文献[47]，给定累积前景理论公式中的各个参数值$\alpha=\beta=0.88$、$\lambda=2.25$、$\chi=0.61$、$\delta=0.69$，则最终总体前景值公式如下：

$$O_i=\sum_{i=1}^{n}v(\Delta x_i)\Pi_i \tag{8-78}$$

3. 离散时间马尔可夫模型

马尔可夫模型是由马尔可夫于 1906 年提出的适用于动态性决策领域的模型，其中一个随机变量序列被称为马尔可夫链，如果它具有如下属性：

$$T\{E_{n+1}=j\mid E_n=i,E_{n-1}=i_{n-1},\cdots,E_0=i_0\}=T\{E_{n+1}=j\mid E_n=i\}$$

$$T_{ij}=T\{E_{n+1}=j\mid E_n=i\}$$

即未来发生事件的概率与过去状态无关，只与当前其所处状态有关。其中E_i表示一个事件；$\sum\limits_{j=0}^{\infty}T_{ij}=1$、$T_{ij}>0$表示事件$i$转移到事件$j$的概率，$T$为转移概率矩阵。

而离散时间马尔可夫链的 Chapman-Kolmogorov 方程为：在t_n时刻的系统状态分布为$\pi^{(n)}$，则在t_{n+1}时刻的系统状态分布为$\pi^{(n+1)}=\pi^{(n)}\times T$。

8.5.2　问题描述

设应急决策问题存在N个准则、S个状态和P个决策方案，对于第l个决策方案，群体成员 $\Omega=\{e_1, e_2, \cdots, e_M\}$中的第 i 个成员针对状态 S 下的准则 j 给出满足一致性要求的互补判断矩阵 $A_{l_il_j}$ 或互反判断矩阵 $B_{l_il_j}(i=1,2,\cdots,M;\ j=1,2,\cdots,N;\ l=1,2,\cdots,P; s=1,2,\cdots,S)$，状态发生的概率为 p_{s_i}，准则权重为 $W=(w_1, w_2,\cdots,w_N)$，且 $\sum_{s_i=1}^{S} p_{s_i}=1$，$\sum_{i=1}^{N} w_i=1$。

针对应急事件的风险性和动态性，决策者偏好判断矩阵也需进行相应调整，给定总共调整次数为 t，p_{St} 为在第 t 轮调整时状态 S 发生的概率，即不同阶段中，决策者面对事件状态发生的概率也会有所改变。最后，得到决策者在不同状态下的判断矩阵，利用累积前景理论和马尔可夫模型对判断矩阵进行计算，得出偏好转移矩阵，在降低方案决策风险的基础上，得出当前发展状态下的最优方案。

8.5.3 偏好判断矩阵集结和大群体偏好聚类分析

1. 偏好判断矩阵按准则集结

不同决策者偏好表达形式往往不一致，在减少决策者自身偏好不确定性基础上满足决策者偏好的异质性结构，允许决策者根据自身情况选择三种偏好判断矩阵，即互反判断矩阵、加性一致性互补判断矩阵和乘性一致性互补判断矩阵，但要求一个决策者只能使用一种判断矩阵形式，且给出的判断矩阵必须满足其对应的一致性要求。

故可得每个决策者的偏好判断矩阵为互补矩阵 $A_{ij}^s=(a_{l_il_j})_{p\times p}$ 或互反矩阵 $B_{ij}^s=(b_{l_il_j})_{p\times p}$，分别表示在状态 s 下第 i 个决策者就准则 j 对决策方案进行两两比较得到的互补判断矩阵或互反判断矩阵。

在某一状态 s 下，将个体决策者对全部准则所做出的判断矩阵进行集结，具体公式如下：

(1) 若 A_{ij}^s 是满足加性一致性的互补判断矩阵，则

$$a_{l_il_j}=\sum_{j=1}^{N} w_j a_{l_il_j}^j,\quad l_i,l_j=1,2,\cdots,P \tag{8-79}$$

在状态 s 下，$a_{l_il_j}^j$ 表示准则 j 下的互补判断矩阵中方案 l_i 对方案 l_j 的偏好值，w_j 为准则 j 的权重，通过集结公式可得状态 s 下的互补判断矩阵 A_i^s，其矩阵元素为 $a_{l_il_j}$，该矩阵一样满足加性一致性。

(2) 若 A_{ij}^s 是满足乘性一致性的互补判断矩阵，则

$$a_{l_il_j}=\prod_{j=1}^{N}(a_{l_il_j}^{j})^{w_j}\Bigg/\left[\prod_{j=1}^{N}(a_{l_il_j}^{j})^{w_j}+\prod_{j=1}^{N}(1-a_{l_il_j}^{j})^{w_j}\right],\quad l_i,l_j=1,2,\cdots,P \tag{8-80}$$

通过集结公式可得状态 s 下的互补判断矩阵 A_i^s，其矩阵元素为 $a_{l_il_j}$，该矩阵一样满足乘性一致性。

(3) 若 B_{ij}^s 是满足一致性的互反判断矩阵，则

$$b_{l_il_j}=\prod_{j=1}^{N}(b_{l_il_j}^{j})^{w_j},\quad l_i,l_j=1,2,\cdots,P \tag{8-81}$$

在状态 s 下，$b_{l_il_j}^{j}$ 为准则 j 下的互补判断矩阵中方案 l_i 对方案 l_j 的偏好值，w_j 为准则 j 的权重，通过集结公式可得状态 s 下的互反判断矩阵 B_i^s，其矩阵元素为 $b_{l_il_j}$，该矩阵一样满足完全一致性。

2. 大群体偏好聚类分析

本节研究的决策群体为大群体，为探索决策风险，需要对大群体偏好进行聚类分析，得出不同的聚集以及其相应的权重。因为上述所给出的偏好判断矩阵具有异质性结构，需要统一形式后才可对全体成员进行聚类分析，即需要先将互补判断矩阵转换为互反判断矩阵，再根据所得偏好矩阵进行聚类分析，具体步骤如下：

(1) 若 A_i^s 是满足加性一致性的互补判断矩阵，则通过转换公式

$$b_{l_il_j}=9^{(2a_{l_il_j}-1)},\quad l_i,l_j=1,2,\cdots,P \tag{8-82}$$

可得满足一致性的互反判断矩阵 B_i^s (互反矩阵采用 9 标度)。

(2) 若 A_i^s 是满足乘性一致性的互补判断矩阵，则通过转换公式

$$b_{l_il_j}=a_{l_il_j}/a_{l_jl_i},\quad l_i,l_j=1,2,\cdots,P \tag{8-83}$$

可得满足一致性的互反判断矩阵 B_i^s。

(3) 计算转换后的决策者 e_i 与决策者 e_j 在同一个状态 s_i 下的所有互反判断矩阵之间的冲突程度，冲突程度测度公式如下：

$$\rho_{e_ie_j}^{s_i}(B_{e_i}^{s_i},B_{e_j}^{s_i})=\frac{1}{P(P-1)}\sum_{l_i=1}^{P}\sum_{l_j=1}^{P}\left|b_{l_il_j}^{e_i}-b_{l_il_j}^{e_j}\right|,\quad e_i,e_j=1,2,\cdots,M \tag{8-84}$$

根据不同的状态概率 p，利用加权公式计算得到最终冲突程度如下：

$$\rho_{e_ie_j}=\frac{f}{f^2-1}\sum_{s_i=1}^{S}p_{s_i}\rho_{e_ie_j}^{s_i}(B_{e_i}^{s_i},B_{e_j}^{s_i}),\quad e_i,e_j=1,2,\cdots,M \tag{8-85}$$

其中，f 为互反矩阵所采用的标度，通常取 9 标度。

(4) 对大群体偏好进行聚类分析。采用文献[48]中的聚类方法，得聚集数 K、群

体成员聚类结构，计算聚集 C^k 的权重 $u_k = n_k/M$ ，其中 n_k 为聚集 C^k 中的成员数。

(5) 将个体决策者的互反判断矩阵转换为决策者处于不同状态下的方案排序结果，采用和法计算得到决策者对于各方案的偏好值为 $v_i^s = (v_{l_1}^s, v_{l_2}^s, \cdots, v_{l_P}^s)$ ，它代表第 i 个决策者在状态 s 下对于不同方案的效用值，和法计算公式如下：

$$v_{l_i}^s = \frac{1}{P}\sum_{l_j=1}^{P}\frac{b_{l_i l_j}}{\sum_{l_k=1}^{P} b_{l_k l_j}}, \quad l_i = 1,2,\cdots,P \tag{8-86}$$

8.5.4 个体决策者的方案总体前景值

由于应急决策往往具有相当大的不确定性，专家在面对应急决策问题时往往会以自身经验为基础进行判断，且表现为有限理性，即对于单个决策者，其自身心理状态往往会影响到他的决策结果。因此，在集结大群体专家的偏好时，必须要考虑专家自身对该方案结果所处状态的意愿水平和风险偏好。基于决策者的认知不确定性，本节认为决策者的意愿水平应该采用模糊理想点法来计算才更符合决策者的模糊心理状态。本节以正、负理想点方案作为决策参考点，令 R_{is} 表示决策者 e_i 处于状态 s 下的意愿水平，即决策者的心理参考点，则正、负理想参考点分别为 $R_{is}^+ = \max\limits_{1\leqslant l_i\leqslant P}(v_{l_i}^s)$ 、 $R_{is}^- = \min\limits_{1\leqslant l_i\leqslant P}(v_{l_i}^s)$ 。

1. 收益与损失矩阵

将式(8-86)中计算得到的 $v_{l_i}^s$ 与正理想参考点进行比较，可得损失矩阵

$$\mathrm{LM}_i = (x_{l_i s_j}^-)_{P\times S}, \quad x_{l_i s_j}^- = v_{l_i}^{s_j} - R_{is}^+;\ l_i = 1,2,\cdots,P;\ s_j = 1,2,\cdots,S \tag{8-87}$$

将式(8-87)中计算得到的 $v_{l_i}^s$ 与负理想参考点进行比较，可得收益矩阵

$$\mathrm{GM}_i = (x_{l_i s_j}^+)_{P\times S}, \quad x_{l_i s_j}^+ = v_{l_i}^{s_j} - R_{is}^-;\ l_i = 1,2,\cdots,P;\ s_j = 1,2,\cdots,S \tag{8-88}$$

2. 基于累积前景理论计算方案的总体前景值

利用式(8-74)，先将收益矩阵和损失矩阵各自转换为相应的价值矩阵 $V_i^+ = v(\mathrm{GM}_i)$ 与 $V_i^- = v(\mathrm{LM}_i)$ ，再根据给定的状态发生概率 p，利用式(8-75)～式(8-77)计算其对应的决策权重 Π_i^+ 或 Π_i^- ，最后利用式(8-78)计算每个决策者对于全体方案的总体前景值：

$$\Pi_{s_j}^{+}=\omega^{+}\left(\sum_{i=j}^{S}p_{s_i}\right)-\omega^{+}\left(\sum_{i=j+1}^{S}p_{s_i}\right),\quad x_{l_is_j}\geqslant 0 \tag{8-89}$$

$$\Pi_{s_j}^{-}=\omega^{+}\left(\sum_{i=1}^{j}p_{s_i}\right)-\omega^{+}\left(\sum_{i=1}^{j-1}p_{s_i}\right),\quad x_{l_is_j}\leqslant 0 \tag{8-90}$$

$$O_{il_i}=\sum_{j=1}^{S}\Pi_{s_j}^{+}V(x_{l_is_j}^{+})+\sum_{j=1}^{S}\Pi_{s_j}^{-}V(x_{l_is_j}^{-}),\quad i=1,2,\cdots,M;l_i=1,2,\cdots,P \tag{8-91}$$

8.5.5 基于累积前景值的马尔可夫模型

应急决策过程是一个动态演化的复杂过程，在演化过程中，决策者所接收到的信息量会逐步增加，事件所处状态也在不断变化，因此必须要考虑在动态过程中决策者偏好转移对决策结果的影响，而传统的考虑决策者偏好转移的方法往往只涉及效用值，并没有考虑决策者的风险偏好对其偏好转移的影响。与传统效用值相比，累积前景理论考虑了决策者的风险偏好，更适用于风险情况下的应急决策，因此本节采用累积前景值去计算决策者偏好转移矩阵，以消除因未考虑决策者的主观风险偏好而给决策结果带来的风险。

1. 偏好转移马尔可夫链构建

考虑事件状态在不断变化和风险动态演化的情况下，决策者偏好会发生转移，故给出一条状态概率变化链(变化次数为 t)，即$\begin{bmatrix} p_{11} & p_{21} & \cdots & p_{S1} \\ \vdots & \vdots & & \vdots \\ p_{1t} & p_{2t} & \cdots & p_{St} \end{bmatrix}$，其中 p_{St} 为在第 t 轮时状态 s 发生的概率。当事件状态概率发生改变时，决策者需给出新的判断矩阵(满足一致性要求)，重新计算在当前概率下的决策者总体前景值，故状态概率改变 t 次后，决策者将给出 t 轮偏好判断矩阵，经上述步骤计算得到决策者对于各方案的 t 轮总体前景值 $O_i=\begin{bmatrix} o_{i1}^1 & o_{i1}^2 & \cdots & o_{i1}^P \\ \vdots & \vdots & & \vdots \\ o_{it}^1 & o_{it}^2 & \cdots & o_{it}^P \end{bmatrix}$。

其中每一行表示当前状态概率下的个体决策者总体前景值，例如，o_{it}^P 表示第 i 个决策者在第 t 次状态概率变化下对于第 P 个方案的前景值，根据马尔可夫链的属性可知，第 t 轮所得的前景值只受第 t–1 轮前景值的影响，与其他轮次无关。

2. 偏好状态转移矩阵

根据得到的矩阵 O_i，将第 e+1 行与第 e 行进行对比，若发现在第 e+1 行中决

策者对于方案 l_i 的前景值 $o_{i(e+1)}^{l_i}$ 下降而对方案 l_j 的前景值 $o_{i(e+1)}^{l_j}$ 上升，则认为在第 e+1 行状态，决策者已经改变了他对方案 l_i 和方案 l_j 的偏好，令状态变量 $E_{l_il_j}=E_{l_il_j}+1$，其中 $E_{l_il_j}$ 表示决策者对方案 l_i 的偏好转移到方案 l_j 的偏好次数，由于一共进行了 t–1 轮偏好调整，令 $E_r=t-1$，故可得如下偏好状态转移矩阵：

$$T_i=\begin{bmatrix} 1-\sum\limits_{l_j\neq 1}\dfrac{E_{1l_j}}{E_r} & \dfrac{E_{12}}{E_r} & \cdots & \dfrac{E_{1P}}{E_r} \\ \vdots & \vdots & & \vdots \\ \dfrac{E_{P1}}{E_r} & \dfrac{E_{P2}}{E_r} & \cdots & 1-\sum\limits_{l_j\neq P}\dfrac{E_{Pl_j}}{E_r} \end{bmatrix} \tag{8-92}$$

易知 T_i 为概率矩阵。

现将偏好状态转移矩阵扩展到聚集，则对于同一个聚集 C^k，其偏好状态转移矩阵为

$$T_k=\frac{1}{n_k}\sum_{k=1}^{n_k}T_k \tag{8-93}$$

为了降低决策者偏好转移带来的风险，对于单个聚集，其利用偏好转移矩阵和总体前景值所作出的最终决策结果为

$$\Lambda_k=\underbrace{\left(\frac{1}{n_k},\cdots,\frac{1}{n_k}\right)}_{n_k\text{个}}\begin{bmatrix} o_1^1 & o_1^2 & \cdots & o_1^P \\ o_2^1 & o_2^2 & \cdots & o_2^P \\ \vdots & \vdots & & \vdots \\ o_{n_k}^1 & o_{n_k}^2 & \cdots & o_{n_k}^P \end{bmatrix}\begin{bmatrix} T_{11} & T_{12} & \cdots & T_{1P} \\ T_{21} & T_{22} & \cdots & T_{2P} \\ \vdots & \vdots & & \vdots \\ T_{P1} & T_{P2} & \cdots & T_{PP} \end{bmatrix} \tag{8-94}$$

因此，基于当前状态变化链，根据聚集权重 u_k 将各聚集进行集结，得最终的大群体决策结果为

$$\Lambda=\sum_{k=1}^{K}u_k\cdot\Lambda_k \tag{8-95}$$

得 $\Lambda=\{\Lambda_1,\Lambda_2,\cdots,\Lambda_P\}$，选择其中最大值所对应的方案作为在该条状态变化链上的最优备选方案，即该方案为考虑了专家偏好转移和专家风险偏好情况下的最优方案。与传统的决策方法相比，该方法更加适用于风险型决策领域。

8.5.6　方法步骤

综上所述，基于累积前景理论的大群体风险型动态应急决策方法步骤如下：

(1) 由每个决策者基于当前事件发生的不同状态，根据不同的准则进行方案之间两两比较，得出相应的互补判断矩阵或互反判断矩阵。

(2) 将每个决策者给出的偏好判断矩阵，依照事件发生的不同状态，利用矩阵集结公式(式(8-79)～式(8-81))对判断矩阵进行集结，得到各决策者在不同状态下对全部方案的判断矩阵。

(3) 利用式(8-82)和式(8-83)将上述得到的互补判断矩阵或互反判断矩阵进行形式统一，得到全体决策者的互反判断矩阵并进行聚类，得到若干个不同的聚集，并按照聚集中的人数对各个聚集的权重进行赋值。

(4) 利用式(8-86)将全体决策者的判断矩阵转换为不同状态下的对各方案的效用值。

(5) 计算正负理想参考点，并将其与决策者的效用值进行比较，得出决策者的收益和损失矩阵。

(6) 利用累积前景理论中的效用函数将收益和损失矩阵分别转换为价值矩阵，并最终利用式(8-75)～式(8-78)得到每个决策者对于不同方案的最终总体前景值。

(7) 考虑动态应急决策情况下偏好转移情况，给出不同的状态发生概率，重复(1)～(6)进行 $t-1$ 轮动态调整，得到个体决策者的动态前景值矩阵，然后采用马尔可夫模型计算得到个体决策者的偏好状态转移矩阵。

(8) 重复(7)，利用式(8-93)～式(8-95)计算得到聚集中的全体决策者对各方案的前景值结果，选择其中具有最大前景值的方案作为最优方案。

8.5.7　案例分析

利用天津港“8·12”特大爆炸火灾事件中的背景资料，采用本节所提出的方法对火灾事件中的各个方案进行评选。在这次特大爆炸火灾事件中，由于起火地点位于危险品仓库，且先后发生多次爆炸，这给救援灭火工作带来了巨大的困难，已有许多消防官兵在这次救援行动过程中丧失生命，但若任由大火继续燃烧爆炸，则有可能导致危险品持续泄漏，从而污染整个天津市环境并给周围居民带来严重伤害。根据对燃烧情况的分析，给出了如下四种可能发展状态。

A_1：险情在 12 小时内得到完全控制。

A_2：险情在 24 小时内得到完全控制。

A_3：险情在 48 小时内得到完全控制。

A_4：险情在 48 小时后依旧无法被完全控制。

基于该事件的紧迫性和复杂性，天津市紧急召集 20 位各领域的专家，成立了专项应急决策小组，在专家小组的讨论决定下，给出了如下三个方案。

S_1：紧急疏散事故周边 3 个小区居民，并加大从周边地区调遣消防人员进入火灾现场外围区域进行灭火工作。

S_2：紧急疏散事故周边 3 个小区居民，不再增派消防人员，但是派出专业防化救援人员进入火灾现场核心区域进行人员搜救工作。

S_3：紧急疏散事故周边 3 个小区居民，加大从周边地区调遣消防人员进入火灾现场外围区域进行灭火工作，并派出专业防化救援人员进入火灾现场核心区域进行人员搜救工作。

各专家在进行决策时，需要考虑 4 点准则，即财产损失数 C_1、人员伤亡数 C_2、环境污染情况 C_3、救援行动成本 C_4。

下面根据方法步骤进行决策，当 $t=1$ 时，在刚开始的第一阶段，给定各状态发生的概率为 $p=(0.4,0.3,0.2,0.1)$，首先要求每个决策者对方案进行两两比较给出偏好判断矩阵，决策者 1 的互反判断矩阵如表 8-34 所示(其他决策者此处省略)。

表 8-34 决策者 1 不同准则下的互反判断矩阵

C_1			C_2			C_3			C_4			状态
1	2	8	1	3	9	1	1	8	1	1	3	
0.5	1	4	0.3333	1	3	1	1	8	1	1	3	A_1
0.125	0.25	1	0.1111	0.3333	1	0.125	0.125	1	0.3333	0.3333	1	
1	3	6	1	1	2	1	3	3	1	1	4	
0.3333	1	2	1	1	2	0.3333	1	1	1	1	4	A_2
0.1667	0.5	1	0.5	0.5	1	0.3333	1	1	0.25	0.25	1	
1	0.1667	0.1667	1	0.25	0.25	1	0.111	0.111	1	2	2	
6	1	1	4	1	1	9	1	1	0.5	1	1	A_3
6	1	1	4	1	1	9	1	1	0.5	1	1	
1	0.5	0.16667	1	0.3333	0.1667	1	0.1667	0.5	1	0.25	0.5	
2	1	0.3333	3	1	0.5	6	1	3	4	1	2	A_4
6	3	1	6	2	1	2	0.3333	1	2	0.5	1	

易知决策者 1 的判断矩阵为满足一致性的互反判断矩阵，现利用式(8-81)将决策者 1 在不同准则下的互反判断矩阵进行集结，其中，决策者对于全体准则的权重为 $W=\{0.2, 0.5, 0.2, 0.1\}$，可得结果如表 8-35 所示。

表 8-35 决策者 1 的互反判断矩阵

A_1			A_2			A_3			A_4		
1	1.9896	7.6925	1	1.5518	2.8958	1	0.2413	0.2413	1	0.3058	0.2318
0.5026	1	3.8664	0.6444	1	1.8661	4.1439	1	1	3.2704	1	0.7578
0.13	0.2586	1	0.3453	0.5359	1	4.1439	1	1	4.3153	1.3195	1

得到不同状态下决策者 1 的互反判断矩阵，重复上述计算可得决策者 2、3、4、5、6、7、8、9、11、15、19 的互反判断矩阵；决策者 10、12、14、18、20 的为加性一致性互补判断矩阵；决策者 13、16、17 的为乘性一致性互补判断矩阵。

运用式(8-82)和式(8-83)，将互补判断矩阵转换为互反判断矩阵。

由于本案例采用的互反判断矩阵的标度为 9，注意到所有决策者转换后的判断值均在区间[0,9]，若出现大于该区间的互反判断矩阵，则还需通过以下公式进行转换：

$$b_{ij} = (1+\log_9 a_{ij})/2,\quad i=1,2,\cdots,9; j=1,2,\cdots,9 \tag{8-96}$$

对上述互反判断矩阵进行聚类，当阈值 $\gamma = 0.16$ 时，聚集结果如表 8-36 所示。

表 8-36　聚类结果 1

聚集	结果
聚集 1	{1,2,3,5,12,13,14,15,17,18,19,20}
聚集 2	{4,6,10}
聚集 3	{7,8,16}
聚集 4	9
聚集 5	11

当阈值 $\gamma = 0.15$ 时，聚集结果如表 8-37 所示。

表 8-37　聚类结果 2

聚集	结果
聚集 1	{1, 2, 3, 5, 12, 13, 14, 15, 17, 18, 19, 20}
聚集 2	{4, 6, 10}
聚集 3	{7, 8, 9}
聚集 4	{11, 16}

当阈值 $\gamma = 0.14$ 时，聚集结果如表 8-38 所示。

表 8-38　聚类结果 3

聚集	结果
聚集 1	{1, 2, 3, 5, 10, 12, 13, 14, 15, 17, 18, 19, 20}
聚集 2	{4, 6, 16}
聚集 3	{7, 8, 9}
聚集 4	11

可见，当阈值 $\gamma=0.15$ 时，不存在单独决策者成一聚集，故该阈值情况下的聚集较佳。则可得各聚集小组权重为 $u=(0.6,0.15,0.15,0.1)$，$k=4$。

然后，利用式(8-86)对互反判断矩阵进行排序，将判断矩阵转换为效用值形式，如表 8-39 所示。

表 8-39　大群体中决策者的效用值

决策者 1	发展状态				决策者 7	发展状态			
	A_1	A_2	A_3	A_4		A_1	A_2	A_3	A_4
S_1	0.6125	0.5026	0.1077	0.1165	S_1	0.4912	0.7605	0.4506	0.7039
S_2	0.3079	0.3239	0.4462	0.3809	S_2	0.443	0.1527	0.4744	0.2168
S_3	0.0796	0.1736	0.4462	0.5026	S_3	0.0657	0.0868	0.075	0.0793
决策者 2	发展状态				决策者 8	发展状态			
	A_1	A_2	A_3	A_4		A_1	A_2	A_3	A_4
S_1	0.75	0.5635	0.5486	0.4065	S_1	0.5937	0.7283	0.7783	0.5132
S_2	0.125	0.1962	0.3878	0.4715	S_2	0.2836	0.1303	0.1073	0.2861
S_3	0.125	0.2403	0.0636	0.122	S_3	0.1227	0.1414	0.1144	0.2007
决策者 3	发展状态				决策者 9	发展状态			
	A_1	A_2	A_3	A_4		A_1	A_2	A_3	A_4
S_1	0.5405	0.8	0.6	0.4615	S_1	0.5421	0.4842	0.4463	0.2866
S_2	0.361	0.1	0.2	0.4615	S_2	0.3006	0.3969	0.4117	0.6297
S_3	0.0985	0.1	0.2	0.0769	S_3	0.1573	0.1189	0.142	0.0837
决策者 4	发展状态				决策者 10	发展状态			
	A_1	A_2	A_3	A_4		A_1	A_2	A_3	A_4
S_1	0.7505	0.8205	0.41	0.669	S_1	0.3181	0.3963	0.2129	0.1775
S_2	0.1383	0.0825	0.4948	0.2502	S_2	0.5308	0.3799	0.4646	0.6151
S_3	0.1112	0.097	0.0953	0.0808	S_3	0.1511	0.2237	0.3225	0.2074
决策者 5	发展状态				决策者 11	发展状态			
	A_1	A_2	A_3	A_4		A_1	A_2	A_3	A_4
S_1	0.4621	0.6613	0.7983	0.5016	S_1	0.7133	0.62	0.5006	0.672
S_2	0.4785	0.2374	0.1023	0.4316	S_2	0.2054	0.2024	0.2929	0.1868
S_3	0.0593	0.1014	0.0994	0.0668	S_3	0.0812	0.1776	0.2066	0.1412
决策者 6	发展状态				决策者 12	发展状态			
	A_1	A_2	A_3	A_4		A_1	A_2	A_3	A_4
S_1	0.5901	0.4097	0.3607	0.6567	S_1	0.3733	0.0903	0.6705	0.0636
S_2	0.2641	0.477	0.5565	0.2537	S_2	0.221	0.6425	0.2039	0.5684
S_3	0.1459	0.1133	0.0828	0.0896	S_3	0.4057	0.2672	0.1256	0.3681

续表

决策者 13	发展状态				决策者 17	发展状态			
	A_1	A_2	A_3	A_4		A_1	A_2	A_3	A_4
S_1	0.0827	0.7109	0.2528	0.7311	S_1	0.0619	0.7238	0.7805	0.5466
S_2	0.6009	0.1	0.177	0.0988	S_2	0.6011	0.2147	0.1893	0.4121
S_3	0.3164	0.1891	0.5702	0.1701	S_3	0.337	0.0615	0.0302	0.0413
决策者 14	发展状态				决策者 18	发展状态			
	A_1	A_2	A_3	A_4		A_1	A_2	A_3	A_4
S_1	0.0848	0.6968	0.5308	0.7297	S_1	0.1449	0.36	0.0888	0.4037
S_2	0.2748	0.2194	0.1827	0.1476	S_2	0.5825	0.4474	0.3985	0.3401
S_3	0.6404	0.0838	0.2864	0.1226	S_3	0.2726	0.1926	0.5127	0.2562
决策者 15	发展状态				决策者 19	发展状态			
	A_1	A_2	A_3	A_4		A_1	A_2	A_3	A_4
S_1	0.3345	0.2683	0.4933	0.7178	S_1	0.7589	0.5655	0.6254	0.556
S_2	0.5653	0.6143	0.3707	0.1959	S_2	0.1473	0.3614	0.3025	0.3324
S_3	0.1001	0.1173	0.136	0.0863	S_3	0.0938	0.073	0.0721	0.1116
决策者 16	发展状态				决策者 20	发展状态			
	A_1	A_2	A_3	A_4		A_1	A_2	A_3	A_4
S_1	0.295	0.5608	0.3366	0.177	S_1	0.2321	0.2535	0.0685	0.4282
S_2	0.5506	0.3471	0.4782	0.1924	S_2	0.3242	0.287	0.3933	0.4704
S_3	0.1544	0.092	0.1853	0.6306	S_3	0.4437	0.4595	0.5382	0.1014

对每个决策者计算其正、负理想参考点，并给出收益以及损失矩阵。

根据累积前景理论的式(8-74)～式(8-78)，可得各个决策者的最终前景值如表 8-40 所示。

表 8-40 大群体中决策者的总体前景值

方案	决策者 1	决策者 2	决策者 3	决策者 4	决策者 5	决策者 6	决策者 7	决策者 8	决策者 9	决策者 10
S_1	−0.1069	0.587	0.5414	0.5111	0.5245	0.2402	0.5152	0.5389	0.2111	−0.3277
S_2	−0.1701	−0.5748	−0.6722	−0.8918	−0.4149	−0.1183	−0.3357	−1.0041	−0.0289	0.2948
S_3	−0.5408	−0.967	−1.2303	−1.3883	−1.2618	−1.0834	−1.2422	−1.2274	−0.9612	−0.6432

方案	决策者 11	决策者 12	决策者 13	决策者 14	决策者 15	决策者 16	决策者 17	决策者 18	决策者 19	决策者 20
S_1	0.5009	−0.3531	−0.3435	−0.2441	−0.1246	−0.2024	−0.1688	−0.5515	0.5889	−0.5527
S_2	−0.8778	−0.2004	−0.4964	−0.9326	0.1009	−0.0355	−0.2856	0.2201	−0.7592	−0.1438
S_3	−1.1585	−0.4019	−0.4873	−0.4197	−1.1441	−0.6876	−1.0537	−0.3233	−1.3424	0.0884

现考虑事件的动态变化，假定一条状态转移链的各状态发生概率改变情况如表 8-41 所示($t=5$)。

表 8-41 状态概率转移链

状态	A_1	A_2	A_3	A_4
$t=1$	0.4	0.3	0.2	0.1
$t=2$	0.3	0.3	0.3	0.1
$t=3$	0.2	0.3	0.4	0.1
$t=4$	0.1	0.2	0.6	0.1
$t=5$	0.1	0.1	0.7	0.1

随着 A_3 状态发生的概率不断增大，决策者偏好也会发生转移，要求决策者重新给出判断矩阵，可得如下前景值马尔可夫链(以决策者 1 为例)，如表 8-42 所示。

表 8-42 决策者 1 的马尔可夫链

状态	S_1	S_2	S_3
$t=1$	−0.1069	−0.1701	−0.5408
$t=2$	−0.1002	−0.1768	−0.5408
$t=3$	−0.1002	−0.1877	−0.5299
$t=4$	−0.1002	−0.1122	−0.6054
$t=5$	−0.1111	−0.1122	−0.5945

利用式(8-92)计算，得决策者 1 的偏好状态转移矩阵 $\mathrm{Tr}=\begin{bmatrix} 0.75 & 0 & 0.25 \\ 0.25 & 0.5 & 0.25 \\ 0 & 0.25 & 0.75 \end{bmatrix}$，重复计算，利用式(8-93)可得全部决策结果，如表 8-43 所示。

表 8-43 聚集小组的偏好状态转移矩阵

聚集小组 1 的偏好状态转移矩阵			聚集小组 2 的偏好状态转移矩阵			聚集小组 3 的偏好状态转移矩阵			聚集小组 4 的偏好状态转移矩阵		
0.625	0.025	0.35	0.555	0.215	0.23	0.145	0	0.855	0.675	0.225	0.1
0.125	0.65	0.225	0.232	0.145	0.623	0.425	0.45	0.125	0.235	0.5	0.265
0.085	0.15	0.765	0.786	0.21	0.004	0.145	0.535	0.32	0.25	0.05	0.75

根据聚集小组权重 $u=(0.6,0.15,0.15,0.1)$，根据式(8-93)，先计算可得各聚集小组方案排序结果如表 8-44 所示。

表 8-44　聚集小组的方案排序结果

聚集小组	S_1	S_2	S_3
聚集小组 1	−0.2311	−0.4323	−0.3421
聚集小组 2	0.4376	−0.2653	−0.3253
聚集小组 3	0.1323	−0.2436	−0.2313
聚集小组 4	0.2145	−0.4387	−0.1321

再根据式(8-96)可得大群体最终方案排序结果如下：$\Lambda = (-0.0317, -0.3796, -0.3020)$，可见各方案的最终总体前景值均为负值，这表明应急事件会给决策者带来负面影响，即决策者对方案的前景值均为损失值。则当状态 3 的概率逐渐增大时，最优方案为第一方案。以此类推，可以计算其他状态链下(如状态 2 的概率逐渐增大)的最优方案，可将这些方案作为预案，再根据实际情况进行选择，加快应急响应速度并减少决策风险。

8.5.8　研究结论

通过上述案例分析，可以发现在应急决策过程中，决策者群体的偏好并不是保持不变，而是随着事件发生状态的改变，大部分决策者的偏好均会发生明显转移，这充分反映了大群体决策过程是一个动态演化的过程，在对应急方案进行决策时，必须要考虑到动态的应急事件对决策群体心理偏好的影响。除此之外，绝大部分决策者的前景值均为负值也表明了在应急事件给决策者带来的一般都是损失效用，应急决策具有极大的风险性。基于应急决策的突发性和时间紧迫性，若在应急决策过程中，根据信息的不断完善再去进行大群体决策，可能会导致决策缓慢，从而错失最佳反应时间。因此，针对风险型应急响应，采用本节的方法可以提前预测在不同状态链下决策群体的偏好状态转移趋势，从而提前得出在各不同发展状态下的最佳方案。与传统的决策方法相比，利用本节方法得到的最优方案考虑了专家心理因素对其决策的影响，因此该方法更加适用于风险型动态应急决策领域。此外，决策者可以将这些不同最优方案作为应急预案，再根据实时情况进行选择，这样可以大幅度减少应急响应事件的反应时间，最大限度地降低应急事件给社会造成的损失。

参考文献

[1] Gnedenko B V, On A, Ya R. Mises' frequentist theory and the modern concepts of the theory of probability[J]. Science in Context, 2004, 17(3): 391.

[2] Aven T. On different types of uncertainties in the context of the precautionary principle[J]. Risk Analysis, 2011, 31(10): 1515-1525.

[3] Borgonovo E, Cappelli V R, Maccheroni F, et al. Risk analysis and decision theory: A bridge[J]. European Journal of Operational Research, 2018, 264(1): 280-293.

[4] Cox L A. Confronting deep uncertainties in risk analysis[J]. Risk Analysis, 2012, 32(10): 1607-1629.

[5] Berry M W, Kogan J. Text Mining: Applications and Theory[M]. New Jersey: John Wiley & Sons, 2010.

[6] Lin C W, Chen S, Tzeng G. Constructing a cognition map of alternative fuel vehicles using the DEMATEL method[J]. Journal of Multi-criteria Decision Analysis, 2009, 16: 5-19.

[7] Dumais S T. Latent semantic analysis[J]. Annual Review of Information Science and Technology, 2005, 38(1): 188-230.

[8] Farzanyar Z, Kangavari M. Efficient mining of fuzzy association rules from the pre-processed dataset[J]. Computing and Informatics, 2012, 31(2): 331-347.

[9] Yaman D, Polat S. A fuzzy cognitive map approach for effect-based operations: An illustrative case[J]. Information Sciences, 2009, 179(4): 382-403.

[10] Motlagh O, Jamaludin Z, Tang S H, et al. An agile FCM for real-time modeling of dynamic and real-life systems[J]. Evolving Systems, 2015, 6(3): 153-165.

[11] Papageorgiou E I. Learning algorithms for fuzzy cognitive maps: A review study[J]. IEEE Transactions on Systems, Man, and Cybernetics, Part C (Applications and Reviews) , 2012, 42(2): 150-163.

[12] Zook M, Graham M, Shelton T, et al. Volunteered geographic information and crowdsourcing disaster relief: A case study of the Haitian earthquake[J]. World Medical & Health Policy, 2010, 2(2): 7-33.

[13] Gao H, Barbier G, Goolsby R, et al. Harnessing the crowdsourcing power of social media for disaster relief[J]. IEEE Intelligent Systems, 2011, 26(3): 10-14.

[14] 徐选华, 杨玉珊. 基于累积前景理论的大群体风险型动态应急决策方法[J]. 控制与决策, 2017, 32(11) : 1957-1965.

[15] Jin Z, Li J, Liu L, et al. Discovery of causal rules using partial association[C]. Proceedings of the 12th International Conference on Data Mining, 2012, 5(1): 309-318.

[16] Li J, Liu L, Le T D. Causal Rule Discovery with Partial Association Test[M]. Berlin: Springer, 2015.

[17] Gao Y M, Bao F G. The research on measure method of association rules mining[J]. International Journal of Database Theory and Application, 2015, 8(2): 245-258.

[18] Xu Z S. A method based on distance measure for interval-valued intuitionistic fuzzy group decision making[J]. Information Sciences, 2010, 180(1): 181-190.

[19] Coenen F. The LUCS-KDD fuzzy apriori-t software, department of computer science[D]. Liverpool: University of Liverpool, 2008.

[20] 徐选华, 陈晓红.一种多属性多方案大群体决策方法研究[J]. 系统工程学报, 2008, 23(2): 137-141.

[21] Xu X, Du Z, Chen X. Consensus model for multi-criteria large-group emergency decision making considering non-cooperative behaviors and minority opinions[J]. Decision Support Systems,

2015, 79: 150-160.

[22] 徐选华, 蔡晨光, 陈晓红. 基于区间模糊数的多阶段冲突型大群体应急决策方法[J]. 运筹与管理, 2015, 24(4): 9-15.

[23] Salton G, Buckley C. Term-weighting approaches in automatic text retrieval[J]. Information Processing and Management, 1988, 24(5): 323-328.

[24] Zhou W, Xu Z S. Generalized asymmetric linguistic term set and its application to qualitative decision making involving risk appetites[J]. European Journal of Operational Research, 2016, 254(2): 610-621.

[25] Zhou W, Xu Z S. Asymmetric fuzzy preference relations based on the generalized sigmoid scale and their application in decision making involving risk appetites[J]. IEEE Transactions on Fuzzy Systems, 2016, 24(3): 741-756.

[26] Shafer G. A Mathematical Theory of Evidence[M]. Princeton: Princeton University Press, 1976.

[27] Deng Y. D numbers: Theory and applications[J]. Journal of Information & Computational Science, 2012, 9(9): 2421-2428.

[28] Xu Z. A method for multiple attribute decision making with incomplete weight information in linguistic setting[J]. Knowledge-Based Systems, 2007, 20(8): 719-725.

[29] Herrera-Viedma E, Herrera F, Chiclana F, et al. Some issues on consistency of fuzzy preference relations[J]. European Journal of Operational Research, 2004, 154(1): 98-109.

[30] 宋光兴, 杨槐. 群决策中的决策行为分析[J]. 学术探索, 2000, (3): 48-49.

[31] 徐选华, 张丽媛, 陈晓红. 模糊偏好下基于属性二元关系的群体聚类方法[J]. 系统工程与电子技术, 2012, 34(11): 2312-2317.

[32] 朱锡庆, 黄权国. 羊群行为经济理论研究综述[J]. 经济学动态, 2004, (7): 91-95.

[33] Zhang H M. The multiattribute group decision making method based on aggregation operators with interval-valued 2-tuple linguistic information[J]. Mathematical and Computer Modelling, 2012, 56(1): 27-35.

[34] 徐选华, 陈晓红. 一种多属性多方案大群体决策方法研究[J]. 系统工程学报, 2008, 23(2): 137-141.

[35] 徐选华, 孙倩. 基于属性多粒度的双层权重大群体决策方法[J]. 控制与决策, 2016, 31(10): 1908-1914.

[36] Victor P, Cornelis C, de Cock M, et al. Gradual trust and distrust in recommender systems[J]. Fuzzy Sets and Systems, 2009, 160(10): 1367-1382.

[37] Wu J, Chiclana F, Herrera-Viedma E. Trust based consensus model for social network in an incomplete linguistic information context[J]. Applied Soft Computing, 2015, 35(C): 827-839.

[38] Chu J F, Liu X W, Wang Y M. Social network analysis based approach to group decision making problem with fuzzy preference relations[J]. Journal of Intelligent and Fuzzy Systems, 2016, 31(3): 1271-1285.

[39] Newman M E J, Girvan M. Finding and evaluating community structure in networks[J]. Physical Review E, 2004, 69(2): 026113.

[40] Atanassov K, Gargov G. Interval valued intuitionistic fuzzy sets[J]. Fuzzy Sets and Systems, 1989, 31(3): 343-349.

[41] 徐泽水. 区间直觉模糊信息的集成方法及其在决策中的应用[J]. 控制与决策, 2007, 22(2): 215-219.

[42] Wu T, Liu X W, Liu F. An interval type-2 fuzzy TOPSIS model for large scale group decision making problems with social network information[J]. Information Sciences, 2018, 432: 392-410.

[43] Travers J, Milgram S. An experimental study of the small world problem[J]. Sociometry, 1969, 32(4): 425-443.

[44] Liu F M, Wang L, Gao L, et al. A Web Service trust evaluation model based on small-world networks[J]. Knowledge Based Systems, 2014, 57: 161-167.

[45] Leskovec J, Horvitz E. Planetary-scale views on an instant-messaging network[J]. Physics, 2008: 915-924.

[46] Blondel V D, Guillaume J L, Lambiotte R, et al. Fast unfolding of communities in large networks[J]. Journal of Statistical Mechanics, 2008, (10): 155-168.

[47] Vincent D B, Jean-Loup G, Renaud L, et al. Fast unfolding of communities in large networks[J]. Journal of Statistical Mechanics: Theory and Experiment, 2008, (10): 155-168.

[48] Liu Y, Fan Z P, Zhang Y. Risk decision analysis in emergency response: A method based on cumulative prospect theory[J]. Computers & Operations Research, 2014, 42: 75-82.

第 9 章　复杂大群体决策支持平台

9.1　平 台 概 述

面向重大突发事件的复杂大群体决策支持平台(complex large group decision support platform, CLGDSP)是在前面几章的复杂大群体决策方法的支持下形成的，利用该平台可以开发包括重大自然灾害在内的群体决策支持系统。

利用复杂大群体决策支持平台开发的群体决策支持系统能够提供一个跨部门、跨地理空间和时间、由不同类型的决策人员共同参与的协同群体决策工作环境。复杂大群体决策支持平台以解决多属性决策问题为导向，因此其结构和功能就必须以解决决策问题为中心，配合和服务于决策问题解决的全过程。平台支持复杂问题求解和多方案排序两类多属性决策问题的解决。对于求解决策问题，其具有复杂问题分析分解、形成一系列原子问题、问题分解方案形成，根据原子问题的不同类型实现模型、方法、知识、数据综合调用，求解过程控制，群体成员行为冲突协调等功能，最终完成复杂决策问题的求解；对于多方案排序决策问题，其具有方案评价、群体成员偏好集结等功能，最终完成决策方案的排序。复杂大群体决策支持平台研究的逻辑框架如图 9-1 所示。

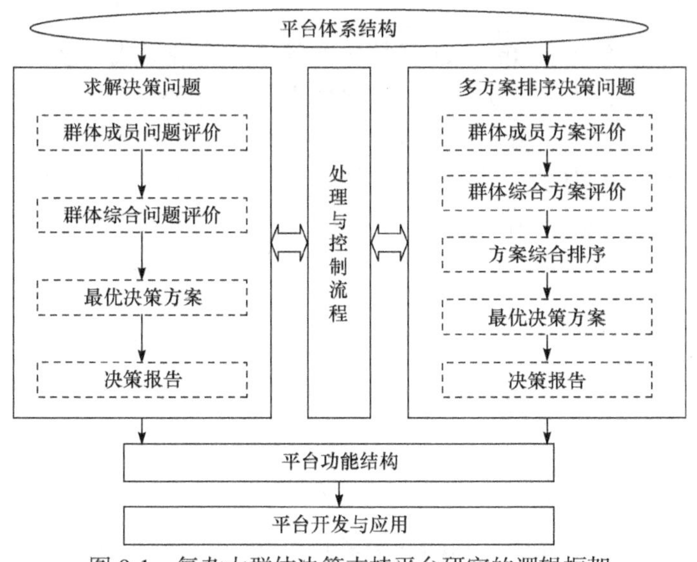

图 9-1　复杂大群体决策支持平台研究的逻辑框架

9.2 平台体系结构

平台体系结构划分为四个层次，即决策前端层、决策服务层、决策资源层、硬件支撑层，其中决策服务层为平台的核心部分，决策资源层主要为决策服务层提供工具，平台体系结构如图 9-2 所示。

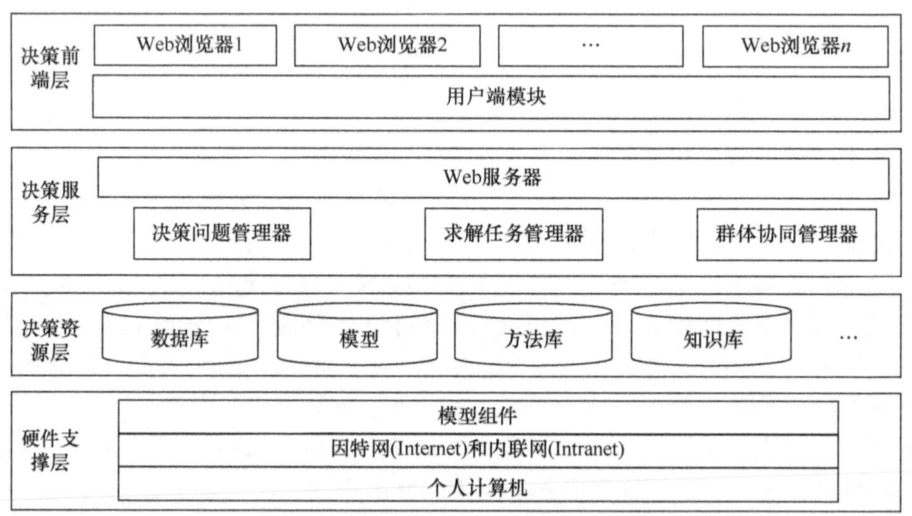

图 9-2　复杂大群体决策支持平台体系结构

9.2.1　决策前端层

决策前端层由分布在 Internet 环境中的各用户终端组成，该层主要完成平台与决策用户的交互，为参与决策的用户之间提供沟通支持，包括：①用户接口，完成用户的注册、登录、身份认证等；②用户交互，主要为不同的参与者用户提供一个沟通环境，该沟通环境相当于电子白板系统，产生的数据信息保存在共享决策数据库服务器上；③信息反馈，为交互信息及结果反馈模块，将运行期间的信息和运行结果反馈给各个用户。

9.2.2　决策服务层

决策服务层实现决策问题(包括求解决策问题和多方案排序决策问题)解决的全部过程，包括以下几个部分。

1. 决策问题管理器

决策问题管理器实现决策问题的描述与定义，涉及问题所处环境、决策目标、决策需求和相关约束条件等，决策问题的表述是否合理完整、是否符合用户的需要和目标要求，将决定问题决策的成败。按照问题的性质对决策问题进行分类和编码。

对于求解决策问题，包括问题的描述、问题属性和决策群体定义及描述等、制订复杂问题分解方案，应分解到可以直接求解的一系列原子问题，对这些原子问题的逻辑关系进行定义和描述，编制每个原子问题及决策问题的求解路线，为问题求解提供基础。原子问题之间存在逻辑关系，如表 9-1 所示，所有的原子问题及其逻辑关系等构成问题的分解方案，该分解方案就是指导决策问题求解的依据。

表 9-1　原子问题之间的逻辑关系示意表

紧前原子问题	输入参数	原子问题	输出参数	紧后原子问题	备注
	α, β	A	λ, ξ	B, C	
A	γ, η	B	β, η	C	
B, A	λ, ρ	C	η, ρ	D	
C	θ, ξ	D	θ, α		

对于多方案排序决策问题，包括问题方案的描述，以及问题属性、备选决策方案和决策群体的定义和描述等。

2. 求解任务管理器

对于求解决策问题，针对每个原子问题，生成求解任务，决策成员基于问题分解方案选择求解路线，调用决策资源(对于结构化原子问题，分别调用模型、方法、数据等获得求解结果；对于非结构化原子问题，可利用知识库中的相关知识和数据等，也可以通过专家群体打分或投票等形成求解结果)，对所有原子问题进行求解结束后，将所有原子问题的解按照问题分解方案中的逻辑关系进行合成，形成成员对决策问题的解，并转化成该成员的偏好矢量。所有成员的偏好矢量构成成员偏好矢量集$\Omega=\{V^i \mid i=1,2,\cdots,M\}$。

对于多方案排序决策问题，实现决策成员对决策方案的决策或评价，形成该成员对决策方案的偏好矢量。所有成员对决策方案的偏好矢量构成该决策方案的偏好矢量集$\Omega^l=\{V^{li} \mid i=1,2,\cdots,M;\ l=1,2,\cdots,P\}$。

3. 群体协同管理器

对于求解决策问题，实现成员偏好矢量集$\Omega=\{V^i\}$聚类，生成 $K(1\leqslant K\leqslant M)$个不同的聚集$\{C^1, C^2, \cdots, C^K\}$，计算聚集一致性分析指标$\rho^k$和聚集偏好矢量 E^k，以及群体一致性分析指标ρ和群体偏好矢量 E，形成决策问题的最优解，建立决策问题的最优决策方案，经过评价和讨论，形成问题的决策报告。

对于多方案排序决策问题，实现方案 l 的成员偏好矢量集 $\Omega^l=\{V^{li},i=1,2,\cdots,M;\ l=1,2,\cdots,P\}$ 聚类，生成方案 l 的 K 个不同的聚集 $\{C^{l1},C^{l2},\cdots,C^{lK}\}$，计算方案 l 的聚集一致性分析指标 ρ^k 和聚集偏好矢量 E^k，以及方案 l 的群体一致性分析指标 ρ 和群体偏好矢量 E。所有 P 个群体偏好矢量构成群体偏好矩阵 $E_{P\times N}$，计算问题属性权重矢量 W，计算方案排序矢量 O，获得最优决策方案 l^*，经过评价和讨论，形成问题的决策报告，完成大群体决策过程。

9.2.3　决策资源层

决策资源层为问题求解提供资源和工具，包括模型库及其管理系统、方法库及其管理系统、知识库及其管理系统、数据库及其管理系统等，并且提供扩充求解资源功能。

9.2.4　硬件支撑层

硬件支撑层是使用计算机和网络技术使平台得以实现。为了能灵活方便地开发出各类应用，将本书的决策模型固化，设计平台决策模型组件，组件中包含了平台所需的类库、对象及其方法。

9.3　平台系统处理与控制流程

平台以多属性决策问题解决为中心，因此平台系统处理流程服务于决策问题解决，并围绕问题解决展开，整个平台系统处理流程如图 9-3～图 9-5 所示。

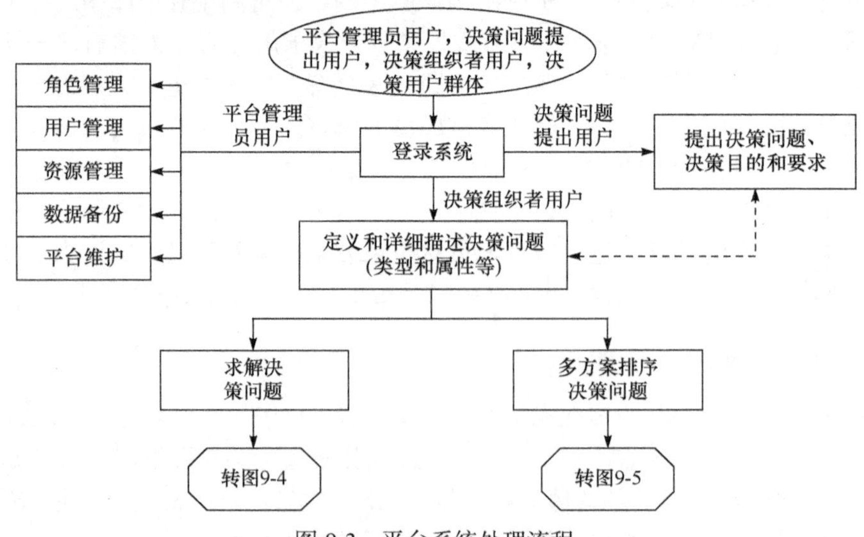

图 9-3　平台系统处理流程

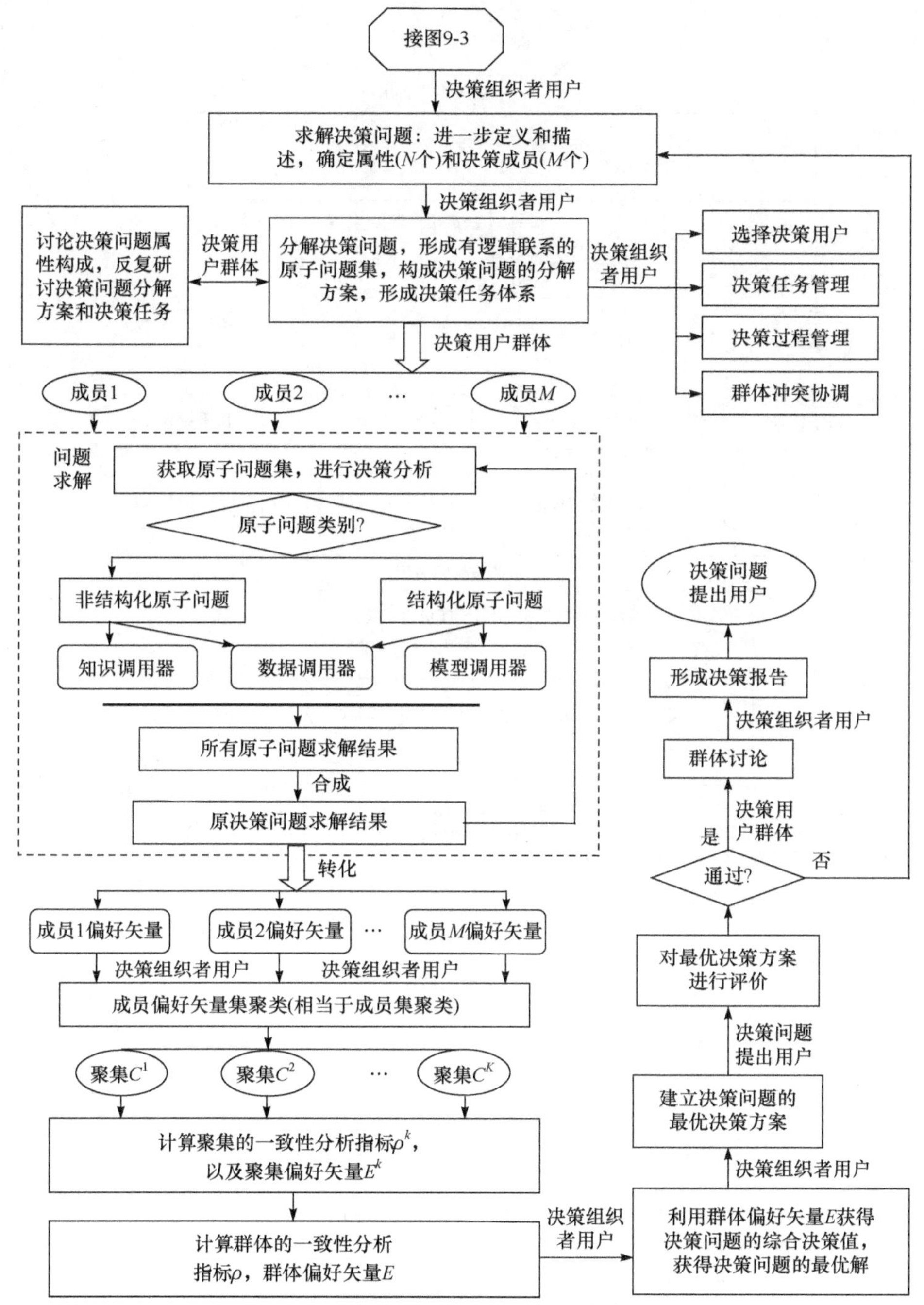

图 9-4　求解决策问题平台系统处理流程

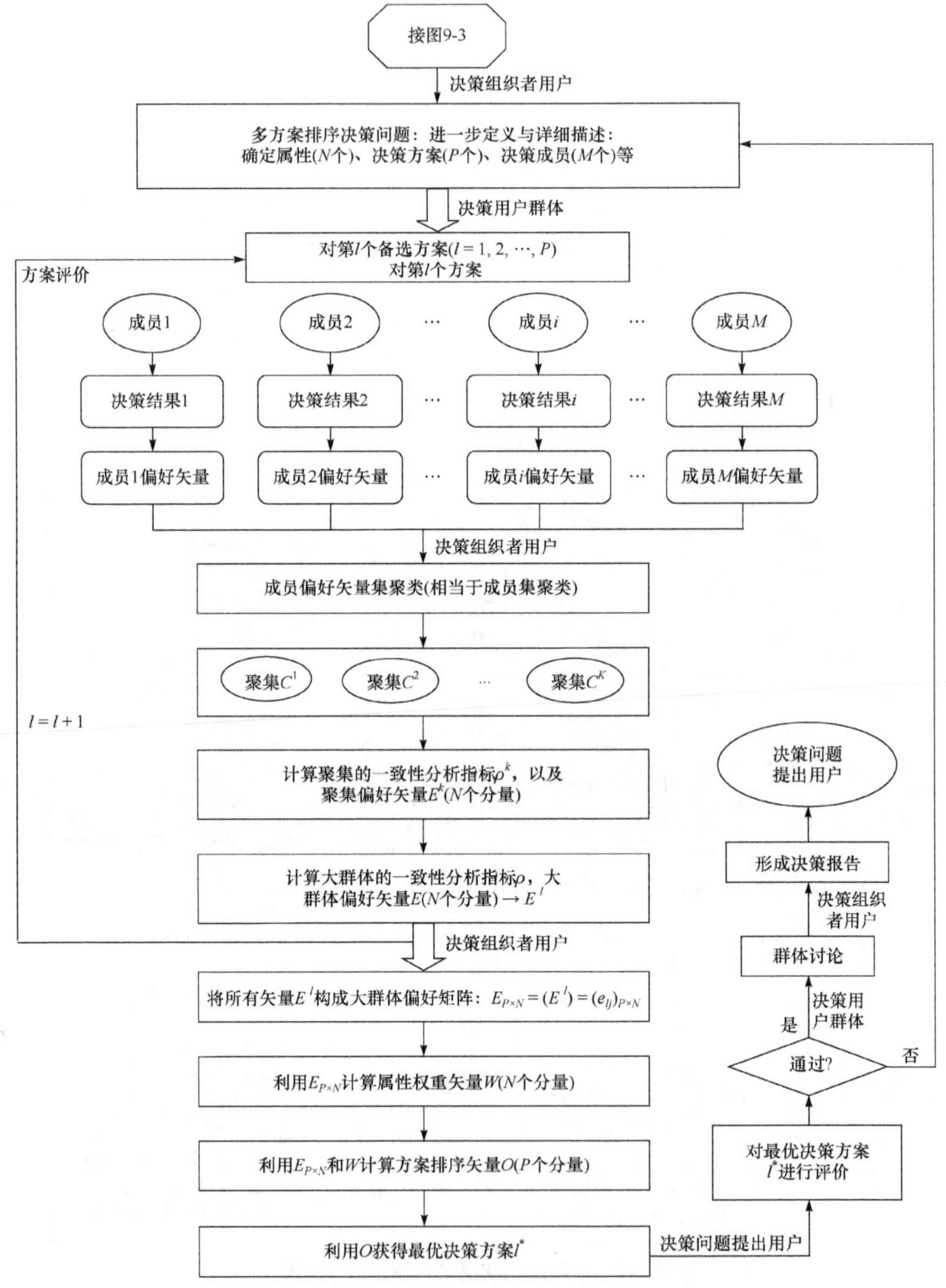

图 9-5 多方案排序决策问题平台系统处理流程

1. 平台用户

平台系统涉及四类用户：平台管理员用户、决策问题提出用户、决策组织者用户、决策用户群体。

平台管理员用户：登录平台系统后主要进行平台角色管理、平台用户管理、平台数据备份、平台系统日常维护、监控、决策资源管理与扩充等功能操作。

决策问题提出用户：登录系统后主要任务是提出并简单描述决策问题、决策目的和决策要求，帮助决策组织者用户对决策问题进行理解和沟通。

决策组织者用户：登录系统后主要任务是与决策问题提出用户进行沟通和讨论，然后对决策问题进行定义和详细描述，确定问题属性，对决策问题的类别进行界定并确定决策问题的类型。对于求解决策问题，进行问题分析和分解，编制决策问题分解方案和决策任务体系；对于多方案排序决策问题，对各个决策方案进行详细描述和界定。组织决策用户群体参与决策，同时与决策问题提出者用户和决策用户群体保持沟通与交流。

决策用户群体：登录系统后获取决策问题及其定义和描述，了解决策要求，对决策问题进行分析和理解。对于求解决策问题，按照问题分解方案和决策任务体系，求解各个原子问题并合成决策问题的解，形成自己的偏好矢量；对于多方案排序决策问题，对各个决策方案进行决策或评价，形成自己的关于各个决策方案的偏好矢量。

2. 求解决策问题平台系统处理流程

由于决策问题的复杂性，决策问题很难一次就能求解，因此需要按照下列程序进行求解处理。相应的平台系统处理流程如图 9-4 所示。

(1) 决策组织者用户需进一步对问题进行定义和描述，确定问题属性(N 个)和参与决策的群体成员(M 个)。在决策用户群体对问题进行求解之前，决策组织者用户需要将问题进行分析分解，形成一系列相互有联系的原子问题(能够直接求解)集，构成问题分解方案和决策任务体系，再交给决策用户群体进行求解。

(2) 决策用户群体根据问题分解方案及其逻辑关系以及决策任务体系对所有原子问题进行求解，之后将所有原子问题的解根据决策问题分解方案的逻辑关系进行合成，形成决策问题的解，最后转变成该决策用户的偏好矢量。M 个决策用户就能够获得决策问题的 M 个解，即 M 个偏好矢量(其中的分量个数就是决策问题的属性数 N)。这样就建立了每个决策成员与其偏好矢量之间的一一对应关系。

(3) 决策组织者用户对 M 个成员偏好矢量进行聚类，形成 $K(1\leqslant K\leqslant M)$个偏好矢量(成员)聚集，对聚集结构进行分析。利用该聚集结构进行整个大群体一致性分析以及大群体偏好计算和分析，利用大群体偏好获得决策问题的最优解，据此形成最优决策方案。

由于各个决策成员拥有不同的背景与知识，他们的偏好之间必然存在差异与冲突，因此需要通过这些偏好的结构分析来探索这些差异，采用第 2 章的偏好聚类方法进行分析和探索，利用第 5 章的冲突协调模型和机制最大限度地消解冲突，进而获得满意一致的整个大群体的偏好，据此获得最优决策方案。

(4) 决策问题提出用户对最优决策方案进行评价，通过评价后提交给所有决策用户进行群体讨论并取得认可，否则需要进行必要的修正和重新决策；讨论通过后交由决策组织者用户处理。

(5) 决策组织者用户根据最佳决策方案形成决策问题的决策报告，完成群体决策全过程。

3. 多方案排序决策问题平台系统处理流程

对于多方案排序决策问题，由于其决策方案具有多样性，需按照下列程序进行决策处理，相应的平台系统处理流程如图 9-5 所示。

(1) 决策组织者用户进一步对决策问题进行定义和描述，确定问题属性(N 个)、决策成员(M 个)、备选决策方案(P 个)。

(2) 针对每一个决策方案 $l(1\leqslant l\leqslant P)$，决策用户群体登录系统，针对 N 个不同的问题属性对方案 l 进行决策或评价，形成该决策成员的决策偏好矢量(其中的分量个数就是决策问题属性数 N)。所有决策成员将形成关于方案 l 的 M 个决策偏好矢量。

(3) 决策组织者用户对方案 l 的 M 个成员偏好矢量进行聚类，形成 K 个偏好矢量(成员)聚集，研究和分析其聚集结构。利用该聚集结构进行大群体一致性分析和大群体偏好计算。将所有 P 个方案的大群体偏好矢量构成大群体偏好矩阵 $E_{P\times N}$。利用 $E_{P\times N}$ 和信息熵模型确定并计算决策问题属性权重矢量 W。将群体偏好矩阵 $E_{P\times N}$ 和属性权重矢量 W 进行合成，获得决策方案排序矢量 O，从中获得最优决策方案 l^*。

(4) 决策问题提出用户对最优决策方案进行评价，通过评价后提交给所有决策用户进行群体讨论和认可，否则需要进行必要的修正和重新决策；讨论通过后交由决策组织者用户处理。

(5) 决策组织者用户根据最优决策方案编制并形成决策问题的决策报告，完成群体决策全过程。

9.4 平台功能结构

根据上述平台系统处理与控制流程，设计平台系统功能结构如图 9-6 所示。

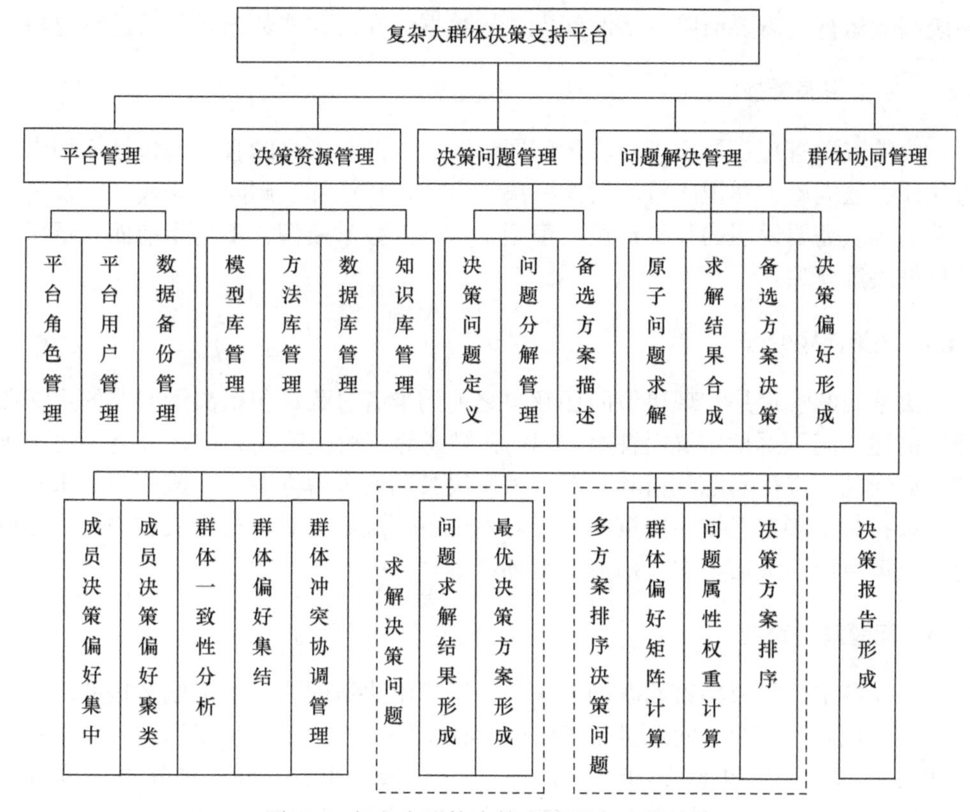

图 9-6　复杂大群体决策支持平台功能结构

9.4.1　平台管理

1. 平台角色管理

平台角色是用户使用平台系统功能的权限，不同的角色对应不同的平台系统功能集合。当用户拥有某个角色时，该用户就可以使用这个角色包含的所有平台系统的功能。本模块实现平台角色的增、改、删及其管理。

2. 平台用户管理

平台系统的使用采用注册用户制，非注册用户不能使用平台。本模块实现平台用户的注册、角色添加、角色变更，用户信息修改和用户删除等。不同用户由于拥有不同角色，其能够使用的平台系统功能也不同。当用户的角色发生变更时，该用户能够使用的平台系统的功能也会发生变化。

3. 数据备份管理

为了对平台数据进行其他分析，需要进行平台数据备份。同时为了使得平台系统高效运行，需要清除一些时间太久的数据，在对这些数据备份后进行清除。

9.4.2 决策资源管理

决策资源管理是指实现对决策问题解决的资源和工具的管理，包括模型库、方法库、数据库、知识库等。对这些决策资源进行增加、删除、修改，以及丰富决策资源。需要说明的是，这里的模型是指标准数学模型，不是指前面几章研究的群体决策模型。

9.4.3 决策问题管理

决策问题管理是实现决策问题解决之前的准备过程，包括决策问题的定义和详细描述、问题属性定义(名称和个数)和描述等，对决策问题进行分类。对于求解决策问题，进行问题分析和分解，编制决策问题分解方案，形成相应的求解任务体系；对于多方案排序决策问题，对各个备选决策方案进行定义和描述。然后定义决策目标和决策要求，描述决策环境等。

9.4.4 问题解决管理

实现各个成员对决策问题的解决。对于求解决策问题，决策成员按照问题分解方案实现对各个原子问题进行求解(结构化原子问题可以调用模型、方法、数据等实现求解，非结构化原子问题可以调用知识或利用专家群体打分/投票实现求解)。将各个原子问题的解合成为决策问题的解，并形成相应决策成员的偏好矢量。对于多方案排序决策问题，决策成员对决策方案进行决策或评价，形成决策成员对决策方案的偏好矢量。

9.4.5 群体协同管理

群体协同管理实现对决策成员大群体的协同管理，获得决策问题的最优决策方案并形成最终决策报告。对于求解决策问题，实现群体成员的偏好矢量集聚类，生成若干个偏好矢量(成员)聚集。计算各聚集和整个大群体的一致性指标并进行分析。计算各聚集和整个大群体的偏好矢量并进行决策成员偏好冲突性分析与协调，形成最优决策方案，对最优决策方案进行评价和讨论形成决策报告。对于多方案排序决策问题，实现各个决策方案的大群体成员偏好矢量集聚类，计算其各聚集和整个大群体的偏好矢量并进行决策成员偏好冲突性分析与协调，将各个方案的大群体偏好矢量构成大群体偏好矩阵，计算并确定问题属性权重矢量。利用属性权重矢量和大群体偏好矩阵的合成获得决策方案排序矢量，从中获得最优决策方案。经过评价和讨论形成问题的决策报告。

9.5 平台开发与运行

9.5.1 平台运行环境

平台系统在 Intranet/Internet 环境中运行，设置独立的平台服务器作为 Web 服务器和数据库服务器。在 Web 服务器上安装 Windows 2008 Server R2 64 位平台服务器操作系统、Microsoft IIS 7.0 信息服务器软件、Microsoft .NET2.0 环境，在数据库服务器上安装 Microsoft SQL Server 2008 Standard(含联机分析处理(online analytical processing，OLAP))数据库系统。

客户机可以为普通个人计算机，客户端操作系统支持 Windows7、Windows10，浏览器支持 IE6～9。

9.5.2 平台开发

平台开发基于目前流行的稳定的传输控制协议/网际协议（TCP/IP)和 Web 技术，采用目前最新流行的支持互联网的 Microsoft Visual Studio.NET2010(C#)为平台开发工具，平台系统采用浏览器/服务器(Browser-Server，B/S)架构，开发 ASP.NET 形式的平台系统。考虑到与平台的兼容性和稳定性，数据库管理系统采用 Microsoft SQL Server 2008 Standard(含 OLAP)作为平台数据存储与管理系统。

平台系统软件磁盘总目录为 CLGDSP，子目录为\Bin、\DB、\Image、\Admin、\Problem、\Organizer、\Decision。

9.6 本章小结

重大突发事件应急决策离不开信息系统和群体决策支持系统的支撑，本书的复杂大群体决策模型只有应用在这些系统中才能更好地发挥作用，因此本章基于这些决策模型提出复杂大群体决策支持平台，对平台的特点和基本功能进行了描述，设计了平台的层次体系结构及平台各个层次组成部分，设计了平台系统的处理流程与控制流程，在此基础上设计了平台的功能结构和功能描述，最后设计了平台系统的软件架构、采用的开发方法以及运行环境，为复杂大群体决策模型的应用奠定了基础。

第 10 章　大型水电工程复杂生态环境风险评价应用

针对大型水电工程复杂生态环境风险的复杂性，传统风险评价方法难以对大型水电工程建设带来的复杂风险进行客观评价。本章基于重庆酉酬水电站案例以及国内外水电工程建设生态环境风险的相关文献，提出大型水电工程复杂生态环境风险关联因素及其量化维度结构。在此基础上建立生态环境风险关联度模型，以此为基础通过聚类对复杂生态环境风险关联因素结构进行分析，据此构造风险关联因素的权重求解模型，得出风险关联因素权重的排序结果。最后利用重庆酉酬水电站工程调研资料进行实证分析，为大型水电工程建设生态环境保护和维护提供借鉴。

10.1　引　言

随着我国经济的发展，产业结构的转型，环境问题越来越受到重视，建设环境友好和资源节约的“两型”社会成为新的发展目标。水电工程作为关系到国计民生的基础产业，其本质上不仅是社会经济工程，更是生态工程，水电工程的建设在给人类带来巨大经济利益的同时，也给生态环境带来诸多风险。由于大型水电工程建设规模庞大，投资金额较多，工程建设期较长，涉及人员繁多，而且水电工程多建设在风景秀丽的山川河流之中，因而大型水电工程在建设全阶段中涉及的因素众多，包括局地气候、水文、地质、动植物、经济社会环境等组成的复杂生态环境，这些生态环境的变化极有可能引发地震、泥石流、崩塌等地质灾害，威胁物种，打乱库区居民的衣食住行习惯，带来种种显性和潜在风险。然而，这些风险因素之间又相互影响，关系错综复杂，这进一步加深了大型水电工程生态环境风险因素评价的复杂性。

由于工程生态环境风险的模糊性和不确定性，在其生态环境风险评价中较多地应用模糊综合评价法，于艳新等[1]运用该方法通过建立生态环境风险模糊指数对大庆地区油田开发排水工程的生态环境风险进行了评价，确知风险发生的可能性，并提出了优选方案环境风险管理的措施。层次分析法和德尔菲法也是常用的生态环境风险评价方法，廖和平等[2]应用该方法评价了三峡工程巫山县移民安置区的土地生态安全等生态环境风险问题；李松真[3]提出了 AHP-FUZZY 滑坡危险性评价模型，应用此模型对公路施工期的滑坡、土壤环境风险进行了评价；王华东等[4]应用层次分析法对南水北调中线水源工程中的生态环境风险进行识别，用模糊概率-事故树分析法估计风险概率，用统计分析法和类比分析法估计风险后果，最后用灰色关联分析法和综合指数法进行风险的综合评价，此法多用于较少的风险因素，且难以适应动态性因素的变化，当评价因素较多时，判断矩阵不一致现象将会增多，主观性较明显。此外，灰色综合评价法也被采用，翟国静[5]将灰色关联度分析应用于水资源工程生态环境影响评价之中，并进行了实证研究，该方法的特点是在“部分信息已知，部分信息未知”的“小样本”、“贫信息”不确定性下对风险因素进行评价，与定性分析结论一致性较好，但在信息不完备的情况下，灰色综合评价法多适用于评价因素较少的问题。风险概率计算模型也得到很好的应用，徐平[6]采用该模型评价了公路建设项目中河流环境的风险，并应用事故后果模型对公路交通事故所带来的生态环境风险进行了分析，该方法对工程生态环境风险的评价需要对风险源发生的概率和强度进行估计，这就使得计算结果有一定的主观性，而且随着评估因素的增多，此模型显然难以进行计算。另外，刘玉洁[7]对重庆巫山千丈岩梯级水电站建设后生态环境风险进行评价，根据《水利水电工程水文计算规范》等中的计算模式对生态环境中各个因子分别进行相应的评价。层次分析法在应用过程中多与模糊数学法或灰色关联分析法结合进行评价。国外学者对于工程生态环境风险的评价方法也有较多研究，Refsgaard 等[8]用一种整合了个体标准准则的整合模型评价了多瑙河流域水电站建设对地表水、农业及洪水等生态环境的影响；ElSherbiny 等[9]在工程建设活动和生态环境之间网络图表的基础上建立了生态环境风险评价模型，并用此对沿海油气工程带来的生态环境风险进行了评价，进而提出了对策；Michael 等[10]用评估能力系统中的风险模块对汉福德核预订工程的潜在生态环境风险进行了评价，对长期的核辐射风险进行了评估；Manful 等[11]将语言描述和相关指标结合到纯数字的水文生态环境评价模型中，并用此模型对水电工程影响下濒临灭绝的河马的栖息地进行了生态环境风险实证分析。

综上所述，多数研究尚未对水电工程建设给复杂生态环境带来的多维风险进行关联性研究，大多停留在单一因素风险评价和管理阶段。本章将对面向大型水电工程所涉及的复杂生态环境风险进行评价研究，首先建立大型水电工程复杂生态环境风险关联因素及其量化维度结构，其次利用第 2 章的研究成果建立生态环境风险关联度模型，然后通过聚类对复杂生态环境关联因素进行结构分析，构造风险关联因素权重模型得出风险关联因素权重的排序结果，最后利用重庆酉酬水电站工程案例进行实证分析。

10.2　大型水电工程复杂生态环境风险关联因素分析

水电工程由于建设的特殊性，其生态环境风险涉及复杂的关联因素，即工程建设全阶段中涉及的与生态环境有关的风险对象，根据重庆西酬水电站案例调研，同时查阅国内外水电工程建设相关文献[1,2]，再依据系统论的方法将水电工程生态环境风险看成一个复杂系统，将其分解成自然环境子系统、生态环境子系统、社会经济子系统和工程主体子系统，然后对这四个子系统分别进行层层分解，最后总结出大型水电工程复杂生态环境风险关联因素，这样先划分系统，再根据系统层层分解的方法可以保证评价体系的科学性和评价指标的全面性，也有利于对风险关联因素进行评价。具体系统分层如表 10-1 所示。

表 10-1　大型水电工程复杂生态环境风险评价体系结构

系统名称	风险属性名称	风险关联因素集
自然环境子系统	水环境	水文泥沙，径流水，河流形态，水质，底质
	地表环境	局地气候，土壤营养物质，地质，水土流失，地震，土壤盐碱化，土壤沼泽化，滑坡，泥石流
生态环境子系统	陆生生物	陆生植物，陆生动物
	水生生物	水生植物，鱼类，浮游植物，浮游动物，微生物
社会经济子系统	库区移民	库区移民安置，库区移民健康，库区社会稳定
	当地经济发展	地区工业，地区农业，交通建设，库区景观，地区经济风险
工程主体子系统	施工风险	

根据表 10-1 总结的风险关联因素结构，再结合文献[1]和[2]和重庆西酬水电站建设现场实际，分别得出其量化维度(相当于风险关联因素的属性)如表 10-2 所示。

表 10-2　大型水电工程复杂生态环境风险关联因素及其量化维度

编号	生态环境风险关联因素	量化维度
1	水文泥沙风险	平均输沙量；泥沙颗粒含量；有机质含量；全氮；全磷；全钾
2	径流水风险	地表径流量；水温；地下水位；径流水总悬浮物含量；pH 值；总氮；总磷；总钾
3	河流形态风险	河床下切深度；断面宽度扩展；河床坡度
4	水质风险	水温；pH 值；氨氧；生物耗氧量；硅酸盐；溶解氧；总硬度；铵氮；总氮；总磷

续表

编号	生态环境风险关联因素	量化维度
5	底质风险	农田 Eh 值；土壤 pH 值；总氮；总磷；有机质含量
6	局地气候风险	气温；空气湿度；平均风速；降雨量；蒸发量；无霜期；日照时数
7	土壤营养物质风险	全氮；全磷；全钾；土壤速效磷含量；土壤速效钾含量；有机质含量
8	地质风险	有机质含量；农田 Eh 值；土壤 pH 值；土壤容重；岩石硬度
9	水土流失风险	山坡坡度；降雨量；植被覆盖率；水土流失率
10	地震风险	土壤容重；库水荷重；库区渗漏量；岩石硬度
11	土壤盐碱化风险	土壤 pH 值；地下水位；气温
12	土壤沼泽化风险	20～45cm 深度土壤含水量；有机质含量；地下水位
13	滑坡风险	山坡坡度；降雨量
14	泥石流风险	20～45cm 深度土壤含水量；山坡坡度；降雨量；岩石破碎分割程度
15	陆生植物风险	植被覆盖率；自然生产力；库区建房人均用材量；野生植物数量；珍稀植物种类
16	陆生动物风险	种群密度；野生动物数量；珍稀动物数量
17	水生植物风险	水生植被覆盖率；水位；水温；自然生产力；水生植物数量
18	鱼类风险	水位；水温；鱼道流速；鱼道尺寸；鱼类数量
19	浮游植物风险	水位；水温；群落种类；密度
20	浮游动物风险	水位；水温；群落种类；密度；生物量
21	微生物风险	水位；水温；微生物种类；种群密度
22	库区移民安置风险	人均居住面积；坡度；植被覆盖率；日照时数；降雨量；耕种层厚度
23	库区移民健康风险	自然疫源疾病发病率；地区病发病率；介水传染病发病率；废水排放量；废渣排放量；人均拥有病床数
24	库区社会稳定风险	移民人口数量；人均居住面积；人均供水量；人均耗电量；失业率
25	地区工业风险	工业总产值；产品销售率；工业利润总额；工业从业人数；废水排放量；废渣排放量
26	地区农业风险	农业总产值；人均耕地面积；降雨量；日照时数；耕种层厚度；人均有效灌溉面积；农民人均纯收入；农业机械总动力；农业从业人数
27	交通建设风险	占用土地面积；公路运量；坡度改变程度；径流水总悬浮物含量
28	库区景观风险	淹没区房屋面积；淹没耕地面积；施工区占地影响耕地面积
29	地区经济风险	财政收入；财政支出；农业总产值；工业总产值；人均纯收入；恩格尔系数
30	施工风险	平均施工人数；植被覆盖率；施工临时房屋面积；施工占用耕地；施工环境保护费用；库区淹没处理费用；移民安置费用；废水排放量；废渣排放量

10.3　大型水电工程生态环境风险关联度模型

针对大型水电工程生态环境风险关联因素的复杂性和规模性等特点，将复杂生态环境的风险关联因素看成一个大群体Ω，其中包含 M 个风险关联因素，其量化维度反映了大型水电工程的建设给生态环境关联因素所带来的风险维度，其中量化维度的风险值可根据水电工程建成后的生态环境历史水文资料实际情况进行赋值。由于每两个风险关联因素的量化维度的数量、数值和属性不完全相同，因此反映的风险维度也不完全相同，为了较全面地反映大型水电工程的建设对生态环境关联因素的影响，下面对两个风险关联因素的风险矢量分别进行定义。

定义 10-1 (风险矢量)　设第 i_1 个风险关联因素的量化维度为 n_1，其中第 j 个量化维度在大型水电工程建设影响下的风险值为 $v_j^{i_1}$，并且 $v_j^{i_1} \geqslant 0$，$j=1,2,\cdots,n_1$，则称风险值矢量 $V^{i_1}=(v_1^{i_1},v_2^{i_1},\cdots,v_{n_1}^{i_1})$ 为第 i_1 个风险关联因素的风险值矢量；设第 i_2 个风险关联因素的量化维度为 n_2，其中第 j 个量化维度在大型水电工程建设影响下的风险值为 $v_j^{i_2}$，并且 $v_j^{i_2} \geqslant 0$，$j=1,2,\cdots,n_2$，则称风险值矢量 $V^{i_2}=(v_1^{i_2},v_2^{i_2},\cdots,v_{n_2}^{i_2})$ 为第 i_2 个风险关联因素的风险矢量。

在水电工程建设之前，当地的复杂生态环境维持平衡，这些风险关联因素中的量化维度都对应一个初始值，将这些初始值看成关联因素量化维度的标准值，这些初始值在案例分析时根据水电工程建成前对应的生态环境历史实际情况进行赋值。下面对风险关联因素的风险标准值矢量进行定义。

定义 10-2 (风险标准值矢量)　设第 i 个风险关联因素中第 j 个量化维度的风险标准值为 v_{jo}^i，并且 $v_{jo}^i \geqslant 0$，$j=1,2,\cdots,N$，则称 $V_o^i=(v_{1o}^i,v_{2o}^i,\cdots,v_{No}^i)$ 为第 i 个风险关联因素的风险标准值矢量。

大型水电工程复杂生态环境的风险关联因素之间存在着一定的耦合关系，彼此相互作用和影响，某个关联因素的属性(或量化维度)值的变化可能会引起诸多其他关联因素属性值的变化，这也正是水电工程所造成的风险程度难以测度的重要原因。由于各个风险关联因素量化维度间有一定的差异，其相互间的影响不具有可比性，考虑到风险关联因素的量化维度在大型水电工程对复杂生态环境的影响下都有所变化，在上述风险矢量和风险标准值矢量的基础上引入风险变化值矢量，用量化维度间的变化值矢量来衡量风险关联因素相互间的影响程度。

定义 10-3 (风险变化值矢量)　两个风险关联因素 i_1 和 i_2 的量化维度风险值分别为 $v_{j_1}^{i_1}$ 和 $v_{j_2}^{i_2}$，风险标准值为 $v_{j_1o}^{i_1}$ 和 $v_{j_2o}^{i_2}$，设第 i_1 个风险关联因素中第 j_1 个量化维度的变化值为 $p_{j_1}^{i_1}$，第 i_2 个风险关联因素中第 j_2 个量化维度的变化值为 $p_{j_2}^{i_2}$，则

$P^{i_1}=\left(p_1^{i_1},p_2^{i_1},\cdots,p_{n_1}^{i_1}\right)$，$P^{i_2}=\left(p_1^{i_2},p_2^{i_2},\cdots,p_{n_2}^{i_2}\right)$分别为第 i_1 个和第 i_2 个风险关联因素的风险变化值矢量，其中 $p_{j_1}^{i_1}=\dfrac{\left|v_{j_1}^{i_1}-v_{j_1o}^{i_1}\right|}{v_{j_1o}^{i_1}}$、$p_{j_2}^{i_2}=\dfrac{\left|v_{j_2}^{i_2}-v_{j_2o}^{i_2}\right|}{v_{j_2o}^{i_2}}$，$j_1=1,2,\cdots,n_1$；$j_2=1,2,\cdots,n_2$。

在同一个水电工程建设项目的生态环境系统中，风险关联因素对同一环境有着相似或相异的适宜性，风险关联因素量化维度之间的这一特征与森林景观学中的适宜性机制有相似性，本章引用森林景观学中的单因子耦合度[12]，将第 i_1 个风险关联因素中第 j_1 个量化维度与第 i_2 个风险关联因素中第 j_2 个量化维度之间的风险影响度定义为 $b_{j_1j_2}^{i_1i_2}=\dfrac{\min(p_{j_1}^{i_1},p_{j_2}^{i_2})}{\max(p_{j_1}^{i_1},p_{j_2}^{i_2})}$，$0\leqslant b_{j_1j_2}^{i_1i_2}\leqslant 1$，此时风险关联因素量化维度变化值差距越大，量化维度之间的风险影响度值越小，说明在水电工程建设对复杂生态环境影响过程中风险关联因素之间的相互影响越小，其影响程度值与对应的含义描述如表 10-3 所示。

表 10-3　风险关联因素量化维度风险影响程度及其相应描述

度值	风险影响程度	风险影响描述
0	无影响	两个量化维度风险值间的改变完全不会引起对方风险值的改变
0.2	微弱影响	两个量化维度风险值之间的相互影响是微弱的，是一种不易察觉的改变
0.4	轻度影响	一个量化维度风险值的改变能够较明显地影响另一量化维度风险值的改变
0.6	中度影响	一个量化维度风险值的改变能较大程度地影响另一量化维度风险值的改变
0.8	重度影响	一个量化维度风险值的改变能极大程度地影响另一量化维度风险值的改变
1	完全影响	两个量化维度风险值的改变完全同步，或者两个量化维度完全相同

第 i_1 个风险关联因素与第 i_2 个风险关联因素之间的量化维度影响关系矩阵 $B_{n_1\times n_2}^{i_1i_2}$ 由风险影响度 $b_{j_1j_2}^{i_1i_2}$ 构成，即有

$$B_{n_1\times n_2}^{i_1i_2}=\begin{bmatrix} b_{11}^{i_1i_2} & b_{12}^{i_1i_2} & \cdots & b_{1n_2}^{i_1i_2} \\ b_{21}^{i_1i_2} & b_{22}^{i_1i_2} & \cdots & b_{2n_2}^{i_1i_2} \\ \vdots & \vdots & & \vdots \\ b_{n_11}^{i_1i_2} & b_{n_12}^{i_1i_2} & \cdots & b_{n_1n_2}^{i_1i_2} \end{bmatrix} \tag{10-1}$$

其中，n_1 和 n_2 分别为第 i_1 个和第 i_2 个风险关联因素中的量化维度个数。

在决策问题属性数为常数的情况下，第 2 章中的相聚度模型可有效地衡量群

体中两个决策成员偏好的相聚程度，将此模型引入本章的风险关联度建模中，风险关联因素对应于成员的偏好，量化维度对应于属性，但由于风险关联因素的量化维度不是常数，即不同风险关联因素的量化维度个数是不同的，因此利用第 2 章式(2-7)相聚度模型，即将量化维度影响关系矩阵 $B_{n_1\times n_2}^{i_1i_2}$ 引入其中，可解决各个风险因素因量化维度不同而无法比较的问题，定义如下。

定义 10-4 两个风险关联因素风险矢量 V^{i_1} 和 V^{i_2} 之间的风险关联度模型为

$$r_{i_1i_2}(V^{i_1},V^{i_2})=\frac{(|V^{i_1}-V_0^{\ i_1}|)\cdot B_{n_1\times n_2}^{i_1i_2}\cdot(|V^{i_2}-V_0^{\ i_2}|)^{\mathrm{T}}}{\left\|V^{i_1}-V_0^{\ i_1}\right\|_2\cdot\left\|B_{n_1\times n_2}^{i_1i_2}\right\|_2\cdot\left\|V^{i_2}-V_0^{\ i_2}\right\|_2} \tag{10-2}$$

其中，$r_{i_1i_2}(V^{i_1},V^{i_2})$ 为风险关联度，$V_0^{\ i_1}$ 和 $V_0^{\ i_2}$ 分别为第 i_1 个和第 i_2 个风险关联因素的风险标准值矢量。由第 2 章式(2-7)可知：对于风险关联因素大群体 Ω 中的两个风险矢量 V^{i_1} 和 V^{i_2} 之间的风险关联度 $r_{i_1i_2}(V^{i_1},V^{i_2})$，同样有不等式 $0\leqslant r_{i_1i_2}(V^{i_1},V^{i_2})\leqslant 1$。

10.4 大型水电工程生态环境风险评价

由于大型水电工程生态环境的风险关联因素众多，并且其包含的量化维度数量及性质存在差异等特点，不同关联因素造成的风险影响程度不尽相同，有些关联因素造成的风险影响程度可能比较接近，为了深入反映所有这些关联因素风险影响程度，需要对这些关联因素的风险结构进行分析。由于风险关联因素的规模性，本章采用聚类方法，将这些关联因素进行聚类，利用形成的聚类结构来反映所有关联因素的风险影响，进一步形成生态环境评价结果。

10.4.1 风险关联因素风险结构分析

基于式(10-2)的生态环境风险关联度 $r_{i_1i_2}(V^{i_1},V^{i_2})$，对风险关联因素大群体 Ω 进行聚类，可以形成 K 个关联因素聚集 $\Omega=\{C^1,C^2,\cdots,C^K\}$。设 n_k 为第 k 个聚集 C^k 所包含的风险关联因素的个数，于是有 $\sum_{k=1}^{K}n_k=M$。聚集 $C^k(k=1,2,\cdots,K)$的综合风险矢量 $\ddot{V}^k=\left\{v_z^k\middle|v_z^k\in V_i^k\right\}$，其中 $i=1,2,\cdots,n_k$，V_i^k 为第 k 个聚集 C^k 中第 i 个风险关联因素的风险矢量，v_z^k 为第 k 个聚集 C^k 中所包含的风险矢量的量化维度，即第 k 个聚集 C^k 的综合风险矢量的量化维度为该聚集中所包含的所有风险矢量的量化维度(去除风险矢量中重复的量化维度)，这样聚集 C^k 的综合风险矢量的量化维度数量 z 为该聚集中所包含的风险矢量的不重复的量化维度数量之和。

10.4.2　风险关联因素权重模型

设第 k_1 个聚集 C^{k_1} 的综合风险矢量为 $\ddot{V}^{k_1}$，第 k_2 个聚集 C^{k_2} 的综合风险矢量为 $\ddot{V}^{k_2}$，则这两个聚集的风险关联度记为 $R_{k_1k_2}(\ddot{V}^{k_1},\ddot{V}^{k_2})$，聚集 C^k 的权重记为 $W_k(k=1,2,\cdots,K)$。

利用上述式(10-1)确定的量化维度影响关系矩阵 B 的方法来确定两个综合风险矢量的量化维度影响关系矩阵，然后分别计算出 K 个聚集中两个聚集 C^{k_1} 和 C^{k_2} 的风险关联度 $R_{k_1k_2}$，并且 $R_{k_1k_2}=R_{k_2k_1}$。于是聚集 C^k 的权重 W_k 可用公式 $W_k=R_{kk}\Big/\sum_{t=1}^{K}R_{kt}$ 确定，对该聚集的权重进行归一化得

$$\widehat{W}_k=W_k\Big/\sum_{t=1}^{K}W_t \tag{10-3}$$

分别计算出第 k 个聚集 C^k 中第 i_1 个风险关联因素与第 i_2 个风险关联因素间的风险关联度 $r_{i_1i_2}^k$，其中 $i_1,i_2=1,2,\cdots,n_k$，并且 $r_{i_1i_2}^k=r_{i_2i_1}^k$。于是聚集 C^k 的中第 i 个风险关联因素权重 G_i^k 可用公式 $G_i^k=r_{ii}\Big/\sum_{t=1}^{n_k}r_{it}$ 确定，对该风险关联因素的权重进行归一化得

$$\widehat{G}_i^k=G_i^k\Big/\sum_{i=1}^{n_k}G_i^k \tag{10-4}$$

综合聚集 C^k 的权重 $\widehat{W}_k$ 和聚集 C^k 中各个风险关联因素的权重 $\widehat{G}_i^k$ 得出聚集 C^k 的风险关联因素的综合权重 H_i^k 为

$$H_i^k=\widehat{W}_k\cdot\widehat{G}_i^k \tag{10-5}$$

其中，$k=1,2,\cdots,K$；$i=1,2,\cdots,n_k$，此时 $\sum_{k=1}^{K}\sum_{i=1}^{n_k}H_i^k=1$。

据此可以将风险关联因素的综合权重进行排序，综合权重的大小说明了对应的风险因素对其他风险因素产生的影响，即产生的风险综合权重大小直接反映了在大型水电工程中对应的生态环境风险关联因素影响下的风险大小，所以较大综合权重的风险关联因素应作为大型水电工程建设中对生态环境影响重点关注的风险对象。

10.4.3　案例应用与分析

本章针对重庆酉酬水电站工程进行实例分析，该工程虽为当地经济发展提供

了强劲的电力支撑，也对地区经济发展起到良好的拉动作用，但其对生态环境的影响是不可忽视的，如果处理不当，将产生无法预计的后果。

通过对重庆西酬水电站的跟踪调查，积累了大量的珍贵历史数据，并参考2006～2009年《重庆统计年鉴》、《中国水利年鉴》以及中国科学院三峡工程生态与环境科研项目中的相关数据等，根据表10-2中的大型水电站工程复杂生态环境风险关联因素，对西酬水电工程建成前后的风险关联因素量化维度的标准值和风险值进行选取，标准值来源于2006年西酬水电工程建成前的相关历史数据，风险值来源于2008～2009年工程建成后的实际数据，共155个量化维度。与表10-2相对应的量化维度的风险标准值(隐去计量单位)和风险值以及根据定义10-3计算的风险变化值如表10-4所示。

表10-4 西酬水电工程建成前后的风险关联因素量化维度的风险标准值、风险值和风险变化值

V^i	量化维度值(v_{jo}^i , v_j^i , p_j^i)
v_l^1	(72.8,138,0.896);(0.297,0.343,0.155);(2.96,1.4,0.48);(0.15,0.12,0.2);(0.45,0.34,0.244);(0.9,0.71,0.211)
v_l^2	(25.33,46.71,0.844);(15.78,16.18,0.025);(16.3,19,0.166);(0.24,0.31,0.292);(8.7,8.8,0.011);(0.21,0.12,0.429);(0.10,0.05,0.5);(8.45,4.81,0.431)
v_l^3	(1.3,2,0.538);(3.2,5.6,0.75);(0.754,0.837,0.11)
v_l^4	(15.78,16.18,0.025);(8.7,8.8,0.011);(0.1,0.12,0.2);(3.76,3.85,0.024);(6.0,5.4,0.1);(8.21,8.21,0);(1.32,1.33,0.008);(0.045,0.043,0.044);(0.2,0.15,0.25);(0.10,0.05,0.5)
v_l^5	(504,151,0.7);(5.5,5.4,0.018);(0.2,0.281,0.405);(0.10,0.05,0.5);(2,1.4,0.3)
v_l^6	(18.1,18.6,0.028);(79,82,0.038);(1.3,1.69,0.3);(1151.2,1157.2,0.005);(14810.6,1325.7,0.11);(270,261,0.033);(1234.8,1495.7,0.211)
v_l^7	(0.15,0.12,0.2);(0.45,0.34,0.244);(3.23,1.84,0.431);(3.5,2.34,0.331);(79,55,0.304);(2,1.4,0.3)
v_l^8	(2,1.4,0.3);(279,151,0.459);(8.1,8.6,0.062);(0.97,1.12,0.155);(0.30,0.30,0)
v_l^9	(25,23.7,0.052);(1151.2,1157.2,0.005);(32,21,0.344);(35,42.30,0.209)
v_l^{10}	(0.97,1.12,0.155);(1,1.52,0.52);(1,1.77,0.77);(0.30,0.34,0.133)
v_l^{11}	(5.5,5.4,0.018);(16.3,19,0.166);(18.1,18.6,0.028)
v_l^{12}	(10.60,10.70,0.115);(2,1.40,0.3);(16.3,19,0.166)
v_l^{13}	(25,23.7,0.052);(1151.2,1157.2,0.005)
v_l^{14}	(10.60,10.70,0.115);(25,23.7,0.052);(1151.2,1157.2,0.005);(25,11,0.56)
v_l^{15}	(32,21,0.344);(4.37,2.63,0.398);(26078,166110,5.37);(42,40,0.048);(3,2,0.333)
v_l^{16}	(310.20,35.11,0.104);(363,354,0.025);(32,30,0.063)
v_l^{17}	(31,20,0.355);(445.14,335,0.247);(15.78,16.18,0.025);(2.51,2.13,0.151);(37,31,0.162)

续表

V^i	量化维度值(v^i_{jo} , v^i_j , p^i_j)
v_l^{18}	(445.14,335,0.247);(15.78,16.18,0.025);(1.89,0.445,0.765);(3.0,1.5,0.5);(41,36,0.122)
v_l^{19}	(445.14,335,0.247);(15.78,16.18,0.025);(80,75,0.063);(7.1,5.2,0.268)
v_l^{20}	(445.14,335,0.247);(15.78,16.18,0.025);(70,68,0.029);(435,367,0.156);(6.72,4.88,0.274)
v_l^{21}	(445.14,335,0.247);(15.78,16.18,0.025);(491,473,0.037);(23.40,21.40,0.085)
v_l^{22}	(38.6,31.2,0.192);(15,15,0);(32,34,0.063);(1234.8,1495.7,0.211);(1151.2,1157.2,0.005);(13.5,12.4,0.081)
v_l^{23}	(2.10,3.73,0.776);(20,23.50,0.175);(165.17,266.46,0.613);(272,522.92,0.923);(5000,5328.4,0.066);(25.20,23.92,0.051)
v_l^{24}	(4000,4635,0.16);(38.6,31.2,0.192);(254,302,0.189);(180,267,0.483);(4.20,4.10,0.024)
v_l^{25}	(10.3,110.1,0.854);(910.30,96.70,0.026);(0.10,0.19,0.9);(1.89,1.93,0.021);(272,522.92,0.923);(5000,5328.4,0.066)
v_l^{26}	(14.60,18.34,0.253);(1.79,2.24,0.251);(1151.2,1157.2,0.005);(1234.8,1495.7,0.211);(13.5,12.4,0.081);(0.290,0.303,0.045);(2031,2778,0.368);(36.5,37.6,0.03);(210.36,210.93,0.019)
v_l^{27}	(0,6890.69,1);(0,22.6,1);(0,1.5,1);(0.24,0.31,0.292)
v_l^{28}	(0,17.9,1);(0,5386.29,1);(0,348.05,1)
v_l^{29}	(1.89,3.74,0.979);(7.91,14.21,0.796);(14.60,18.34,0.256);(10.08,110.10,0.895);(4555,6079,0.335);(50.00,51.30,0.026)
v_l^{30}	(0,2000,1);(32,34,0.063);(0,19660,1);(0,348.05,1);(0,5345.59,1);(0,13335.41,1);(0,4582.85,1);(272,522.92,0.923);(5000,5328.4,0.066)

基于风险关联度模型(10-2)，采用第 2 章的聚类方法对表 10-4 的风险关联因素大群体 Ω 进行聚类。聚类阈值γ越大，形成的聚集数越多，通过抽取 30 个风险关联因素中的部分因素进行两两关联度计算，发现关联度在 0.4 以上的值占样本的 15%左右，为保证聚类的合理性和准确性，选取聚类阈值$\gamma = 0.4$，使较大的风险关联因素集能够合理准确地被划分为较小和较易评价的风险关联因素集合再进行综合风险评价。此时 30 个风险关联因素被聚类成为 15 个聚集，如表 10-5 所示。

表 10-5　酉酬水电站工程复杂生态环境风险关联因素聚类结果

聚集 C^k		风险关联因素
C^1	V^1,V^3,V^{28}	水文泥沙风险，河流形态风险，库区景观风险
C^2	V^2,V^{10},V^{30}	径流水风险，地震风险，施工风险
C^3	V^4	水质风险
C^4	V^6	局地气候风险

续表

聚集 C^k		风险关联因素
C^5	V^7,V^{11},V^{21}	土壤营养物质风险，土壤盐碱化风险，微生物风险
C^6	V^8,V^{14}	地质风险，泥石流风险
C^7	V^9,V^{13}	水土流失风险，滑坡风险
C^8	$V^{12},V^{18},V^{19},V^{20},V^{22}$	土壤沼泽化风险，鱼类风险，浮游植物风险，浮游动物风险，库区移民安置风险
C^9	V^5,V^{24}	底质风险，库区社会稳定风险
C^{10}	V^{15}	陆生植物风险
C^{11}	V^{16}	陆生动物风险
C^{12}	V^{17},V^{29}	水生植物风险，地区经济风险
C^{13}	V^{23},V^{25}	库区移民健康风险，地区工业风险
C^{14}	V^{26}	地区农业风险
C^{15}	V^{27}	交通建设风险

在风险关联因素聚类结果的基础上，确定各个风险关联因素聚集的量化维度，每个聚集的量化维度由该聚集中各个成员的量化维度组成，用风险关联度模型来计算 15 个聚集间的风险关联度 $R_{k_1k_2}(\ddot{V}^{k_1},\ddot{V}^{k_2})$，其中 $\ddot{V}^{k_1}$ 和 $\ddot{V}^{k_2}$ 分别为聚集 C^{k_1} 和 C^{k_2} 的综合风险矢量，根据式(10-3)计算聚集 C^k 的权重 $\widehat{W}_k$，15 个聚集的权重如表 10-6 所示。

表 10-6　生态环境风险关联因素聚集权重

聚集 C^k	权重 $\widehat{W}_k$	聚集 C^k	权重 $\widehat{W}_k$	聚集 C^k	权重 $\widehat{W}_k$	聚集 C^k	权重 $\widehat{W}_k$	聚集 C^k	权重 $\widehat{W}_k$
C^1	0.037	C^4	0.056	C^7	0.219	C^{10}	0.133	C^{13}	0.051
C^2	0.048	C^5	0.041	C^8	0.022	C^{11}	0.121	C^{14}	0.048
C^3	0.070	C^6	0.048	C^9	0.029	C^{12}	0.037	C^{15}	0.042

再根据聚集中风险关联因素权重模型(10-4)和风险关联因素的综合权重模型(10-5)，在表 10-6 聚集权重的基础上得出西酬水电站工程复杂生态环境所有风险关联因素的综合权重值，如表 10-7 所示。如果某聚集只包括 1 个风险关联因素，则其权重值为 1，所以只对包括大于 1 个风险关联因素的聚集计算其中的风险关联因素的权重。

表 10-7　生态环境风险关联因素权重

聚集 C^i	风险关联因素	风险关联因素权重 $\widehat{G}_i^k$	综合权重 H_i^k	聚集 C^i	风险关联因素	风险关联因素权重 $\widehat{G}_i^k$	综合权重 H_i^k
C^1	V^1	0.234775	0.008775	C^8	V^{12}	0.1789	0.00386
	V^3	0.473044	0.01768		V^{18}	0.206666	0.004459
	V^{28}	0.292181	0.010921		V^{19}	0.203406	0.004389
C^2	V^2	0.223711	0.010723		V^{20}	0.232768	0.005022
	V^{10}	0.451677	0.021651		V^{22}	0.17826	0.003846
	V^{30}	0.324612	0.01556	C^9	V^5	0.453897	0.012995
C^5	V^7	0.225502	0.009149		V^{24}	0.546103	0.015634
	V^{11}	0.412499	0.016736	C^{12}	V^{17}	0.518871	0.019339
	V^{21}	0.361999	0.014687		V^{29}	0.481129	0.017932
C^6	V^8	0.459592	0.022212	C^{13}	V^{23}	0.532937	0.026973
	V^{14}	0.540408	0.026117		V^{25}	0.467063	0.023639
C^7	V^9	0.437782	0.095665				
	V^{13}	0.562218	0.122857				

于是可得西酬水电站工程生态环境风险关联因素综合权重如表 10-8 所示。

表 10-8　西酬水电站工程生态环境风险关联因素综合权重表

风险关联因素	水文泥沙风险	径流水风险	河流形态风险	水质风险	底质风险	局地气候风险	土壤营养物质风险	地质风险	水土流失风险	地震风险
权重	0.009	0.011	0.018	0.070	0.013	0.056	0.009	0.022	0.096	0.022
风险关联因素	土壤盐碱化风险	土壤沼泽化风险	滑坡风险	泥石流风险	陆生植物风险	陆生动物风险	水生植物风险	鱼类风险	浮游植物风险	浮游动物风险
权重	0.017	0.004	0.123	0.026	0.133	0.121	0.019	0.004	0.004	0.005
风险关联因素	微生物风险	库区移民安置风险	库区移民健康风险	库区社会稳定风险	地区工业风险	地区农业风险	交通建设风险	库区景观风险	地区经济风险	施工风险
权重	0.015	0.004	0.027	0.016	0.024	0.048	0.016	0.011	0.018	0.042

由表 10-8 可知，西酬水电站工程生态环境风险关联因素综合权重值由大到小依次为陆生植物风险、滑坡风险、陆生动物风险、水土流失风险、水质风险、局地气候风险、地区农业风险、施工风险、库区移民健康风险、泥石流风险、地区工业风险、地质风险与地震风险(并列)、水生植物风险、地区经济风险与河流形

态风险(并列)、土壤盐碱化风险、库区社会稳定风险与交通建设风险(并列)、微生物风险、底质风险、库区景观风险与径流水风险(并列)、土壤营养物质风险与水文泥沙风险(并列)、浮游动物风险、鱼类风险/浮游植物风险/土壤沼泽化风险/库区移民安置风险。

酉酬水电站工程的建设给生态环境带来不同程度的风险，风险关联因素权重值越大，说明工程的建设对生态环境风险影响程度越大。由此可知，重庆酉酬水电工程的建设对陆生植物、滑坡的形成以及陆生动物带来较大的风险影响，而对库区移民安置等带来的风险影响相对较小。水电站建设的生态环境保护中参照风险关联因素权重值大小有重点地进行保护和维护，力争风险损失最小化。与此同时，该评价结果也可以为其他水电站建设的生态环境保护提供借鉴。

10.5 本章小结

大型水电工程由于其本身的特殊性和复杂性，对生态环境的影响及其风险评价也具有广泛性和复杂性，本章结合重庆酉酬水电站建设案例及国内外相关文献构建了大型水电工程复杂生态环境风险关联因素及其量化维度结构，构造了生态环境风险关联因素关联度模型和权重模型，在此基础上应用聚类方法对风险关联因素进行聚类和结构分析，进一步得出生态环境风险关联因素的综合权重值，为水电工程建设生态环境保护和维护提供参考，通过采取有效措施以避免或减少生态环境风险损失，建立利国利民的环境友好型和资源节约型水电工程。同时本章也提供了一种水电工程复杂生态环境风险评价方法。

参考文献

[1] 于艳新, 陈家军. 大庆地区油田开发排水工程环境风险评价初探[J]. 应用生态学报, 2001, 12(2): 283-286.

[2] 廖和平, 洪惠坤, 陈智. 三峡移民安置区土地生态安全风险评价及其生态利用模式——以重庆市巫山县为例[J]. 地理科学进展, 2007, 26(4): 33-43.

[3] 李松真. 公路施工期滑坡、土壤环境风险评价及评价系统研究——以常吉高速公路为实例[D]. 长沙: 中南大学, 2008.

[4] 王华东, 王飞. 南水北调中线水源工程环境风险评价[J]. 北京师范大学学报(自然科学版), 1995, 31(3): 410-414.

[5] 翟国静. 灰色关联度分析在水资源工程环境影响评价中的应用[J]. 水利学报, 1997, (1): 68-77.

[6] 徐平. 公路交通事故河流环境风险评价方法研究[D]. 成都: 西南交通大学, 2008.

[7] 刘玉洁. 重庆巫山千丈岩梯级水电站的生态评价[J]. 安徽农业科学, 2008, 36(15): 6578-6580.

[8] Refsgaard J C, Sørensen H R, Mucha I, et al. An integrated model for the danubian lowland—

Methodology and application[J]. Water Resources Management, 1998, 12(6): 433-465.

[9] ElSherbiny A, Adly T. A model for environmental risk assessment for the construction of oil/gas processing facilities in coastal areas[J]. The 9th International Conference on Health, Safety and Environment in Oil and Gas Exploration and Production, 2008, 2: 720-725.

[10] Michael J S, Charlie A B. Modeling long-term risk to environmental and human systems at the Hanford nuclear reservation: Scope and findings from the initial model[J]. Environmental Management, 2005, 35(1): 84-98.

[11] Manful D Y, Kaule G, van de Giesen N. Application of a fuzzy logic approach for linking hydro-ecological simulation output to decision support[J]. IAHS-AISH Publication, 2007, 3(17): 54-59.

[12] 李际平，陈端吕. 森林景观类型环境耦合度模型的构建与应用[J]. 中南林业科技大学学报(自然科学版), 2008, 28(4): 67-71.

第 11 章　重大冰雪灾害应急管理能力评价应用

本章针对重大冰雪灾害应急管理的复杂性，基于湖南冰雪灾害案例以及国内外自然灾害及其应急管理的相关文献，提出重大冰雪灾害应急管理能力评价指标结构。运用复杂大群体偏好聚类及群体决策方法确定指标综合权重，采用群体决策方法获得专家群体对一级评价指标的综合偏好,形成评价城市的综合评价矩阵，运用灰色综合评价模型求出各个评价城市应急管理能力的排序向量。最后以湖南省冰雪灾害为案例进行应用。

11.1　引　　言

我国的灾害尤其是重大自然灾害频发，给人民生命财产和我国经济带来重大损失。例如，南方特大雪灾直接经济损失就达 1516.5 亿元，同时暴露出我国面对重大自然灾害应急管理能力的薄弱环节。应急管理能力评价要解决的关键问题是检验各组织或部门在应对重大灾害时所拥有的人力、组织、机构、手段和资源等应急要素的完备性、协调性以及最大限度减轻灾害损失的综合能力[1]。

众多学者致力于自然灾害应急管理评价研究，美国是世界上第一个进行政府应急管理能力评价的国家，其突发事件应急管理能力评价体系分为三层，指标评分等级为“1、2、3、4、5、当地不适用”6 级，同层指标的权重做等权处理，每个属性的得分为下一层指标得分的平均值[2]。日本地方公共团体防灾能力共包括 9 个评价要素，针对每个要素列出具体的问题，每个问题的回答分为两种方式：①是否实施，在“有”和“无”中选择；②实施程度，用数字进行客观的评价[3]。我国台湾汲取美国和日本的经验，提出了灾害防救工作执行绩效评估体系[4]。

评价方法主要有层次分析法、模糊综合评判法、数据包络分析法、人工神经网络评价法、灰色综合评价法，以及综合评价方法的“两两集成”[5]。对于综合赋权法，陈华友[6]提出了一种多属性决策中的综合赋权法，郭春香等[7]基于偏序结构、属性值用模糊语言给出且每个属性没有决定权重的多属性决策问题提出了一种综合权重方法。对于灾害应急管理能力评价，铁永波等[8]运用层次分析法和专家调查法确定指标权重，建立了城市灾害应急管理评价模型；刘传铭等[9]应用平衡计分卡构建指标体系，使用层次分析法多层次模糊评测法研究建立了评价模型；莫靖龙等[10]运用层次分析法，对湖南长株潭城市群灾害应急管理能力进行了综合评价；田依林[3]运用层次分析法确定城市突发公共事件综合应急能力评价指标体系权重，再用熵权法进行改正，专家对最底层指标打分获得评分值，最后建立了多层次模糊综合评价模型等。

针对 2008 年冰雪灾害，陈长坤等[11]构建了冰雪灾害危机事件演化的网络结构；周慧等[12]从天气学的角度出发，对冰雪灾害的成因进行分析，并评估了其对湖南省各行各业造成的影响；容莉莉等[13]分析了冰雪灾害连锁反应的演化过程，并分析了事件扩散的原因等。

本章充分考虑重大冰雪灾害应急管理能力评价的复杂性，首先利用湖南省冰雪灾害案例并结合国内外自然灾害及其应急管理的相关文献，系统地分析重大冰雪灾害应急管理能力评价指标结构，提出相应的指标体系，将熵权法与群体决策方法相结合确定综合指标权重。运用群体决策方法和灰色综合评价法，得出重大冰雪灾害应急管理能力评价模型。以湖南省冰雪灾害应急管理能力评价作为案例进行应用，为改善和提高重大灾害应急管理能力提供参考。

11.2　重大冰雪灾害应急管理能力评价指标结构分析

通过对湖南省灾区调研和查阅大量的文献[14-17]，分析得出重大冰雪灾害的成因主要有：①基础设施建设不完备，抵御冰雪灾害能力差，体现在交通、电网、房屋等方面；②应急响应跟不上，预警系统落后；③信息管理系统不完备，管理体制落后；④缺乏相应的宣传与教育，公众危机意识淡薄；⑤城市灾害防御系统不完备，必备物资储备不足；⑥缺乏完善的冰雪灾害管理法律体系；⑦媒体报道能力有待加强等。

2008 年春，中国南方重大冰雪灾害发生以后，冰雪灾害应急预案相继面世，从国家突发公共事件总体应急预案、湖南省总体应急预案以及冰雪灾害专项应急预案[18-20]可以看出，重大冰雪灾害发生过程中，预案明确规定了政府各部门的工作职责，各部门统一由政府抗冰救灾指挥部指挥调度，积极配合政府共同抗击冰雪灾害。本章着重考虑重大冰雪灾害灾前应急准备、监测与预警，灾中应急救援，重大冰雪灾害坚持以政府为主导、各部门联动、大众广泛参与的原则，选取冰雪灾害中比较重要的部门进行调研，所涉及的部门、说明以及来源如表 11-1 所示。

表 11-1　重大冰雪灾害应急管理能力评价指标体系所选部门说明

部门能力	说明	来源
政府抗冰救灾指挥部应急能力	政府起主导作用，指挥协调其他部门抗击冰雪灾害，救助受灾群众	田依林[3]，铁永波等[8]，湖南政府门户网站[19,20]，王明等[21]；27 位专家
气象部门监测与预警能力	气象部门负责灾害天气的监测和预警，以及雪灾的综合影响评估	湖南政府门户网站[19,20]，常国刚[22]；30 位专家

续表

部门能力	说明	来源
居民应急反应能力	居民应急自救避险能力，在政府的发动下组织志愿者互救	田依林[3]，铁永波等[8]，王明等[21]；29位专家
电力部门应急能力	电力部门做好前期应对准备，抢修瘫痪电网，维持冰雪灾害期间电力供应	张振环[17]，湖南政府门户网站[20]，王明等[21]，范明天等[23]；30位专家
运输管理部门应急能力	运输管理部门安抚及疏散滞留旅客，保持道路畅通，维护运输秩序	铁永波等[8]，高志刚[16]，湖南政府门户网站[19,20]，王明等[21]；30位专家
民政部门应急救援能力	民政部门救助灾民，保证救灾物资供应，筹集救灾资金	湖南政府门户网站[19,20]；30位专家
媒体应急报道能力	媒体向居民及时报道灾情，安抚民心，减少居民恐慌、躁动	湖南政府门户网站[19,20]，吴锦才[24]；28位专家
卫生部门医疗保障能力	卫生部门保障应急医生、病床供应	田依林[3]，湖南政府门户网站[19,20]；30位专家
通信部门应急通信能力	通信部门保障居民通信畅通	铁永波等[8]，湖南政府门户网站[19,20]，吴锦才[24]；28位专家
公安部门应急保障能力	公安部门在冰雪灾害期间维护社会治安，保障道路交通安全	田依林[3]，湖南政府门户网站[19,20]；25位专家

借鉴美国、日本等发达国家相当完善的重大灾害应急管理能力体系[2,4]，吸取我国2008年春雪灾的教训[14-17]，再参考其他学者已经提出的关于其他灾害的应急管理能力评价体系[8,21]，根据《国家气象灾害应急预案》中政府主导、部门联动和社会参与的宗旨，以及《湖南省低温雨雪冰冻灾害应急预案》规定的各部门的工作职责，总结出重大冰雪灾害应急管理能力评价指标体系。重大冰雪灾害应急管理能力指标为政府抗冰救灾指挥部应急能力(主导作用)、气象部门监测与预警能力(灾前监测与预警)、居民应急反应能力(大众参与)、电力部门应急能力(保电力供应)、运输管理部门应急能力(保交通、保民生)、其他部门应急能力(不是很重要，但是重大冰雪灾害中不可缺少的部门)，构成一级指标(能力层)共6个。一级能力层指标涉及6个部门，每一个部门按照灾前准备和灾中救援来划分，可得二级指标共20个；再根据每个部门的职责划分为最底层评价指标，可得三级指标共61个。本章作者到长沙市、株洲市、湘潭市、娄底市、郴州市等共30个政府部门应急管理办公室进行实地调研，访谈各个部门的应急管理专家，然后根据专家的意见对指标体系进行修改，最终得出了比较全面的重大冰雪灾害应急管理能力评价指标结构，如表11-2所示。

表 11-2　重大冰雪灾害应急管理能力评价指标体系

一级能力层	二级指标层	三级指标(属性)层
政府抗冰救灾指挥部应急能力	灾前准备能力	雪灾应急预案；应急管理专家组；宣传教育；法律法规；值班时间
	应急救援能力	雪灾应急指挥机构决策能力；救援人员到达现场的速度；现场指挥救援能力；应急救援队伍；应急救援装备
	应急保障能力	资源整合能力；应急资金保障能力；各部门协调联动能力；救灾信息发布能力；维护市场秩序能力
气象部门监测与预警能力	雪灾监测预警预报能力	灾害性天气监测系统先进程度；气象应急移动监测系统先进程度；气象部门提前预警服务能力
	雪灾评估能力	雪灾等级识别能力；雪灾综合影响评估能力；雪灾预报成功率
	雪灾预警信息发布能力	预警信息及时发布能力；预警信息多渠道发布能力
居民应急反应能力	应急准备能力	居民防灾意识普及程度；储备必需物品能力
	灾民行为反应能力	灾民自救能力；灾民互救能力
	大众参与救援能力	志愿者组织救援能力；社会各界协助救援能力
电力部门应急能力	前期准备能力	处置电网大面积停电事件应急预案；电网结构合理性；电线承压能力；供电设备设施融冰能力
	应急供电能力	应急发电车；柴油发电机；电煤供应能力；电力调度能力
	救援保障能力	电力专业抢险救援队伍；电力专业抢险救援装备
运输管理部门应急能力	交通部门	除雪防冻防滑物资供应能力；恢复通车能力；安抚及疏散滞留司乘人员能力
	铁路部门	安抚及转运滞留旅客能力；维护铁路运输秩序能力；保障重要物资运输能力
	航空部门	安抚滞留旅客能力；维护航空运输秩序能力
其他部门应急能力	民政部门应急救援能力	救助受灾群众能力；救灾物资供应能力；筹集救灾资金能力；监督资金运用能力
	媒体应急报道能力	及时报道灾情；充分报道救灾现场
	卫生部门医疗保障能力	应急医生；应急病床
	通信部门应急通信能力	卫星通信应急保障设备；移动应急通信车；通信专业应急救援队伍
	公安部门应急保障能力	维护社会治安能力；保障道路交通安全能力；协助破冰除雪工作能力

11.3 重大冰雪灾害应急管理能力评价方法

11.3.1 评价偏好矩阵构建

设一级能力层指标(A_j)有 n 个，二级指标(B_k)有 m 个($m=a_1+a_2+\cdots+a_n$，a_j为第 j 个一级能力层指标的细分指标个数，$j=1,2,\cdots,n$)，三级指标(C_l)有 s 个($s=b_1+b_2+\cdots+b_m$，b_k为第 k 个二级指标的细分指标个数，$k=1,2,\cdots,m$)。设评价专家大群体为Ω，其中有 M 个专家成员，记为$\Omega=\{e_1,e_2,\cdots,e_M\}$，其中 e_i 为第 i 个专家成员，$i=1,2,\cdots,M$，$M\geqslant 11$。

设 n 个一级能力层指标 $A_1\sim A_n$ 的原始权重之和为 1，一级指标 A_1 细分的 a_1 个二级指标原始权重之和为 1，$A_2\sim A_n$ 均类似。同理二级指标 B_1 细分的 b_1 个三级指标原始权重之和为 1，$B_2\sim B_m$ 均类似。

对于评价指标结构中最底层 s 个指标，评价专家 i 关于这 S 个指标的评价值为 v_l^i ($v_l^i\geqslant 0$ ，$l=1,2,\cdots,S$)，则称评价值矢量 $V^i=(v_1^i,v_2^i,\cdots,v_S^i)$ 为第 i 个专家成员的评价偏好矢量($i=1,2,\cdots,M$)。

定义 11-1 由 M 个专家得出 M 个评价偏好矢量$\{V^i\}$值构成评价偏好矩阵 $R=(V^1,V^2,\cdots,V^M)^{\mathrm{T}}$ ，即 $R=(r_{il})_{M\times S}$ ，其中 $r_{il}=v_l^i$ 。

在应急管理能力评价指标体系中，二级指标共有 m 个，评价偏好矩阵 R 按列被分成 m 块，如对于二级指标 B_1 又细分成 b_1 个三级指标，因此对应的评价偏好矩阵 $R_1=(r_{il})_{M\times b_1}$。同理可得到评价偏好矩阵 R_2、R_3、$\cdots$、R_m ，矩阵行数为评价专家数，列数为每个二级指标细分的三级指标数。这样就有

$$R=\left[R_1,R_2,\cdots,R_m\right]=[(r_{il})_{M\times b_1},(r_{il})_{M\times b_2},\cdots,(r_{il})_{M\times b_m}]$$

11.3.2 底层评价指标权重确定

1. 基于熵权法确定指标权重

熵权法广泛应用于决策过程中，熵的概念源于热力学，后来香农将其引入信息论，赋予熵广义的概念，设隔离系统可及微观状态为 1、2、$\cdots$、W，按照统计平均的意义，熵的另一种表达形式为 $S=-k\cdot\sum_{i=1}^{W}P_i\cdot\ln(P_i)$ ，$P_i=1/W(i=1,2,\cdots,W)$，熵可以用来度量获取的数据所提供的有用信息量。

本章将专家数 M 看成 W，将第 l 个指标在 M 个专家中的均值 $r_{il}/\sum_{i=1}^{M}r_{il}$ 看成

P_i，$1/\ln M$ 看成 k。评价偏好矩阵 R_1 可写成 $R_1=\begin{bmatrix} r_{11} & \cdots & r_{1b_1} \\ \vdots & & \vdots \\ r_{M1} & \cdots & r_{Mb_1} \end{bmatrix}$，设 $H(l)$ 为 R_1 中第 l 个评价指标的熵值，则有

$$H(l)=-\frac{1}{\ln M}\sum_{i=1}^{M}\left[\left(r_{il}\Big/\sum_{i=1}^{M}r_{il}\right)\cdot\ln\left(r_{il}\Big/\sum_{i=1}^{M}r_{il}\right)\right],\quad \sum_{i=1}^{M}r_{il}\neq 0,\quad l=1,2,\cdots,b_1 \tag{11-1}$$

其中，当 $r_{il}\Big/\sum_{i=1}^{M}r_{il}=0$ 时，$\left(r_{il}\Big/\sum_{i=1}^{M}r_{il}\right)\cdot\ln\left(r_{il}\Big/\sum_{i=1}^{M}r_{il}\right)=0$。则第 l 个评价指标的熵权可表示为

$$t_l=[1-H(l)]\Big/\left[b_1-\sum_{l=1}^{b_1}H(l)\right],\quad l=1,2,\cdots,b_1 \tag{11-2}$$

因此在三级指标层中，这 b_1 个评价指标的权重向量为 $T_1=(t_1,t_2,\cdots,t_{b_1})$，同理可得三级指标层中其他指标的权重向量为 $T_2,T_3,\cdots,T_m$。于是可得三级指标层指标权重为

$$T=(T_1,T_2,\cdots,T_m)=(t_1,\cdots,t_{b_1},\cdots,t_{b_2},\cdots,t_{b_m}) \tag{11-3}$$

2. 基于专家大群体决策确定指标权重

首先，等分同一层的细分指标权重，如三级指标 $C_l\sim C_{b_1}$ 的原始权重为 $U_1=(u_1,\cdots,u_l,\cdots,u_{b_1})$，其中 $u_l=1/b_1$，$l=1,2,\cdots,b_1$。每个专家修改各个指标的原始权重值，$U'_{i1}=(u'_{i1},u'_{i2},\cdots,u'_{il},\cdots,u'_{ib_1})$ 为第 i 个专家对三级指标 $C_l\sim C_{b_1}$ 原始权重进行修改后的权重向量，其中满足 $\sum_{l=1}^{b_1}u'_{il}=1$，$i=1,2,\cdots,M$。这样，$M$ 个专家的权重向量的平均值即专家群体最后确定的指标权重向量 U'_1，即

$$U'_1=\frac{1}{M}\left(\sum_{i=1}^{M}U'_{i1}\right)=(u'_1,\cdots,u'_l,\cdots,u'_{b_1}) \tag{11-4}$$

其中，$u'_l=\frac{1}{M}\left(\sum_{i=1}^{M}u'_{il}\right)$，且满足 $\sum_{l=1}^{b_1}u'_l=1$。于是，三级指标层指标权重为

$$U'=(U'_1,U'_2,\cdots,U'_m)=(u'_1,\cdots,u'_{b_1},\cdots,u'_{b_2},\cdots,u'_{b_m}) \tag{11-5}$$

3. 评价指标综合权重确定

三级指标 $C_l\sim C_{b_1}$ 由熵权法确定的权重向量为 $T_1=(t_1,t_2,\cdots,t_{b_1})$，由专家大群

体决策确定的权重向量为 $U_1'=(u_1',u_2',\cdots,u_{b_1}')$，则第 l 个指标的综合权重为

$$w_l=\frac{t_l u_l'+t_l+u_l'}{\sum_{l=1}^{b_1}(t_l u_l'+t_l+u_l')},\quad l=1,2,\cdots,b_1 \tag{11-6}$$

则显然有 $0\leqslant w_l\leqslant 1$，且 $\sum_{l=1}^{b_1}w_l=1$。

指标综合权重集结每个评价专家的意见和指标本身的相对重要性，结合两类赋权法的优点，可以有效克服单个权重方法的不足。

因此三级指标 1～b_1 的综合权重向量为 $W_1=(w_1,w_2,\cdots,w_{b_1})$。同理，可得三级指标层中其他指标的综合权重向量 W_2、W_3、…、W_m，因此三级指标层的指标综合权重为

$$W=(W_1,W_2,\cdots,W_m)=(w_1,\cdots,w_{b_1},\cdots,w_{b_2},\cdots,w_{b_m}) \tag{11-7}$$

11.3.3 顶层评价指标权重集结

将评价偏好矩阵 R_1 与指标综合权重向量 W_1 进行合成，可得 M 个评价专家对二级指标 B_1 的评价值向量(仍记为 B_1)为

$$B_1=R_1\circ W_1^{\mathrm{T}}=(b_{11},b_{21},\cdots,b_{i1},\cdots,b_{u1})^{\mathrm{T}} \tag{11-8}$$

其中，$b_{i1}=\sum_{l=1}^{b_1}r_{il}\cdot w_l$。同理可得 $B_2=R_2\circ W_2^{\mathrm{T}}$，$B_3,\cdots,B_m$。于是二级指标评价值偏好矩阵为

$$\begin{aligned}B&=\left[B_1,B_2,\cdots,B_m\right]=\begin{bmatrix}b_{11}&b_{12}&\cdots&b_{1m}\\b_{21}&b_{22}&\cdots&b_{2m}\\\vdots&\vdots&&\vdots\\b_{u1}&b_{u2}&\cdots&b_{um}\end{bmatrix}\\&=\left[B_1,\cdots,B_{a_1},\cdots,B_{a_2},\cdots,B_{a_n}\right]=\begin{bmatrix}b_{11}&\cdots&b_{1a_1}&\cdots&b_{1a_2}&\cdots&b_{1a_n}\\b_{21}&\cdots&b_{2a_1}&\cdots&b_{2a_2}&\cdots&b_{2a_n}\\\vdots&&\vdots&&\vdots&&\vdots\\b_{u1}&\cdots&b_{ua_1}&\cdots&b_{ua_2}&\cdots&b_{ua_n}\end{bmatrix}\\&=(A_1,A_2,\cdots,A_n)\end{aligned}$$

由于一级能力层指标 A_1 细分的指标为 a_1 个二级指标，因此评价值向量 $B_1,B_2,\cdots,B_{a_1}$ 可构成 u 个专家对二级指标 B_l～B_{a_1} 的评价偏好矩阵 $A_1=(B_1,B_2,\cdots,B_{a_1})_{M\times a_1}$，同理可得 $A_2,A_3,\cdots,A_n$(矩阵行数为评价专家数，列数为每个一级指标细分的二级

指标个数)。对评价偏好矩阵 A_1 由式(11-1)～式(11-7)求得二级指标 B_l～ B_{a_1} 的综合权重向量为 $W_1'=(w_1',w_2',\cdots,w_{a_1}')$。同理可得二级指标层中其他指标的综合权重向量 $W_2',W_3',\cdots,W_n'$。因此二级指标层的指标综合权重为

$$W'=(W_1',W_2',\cdots,W_n')=(w_1',\cdots,w_{a_1}',\cdots,w_{a_2}',\cdots,w_{a_n}') \tag{11-9}$$

将评价偏好矩阵 A_1 与综合权重向量 W_1' 进行合成，可得 M 个评价专家对一级能力层指标 A_1 的评价值偏好矢量为

$$D_1=A_1\circ W_1'^{\mathrm{T}}=(d_{11},d_{21},\cdots,d_{i1},\cdots,d_{M1})^{\mathrm{T}}$$

其中，$d_{i1}=\sum_{k=1}^{a_1}b_{ik}\cdot w_k'$，同理可得 $D_2=A_2\circ W_2'^{\mathrm{T}}$，$D_3,\cdots,D_n$。

因此，评价值向量 $D_1,D_2,\cdots,D_n$ 可构成 M 个专家对一级能力层指标评价偏好矩阵：

$$D=(D_1,D_2,\cdots,D_n)_{M\times n}=\begin{bmatrix} d_{11} & d_{12} & \cdots & d_{1n} \\ d_{21} & d_{22} & \cdots & d_{2n} \\ \vdots & \vdots & & \vdots \\ d_{M1} & d_{M2} & \cdots & d_{Mn} \end{bmatrix} \tag{11-10}$$

同理，由式(11-1)～式(11-7)可确定这 n 个一级指标的综合权重向量为

$$W''=(w_1'',w_2'',\cdots,w_n'') \tag{11-11}$$

11.3.4　评价群体对一级能力层指标偏好获取

M 个专家对一级能力层指标的评价偏好矩阵 D (其中矩阵行数为评价专家数，列数为一级能力层指标个数)，对矩阵 D 按行划分得第 i 个评价专家成员关于这 n 个能力指标的评价偏好值 d_{ij} ($d_{ij}\geqslant 0$，$j=1,2,\cdots,n$)，即第 i 个专家的评价偏好矢量为 $D_i=(d_{i1},d_{i2},\cdots,d_{in})$，$i=1,2,\cdots,M$。

对 M 个评价偏好矢量集合 $\{D_i\,|\,i=1,2,\cdots,M\}$，其中两个偏好矢量 D_i 和 D_j 间的相聚度设为 $r_{ij}(D_i,D_j)=\dfrac{(|D_i-\overline{D}_i|)\cdot(|D_j-\overline{D}_j|)^{\mathrm{T}}}{\|D_i-\overline{D}_i\|_2\cdot\|D_j-\overline{D}_j\|_2}$，采用第 2 章的复杂大群体聚类方法对偏好矢量集 $\{D_i\}$ 进行聚类，可以形成 K 个偏好矢量聚集 $\{C^1,C^2,\cdots,C^K\}$，其中聚集 C^k 成员数为 n_k，并且有 $\sum_{k=1}^{K}n_k=M$。则大群体偏好矢量为

$$E=\sum_{k=1}^{K}\frac{n_k}{M}G_k\Bigg/\left\|\sum_{k=1}^{K}\frac{n_k}{M}G_k\right\|_2=(e_1,e_2,\cdots,e_n) \tag{11-12}$$

其中，$G_k = \sum_{D_i \in C^k} D_i \Big/ \left\| \sum_{D_i \in C^k} D_i \right\|_2$ 为聚集 C^k 的偏好矢量。

11.3.5 各市雪灾应急管理能力综合排序

运用式(11-12)，可得评价群体对第 i 个城市应急管理能力评价偏好矢量 $E_i = (e_{i1}, e_{i2}, \cdots, e_{in})$，$i = 1,2,\cdots,M$，其中 M 为参与评价的城市个数。由 $E_1, E_2, \cdots, E_M$ 组成的综合评价矩阵记为 $Y = (E_1, E_2, \cdots, E_M)^{\mathrm{T}} = (e_{ij})_{M \times n}$。

设 $e_j^* \ (j = 1,2,\cdots,n)$ 为第 j 个能力指标在各个城市中的最优值，即综合评价矩阵 Y 中每一列中的最优值，若某一指标值实际要求越大越好，则该指标为各城市中的最大值，反之取最小值。记 $E^* = (e_1^*, e_2^*, \cdots, e_n^*)$ 为最优指标矢量，作为参考指标矢量。

第 i 个城市在第 j 个评价指标 e_{ij} 的作用下与其最优指标 e_j^* 的隶属度定义为

$$\eta_i(j) = \frac{\min_i \min_j \left| e_j^* - e_{ij} \right| + \rho \max_i \max_j \left| e_j^* - e_{ij} \right|}{\left| e_j^* - e_{ij} \right| + \rho \max_i \max_j \left| e_j^* - e_{ij} \right|} \tag{11-13}$$

式中，$i = 1,2,\cdots,M$；$j = 1,2,\cdots,n$；分辨系数 $\rho \in [0,1]$，一般取 $\rho = 0.5$。

由隶属度 $\eta_i(j)$ 组成综合评价矩阵 $\tilde{Y}$，根据式(11-11)，一级能力层指标的综合权重为 W''，这样综合评价结果为 $\tilde{R} = \tilde{Y} \cdot W''$，即

$$r_i = \sum_{j=1}^{n} w_j'' \cdot \eta_i(j) \tag{11-14}$$

若 r_i 最大，则说明 $\{E_i\}$ 与最优指标 $\{E^*\}$ 最接近，即第 i 个城市的雪灾应急管理能力优于其他城市，据此可以得出各城市的雪灾应急管理能力的排序结果。

11.4 应 用 实 例

11.4.1 专家群体评价原始数据

本例以湖南省长沙市、株洲市、湘潭市、娄底市、郴州市为例，应用以上提出的评价方法，得出各市的综合排序向量。通过实地调研获得评价数据(按 1～5 等级，原始数据过于庞大而隐去)，应急管理专家来自不同部门和不同地域，有市政府、气象局、水利局、交通局、电业局、民政局等共 30 人，对第三层指标进行评价，可得 30 个评价偏好值矢量，构成评价矢量集 $\{V_i | i=1,2,\cdots,30\}$。

11.4.2　确定指标权重值

由于考虑到本案例所调研的湖南省 5 个市的特殊性，表 11-2 中的指标体系去掉二级指标航空部门及其细分指标，因此实地调研的一级指标 6 个，二级指标 19 个，三级指标 59 个。根据实地调研原始数据，运用式(11-1)～式(11-7)，可分别求得三级指标的专家群体决策权重及综合权重，如表 11-3 所示。

表 11-3　三级指标权重

指标	C_1	C_2	C_3	C_4	C_5	C_6	C_7	C_8	C_9	C_{10}	C_{11}	C_{12}	C_{13}	C_{14}	C_{15}
熵权	0.098	0.217	0.318	0.284	0.084	0.127	0.139	0.132	0.266	0.336	0.172	0.236	0.237	0.19	0.166
专家群体	0.21	0.197	0.203	0.197	0.193	0.2	0.2	0.2	0.2	0.2	0.207	0.197	0.199	0.194	0.203
综合权重	0.149	0.207	0.266	0.244	0.133	0.16	0.167	0.163	0.236	0.274	0.188	0.218	0.219	0.191	0.183

指标	C_{16}	C_{17}	C_{18}	C_{19}	C_{20}	C_{21}	C_{22}	C_{23}	C_{24}	C_{25}	C_{26}	C_{27}	C_{28}	C_{29}	C_{30}
熵权	0.214	0.559	0.227	0.42	0.319	0.261	0.482	0.518	0.519	0.482	0.58	0.42	0.668	0.332	0.197
专家群体	0.35	0.305	0.345	0.32	0.339	0.34	0.508	0.492	0.513	0.487	0.502	0.498	0.49	0.51	0.238
综合权重	0.275	0.445	0.28	0.376	0.328	0.296	0.494	0.506	0.519	0.481	0.549	0.451	0.595	0.405	0.214

指标	C_{31}	C_{32}	C_{33}	C_{34}	C_{35}	C_{36}	C_{37}	C_{38}	C_{39}	C_{40}	C_{41}	C_{42}	C_{43}	C_{44}	C_{45}
熵权	0.268	0.194	0.341	0.402	0.213	0.277	0.108	0.57	0.43	0.476	0.237	0.287	0.538	0.24	0.222
专家群体	0.255	0.252	0.255	0.245	0.242	0.253	0.26	0.5	0.5	0.324	0.347	0.327	0.332	0.332	0.335
综合权重	0.263	0.22	0.304	0.332	0.225	0.267	0.176	0.542	0.458	0.41	0.286	0.304	0.45	0.279	0.271

指标	C_{46}	C_{47}	C_{48}	C_{49}	C_{50}	C_{51}	C_{52}	C_{53}	C_{54}	C_{55}	C_{56}	C_{57}	C_{58}	C_{59}
熵权	0.162	0.176	0.338	0.325	0.515	0.485	0.519	0.481	0.458	0.289	0.252	0.228	0.403	0.37
专家群体	0.26	0.262	0.24	0.238	0.5	0.5	0.5	0.5	0.335	0.332	0.332	0.334	0.337	0.327
综合权重	0.206	0.215	0.293	0.285	0.509	0.491	0.511	0.489	0.406	0.308	0.286	0.274	0.376	0.351

由隐去的原始数据，运用熵权法即式(11-1)和式(11-2)可求得一级指标的客观权重为 T=(0.119,0.220,0.248,0.155,0.184,0.074)。综合 30 位专家群体对各级指标的权重值，运用式(11-4)，可得一级指标的专家群体决策权重为 U'=(0.208,0.171,0.150,

0.160,0.163,0.150)。同理，运用式(11-6)可得一级指标的综合权重向量为 W''=(0.162,0.198,0.201,0.157,0.174,0.108)。

11.4.3 上层评价指标权重集结

针对专家大群体对三级指标的评价值偏好矩阵 R，运用式(11-8)可集结为二级指标的评价值偏好矩阵 B，运用式(11-10)可集结为一级指标的评价偏好矩阵 D。30 位专家对一级指标评价值如表 11-4 所示。

表 11-4 专家大群体成员一级指标评价偏好矢量表

V_i	A_1	A_2	A_3	A_4	A_5	A_6	V_i	A_1	A_2	A_3	A_4	A_5	A_6
V_1	4.407	4.241	4.567	4.479	4.428	4.365	V_{16}	3.644	2.704	3.000	3.000	3.000	4.000
V_2	3.804	3.793	3.160	3.841	4.000	3.959	V_{17}	4.386	4.181	3.157	3.868	4.000	4.002
V_3	4.431	3.903	3.919	3.408	4.245	4.416	V_{18}	3.720	4.181	2.785	3.301	3.673	4.000
V_4	4.638	2.552	2.741	3.060	4.000	3.274	V_{19}	3.615	3.642	2.698	3.684	3.841	3.845
V_5	4.162	4.304	3.541	4.148	4.227	4.449	V_{20}	3.747	3.435	3.462	3.918	3.245	3.547
V_6	3.312	4.421	1.901	3.120	3.414	3.924	V_{21}	3.401	3.526	3.317	3.614	4.169	3.784
V_7	4.072	4.004	3.157	3.664	3.429	3.736	V_{22}	3.711	3.223	3.453	3.962	3.245	3.774
V_8	4.497	4.282	3.546	4.229	4.841	4.181	V_{23}	3.244	2.731	3.000	2.936	2.773	3.383
V_9	4.638	4.156	3.864	4.287	3.894	4.292	V_{24}	3.466	4.348	3.000	4.059	4.277	4.233
V_{10}	4.606	4.004	4.036	3.998	3.815	3.780	V_{25}	3.673	3.000	3.247	2.788	3.387	3.221
V_{11}	3.646	3.000	2.462	3.269	3.245	3.555	V_{26}	3.830	3.359	3.623	4.059	4.446	4.395
V_{12}	3.336	3.704	3.000	3.412	3.000	3.760	V_{27}	3.573	3.000	3.326	3.665	3.245	3.441
V_{13}	3.146	3.112	2.768	3.501	3.121	3.512	V_{28}	3.640	3.359	3.160	3.826	4.000	4.091
V_{14}	3.802	3.436	2.765	3.301	3.673	4.000	V_{29}	4.032	3.852	3.553	2.809	3.773	3.782
V_{15}	3.972	3.728	3.541	3.944	4.331	4.212	V_{30}	4.000	3.182	3.000	4.000	3.245	4.000

11.4.4 评价大群体对一级能力层指标偏好

运用式(11-12)，取阈值 $\gamma=0.8$，对表 11-4 的 30 个专家偏好矢量集进行聚类，得到专家评价大群体对各个市的评价偏好矢量，如表 11-5 所示。

表 11-5 专家大群体成员偏好聚类表

被评城市	n_k	聚集成员	聚集偏好矢量	群体偏好矢量 E_i
长沙市	2	V_1, V_6	(0.404, 0.454, 0.339, 0.398, 0.411, 0.434)	(0.439, 0.407, 0.349, 0.389, 0.43, 0.429)
	2	V_2, V_5	(0.411, 0.418, 0.346, 0.412, 0.424, 0.434)	
	1	V_3	(0.445, 0.392, 0.393, 0.342, 0.426, 0.443)	
	1	V_4	(0.548, 0.302, 0.324, 0.362, 0.473, 0.387)	

续表

被评城市	n_k	聚集成员	聚集偏好矢量	群体偏好矢量 E_i
株洲市	4	V_7, V_8, V_9, V_{11}	(0.448, 0.410, 0.346, 0.410, 0.409, 0.419)	(0.438, 0.413, 0.358, 0.415, 0.398, 0.423)
	1	V_{10}	(0.464, 0.404, 0.407, 0.403, 0.385,0.381)	
	1	V_{12}	(0.403, 0.447, 0.362, 0.412, 0.362, 0.454)	
	1	V_{13}	(0.401, 0.397, 0.353, 0.446, 0.398, 0.448)	
湘潭市	4	$V_{14}, V_{15}, V_{17}, V_{18}$	(0.431, 0.421, 0.332, 0.391, 0.425, 0.440)	(0.437, 0.405, 0.341, 0.389, 0.416, 0.453)
	1	V_{16}	(0.457, 0.339, 0.376, 0.376, 0.376, 0.502)	
娄底市	2	V_{19}, V_{24}	(0.385, 0.435, 0.310, 0.421, 0.442, 0.440)	(0.408, 0.400, 0.366, 0.425, 0.412, 0.434)
	2	V_{20}, V_{22}	(0.427, 0.381, 0.396, 0.451, 0.371, 0.419)	
	1	V_{21}	(0.381, 0.395, 0.371, 0.405, 0.467, 0.424)	
	1	V_{23}	(0.439, 0.369, 0.406, 0.397, 0.375, 0.457)	
郴州市	2	V_{25}, V_{27}	(0.448, 0.371, 0.406, 0.399, 0.410, 0.412)	(0.433, 0.376, 0.380, 0.402, 0.420, 0.435)
	3	V_{26}, V_{28}, V_{30}	(0.416, 0.359, 0.355, 0.431, 0.424, 0.453)	
	1	V_{29}	(0.450, 0.430, 0.397, 0.314, 0.422, 0.423)	

11.4.5 各市冰雪灾害应急管理能力综合排序

由各个市的应急管理专家大群体偏好矢量 E_i 组成综合评价偏好矩阵 Y(行数为城市个数，列数为一级能力层指标数)：

$$Y=\begin{bmatrix} 0.439 & 0.407 & 0.349 & 0.389 & 0.430 & 0.429 \\ 0.438 & 0.413 & 0.358 & 0.415 & 0.398 & 0.423 \\ 0.437 & 0.405 & 0.341 & 0.389 & 0.416 & 0.453 \\ 0.408 & 0.400 & 0.366 & 0.425 & 0.412 & 0.434 \\ 0.433 & 0.376 & 0.380 & 0.402 & 0.420 & 0.435 \end{bmatrix}$$

则最优指标集 $E^*=(0.439, 0.413, 0.380, 0.425, 0.430, 0.453)$，再对偏好矩阵 Y 运用式(11-13)，可求得 Y 中每一个评价指标与最优指标的隶属度 $\eta_i(j)$ 组成的综合评价矩阵 $\tilde{Y}=\begin{bmatrix} 1 & 0.771 & 0.383 & 0.344 & 1 & 0.449 \\ 0.937 & 1 & 0.473 & 0.651 & 0.377 & 0.393 \\ 0.893 & 0.709 & 0.333 & 0.342 & 0.584 & 1 \\ 0.386 & 0.6 & 0.575 & 1 & 0.528 & 0.508 \\ 0.777 & 0.339 & 1 & 0.448 & 0.662 & 0.522 \end{bmatrix}$，由 11.4.2 节求得的一级能力层指标综合权重 $W''=(0.162,0.198,0.201,0.157,0.174,0.108)$，运用式(11-14)可求

得各市的综合排序向量为 $\tilde{R} = \tilde{Y} \times W'' = (0.668, 0.655, 0.615, 0.601, 0.636)^{\mathrm{T}}$ 。

可知，重大冰雪灾害应急管理能力各市综合排序为长沙市第一、株洲市第二、郴州市第三、湘潭市第四、娄底市第五。

11.5 本 章 小 结

重大冰雪灾害应急管理涉及的因素广泛而复杂，本章基于湖南省冰雪灾害案例并结合国内外相关文献提出了重大冰雪灾害应急管理能力评价指标结构。在此基础上提出了重大冰雪灾害应急管理能力评价方法，并应用于湖南省雪灾案例，最终得出案例中 5 个城市冰雪灾害应急管理能力强弱排序向量，依次为长沙市、株洲市、郴州市、湘潭市、娄底市。长沙市是湖南省的省会城市，全省各市经济中排名第一，市政府应急管理办公室成立的时间比较早，下辖 5 个区均成立应急管理办公室，均有专人负责，各个部门工作到位，设备技术先进，能很好地应对重大冰雪灾害。株洲市、区、街道、社区均成立应急管理办公室，市政府应急报警电话宣传到位，24 小时值班制，能发动群众抗击冰雪灾害。郴州市是 2008 年冰雪灾害的重灾区，经过两年的发展取得一些进步，主要有不断完善雪灾应急预案、设备技术更新、加大资金投入、气象监测更准、气象灾害预报成功率提高，郴州市电力主干线改造，引进直融冰技术，电力部门应急体系不断完善。湘潭市政府对气象部门投资几百万元，正在健全自动化语音报警系统，能自动监测灾害性天气并直接向居民报警，提高了气象部门的预报成功率。娄底市由于经费不足，政府投资不够，还有待进一步提升应急管理工作水平。

参 考 文 献

[1] 薄涛, 李士雪. 突发公共卫生事件应急能力评价研究现状与展望[J]. 预防医学论坛, 2007, 13(7): 628-630.

[2] Fugate C. Federal Emergency Management Agency (FEMA) and National Emergency Management Association (NEMA)(2000) State Capability Assessment for Readiness(CAR)[EB/OL]. http://www.fema.gov/doc/rrr/afterreport.doc[2020-8-10].

[3] 田依林. 城市突发公共事件综合应急能力评价研究[D]. 武汉: 武汉理工大学, 2008.

[4] 吴新燕,顾建华. 国内外城市灾害应急能力评价的研究进展[J]. 自然灾害学报, 2007, 16(1): 109-114.

[5] 杜栋, 庞庆华. 现代综合评价方法与案例精选[M]. 北京: 清华大学出版社, 2005.

[6] 陈华友. 多属性决策中基于离差最大化的组合赋权方法[J]. 系统工程与电子技术, 2004, 26(2): 194-197.

[7] 郭春香, 郭耀煌. 基于偏序偏好的多属性群决策问题的综合权重[J]. 系统工程与电子技术, 2005, 27(7): 1243-1246.

[8] 铁永波, 唐川, 周春花. 城市灾害应急能力评价研究[J]. 灾害学, 2006, 21(1): 8-12.

[9] 刘传铭, 王玲. 政府应急管理组织绩效评测模型研究[J]. 哈尔滨工业大学学报(社会科学版) , 2006, 8(1): 64-68.

[10] 莫靖龙, 夏卫生, 李景保, 等. 湖南长株潭城市群灾害应急管理能力评价[J]. 灾害学, 2009, 24(3): 137-140.

[11] 陈长坤, 孙云凤, 李智. 冰雪灾害危机事件演化及衍生链特征分析[J]. 灾害学, 2009, 24(1): 18-21.

[12] 周慧, 朱国强, 禹伟, 等. 湖南 2008 年极端冰冻特大灾害成因分析及影响评估[J]. 灾害学, 2009, 24(1): 80-85.

[13] 荣莉莉, 张继永. 突发事件连锁反应的实证研究: 以 2008 年初我国南方冰雪灾害为例[J]. 灾害学, 2010, 25(1): 1-6.

[14] 杨勇, 张贵金. 对 2008 年我国南方雪灾响应的反思[J]. 湖南水利水电, 2008, (4): 62-64.

[15] 王慧彦, 李志伟. 2008 年雪灾的原因及日本应急制度给我国的启发[J]. 防灾科技学院学报, 2008, 10(2): 47-50.

[16] 高志刚. 从南方雪灾看我国应急交通物流建设[J]. 武汉船舶职业技术学院学报, 2008, 7(3): 43-45.

[17] 张振环. 从南方雪灾事件探讨我国电网建设的完善[J]. 中国科技论坛, 2008, (5): 102-106.

[18] 中国政府门户网站.国家突发公共事件总体应急预案[EB/OL]. http://www.gov.cn/yjgl/2005-08/07/content_21048.htm[2019-12-4].

[19] 湖南政府门户网站.湖南省突发公共事件总体应急预案[EB/OL]. http://www.hunan.gov.cn/xxgk/yjgl/yuan/ztya/201301/t20130108_4694076.html[2020-1-4].

[20] 湖南政府门户网站.湖南省低温雨雪冰冻灾害应急预案[EB/OL]. http://www.hunan.gov.cn/xxgk/yjgl/yuan/zxya/201509/t20150908_4694119.html[2020-1-4].

[21] 王明, 叶青山, 王得道. 电力系统自然灾害应急系统评价研究[J]. 电力系统保护与控制, 2008, 36(13): 57-60, 81.

[22] 常国刚. 加强气象灾害防御努力减轻灾害损失[J]. 气象与减灾研究, 2008, 3(1): 6-16.

[23] 范明天, 张祖平, 周孝信, 等. 城市供电应急管理研究与展望[J]. 电网技术, 2007, 5(10): 38-40.

[24] 吴锦才. 重大突发事件应急报道系统的主要取向和基本支撑[J]. 中国记者, 2008, (7): 20-22.

第 12 章　长株潭城市群“两型”产业评价支持系统应用

12.1　系统背景与需求分析

长株潭城市群于 2007 年 12 月 14 日被国务院批准成为“全国资源节约型和环境友好型社会建设综合配套改革试验区”。长株潭三市 2007 年生产总值占全省的 30%以上，已初步形成化工、冶金、机械等支柱产业，其产值占三市全部工业的比例超过 70%。但由于产业结构和工业企业地区分布的极不合理，试验区分布了多个属于典型的资源粗放、环境污染的冶金化工工业区，如株洲清水塘冶金化工工业区分布了国家最大的铅锌生产基地株洲冶炼集团股份有限公司等工业企业 100 多家，冶金化工产业产值占工业总产值的 89%，但同时污染物排放量巨大，2007 年株洲清水塘工业区排放的各种工业废渣超过 200 万吨，历年堆存量逐年增长，其中重金属废渣达到 200 万吨，粉煤灰、脱硫石膏等超过 1000 万吨，电石渣超过 200 万吨。已经造成该地区 8 平方公里土壤和地下水污染及资源的极大浪费。针对试验区产业现状，建立符合自身发展特点的“两型”社会试验区循环经济技术模式是长株潭试验区发展的迫切需求。针对这一重大需求，迫切需要对长株潭城市群“两型产业”进行评价，为试验区经济结构实现战略性调整与实现经济又好又快发展提供经验与思路，利用本书提出的复杂大群体决策模型方法和支持平台进行应用是一个尝试。

12.1.1　产业“两型化”发展内涵和特征

以技术创新和管理创新为手段，以提高经济、社会、生态环境效益为目的，促进产业体系向资源消耗低、环境污染少的方向发展，从而做到产业结构优化升级和增强产业的持续发展能力，符合“两型社会”建设对产业发展的要求。

1. 生产具有明显的资源节约特征

一是资源消耗低。其生产经营活动能做到资源的高效利用，投入的各类资源较少，主要依靠劳动、技术、资金等其他要素的投入，且能够使有限的资源投入获得最大的产出。二是产出直接服务于节约资源，能最大限度地节约自然资源的使用，提高资源产出效率和综合利用效率，做到节能、节材、节水、节地等。

2. 生产具有明显的环境友好特征

一是环境污染少。其生产经营活动“三废”排放较少，且对环境影响程度轻，采用清洁生产、节能降耗和循环经济生产技术及管理方式，减少污染物排放和有效降低排放物对环境的影响。二是产出能直接应用于减少废水、废气、废渣等排放，改善环境、防治污染，使得生产经营活动符合低碳经济和绿色经济要求，最大限度地减少对生态环境的影响。

3. 生产具有产业构成高级化特征

从整体上看，产业结构能做到不断优化升级，对自然资源依赖逐步减少，技术含量和附加值增加，产业素质提升，表现为服务业、高新技术产业等比重提高。

4. 创新特征突出、可持续发展能力强

其生产经营活动注重高新技术研究开发和应用，采用先进的生产工艺和方法，并具有较高的管理水平，在减少资源消耗、降低环境影响的同时，产品更加符合消费者的需求，既适应当前资源和环境的承载能力，又满足将来人和自然和谐发展的要求，不断朝“低消耗、低投入、低污染、高产出”的方向发展，符合新型工业化的要求，具有较强的持续发展能力。

12.1.2　评价需求与目标

全面发展符合“两型社会”建设目标的“两型产业”，产业是区域经济和社会可持续发展的重要基石，“两型社会”的建设需要有强大的产业支撑，所以“两型社会”建设的关键在于发展“两型产业”，“两型产业”可以全面推进结构优化、节能环保、技术进步与体制机制创新等，相应带动生活消费方式以及整个发展方式的转变，源源不断地为“两型社会”的建设提供动力。随着产业结构以及人们知识水平的变化，对一个产业是不是“两型产业”的界定标准尚未统一，这就造成了产业在“两型化”过程中发展方向与“两型社会”的建设目标不一致的现象。

在这样的大背景下，有必要开发出评价产业“两型化”水平的决策支持系统，为政府界和产业界在评定“两型产业”时提供决策支持。

1. 为“两型社会”的建设提供科学的决策工具

“两型社会”的构建需要多方面的努力，更需要“两型产业”的支撑，产业“两型化”水平评价决策支持系统将产业作为研究对象，从建设“两型社会”的角度来评定产业的“两型化”水平，为“两型社会”建设在决策过程提供科学的决策工具。

2. 协助政府决策，科学界定“两型产业”

在“两型社会”建设目标和科学发展观的指导下，“两型产业”有必要制定合理的评价指标以及科学的评价方法，产业“两型化”水平评价支持系统有助于政府有效率地对“两型产业”进行界定，科学地制定符合“两型产业”发展的方针政策。

3. 辅助产业决策，找出“两型”差距，加快产业“两型化”的进度

此系统通过评价产业的“两型化”水平可以帮助产业认清自身与“两型产业”之间的差距，帮助决策者更好地具体确定资源节约、环境友好的发展方向，在企业“两型化”的共同努力下，又好又快地加速产业“两型化”的发展进度，为“两型社会”建设提供有力保障。

系统开发的总目标是：通过自动、半自动、人工等方式获取产业在资源节约、环境友好、产业构成、创新能力等方面的相关信息，并充分结合评价专家的评价结果对产业的“两型化”水平进行在线和实时的评价，并通过此系统生成的评价报告对产业在“两型化”过程中出现的问题提出辅助性决策建议。

本系统是采用主客观结合的方式对产业的“两型化”水平进行评价，通过基本信息(数据)的收集来客观反映产业“两型化”相关指标值，评价专家登录到指定的服务器就可以根据自己的专业知识和偏好对产业的“两型化”水平进行主观的评价，这样可以弥补客观评价的不足，综合考虑能够反映产业“两型”水平的因素。

12.2 产业“两型化”发展水平评价指标体系

产业“两型化”是指对现行产业实施资源节约型、环境友好型改造，其发展是以技术创新和管理创新为手段，以提高经济、社会、生态环境效益为目的，促进产业体系向资源消耗低、环境污染少的方向发展，从而做到产业结构优化升级和增强产业的持续发展能力，符合“两型社会”建设对产业发展的要求。

根据“两型化”产业的特征，确定资源节约、环境友好、产业构成、创新能力等四个方面进行评价(一级指标)。每个方面请各成员提出指标，要求所提出的指标既要反映产业发展的特征，又能够取得数据，通过几轮筛选，得出每个方面包含 3 个指标，共 12 个指标(二级指标，指标具体含义和来源见表注)，全部为正向指标，具体如表 12-1 所示。

表 12-1　产业“两型化”发展评价指标

一级指标	代号	二级指标	计量单位
资源节约	X_1	单位能耗 GDP 产出	万元/吨标煤
	X_2	单位用水量工业增加值	万元/吨
	X_3	工业用地效率	万元/公顷
环境友好	X_4	单位二氧化硫排放量取得的工业增加值	万元/吨
	X_5	单位化学需氧量排放量所对应的工业增加值	万元/吨
	X_6	单位固体废物产生量所对应的工业增加值	万元/吨
产业构成	X_7	第三产业增加值占 GDP 比例	%
	X_8	高新技术产业增加值占 GDP 比例	%
	X_9	原材料工业增加值占工业增加值比例	%
创新能力	X_{10}	工业企业科技活动人员占年平均从业人员比例	%
	X_{11}	工业企业新产品销售收入占全部销售收入比例	%
	X_{12}	工业企业研究开发(R&D)经费投入占销售收入比例	%

注：指标说明与计算：本章相关资料和数据取自于中南大学商学院长株潭“两型社会”建设课题组调查资料。GDP 指国内生产总值(gross domestic product)。

1. 资源节约

1) 单位能耗 GDP 产出

单位能耗 GDP 产出是指报告期内单位消耗的能源所产出的 GDP，计算公式为“报告期 GDP/同期能源消耗量”；计量单位为万元/吨标煤(资料来源：分别取自《中国能源统计年鉴》和《中国国土资源统计年鉴》。

2) 单位用水量工业增加值

单位用水量工业增加值是指报告期内单位消耗的水所产出的工业增加值，计算公式为“报告期工业增加值/同期水的消耗量”，计量单位为万元/吨(资料来源：分别取自《中国工业统计年报》和《中国能源统计年鉴》)。

3) 工业用地效率

工业用地效率是指报告期内单位工业增加值所对应的用地面积，计算公式为“报告期工业增加值/同期工业用地面积”，计量单位为万元/公顷(资料来源：分别取自《中国工业统计年报》和《中国国土资源统计年鉴》)。

2. 环境友好

1) 单位二氧化硫排放量取得的工业增加值

单位二氧化硫排放量取得的工业增加值是指报告期内单位排放的二氧化硫所对应的工业增加值，计算公式为“报告期内工业增加值/同期二氧化硫排放量”，计量单位为万元/吨(资料来源：取自《中国环境统计年报》)。

2) 单位化学需氧量排放量所对应的工业增加值

单位化学需氧量排放量所对应的工业增加值是指报告期内单位排放的化学需氧量所对应的工业增加值，计算公式为“报告期工业增加值/同期化学需氧量排放量”，计量单位为万元/吨(资料来源：取自《中国环境统计年报》)。

3) 单位固体废弃物产生量所对应的工业增加值

单位固体废弃物产生量所对应的工业增加值是指报告期内单位产生的固体废弃物所对应的工业增加值，计算公式为“报告期工业增加值/同期产生的固体废弃物的量”，计量单位为万元/吨(资料来源：取自《中国环境统计年报》)。

3. 产业构成

1) 第三产业增加值占 GDP 比例

第三产业增加值占 GDP 比例是指报告期内第三产业增加值占 GDP 的比例，计算公式为“报告期第三产业增加值/同期 GDP 总量”，计量单位为%(资料来源：取自《国民经济核算统计报表制度》)。

2) 高新技术产业增加值占 GDP 比例

高新技术产业增加值占 GDP 比例是指报告期内高新技术产业增加值占 GDP 的比例，计算公式为“报告期高新技术产业增加值/同期 GDP 总量”，计量单位为%(资料来源：取自《国家高新区综合统计年报》)。

3) 原材料工业增加值占工业增加值比例

原材料工业增加值占工业增加值比例是指报告期内原材料工业增加值占工业增加值的比例，原材料工业主要包括煤炭、石油、天然气、黑色金属矿采选业、有色金属矿采选业、石油加工及炼焦业、化学原料及化学制品业、化学纤维制造业、非金属矿物制品业、黑色金属冶炼及压延业、有色金属冶炼及压延加工业等，计算公式为“报告期原材料工业增加值/同期工业增加值”，计量单位为%(资料来源：取自《中国工业统计年报》)。

4. 创新能力

1) 工业企业科技活动人员占年平均从业人员比例

工业企业科技活动人员占年平均从业人员比例是指报告期内大中型工业企业科技活动人员占年平均从业人员的比例，计算公式为“报告期大中型工业企业科技活动人员/同期年平均从业人数”，计量单位为%(资料来源：取自大中型工业企业科技统计年报)。

2) 工业企业新产品销售收入占全部销售收入比例

工业企业新产品销售收入占全部销售收入比例是指报告期内大中型工业企业新产品销售收入占全部销售收入的比例，计算公式为“报告期大中型工业企业新产品销售收入/全部销售收入”，计量单位为%(资料来源：取自大中型工业企业科技统计年报)。

3) 工业企业研究开发(R&D)经费投入占销售收入比例

工业企业研究开发(R&D)经费投入占销售收入比例是指报告期内研究开发经费支出占销售收入的比例，计算公式为“报告期研究开发经费支出/销售收入”，计量单位为%(资料来源：取自大中型工业企业科技统计年报)。

12.3　长株潭区域产业数据采集

长株潭三个区域用 A-长沙、B-株洲、C-湘潭表示，采集了 2005～2008 年三个区域所有产业数据，如表 12-2 所示。

表 12-2　长株潭区域的原始数据

区域及年份	X_1	X_2	X_3	X_4	X_5	X_6	X_7	X_8	X_9	X_{10}	X_{11}	X_{12}
A2005	0.886	66.9	396	97	960	6.63	41.2	10.5	4.9	9.2	19.1	1.53
A2006	0.945	75.4	456	115	1230	6.82	44.3	12.0	5.1	9.7	20.3	1.65
A2007	1.060	80.7	589	130	1607	7.14	48.7	12.4	5.5	10.1	26.0	1.88
A2008	1.124	102.5	956	217	2639	7.69	42.0	12.1	6.3	9.9	19.8	1.93
B2005	0.532	32.7	277	28.7	87	0.85	31.3	12.1	1.8	10.0	19.7	1.02
B2006	0.613	39.9	305	32.8	121	0.97	32.5	13.4	2.0	10.1	20.5	1.10
B2007	0.668	42.3	378	40.4	181	1.21	34.4	14.9	2.3	10.6	22.6	1.12
B2008	0.719	47.6	474	63.8	289	1.72	33.3	17.4	2.2	12.9	24.0	1.17
C2005	0.393	28.7	278	17.6	52	0.21	34.3	13.7	1.7	12.3	12.7	1.16

续表

区域及年份	X_1	X_2	X_3	X_4	X_5	X_6	X_7	X_8	X_9	X_{10}	X_{11}	X_{12}
C2006	0.442	31.5	327	20.5	74	0.30	35.7	15.0	2.0	12.5	13.4	1.20
C2007	0.506	34.0	406	25.7	92	0.39	37.5	16.1	2.4	12.6	15.6	1.30
C2008	0.550	45.4	546	47.5	141	0.55	35.2	18.8	2.1	10.3	13.6	1.48

数据来源：长株潭各区域各年度的统计年鉴。

12.4 长株潭区域产业“两型化”评价方法

12.4.1 客观评价法

采取多元统计分析的主成分分析法，它作为综合评价方法，不需要人为确定各因素的权重，主要由样本数据通过计算确定。它将原来的众多变量转化为相互独立的几个综合变量，即主成分，主成分可以反映原有众多变量的大部分信息。在几何意义上，主成分分析相当于将坐标轴旋转，使新坐标轴的方向成为数据点变差最大的方向。其数据处理大体过程是：按正态分布对原始数据进行标准化处理，以消除不同因素的量纲影响；计算各因数两两相关矩阵以及相关矩阵的特征根和特征向量，以各个特征根来计算各主成分的方差贡献，按累计方差贡献不小于 85%选取主成分个数，列出选取的各主成分和各因素的关系方程，计算各样本的各个主成分得分，最后以方差贡献所占比例为权数，计算各样本的综合得分。

系统运算结果，第一主成分的方差贡献为 74.8%，第二主成分的方差贡献为 10.6%，累计方差贡献为 85.4%，故选取两个主成分 F_1 和 F_2，根据因子载荷矩阵和特征根，主成分得分公式如下：

$$\begin{aligned} F_1 = (&0.974\text{ZX}_1 + 0.988\text{ZX}_2 + 0.774\text{ZX}_3 + 0.963\text{ZX}_4 + 0.991\text{ZX}_5 \\ &+ 0.979\text{ZX}_6 + 0.86\text{ZX}_7 - 0.633\text{ZX}_8 + 0.988\text{ZX}_9 \\ &- 0.604\text{ZX}_{10} + 0.509\text{ZX}_{11} + 0.92\text{ZX}_{12}) / \sqrt{8.979} \end{aligned} \tag{12-1}$$

$$\begin{aligned} F_2 = (&-0.027\text{ZX}_1 + 0.095\text{ZX}_2 + 0.535\text{ZX}_3 + 0.154\text{ZX}_4 + 0.061\text{ZX}_5 \\ &- 0.126\text{ZX}_6 + 0.083\text{ZX}_7 + 0.647\text{ZX}_8 + 0.002\text{ZX}_9 \\ &+ 0.598\text{ZX}_{10} - 0.261\text{ZX}_{11} + 0.285\text{ZX}_{12}) / \sqrt{1.274} \end{aligned} \tag{12-2}$$

其中，ZX_1～ZX_{12} 分别为 X_1～X_{12} 的正态分布标准值。

$$F=0.876F_1+0.124F_2 \tag{12-3}$$

最终各区域的评价结果如表 12-3 所示，从纵向比较来看，4 个年度各区域产业“两型化”发展水平均有提高，特别是 A 区域，产业“两型化”发展水平提高较快。从横向比较来看，A 区域产业“两型化”发展水平高于 B 区域，而 B 区域又高于 C 区域，A 区域的水平远远高于 B 区域和 C 区域。从实际情况来考察，从 2005 年以来，三个区域注重走新型工业道路，注重发展高新技术产业和以高新技术改造传统产业，努力降低资源消耗和减轻环境污染，所以产业“两型化”发展水平均有不同程度的提高。A 区域创新资源比较丰富以及科技教育力量较强，高新技术产业和服务业占比较大，所以产业“两型化”发展水平较高且水平提升较快，而 B 区域和 C 区域以重化工业为主，故产业“两型化”发展水平远远不如 A 区域，它们还需要进行较大的努力。总之，评价结果比较切合实际情况。

表 12-3　各区域的主成分得分

区域及年份	F_1	F_2	F
A2005	2.325	−1.441	1.858
A2006	3.079	−0.763	2.603
A2007	4.352	0.087	3.823
A2008	5.715	1.190	5.154
B2005	−2.061	−1.663	−2.012
B2006	−1.675	−1.194	−1.615
B2007	−1.332	−0.475	−1.226
B2008	−1.262	1.000	−0.982
C2005	−2.827	−0.104	−2.489
C2006	−2.564	0.431	−2.193
C2007	−2.237	1.448	−1.780
C2008	−1.511	1.483	−1.140

12.4.2　主观评价法

1. 指标无量纲化处理

无量纲化处理的计算公式为：正向指标 $Y_j = X_{1j} / X_{0j}$，逆向指标 $Y_j = X_{0j} / X_{1j}$。其中，0 表示基期，1 表示报告期，N 为评价指标个数，j 表示评价指标序号，$j = 1, 2, \cdots, N$。X_{0j} 为第 j 个评价指标的基期数值，X_{1j} 为这一评价指标的报告期数值，Y_j 为第 j 个评价指标经过无量纲化处理后的数值。

2. 赋予指标权重

按专家评价法(德尔菲法或层次分析法，可以运用群体决策方法)对四个一级指标以及相应的二级指标赋予权重。

3. 计算一级指标指数和总指数

将某一评价指标经无量纲化处理后的数值(Y_j)乘以其权重，即得到这一评价指标的单项指数。将每一个一级指标中各项单项指数相加即可得一级指标指数，将各一级指标指数相加即得到总指数。

12.5 决策问题分析

决策问题包括需要决策的内容和过程，即评价对象、建立的指标体系、数据收集和评价、专家评价以及综合评价五个部分，其关系如图 12-1 所示。

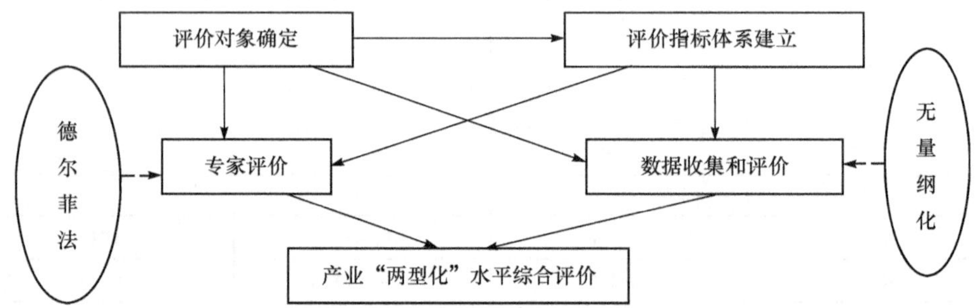

图 12-1 产业“两型化”水平评价内容关系

第一部分为评价对象确定。首先要确定评价对象所在的产业，再根据要进行“两型化”水平评价的评价对象来确定评价对象的基本信息，具体包括能反映“两型化”水平的相关产业结构、规模、排放指标等。

第二部分为评价指标体系建立。在基础评价指标的基础上，结合第一部分产业的基本信息对评价指标体系的选取进行决策，对指标体系进行合理的增加或删除，建立全面评价产业“两型化”水平的指标体系。

第三部分为数据收集和评价。对第二部分调整后的指标实际数据进行收集，主要参考国民经济、能源、工业等方面的统计年报，在数据收集后进行无量纲化处理，进而对实际数据进行客观分析和评价。

第四部分为专家评价。决策专家通过登录系统，运用德尔菲法对产业“两型化”水平进行主观评价，此结果将和第三部分的评价指标的数据分析结果结合起来对产业的“两型化”水平进行评价。

第五部分为产业“两型化”水平综合评价。具体为：在对指标体系的实际数据进行处理时，评价专家按德尔菲法对四个一级指标以及相应的二级指标赋予权重，再将某一评价指标经无量纲化处理后的数值(Y_j)乘以其权重，即得到这一评价指标的单项指数。将每个一级指标中各项单项指数相加即可得到一级指标指数，将各一级指标指数相加即可得到总指数。

12.6　系统处理流程

根据上述分析和评价方法，设计系统处理流程如图 12-2 所示。

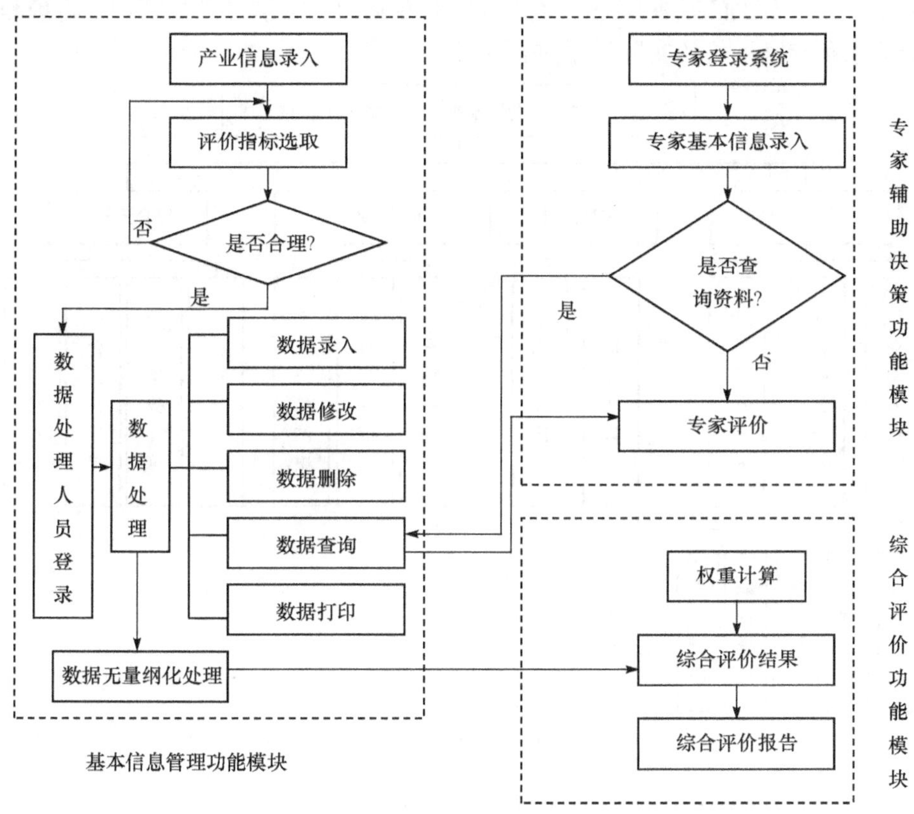

图 12-2　系统处理流程示意图

12.7　系统功能设计

产业“两型化”水平评价决策支持系统有以下四个基本功能模块，即基本信息管理、客观评价、专家辅助决策以及综合评价，系统功能结构如图 12-3 所示。

(1) 基本信息管理模块：包括产业基本信息、评价指标管理以及无量纲化处理三个子功能模块，基本信息管理模块可以接收所有评价指标的实际数据，细化产业的基本信息和扩大该系统对产业“两型化”评价的应用范围，同时根据不同的产业来对产业“两型化”的评价指标进行管理，在此基础上对相关数据进行录入、修改、删除、查询和打印。

(2) 客观评价模块：包括指标计算和指标权重计算。

(3) 专家辅助决策模块：包括资料查询、专家基本信息以及专家评价结果三个子功能模块。在基本信息管理模块的基础上，专家可以通过此功能对产业信息、指标体系和无量纲化的结果进行查询，以便进行前期的了解，在专家进行评价之前，需要录入专家的基本信息，系统可以对专家的基本信息进行管理，将预测的评价结果和专家评价的实际结果进行对照。

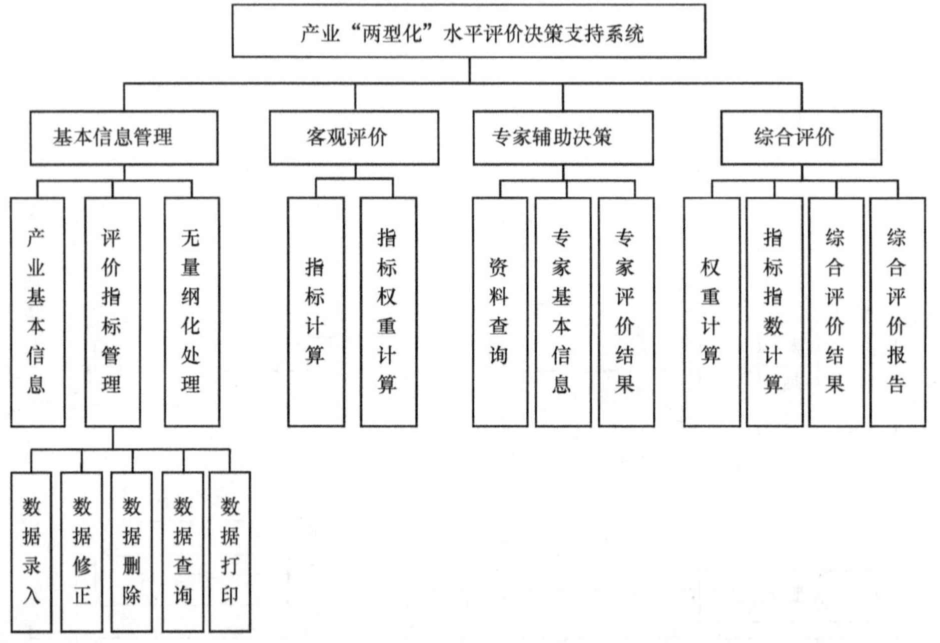

图 12-3　产业“两型化”水平评价决策支持系统功能结构

(4) 综合评价模块：包括权重计算、指标指数计算、综合评价结果以及综合评价报告四个子功能模块。按照专家运用德尔菲法得出的评价结果来计算评价指标的权重值，再结合数据无量纲化的结果计算指标指数，综合得出产业“两型化”水平评价结果，生成综合评价决策报告。

12.8　系统开发

利用复杂大群体决策支持平台，采用“求解决策问题”流程方式进行开发，开发后的长株潭城市群“两型”产业评价支持系统为 B/S 架构，可以运行于 Internet 和 Intranet 上。其中系统部分功能实现页面简单介绍如下：

(1) 系统主页面如图 12-4 所示。

(2) 添加并维护决策问题。相应的决策问题管理页面如图 12-5 所示。

(3) 对已有的决策问题进行任务分析和分解，产生一系列原子问题，相应的决策问题分解页面如图 12-6 所示。

(4) 对决策问题涉及的数据进行管理，相应的数据管理页面如图 12-7 所示。

(5) 决策问题分解方案管理页面如图 12-8 所示。

(6) 为决策任务指派决策专家，相应的决策群体管理页面如图 12-9 所示。

图 12-4 产业“两型化”水平评价决策支持系统主页

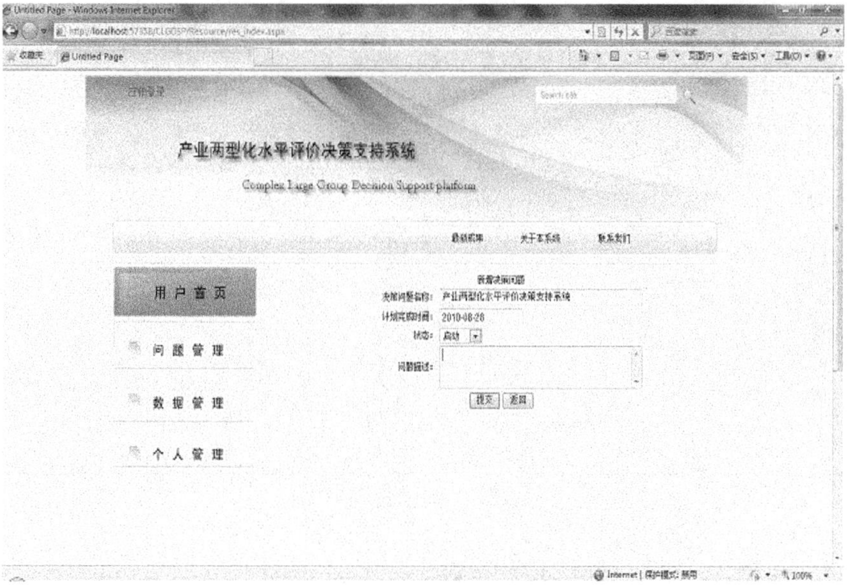

图 12-5 决策问题添加页面

图 12-6　决策问题分解页面

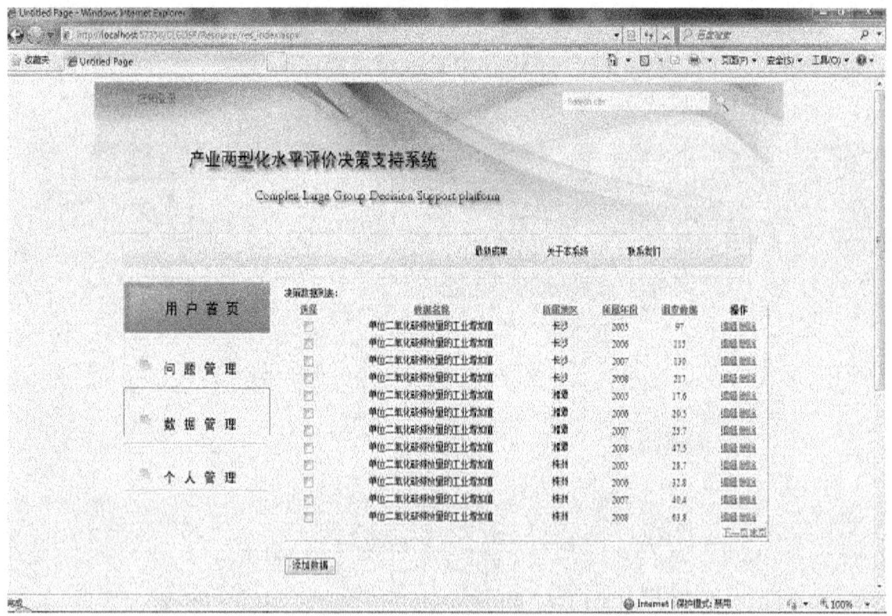

图 12-7　数据管理页面

图 12-8　决策问题分解方案管理页面

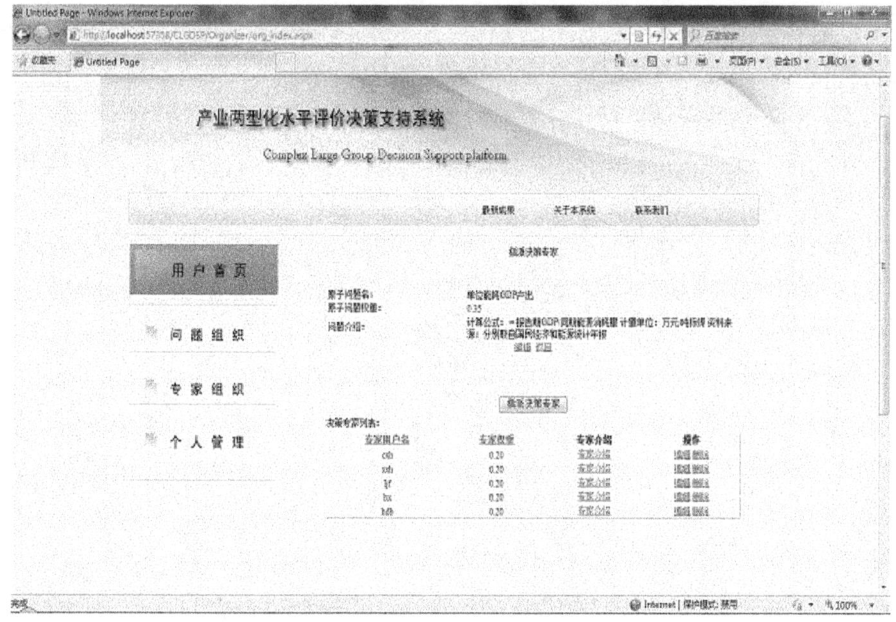

图 12-9　决策群体管理页面

(7) 决策结果处理及查看。当专家对所有原子问题评价完成后，可以查看该问题的综合评价情况，相应的页面如图 12-10 所示。

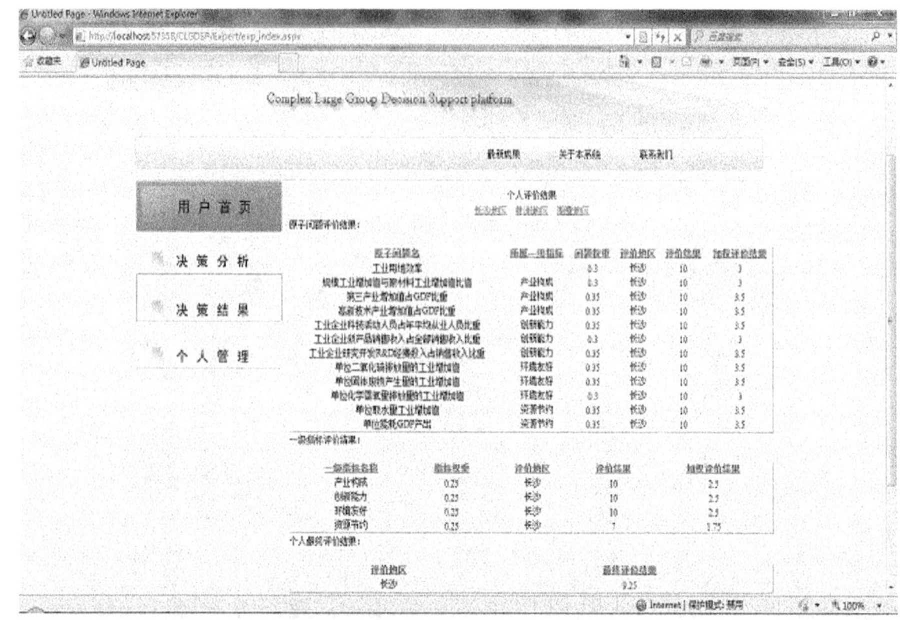

图 12-10　决策结果页面

(8) 如果专家需要对决策结果进行修改，那么可以对需要修改的原子问题进行重新评价，群体决策结果维护页面如图 12-11 所示。

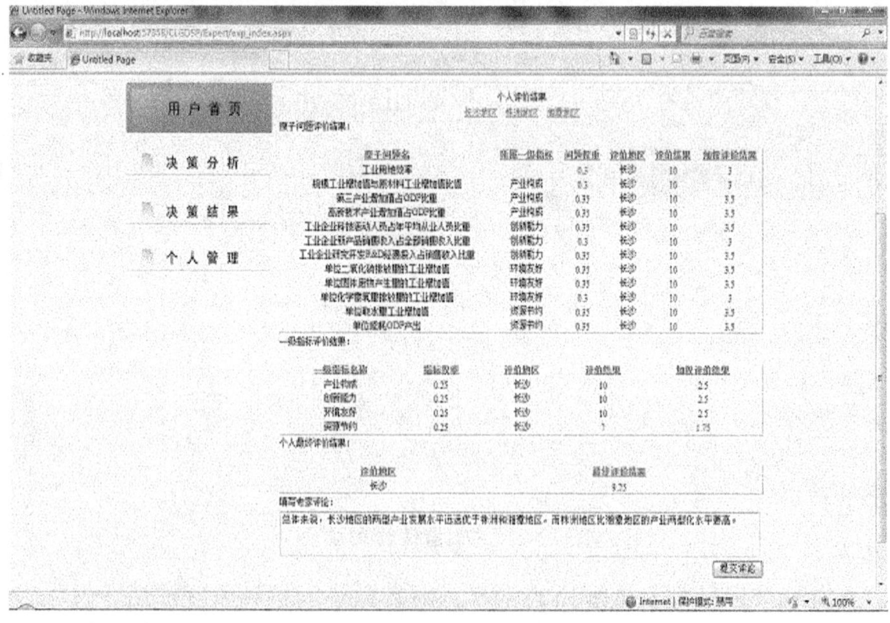

图 12-11　群体决策结果维护页面

(9) 群体决策处理结果及查看。当每个专家决策完成之后，可以查看专家最新的决策结果，相应的页面如图 12-12 所示。

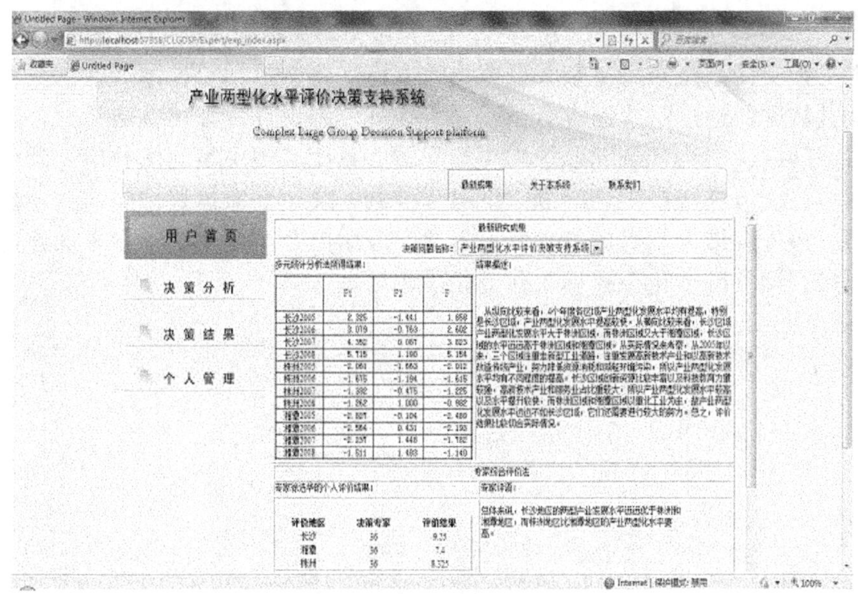

图 12-12　群体决策处理结果页面

(10) 形成决策问题的决策方案。在专家决策结果下方根据不同专家的决策结果生成专家的综合决策方案，即该决策问题的最终评价结果，相应页面如图 12-13 所示。

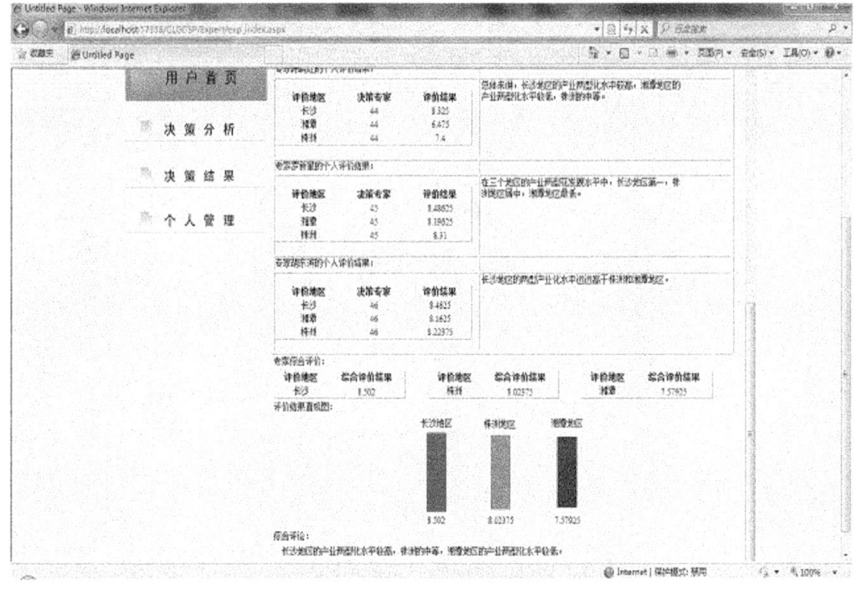

图 12-13　决策方案页面

12.9　本 章 小 结

本决策支持系统利用复杂大群体决策支持平台，根据长株潭产业“两型化”指标及其数据，通过系统需求分析、评价指标体系设计、评价方法设计，确定相应的决策问题，归为复杂问题求解决策问题。系统实现决策问题分解、问题分解方案形成、决策任务产生、问题求解过程控制、决策专家偏好冲突协调、群体意见集结、最佳决策方案生成等功能，最终完成对产业“两型化”水平的评价，为政府部门开展“两型化”建设工作提供决策依据。

第13章 重大自然灾害应急物资调配决策支持系统应用

重大自然灾害应急资源的调配决策是一个多阶段交互的动态过程，并且具有复杂性、不确定性、动态性和时效性等特点。由于自然灾害应急资源调配涉及的部门众多，关联因素复杂，事实上它们已构成复杂大群体。针对这种应急状态下的资源调配，本章首先利用信息熵模型提出灾害应急资源调配问题的大群体决策方法，并在此基础上利用第5章和第11章的思想以及Web Services技术建立灾害应急资源调配大群体决策支持系统的新型体系结构，以反映灾害应急资源调配问题的求解任务和决策模型，协调各方利益，消解决策大群体冲突，最终达到快速高效生成资源调配方案的目的，为应急资源调配行动提供有力的决策支持。

13.1 系统背景与需求分析

在重大自然灾害频发的背景下，如何合理利用有限的应急资源，有计划有组织地对应急资源进行配置和调度，提高对灾害的反应能力，为受灾地区提供快捷而高效的物资援助行动，是亟待解决的重要问题。然而，我国长期处于“条块分割、属地为主”的应急管理体制，应急救援基本上是分灾种、分部门和分系统建立的，应急决策涉及多个领域，多个不同背景的应急决策人员参与，他们之间由于身处不同的工作环境，缺乏专门的信息沟通平台，使得群体专家智慧无法在短时间得到有效的集结。且灾害应急资源调配大群体决策过程中由于存在很多依赖性冲突，难以形成意见高一致性的应急决策方案，为应急决策带来了很大的障碍。因此，运用信息技术实现灾害应急资源调配大群体决策方案的制订，已成为时代发展的需要。

决策支持系统最早由Scott Morton于1971年首次提出，它是一种由计算机技术、人工智能与管理技术有机结合的新的信息技术，通过人机结合的方式为决策者提供一个知识性、主动性、创造性和信息处理能力相结合、定性与定量分析并举的工作环境，协助决策者分析问题、探索决策方法、开展决策、预测和选优活动。DeSanctis等[1]则指出群体决策支持系统是一个交互式的计算机系统，它通过群体决策解决结构化或半结构化的问题；Papamichail等[2]设计了一个核紧急事件智能决策支持系统，用于核安全水平的识别与评估；Doumpos等[3]开发了一个银行信用评级的多目标决策支持系统，用于银行信用水平的分析和评价；Nokhbatolfoghahaayee 等[4]提出了基于智能体(Agent)的危机管理模糊多准则决策支持系统，并提出了适用于危机管理的方法；Sokolova 等[5]设计了一个环境对健康影响水平的决策支持系统，用于环境对健康水平的影响因子的研究；Cebi 等[6]开发了一个基于模糊信息理论的群体决策支持系统，并应用于伊斯坦布尔健康应急服务中心的选址问题；Chen 等[7]开发了一个名为 TeamSpirit 的基于 Web Services 的群体决策支持系统用于改进专家群体决策结果，并对其进行了应用和评估；陈晓红等[8]设计了一种复杂大群体决策支持平台框架，并应用于西酬水电站的前期规划中；张志强等[9]设计了一种可付诸实施的开放式群体决策研讨平台 GASS，并给出一个企业开拓新市场的决策实例；徐选华等[10]利用多智能体(multi-Agent)技术对解决决策问题所需的若干原子模型进行复合，形成解决决策问题的模型方案，并构造了基于多智能体的决策支持系统模型管理系统；康玲等[11]利用分布式技术 Web Services 和人工智能体技术，建立了福建桑园防汛决策支持系统。

由于灾害应急资源调配涉及的部门众多，关联因素复杂，传统决策支持系统已难以满足这种复杂应急环境下的决策要求。本章从软件实施需求角度出发，提出一种基于 Web Services 的灾害应急资源调配大群体决策支持系统，以灾害响应过程中的大量历史和实时数据为基础，通过数据存储技术来创建和维护数据仓库以及计算模型，进而反映应急资源调配的求解任务和决策模型，协调各方利益，消解专家大群体间的冲突，达到快速高效生成资源调配方案的目的，为保障应急资源调配行动提供有力的决策支持。

13.2 基于信息熵的灾害应急资源调配问题群体决策方法

重大自然灾害应急管理是一项庞大的系统工程，应急资源调配又是应急管理中的重要组成部分，灾难发生后，如何快速制定相应的应急资源调配方法并实施救援，使灾难造成的生命和财产损失最小化，是一个涉及人力、物力、财力、环境、时间等诸多因素的复杂动态系统。同时，对应急资源的调配决策是一个多阶段交互的动态过程，并且具有复杂性、不确定性、动态性和时效性等特点，只有利用众多不同领域的专家人才的集体智慧，应急资源才有可能快速、合理、有效地进行调配。同时在应急资源调配过程中，所面对的利益群体变得极为复杂，并随着社会民主化的进程，既要实现资源配置的最优化，又要协调各方的关系与利益，体现不同群体的意愿，决策专家间的偏好冲突不可避免，所面临的决策问题也就是大群体决策问题。因此，在应急资源调配决策过程中对决策群体间的冲突消解也就成为系统生成高效快速应急资源调配方案的重要一环。

对于决策群体的冲突消解方法，杨继君等[12]提出了一种面向非常规突发事件的应急资源合作博弈模型；徐选华等[13]提出了一种面向属性残缺偏好效用矩阵的大群体决策方法；徐博艺等[14]提出了一种基于人工智能技术的组织决策协调模型；陈雷等[15]提出了将主观判断与客观情况相结合的熵权法来确定指标的权重系数，进而将 TOPSIS 法与熵权系数综合集成进行合理方案的评价。

本章针对重大自然灾害应急资源调配决策问题，运用基于信息熵模型和组合加权平均算子的大群体决策方法，以消解灾害应急资源调配决策中的大群体冲突，达到资源调配共识。其主要内容如下：

(1) A 为受灾地点(即应急资源需求地)，根据受灾地的灾害类型、所处环境制定应急资源调配的决策目标、决策需求和约束条件，确定 A 的应急资源调配决策指标体系 X^K 。

(2) 假设有 $A_1, A_2, \cdots, A_N$ 共 N 个应急出救点，针对第 k 种资源($0\leqslant k\leqslant K$)，X_j 为 A 的应急资源需求量，X'_j (>0)为 A_j ($j=1,2,\cdots,N$) 的应急资源储备量，且满足 $\sum_{j=1}^{N} X'_j \geqslant X_j$，并设 A_j 到达 A 的时间为 t_j 。

(3) 针对第 k 种资源($0\leqslant k\leqslant K$)指派 M 个决策专家。

(4) 针对 N 个应急出救点，M 个专家分别给出第 k 种资源的资源调配量($0\leqslant k\leqslant K$)。设对第 j 个出救点，第 i 个专家给出的第 k 种资源的资源调配量为 x_{ji}^k，则专家群体给出的所有出救点的第 k 种资源的资源调配量可用如下矩阵表示：

$$X^k = \begin{bmatrix} x_{11}^k & x_{12}^k & \cdots & x_{1M}^k \\ x_{21}^k & x_{22}^k & \cdots & x_{2M}^k \\ \vdots & \vdots & & \vdots \\ x_{N1}^k & x_{N2}^k & \cdots & x_{NM}^k \end{bmatrix}$$

(5) 资源调配量矩阵按列标准化：

$$Y^k = \left(y_{ji}^k\right)_{NM} = \begin{bmatrix} x_{11}^k \Big/ \sum_{j=1}^{N} x_{j1}^k & \cdots & x_{1M}^k \Big/ \sum_{j=1}^{N} x_{jM}^k \\ \vdots & & \vdots \\ x_{N1}^k \Big/ \sum_{j=1}^{N} x_{j1}^k & \cdots & x_{NM}^k \Big/ \sum_{j=1}^{N} x_{jM}^k \end{bmatrix}$$

(6) 计算第 k 种资源下第 i 个专家的权重。利用信息熵法来确定专家权重，第

k 种资源下第 i 个专家的信息熵为 $E_i^k = -\frac{1}{\ln N}\sum_{j=1}^{N} y_{ji}^k \cdot \ln y_{ji}^k$；当 $y_{ji}^k = 0$ 时，$y_{ji}^k \cdot \ln y_{ji}^k = 0$。针对第 k 种资源第 i 个专家的权重为 $\omega_i^k = \frac{1-E_i^k}{\sum_{i=1}^{M}\left(1-E_i^k\right)}$。

(7) 针对第 k 种资源计算决策大群体对 j 个地区给出的资源调配量 $p_j^k = \sum_{i=1}^{M}\omega_i^k \cdot x_{ji}^k$，则针对第 k 种资源整个决策大群体对所有 N 个地区给出的资源调配量向量为 $p^k = \left[p_1^k, p_2^k, \cdots, p_N^k\right]^{\mathrm{T}}$，整个决策大群体对所有地区所有资源量的资源调配量矩阵为 $P = \left[p^1, p^2, \cdots, p^K\right]$。

13.3 应急资源调配群体决策支持系统的概念模型

实现对重大自然灾害应急资源调配问题的描述与定义，涉及灾害类型、灾害所处环境、调配目标(时间 t、应急出救点 j)、调配需求(资源需求量 X_j)、调配准则(快速、高效)和约束条件(应急出救点储备量 X'_j)等内容，对于灾情的表述是否合理完整、是否符合灾害应急状态的需要和目标要求，将决定资源调配决策的成败。

对于灾害应急资源调配决策问题，包括灾害的描述、灾害的属性和决策参数等，然后通过 Web 服务调用问题分解模型，指定问题分解方案，应保证问题分解到可以直接求解的一系列资源调配原子决策指标，对这些决策指标的逻辑关系进行定义与描述，编制每个原子决策指标及其父级指标的求解路径，为问题求解提供基础。决策指标之间存在逻辑关系，所有的决策指标及其逻辑关系构成灾害应急资源调配的决策指标体系 X^K。

X^K 创建后，为了给决策专家提供一个规范化、结构化的决策交互过程，降低决策专家决策的复杂程度，尽可能消解大群体专家间的决策冲突，提高决策效率，决策组织者通过查询专家资料库，为每个决策指标指派决策专家，形成 X^k 的决策专家任务树。决策专家通过 Web 服务调用数据处理方法对数据进行对比分析，给出个人决策结果，针对某一决策指标，当所有指派专家提交个人决策结果之后，得到专家群体决策矩阵 X^k。系统通过 Web 服务调用基于信息熵模型的群体决策方法对 X^k 进行标准化处理得到 Y^k，并通过计算获得专家权重 $\omega_i(i=1,2,\cdots,M)$，从而获得该应急资源的决策大群体给出的资源调配量 p^k。当所有应急资源调配决策指标的所有专家都完成决策后，系统通过决策指标体系 X^K 由下而上逐层递归，得到所有地区所有资源量的资源调配大群体决策矩阵 P，从而建立本次资源调配问题的最优大群体决策方案。灾害应急资源调配问题的决策框架流程如图 13-1 所示。

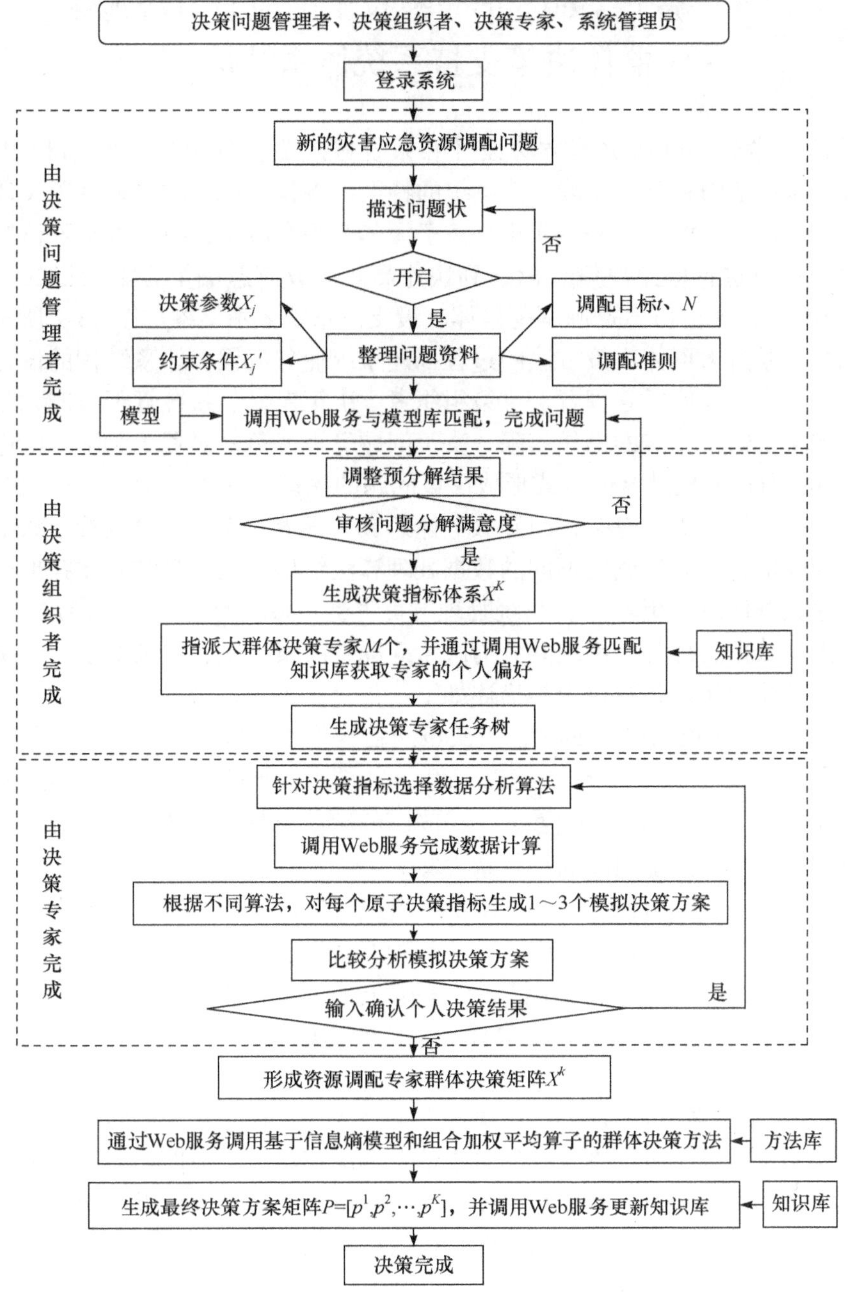

图 13-1　灾害应急资源调配问题的决策框架流程图

13.4 基于 Web Services 技术的应急资源调配群体决策支持系统体系结构

通过上述对大群体决策方法设计和系统概念模型的描述，本章利用 Web Services 体系结构和群体决策支持系统的特点，将各个独立的决策资源设计为分布在 Internet 上的 Web 服务，实现决策资源的跨平台应用，决策人员群体在不同的网络环境下进行应急决策，以达到快速高效生成应急决策方案的目的。基于 Web Services 技术的应急资源调配群体决策支持系统体系结构如图 13-2 所示。

同时，通过大群体决策方法的过程描述系统业务流程、体系结构的设计，将系统用户分为决策问题管理者、决策组织者、决策专家、系统管理员四大角色，根据用户身份给予相应的操作权限：决策问题管理者负责对资源调配问题进行定义与描述，通过人机结合的方式形成决策问题的决策指标体系 X^K；决策组织者为原子决策指标指派决策专家，引导大群体达成共识等；决策专家查看指派给自己的决策问题信息，通过调用不同的数据处理算法给出个人决策结果，并形成资源调配专家大群体决策矩阵 X^k；系统管理员负责整个系统的模型管理、方法管理、角色权限、数据管理等。系统共分为决策问题、决策组织、决策专家、系统管理四大核心功能模块，各模块内容描述如下。

(1) 决策问题模块(Problem)：由决策问题管理者完成，用户通过灾害的灾情和所处环境，确定灾害的 t、N、X_j、X'_j，并录入灾害的决策数据。然后通过调用模型库中的决策模型并组织专家进行问题的结构化分解，整理问题分解信息，生成灾害应急资源调配问题的预分解方案。

(2) 决策组织模块(Organize)：由决策组织者完成，决策组织者首先审核问题与分解方案，并可进行调整和修改，达到满意后形成灾害应急资源调配决策指标体系 X^K。然后决策组织者根据决策专家的信息背景、专业方向和历史经验为决策指派决策专家，形成 X^K 的决策专家任务树，同时决策组织者可实时对指派结果进行调整，直至指派结束。

(3) 决策专家模块(Expert)：由决策专家完成，它是专家分析问题、解决问题的场所。专家通过分析决策指标的基本信息和决策数据，根据需要调用不同的数据处理算法，然后参考与对比系统模拟方案给出个人的决策结果，专家还可以通过查看其他专家的决策结果实时修改自己的决策结果，直至个人决策过程结束，形成专家群体决策矩阵 X^k。

(4) 系统管理模块(System)：由系统管理员完成，包括对灾害信息文档的收集、整理、归类、录入，对数据的清理和集成，并且负责对知识库、模型库和方法库

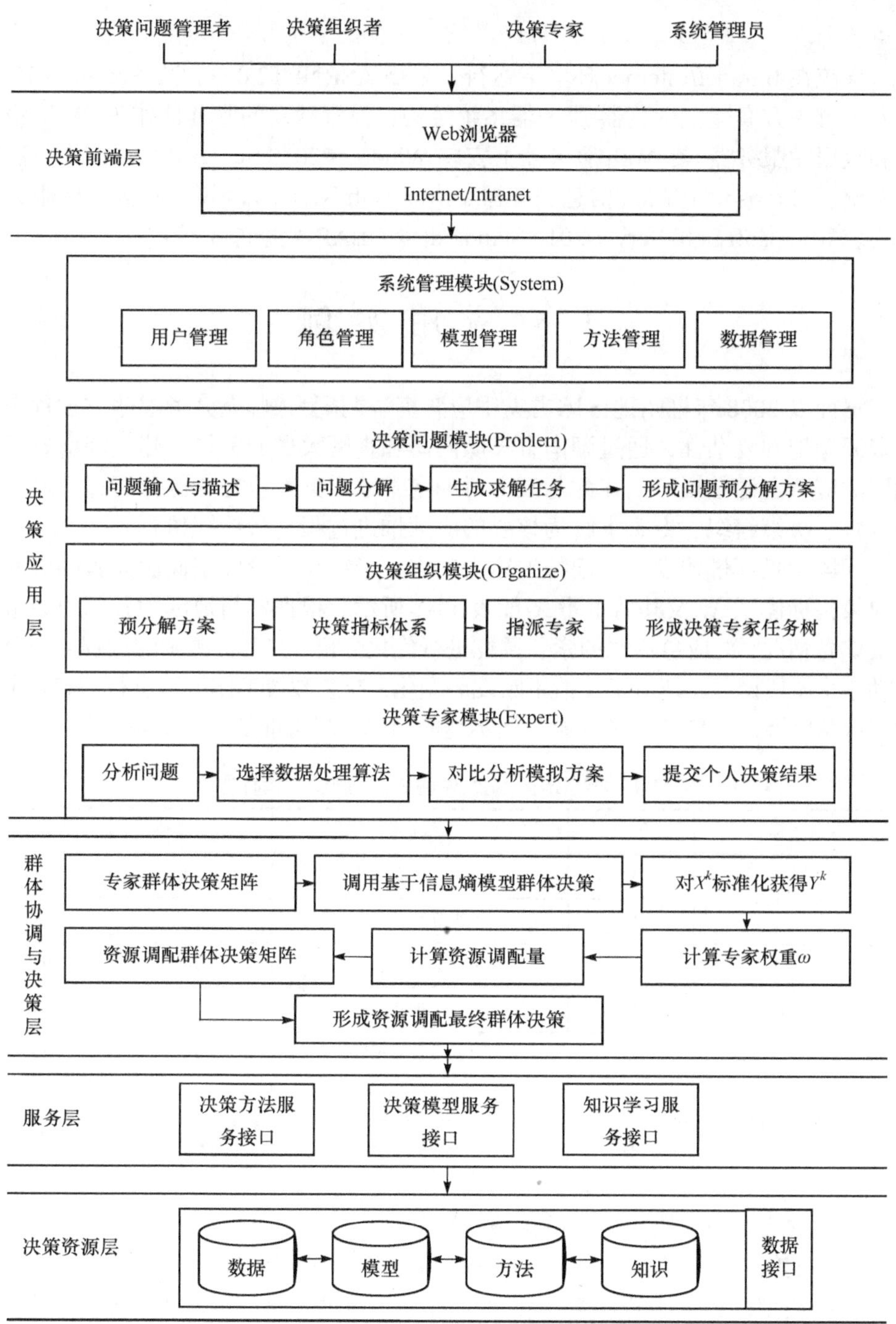

图 13-2　基于 Web Services 技术的应急资源调配群体决策支持系统体系结构图

的更新等。

系统在 Intranet/Internet 环境下运行，采用 ASP.NET2.0 + SQL Server 2010 数据库的解决方案建立浏览器/服务器系统结构，设置独立的服务器作为 Web 服务器和数据库服务器。在 Web 服务器上安装 Windows 2010 Server R2 64 位服务器操作系统、Microsoft IIS 6.0 信息服务器、Microsoft.NET2.0 环境，在数据库服务器上安装 Microsoft SQL Server 2010 Standard(含 OLAP)数据库系统。

13.5 应用实例

下面以 2008 年郴州地区冰雪灾害应急资源调配为例，充分考虑冰雪过程中应急资源调配的复杂性，通过湖南省灾区调研和查阅大量的资料，建立湖南省部分地区的应急资源数据库，在此基础上对湖南省冰雪灾害应急资源调配过程通过问题分解、决策组织、专家求解为核心的决策推进过程进行系统仿真。

问题背景：郴州发生一起特大冰雪灾害，经组织讨论确定此次灾害的资源调配决策指标体系 X^K 及其需求量 X_j 如表 13-1 所示。根据郴州地区和各周边城市的物资储备情况，对应急资源的紧急调配进行优化分析。应急资源调配过程为应急资源动态多阶段调配，即由于灾情不断发展变化，应急救援工作持续进行，需要不断调用应急资源，在应急最早开始时间不变的前提下尽可能少投入应急出救点。

表 13-1 郴州地区冰雪灾害应急资源调配指标体系

一级指标	代号	二级指标	计量单位	需求量
能源调配	X_1	电力资源输送量	万千瓦时	600
	X_2	煤炭资源供应量	万吨	400
医疗救助	X_3	医疗队伍需求量	组	1000
	X_4	应急药物补给量	万套	30
	X_5	急救设备补充量	万套	20
粮食物资供应	X_6	粮食供给量	万吨	200
	X_7	可饮用水供给量	亿立方米	100

对此次灾害应急资源调配的决策过程如下：

(1) 决策问题管理者登录决策问题模块，对决策问题进行语义描述，录入此次灾害的类型、程度、资源需求量和储备量，通过人机结合的方式建立 X^K，如图 13-3 所示。

以粮食供给量为例，需求量 X_j=200，应急出救点个数及到达时间$[(A_j, t_j)]$=[(长沙, 5.3), (株洲, 3.28), (湘潭, 3.35), (岳阳, 6.02), (常德, 2.2), (衡阳, 5.56)]，X'_j=[620, 480, 200, 560, 410, 300]，如表 13-2 所示。

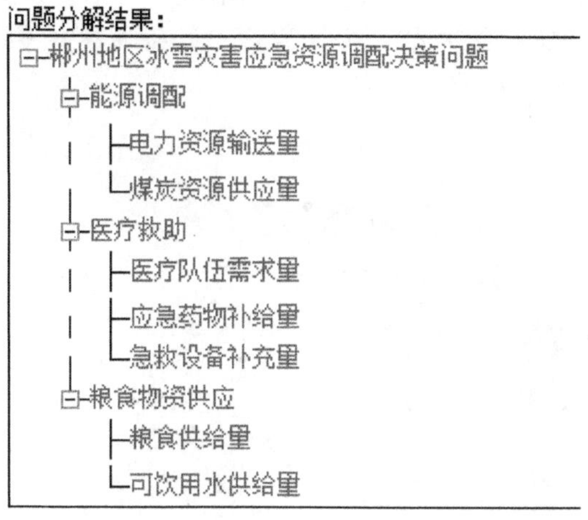

图 13-3　系统生成决策指标体系 X^K

表 13-2　各应急出救点 A_j 的粮食资源储备量 X'_j 及其到达应急资源需求点 A 的时间 t_j

A_j	长沙	株洲	湘潭	岳阳	常德	衡阳
X'_j	620	480	200	560	410	300
t_j	5.3	3.28	3.35	6.02	2.2	5.56

(2) 决策组织者对 X^K 审核完毕后，通过查阅专家信息，根据专家的专业方向、历史经验为每个原子决策指派决策专家，形成决策专家任务树。以粮食供给量为例，为叙述方便，指派专家数 M=6，具体指派过程如图 13-4 所示。

图 13-4　指派专家界面

(3) 决策专家通过查看被指派的原子决策指标，在决策分析页面选择不同的数据处理算法进行模拟计算(如多目标模糊规划法等)，系统将自动调用算法计算出该决策指标的参考结果，并将参考项返回给决策专家。决策专家通过对比参考项、查阅其他专家决策结果并结合个人智慧，不断调整决策意见，并给出个人最终决策结果，如图 13-5 所示。

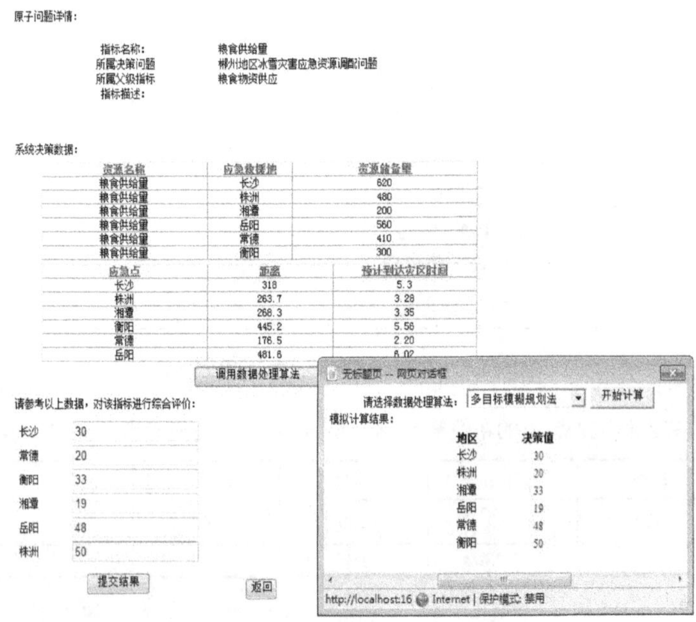

图 13-5　决策专家决策页面

(4) 当所有专家提交个人决策结果后，生成资源调配专家群体决策矩阵，以粮食供给量为例，系统调用基于信息熵模型的群体决策方法将群体决策结果组成资源调配矩阵 $X^k = \begin{bmatrix} 30 & 20 & 10 & 30 & 30 & 20 \\ 20 & 20 & 35 & 30 & 25 & 40 \\ 33 & 30 & 15 & 30 & 25 & 30 \\ 19 & 30 & 30 & 20 & 25 & 30 \\ 48 & 30 & 45 & 35 & 45 & 30 \\ 50 & 70 & 65 & 55 & 50 & 50 \end{bmatrix}$。标准化后，通过计算专家信息熵获得该原子决策指标的专家权重 $\omega^k = [0.141, 0.126, 0.130, 0.121, 0.198, 0.284]$，然后利用公式 $p_j^k = \sum_{i=1}^{M} \omega_i^k \cdot x_{ji}^k$ 计算决策群体对 6 个出救点给出的资源调配量，并最终获得粮食供给量的群体决策方案 $p^k = [23.3, 29.44, 27.483, 26.249, 38.063, 55.075]$。

当所有应急资源调配决策指标的所有专家都完成决策后，系统通过决策指标体系 X^K 由下而上逐层递归，建立所有地区所有资源量的资源调配群体决策矩阵 P，从而获得本次资源调配问题的最优群体决策方案。

13.6 本章小结

重大自然灾害应急资源的调配决策管理是一个多阶段交互的动态过程，本章结合国内外相关文献研究了一种基于信息熵和 Web Services 技术的群体决策支持系统体系结构，分析了群体决策方法的求解步骤、系统的概念模型和功能结构，阐述了系统实现的关键技术，并利用 2008 年湖南省冰雪灾害中郴州地区的应急资源调配案例对系统进行了仿真，决策结果令人满意，为政府部门在应急资源调配的救援工作上的应用提供了参考。但由于灾害中应急救援涉及的因素较多，群体决策支持系统的模型库、方案库、专家库还有待进一步扩展，并设计更科学的群体决策方法，以及系统与其他外部信息系统(如灾害地理信息系统)的有机结合，将是进一步研究的内容。

参考文献

[1] DeSanctis G, Gallupe R B. A foundation for the study of group decisions support systems[J]. Management Science, 1987, 33(5): 589-609.

[2] Papamichail K N, French S. Design and evaluation of an intelligent decision support system for nuclear emergencies[J]. Decision Support Systems, 2005, 41: 84-111.

[3] Doumpos M, Zopounidis C. A multicriteria decision support system for bank rating[J]. Decision Support Systems, 2010, 50(2): 55-63.

[4] Nokhbatolfoghahaayee H, Menhaj M B, Shafiee M. Fuzzy decision support system for crisis management with a new structure for decision making[J]. Expert Systems with Applications, 2010, 15: 3545-3552.

[5] Sokolova M V, Fernandez-Caballero A. Modeling and implementing an agent-based environmental health impact decision support system[J]. Expert Systems with Applications, 2009, 36: 2603-2614.

[6] Cebi S, Kahraman C. Developing a group decision support system based on fuzzy information axiom[J]. Knowledge-Based Systems, 2010, 23: 3-16.

[7] Chen M, Liou Y, Wang C W, et al. TeamSpirit: Design, implementation, and evaluation of a Web-based group decision support system[J]. Decision Support Systems, 2007, 43: 1186-1202.

[8] 陈晓红, 陈志阳, 徐选华. 面向复杂大群体的群体决策支持平台框架研究[J]. 计算机集成制造系统, 2008, 14(9): 1796-1804.

[9] 张志强, 张朋柱. 面向复杂决策任务的综合集成决策研讨总体框架设计[J]. 系统工程理论与实践, 2006, 1: 9-17.

[10] 徐选华, 陈晓红. 基于 Multi-Agent 的决策支持系统模型管理研究[J]. 计算机工程与应用,

2005, 41(13): 194-196.

[11] 康玲, 王学立. 基于 Web Services 的 Agent 防汛决策支持系统研究. 华中科技大学学报(自然科学版), 2005, 12(33): 99-101.

[12] 杨继君, 吴启迪, 程艳, 等. 面向非常规突发事件的应急资源合作博弈模型[J]. 系统工程, 2008, 9(26): 21-25.

[13] 徐选华, 李芳. 一种面向属性残缺偏好效用矩阵的大群体决策方法[J]. 统计与决策, 2010, 21: 6-9.

[14] 徐博艺, 姜丽红, 吴家春. 基于 AI 技术的组织决策协调模型研究[J]. 控制与决策, 2008, 4(18): 436-440.

[15] 陈雷, 王延章. 基于熵权系数与 TOPSIS 集成评价决策方法的研究[J]. 控制与决策, 2003, 4(18): 456-459.